アート・オブ・
プロジェクトマネジメント
―マイクロソフトで培われた実践手法―

Scott Berkun 著
村上 雅章 訳

オライリー・ジャパン

本書で使用するシステム名、製品名は、それぞれ各社の商標、または登録商標です。
なお、本文中では™、®、©マークは省略している場合もあります。

The Art of
Project Management

Scott Berkun

Beijing · Cambridge · Farnham · Köln · Sebastopol · Tokyo

PHOTO CREDITS

Preface, Frank Lee, www.flee.com, Duarmo, Italy
Chapter 1, Frank Lee, www.flee.com, Duarmo, Italy

Part Ⅰ, Scott Berkun, Marymoor Park, Redmond, WA

Chapter 2, Scott Berkun, Interstate 84, Idaho
Chapter 3, Scott Berkun, I-5 interchange, Seattle, WA
Chapter 4, Scott Berkun, Farrel McWhirter Park, Redmond, WA
Chapter 5, Scott Berkun, University of Washington
Chapter 6, Scott Berkun, Capilano, Vancouver, Canada

Part Ⅱ, Jill Stutzman, www.uiweb.com/jillart, Redmond, WA

Chapter 7, David F. Gallagher, www.lightningfield.com, NYC
Chapter 8, Scott Berkun, Bakery in Queens, NYC
Chapter 9, Scott Berkun, Scott & Jill
Chapter 10, Scott Berkun, Sea-Tac Airport
Chapter 11, Scott Berkun, Portland (near Powells)

Part Ⅲ, Scott Berkun, Used book store, Unknown

Chapter 12, Frank Lee, www.flee.com, Amsterdam
Chapter 13, Scott Berkun, self-portrait, Yellowstone National Park
Chapter 14, Scott Berkun, Broomball #1, Brainerd, ND
Chapter 15, Scott Berkun, Broomball #2, Brainerd, ND
Chapter 16, Scott Berkun, Eiffel Tower, Paris

© 2006 O'Reilly Japan, Inc. Authorized translation of the English edition © 2005 O'Reilly Media, Inc. This translation is published and sold by permission of O'Reilly Media, Inc., the owner of all rights to publish and sell the same.

本書は、株式会社オライリー・ジャパンがO'Reilly Media, Inc.の許諾に基づき翻訳したものです。日本語版についての権利は、株式会社オライリー・ジャパンが保有します。

日本語版の内容について、株式会社オライリー・ジャパンは、最大限の努力をもって正確を期していますが、本書の内容に基づく運用結果について責任を負いかねますので、ご了承ください。

訳者まえがき

　プロジェクトとは、今までにない、新しい何かの創出を目的として実施される一連の作業のことです。この定義が示唆する最も重要な点は、成果物が「今までにない、新しい何か」になるというところにあります。このことは、作業の過程で予想もしていなかったようなさまざまな難問、障害によって行く手を阻まれる可能性があるということを意味しています。そして、チームはそういった難問、障害に臨機応変に対処しながら、道なき道を切り拓いていかなければならないのです。つまりプロジェクトとは、決まり切った成果物を決まり切った手順で遂行する「ルーチンワーク」とは一線を画す、極めて創造的な作業と言えるのです。

　プロジェクトのこういった性質を考えた場合、その中心には人間がおり、彼らが創造力を発揮して初めてプロジェクトが成り立つのだということに異論を唱える人はいないでしょう。つまり、人間の知的活動がなければプロジェクトは立ち上がらず、したがって、さまざまな成果物が創造されることもないのです。

　しかし、この人間というものは、厄介な側面も持ち合わせています。人間は環境に合わせてその行動を変え、また自らの意思で環境に影響を与えようともするのです。こういった「知的」な自律的主体（エージェントと呼ばれています）同士が相互に影響を与え合うことによって、カオス（混沌）と呼ばれる状態がもたらされます。このカオス状態を解消し、プロジェクトに秩序をもたらす（あるいはプロジェクトをカオスの縁に保つ）ために、プロジェクトの関係者に特定の役割を割り当てたり、軍隊組織のような指示階層を構築したり、開発方法論（プロセス）を策定するといった手段が考案されてきました。しかし、プロジェクトの成功を保証する万能薬は出現せず、失敗の歴史は数千年前のバベルの塔から現代のソフトウェア開発に至るまで、連綿と続いているのです。

　この問題には、簡単な解決策など存在しないのです。役割分担を行わないままプロジェクトを推進した場合、そのプロジェクトは確実に破綻します。また、指示階層の組織化を行わない場合も同様です。そして、プロセスを何ら持たない場合も同様です。とは言

うものの、関係者の振る舞いに制約を設けて足並みを揃わせるという、トップダウンのアプローチだけでは、何かが足りないのです。

　本書の著者であるScott Berkunは、マイクロソフトにおける長年のマネージャ経験から、「ものごとを成し遂げるためには何を行う（あるいは行わない）べきか」という実用的な視点に立ってプロジェクトというものを捉えています。その根底には、ともすればバラバラになりがちな人間の行動を、制約のみによって方向付けようとするのではなく、リーダーシップの発揮によって方向付けていこうとする理念が流れているのです。そして、トップダウン思考やボトムアップ思考といったものにこだわることなく、ものごとを成し遂げるための考え方やヒントを、スケジュール、ビジョン、要求定義、仕様書、意思決定、コミュニケーション、トラブル対策、リーダーシップ、政治力学といったさまざまな角度から考察しているのです。またこういった考察とともに、本書には今すぐプロジェクトに適用できるヒントが満載されています。つまり本書は、多様な視点からプロジェクトを考察することで、従来のプロジェクトマネジメント本にありがちな「現在のプロジェクトを危険にさらすような大鉈を振るう」というアプローチを採ることなく、プロジェクトを成功に導いていく方法を教えてくれているのです。

　また、本書は堅苦しいプロジェクトマネージャ本という体裁を採っておらず、著者の体験談も随所に散りばめられています。このため、マネージャ、チームリーダーは言うに及ばず、プログラマ、テスターといったプロジェクトに関与する人たちすべてにとっても興味深い書籍となっているはずです。

　本書の訳出にあたっては、株式会社オライリー・ジャパン編集の赤池涼子氏、宮川直樹氏にお世話になりました。特に宮川氏には制作作業の後半で、さまざまな問題に果敢に取り組んでいただきました。この場を借りて厚くお礼いたします。また、査読以上の査読を行ってくれた私の妻裕子にも感謝いたします。

―― 2006年7月
ニュージーランド・オークランド市にて
村上　雅章（mmura@mx.biwa.ne.jp）

本書に寄せられた言葉

　本書には、作業を適切かつ時間通りに完了させる実用的な手法から、チームにやる気を与え、ベストを尽くさせることのできる、優れたリーダーになるための心構えまで、ありとあらゆることが網羅されている。本書は、世界最高のプロジェクトをマネジメントするためにマイクロソフト社内で実践されていることを伝える秘伝書のようなものだ。……これを常に実践していきたいと切に希望する！

　　　　　　　　　　　──マイクロソフト社　E-ホーム部門ジェネラルマネージャ
　　　　　　　　　　　　　　　　　　　　　　　　　　　　Joe Belfiore

　著者のScott Berkunは、彼がプロジェクトマネジメントの「技芸」と端的に表現しているものについて、テンポよく、平易な言葉を用いて、機知に富んだ手引き書を書き著してくれた。本書は、この分野を新たな観点から紹介する素晴らしい書籍だ。経験豊富なマネージャも新人マネージャも、彼の観点から多くのことを学べるはずだ。

　　　　　　　　　　　　　　　　　──CNET Networks (Cnet.com)、ディレクター
　　　　　　　　　　　　　　　　　　　　　　　　　　　　　Joe Mirza

　タイトル中に「プロジェクトマネジメント」という言葉が含まれている書籍のほとんどは、無味乾燥で分厚いものだと相場が決まっている。しかし、そういったことを覚悟しつつ本書を手にした人には、嬉しい驚きが待ちかまえているはずだ。そう、これは確かにプロジェクトマネジメントに関する書籍だが、創造性、状況に応じた問題解決、リーダーシップに関する書籍でもあるのだ。あなたがプロジェクトマネージャではなく、例えばチームにおけるメンバーであろうと、あるいは技術とは無縁の利害関係者であったとしても、本書を読むことで、プロジェクトを確実に成功へと導く実用的な手段とテク

ニック、そして問いかけるべき疑問を数多く手に入れることができるだろう。

——Expedia.com、製品および顧客エクスペリエンス部門シニアVP
Bill Bliss

はじめに

　私の一番好きな単語は「how」(どのように)です。「これはどのように動作するのでしょう?」、「彼らはどのようにしたんでしょう?」何か面白いことを目の当たりにした時、私の頭の中にはいつもこの短くパワフルな単語を使った疑問がわき上がってきます。こういった疑問は、特定のテクノロジや理論に関する知識を問うものではなく、知識や智恵の適用方法を問うものなのです。

　私は、自らの長年に渡るもの作りの経験と、他のマネージャ、プログラマ、デザイナの経験を比較することで、プロジェクトのマネジメント方法についての信念と結論を得るに至りました。本書はその集大成とも言えるものです。本書には、チームを率いていく方法、アイデアを育む方法、プロジェクトの組織方法、スケジュールの管理方法、政治手腕を奮う方法、大きな難問や不公正とも思える状況を打破する方法が記されています。

　本書の原題(『The Art of Project Management』)からは読み取れないことですが、私の実務経験のほとんどはIT分野、具体的にはマイクロソフト社におけるものです。私は1994年から2003年まで同社で働き、Internet Explorer、Windows、MSN等のプロジェクトでチームを率いてきました。また数年間、マイクロソフトのエンジニアリングエクセレンスグループに籍を置き、社内のチーム教育とコンサルティングを担当し、カンファレンス、企業、大学に招かれ、講義を行うこともしばしばありました。本書に収録しているアドバイス、教訓、ストーリーのほとんどは、こういった経験から生み出されたものです。

　私のバックグラウンドはソフトウェア開発およびウェブ開発なのですが、本書ではエンジニアリング分野やマネジメント分野といった枠に捕らわれることなく参考文献やテクニックを散りばめ、幅広く、包括的な内容を収録しています。このため、一般的なビジネス業界の人々にとっても価値ある書籍となっているはずです。私は、組織作り、リーダーシップ、設計、作業の遂行における難問が、適用対象分野に関係なく多くの共通点

を持っていると確信しています。オーブントースター、高層ビル、自動車、ウェブサイト、ソフトウェア製品を開発するプロセスにはいずれも、同じ難問が存在しており、本書では主にこういった難問の克服方法について述べようとしているのです。

プロジェクトやチームを率いる方法について執筆された多くの類書とは異なり、本書は壮大な理論や革新的な哲学によってすべてを解決しようとはしていません。そうではなく、本書では実用性と多様性に重点を置いています。私は、ひと、スキル、心構え、戦術の組み合わせを正しく適用した時、それらの素性や血筋(の欠如)に関係なく、プロジェクトに成功がもたらされるのだと考えています。本書の構成は、重要な難問や状況に焦点を当て、それをうまく切り抜けるためのアドバイスを解説するという、実用性に重きを置いたものとなっています。このため、さまざまな点に考慮しながら、正しい話題の選択とそれに対する地に足のついたアドバイスに専念しました。こういったアプローチが正しいと感じていただけることを願っています。

本書の対象読者

本書があなたに適しているかどうかを確かめるには、まず目次を見ていただき、興味のある話題を流し読みしてください。私が書籍を選ぶ際には、まえがきに書かれていることをあまり信じません。あなたも信じない方がよいと思います。まえがきが、それ以外の部分と同じ文体で同じ論調となっていることなどほとんどありません。そう断言してしまうと身も蓋もないのですが、ここはとにかく先に進むことにしましょう。

本書は以下の方たちにとって、価値あるものとなるはずです。

- **経験豊富なチームリーダーやマネージャ**：本書は公式、非公式を問わず、またプロジェクトの種類を問わずリーダーシップを発揮する役割の方々に適しています。本書ではソフトウェア開発を例にとっていますが、他の分野の作業に対しても多くのコンセプトを適用できるはずです。あなたは正式なチームリーダーなのかもしれません。あるいは、経験豊富であるものの、一介のチームメンバーでしかないかもしれません。また、本書で扱っている話題のいくつかは、あなたにとって馴染みあるもののはずです。しかし馴染みがなかったとしても、本書の直接的かつ実践的なアプローチによってあなた自身の意見を明確化し、洗練させることができるでしょう。さらに、私の意見に同意できない場合があったとしても、あなた自身の観点を洗練、進歩させることができ、仕事に対する確固たる土台を築くことができるはずです。
- **経験の浅いチームリーダーやマネージャ**：目次を見ていただければ、プロジェクトのリーダーやマネージャが実際に行う作業のすべてを概観することができるはずです。

各章では、経験豊富な達人でもついやってしまうことがある過ちや失敗を網羅しており、その発生原因と回避方法、並びに回復策として使える戦術を解説しています。本書では、幅広い視点とあなたに課せられている責任、そしてそういったものをマネジメントするスマートな方法を解説しています。また、ほとんどの章は広範な話題を取り扱っているため、必要に応じて注釈を付け、参考文献も紹介しています。

- **プログラマやテスター、およびプロジェクトに対するその他の貢献者**：本書によって、あなたが貢献している作業と、その作業を楽しく効率的に行えるようなアプローチやアイデアに対する理解を深めることができるはずです。プロジェクトの針路が何度も変更される、あるいはマネジメントが軟弱に見える理由を知りたいのであれば、本書を読むことでその原因と対策を理解できるようになるはずです。また、こういった問題を抱えていない場合であっても、本書を読むことでより大きなコンテキストにおけるあなたの位置付けが明確になり、これからの仕事がひと味もふた味も違ったものになるでしょう（そして、ずっと正気を保っていられるようになるのです）。今後、マネジメントや、チームリーダーとしての作業をやっていきたいのであれば、本書を読むことでその本当の仕事とあなたの適性を調べることもできます。

- **ビジネスマネジメント学科、製品設計学科、ソフトウェア工学科の学生**：ここでは「学生」という単語を広い意味で使用しています。こういった話題に興味があって個人的に学習している、あるいはちゃんとした教育機関で学んでいるのであれば、本書はとても興味深いものとなるはずです。この手の話題を網羅した多くの教科書とは異なり、本書では難問と体験談に重きを置いています。紹介している体験談は、実際に筆者が経験したものであり、教訓と戦術の基本を学ぶのにふさわしいものとなっています。また、理論的な分類を行ったところでプロジェクトの成功が約束されるわけではなく、現実を理解する足しにもならない（この世界は、学校で習うような方法で分類できるものではありません）という私の経験を踏まえ、本書では意図的にこの種の分類を避けています。そして、扱っている話題に応じたアドバイスを行う上で必要となるビジネス理論、心理学、マネジメント戦術、設計プロセス、ソフトウェア工学といったものすべてを有機的に結合しようとしているのです。

私があなたに期待すること

- **考えようとする姿勢を持っていること**。私は、章の組み立てとその内容が適切であれば、考察の前提となる緻密な情報の枠組みを細かく解説する必要はないだろうと考えました。このため本書では、まず要点を述べてから、それをじっくり解説するようにしています。私はあなたを、（レベルや経験の違いこそあれ）何らかのアドバイスを求

- **好奇心を持ち実践的であること。**私は実例や参考文献をさまざまな分野から引用しています。そしてあなたも、ウェブ開発やソフトウェア開発以外の分野から価値のある教訓を引き出せると考えています。あなたの好奇心をくすぐりそうなことは、本文中で参考文献を紹介したり、脚注を使って解説しています。あなたは学習意欲を有しており、さまざまな思想を受け入れる広い心を持っているはずであるため、考え抜かれた意見であれば、たとえ合意できない意見であったとしてもその価値を認めてくれるはずだと考えているのです。
- **専門用語や壮大な理論を嫌う。**私は、専門用語や壮大な理論が新たな情報の学習や応用に役立つとは考えていません。本書では、有用な情報への糸口を示す場合や、後々有効となる考え方を紹介する場合を除き、こういったものを避けています。
- **ソフトウェアやマネジメントを真面目に捉えすぎない。**ソフトウェア開発やプロジェクトマネジメントの書籍は、読んでも退屈なものとなる可能性があります。本書はドタバタギャグや皮肉に満ちたものにはなっていないはずですが(マーク・トウェインやデビッド・セダリスがソフトウェア工学に関する書籍を著していればそうなっていたかもしれません)、必要に応じて自らの(あるいは誰かの)責任でジョークを飛ばしたり、笑い話を使ってポイントを突いてみようとしています。

本書の使い方

　本書は、章を飛ばしてつまみ食いする人々のことも考慮しています。しかし、初めから順に読み進めていくという読み方にもメリットはあるのです。後の方に出てくる概念のいくつかは前出の概念に基づいている上、本書の記述順序は、ほとんどのプロジェクトにおいて発生する作業を時間順に並べたものとなっています。飛ばし読みをすると、こんなことは判らないはずなので、もし飛ばし読みをしようと思っている方は、この件については私のことを信頼していただくようお願いいたします。

　1章は、最も広範囲の話題を扱っているため、その他の章よりも少し深みを持たせた書き方になっています。プロジェクトマネジメントに注意を払わなければならない理由を知りたい、重要な人々がどのように考えているのかを知りたいというのであれば、まずこの章に目を通してください。ただ、読んでも面白くないと思った場合でも、あきらめずに他の章を読んでみることをお勧めします。

　本書で挙げている参考文献やURLはすべて、追加の注釈やコメントと同様にhttp://www.scottberkun.com/books/artofpm/で公開しています。このウェブサイトでは、本書で扱っていない話題に興味を持った方が参加できるディスカッション用のフォーラ

ムやその他のリソースも公開しています。

　このまえがきすべてに目を通したあなたは、優秀かつ忍耐強い人と言ってよいでしょう。本書を読む上で必要なこと（ページ番号、脚注といったもの）を知っているのであれば、すぐに読み進めていただいて結構です。

謝辞

　本書の企画にゴーサインを出し、何度も助け船を出していただいたO'Reillyの編集者Mike Hendrickson氏に深く感謝します。また、Faisal Jawdat氏、Ben Lieberman氏、Andrew Stellman氏、および初期の草稿に対する技術レビューを行ってくれた勇敢かつ親切な方々に格別の感謝の意を表します。

　本書が出版できたのは、数多くの方々の協力の賜です。本プロジェクトの管理者であるMarlowe Shaeffer氏（制作編集者）、Marcia Friedman氏（インテリアデザイナ）、Rob Romano氏（イラストレータ）、Jeremy Mende氏（カバーデザイナ）、Audrey Doyle氏（校正担当）、Ellen Troutman-Zaig氏（索引担当）、Glenn Bisignani氏（マーケティングマネージャ）に感謝いたします。

　また、以下の方々からはインタビューの協力、および各章の草稿に対するフィードバックをいただきました。Michelle Breman、Pierro Sierra、Eric Brechner、Richard Stoakley、Mark Stutzman、Neil Enns、Jason Pace、Aly Valli、Joe Belfiore、Bill Staples、Laura John、Hillel Cooperman、Stacia Scott、Gwynne Stoddart、Terri Bronson、Barbara Wilson、Terrel Lefferts、Mike Glass、Chromatic、Richard Grudman各氏にムチョス・グラーシャス！ また、マイクロソフト入社時のマネージャであるKen Dye氏、および私をプログラムマネジメントの世界に招き入れ、優れたマネージャやリーダーが採るべき行動についてのインスピレーションを与えてくれたJoe Belfiore氏にとびっきりの感謝の意を表します。

　さらに個人的な謝辞になりますが、私の妻であるJill "bear" Stutzman、Richard "big daddy" Grudman、the Reservoir Dogsのメンバー（Chris "our hero" McGee、Mike "all the moves" Viola、David "pretty boy" Sandberg、Joe "gourmet" Mirza、Phil "five-card stud" Simon）、Vanessa "NYC" Longacre、Bob "making the Web work" Baxley、そしてgnostron、unhinged、pm-clinicの素晴らしい仲間達にも感謝しています。また、この世界に存在する重要なアイデア、パパイヤという単語、大きな木のある大きな森、何年にも渡ってお調子者で好奇心が強く面白い人々、Qという文字と42という数字についても感謝します。また、King Countyの図書館システムと司書の方々にもまとめて感謝いたします。図書館共通のローンプログラムは天の恵みでした。みんな、ありがとう。

キーボードの前で格闘していた時の私は、以下の音楽によって正気を保ち続けることができました。White Stripes、Palomar、Aimee Mann、The Clash、Johnny Cash、Social Distortion、Rollins Band、Sonny Rollins、Charles Mingus、Theloneous Monk、Breeders: *Last Splash*、AudioSlave、MC5、Chris McGee's greatest mixes、Jack Johnson、Patty Griffin、Akiva、Flogging Molly、Sinatra、Beatles、Bruce Springsteen、PJ Harvey、Radiohead、Ramones、Weezer、Tom Waits、All Girl Summer Fun Band、Best of Belly、Magnetic Fields、Beth Orton、Elliot Smith、Nick Cave and the Bad Seeds。

なお本書の制作中、プロジェクトマネージャたちに危害が加えられることはありませんでした。しかし悲しいことに、私たち夫婦の飼っていた犬Butchが制作工程の最終段階でこの世を去りました。Butchよ、安らかに眠れ（1991-2004）。多くのアイデアとページが生み出されている時、Butchは常に私の足元にいました。素晴らしい犬、Butch。寂しいよ。

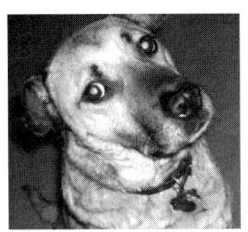

――ワシントン州レッドモンドにて

Scott Berkun

目 次

訳者まえがき ……………………………………………………………… v
本書に寄せられた言葉 …………………………………………………… vii
はじめに …………………………………………………………………… ix

1章　プロジェクトマネジメントの簡単な歴史（なぜ気にかける必要があるのか） …… 1
　1.1　歴史に学ぶ ………………………………………………………… 2
　　　1.1.1　失敗から学ぶ ……………………………………………… 4
　1.2　ウェブ開発、厨房、緊急治療室 ………………………………… 6
　1.3　プロジェクトマネジメントの役割 ……………………………… 8
　1.4　マイクロソフトにおけるプログラムマネジメントと
　　　プロジェクトマネジメント ……………………………………… 10
　1.5　プロジェクトマネジメントにおけるバランス感覚 …………… 12
　1.6　プレッシャとプロジェクトの敵 ………………………………… 15
　　　1.6.1　プロセスと目標を取り違える …………………………… 16
　1.7　正しい関与の仕方 ………………………………………………… 18
　　　1.7.1　あなたの観点からの強み ………………………………… 19
　　　1.7.2　プロジェクトマネージャはユニークな価値を生み出す … 20
　1.8　サマリー …………………………………………………………… 21

I部　計画 ……………………………………………………………… 23
2章　スケジュールの真実 …………………………………………… 25
　2.1　スケジュールの3つの目的 ………………………………………… 26

	2.2	銀の弾丸と方法論 ………………………………………………………	28
	2.3	スケジュールとは …………………………………………………………	30
		2.3.1　1/3の法則を適用する ………………………………………	31
		2.3.2　分割統治法（長いスケジュール＝多くの短いスケジュール）……	32
	2.4	なぜスケジュール通りに進まないのか ……………………………………	34
		2.4.1　目隠しをした状態での遠距離射撃 ……………………………	35
		2.4.2　スケジュールとは確率なり ……………………………………	36
		2.4.3　見積もりは難しい ………………………………………………	38
		2.4.4　優れた見積もりは優れた設計から生み出される ……………	40
		2.4.5　よくある見過ごし ………………………………………………	42
		2.4.6　雪玉効果 ………………………………………………………	44
	2.5	スケジュールを機能させるためにすべきこと ………………………………	45
	2.6	サマリー ……………………………………………………………………	47

3章　やるべきことを洗い出す ……………………………………………… 49

	3.1	ソフトウェア計画の謎を解く ……………………………………………	50
		3.1.1　プロジェクトのさまざまなタイプ ……………………………	51
		3.1.2　組織が計画に与える影響 ………………………………………	52
		3.1.3　一般的な計画の成果物 …………………………………………	53
	3.2	計画へのアプローチ：3つの視点 ……………………………………	55
		3.2.1　ビジネスという視点 ……………………………………………	56
		3.2.2　技術という視点 ………………………………………………	58
		3.2.3　顧客という視点 ………………………………………………	60
	3.3	視点を超越した視点 …………………………………………………	62
		3.3.1　パワーバランス ………………………………………………	64
	3.4	正しい疑問を持つ ……………………………………………………	65
		3.4.1　正しい疑問に答える ……………………………………………	66
		3.4.2　時間がない場合は？ ……………………………………………	67
	3.5	よく見かける悪い手段 ………………………………………………	67
	3.6	計画プロセス ………………………………………………………	68
		3.6.1　日々の作業 ……………………………………………………	70
	3.7	顧客調査とその誤用 …………………………………………………	71
	3.8	すべてをまとめる：要求定義書 ………………………………………	73
		3.8.1　問題はシナリオになる …………………………………………	75

	3.8.2 ビジネス要求および技術要求との統合 ······················ 77
3.9	サマリー ··· 78

4章　優れたビジョンを記述する ································· 79
- 4.1　書き留めることの価値 ·· 80
- 4.2　どれだけのビジョンが必要となるのか？ ························· 81
  - 4.2.1　チームの目標と個人の目標 ································· 82
- 4.3　優れたビジョンに備わる5つの品質 ······························ 84
  - 4.3.1　シンプル ··· 85
  - 4.3.2　意図重視（目標駆動） ······································ 85
  - 4.3.3　統合 ·· 86
  - 4.3.4　閃き ·· 86
  - 4.3.5　覚えやすい ·· 87
- 4.4　網羅しておくべきキーポイント ··································· 87
- 4.5　うまく書き留める ·· 89
  - 4.5.1　シンプルであることの難しさ ······························ 89
  - 4.5.2　うまく書き留めるには、主となる著者を1人起用すること ··· 90
  - 4.5.3　量は質にあらず ··· 91
- 4.6　草稿、レビュー、改訂 ··· 91
- 4.7　（避けるべき）質の低いビジョンの一覧 ························· 93
- 4.8　ビジョンと目標の例 ··· 95
  - 4.8.1　ビジョンの文章と目標を裏付ける ························· 96
- 4.9　ビジョンはビジュアルになっているべきである ················· 96
  - 4.9.1　見えないものをビジュアルにする ························· 97
- 4.10　ビジョンの健全さをチェックする：日々の確認 ················ 98
- 4.11　サマリー ·· 100

5章　アイデアの源 ·· 101
- 5.1　要求と解決策の間に横たわる溝 ··································· 102
  - 5.1.1　要求の品質とミスの回避 ··································· 103
  - 5.1.2　設計の探求 ·· 106
  - 5.1.3　探求に対する恐れと進歩を促すアイデア ················· 107
- 5.2　悪いアイデアは存在する ··· 108
  - 5.2.1　優劣は何と比較するのか？ ································ 109

- 5.3 枠の内外で考えるのはOK ……………………………………… 111
- 5.4 優れた質問は優れたアイデアを惹きつける ………………………… 113
  - 5.4.1 焦点合わせの質問 …………………………………………… 114
  - 5.4.2 創造的な質問 ………………………………………………… 115
  - 5.4.3 修辞的な質問 ………………………………………………… 116
- 5.5 悪いアイデアは良いアイデアの素となる ………………………… 116
  - 5.5.1 優れた設計は多くの優れたアイデアから生み出される ……… 118
- 5.6 ものの見方とアドリブ ……………………………………………… 119
  - 5.6.1 アドリブ講座におけるアイデアを生み出すためのルール …… 121
  - 5.6.2 アイデアを生み出すその他のアプローチ ……………………… 123
- 5.7 顧客のエクスペリエンスが設計を開始させる ……………………… 124
- 5.8 設計とは一連の対話である ………………………………………… 126
- 5.9 サマリー ……………………………………………………………… 128

6章 アイデアを得た後にすること ……………………………………… 129

- 6.1 アイデアが手に負えなくなる時 …………………………………… 130
- 6.2 アイデアのマネジメントには毅然とした態度が必要となる ……… 131
  - 6.2.1 変更によって連鎖反応が引き起こされる ……………………… 134
  - 6.2.2 創造的な作業には勢いがある ………………………………… 135
- 6.3 設計フェーズにおけるチェックポイント ………………………… 136
- 6.4 アイデアのまとめ方 ………………………………………………… 139
  - 6.4.1 洗練と優先順位付け ………………………………………… 142
- 6.5 プロトタイプはあなたの友達 ……………………………………… 143
  - 6.5.1 プロトタイピングの始め方は？ ……………………………… 144
  - 6.5.2 ユーザーインタフェースを用いたプロジェクトの
         プロトタイピング ……………………………………………… 145
  - 6.5.3 ユーザーインタフェースを用いないプロジェクトの
         プロトタイピング ……………………………………………… 145
  - 6.5.4 プロトタイプはプログラマの味方 …………………………… 146
  - 6.5.5 設計選択肢によって成功への扉が開かれる ………………… 147
- 6.6 イテレーションについての疑問 …………………………………… 148
- 6.7 懸案事項の一覧 ……………………………………………………… 149
- 6.8 サマリー ……………………………………………………………… 151

Ⅱ部　スキル ……………………………………………………… 153

7章　優れた仕様書の記述 ……………………………………… 155
- 7.1　仕様書の使用によってできることとできないこと …………… 157
- 7.2　記述することを決定する ……………………………………… 158
  - 7.2.1　仕様書の責任者は誰？ ………………………………… 160
- 7.3　仕様書の記述は設計ではない ………………………………… 161
  - 7.3.1　設計の記述VS.構築方法の記述 ……………………… 162
  - 7.3.2　優れた仕様はシンプルである ………………………… 163
  - 7.3.3　正しいものごとが起こるようにする ………………… 165
- 7.4　いつ誰がどうやって …………………………………………… 166
  - 7.4.1　1人のための記述VS.多くのための記述 …………… 167
- 7.5　仕様書はいつ完成するのか？ ………………………………… 167
  - 7.5.1　どれだけやれば十分か？ ……………………………… 167
  - 7.5.2　懸案事項のマネジメント ……………………………… 168
  - 7.5.3　仕様書を完成させることの重要性 …………………… 171
- 7.6　レビューとフィードバック …………………………………… 172
  - 7.6.1　仕様書のレビュー方法 ………………………………… 173
  - 7.6.2　誰を参加させ、どのように運用するべきか？ ……… 174
  - 7.6.3　質問の一覧 ……………………………………………… 175
- 7.7　サマリー ………………………………………………………… 177

8章　優れた意思決定の行い方 ………………………………… 179
- 8.1　意思決定の重要度を評価する（リスクは何か？） …………… 181
- 8.2　選択肢の発見と重み付け ……………………………………… 185
  - 8.2.1　感情と明確さ …………………………………………… 187
  - 8.2.2　比較を容易に行うためには …………………………… 187
  - 8.2.3　議論と評価 ……………………………………………… 191
  - 8.2.4　シャーロック・ホームズ、オッカムの剃刀、熟考 … 192
- 8.3　情報とは懐中電灯のようなもの ……………………………… 193
  - 8.3.1　データは意思決定を行わない ………………………… 194
  - 8.3.2　データの解釈ミスは簡単に起こる …………………… 194
  - 8.3.3　結果ありきの調査 ……………………………………… 195
  - 8.3.4　精度と正確さの違い …………………………………… 196
- 8.4　決定する勇気 …………………………………………………… 197

　　　　8.4.1　勝利をもたらす選択肢のない意思決定もある ················ 197
　　　　8.4.2　優れた意思決定でも悪い結果をもたらすことがある ·········· 199
　　8.5　注意を払い、振り返る ··· 200
　　8.6　サマリー ··· 203

9章　コミュニケーションと人間関係 ······································ 205
　　9.1　対話を通じたマネジメント ······································· 207
　　　　9.1.1　人間関係はコミュニケーションを促進させる ················ 208
　　9.2　コミュニケーションの基本モデル ································· 210
　　9.3　コミュニケーション上のよくある問題 ····························· 213
　　9.4　人間関係に依存するプロジェクト ································· 216
　　　　9.4.1　役割の定義 ··· 217
　　9.5　仕事における最善の態度 ··· 219
　　　　9.5.1　メンバーにベストを尽くしてもらう方法 ···················· 221
　　　　9.5.2　メンバーがベストを尽くせるように支援する理由 ············ 224
　　9.6　サマリー ··· 225

10章　メンバーの邪魔をしない方法：プロセス、電子メール、打ち合わせ ··· 227
　　10.1　人々が不快になる理由 ·· 227
　　10.2　優れたプロセスの持つ効果 ······································ 229
　　　　10.2.1　優れたプロセスを見つけ出す方程式 ······················· 233
　　　　10.2.2　プロセスの作成、実践方法 ······························· 234
　　　　10.2.3　下層から行うプロセスのマネジメント ····················· 235
　　10.3　人を不快にさせない電子メール ·································· 236
　　　　10.3.1　優れた電子メール ······································· 237
　　　　10.3.2　まずいメールの例 ······································· 241
　　　　10.3.3　よい電子メールの例 ····································· 242
　　10.4　打ち合わせを不快なものにしない方法 ···························· 243
　　　　10.4.1　ファシリテーションの技芸 ······························· 243
　　　　10.4.2　ファシリテーションにあたっての注意点 ··················· 244
　　　　10.4.3　打ち合わせの3形態 ····································· 247
　　　　10.4.4　邪悪な、惰性による打ち合わせ ··························· 248
　　　　10.4.5　打ち合わせにあたっての注意点 ··························· 249
　　10.5　サマリー ··· 251

11章 問題発生時に行うこと ……………………………………………… 253
11.1 大まかな指針の適用 …………………………………………… 254
11.2 よく見かける問題 ……………………………………………… 257
11.2.1 問題の発生を知る方法 ………………………………… 258
11.2.2 難題の一覧 ……………………………………………… 259
11.2.3 実践と訓練を難しくするもの ………………………… 263
11.3 責任を取る ……………………………………………………… 264
11.4 ダメージコントロール ………………………………………… 266
11.5 競合する解決策と交渉 ………………………………………… 268
11.6 役割と明確な権限 ……………………………………………… 272
11.6.1 誰が意思決定者なのかを全員が知っておく必要がある …… 273
11.7 感情についての色々：プレッシャ、感情についての感情、ヒーローコンプレックス …………………………………………… 274
11.7.1 プレッシャ ……………………………………………… 274
11.7.2 感情についての感情 …………………………………… 279
11.7.3 ヒーローコンプレックス ……………………………… 281
11.8 サマリー ………………………………………………………… 284

III部 マネジメント ……………………………………………………… 287
12章 リーダーシップが信頼に基づく理由 …………………………… 289
12.1 信頼の構築と破壊 ……………………………………………… 290
12.1.1 信頼は表明によって培われる ………………………… 291
12.1.2 矛盾した振る舞いによって信頼が失われる ………… 292
12.2 信頼を明確にする（グリーンライトを点灯させる）………… 294
12.3 力の種類 ………………………………………………………… 295
12.3.1 付与された力に頼るべからず ………………………… 296
12.3.2 力の獲得に向けた作業 ………………………………… 297
12.3.3 説得は命令よりも強い ………………………………… 298
12.3.4 時には専制君主的に …………………………………… 299
12.4 他者を信頼する ………………………………………………… 299
12.4.1 権限の委譲 ……………………………………………… 300
12.5 信頼は逆境に対する保険である ……………………………… 302
12.6 モデル、質問、競合 …………………………………………… 303
12.6.1 リーダーはフィードバックプロセスを定義する …… 304

		12.7	信頼と過ち ·· 305
			12.7.1 問題が未解決なのに叱りつけてはいけない ········· 307
		12.8	あなた自身を信頼する（自恃） ······························ 307
		12.9	サマリー ··· 310

13章	ものごとを成し遂げる方法 ······································ 311
	13.1 優先順位付けによってものごとが成し遂げられる ············· 312
	13.1.1 一般的な順序付き一覧表 ······························ 313
	13.1.2 第1級優先順位 VS. その他もろもろ ················ 315
	13.1.3 優先順位は力なり ···································· 316
	13.1.4 優先順位付けマシンとなるべし ···················· 317
	13.2 あなたが「ノー」と言う時に、ものごとが成し遂げられる ········· 318
	13.2.1 「ノー」の言い方 ····································· 320
	13.3 現実感を保ち続ける ·· 321
	13.4 クリティカルパスを知る ······································ 323
	13.5 冷酷であれ ·· 325
	13.6 抜け目なくあれ ··· 328
	13.6.1 ゲリラ戦術 ·· 330
	13.7 サマリー ·· 335

14章	中盤の戦略 ··· 337
	14.1 飛行機の前方を飛行する ······································ 339
	14.1.1 あなたの健全さをチェックする ···················· 341
	14.1.2 前方を飛行するための戦術的（日々の）質問 ········· 342
	14.1.3 前方を飛行するための（週次/月次の）戦略的質問 ········· 343
	14.2 安全な行動をとる ·· 346
	14.2.1 表明を破棄する ······································· 348
	14.3 コーディングのパイプライン ································ 349
	14.3.1 挑戦的なパイプラインと保守的なパイプライン ········· 352
	14.3.2 コーディングのパイプラインはバグ修正の
	パイプラインとなる ································· 353
	14.3.3 進捗の追跡 ·· 353
	14.4 動いている標的を狙う ·· 354
	14.4.1 鶴の一声の取り扱い ································· 357

14.4.2　変更のマネジメント（変更管理） ············· 360
　14.5　サマリー ··· 362

15章　終盤の戦略 ··· 363
　15.1　大きな期限は、小さな期限の集合体でしかない ············· 365
　　　15.1.1　終了条件の定義 ································ 367
　　　15.1.2　期日に間に合わせることと飛行機の着陸が似ている理由 ···· 369
　　　15.1.3　ものごとが悪化する理由 ························ 372
　　　15.1.4　アプローチの角度を修正するための大まかな指針 ···· 373
　15.2　測定すべき要素 ······································· 375
　　　15.2.1　日々のビルド ·································· 375
　　　15.2.2　バグ/欠陥のマネジメント ······················ 376
　　　15.2.3　アクティビティチャート ······················ 379
　　　15.2.4　傾向の評価 ···································· 380
　　　15.2.5　有益なバグ指標 ································ 381
　15.3　コントロールすべき要素 ······························· 383
　　　15.3.1　レビューミーティング ·························· 383
　　　15.3.2　トリアージ ···································· 385
　　　15.3.3　ウォーチーム ·································· 388
　15.4　終盤の大詰め ··· 391
　　　15.4.1　リリース候補（RC） ···························· 392
　　　15.4.2　移行と運用 ···································· 393
　　　15.4.3　プロジェクトの検死 ···························· 393
　15.5　パーティタイム ······································· 394
　15.6　サマリー ··· 395

16章　社内の力関係と政治 ····································· 397
　16.1　私が政治を意識した日 ·································· 398
　16.2　力の源 ··· 402
　16.3　力の誤用 ··· 404
　　　16.3.1　力の誤用を発生させるプロセス ···················· 407
　　　16.3.2　モチベーションに起因する力の誤用 ················ 408
　　　16.3.3　力の誤用を防止する ······························ 409
　16.4　政治的な問題を解決する方法 ···························· 410

16.4.1　ニーズの明確化 ･････････････････････････････････････ 411
　　　16.4.2　あなたに必要なものを与える力は、誰が持っているのか？ ･･･ 412
　　　16.4.3　評価 ･･･ 415
　　　16.4.4　影響力を行使する際の戦術 ･･････････････････････････ 417
　16.5　場を知る ･･ 422
　　　16.5.1　自分自身の政治の場を作る ･･････････････････････････ 423
　16.6　サマリー ･･ 425

索引 ･･･ 427

1章
プロジェクトマネジメントの簡単な歴史
（なぜ気にかける必要があるのか）

　プロジェクトをリードする人に「プロジェクトマネージャ」という肩書きを与えていない組織は数多くあります。それでも別に構わないのです。プログラマ、マネージャ、チームリーダー、テスター、デザイナといった人々はすべて、一人で仕事をしているかチームを率いているかに関わらず、日々の作業においてプロジェクト管理を実践しているのです。このため、こういった肩書きの有無はさして重要ではありません。本書の目的は、プロジェクトの成否を分けるものを見つけ出し、プロジェクトを成功に導くリーダーが実践していることをつかみ取ろうというものです。こういった核となる思想や戦略には、特定の組織、肩書き、方法論は必要ありません。つまり、あなたがプロジェクトにおける何らかの成果物に対して何らかの責任を持っているのであれば、こういった思想や戦略の恩恵に浴することができるわけです。もしもあなたの名刺に「プロジェクトマネージャ」という文字が印刷されているのであれば、なおさらのことです。

　本書は、さまざまな話題に特化したエッセイ集、一つの長編物語、ありがちな状況に対するリファレンスという3種類の読み方ができるようになっています。各章では高レベルの課題を順次取り上げ、基本的な枠組みを提供し、その作業を完遂するための戦術と戦略を考察しています。しかし、1章だけは違ったアプローチを採っています。本書の2章以降をスムーズに読み進めるには、3つの大きな話題を知っておく必要があるためです。それを今から説明することにしましょう。

　第一の話題とは、プロジェクトというものの大まかな歴史と、他の人々の経験を学ぶ理由です。第二の話題とは、私がマイクロソフトにおける経験から導き出した、さまざまなプロジェクトマネジメントに共通している背景とも言うべきものです。第三の話題とは、プロジェクトマネジメントに関する根本的な難問と、その解決方法です。これらの話題は後の章で有効なものとなるはずですが、以降の章を理解する上で絶対必要になるわけではありません。このため、1章があまりにも漠然としていると感じたのであれば、

そのまま2章以降を読み進めていただいても構いません。

1.1　歴史に学ぶ

　プロジェクトマネジメントというものの考え方は、大昔からあります。文明の歴史を振り返ってみることで、私たちは数千年に渡って蓄積されてきたプロジェクト経験から多くのことを学べるはずです。つまり、今日のソフトウェア開発者とエジプトのピラミッド建造者やローマ水道の建築家は、一本の線でつながっているのです。プロジェクトマネージャにあたる役割を担う人物は大昔から存在しており、問題を解決する当時なりのテクノロジを採用していました。しかし今日において、ウェブ開発やソフトウェア開発プロジェクトのマネジメント方法を改善しようとする際、こういった過去の教訓に注意を払おうとする人はほとんどいません。近代に近い、限られた歴史しか考慮しようとしないのです。

　エンジニアリングプロジェクトの歴史を振り返ると、ほとんどのプロジェクトに強い類似性を見出すことができます。まず、たいていのプロジェクトには要求、設計、制約があります。そして、それらはコミュニケーション、意思決定、創造的かつ論理的な思考が組み合わさったものに依存しています。また、プロジェクトにはスケジュール、予算、顧客がつきものです。さらに大事なこととして、プロジェクトの中心には、多くの人たちの作業を有益な一つのものへとまとめ上げるマネジメント作業が存在しているのです。プロジェクトの成果物が、HTMLやC++であるか、コンクリートと鉄骨で作られているかどうかに関わらず、ほとんどのプロジェクトの根底には核となる概念が共通して横たわっているのです。

　私は、ウェブ開発やソフトウェア開発といったプロジェクトを率いていく方法に対する好奇心から、この核となる概念に対して真面目な興味を抱くに至ったのです。まず私は、他の分野や業界でプロジェクトの難問がどのように解決されているのかを調査することで、私の業界における解決策と比較できるのではないかと考えました。私は常々、ハッブル宇宙望遠鏡やボーイング777の開発プロジェクトがどのような設計、建造手法を採用したのか知りたいと思っていました。こういった複雑な仕様策定プロセスや計画プロセスから、何かを学ぶことができるのでしょうか？　また、ニューヨーク市のクライスラービル建築時やアテネのパルテノン神殿建築時において、プロジェクトリーダーは現代のプログラマと同じような計画、見積もりを行ったのでしょうか？　何か違いがあるのか、またそういった違いを吟味することで得られるものがあるのでしょうか？

　新聞に掲載する情報を日々計画、整理している編集者はどうでしょうか？　彼らは、ウェブパブリッシングというものが生まれるずっと前から、マルチメディア（写真と文章）を

取り扱っているのです。映画撮影プロダクションはどうでしょうか？　映画『アポロ13』を打ち上げ、いや公開できたのでしょうか？　こういった疑問を吟味していくことで、私はプロジェクトチームを率いていく新たな方法についての思索に耽ることができたのです。

　しかし、こういった疑問を抱いたからといって、明確な答が得られたというわけではありませんでした。このため本書のアドバイスに従ったからといって、あなたのプロジェクトが納期前に成果物を納品したり、優れた計画を立案できるようになるといった具体的なことは約束できません。ただ、さまざまな業界を見た後でソフトウェア業界に目をやると、今までのプロセスやツールを異なった視点から捉えられるようになったのです。私は、今まで考えたこともなかったやり方で、そういったものの変革方法を見つけ出したのです。ここで見つけ出した数多くの有効なアプローチや類似点は、大学のコンピュータ科学の授業で習ったことも、技術関係のカンファレンスや業界紙で見聞きしたこともありませんでした。

　過去の事例調査によって得られた重要な教訓は、以下の3点に絞ることができます。

1. **プロジェクトマネジメントとソフトウェア開発は神聖な芸術ではない**。近代的なエンジニアリング作業が行われるたびに、もの作りの長い歴史に新たな1ページが書き加えられています。テクノロジやスキルは移ろいやすいものですが、エンジニアリングを難しくするものの核心の大半は変わっていないのです。プログラミング言語であろうと開発方法論であろうと、すべてのものには独特の部分と、何かから派生した部分とが存在します。過去に蓄えられた知識をできるだけ有効利用したいのであれば、独特の部分と何かから派生した部分という双方の観点から、それらを吟味していく必要があるのです。
2. **作業をよりシンプルな視点から見ることで、よりパワフルに、より集中できるようになる**。作業をシンプルな視点から定期的に見直すことで、私たちの周りに存在するものごととの有益な比較が可能になり、代替策を考えられるようになります。過去の歴史や近代工業との比較を行ったり、違いを際立たせることによって、さまざまな事例や教訓を引き出すことができるのです。これは日本語でいうところの「初心」、つまり初心者の心†やオープンマインドといった言葉で定義されている考え方に近いものであり、さまざまな武道の本質的心得ともなっています。好奇心を持ち、

---

† 初心とは禅におけるものの考え方です。その説明には、空の器（うつわ）の話がよく引き合いに出されます。器に何かが一杯詰まっている限り、その器には何も新しく入れることができないのです。シュンリュー・スズキ（Shunryu Suzuki）の『*Zen Mind, Beginner's Mind*』†† （Weatherhill刊、1972年）を参照してください。

†† 訳注：邦訳は『禅へのいざない』（PHP研究所刊、1998年）です。

それを全開に保つことで成長することができるのですが、そういった心構えを維持するには不断の努力が必要となるのです。視野狭窄に陥ってしまう、すなわち安易な方向に流れてしまわないようにすることが、学習を続けるための秘訣なのです。

3. **シンプルは簡単ということではない**。一流の陸上選手、作家、プログラマ、マネージャは常に本質を「シンプル」かつ「難しいもの」として理解しています。シンプルは簡単と同じ意味の言葉ではないということを心に刻んでおいてください。例えば、マラソンを完走するということはシンプルな行為です。まず走り始めた後、途中で投げ出すことなく42.195kmを走り抜けばよいのです。これ以上シンプルなことってありませんよね？ このことを考えるだけで、難しいという言葉とシンプルという言葉が同一線上にないことを理解できるはずです。リーダーシップやマネジメントも難しいものの、その本質はシンプルなこと——特定の目標に向かって特定の方法でものごとを成し遂げるだけ——なのです。

今後、さまざまな章でこの教訓に沿った展開を目にするはずです。例えば、私がソフトウェア開発以外のことを例に挙げている場合、それはシンプルな視点から比較を試みているのだと理解してください。また、意思決定やスケジュール作成がシンプルなマネジメント作業であると表現している場合、こういった作業が簡単なのだと言っているわけでは決してないと理解していただければ幸いです。

1.1.1 失敗から学ぶ

> 「人間は他人の経験から学ぶ能力を有しているという点で（動物の中では）ほとんど唯一の存在である。しかしまた、**学習することを驚くほど嫌がる生き物でもある**。」
> ——ダグラス・アダムス

プロジェクトの歴史を学んでいるうちにシンプルな疑問が頭に浮かんできます。それは、失敗や苦難といった苦しみを避けることができるのに、なぜ人は自分からその中に飛び込んでいくのかというものです。この世界では、古今東西のエンジニアリングの歴史が（広く）公開されており、スマートなことを考え出した人が報奨されるような制度もあります。にもかかわらず、過去からの教訓を取り入れた人々に対する報奨制度があるような組織はほとんどありません。なぜなんでしょうか？ そして、毎日どこかでプロジェクトが成功したり失敗している（ほとんどのプロジェクトは失敗しています[†]）のです

[†] ソフトウェアプロジェクトにおける予算、スケジュール、一般的な失敗については、『*The CHAOS Report*』(The Standish Group) が参考文献としてよく登場します。http://standishgroup.com/sample_research/を参照してください。

が、何が起こったかはほとんど省みられていないのです。まるで、ほとんどの組織のマネージャはこの種の知識を探し出してきた人々に対して報奨する気がないかのようです。その理由は、ひょっとしたら彼らが見つけ出してくるものに対する恐れ（そしてそれに対して責任を持つことの恐れ）があるのかもしれません。あるいは、次の新たな作業に取りかかるための時間を、骨が折れる、あるいはイライラするような他人の経験を省みるために費やしたくないだけなのかもしれません。

　ヘンリー・ペトロスキー（Henry Petroski）の著した書籍『To Engineer Is Human: The Role of Failure in Successful Design』†（Vintage Books刊、1992年）では、エンジニアリング分野において、失敗によってもたらされた数多くのブレークスルーが解説されています。こういったブレークスルーが起こる理由として、失敗によって私たちの注意が喚起されるという点を挙げることができるでしょう。失敗は、何かを忘れて去っているのではないかという疑問を私たちに突き付け、前提条件を再吟味するチャンスを与えてくれるのです（プロトタイプが火に包まれているのであれば、どこかに問題があるのです）。カール・ポパー（Karl Popper）††が示唆しているように、世の中には誤った理論と不完全な理論の2つしか存在していません。失敗がなければ、私たちは忘れ、傲慢になり、ものごとに対する理解は思ったほど完全なものにならないのです。

　このため、他人の失敗からできる限り多くを学ぶということになるわけです。私たちは未来を切り拓くための道具として、他人の経験を利用するべきなのです。失敗を表面的に見た場合、その細部はプロジェクト毎に大きく異なっていますが、失敗に至った根本原因やチームの行動は、非常に有益な情報となり得る（そしてそういったものは回避できる）のです。私たち自身のプロジェクトにおいても、失敗から逃げたり隠れたりするような行動は慎まなければなりません。逃げ隠れするのではなく、何かを学習する機会が生まれたと捉えるべきなのです。こういった学習機会を活かすファクタには、どういったものがあるのでしょうか？　そして、どのファクタが重要なのでしょうか？　ペトロスキーによると、大失敗から学び取った真の知識は、人類が手にすることのできる進歩の原動力としては最もパワフルなものです。そして、それは何が起こったのかを注意深く吟味する勇気さえあれば得られるのです。

　世界最大の航空機設計/エンジニアリング企業であるボーイング社では、設計やエンジニアリングの失敗から学んだ教訓を文書化し、ブラックブックという名前の資料として

---

† 訳注：邦訳は『人はだれでもエンジニア ― 失敗はいかにして成功のもとになるか』（鹿島出版会刊、1988年）です。
†† カール・ポパーは、20世紀における高名な哲学者です。http://en.wikipedia.org/wiki/Karl_Popperを参照してください（なお、フリー百科事典『ウィキペディア』（http://ja.wikipedia.org/）にて「カール・ポパー」を検索すると日本語で概要が読めます）。

管理しています。こういったことが行われているのは、同社が失敗の持つ本当の力を理解しているからでしょう†。ボーイング社は会社の創設以来、ずっとこの資料を保管しており、過去の設計から得た教訓を現代の設計者に伝えるために活用しているのです。こういった資料を組織で管理することにより、プロジェクト成功の可能性を広げるだけでなく、失敗を否定したり隠蔽したりせず自由に議論し、問題に取り組めるような環境が生み出されるわけです。ソフトウェア開発者も自らのブラックブックを持つ必要があるのではないでしょうか。

1.2 ウェブ開発、厨房、緊急治療室

　歴史に学ぼうとした場合、教訓は判りやすいものばかりとは限りません。また、何十年もの時を経た教訓には適用しづらいものがあり、今日における作業の実践方法とは大きく異なって見えるものには感情移入しづらいということもあります。こういった場合、近代のプロジェクトから興味深いものを選んで比較するという手が考えられます。これは少しずるい考え方かもしれませんが、こうすることで自らの経験や知見と当てはめながら考えられるようになるのです。直接的な体験を通じてものごとを見ることで、多様なアイデア同士を関係付ける十分な情報が得られるようになるのです。

　例を挙げてみましょう。私の知人のウェブ開発者は、自分のやっている作業が宇宙開闢以来、誰も行ったことのないものであると信じていました。彼は、ウェブ開発が複雑なエンジニアリング上の意思決定（プロジェクトを進めながら設計や調整を行ったり、数時間、場合によっては数分単位で変更確認を行い、その後それを世界に向けて公開する等）を必要とするため、今までのプロジェクトマネジメント手法やタスクマネジメント手法は適用できないと考えていました。また彼は、CSS、XHTML、Flash、Javaおよびさまざまなテクノロジを駆使していることに誇りを感じており、こういったテクノロジによって50年前の偉大なノウハウが陳腐化しているとも考えていました。あなたの周りにもこのような人がいるはずです。また、あなた自身もこの宇宙では誰もやったことのないような複雑なマネジメントを行っていると考えているかもしれません。

　私はこのウェブ開発者に、お気に入りのレストランに行き、お客が詰めかけている時の厨房を見学させてもらうように頼んでみることを示唆しました。厨房を見ることは、色々な理由でお勧めできます（アンソニー・ボーディン（Anthony Bourdain）の素晴らしい書籍『Kitchen Confidential』††（Ecco刊、2001年）をご覧ください）。その際の見どこ

---

†　ジェームズ・R・チレス（James R. Chiles）の『Inviting Disaster: Lessons from the Edge of Technology』（HarperBusiness刊、2002年）より。
††　訳注：邦訳は『キッチン・コンフィデンシャル』（新潮社刊、2005年）です。

ろは生産性です。忙しい時間帯にプロの厨房で繰り広げられている迅速なタスクマネジメントを初めて見た人は、自らの作業の難しさというものを再考させられるはずです。厨房の奥にあるコンロには複数のフライパンが火にかけられ、注文されたさまざまな料理がそれぞれのフライパンで調理されており、その出来具合もさまざまとなっています。そしてコックは、これらのフライパンと格闘しながら、調理台とコンロとの間を往ったり来たりし、ウェイターはお客からの注文やクレームを伝えるために厨房を出たり入ったりしているのです。

こういったさまざまなことが、蛍光灯がまばゆく光り、気温は悠に30度を越える小さく窮屈な部屋で行われているのです。そして、数秒ごとに注文が入ったとしても、料理は今までと同じ時間ででき上がっていくのです。時には、ソフトウェアプロジェクトのように注文がキャンセルされたり、特別な注文が入ったり、ギリギリになっての修正（1番テーブルのお客さんはラクトース耐性がないのでヤギのミルクは使わないで欲しい、2番テーブルのお客さんはソースをかけず、皿の横に添えて欲しい等）も入ってきます。繁盛しているレストランの厨房は、一見の価値があります。初めは大混乱しているように見えるのですが、優れた厨房はたいていの開発チームも舌を巻くほど高いレベルの緊張と精度を保ちながら運営されているのです。

シェフと部下のコックたちは、調理というプロジェクトにおけるマネージャ、あるいはボーディンが言及しているような航空管制官たち（これも私たちの経験と重ね合わせてみるべき職業です）のようなものです。厨房のスタッフは、ソフトウェア開発チームのマネージャよりも規模が小さく、地味な仕事を行っていますが、日々の緊張度は勝るとも劣りません。信じられないのであれば、繁盛しているレストランに今度行った時にでも、厨房の中を覗いていいか店の人に尋ねてみてください。やんわりと断られるかもしれませんが、もしも見せてもらえるのであれば、絶対に見て損はありません。（最近ではオープンキッチンになっているレストランやバーもあります。そういったところであれば、最もよくスタッフを見渡せる席に座ってください。そして誰か一人をしばらく目で追いかけてみるのです。）どのように注文が伝えられ、どのように管理され、どのように調理され、どのように配膳されるのかを見るのです。忙しい時間帯に遭遇できれば、あなたはソフトウェアのバグをどのように公開、追跡、修正するのかということについて、今までとは違った考え方を持てるようになるはずです。

プロジェクトマネジメントにおけるもう一つの興味深い実例は、病院の緊急治療室です。私はディスカバリーチャンネル[†]やPBS[††]で、医師、看護師、専門医で構成された

[†] 訳注：ディスカバリーチャンネルとは、世界最大のドキュメンタリー専門放送局の名前です。
[††] 訳注：PBS (Public Broadcasting Service) は、アメリカのテレビ局が共同運営している非営利メディア局です。

小規模チームがプロジェクトチームとして力を合わせ、病院のドアをくぐってくるさまざまな、そして時には目を見張るような状態の患者を治療するという番組を見たことがあります。ソフトウェアプロジェクトにおいて問題や欠陥を優先順位付けすることをトリアージ†と呼びます。この言葉が、医療分野に由来しているということを考えると、ソフトウェア開発と緊急治療室での医療行為が類似していたとしても驚くほどのことではありません（これについては15章で考察しています）。

医療環境、特に外科的処置を必要とする状況は、チームワークの必要な作業、ストレスの高い意思決定、多くの人々に影響を与える成果物といったものを比較する素晴らしい題材となります（こういった作業と他の作業の大雑把な比較は図1-1をご覧ください）。アトゥール・ガワンデ（Atul Gawande）は、素晴らしい書籍『Complications: A Surgeon's Notes on an Imperfect Science』††（Picador USA刊、2003年）で以下のように書き記しています。

> 我々は医薬品の知識や投薬手順を体系化しようと努力している。しかし、こういったことは不可能なのだ。これは不完全な科学であり、そこには常に変化する知識、不確かな情報、誤りを犯す人間といったものが渦巻いている。我々の医療行為は、確かに科学に基づいてはいるものの、同時に習慣、直感、そして時には古くからある単なる当て推量も併用しているのだ。我々が知っていることと、我々が行おうとしていることの間にはギャップがある。そして、そのギャップが我々の行うことすべてを複雑にしているのだ。

ガワンデの書籍で指摘されているポイントは、ソフトウェア開発においても当てはまります。フレデリック・ブルックス（Frederick Brooks）が著したソフトウェア工学の古典とも言える書籍『The Mythical Man-Month』‡では、外科医のチームとプログラマのチームという同様の比較が行われています。ウェブサイトやデータベースの作業で人命に関わるようなものは滅多にありませんが、複数のメンバーで構成されたチームが直面する難問には重要な共通点が数多く存在しているのです。

1.3　プロジェクトマネジメントの役割

プロジェクトマネジメントという言葉は、専門的な職業、仕事、役割、作業のいずれを

---

† 訳注：トリアージとは、けがや病気の程度に応じて治療の優先順位を決めることです。
†† 訳注：邦訳は『コード・ブルー——外科研修医救急コール』（医学評論社刊、2004年）です。
‡ 訳注：邦訳は『人月の神話——狼人間を撃つ銀の弾はない』（ピアソン・エデュケーション刊、2002年）です。

1.3 プロジェクトマネジメントの役割　9

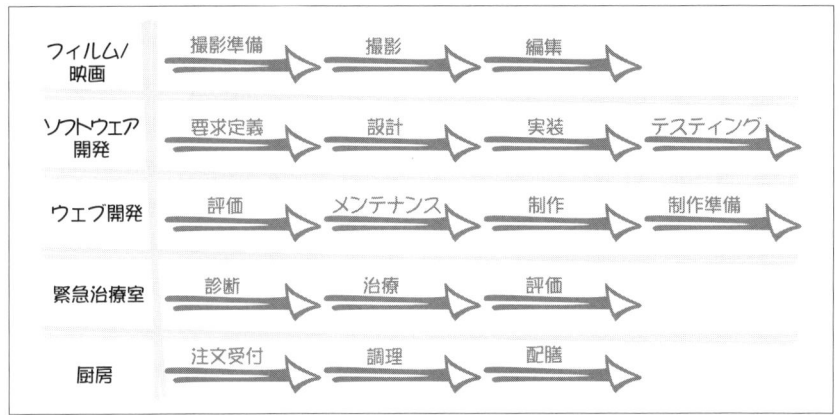

図1-1　多くの分野におけるプロセスは、概念的に似通っています。つまり、すべて時間軸に沿って、計画、実践、洗練となっているのです。（だからといって、治療のために厨房に行ったり、お昼ご飯のために緊急治療室に行かないようにしてください。）

表すものとしても使われることがあります。ある企業では、200人ものメンバーで構成されるプロジェクト全体のまとめ役として、プロジェクトマネージャが任命されています。また他の企業では、現場の初級マネージャにこの肩書きを与え、大規模プロジェクトの一部に責任を持たせています。組織の構造、文化、プロジェクトの目標によって、プロジェクトマネジメントは非公式な役割（「必要に応じて適宜決定する」）となったり、しっかりと定義（「ビンセント君、クロード君、ラファエル君はプロジェクトマネージャ専任だ」）されたりします。

　本書では、プロジェクトでリーダーシップを発揮し、マネジメント作業を行う人を表現する際、**プロジェクトマネージャ**、あるいはPMという言葉を使用します。また、プロジェクト内容（企画、スケジューリング、要求の収集）を示してチームを率いていく作業、設計および開発（コミュニケーション、意思決定、中盤の戦略決定）を通じてプロジェクトを推進していく作業、プロジェクト完了に向けての舵取り（リーダーシップ、危機管理、終盤の戦略決定）を表現する際には、**プロジェクトマネジメント作業**という言葉を使用します。

　あなたの企業では、この種の作業を厳密に定義しておらず、プロジェクトマネージャやPMという言葉を「プロジェクトマネジメント作業を行う人（専業でない場合もあり）」や「プロジェクトをマクロな視点から見る人」として使っているかもしれません。私も、こういった作業がさまざまな方法を用いてチーム内で分担されるさまを見てきました。しかし、本書ではこういったケースを区別しようとはしていません。本書は、肩書きや定義といったことに目くじらを立てず、ものごとを完成させる方法に着目するようにして

います。そして、**プロジェクトマネージャ**や**PM**という言葉を使って、表現をシンプルに保ち続けようとしているのです。

専任のプロジェクトマネージャがいない場合であっても、プロジェクトをうまく遂行できることがあります。この時、プログラマとその上司はスケジュールとエンジニアリング計画（あれば）を守り、ビジネスアナリストやマーケティング担当者が企画や要求の洗い出しを行っていることになります。つまり、プロジェクトマネジメント作業がチーム全体に分散されていることになるわけです。このチームを構成するメンバーの興味は、おそらくコードの記述だけに留まっていないのでしょう。彼らは初期の計画、ユーザーインタフェース設計、ビジネス戦略の立案といった作業を嫌がっていないのかもしれません。こういった方法で作業が可能な場合、チームは著しく最適化されていることになります。メンバー全員がものごとを作り上げるという責任を持ち続け、プロジェクトマネジメント作業を分担する限り、このチームはプロジェクトマネージャを必要としないのです。そして、効率とシンプルさがもたらされるのです。

こういったケース以外で、プロジェクトマネージャが不在の場合、機能不全が引き起こされます。専任のリーダーがいない場合、ものの見方や興味における個人差によってチームの針路がずれてしまうのです。エンジニアリング担当とビジネス担当の間に起こる不和によって、チームメンバー全員の足が引っ張られ、フラストレーションが高まることになります。病院の緊急治療室を考えてみましょう。ここでは1人の医者が患者の治療方針について決定します。これによって多くの決定が効率化され、外科手術チーム全員の職務が明確化されるのです。こういったプロジェクトマネジメント作業を必要とする問題に対して、明確な権限を有した担当者がいない場合、開発チームは問題に巻き込まれる可能性が出てくるのです。バグの優先順位付けを行う権限を有する担当者がいない場合、あるいはスケジュールを管理したり問題を消し込む担当者がいない場合、プログラミング作業が大きく遅れる可能性もあるのです。

優秀なプログラマの多くは、こういったプロジェクトマネジメント作業を自分たちで行うことの重要性について理解していますが、専任の担当者がマネージャの役割をこなすことについての価値も認めているのです。

1.4　マイクロソフトにおけるプログラムマネジメントとプロジェクトマネジメント

1980年代後半のマイクロソフトでは、エンジニアリングの取り組みと、マーケティングやビジネスの取り組みとを摺り合わせる方法が模索されていました（これは未だにマイクロソフトやその他多くの企業にとっての課題であると主張する人もいます）。その時、

1.4 マイクロソフトにおけるプログラムマネジメントとプロジェクトマネジメント

ジェイブ・ブルメンタールという賢い人が、2つの役割、すなわちリーダーシップ役と調整役という特殊な作業の必要性に気付いたのです。彼は計画段階の最初からテスティングの最後まで、ずっとプロジェクトに関与し続けました。プログラマとともに作業し、彼らからの尊敬を得るには、技術的な素地が必須となる上、成果物がどのようにして生み出されていくのかという一歩下がった視点からものを見る才能や熱意も必要となります。

こういった特殊な作業をこなす人物は、プログラマとともに作業し、彼らからの尊敬を得るだけの技術的な素地を持っているだけではなく、製品完成までの多様な作業にあたることのできる才能を備え、かつ、それらの作業に対する興味を持っている必要があります。また、こういった役割を担う人物は、仕様書の記述、マーケティング企画のレビュー、プロジェクトスケジュールの立案、チームの指揮、戦略の立案、バグ/欠陥の優先順位付け、士気の鼓舞、誰かが（ちゃんと）作業できていない場合のフォローといったさまざまな作業を苦もなくやり遂げる必要もあります。ジェイブがその必要性に気付いたこういった新たな役割は、マイクロソフト社内で**プログラムマネージャ**と呼ばれるようになりました。マイクロソフト社内では、チームのメンバーはプログラムマネージャに直接報告を行う義務が課せられていないものの、プログラムマネージャはプロジェクトの先導と舵取りに対して大きな権限が与えられています。（この考え方をマネジメント理論に従って解釈すると、構成員の報告階層を機能に基づくものとプロジェクトに基づくものの2系統に分割するマトリクス型組織[†]と考えることができます。つまり、プログラマやテスターといった構成員は、自らの機能的役割を主体にした一次的な関係と、作業プロジェクトを主体にした二次的な（しかし強い）関係を持つことになるわけです。）

ジェイブはこの役割をMultiplan（後にExcelと呼ばれるようになった製品です）という製品開発プロジェクトで実践し、成功を収めました。ビジネスチームと協調することで、エンジニアリングプロセスおよび開発プロセスの品質は向上し、社内のあちこちから称賛の声が寄せられました。そして、多くのメモが飛び交い、打ち合わせが行われた後、社内におけるほとんどのチームがこの役割を採用するようになったのです。Multiplanという製品に関するあなたの意見はともかくとして、このアイデアは筋が通っているのです。雑用係や太鼓持ちではなく、リーダー役と舵取り役という2つの役割を果たすジェネラリストを現場に導入することで、開発チームの力学に変化がもたらされたのです。私がマイクロソフトで積み重ねた経験のほとんどは、このプログラムマネージャという役割で

[†] マトリクス型組織や他の組織形態についての優れた説明は、スティーブン・A・シルビジャー (Steven A. Silbiger) の『*The Ten-Day MBA*』[††] (William Morrow and Company刊、1993年) のp.139-145を参照してください。ただし、マネジメント理論に関する他の書籍でも、ほとんどの場合これについて解説されているはずです。

[††] 訳注：邦訳は『10日で学ぶMBA』（ソフトバンククリエイティブ刊、2002年）です。

あり、この役割を通じてInternet Explorer、MSN、Windowsといった製品開発チームに関与してきました。また、こういった役割を担う人たちのチームを管理することも経験しました。

プロジェクトマネジメントをここまで突き詰めた組織はそう多くないはずです。私がやり取りを行った多くのウェブ開発企業やソフトウェア開発企業でも、（エンジニア、営業、場合によっては設計者で）こういった類の役割を担っていた人はほとんどいませんでした。多くの企業でも、作業を組織的に行うためにチームを階層化していたものの、ほとんどはエンジニアリング階層とビジネス階層を意図的につなぐような役割が定義されていませんでした。今日、マイクロソフトには5,000人を超えるプログラムマネージャがおり（全従業員数は50,000人以上います）、このアイデアの持つパワーは一部で希釈（場合によっては誤用）されているものの、その核となる精神は多くのチームやグループに受け継がれているのです。

私の名刺に印刷されている肩書きが何であるかとは関係なく、また、あなたがマイクロソフトの智恵を信じる、信じないに関わらず、私のプログラムマネージャとしての仕事は、プロジェクトマネジメント作業を日々実践していくことだったのです。私の責任をひとことで言えば、（誰がプロジェクトに貢献するかに関わらず）全力を尽くしてプロジェクトを成功させるということであったわけです。本書では、プロジェクトを成功に導くための核となる作業を、初期の計画立案（3章、4章）から、仕様書の記述（7章）、意思決定（8章）、実装作業のマネジメントとリリース（14章、15章）に至るまで、順を追って解説しています。

こういったスキルを身につけるには、ある種の態度と性格的資質に目を向ける必要があります。こういった気付きが無ければ、プロジェクトのリーダーやマネージャはとても不利な状況に直面することになるのです。

1.5　プロジェクトマネジメントにおけるバランス感覚

優れたプロジェクトマネージャを見つけることが難しいのは、そういった職務を全うする上でバランスの取れた態度が必要となるためです。トム・ピーターズ（Tom Peters）の『Pursuing the Perfect Project Manager』[†]（完璧なプロジェクトマネージャの追求）というエッセイでは、こういった態度が両極端になった状況をパラドックス、あるいはジレンマと呼んでいます。要求される態度は状況に応じて異なってくるため、この名称

[†] http://www.tompeters.com/col_entries.php?note=005297&year=1991を参照してください。

は適切なものと言えるでしょう。プロジェクトマネージャは、こういった態度の存在に気付くだけでなく、適切な状況下で適切な態度を取るという本能を磨いておく必要があるわけです。そしてこういった考え方から、プロジェクトマネジメントは芸術であるという考え方が生まれるのです。バランスをうまく取るには、直感、判断、経験が必要となるのです。以下は、ピーターズのエッセイから導き出した、こういった態度の概要です。

- **エゴ/非エゴ**：プロジェクトマネージャには多大な責任が課せられるため、自らの作業から個人的満足感を導き出そうとすることがしばしばあります。プロジェクトを遂行するために彼らが多大な感情的投資を行っていることは理解できる上、多くの場合は、この感情的投資によって、効率の追求を可能にする緊張感というものが維持されるのです。しかし、プロジェクトマネージャは感情的な投資を行うと同時に、プロジェクトよりも自分自身の興味を優先させてしまうことがないように注意するべきです。重要な仕事や面白い仕事を積極的に人に任せることで、称賛や報奨をチーム全体で分かち合うようにするべきなのです。エゴはプロジェクトの推進力になり得るものですが、プロジェクトマネージャは自らのエゴが障害となってきた時を見極めなければならないのです。
- **独裁/委譲**：ある種の状況で最も重要なことは、権限の明確化と迅速な対応です。プロジェクトマネージャは自信を持ち、毅然とした態度でチームの行動を制御したり何らかの行動を強制しなければなりません。しかし、まず目標とすべきは、こういった極端な状況が発生しないようにすることです。プロジェクトのマネジメントが健全であれば、作業が効率的に委譲され、協力してものごとを作り上げていく環境が生み出されているはずなのです。
- **曖昧さの許容/完全性の追求**：どのようなプロジェクトでも、初期の段階では未知のものが既知のものを上回っているため、極めて流動的であり、不確定要素も数多くあります。5章、6章で考察しているように、統制された曖昧さは優れたアイデアを洗い出す上で必要不可欠なものです。プロジェクトマネージャは、こういったことを管理しない場合であっても、留意しておく必要があります。しかし、こういったものが不要となる場合、特にプロジェクトの後半では、規律と正確さが最優先事項となります。つまり、完全性を追求するべき時と、月並みな解決策や拙速の解決策で十分という時を見極める智恵が必要となるのです。(「8.2　選択肢の発見と重み付け」を参照してください。)
- **口頭/文書**：ほとんどのソフトウェア開発組織では電子メールに比重を置いているものの、口頭によるコミュニケーションスキルは、依然としてプロジェクトマネジメントに欠かせないものとなっています。打ち合わせ、交渉、廊下での議論、ブレインス

トーミングというものが無くなることはないため、プロジェクトマネージャは面と向かった対話によって効率的にアイデアを理解したり伝達したりする必要があるのです。一方、組織やプロジェクトの規模が大きくなると、文書化のスキル（そしてそれを使う意思）が重要になってきます。プロジェクトマネージャの個人的な好みとは関係なく、コミュニケーションの効率を重視し、文書を使うべきか、口頭によるべきかを見極める必要があるのです。

- **複雑さの容認/簡潔さの支持**：多くの人々が複雑さの犠牲となっています。人は組織上やエンジニアリング上の複雑な難問に直面した時、詳細の海に溺れて全体的な展望を見失ってしまうのです。また、複雑さを否定し続け、細かく込み入った部分を理解しようとしなかったため、誤った決定を下してしまう人もいます。このため、プロジェクトに対するいずれの観点が当面の問題や意思決定に有効となるのかを認識し、気軽に両者を切り替えられるようにしておくか、（あなたの頭を爆発させることなく）常に両者を頭に入れておくことになります。プロジェクトマネージャは、信頼性の高い優れたコードを作成する上で必要となる複雑化を抑えることなく、シンプルさと明確さに向けて努力するよう、チームを説得しなければならないのです。

- **焦り/忍耐**：プロジェクト遂行中、チームが作業に打ち込み、集中し続けられるよう檄を飛ばすのがプロジェクトマネージャの役目です。しかし、ある種の状況において、焦りはプロジェクトの大敵になります。政治的、部門横断的、官僚的な活動によっては、時間の浪費となる状況が避けられない場合もあるのです。誰かが部屋にいなければならなかったり、会議に呼び出されたりした場合、ひたすら忍耐することが必要となります。このためプロジェクトマネージャは、いつ檄を飛ばし、いつ黙って見守るのかということを見極めるためにバランス感覚を磨かなければならないのです。

- **勇気/恐れ**：勇気のある人とは恐れを知らない人のことを指すというのは、アメリカ文化における最大の勘違いです。これは大きな間違いなのです。勇気とは、恐れを感じても何らかの行動を起こせるという資質を指しているのです。プロジェクトマネージャは、悪化しそうなすべてのものごとに対して健全な関心を持ち、それらすべてが完全に起こり得ることであると考えておかなければなりません。プロジェクトマネージャはその上で、そういった関心事によって引き起こされる難問に取り組むために必要となる勇気を併せ持っておく必要があるのです。

- **信者/懐疑論者**：自らの仕事に信念を持つリーダーは、誰からも尊敬され、チームの士気を大いに高めることになります。プロジェクトマネージャにとって、自らの作業に自信を持つこと、そしてその作業によって達成される目標の真価を知ることは重要です。しかしそれと同時に、ものごとの実行状況や達成方法については、懐疑論者（皮肉屋ではありません）になる必要もあります。誰かが調査し、疑問を投げかけ、前

提を明らかにして、難問の存在を知らしめなければならないのです。こういった作業を行うにあたっては、現行の作業に対するチームの信念を揺るがせることなく、積極的に疑問を投げかけ、他者が置いた前提に挑むことのできるようなバランス感覚を持つ必要があるわけです。

ピーターズのエッセイでも指摘されているように、こういったスキルすべてを備えた人材が見つかることは滅多になく、これらのスキルをバランスよく発揮できる人材が見つかる可能性はさらに少ないはずです。PMが起こす過ちの多くは、こういった力のバランスについて見誤ることで生み出されているのです。しかし、認識力や理解力を向上させることで、バランス感覚を向上させることができます。これ以降、上記のパラドックスに言及することはありませんが（と言いながら、何度かは出てきます）、頭の片隅に置いておいて損はないはずです。こういったパラドックスを考えることで、一歩下がったところから、自らの行っていることとその理由を再考し、よりスマートな決定を下せるようになるのです。

1.6 プレッシャとプロジェクトの敵

成功には変化が伴うという事実は、初めてプロジェクトマネジメントを行う人にとって恐怖に感じられるかもしれません。新たなプロジェクトというものは、この世界における何らかのものを変更、創造、破壊する目的で開始されます。つまり現状維持は、何らかの理由でそれが明示的な目標になっていない限り、成功とは言えないのです。ウェブサイトやプロジェクトが、それを取り巻く環境の変化に追随できず、結果的に去年よりも悪い実績を残したというのであれば、それは目標設定を誤ったか、プロジェクトの遂行に失敗したかのいずれかということになってしまうのです。

こういったプレッシャは、プロジェクトマネージャという役割にはつきものであり、無視することはできません。ただ漫然と座っているのではなく、改善しようと努力してください。新たな考え方、学習や適用すべき話題、仕事をより楽しく効率的に行う新しいプロセスというものは、いつの世にも存在するのです。こういったことは、マネジメントというよりも、リーダーシップというスキルの範疇ですが、あまり区別する意味はないでしょう。両者を区別しようとしたところで、マネジメントにはリーダーシップというスキルが必要であり、リーダーとなるにはマネジメントというスキルが必要となるのです。プロジェクトマネジメントを行う人は、職務内容説明書に何と記載されていようと、双方のスキルを必要とするわけです。

ここでプレッシャの問題に戻りますが、リーダーシップの必要な時（例えば、チームや

プロジェクトが何らかの意思決定を必要としている時)、チームの活動を円滑にしようとしたり、自ら作業に参加しようとしたりせず、尻込みして身を引いてしまうマネージャが数多くいます。遠いところから状況を見て、記録を取っているだけなのであれば、それは雑務担当と何ら変わりがありません。リーダーシップを発揮すべき人間が、常に問題から身を遠ざけてプレッシャを回避しているのであれば、それはチームを率いているのではなく隠れているだけなのです。無能な、またはプレッシャから逃げるPMは、プロジェクトに利益をもたらさないため、プロジェクトの片隅に追いやられてしまう傾向にあります。

1.6.1　プロセスと目標を取り違える

　こういった状況において、数値化する必要のないものまで数値化しようとしようとするPMもいます。何をしてよいか判っていない、あるいはやるべきことに恐れを抱いている場合、二次的な作業に時間をかけてしまうのです。そしてPMは、プロジェクトとの間の溝が深まるにつれて、不必要なまでに図表、チェックリスト、報告書に依存していくことになるのです。これがある時点にまで達すると、そのPMはこういったデータやプロセスこそがプロジェクトであると信じ始める場合もあります。彼らは、重要な作業（プログラミングへの取り組みやスケジュール）ではなく、実行しやすく重要度の低い作業（スプレッドシートや報告書）に注力してしまうのです。ある種の手続きを実行し、チェックリストから作業を消し込んでいくだけでプロジェクトの成功が保証されるという信念が作り出されているのかもしれません（皮肉っぽく表現すれば、失敗してもそれはPMの失敗には当たらないというわけです）。

　優れたプロジェクトマネージャは、混乱をできるだけ避けようとして、自らの作業範囲を定義することに抵抗します。彼らは、プロジェクトマネジメント作業とプロジェクト自体の間に明確な黄色い線を引こうとしないのです。特定の成果物を保証する明確なプロセスが存在するのであれば、チェックリストと首っ引きになる意味があるかもしれませんが、そんなプロセスは存在せず、現実に存在するものは、目標、山のような作業、チームメンバーだけなのです。役割をうまく定義すれば（9章を参照してください）、作業を中心とした人の組織化はできますが、そういった役割分担自体が目標になるわけではありません。また、チェックリストを使えば、目標に向けた作業の進行を支援することができますが、チェックリスト自体が目標になるわけではないのです。プロセスと目標を取り違えることは、マネジメントにおける大罪の一つです。私も気がつくべきでした。実際にそういったことをしていたのですから。

　ずっと前、私はInternet Explorer 4.0のプロジェクトで、ユーザーインタフェースに関する複数の分野を担当するチームのPMを任されていました。当時の私は、これほど大

きな仕事を任されたことがなかったため、大きなプレッシャにさらされていました。そんな中、すべてを書き記したチェックリストがあれば、絶対に失敗することはないという誤った信念を持ってしまったのです。プロジェクト内の作業を注意深く追跡する必要があったとは言うものの、私は極端に走りすぎていたのです。そして私は、データをさまざまな角度から検討するため、複雑なスプレッドシートを作成し、私の部屋の中にある大きなホワイトボードを表やリストで埋め尽くしました（そして追加のホワイトボードも発注していました）。

最初のうちはプロジェクトが順調に進んでいたため、上司は私が何をやっているのか気付いていませんでした。しかし、私がチームよりもチェックリストとプロセスに時間を割いていることを知った時、大きな赤旗（警告サイン）を振ったのです。ある日、彼は私の部屋に入り、室内のすべての壁に貼られた、滑稽なほど巨大なチェックリストと表を見た後、私を座らせてドアを閉めました。そして、「スコット君、こういったものも悪くないが、君のプロジェクトってーのは君のチームそのものなんだよ。チェックリストではなくチームをマネジメントするんだ。このチェックリストがチームのマネジメントに役立つのであれば、それは素晴らしいことだ。しかし、君のやり方ではすぐにチェックリストのマネジメントをするために君のチームを使うことになるだろう」と言ったのです。

プロジェクトマネージャは、プロセスや方法論に注力するのではなく、チームに注力するべきなのです。シンプルな計画や追跡システムも確かに使用するべきですが、それらはプロジェクトの複雑さやチームの文化に応じたものであるべきです。より正確に言えば、計画や追跡システムは、チームがプロジェクトの目標を達成するために役立つものでなければならず、邪魔をするものであってはならないのです。PMがチームに注意を払い、チームの信頼を得ている間は、作業、プロセス、報告書、チェックリスト、その他プロジェクトマネジメントに必要となるものが漏れていたとしても、問題が深刻化する前に自ずと明らかになるのです。

10章で考察するように、書籍に書かれていた、役員が言った、あるテクニックが先月あるいは去年採用されたという事実があったとしても、そういったものが今すぐ適用できることにはなりません。チームやプロジェクトは毎回異なったものであるため、過去の判定を見直すだけの十分な理由というものがあるのです。方法論やプロセスに頼りすぎてはいけない理由は、フレデリック・ブルックス（Frederick Brooks）の『The Mythical Man-Month』†に書かれているように、坂道を転がる雪玉のように不要なものが巨大

---

† 訳注：邦訳は『人月の神話——狼人間を撃つ銀の弾はない』（ピアソン・エデュケーション刊、2002年）です。

化し、チームをタールの沼に引きずり込もうとするためです。プロセスがプロセス自体のマネジメントを必要とするようになると、プロジェクト本来の作業をマネジメントできなくなってしまうのです。チームリーダーやプロジェクトマネージャは、チームを官僚主義化させないようにする力、あるいは（逆説的に表現すれば）手続きと委員会主導形式の意思決定という無限ループに向けてチームをフルスロットルで突進させるような力をその手に握っているのです。

1.7 正しい関与の仕方

　フォーチュン500社の役員からスポーツチームのコーチにいたるまで、すべてのマネージャは自ら関与しすぎるという弱点を持っています。彼らは、心のどこかで自身が間接経費を食いつぶしていることを理解しているため、罪滅ぼしのために最も手軽な（しかし間違った）方法でやみくもに関与してくるのかもしれません。これによって、細かいところまで管理したがるマイクロマネージャと呼ばれる人たちが量産されている理由を説明できます。また、実力の伴わないマネージャほど、手っ取り早く管理を行おうとして、部下に対して権限を濫用します（極端な場合では、注意力不足であるとして部下を叱責したりもします）。こういった情緒不安定なマネージャとも言うべき存在は、産業革命の時期にマネージャが製造現場にいなかったという歴史的事実に由来しているのです。彼らは、自らの手で何かを生産できるわけではなく、マネージャとして期待されている人材でもないのです。

　マネージャは、工場やソフトウェア企業における作業員やプログラマとは異なり、定められた作業に貢献するために雇われているわけではありません。リーダーやマネージャは、周囲にいる人々の価値を増幅するために雇われているのです。どのようにして付加価値を生み出すのかは、現場の作業内容によって異なっています。しかし、多くのマネージャが元プログラマであり、現場から引き抜かれてマネジメントを行うようになっている現状を考えると、リーダーシップを発揮したりマネジメントを行うよりも、コードの記述に対する自信とスキルの方が勝っていることも多いはずです。

　マネージャは、野球チームにおけるコーチと同様に、通常の選手とは異なった貢献をすることが期待されています。例えば、議論の仲裁を買って出たり、チームが政治的な議論に巻き込まれないようにするといったことが考えられます。また、優れた計画を立案したり、予想もしなかったような状況からの立て直しを図るうまい方法を考え出すこともその一例です。ただ、こういった貢献を数値化することは難しいため、多くのPMは自らの曖昧な役割と格闘することになるのです。マネージャという立場は、非難を一身に受けますし、隠れる場所もありません。そのようなマネージャという立場にあって、

チームリーダーとして効率的に働きつつ幸福感を得るためには、信念、自信、自覚のすべてが必要となってくるのです。

1.7.1　あなたの観点からの強み

　PMならではの強みを見つけ出す最もよい方法は、現場以外から得ることのできる情報を活用することです。PMは自らの職務を遂行する際、チームのさまざまなメンバーと作業する時間を誰よりも多く持てるため、多くの情報源を開拓し、プロジェクトに対する幅広い観点を自然に得ることができるようになります。また、プロジェクトの技術的な側面とビジネス的な側面の双方を理解しているため、必要に応じてチームの通訳を買って出ることもできます。幅広い観点に立つことで、適切なメンバーに対して適切なタイミングで重要な情報を運び届けることが可能になるのです。この効果を実感していただけるよう、私の経験をお話ししましょう。

　各プログラマに割り当てられている個室の前の廊下を歩く際、私はいつも、ドアの開いている部屋に立ち寄るようにしています。そしてたいていの場合は、ちょっとした世間話を楽しみ、談笑した後、作業内容を見せてくれるように頼んでみることにしています。彼らが承諾してくれた場合、そのデモや成果物を見ることになります。こういったことを数日おきに続けると、たった数分のことであってもプロジェクトの実際の状況が見えてくるようになるのです（9章では、足を使ったこういったマネジメントの実践方法を考察しています）。

　IE 5.0プロジェクトを担当していた時の話です。ある朝、私はフレッドというプログラマの部屋に立ち寄りました。彼はちょうどスティーブというプログラマと、新しいリストビューコントロールを正しく動作させる方法（今朝見つかったばかりの予期せぬ互換性問題）について議論している最中でした。私が聞いている範囲では、回避策の模索に半日以上はかかりそうであり、2人とも自分の仕事を増やしたくなさそうでした。私は鼻を突きだして、彼らが何を議論しているのかを聞いてみました。すると彼らは首を横に振り、「なんでこんなことに首を突っ込むんだ」と言わんばかりの顔をしました。そこで私は彼らに向かって、廊下を下ったところにいるビルと話をしてくるようにと告げました。私ごときには簡単に理解できない特殊なアーキテクチャ上の問題を議論していると考えていた彼らは、またも訳が分からないという顔をしました。私は笑いながら「今、彼の部屋に寄ってきたんだけど、彼のマシン上では新しいツリーコントロールが完璧に動作していたんだ。昨日の晩に、問題にブチ当たったらしいんだけど、他の作業項目の一部として問題を解決したんだってさ」と答えたのです。

　この短いストーリーはもちろん、私が世界を救ったとか大惨事を未然に防いだという自慢話ではありません。私が情報伝達を行わなかったとしても、数時間から半日が無駄

になっただけでしょう（とは言うものの、8章で考察しているように、スケジュールは少しずつ遅れていくのです）。しかし、そういったことがポイントではないのです。優れたプロジェクトマネージャは、チームの状況とチームを取り巻く世界の状況にとって有益となる、ありとあらゆる種類の情報を入手し、その情報を使ってメンバーの仕事が完了するように手助けするのです。このストーリーのように、ほんのちょっとした情報をタイミング良く流すだけで、ありきたりのチームが優れたチームに、優れたチームが偉大なチームへと変貌するわけです。プロジェクト管理システムやバグ管理システムを完備しても、お互いがやっていることを知らせ合う必要性がなくなるわけではありません。ソーシャルネットワークはテクノロジによるネットワークよりも常に強力（そして場合によっては高速）なのです。プロジェクトのビジョン、機能一覧、スケジュールといった大きな難問は、常にたくさんの小さな難問として降りかかってきます。そして、そういった小さな難問はチーム内の知識や情報流通をスムーズにすることによって解決していくことができるのです。プロジェクトマネージャは、こういった情報流通を活発かつ健全にするという重要な役割を担っているわけです。

とはいえマネージャの行動と決断は、難問の大きさに関係なくチーム全体に明確な利益をもたらすべきです。効果が目に見えてくるまでには1週間から1ヶ月かかるかもしれませんが、優れたプロジェクトマネージャは、作業の質と、しばしば関係者全員のQOL（Quality of Life：生活の質）を向上させるのです。メンバーは自らの作業に対して異なることを感じるようになり、作業内容とその作業を行う理由をより深く理解するようになり、次に行う作業に対してよりポジティブな感情を抱くようになります。この種の変化は、打ち合わせ、意思決定、議論の場において起こるだけではなく、プロジェクトの進捗とともに、チームの雰囲気や活発さにも大きな影響を与えるのです。

1.7.2　プロジェクトマネージャはユニークな価値を生み出す

この結果、優れたマネージャやリーダーはしばしば、プログラマ、テスター、設計者、営業担当者、ドキュメント作成担当者から尊敬されることになります。PMは、チームによい影響を与える考え方、戦略、リーダーシップを、他者がおいそれとは真似できないやり方で提供するという偉業を成し遂げる必要があるのです。これには、日々の作業を簡素化したり、うまく最適化することや、適切な時に適切な方法で人々を鼓舞したり、奨励するといったことも含まれています。PMはこういったことを実践しなければならないのですが、スーパーマンであったり、頭脳明晰である必要性はありません（それは私自身もよく判っています）。自らの立場というもののメリットを理解し、それをうまく使うだけのです。

ここにシンプルで議論の余地もない事実が一つあります。それは、プロジェクトマネー

ジャやプロジェクトリーダーが、チームの各メンバーと最も長い時間を過ごしているという事実です。PMは誰よりも多く打ち合わせを行い、誰よりも多くメンバーのオフィスに立ち寄り、誰よりも多くメンバーと話をしているのです。そして、PMは誰よりも多く意思決定を行い、また意思決定に影響を与えることができるのです。また、PMの喜怒哀楽は、会う人々すべてに影響を与えます。PMがプロジェクトにもたらすものは、良きにつけ悪しきにつけ、チーム内に伝染していくのです。

このためプロジェクトマネージャが、何かに注力する場合、何かを表明する場合、何かに熱狂する場合、成功できるだけの有能さを持ち合わせている場合、他のメンバー全員も同じように振る舞う可能性が高くなるのです。こういった力は、どのようなマネージャでも持っているものであり、たいていの作業環境で大きな価値を生み出すことができるのです。ここまでで解説した態度とアイデアを磨くには、リーダーやマネージャという役割を担うのが一番です。私は、プロジェクトマネージャが、プログラマ部隊を戦場に導くことのできるカリスマ性を有した、恐れを知らないヒーローでなければならないと主張しているわけではありません（「11.7.3　ヒーローコンプレックス」を参照してください）。そうではなく、チームメンバーの宿題を手伝ってあげたいと純粋に思い、それがうまくいくよう懸命に努力するだけで十分なのです。

つまるところ、誰も傷つけず（競合他社は除きます）、チームに正しく関与している限り、よいものを作り上げるということだけを考えていればよいというのが、私の信じている核となるアイデアです。プラスの成果物が生み出されている限り、あなたがどれだけのアイデアを思いつき、誰かがどれだけのアイデアを思いついたのかは関係ありません。プロジェクトマネジメントとは、プラスの成果物を迅速に生み出す可能性を高めるために必要となる、ありとあらゆる手段を使用するということなのです。私が愛用している日々のマントラは、「いい仕事をしよう」というものです。チームメンバーと廊下ですれ違ったり、ホワイトボードの前でプログラマと仕事をしていると、みんなが「やぁ、スコット、何やってんだい？」と声をかけてきます。すると私は「いい仕事をやってるんだ」と笑いながら応えるのです。私にとって、これが毎日の仕事の大部分となり、マネジメントを行うことで、この態度はチーム全体に広まっていくのです。以降では、章毎に特化した話題を扱っています。各章を読み進むにつれて、こういった態度や核となるアイデアの広がっていくさまを実感していただければ幸いです。

1.8　サマリー

各章の終わりでは、読後に内容を調べる際に役立つよう、キーポイントを短いサマリーとしてまとめています。

- プロジェクトマネジメントは、大昔からさまざまな分野に存在していました。
- 初心を忘れなければ、より多くの学習機会が得られます。
- プロジェクトマネジメントは仕事、役割、作業となり得ます（本書のアドバイスはどの場合においても有効となります）。
- プログラムマネジメントは、マイクロソフトにおいて厳密に定義されたプロジェクトマネジメントの役割です。これはマトリクス型組織のアイデアから派生したものです。
- リーダーシップとマネジメントには、複数の共通するパラドックスに対する理解と洞察が必要です。これには、エゴ/非エゴ、独裁/委譲、勇気/恐れといったものが含まれています。
- マネジメント作業において、うぬぼれや関与しすぎに気を付けてください。このプロセスはチームをサポートするということであり、それ以外であってはなりません。
- あなたが専任のマネージャなのであれば、チームやプロジェクトにおいて、あなたのユニークな立場を強みにする方法を探し出してください。

I部　計画

2章
スケジュールの真実

　人はよく遅れます。ごくたまに、あるいは週に数回、数分間遅刻するだけなのかもしれませんが、人は日々のスケジュールでちょくちょく遅れるのです。（ただ、否定は人類の持つもう一つの偉大なスキルらしいので、この主張は自分に当てはまらないとあなたが主張したとしても、私は文句を言うつもりはありません。）高校生は授業に遅刻し、大人も仕事の打ち合わせに遅刻し、友人は飲み会にも10分遅れて現れます。ひょっとしたら、時間通りという言葉は特定の瞬間を指しているのではなく、ある一定の時間範囲を指していると無意識のうちに思っており、人によってその時間範囲が短かったり長かったりするのかもしれません。レストランのウェイトレスも興味深い例です。すぐにテーブルを準備する†と言ってはくれるものの、かなりの間待たされることがちょくちょくあります。また、電話口で待たされたり、病院の待合室で待たされたりといったさまざまな状況での遅れを経験すると、スケジュールというものが、そもそも思い通りに行かないものだと思うようになってしまいそうです。

　同様に、多くのプロジェクトが遅延するのも驚くべきことではありません。私たち人間という生物が作成してきたプロジェクトのスケジュールを振り返ると、時間通りにものごとを達成、授受できたと胸を張って言えることがほとんどないと判ります。私たちは不確かな前提と理想的な状況に基づいて成果物の見積もりを行い、それと同時に、スケジュールを参照、作成する際には（過去の経験に基づいて）過度の信頼を置かないように注意しているのです。こういったことを行う理由、それがプロジェクトのスケジュー

---

† ピッツバーグのPizzeria Unoというピザ店に友人と行った時、10分でテーブルの準備ができると言われました。きっかり10分後、私の友人チャド・マクダニエルはテーブルの準備ができたかどうか店員に尋ねました。するとその店員は10分でテーブルの準備ができると答えたのです。そこでチャドは「その10分ってぇのはさっきの10分のことか、別の10分のことかどっちなんだい？」と茶化しました。もっともその店員はジョークと思わなかったようですが。

ルにもたらす影響、これらの問題を避けるためにできることが、この章での主題となります。

ただ、よりよいスケジュールの作成方法を見出す前に、スケジュールが解決しようとしている問題とは何かということを考えてみなければなりません。スケジュールが信頼できないというのであれば、なぜ時間をかけてそんなものを作るのでしょうか？　実際のところ、スケジュールの目的は数多くあり、作業の所要時間を予測するという目的はそのごく一部でしかないのです。

2.1 スケジュールの3つの目的

週末のパーティーを計画する、イントラネットサイトの更新を行うといったものを含むすべてのスケジュールには、3つの大きな目的があります。まず第一の目的は、いつものごとが完了するのかを表すという最も有名なものです。これによって、来週、来月、来年に各メンバーがどういった成果物を調達するのかが明確になり、各メンバー間にある種の契約が結ばれることになります。たいていの人は、プロジェクトのスケジュールというと、こういったことを連想するはずです。これは顧客と契約を結ぶ際や、顧客の要求した締め切りを明確にするためにも用いられるため、チーム内に向けたものというよりも、チーム外に向けたものとしてしばしば捉えられます。顧客はサービスを要求するとともに、締め切りの厳守を要求していることもあるのです（UPS[†]やFedEx[††]を考えてください）。プロジェクト計画を顧客やパートナー企業に作成させる場合、締め切りはいつなのかということについて合意しておく必要があります。

スケジュールの第二の目的は、プロジェクトに貢献するすべてのメンバーに対して、チーム全体における個人の成果物の位置付けを理解させ、各メンバーの協調を促進させるというものです。メンバー間やチーム間のつながりや依存関係が判明するのは、いつ成果物が用意できるのかという概略スケジュールが完成してからということがほとんどです。たいていの場合、各メンバーは個々の作業を行うだけで、その作業が他のメンバーにどういった影響を与えるのかを考えようとしないからです。

作業が詳細に書き出され、その横に担当者名が記述されて初めて、実際の計算が行えるようになり、前提条件が吟味されることになるのです。こういったことは、小規模チームの場合や、個人が独立して作業を行う場合であっても成り立ちます。スケジュールには、記述された内容を具体化して増幅するという、人間心理に働きかける力があるので

[†] 訳注：UPS（United Parcels Service）とは、米国最大の宅配便企業の名前です。
[††] 訳注：FedEx（Federal Express）とは、国際宅配便企業の名前です。

す。このため、日付や内容を心の中にしまっておくのではなく、何かに記述して全員が共有できるようにするわけです。あなたやチームの行うべきことを書き込んだホワイトボードが廊下に置かれている場合、そう簡単に忘れたり無視したりすることなどできないはずです。また、これはPMだけに当てはまることですが、概略スケジュールがある場合、ものごとの実現性に対する疑問を洗い出すことができ、プロジェクトが行おうとしていることと特定の期間内でできることを比較できるようになるのです。

　この心理的な、すなわちプレッシャによる変革は、強制機能（forcing function）と呼ばれています。強制機能とは、（それを適用した場合に）観点、態度、振る舞いの変化が自然に強制されるもののことです。つまり、スケジュールはプロジェクトに対する重要な強制機能となるのです。PMによってスケジュールという強制機能が適用された場合、各メンバーの作業が全員に対して明らかになることで、各メンバーは自らが行うべき作業、およびその作業と他のメンバーが行う作業との関連を注意深く考えるようになります。こういった作業間の関連についての気付きは、スケジュール自体とは独立したものです。そしてこういった強制機能は、プロジェクトの持つ可能性を洗い出すための重要な一歩となるわけです。スケジュールが遅れようと、作業が倍増しようと半減しようと、大規模な作業順序の変更があろうと、各メンバーが互いに行った約束や作業のつながりは維持されます。つまり、スケジュール自体の精度がかなり低かったとしても、スケジュールの持つ第二の目的は達成されるのです。このため、スケジュール作成という作業は、取り組む価値が十分にあると言えるわけです。例えば、プロジェクトが大幅に遅延している場合、多少なりとも完了へと近付けようとするのであれば、スケジュールは必要不可欠な存在となるのです。

　スケジュールの第三の目的は、進捗を管理し、作業を管理可能な塊に分割するツールをチームに与えるというものです。作業を1～2日で完了する大きさに分割することで、その作業の内容が理解しやすくなります。家を建てようとしている時に、大工が「家：120日」という1行のスケジュールを持ってきたと考えてください。こういった粒度の粗いスケジュールでは、何を最初に行うか、どの作業が最もコスト（費用と時間）がかかるのかといったことが、誰の目から見ても（スケジュールを書いた大工ですら）理解しづらいものとなるはずです。しかし、作業を1週間単位にブレークダウンしたスケジュールが作成されていれば、行うべき作業内容と完了期日を全員が明確に理解できるため、各メンバーには的確な質問を行ったり、置かれた前提を明確化する機会が与えられることになるのです。そしてPMの観点から見た場合、優れたスケジュールによってプロジェクトの見通しがクリアになり、難問や見過ごしを洗い出すことができ、よい成果物を生み出す機会を向上させることができるのです。

　プロジェクトが巨大化、複雑化していくにつれて、スケジュールの重要性もより大き

くなっていきます。大規模プロジェクトでは、メンバー間の依存関係も強くなり、意思決定やタイミングが他に影響を及ぼす確率も高くなっていきます。小規模チームでメンバーが数人しかいない場合、他のメンバーが担当する作業の問題を発見する確率は、大規模チームにおける場合よりもずっと高くなります。3人の小規模チームであったとしてもスケジュールの遅延は嬉しいニュースではありませんが、そういった場合でも、半日の遅延であれば3人のメンバーが半日分の労力を追加するだけで済むでしょうから、リカバリーも不可能ではありません。誰かが残業するか、必要であればチーム全員が遅れを取り戻すよう、助け合えばよいのです。しかしメンバーやコンポーネントの数が数十から数百という大規模プロジェクトの場合、1日の遅延がすぐに山火事のように周囲に燃え広がり、予測できないさまざまな問題が引き起こされるため、チームでのリカバリが不可能になることもしばしばあります。スケジュールがあれば、チームの規模に関係なく、マネージャと進捗管理担当者は質問や調整を行ったり、発生した問題の洗い出しとその対応を行うことによって、チームを支援できるようになるのです。

　こういった3つの目的を理解すれば、完全なスケジュールを作成できたとしても、プロジェクトの持つ問題をすべて解決できるわけではないということが簡単に判るはずです。スケジュールによって、まずい設計やエンジニアリング上の悪習が修正されるわけではなく、軟弱なリーダーシップ、不確かな目標、コミュニケーション不足が解消するわけでもありません。つまり、どれだけ時間をかけてスケジュールを作成したとしても、それは単なる作業項目と数字の羅列でしかないのです。スケジュールの持つ力を引き出せるかどうかは、スケジュールをマネジメントやプロジェクト推進用のツールとして使う人の手に委ねられているのです。これを理解することができたのであれば、次にプロジェクトマネジメント用の大型建設機械とも言えるソフトウェア開発方法論について見ていくことにしましょう。

2.2　銀の弾丸と方法論

　ソフトウェア開発用の計画およびマネジメント方法として、数多くの手順が存在しています。こういった手順は、ある種の成果を達成するためのプラクティス（優れた慣習）の集合体であり、方法論と呼ばれています。有名なソフトウェア開発方法論として、ウォーターフォールモデル、スパイラルモデル、RAD (Rapid Applications Development)、エクストリームプログラミング (XP)、FDD (Feature Driven Development) といったものがあります。こういった方法論すべてはいずれも、組織やプロジェクトマネジメントにおける同じような問題を解決しようとしています。そして、それぞれが長所と短所を持ち合わせており、プロジェクトにあった方法論を決定するには、知識と経験が要求され

るのです。

 とは言うものの、この章を始めとする本書の目的は、方法論そのものや方法論の実施手順について考察、比較することではありません。私は、いずれの方法論を用いる場合であっても、成功するためにはその方法論の根底に流れるコンセプトや戦術をマスターしておく必要があると信じています。すべての方法論は、チームやプロジェクトの特性に合わせて調整し、適合させる必要があるものの、そういったことを行おうとした場合、その方法論自体よりももっと根本的な知識を押さえておく必要があるのです。このため、この章を始めとして本書で解説している根本的な知識を理解し、実践することができれば、どういった方法論を採用するのかとは関係なく、効率改善の可能性を高めることができるはずです。本章では論点を明確化するため、必要に応じて特定の方法論に関する説明を行っています。方法論の詳細を知りたい方は、他の書籍を参照するようにしてください†。

 ソフトウェア開発における方法論とプロセスは非常に重要な要素であるものの、その中に銀の弾丸があったり、それ自体が銀の弾丸であったり、黙って従えば成功が保証されるという類のものではありません。有名な書籍に載っていたとか、著名なグルが誉めていたからというだけの理由で、うまく機能しないルールや手続きに盲従しても、最悪の結果しか生み出されません。私は、プロセスに取り憑かれるということが、リーダーシップにまつわるトラブルの危険信号になっていた事例を数多く見てきました。マネージャがプロセスに取り憑かれることで、手続きと官僚主義の海に溺れてしまい、実際に考えて行動を起こすということができなくなってしまうのです。また、方法論に固執することで、チームが本当に重要なことを見誤ってしまう可能性も出てくるのです。トム・デマルコ（Tom DeMarco）は彼の書籍『*Peopleware*』‡で、以下のように書いています。

> 職場における方法論への執着は、ハイテク幻想のもう一つの実例です。この幻想は、本当に大事なものはテクノロジであるという信念から派生したものです。……そのテクノロジの利点が何であれ、チームの社会学を大きく悪化させるという代償によってのみ得られるものなのです。

 方法論や手続きのみに注目してしまうと、スケジュール作成プロセスを開始するにあ

---

† ソフトウェア開発における従来の方法論とアジャイル方法論の優れた比較は、バリー・ベーム（Barry Boehm）とリチャード・ターナー（Richard Turner）の『*Balancing Agility and Discipline: A Guide for the Perplexed*』††（Addison Wesley刊、2003年）を参照してください。
†† 訳注：邦訳は『アジャイルと規律——ソフトウエア開発を成功させる2つの鍵のバランス』（日経BP社刊、2004年）です。
‡ 訳注：邦訳は『ピープルウェア第2版——ヤル気こそプロジェクト成功の鍵』（日経BP社刊、2001年）です。

たって、メンバーをサポートし、その価値を増幅するような手続きを生み出すのではなく、個人の貢献を制限してしまうことになります。メンバーが自ら思考し、規則を調整したり改善したりするのではなく、方法論や手続きによって、メンバーは規則をあてがわれ、その規則に従うことがすべてになってしまうのです。このため、どのような方法論を採用する場合であっても、その適用方法には細心の注意を払う必要があるわけです。方法論によってチームに何らかの害が引き起こされるようであってはなりません。方法論は、いい仕事ができるよう、チームをサポートし、勇気づけ、手助けするものでなければならないのです†。

このため、納期までにプロジェクトが完了するかどうかという観点だけで方法論を選択してはいけません。プロジェクトのスケジュールに影響を与えるファクタは数多くあり、プロジェクトマネージャはスケジュール作成作業を始める前にそのことを理解しておかなければならないのです。しかし、そのことについて考察する前に、スケジュールの構成要素について説明しておくことにしましょう。

2.3　スケジュールとは

どのようなスケジュール作成時にも使用できる基本的な法則があります。それは、1/3の法則というものです。これは見積もり方法としてはもの凄く大雑把なものですが、計算が簡単である上、スケジュール作成という作業を理解する最もシンプルな方法ともなっています。本章では、スケジュール作成プロセス全体を極端なまでに簡素化して説明するため、スケジュール作成作業を経験したことのある方は、ビックリしてしまうかもしれません。しかしこういった観点に立つことで、注意すべき点や、問題の原因と対策についての考察がとても容易になるのです。

では、スケジュール作成作業を極限まで簡素化してみましょう。どのようなプロジェクトでも、その実施期間は設計、実装、テスティングという3つの工程に分類できます。採用する方法論により、こういった工程は別な名前で呼ばれていたり、互いにオーバーラップしているかもしれません。しかし、すべての方法論にはこういった3つの工程に割り当てられた期間があるのです。プロジェクトの遂行中であれば常に、実施内容の検討（設計）、実際の作業（コードの実装）、作業の検証、分析、洗練のいずれかを行っているはずであるというわけです。

---

† ソフトウェアプロセスの変更についての定義、理解、管理についてはハンフリー（Humphrey）の『*Managing the Software Process*』†† （Addison Wesley刊、1989年）を参照してください。
†† 訳注：邦訳は『ソフトウェアプロセス成熟度の改善』（日科技連出版社刊、1991年）です。

2.3.1　1/3の法則を適用する

　一般的な規則に従えば、コードの実装を始めようとした場合、その前に作業の計画と設計を行っておかなければならず、また、コードの実装が終わった後は、そのテストや洗練を行う必要があります（図2-1を参照してください）。これが世界一シンプルなスケジュールであり、既存のスケジュールを吟味したり、新たなスケジュールを最初から書き起こす際の簡単な方法でもあります。プロジェクトの実施期間をほぼ等分に3分割できない場合、そのプロジェクトの各工程に対する取り組みが一様にならない何らかの理由があるはずです。ただ、各工程の期間が不均一になる、例えばテスティングの時間が実装の時間よりも20%長くなるということがあっても、それが意図的なものである限り問題はありません。

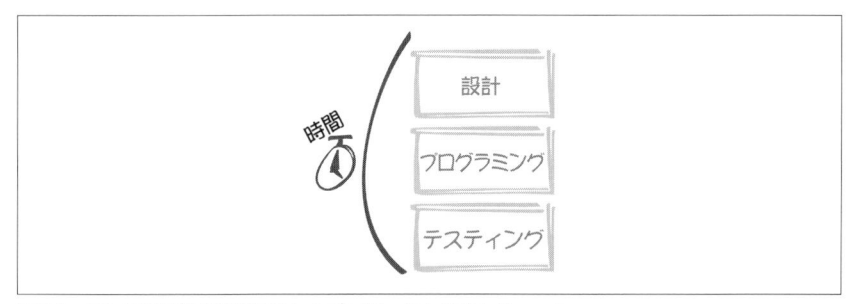

図2-1　1/3の法則を素直に適用したプロジェクトのスケジュール

　架空のウェブ開発を例にとって考えてみましょう。開発期間が6週間となっている場合、まず初めに期間をおおよそ1/3ずつに分割することで、各工程をいつまでに終了しなければならないかが判断できるようになります。こういった段階で、各工程を実施するための時間が足りないと判った場合、基本的に何かが間違っていることになるのです。つまり、スケジュールを変更するか、作業内容を削減する（あるいは品質を低下させる）必要があるというわけです。設計工程やテスティング工程を短縮化して、コードの実装工程に要する時間だけを増やしたとしても、維持管理しにくいコードが生み出されるだけです。1/3の法則によって、プロジェクトのゼロサムゲーム的性格が浮き彫りになります。新たに機能を追加した場合、プログラマによるコードの実装だけでは済みません。誰かが設計とテスティングに掛かるコストを負担しなければならないのです。つまり、スケジュールが遅延するということは、誰も把握していないコストが隠されていた、あるいは無視されていたということを意味しているわけです。

単発の開発（プロジェクト形式でないプロジェクト）

　理解を完璧なものにするため、最もシンプルなケース、つまりプロジェクトが存在しない場合を考察しておくことにしましょう。この場合、すべての作業は単発的に行われます。顧客からの要求は、他の作業と比較することでその評価が行われ、空いている期間にスケジューリングされます。ある種の開発チーム、ウェブサイトの開発者、ITプログラミング部門は、このような形態で作業しています。こういった組織では、大きな作業が入ってくることはほとんどありません。アジャイル方法論（ほどなく考察します）は、柔軟性、シンプルさ、変化の抱擁を強調した方法論であるため、このような形態が最も自然であると考えています。本書では、プロジェクトを中心にした例を採用しているため、あなたが複数の（プロジェクト形式でない）単発作業を同時に行っているのであれば、そのことを意識しながら読み進めていただく必要があります。

　とは言うものの、1/3の法則はこういった状況にも適用できます。プログラマが単発の作業を1人で行う場合、彼は自らの時間をおおよそ3等分し、それぞれを設計、実装、テスティングに充てているのです。彼は、これらの時間を順序よく用いず、一部を前後させるかもしれませんが、どのような種類、規模の作業であっても1/3の法則は概ね適用できるのです。

2.3.2　分割統治法（長いスケジュール＝多くの短いスケジュール）

　さまざまなソフトウェア開発方法論を吟味していただければ、そのどれにも1/3の法則が根底に流れていることを理解できるはずです。ものごとを設計、実装するために用いられる特定の目標やアプローチは、方法論毎に大きく異なっているものの、その中心にあるものは酷似しているのです。

　複雑な部分が肥大化したり、プロジェクト期間が長くなった場合、スケジュールはより短い期間に分割され、各期間毎に設計、実装、テスティングが割り当てられます。こういった期間は、エクストリームプログラミング（XP）ではイテレーションと呼ばれ、スパイラルモデルではフェーズと呼ばれ、組織によってはマイルストーンと呼ばれることもあります。またこういった期間は、XPでは高々数週間、スパイラルモデルでは数ヶ月程度ですが、一定の期間に対応付けられた詳細スケジュールを作成するという基本的な考え方に違いはありません。

　変化が予想以上に大きい、あるいはプロジェクトが思った以上に不安定である場合、マイルストーン間の間隔を短くするべきです。これによって、マネジメント可能な大きさにマスタープランを分割し、スケジュール内に潜むリスクの量を低減するわけです。こういったスケジュールの細分化によって、調整を行う機会が自然にもたらされ、次のマイルストーンの果たす役割がより正確なものとなるのです（この方法については14章で

考察します）。

アジャイルと従来からある方法論

　XPに代表されるアジャイル方法論は、未来が常に流動的であるという前提を置いているため、針路の変化を容易に取り込めるようなプロセスとなっています。しかし、製造コストが高いプロジェクト（例えば高層ビルの建築、ビデオゲーム機器や組み込みOSの開発）では、こういった方法を採用せず、計画作業と設計作業に対する投資を重点的に行います。この方法でもプロジェクトの遂行は可能ですが、メンバー全員が計画段階で下された意思決定に100%従わなければならず、たいていの場合、変更のコストは非常に高価なものとなります。

　ほとんどのソフトウェア開発プロジェクトは、上記のいずれにも相当しない折衷形式となります。こういったプロジェクトの場合、最初に計画こそあるものの、要求や顧客のニーズが将来変化する時のことを考え、それぞれに設計、実装、品質保証用の時間を割り当てたフェーズというものに作業を分割します。そして、新たな問題が持ち上がった場合、現在のフェーズで対応するか、次のフェーズでしっかり調査、理解するかどうかを検討することになるわけです。

　たいていのプロジェクトでは、初期計画時に、フェーズをいくつに分割するか、各フェーズでどういったことに注力するか（図2-2を参照してください）を定義するために、顧客や業界関係者たちから十分な情報を収集することになります。計画の規模が大きい場合、各フェーズでの設計やテストに、より多くの時間を割り当てることもあります。また、フェーズを複数のサブフェーズに分割したり（アジャイル開発に近付いていきます）、複数のフェーズを1つにまとめたり（より一枚岩な開発に近付いていきます）することもあります。しかしいずれの場合でも、フェーズの切れ目で時間を取り、変更になったことを吟味する必要があります。その際には、先のフェーズで発生し、そのフェーズ中で完全に対応できなかった問題への対処も行うことになります。

　これが、私の解説しようとしている概略スケジュールの作成方法です。14章と15章では、スケジュール全体を通じたプロジェクトのマネジメント方法を扱っていますが、そこではマネジメントとリーダーシップの観点からの考察となっており、特定方法論の使用詳細を扱っているわけではありません。上記の数段落が理解できたのであれば（そこでのポイントに同意できなかったとしても）、あなたの組織やプロジェクトの形態がどのようなものであれ、14章と15章のアドバイスは適切かつ有益なものとなるはずです。

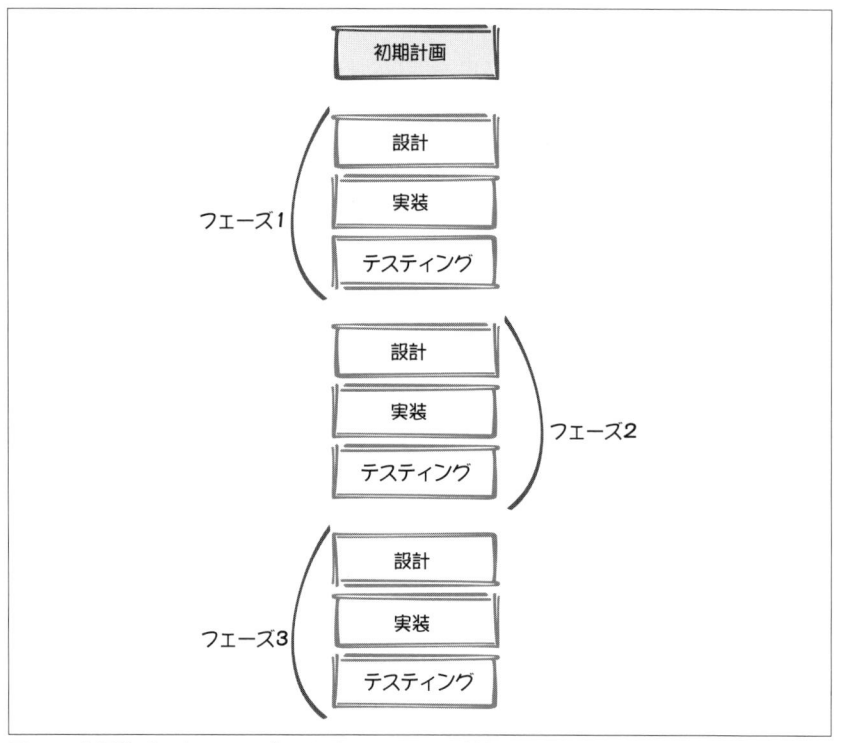

図2-2 大規模プロジェクトは小さなプロジェクトの連続になります。

　何はともあれ、このセクションを読み通すことで卒倒したり頭が痛くなったベテランの方々にお詫びいたします。それもここで終わりです。これが本章を読み進める上で必要となる、スケジュールに対する軽量かつシンプルな観点なのです。

2.4　なぜスケジュール通りに進まないのか

　何かまずいことが起こった時、プロジェクトのスケジュールはすぐに諸悪の根元とされてしまいます。誰かが見積もりで手抜きをしたり、要求を聞き漏らしたり、交通事故にあった場合、非難されるのはスケジュール（およびその責任者）です。国全体が10日間停電になったり、チーム最高のプログラマが病気で倒れた場合、きっと誰かがスケジュール担当者の前で「ほら見ろ、このスケジュールじゃ無理だって俺が言ってただろう」と勝ち誇ったように宣言するのです。これはあまりにも不公平な話ですが、この業界でいつも起こっていることなのです。人々はスケジュールを毛嫌いしながらも同時に、達成不

可能なまでの高い水準を要求しています。世界で最も優れた人材が最高のツールを使って作成した世界一素晴らしいスケジュールがあったとしても、人間が完全な生物でない以上、所詮は未来の予想でしかありません。

しかし、チームがプロジェクトを開始する時点で、スケジュールと実態の乖離していく理由を認識し、そういったリスクを最小限に抑える行動をとった場合、スケジュールは開発作業を進める上で有効かつ正確なツールとなり得るのです。

2.4.1 目隠しをした状態での遠距離射撃

初期計画時点でスケジュールを作成する場合、そのスケジュールに影響を与える、星の数ほどある意思決定は、まだ行われていないはずです。誰にも予測できないような懸案事項や難問があったとしても、そういったことを推測して計画を作成する方法はありません。要求の理解が進み、高レベルの設計が順調に進行するまで、プロジェクトマネージャは目隠し状態にあるため、現実的な予測を行うための情報などほとんど持ち合わせていないのです。このため、でっち上げた数字と乱暴な予想で粗いスケジュールを作り上げ、それを確度の高いプロジェクト計画としてチームに引き渡すことになります。こういった時、人間はしばしば、きめ細かさと正確さを取り違えるという過ちを犯します。特定の日時が書き込まれた（きめの細かい）見た目のよいスケジュールが、現実を正しく（正確さ）反映しているわけではないのです。きめ細かくするのは簡単ですが、精度を上げるのはとても難しいことなのです。

とは言うものの、どこかに取っかかりを見つけてプロジェクトやスケジュールを開始するしかありません。何も見えない状況にあっても弾を撃つことによって、チームを活気づけたり、何らかの境界線を決めることができます。また、スケジュールを具体化するための調査を始めたり、重要な疑問を洗い出してその答を見つけておくこともできます。しかし未確認、または未検討のことがらを組み合わせた大雑把な予想を（洗練させることなく）スケジュールの基礎として用いる場合、大きなリスクを抱えることになります。プロジェクトの初期に作業工数を見積もるということは、誰が行ったとしても難しい作業になるという証拠があるのです。

バリー・ベーム（Barry Boehm）は、1989年に著したソフトウェア工学に関するエッセイ[†]において、プロジェクトのスケジュール見積もりを行うタイミングとそのスケジュールの誤差に相関関係があることを示しています（図2-3を参照してください）。プ

[†] "Understanding and Controlling Software Costs," *IEEE Transactions on Software Engineering*, vol. 14, no. 10、1988年10月、p.1462-77; また、バリー・ベーム（Barry Boehm）の『*Software Engineering Economics*』（Prentice Hall刊、1991年）にも掲載されています。

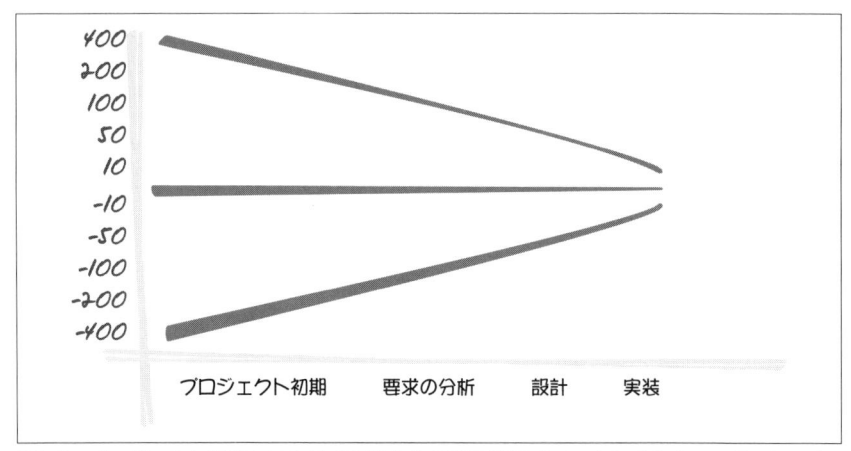

図2-3 プロジェクト期間中における見積もりの誤差範囲（ベームの『Software Engineering Economics』から）

ロジェクトの初期に行われた全体スケジュールの見積もりには、増減いずれの方向にも最大で400%の誤差が生じるのです（私自身は、この誤差が私たちに不利な方向、つまり予想よりも時間がかかる方向にずれると考えているのですが、彼のデータはそうなっていません）。設計が進み、より多くの意思決定が明確になると、この誤差は小さくなるものの、まだまだ許容範囲とは言えません。そして、プロジェクトが実装工程に入った時に初めて、スケジュール見積もりの誤差は許容範囲になるのですが、それでも20%もの誤差があるのです。

つまりプロジェクトマネージャは、スケジュール見積もりが時とともに正確になっていくということを理解しておく必要があるのです。その上で、進捗とスケジュールを常に照らし合わせ、プロジェクトの進捗に従ってスケジュールの調整を行わなければならないわけです。

2.4.2 スケジュールとは確率なり

私が学校を卒業し、大規模プロジェクト（WindowsとInternet Explorer関連です）に初めて配属された時、マスタースケジュールが偉い人からチームに手渡されました。私は若すぎたせいか、そのマスタースケジュール作成プロセスに参画させてもらえませんでしたが、それを少人数のプログラマとテスターに割り振るという仕事を任されました。

マスタースケジュールと、チームが作業項目†に基づいて作成したスケジュールを摺り合わせてみると、マスタースケジュールにはまったく別世界のものと思えるような内容が記載されていました。それは天からの啓示であり、フォーマットは美しく、細かく

ブレークダウンされた明細には日付と工数が書き込まれていました。その内容はまるで、タイムトラベルして、未来から盗んできたのかと思えるくらい具体的なものでした。

どんなに嫌味や当てこすりを言ったとしても、私たちはそのスケジュールの大半を尊重しなければなりませんでした。このスケジュールがどのような経緯で作成されたのかというミステリーは残されていたものの、私たちにはチームリーダーを信じるだけの理由があり、自分たちの仕事以外のことを心配している暇はありませんでした。(実際のところ、プロジェクトの初期にトップから渡されるこういったスケジュールに関して、基本的な説明は行われましたが、私たちはあまりにも忙しく、あまりにもお人好しだったので注意を払わなかったのです。)

その後、自らにスケジュール管理の責任が課せられるようになった時、私はスケジュールの物言わぬ真実に気付いたのです。これは未来からの贈り物なんかじゃありませんでした。完璧なスケジュールを作成するための魔法の方程式や科学的理論など存在していないのです。当時を振り返ってみると、私はまだまだヒヨっ子でしたが、スケジュール作成が孤立した作業ではないということくらいは判っていました。スケジュールというものは常に、プロジェクトの現状とその後に関するさまざまな観点を包含、かつ表現できていなければならないのです。しかも、これは単なる予測でしかありません。どれだけ正確に書かれており、どれだけ説得力があったとしても、それは小さな見積もりの寄せ集めにしか過ぎず、それぞれの見積もりにはさまざまな種類の予測できない見落としや問題が含まれているのです。優れたスケジュールというものは、リーダーやチームがソフトウェア開発におけるさまざまな側面を徹底的に追求し、正しい判定を行った場合にのみ作成できるものなのです。あなたは、もの作りにおける狭い分野のエキスパートになることなどできません。このため、優れたスケジュールを作成できると期待してはいけないのです。

スケジュールが一連の確率であるという事実にチーム全員が合意できるのであれば、スケジュール自体が問題となることはないはずです。その場合、そのスケジュールをどのように使うのかということが問題となります。スケジュールがチーム会議で公になった、あるいは電子メールで送信されてきた場合、「この締め切りを実現できる可能性はどのぐらいだろうか？」という疑問を持つことが有効でしょう。スケジュールの実現可能性が明示されておらず(例えば、起こり得る最大のリスク5つとは何か、そしてその発生確率は

---

† プログラマの作業項目に基づいたスケジュールは、チームが作成するものであるため、ボトムアップスケジュールと呼ばれています。一方、マネジメントのニーズに基づいたスケジュールは、トップダウンスケジュールと呼ばれています。本文中で考察しているように、プロジェクトが使用するスケジュールはこういった2つのスケジュール間で調整を行ったものとなるのが普通です。

どれぐらいか等)、その作成者ですら前提条件を説明できなかったとしても、そのスケジュールは可能である（ただしその通りに実現できそうにはない[†]）と常に考えるべきなのです。このため、そのスケジュールをチーム内で公にし、実現可能性を高めるにはどういった考察が必要であり、どういった情報を追加、変更すればよいかということをチームから示唆してもらうようにするべきです。ここで重要なのは、スケジュールを完璧にする必要などないという点です（完璧なスケジュールなどそもそも存在しないという点が救いとなるはずです）。スケジュールは、チームやリーダーが信頼できるものとなっており、管理や調整の土台として利用可能であり、顧客、営業といった利害関係者全員を満足させるだけの実現可能性を確保できていればそれで十分なのです。

2.4.3 見積もりは難しい

設計プロセス（5章と6章で考察しています）には、設計者、プログラマ、テスターの手によって、設計を構築可能な粒度の小さな塊に分割していくという作業があります。こういった小さな塊は、作業項目、または作業分割構成（WBS：*Work Breakdown Structure*）[††] と呼ばれており、プロジェクトのマスタースケジュールを構成する内訳となります。これらの作業項目は、プログラミングチームにおける各メンバーの強みを活かす形で（願わくば）手分け[‡]して見積もられ、スケジュールが作成されていくわけです。つまり、こういった作業項目はそれぞれ、プログラマによって作業時間が割り当てられ、その見積もりを基礎としてスケジュールが作り出されていくのです。

[†] これはプロジェクトのスケジュールというものが、考えられ得る数多くのスケジュールのうちのたった1つのものでしかないためです。スケジュール内でどういった不測の事態（設計ミス、政治革命、伝染病の蔓延等）が考慮されているかによって、同じ作業量であってもさまざまな完了日が考えられるのです。しかし、成功と失敗を分ける境界線を探求するという努力を行わないのであれば、そのスケジュールが予定通りに進むという可能性は著しく低くなります。そういったスケジュールを書いた人は、達成できそうなスケジュールを生み出すだけの創造性や懐疑心を持っていないということになるわけです。

[††] プロジェクトマネジメントに関するたいていの書籍では、作業分割構成（WBS）の作成プロセスが解説されています。これについては14章でも軽く触れていますが、しっかりした考察を行いたいのであれば、http://en.wikipedia.org/wiki/Work_breakdown_structureか、ステフェン・デボー（Stephen Devaux）の『*Total Project Control*』（Wiley刊、1999年）を参照してください。

[‡] ケント・ベック（Kent Beck）の『*Extreme Programming Explained*』[‡‡]（Addison Wesley刊、1999年）では、プログラマ自らが作業項目を選ぶという、プログラマ主導の作業分担モデルが主張されています。この精神は間違っていません。プログラマの興味、プログラマチームのマネジメント（誰がどういった分野に長けており、誰が何を学ぶべきか）、エンジニアリング上の設計に関する考察が適切に組み合わせられることによって、意思決定の原動力が生み出されるのです。そしてそれは、プロジェクトにとってのベストとチームにとってのベストが歩み寄った結果となるはずです。

[‡‡] 訳注：邦訳は『XPエクストリーム・プログラミング入門——変化を受け入れる』（ピアソン・エデュケーション刊、2005年）です。

最もシンプルな定義を行えば、優れた作業見積もりとは正確である確率が高い見積もりであり、悪い作業見積もりとは正確である確率が低い見積もりです。これは一見すると当たり前のことを述べているようですが、少なくとも有益な教えが一つ含まれています。それは、どのようなプロジェクトでも合格点はチームリーダーが定義するということです。つまり優れた見積もりを得るには、見積もりをレビューする活発なプロセスと、合格点を達成できるまでメンバーに対して押したり引いたり、指導したり、うるさく言うことが必要となるわけです。私は、見積もりプロセス時にテストチームや品質保証チームにお願いし、設計についての議論に参加したり、疑問を投げかけたり、コメントをつけてもらうのがよいと考えています。こうすることで少なくとも、彼らは彼らなりのテスト作業見積もりを行うことができるようになるのです。そしてこういった見積もりは、プログラミング作業の見積もりとは相関関係がないものとなる場合もあるわけです。また、品質保証チームは優れた洞察力を備えており、他のメンバーが見逃してしまうような設計上の手落ちや潜在的な異常ケースを洗い出せる場合も多いのです。

世界は見積もりで成り立っている

スケジュール作成を難しくする原因の一つに、ほとんどの人々が複雑な作業の見積もり責任を負いたくないと考える点があります。自らのスキルを自慢したり、主張する（「この書籍/映画/ウェブサイトはクソだ：私ならず〜っとよいものを作れる」等）のはいつだって楽しいものですが、やってみろ言われる（つまり責任が明記された契約書にサインしろと言われる）と、話はまったく違ってきます。それというのも、今日やると表明したことが、明日になるとできなくなったり、やる気が失せているかもしれないということがあり得ると判っているからです。また、考えていたよりも難しいということが判る可能性も否定できません。世の中のすべての人たちと同様に、プログラマも見積もりに不安を持っているのです。何かを一定時間内に行うことができると表明することで、彼らは自らの間違いを認めざるを得なくなるかもしれないというリスクを負うことになるのです。

私の経験によれば、見積もり作業のやり方を知っており、それについての信念を持っているプログラマでも見積もり作業をやりたがりません。その理由として、イマジネーション（「私が知っているごく僅かな情報で、この作業をどのように進めればよいのか？」）と時間的な正確さ（「これをやるのに何時間かかるのか、正確に教えて欲しい」）の不一致を挙げることができます。しかし、同情の余地はあまりありません。高層ビルを建築するか、キッチンを改装するか、他の惑星に着陸する宇宙船を打ち上げるかに関係なく、エンジニアリングや建築業界で働く人々はすべて、同じような難問を抱えているのです。こういった人たちの見積もり方法を見てみると、彼らの難問やテクニックはウェブ開発者

やソフトウェアエンジニアのそれと違っているようには見えません。大きな違いは、見積もりを作成する時間がどれだけ与えられるかという点と、その時間を彼らがどのように使用しているのかという点なのです（5章と6章で詳細に考察しています）。

2.4.4 優れた見積もりは優れた設計から生み出される

　世の中にいるすべてのプログラマの名誉のために、私が見積もりについて学んだ最も重要なことを述べておきましょう。それは、優れた見積もりというものは、信頼性の高い設計と要求が揃って初めて生み出されるということです。そしてエンジニアリングにおける優れた見積もりは、優れた情報と優れたエンジニアという2つが揃って初めて生み出されるのです。仕様がゴミでしかなく、プログラマがホワイトボードに書き殴られた意味不明の落書きに基づいて適当な数値を出すよう求められた場合、でき上がるものは見積もりという名の判りにくい落書きでしかありません。このことは、優れた見積もりというものがメンバー全員の仕事であり、チーム全体、特にプロジェクトマネージャと設計者がエンジニアに対してサポートを行いながら、力を合わせて作成すべきものであるということを意味しているのです。見積もりを雑用や集計作業のように考えている場合、あるいはチームリーダーがこのプロセスに工数をかけようとしない場合、その見積もりは信頼性も実現性も低いものとなってしまうはずです。

　リーダーがスケジュール見積もりにおける信頼性の低さを認識しており、リスクが大きくなっても構わないと考えているのであれば、その見積もりには何の問題もありません。規模の小さいプロジェクトや、納期の短いプロジェクトでは、おおよその見積もりで十分でしょう。要求がしばしば変更される場合や、業界や組織の性格によっては、きっちりしていることよりも柔軟性の高さが重視されることもあります。見積もりの品質が低かったとしても、全員がそれを品質の高い見積もりだと誤解することがなければ、別に問題はないのです。

　見積もり作業に対してプログラマが消極的である場合、「君が自信を持って見積もりを出せるようになるには、私はどういった質問に答えたらいいんだろうか？」と尋ねるテクニックがあります。彼に具体的な質問を考えさせることにより、彼が感じている恐れや不安に取り組む機会を与え、問題解決の手助けをするわけです。もちろん、質問の答を見つけ出すために彼に手を差し伸べる必要があり、調査が必要な作業について彼が納得しない場合には、議論を行う必要も出てくるでしょう。しかしこういった議論によって少なくとも、よりよい見積もりを作るということについて、お互いの理解が深まるはずです。

　以下は、優れた見積もりを作成するためのその他の注意点です。

- **見積もりに対する自信を定量化する。**正確さという観点で見た場合、例えば、推測であれば40％、優れた見積もりであるという自信があれば70％、詳細かつ綿密な分析であれば90％といった確率になります。チームリーダーは、プログラマが見積もり作業を行う時間や、見積もり誤りが発生した時のリスク管理のやり方とともに、自らが要求する見積もりの正確さについて同意を取り付けておく必要があります。ただし、この数値に固執してはいけません。見積もりの品質を一定にするために、その数値を使うというだけのことです。90％という見積もりは、10回のうち9回はきっちり当たるということになります。ただし、チームに対して見積もりの品質を向上させるよう求める場合、彼らにはその要求レベルに見合った時間を与えなければなりません。
- **プログラマのリーダーに優れた質問を行わせるとともに、チームメンバーに対する手本となるような優れたアプローチを採用させ、見積もりの品質レベルを設定する。**悪意に満ちたコメント、あるいはやる気をそぐようなこと（「私に振らないでください」、「見積もりは単なる推測だから」等）を絶対に口に出させないようにしてください。優れた見積もりを作成する必要性を納得させ、見積もりの品質目標に見合った時間を保証するのです。
- **プログラマを信頼する。**あなたは脳外科手術を受けることになり、医者から手術に5時間かかるという説明を受けました。その場合、あなたは医者に対して手術時間を3時間にしてくれというプレッシャをかけるでしょうか？　私であればそんな恐ろしいことはできません。時々、人を正直にさせるためにプレッシャが用いられますが、それはバランスを取るためだけに用いられるべきものなのです（つまり、プログラマが自らのやりたくない作業の見積もりを大きくし、やりたい作業の見積もりを小さくするような場合に必要となるわけです）。見積もりの健全さは、（2人の開発者に依頼することで）複数の見積もりを得ることによってもチェックできます。
- **見積もりは、プロジェクト目標に対するプログラマの理解度に依存する。**見積もりは、プログラマの設計仕様に対する理解だけではなく、プロジェクトの目標やねらいに基づいても行われます。ジェラルド・ワインバーグ（Gerald Weinberg）の『The Psychology of Computer Programming』[†]（Dorset House刊、1971年）では、プロジェクトにおける高レベルのねらいが明確化されていない場合、プログラマが置く低レベルの前提に直接影響が及ぶと述べられています。技術上の問題が明確であるかどうか、そしてプロジェクト全体における高レベルのねらいが何かということによって、プログラマの問題解決アプローチは劇的に変わってくるのです。

[†] 訳注：邦訳は『プログラミングの心理学――または、ハイテクノロジーの人間学』（毎日コミュニケーションズ刊、2005年）です。

- 見積もりは過去の実績を基にするべきである。プログラマが、過去のプロジェクトで行ってきた見積もりを記録として残しておくというのはよい慣習と言えます。マネージャは、各メンバーが得意とする見積もり分野を理解しておく必要があるため、こういった過去の見積もりについても話をしておくべきです。なお、エクストリームプログラミングでは、過去の実績に基づいてプログラマに（あるいはチームに）期待する実績のことを「速度」(velocity) と呼んでいます†。
- 仕様や設計の品質は、エンジニアが優れた見積もりを行う上で十分だと納得するレベルに達している必要がある。これはプロジェクトマネジメントを行う側とプログラマとの間における交渉の話です。見積もりに要求される品質が高ければ高いほど、仕様の品質も高くないといけないのです。優れた仕様については7章で詳しく考察しています。
- 優れた見積もり作成テクニックを使用する。最も有名なテクニックはPERTにおける、作業見積もりの品質（高、中、低）を平均してリスクを最小化しようという試みです‡。これは以下の理由で優れています。まず、これによって見積もりとは予想であり、成果には幅がつきものであるということを全員に周知徹底することが可能になります。次に、プロジェクトマネージャは、そのスケジュールをどれだけ積極的に、あるいは保守的に進めていくのかをコントロールできるようになります（見積もりに対して重み付けを行うことができるわけです）。

2.4.5 よくある見過ごし

　スケジュールの品質を高める上で、優れた見積もりというものは外せませんが、それ以外にもスケジュールに影響を与える数多くの要素があります。こういった要素がスケジュールにすべて書き出されることはないため、各作業項目がどれだけ完璧で素晴らしいものであったとしても、目に見えないリスクが存在していることになるのです。地球上の伝染病危険地域は縮小傾向にありますが、重要なエンジニアが風邪を引いたり、休暇を取ってしまう確率は極めて高いはずです。このため、すべてのプロジェクトマネージャは、スケジュールに関してよくありがちな見落としというものを知っておくべきな

---

† ベック（Beck）とファウラー（Fowler）が著した『*Planning Extreme Programming*』††（Addison Wesley刊、2000年）のp.60-62を参照してください。
†† 訳注：邦訳は『XPエクストリーム・プログラミング実行計画』（ピアソン・エデュケーション刊、2001年）です。
‡ PERTとはProgram Evaluation and Review Techniqueの略です。標準的な式は、

　　（最良の見積もり + (4×最もありがちな見積もり) + 最悪の見積もり) ÷ 6

といったものです。しかし、そのバリエーションや、見積もりの重み付けを計算する最善の方法についての理論は、星の数ほどあります。

のです。明日の朝に見直そうと思っていたたった一つの見落としによって、ひどい目に遭ってしまうというのはよくある話です。プロジェクトマネジメント、特にスケジュールのマネジメントに秀でるには経験が必要であると言われるのは、こういった理由があるためです。失敗に至る道は数多くあり、結果に対して責任を負う経験をしてこそ、そういった道に踏み込まないように注意できるようになるのです。

　以下は、私がスケジュールに潜んでいる問題を洗い出す際に愛用している質問事項の一覧です。これらのほとんどは、プロジェクトの完了後における反省点、および問題を避けるために行うべきであった質問を挙げたものです。(何が漏れていたのか？ 何が説明されていなかったのか？ 何をしたら違いを生み出せていたのか？ 何があれば行動を修正できていたのか？)

- メンバー全員の病欠や休暇予定が何らかの形でスケジュール上に反映されていたか？
- メンバーは思いついた時にスケジュールを閲覧でき、(作業効率を落とさない方法で)定期的に進捗を報告するよう指示されていたか？
- 日次、あるいは週次ベースでスケジュール全体を監視する担当者はいたか？ その担当者は、優れた疑問を投げかけ、調整を行えるだけの十分な権限を持っていたか？
- チームはスケジュールを自らのものと感じ、それに全力を傾けようとしていたか？ そうでない場合、その理由は何だったか？ スケジュールや必要な作業の定義は、チーム主体で行ったのか、それとも他から手渡されたのか？
- チームリーダーは、機能の削減よりも機能の追加に力を入れていなかったか？ チームリーダーは追加作業に対して「ノー」と言ったことがあり、新たな（後から出てきた）要求にどのように応えるのかという哲学をチームに対して示していたか？
- 目標やビジョンに合わない追加作業の要求に対して「ノー」と言うことを奨励し、サポートしていたか？
- 見積もりを作成する際に用いた確率は？ 90%なのか？ 70%なのか？ 50%なのか？ そのことは高レベルのマスタースケジュールに記述されていたか？ クライアント/役員/顧客はそのことを知っていたか？ より時間がかかるものの、確率の高い代案については議論したか？
- スケジュール中には、リーダーやマネジメント側による定期的なスケジュール調整や再交渉が組み込まれていたか？
- 連休期間中のスケジュールは、作業時間が減らされていたか？ (米国では、感謝祭からクリスマスにかけて生産性が低下するのが通例です。)高い確率で発生する天候の異変がスケジュール上で考慮されていたか(例えば、シカゴの暴風雪、カンザスの竜巻、雨の街として知られるシアトルの快晴)？

- 仕様や設計の計画は、優れた作業見積もりを作成する上で、エンジニアリング側から見て問題なかったか？
- 優れた作業見積もりを作成するため、エンジニアに何らかの訓練機会を与えたり、経験豊富なエンジニアを採用したか？

2.4.6 雪玉効果

上記の一覧は各項目が互いに絡み合っているため、そのほとんどを正しく実行したとしてもスケジュールは簡単に遅延してしまいます。設計の前提や見積もりといった、チームが行うありとあらゆる意思決定は、その後に続くさまざまな意思決定の基本となります。このため、初期段階における見過ごしは、後々増幅されていき、プロジェクトに大きな影響を与えることになります。スケジュールにおけるこういった複合的な性格は、原因と結果が同時に観測できない（原因となる事象が起こった後、ずいぶん経ってからしか結果が見えてこないこともあります）ため、過小評価されやすいのです。最悪の場合、複数の大きな見落としが重なり、スケジュールを守ることができる可能性が限りなくゼロに近づくこともあるのです（図2-4を参照してください）。

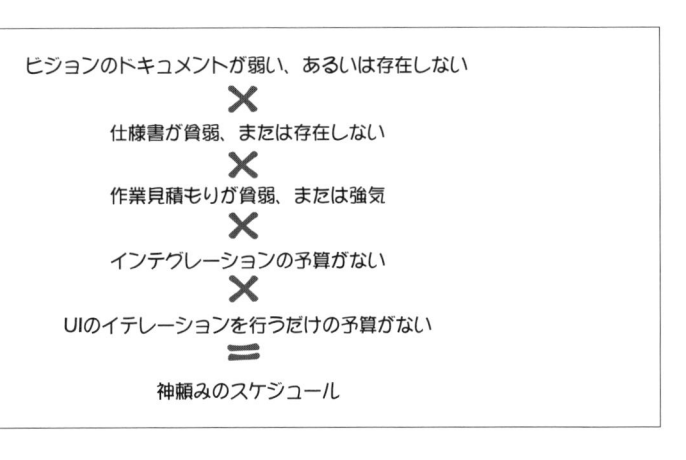

```
ビジョンのドキュメントが弱い、あるいは存在しない
              ✕
   仕様書が脆弱、または存在しない
              ✕
  作業見積もりが脆弱、または強気
              ✕
   インテグレーションの予算がない
              ✕
  UIのイテレーションを行うだけの予算がない
              ＝
      神頼みのスケジュール
```

図2-4　雪玉効果

もちろん問題はこれだけではありません。確率の授業を思い出してください。独立した事象が連続して発生する確率は、それぞれの事象が発生する確率を乗じたものになります（合成確率と呼ばれています）。このため、この章を読み終える確率が9/10であり、次の章を読み終える確率も9/10である場合、2つの章を読み終える確率は9/10ではなく、81/100となるのです。つまり、チームが週の作業を予定通りに終える確率が各週90％となっている場合、すべての週の作業を予定通り終える確率は週を経るごとにどんどん低

下していくことになるわけです。確率とは血も涙もないものであり、プロジェクトやマネージャの敵であるエントロピーはいたるところに存在しているということを頭に叩き込んでおいてください。

2.5　スケジュールを機能させるためにすべきこと

　ここまでで、スケジュールを守るということが難しい理由を理解できたはずです。ではここで、どのようなプロジェクトのスケジュールに対しても適用できる、リスクの最小化方法とメリットの最大化方法を挙げておくことにしましょう。ここで挙げるアプローチや行動は、担当者の役割や経歴というレベルを超越し、スケジュール本来の性質を反映したものとなっていると考えています。スケジュールはプロジェクトの全体像を表現したものであるため、スケジュールを効果的に使用するには、プロジェクトを成功に導く上でやらなければならないすべてのことについて理解するしかないのです。これは、エンジニアリングやマネジメントといった作業に限った話ではなく、担当分野を越えた作業となるのです。

- **マイルストーンの長さはプロジェクトの不安定さに見合ったものとする**。変化が予想されるのであれば、マイルストーンは短めに設定してください。プロジェクトの中盤では、マイルストーンを短めにした方が、調整がやりやすくなります。また、これによってレビュー間隔が短くなるため、変更にまつわるリスクも低減できます。さらに、チームはマイルストーン毎に変更の準備を行えるようになるため、変更に反対するのではなく、変更に順応するようになるのです。

- **ビジョンに対しては楽観的に、スケジュールに対しては懐疑的に**。スケジュール作成における最大の心理的難関は、チームの情熱と動機を萎えさせることなく、正しい懐疑心を身につけさせることです。ビジョンのドキュメントを作成する際は、将来に対する意気込みと楽観的思想が盛り込まれますが、スケジュールを作成する際は、正反対の観点を盛り込まなければなりません。見積もりに記載する作業の工数は、マーフィーの法則（悪くなりそうなものごとは必ず悪くなる）を念頭に置いた上で厳しく正直に記述する必要があるのです。スケジュールには、最適な状況下で起こるかも知れないことや起こり得ることを書いてはいけません。スケジュールを優れたものとするためには、多少のものごとが期待通りに運ばない場合であっても、実際に起こることを書かなければいけないのです。テストチームや品質保証チームは、エンジニアリング作業に対する懐疑的で批判的な目を普段から養っているため、彼らをスケジュール作成作業に巻き込むことが重要となります。

- **設計に力を注ぐ**。設計というプロセスは、無知や予期できない難問と戦っていく上で、最も効果的な保険となります。優れた設計プラクティスは、実装やその他の工程を通じてチームに改善をもたらす唯一の手段となるのです。ここで、設計スキルは実装スキルと同じものではなく、コーディング技術と手の早さを兼ね備えたコーダーが最も実力のある設計者や問題解決者となるわけではないという点に注意しておく必要があります。なお、優れた設計プロセスは、エンジニアリングプロジェクトを考え、アプローチしていく上で必要不可欠であるにも関わらず、コンピュータ科学の授業では教えられていません。この話題については5章と6章でも考察しています。

- **追加/削除を議論するためのチェックポイントを計画しておく**。スケジュール中には、リーダーが進捗状況をチェックし、新たな情報や顧客からのフィードバックに対処するための短いレビュー期間を含めておくべきです。これをマスタースケジュールに組み込み、必ず実施するようにしてください。レビューの場では、リーダーシップを発揮できる人間が現状分析を行い、既存の作業項目や機能を削除したり、新たなものを追加することになります。こういったレビューは、設計工程や実装工程といった工程間の切れ目、あるいは制限された期間内で行うのが一般的ですが、深刻な問題が発生した場合や計画と実態が乖離した場合には、いつでも実行できるようにしておきます。こういったレビューの目標は、プロジェクトに健全さを取り戻し、スケジュールを活性化させ、優先順位付けを見直し、次に何をすべきかということを明確化し、全員で歩調を合わせて次の作業を開始するというものであるべきです（14章と15章を参照してください）。

- **計画の哲学をチームに伝えておく**。どのようなアプローチやテクニックを使用してスケジュールを作成するのかに関係なく、それはチームの常識となっていなければなりません。各プログラマやテスターが、スケジュールの有用性とマネージャが採用している特定の戦略について理解しているのであれば、彼らはより優れた質問を行えるようになるとともに、計画されている内容について深く理解し、それに対する信念を持てるようになるのです。

- **問題領域におけるチームの経験を見極める**。スケジュール作成作業における主なパラメータの一つに、解決しようとしている問題領域における経験の有無があります。データベース駆動型のウェブサイトを構築しようとしている時に、6人いるプログラマのうち5人が同様の作業経験を有しているのであれば、経験者のいないチームよりも優れた設計と見積もりを行えるはずです。チームの経験というものは、スケジュールを積極的なものとするか、保守的なものとするかを決定する上で、大きな指針となるはずです。

- **共同作業に対するチームの自信と経験を測る**。見積もり自体は個々のプログラマが

生み出すことになりますが、彼らは最終的に一個の成果物を作成するために結成されたチームなのです。ベテランのスーパースタープログラマで構成されたチームであったとしても、彼らに一度も共同作業の経験がないのであれば（あるいは難問に力を合わせて取り組んだ経験がないのであれば）、効率は期待する程にはよくならないはずです。新たに招集されたチームで規模やリスクの大きいプロジェクトを実施する、あるいは厳しいスケジュールでプロジェクトを実施するという場合、要注意信号が点灯していると考えてください。

- **リスクへの取り組みは早目に行う**。サリーの担当しているコンポーネントが最も複雑であると判っているのであれば、スケジュールの早い段階でそれに取り組むようにしてください。リスクが大きければ、取り組みに要する時間も長くなります。また、リスクへの取り組みが後回しになった場合、それに対処する際の自由度がずっと小さくなるのです。これは政治面、組織面、リソース面に関するリスクについても言えることです。なお、開発パイプラインにおける作業項目のマネジメントについては、14章で解説しています。

2.6 サマリー

- スケジュールには3つの機能があります。それは、ものごとがいつ完了するのかを表すこと、チーム全体における個人の成果物の位置付けを皆に理解させること、進捗の管理を可能にすることです。スケジュールが遅延したとしても、スケジュールの価値がなくなるわけではありません。
- 規模の大きなスケジュールは、リスクを最小化し、調整の機会を増やすため、小さなスケジュールへと分割するべきです。
- 見積もりはすべて確率です。スケジュールは見積もりを積み上げたものであるため、スケジュールも確率となります。確率は合成されていく（80% × 80% = 64%）ため、スケジュールの正確さはどんどん低下していきます。
- 早期に見積もりを行うほど、その正確さも低下します。しかし、よい見積もりを生み出すには、ラフな見積もりを元にするしか方法がありません。
- スケジュールは楽観的な観点に立つのではなく、懐疑的な観点に立って作成するべきです。前提に光を当て、根拠のある自信を持てるようにするために、設計を重視してください。

3章
やるべきことを洗い出す

　プロジェクトの計画方法に対する意見は、十人十色であることがほとんどです。計画中はしばしば、どのように計画するかという議論に多くの時間が費やされています。人々が計画にこだわるのは、組織内におけるさまざまな役割が、互いに関係しあう形でそこに盛り込まれるからです。意思決定の影響がこれからの数ヶ月、場合によっては数年にもわたって波及するという場合、関係者全員がその意思決定に関わりたいと思うはずです。そこには興奮や新たなエネルギーとともに、何らかの行動を起こさなければチャンスを取り逃がしてしまうという恐れも渦巻いているのでしょう。こういった状態にある人々は、自らのものの見方が最も有益であると考えてしまいがちになります。さらに極端な場合、自らのものの見方以外、プロジェクト計画プロセスで検討、採用するに値するものは存在しないとさえ考えてしまうのです。

> 「ソフトウェアシステムを構築する上で最も難しいことは、何を構築するのかを決定することである。ひと、マシン、他システムへのインタフェースを含む、詳細な技術的要求の確立において、ここまで難しいものは他に存在しない。そしてこの作業ほど、一歩間違うととんでもないことになるものは他に存在しない。またこの作業ほど、後で修復することが難しいものは他に存在しない。従って、ソフトウェア開発者がクライアントのために実践する最も大事な作業は、製品に対する要求を彼らから繰り返し聞き出し、洗練していくことになるのだ。」
> ——フレデリック・ブルックス

　こういったことを考えると、私のオフィスの本棚に並んでいる計画に関する書籍が、それぞれ相反することを主張しているのも驚くべきことではないのでしょう。ある書籍はビジネス戦略という観点から、そして別の書籍はエンジニアリングとスケジュール作成プロセス（プロジェクト計画における古典的な観点です）という観点から、また別の書籍

は顧客理解と設計という観点から書かれています。しかし、観点の不一致以上に悩ましいのは、これらの書籍が他のアプローチの存在すら認めようとしていない点にあります。ビジネス、テクノロジ、顧客といった視点はいずれも、お互いを無視して存在することなどできないだけに、これは大変不思議なことだと言えるでしょう。さらに私は、プロジェクト計画の成功はこういった視点が重なり合ったところでのみ生み出されると確信しています。この重なった部分を見極めることができるマネージャは、そういったことができないマネージャと比べると大きなアドバンテージを持っているのです。

このため本章では、成功の可能性を高めるために、計画プロセスにどう取り組むべきか、そして計画に対する観点をどう得るべきかについて述べています。まず最初に、さまざまな計画戦略において使用されているさまざまな用語や概念を明確にしています（これは無味乾燥なものですが、後の章を面白く読む上で必要となるのです）。それが終わった後で、先ほどの3つの視点を定義、統合し、優れた計画プロセスが答えてくれる疑問というものを探求し、計画作業を行うための日々の作業方法について考察しています。なお、ビジョンのドキュメント（4章）、仕様書（7章）といった特定の成果物については、以降の章で詳細に踏み込んでいます。

3.1 ソフトウェア計画の謎を解く

イントラネットのウェブサイトを1人で開発するような小規模プロジェクトの場合、300人が働く1,000万ドル規模の耐障害性に優れたオペレーティングシステムの開発プロジェクトと同じ計画プロセスが必要となることはありません。一般的に、人が増え、扱う問題が複雑になるにつれて、よりしっかりと構造化された計画作成が必要となります。しかし、1人で行うシンプルなプロジェクトでも、計画作成がもたらすメリットを享受することができます。計画を作成することで、意思決定のレビュー、前提の洗い出し、人や組織との取り決めの明確化といったことを行う機会が得られるのです。また、計画を作成することによって、他の選択肢を考える時間のあるうちに重要な問題に取り組むことになるため、すべての愚かな行動を回避する策を講じることにもなります。アブラハム・リンカーンは、「6時間で木を切らなければならないのであれば、私はそのうちの4時間を使って斧を研ぐだろう」と言っています。つまり、うまく準備を行えば、作業を最小化することができるのです。

プロジェクトの計画には、2つの疑問に対する答も含まれています。最初の疑問「何をする必要があるのか？」は、一般的に要求の洗い出しと呼ばれています。2番目の疑問「どのようにするのか？」は、設計や仕様書作成（図3-1を参照してください）と呼ばれています。要求とは、その作業を満足させるための基準についての詳細を注意深く書き記し

要求定義	設計/仕様書作成	実装
何を行う必要があるのか？	どうやって行うのか？	実際に行う

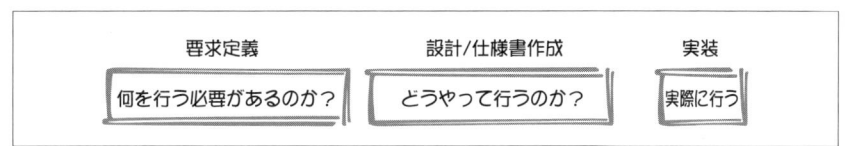

図3-1　極限までシンプルにした計画です。何を行う必要があるのか判らない場合、どうやって行うかを考えるには時期尚早なのです。

たもののことです。(例えば、夕食の調理についての要求は、栄養バランスを考え、美味しい食事を安価に作り出すことです。)優れた要求は、理解しやすく、かつ誤解しにくいものとなっています。要求を満足するようなものを設計する手段は色々ありますが、最終成果物がその要求に見合っているかどうかは簡単に判るようになっているべきです。仕様書とは、要求に見合ったものを作成するための単なる計画なのです。

　要求の洗い出し、設計/仕様書作成、実装という3つのアクティビティは、それぞれが奥の深いテーマであり、それだけで書籍が一冊書けてしまうほどです。このため、本書ではプロジェクトレベルの観点に立ち、要求の洗い出し、設計/仕様書作成という2つのアクティビティを次の章から始まる数章で網羅し、実装というアクティビティは本書の後半(14章、15章)で扱っています。

3.1.1　プロジェクトのさまざまなタイプ

　いくつかの基準によって、要求定義と設計作業を実施する方法の性質が変わります。以下では3つのシンプルなプロジェクト例によって、こういった基準を示しています[†]。

- **1人のチーム(スーパーマン)**：最もシンプルなプロジェクトは、たった1人の人間だけで実施されます。コードの記述から営業、ビジネスプランの作成、自分のお昼ご飯の準備に至るまで、自らの資金を使い、自分自身ですべてを行うのです。
- **小規模チーム(契約チーム)**：プログラマが5～10人程度とマネージャが1人雇われ、ウェブサイトやソフトウェアアプリケーションを構築します。彼らメンバーは、自らの行うことを定義した契約書を交わします。メンバー間の関係は、新たな契約/プロジェクトが開始されない限り、契約完了時をもって終了します。
- **大規模チーム(スタッフチーム)**：企業によって雇用された100人規模のチームで、新たに何かを作り上げます。成果物は、店頭で販売される製品(つまりパッケージ製品)や内部使用の製品(インターナルウェア)となります。

[†]　さまざまな種類のソフトウェアプロジェクトに対するもう一つの比較は、http://www.joelonsoftware.com/articles/FiveWorlds.htmlを参照してください[††]。

[††]　訳注：日本語版(「5つの世界」)はhttp://japanese.joelonsoftware.com/Articles/FiveWorlds.htmlにあります。

こういった3種類のプロジェクトは、チームの規模、組織の構造、権限の関係が異なっており、それらの違いによって、マネジメントの方法も大きく変わってきます。あなたの関与しているプロジェクトは、こういった例とは正確に一致していないかもしれませんが、以降のセクションを読み進める上でこの3種類のプロジェクトは有益な参照標準となるはずです。

3.1.2 組織が計画に与える影響

上記の3種類のプロジェクトを頭に入れておくことで、プロジェクト計画における基本的な基準を吟味することができます。プロジェクトがどの段階にあろうと、全員が答を知っているべき基本的な質問があります。その答は好ましいものとは限らないかもしれませんが、あなたとチームメンバー全員が知っておくべきものです。計画作成時に感じるフラストレーションのほとんどは、この答が一致していなかったり、問題意識が欠如しているがために生み出されるものなのです。

- **誰が要求の決定権限を持っているのか？**：誰かが要求を定義し、関係者（顧客や役員）から承認を得なければなりません。1人のチームの場合、その人が必要な権限をすべて持っているはずですから、何も問題はないはずです。小規模チームの場合、要求、そして場合によっては設計に対しても強力な権限を持とうとする顧客がいることになります。そして、大規模チームの場合、企業内に専門の委員会や部門があり、権限（そして何らかの形での承認）を行使するようになっていることもあります。そこには高レベルの要求に対する権限を持った人々（「必要なのはスポーツトラックだ」）や低レベルの要求に対する権限を持った人々（「必要なのは燃費が10km/l以上の4WDだ」）がいることもあります。
- **誰が設計の決定権限を持っているのか？**：要求と同様に、誰かが作業自体の設計を行わなければなりません。一連の要求を満足できる設計が、常に一つしかないとは限らないため、設計と要求は異なったものとなります。また、設計は要求と同様に、複数の関係者間で調整されることがあります。あるメンバーやチームが、設計プロセスの牽引とアイデアの発案（設計者）に責任を持ち、別なチームがそれに対する（あるいは役員からの）助言やフィードバックを提供する責任を持つこともあります。なお、設計スキルと政治力はまったく別ものであるため、設計の決定権限を持った人が設計を行う才能を持っているとは限らない点にご注意ください。
- **誰が技術上の決定権限を持っているのか？**：技術上の決定権限とは、プログラミング言語、開発ツール、技術的なアーキテクチャといった、プロジェクトで採用するエンジニアリングアプローチの決定責任者に与えられるものです。こういった意思決定

の多くは、要求、設計、予算に影響を与える可能性があります。また、技術的な意思決定と設計上の意思決定の違いは些細なものでしかありません。ものごとの振る舞い方や外見は、しばしばそのものごとの作成方法と深い関係を持っているのです。組織によっては、技術上の決定権限を持っている人の方が、要求や設計の決定権限を持っている人よりも力を持っている場合があります。しかし多くの場合、技術上の決定権限を持っている人は、要求や設計の決定権限を持っている人よりも下に位置付けられます。ただ、素晴らしい組織であれば、こういった決定権限を持っている人たちの間に協力関係が確立されています。

- **誰が予算の決定権限を持っているのか？**：プロジェクトにリソースの追加/削除を行う権限は、他の権限とは分けて扱われていることがあります。例えば小規模チームの場合、チームは要求と設計に対する権限を持ち合わせているものの、資金の追加や納期の変更が必要である時には、顧客にお伺いを立てる必要が生じることもあるわけです。
- **要求や設計のレビュー頻度はどれくらいか、また調整はどのようにして行うのか？**：この答は上記の疑問に大きく依存しています。要求、設計、予算に関与する部門が多ければ、プロジェクト遂行時の調整作業に工数が割かれることになるのです。大雑把に表現すると、権限が小さければ、調整作業の工数が増加するとともに、意思決定のレビューや確認で忙殺されることになるわけです。

ここで4つの決定権限を洗い出していますが、1人のメンバーで複数、あるいはすべての決定権限を持つことも可能です。しかしたいていの場合、こういった権限はそれぞれのチームリーダーに委譲されることになります。そして、権限の委譲が複雑化すれば、計画への取り組み効率を上げる必要性が大きくなってくるのです。16章では、あなたが持っている権限よりも大きな権限が必要になった際の対処方法を考察しています。しかし今のところ、計画にはこういった4つの決定権限が必要であるということを認識しておくだけで十分でしょう。

3.1.3　一般的な計画の成果物

要求を人に伝えるには、それを文書として書き出す必要があります。こういったものの書き方は世の中に沢山ありますが、ここでは特定の書き方を推奨するつもりはありません。最も大事なことは、正しい情報を収集し、適切なメンバーによる議論を助け、行うべきことに対する明確な表明を行うということなのです。あなたが採用している書き方の要求ドキュメントによって、これらすべてが満足されているのであれば、それはとても素晴らしいことです。そうでない場合は、これらの基準を頭に入れて新たな書き方

を模索してください。

　参考として、要求と計画に関する情報を文書化する際の一般的な成果物を説明しておきましょう。これによって少なくとも、一般的な用語を知り、さまざまな組織で使われている多くの書き方を調べる際に役立てることができます。また、非公式に要求を文書化しているチームを探してみるものよいでしょう。「えっと要求ね……フレッドのところに行って尋ねてみるといいよ」という答が返ってくるかもしれません。また、手の込んだひな形や、要求を究極の細かさに（オーバーラップする可能性もありますが）ブレークダウンするようなレビュー手続きを作り上げている人もいるはずです。

- **市場要求ドキュメント**（MRD：*Marketing Requirements Document*）：これは営業やマーケティングチームによる市場の分析です。この文書には、どういったビジネス機会が存在し、プロジェクトはその機会をどのように利用できるのかということが記述されます。これを、意志決定担当者の参考資料として位置付けている組織もあります。また、これをプロジェクト定義の核とし、すべての成果物をこの文書から派生させることを要求している組織もあります。MRDは、プロジェクトにおける「What」（何）の定義を支援する文書なのです。
- **ビジョン/スコープのドキュメント**：ビジョンのドキュメントとは、プロジェクトがどういったものになるのかということについて、考えられるすべてのことを単一の文書にまとめたものです。MRDがある場合、ビジョンのドキュメントはそれを継承し、それを何度も参照することになるはずです。また、ビジョンのドキュメントによって、プロジェクトの目標、プロジェクトの存在目的、高レベルの機能、要求、完了日付（4章を参照してください）が定義されます。ビジョンのドキュメントは、プロジェクトの「What」を直接定義する文書なのです。
- **仕様書**：仕様書は、プロジェクトの各部分に対する作業の最終結果が、どういったものになるのかをまとめたものです。優れた仕様書は、一連の要求から生み出されます。その後、場合によっては要求の修正/改善を行いながら、何度も設計作業を繰り返していくことで（5章と6章を参照してください）完成に近付いていくのです。そして、エンジニアリング側が要求を実現する際に使用できるような、使いものになる計画（どれだけの詳細が必要となるのかは、エンジニアリング側との交渉によって決める必要があります）を提供できた時に仕様書は完成するわけです。仕様書は、ビジョンのドキュメントからの精神を受け継いだものになっているべきです。つまり仕様書は、設計やエンジニアリングの観点からプロジェクトの「How」（どのように）を定義する文書なのです。
- **作業分割構成**（WBS：*Work Breakdown Structure*）：仕様書というものが行うべき

作業を詳細に記したものであるとすれば、WBSはエンジニアのチームがその作業をどのように実行するのかを定義したものです。最初に行うべきことは何なのでしょうか？　誰がそれを行うのでしょうか？　各人の作業と、その進捗はどのようにして管理するのでしょうか？　WBSは、プロジェクトのニーズに応じて、非常にシンプルなもの（スプレッドシート）からとても複雑なもの（チャートやツール）まで、さまざまな形態が存在します。なお7章と13章では、WBSに従ったアクティビティについて触れています。WBSは、チームという観点からプロジェクトの「How」を定義したものなのです。

3.2　計画へのアプローチ：3つの視点

　上述した成果物はすべて、ビジネス側とエンジニアリング側という、プロジェクトにおける2つの観点のいずれかを表現したものであることに気付かれたかもしれません。多くのプロジェクトでは、これら2つの観点が互いに相反しあっています。しかしこれは、基本的な計画の過ちなのです。計画は、純論理的なものになるべきではなく、また、経験的なものになるべきでもありません。そうではなく、全員が貢献できるものを統合、合成したものとなるべきなのです。

　こういったことを実現するため、プロジェクトマネージャはそれぞれの観点が、代替することのできない特色あるものに貢献しているということを認識しなければなりません（つまり、市場戦略ほどエンジニアリングの進歩に貢献しているものはなく、エンジニアリングの進歩ほど市場戦略に貢献しているものはないのです）。優れた結果を達成するには、プロジェクト計画に関わる全員が、それぞれの観点についての基本的理解を有している必要があるのです。

> 以下の計画に関する記述は、現場で適用する上での実用性を十分備えたものとなっています。ただ、あなたのチームの規模やプロジェクトのスコープが持つ特殊性のため、疑問が出てきたり、ある種の状況に適応できないと感じたのであれば、斜め読みしたり、読み飛ばしていただいて構いません。ここで解説している内容すべてが、どのようなプロジェクトにも常に当てはまるとは私も考えていません。ただ、ここで提供しようとしているのは、特定のプロジェクトにおける価値ではなく、それ以降のプロジェクトでも適用し続けることができる価値なのです。つまり、今行っている作業に適用できなかったとしても、長期的に見ると有益であると考えられる多くの観点と疑問を扱っているのです。

3.2.1 ビジネスという視点

　ビジネスという視点に立つということは、企業会計の損益（P&L）に対する影響に着目するということを意味しています。損益計算には売上、利益、支出、競合、コストといったものが含まれています。最終的な損益がプラスにならなければ、みんなの給料は出ないし、契約も更新されないということを、全員が理解しておくべきでしょう。エンジニアリングチームがビジネスの仕組みに気付いていない場合、マネジメントの行う意思決定の多くは、非論理的、または愚かなことに見えるはずです。このため、ビジネス計画に関する責任の所在に関係なく、その思考形態は理解しておいた方がよいでしょう。技術部門におけるビジネスアナリスト、マーケティング担当者、ビジネス開発担当者、製品プランナー、シニアマネージャといった肩書きは、ビジネスという視点に立った責任を担うということを意味するものです。

　プロジェクトによっては、ビジネスという視点が複数存在している場合もあります。例えば、データベースの構築サービスを行っている企業で仕事をしている場合、サービスを提供する側における視点と、そのサービスを受ける側における視点（願わくば、彼らが一枚岩になっていますように）を考える必要があります。そして、こういった視点が交錯する部分で、複雑さが増していくことも数多くあります（ここでは考察をシンプルにするため、プロジェクトが大規模なものであると仮定しています）。しかし状況が複雑な場合であっても、以下の質問を投げかけることができるはずです。

　そして、チームがその質問に答えられるのであれば、ビジネスという視点でものごとがうまく捉えられていることになるのです。

- 顧客が抱いているニーズや望みは何か？
- こういったニーズや望みに見合った機能、サービスとして、どういったものを提供できるのか？
- 顧客は何を基準にしてこの製品やサービスを購入するのか？　顧客が購入に踏み切る動機は何か？
- コスト（人材面、リソース面）はどれくらいになるのか？　また、それはどの程度の期間必要になるのか？
- どれくらいの収入（または運転コストの低減）が期待できるのか？　また、それはどの程度の期間有効なのか？
- 実現する上で、してはいけないこととは何か？
- これは長期的なビジネス戦略に貢献するか、また、その他の収入を生み出す資産を保護できるのか？　（非営利法人や、企業のIT部門であってもビジネス戦略が存在します。どのような組織にも、支払うべき経費、得るべき収益、サポートすべき収益獲得

部門があるはずです。）
- これによって競合他社とどのように戦うか、また競合他社をどのように出し抜き、打ちのめすことができるのか？
- このプロジェクトの成果物を市場に送り出す時期はいつか？

ビジネスという視点に責任を持つ人は、こういった質問を重視します。こういった質問に対する答が、組織としての最終結論であり、プロジェクトの意思決定に強く影響を与えるべきだと信じているのです。

しかし、ビジネスという視点は、すべてのプロジェクトが収益の奴隷になるべきだということを主張するために存在しているわけではありません。そうではなく、ビジネス戦略に対する貢献という尺度でプロジェクトを評価するために存在しているのです。例えば、戦略プロジェクトは組織にとって必要不可欠なものですが、それ自体が収益を生み出すことはないのです。

マーケティングというのは不潔な言葉ではない

ビジネス担当者に対する最も不公正な非難は、彼らを単なる「マーケティング屋」だと呼ぶことです。この表現は、技術部門においてネガティブなレッテルとしてよく用いられていますが、私は濡れ衣であると考えています。経営学の用語に、マーケティングを定義する4つのPというものがあります。それは商品（Product）、価格（Price）、流通（Placement）、宣伝（Promotion）です。商品と価格の決定は、クリエイティブなプロセスです。その目標は、ターゲットとなる顧客のニーズにマッチする商品のアイデア（つまり利益を得るための売り物）を創造することです。調査、分析、クリエイティブな作業は、成功を収める上で欠かせないことなのです。3番目のPである流通は、顧客がその商品をどのように入手するか（ウェブサイトから？ スーパーマーケットから？ フレッドの愛車のトランクから？）ということを意味しています。

最後のPである宣伝は、マーケティングと同一視されることもしばしばあり、影響力の強い人々や潜在顧客に向けて、商品に対する好印象を広めていく方法を意味しています。驚くべきことに、ビジネスアナリストや商品マネージャが費やす時間のうち、宣伝に使われているのはごく一部（おそらく10〜20%）だけなのです。つまり、マーケティング計画というものは、広告の見栄えや宣伝の方法を考えるよりも、ずっと多くのことを定義しているわけです。また、マーケティングの4つのPというものは、ほとんど何にでも適用できるという点にもご注意ください。常に商品（ウェブサイト）、価格（無料）、流通（イントラネット）、宣伝（電子メール）といったものが考えられるわけです。

しかし、ビジネスという視点しか考慮しなかった場合、大事なものごとの1/3しか見る

ことができないのです。例えば、商品の品質は売上に影響を与えますが、こういった品質はマーケティングから生み出されるものではありません。品質†は、実際の顧客ニーズを満足させた正しい設計とエンジニアリングによって生み出されるのです。つまり、ビジネス計画が技術的可能性（予想ではありません）を重視している場合にのみ、優れた成功を導き出すことができるわけです。

　一つの視点に縛られ、プロジェクトを失敗に導いたマネージャは、失敗に至った真の原因を理解できないこともあります。こういったマネージャは失敗後も、視野を広げようと努力するのではなく、相変わらず同じ視点に立ってより熱心に働こうとする場合が多いのです。

3.2.2 技術という視点

　私がカーネギーメロン大学でコンピュータ科学を学んでいた頃、教授や学生たちと新製品について話をすることがよくありました。その頃の話は、新たなソフトウェア製品の機能に着目した上で、今までの機能とどう違うのかという比較に終始していました。ソフトウェアの価値は、どれだけ信頼性が高く、パフォーマンスに優れているか、また最新のテクノロジによってどれだけの利点が生み出されているかといったエンジニアリング上の品質であると考えていたのです。このため、ほとんどのソフトウェアの品質は満足できないレベルにあると考え、我々の眼鏡にかなう製品は無いに等しいと思っていました。そして、市場には平凡すぎてがっかりするような製品しかないことを不思議に思っていたのです。考えているうちに、エンジニアリングの追求を怠った、我々にとって無意味な製品が生み出されるのは、オタクの陰謀だとの意見まで飛び出しました。また、企業‡のマーケティング部門を非難するようなこともしばしば行いました（我々の多くはマーケティング担当者が行ったことを理解していなかったのです）。私がこの業界に足を踏み入れて数年経った後でさえ、同じような会話を何度も繰り返していました。そんな

---

† 本書の技術レビューを担当してくれたアンドリュー・ステルマン（Andrew Stellman）は、私がソフトウェア品質（深いテーマであり、本書では説明していません）に関する参考文献を紹介しなければ物理的な手段に訴えると何度も脅してくれました（私はロバート・ピルシグ（Robert Pirsig）の『Zen and the Art of Motorcycle Maintenance』†† を読みました）。手始めにW・エドワード・デミング（W. Edward Deming）の『Out of the Crisis』（MIT Press刊、2000年）とフィリップ・クロスビー（Philip Crosby）の『Quality Is Free』‡（Signet Books刊、1992年）を読んでみてください。

†† 訳注：邦訳は『禅とオートバイ修理技術 ── 価値の探求』（めるくまーる刊、1990年）です。

‡ 訳注：邦訳は『クオリティ・マネジメント：よい品質をタダで手に入れる法』（日本能率協会マネジメントセンター刊、1980年 ── 絶版）です。

‡‡ 本書の技術レビューを担当してくれたファイサル・ジョーダット（Faisal Jawdat）は、その後の私がマイクロソフトで働くことになったという皮肉を書かなければ心理的な手段で拷問してやると脅してくれました。

ある日、私は競合する製品やウェブサイトに対して大規模な調査を実施することになりました。

世の中にある製品を調べる際、我々はテクノロジやエンジニアリング上の品質だけに着目していました。このため、品質が低いにも関わらずよく売れる製品がある理由や、品質が高いにも関わらずまったく売れない製品がある理由を理解できなかったのです。また我々は、品質と顧客満足度が必ずしも一致しないという謎にも行き当たりました。そしてこういった謎に対して、2つの答を考え出したのです。まず第1の答は、邪悪なマーケティング担当者が魔法を使って何かをしているというものでした。そして第2の答は、世の中の顧客は頭が悪いというものでした。我々はこういった結論について深入りせず、コードの記述に戻ったり、他の製品を調査して貶すだけに終わっていました。この考え方の間違いに気付いたのは、聡明なマーケット担当者と才能ある製品設計者から話を聞いた時でした。

技術という視点では、製品をどのように構築するのかということに最大の価値を置きます。これは建築様式と材料を中心にしたものの考え方です。こういった考え方における美しさというものもありますが、それは技術という視点であり、顧客という視点ではありません。そして、完成した後の成果物がビジネスや顧客をどのように支援するのかといったことを考えようとせず、とにかく美しい成果物を作ろうとしてしまうのです。技術という視点に従った場合、使いものにならなかったり、販売予測がアテにならないデータベースであっても、エンジニアの審美眼に適っていることこそが重要になってしまうのです。

最後の段落は厳しい批判に聞こえたかもしれませんが、技術に特化したこういった視点からの質問としては、以下のものが考えられます。

- これ（そしてプロジェクト）は何を行う必要があるのか？
- これはどのように機能するのか？ 内部のコンポーネントは、それぞれどのように動作するのか？
- これはどのように構築するのか？ 想定通りに動作することを、どのように検証するのか？
- 現在のシステム、あるいは構築しようとしているシステムの信頼性、効率性、拡張可能性、パフォーマンスはどれくらいか？ これとプロジェクトで要求されているシステムとの間にギャップは存在するのか？
- 利用可能なテクノロジやアーキテクチャには、どういったものがあるのか？ 現在利用できないものの、すぐに利用できるようになる新たなテクノロジに賭けるべきなのか？

- チームやプロジェクトが採用するプロセスやエンジニアリングアプローチとして、どのようなものがあるのか？
- 私たちのスタッフは、どういった知識や専門性を有しているのか？ このプロジェクトの作業のうち、彼らが行えないことは何か？
- 専門性のギャップをどのようにして埋めるのか？（訓練、新規雇用、本人による学習、何もせずに神頼み）
- 構築にどれだけ時間がかかり、その品質レベルはどの程度になるのか？

3.2.3 顧客という視点

　これが3つの視点の中で最も重要なものです。プロジェクトの目的は、顧客に奉仕すること（また、おそらくは顧客に奉仕することを通じたビジネスへの奉仕）であるため、顧客が誰かを理解することに努力する必要があります。これには、顧客の作業内容、現在における作業の進め方、どのような変更や改善が望ましいのかという調査も含まれています。こういった情報がなければ、エンジニアリング側とビジネス側は闇夜の遠距離射撃を行わなければならないのです。

　しかし悲しいかな、顧客という視点は多くの組織でおろそかにされています。たいていの場合、最低レベルの人材や予算によるサポートしか受けていません。またほとんどの組織では、顧客を理解し、顧客のための設計を行える人材の方が、ビジネスや技術を担当する人材よりも少ないのです。そして、顧客のエキスパート（例えば、ユーザーインタフェース設計者やユーザビリティのエンジニア）がいた場合であっても、プロジェクトの意思決定プロセスにおいて限られた役割しか与えられておらず、要求や設計に対する権限も限られていることが多いのです。

　どのような場合であっても、顧客の視点は要求と調査という2つから構築されます。要求とは、顧客が明示的に依頼したり不平を述べたことです。顧客は問題（「そうなんです、私のコンピュータはスペースキーを入力するたびにクラッシュするんです」）を洗い出す一番の動機を持っているため、こういった要求には大きな価値があります。しかし多くの場合、顧客は設計者ではないため、問題を引き起こす可能性も持っているのです。彼らは、解決すべき問題とその問題を解決する特定の手法の違いを明確にしません。つまり、本当の問題（みんなが紙の無駄遣いをする）を表現することなく、印刷時のプレビュー機能といった、自らの目に付いたものを要求するわけです。しかし、本当の問題をプロジェクトチームが理解できれば、要求された機能よりも安価で優れた解決策を数多く見つけ出せる可能性があるのです。設計スキルのある開発者であっても、自らのために設計を行う場合、しばしば苦戦することがあるのです[†]。

　ユーザビリティエンジニアと製品デザイナは、顧客とデザインを理解しているエキス

パートです。ユーザビリティエンジニアは、人々の作業方法を理解しているエキスパートであり、さまざまな測定結果や調査結果を提供することで、プロジェクト計画の初日からチームの意志決定を支援してくれます。製品デザイナ（インタラクションデザイナと表現した方が適切かもしれません）は、データを受け取り、それをウェブサイトや製品向けの優れたデザインに変換する方法を身につけた人たちです。幸運にもあなたの組織がこういった人材を雇用しているのであれば、早いうちから彼らを参加させてください。彼らに顧客という視点から捉えた意見を求めるのです。こういった人材がいない場合、競合他社と比べると著しく不利になるはずです。この種のことを相談でき、アドバイスを求めることのできる人材の雇用を検討してください。

　エキスパートの助けがない場合、プロジェクトマネージャはその作業を誰かに行ってもらわなければなりません。こういったことは不可能ではないものの、これはエンジニアリング畑にいる多くのメンバーにとって最も興味のない視点であり、多くの上級マネージャにとって最も理解の乏しい視点でもあるため、他の視点よりも手薄になるのが一般的です。技術という視点やビジネスという視点とのバランスを取るため、十分なリソースと権限を顧客という視点に投資する必要があります。このような投資が行われなかった場合、困ったことに顧客という視点は信頼できないものとなるか、聞こえてこないようになるのです。

　以下は、顧客という視点における重要な質問です。

- （想像でもなく伝聞でもなく）人々は実際に何を行っているのか？
- 彼らが作業を行う際、どういった問題を抱えているのか？　引っかかったり、混乱したり、不満を感じているのはどこか？
- 彼らが行う必要のある、または行いたいと思っているものの、行えないでいることは何か？
- ものごとをより簡単に、より安全に、より早く、より高い信頼性を持つようにするための具体的な機会とは何か？
- （人々が実際に行っている作業をベースにして）どういった設計上のアイデアを使えば、顧客のエクスペリエンスを最大限に向上させながら作業方法を改善できるのか？
- こういったアイデアをどのようにして探求するのか？　このプロジェクトの可能性を理解する上で利用できるプロトタイプ、スケッチ、代替策の探求手段として、どういったものがあるのか？

---

† これは脚注の存在に気付いてもらえるよう、意図的に煽って表現した見解です。しかし、設計者が自らのために設計を行う場合、その設計は行き過ぎたものとなるのです。おそらく要求を出してくるクライアントのいない自由を謳歌しているのでしょう。

- ユーザーに情報を伝えるために、このプロジェクトは核となるアイデアやコンセプトとしてどのようなものを使うべきか？

3.3 視点を超越した視点

　こういった3つの視点は常に、互いに重なり合っています。ビジネスという視点はすべて、技術という視点や顧客という視点とも関連があるわけです（それぞれも互いに関連し合っています）。このため、計画における最善の視点を得るには、それぞれの視点から等距離を置き、類似点と相違点を見極めることになります。ある視点を他の視点よりも優先する場合、何らかの意思決定が必要となりますが、そういったことは思いつきでやるべきではありません。また、それぞれの視点からの価値をできる限り取り込むような、知的な戦略を採用するべきです。

　時間をかけて、3つの視点すべてを探求することで、スマートな戦略的意思決定を行う機会が見えてくるはずです。3つの視点が重なり合っている部分をプロジェクトの目標とすることで、それらの視点に共通する大事な問題や目標のいくつかを解決できる可能性もあります。こういった部分では、ビジネス、技術、顧客の目標に同時に取り組むことができるため、組織に最大の価値をもたらす可能性があるわけです。

　ベン図（図3-2を参照してください）は、戦略的計画と同じくらいの価値を持っています。これを利用することで、エンジニアやマーケットからの偏った視点を中和することができるのです。つまり、それぞれの視点で相反している部分を見るのではなく、重なり合っている部分を見るようにするわけです。プロジェクト計画における議論の早いうちから何度も、こういった図や類似のもの（例えば、それぞれの視点からの目標を一覧にした表等）を利用することで、特定の視点に偏った人からの意見を一定の枠に封じ込めることができるようになります。また、何らかのアイデアが出された時、それをこの図に書き加えることで、それぞれの視点にどのように影響を及ぼすのかが判るようになります。こういった3つの視点を統一するために、PMはそのジェネラリストという性質を利用して積極的に働きかけることで、鍵となる役割を担うことになるわけです。

　こういった役割を果たす方法の1つに、顧客に利益をもたらすものの、ビジネスとして成立しない、あるいは現時点では技術的に不可能というアイデアだけでなく、ビジネスにも顧客にも利益をもたらさないものの、技術的に素晴らしいアイデアも浮かんできてしまうということを皆に対して早期に認めさせることがあります。これによって、全員が一次元的なアイデアに気付く能力を持てるようになり、そのようなアイデアを出されてもお互いに注意しあえるようになるのです。またこれによって各メンバーは、他のメンバーとの共同作業を通じて、自らの持っていない知識を補わなければプロジェクトを

3.3 視点を超越した視点

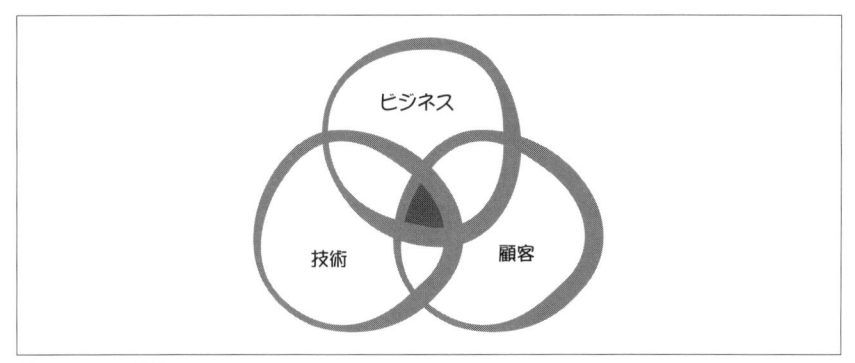

図3-2 3つの視点

成功させることができないと認識できるようになるため、どの視点にも留意するようになるのです。

　一方、視点の相違を洗い出す作業を行わなかった場合、こういった摩擦に正面から取り組む機会はまずありません。そして、プロジェクト計画会議が、各メンバーの視点（これだけではアイデア自体のメリットが引き出せないのです）を砦にして攻防を行う修羅場になってしまうのです。プロジェクトのコンサルティングを依頼されて現場に出向いたものの、チームのプロジェクト計画能力には何の問題もなかったという経験が、私には何度もあります。計画能力自体に問題があったのではなく、なぜ特定の部門（例えばエンジニアリングやマーケティング）だけが他の部門よりも重要なのかという未解決の、あるいは話されたこともない意見の対立があったのです。単一の視点は問題を引き起こすだけでなく、問題の真の原因を見極める能力をも奪っていたのです。

　何年も前の話ですが、私自身もこういった馬鹿げた争いに巻き込まれてしまったことがあります。当時の私は、Internet Explorer 4.0におけるウェブ検索機能を担当するプログラムマネージャでした。ある時、ビジネス部門からチームに派遣されてきた2人の担当者との間で、当時の主要な検索エンジン（Excite、Yahoo!、Lycos、AltaVista等）の取り扱い方法についての議論が起こりました。我々は、こういったビジネスのエキスパートたちと設計上の意思決定について議論し、顧客とビジネスにとって最善の選択肢を決定するため意見を戦わせ続けました。我々は、それぞれが互いに権威を持っていると信じていたのです（私は設計/エンジニアリングを代表し、彼らはビジネス側の主張を行っていました）。我々は、同じ論点を数週間にわたって検討し、常に具体的な意思決定について議論しました。しかし、一歩下がって、何が優れた製品を作るのかという、お互いの哲学が持つ価値を見極めようとしなかったため、議論は収束することなく、最終的にグループマネージャの裁定を仰ぐことになってしまったのです。

私は、当時の関係者全員がもっと幅広い視点を持っていたならば、事態はずっとよい方向に進んでいたはずだと確信しています。しかし、我々全員は自らのエゴと信念に固執したあまり、開発しているものに対するすべての視点を理解しようとするのではなく、些細な点でのいさかいに多くの時間を費やしてしまったのです。よりよいビジョンのドキュメントがあればよかったのですが、当時（1997年頃です）はインターネットビジネスというものが産声を上げたばかりだったため、そういったドキュメントは存在しなかったのです。とは言うものの、相手の知識を拒絶するのではなく、共有しようとしていれば、互いに歩み寄り、全員にメリットをもたらす解決策に到達できていたかもしれません。

視点を超越した視点からプロジェクトを見ることで、各視点に縛られることなく選択を行えるようになります。また、これによって今まで以上に強力な議論が可能になります。ある具体的な設計において、構築しやすさだけを主張するのではなく、マーケティングの観点からなぜそれが売れるのかということを主張できるようになるのです（もちろん主張だけではなく、根拠も必要となります）。こういったことを行うには、犠牲が必要となることもあります。最善の解決策が常にあなたの得意なことになるわけではなく、また個人的に好きなアイデアになるとも限らないのです。しかし、こういった犠牲を払えるのであれば、あなたの誠実さが相手に伝わり、相手からも同じことをしてもらえるようになるのです。そうなった後で、プロジェクトにとって最善と思えるお気に入りのアイデアを訴えかければよいわけです。プロジェクトの利益を一番に考えているという広い心を感じ取った場合、相手は完全に同意できない意思決定であってもそれを支持するようになるのです。

3.3.1 パワーバランス

あなたが規模の大きな組織で働いているのであれば、プロジェクトの視点をバランスさせるために、ある種の政治的なパラメータを考慮しておく必要があります。私は、このパラメータをパワーレシオと呼んでいます。プロジェクトのパワーというものは、先の3つの視点を代表する人々の間でどのように分布しているのでしょうか？ 例えば、エンジニアとビジネスアナリストの人数比が3:1である場合、ほとんどの意思決定において、技術という視点が重視されることになります。パワーレシオとは、各視点を支持する人数の比になるというわけです。バランスを取るという観点から見た場合、パワーレシオは1:1:1（エンジニア：ビジネス担当者：顧客）となるべきです。自然なパワーレシオとは、それぞれの視点について専門性を持っている人たちの頭数の比になります。パワーレシオがアンバランスになるということは、特定の視点に対する比重がより大きくなるということを意味しているわけです。

しかし、ただ頭数だとそれぞれの人の声の大きさが考慮されていません。ナポレオ

ンの軍勢は数千人にも及びましたが、ナポレオンはたった1人しかいませんでした。また、10人のプログラマと1人のマーケティング担当者（10:1:0）がいるプロジェクトであっても、マーケティング担当者の役割や権限がプロジェクトを支配するということもあるのです。このことは、プロジェクトに対してより大きな影響力を持つべきメンバーに権限を委譲することで、マネージャは元々のパワーレシオを補正できるということを意味しています。さらに、プロジェクトの性質は時とともに変化していくものであるため、重視すべき視点も時とともに変化させていくべきです。適切なタイミングでプロジェクトのバランスを適正化するために、どのようにして意思決定を委譲（12章を参照してください）できるのかを考えておく必要があるわけです。

3.4 正しい疑問を持つ

　正しい計画作業を行う最もシンプルな方法は、計画が答えることになる一連の疑問を洗練させることです。これは、3つの視点を一つの計画にまとめ上げるという観点に立って行うべきでしょう。まず最初に、それぞれを個別に探求することになります。初期のプロジェクト定義には、制約がほとんどありません。メンバーは当面の間、必要に応じてお気に入りのアイデアや直感を用いて作業することになります。ただしその作業結果は、ビジネス担当者、エンジニア、顧客との議論を通じて一つの計画にまとめ上げ、最終的にMRDやビジョンのドキュメントとして完成させるということを全員が認識しておくべきです。

　疑問（しばしばプロジェクト計画における疑問と呼ばれます）は、先に考察した3つの視点における質問の一覧からプロジェクトの特性に応じて抜き出すべきです。新規プロジェクトである（つまり次期バージョンの開発でない）場合、プロジェクトの土台を定義する基本的な疑問が必要となります。また、プロジェクトが既存システムのアップグレードである場合、ビジネスや顧客という視点はあまり考慮する必要がないかもしれません。しかし、どのようなプロジェクトであったとしても、疑問の洗い出しを行うようにしてください。これによって今まで認識していなかった前提やアイデアを浮き彫りにできるようになり、メンバー全員がこういったことを議論するためのスタート地点に立てるようになるのです。

　こういったプロジェクト計画における疑問の一覧は、3つの視点のいずれかに囚われるのではなく、必要に応じて技術、ビジネス、顧客といった視点に分割できる総合的な視点に立脚したものであるべきです。例えば、以下の一覧は先に挙げた質問をさらに複雑にしたものとなっています。

- 議論の対象となる顧客層をいくつか挙げることができるか？（例えば、ワープロソフトを開発する場合は、学生、プロ、ホームユーザーとなり、業務用データベースを開発する場合は、営業、受付、役員となる。）彼らのニーズや振る舞いは、どのように違っているのか？
- こういった顧客層を理解するためには、どういった統計情報が役に立つか？（年令、年収、業種、職種、学歴、所有している製品や利用しているウェブサイト等）
- 各顧客層は、製品をどういった行為の最中に使用するのか？ それは製品の購買目的とどのような関係があるのか？ それは私たちの製品マーケティングとどのような関係があるのか？ 顧客が製品を使用して自らのニーズを満足させようとする際、どういった問題が起こるのか？
- 潜在顧客とはどういった人たちであり、彼らに提供すべき機能、シナリオ、製品種類としてどういったものが考えられるか？（こういった潜在顧客を理解する上において、どういった統計情報が役に立つか？）
- 私たちは、こういったニーズを満足させ、問題の解決を行えるような、技術や専門知識を持っているのか？（少なくとも最初のうちは、洗い出した個々のニーズ毎に、「はい」、「おそらく」、「いいえ」という答だけで十分なことも多い。）
- 私たちは、こういったニーズを満足させ、問題の解決を行えるような、技術や専門知識を獲得することができるのか？（「はい」、「多分」、「いいえ」）
- 新しい製品や製品群に大きな機会は存在しているか？ また、現在の製品や製品群に直結しているニーズはあるのか？
- 洗い出したニーズを満足させ、問題の解決を行う上で、私たちの技術や専門知識を活かすことができる、実現性のあるビジネスモデルは存在するのか？（また、利益は予測可能な期限内に投資コストを上回るか？）
- 次のリリースや製品発売を行う時期はいつか？ ターゲットをいつにするのが最も適切なのか？
- 競合他社は何を行っているのか？ 彼らの戦略はどういったものであり、どのように戦っていくことができるのか？

3.4.1　正しい疑問に答える

　プロジェクトマネージャやグループのリーダーが定義する答の深さや品質にもよりますが、こういった疑問に答えるには、数時間から数週間ほど時間がかかるはずです。経験則で言えば、プロジェクトを戦略的にしようとするほど、疑問の定義と計画調査の品質を向上させることが重要になってきます。一方、さほど重要でない問題や短期のニーズに的を絞った戦術的プロジェクトでは、深さはさほど必要ありません。いくつかの疑

問を考慮し、前回のプロジェクトでの答をベースにすることで、多くの答が見つかるはずです。しかし重要なプロジェクトでは、こういった答は計画フェーズだけではなく、プロジェクトの途中における針路調整時や針路変更時に計り知れないほど貴重なものとなるのです。

　こういった疑問に答を見つけ出す最適な人材は、疑問によってビジネスアナリスト系人間であったり、リードプログラマやユーザビリティエンジニアであったりします。また、最適な答というものは、エキスパートとの議論や、コメント、情報源、意見の共有で見つけ出されることが多いのです。こういった作業の実施には、それなりのコストや時間が必要となる可能性もあります。しかし、それこそが計画という作業の性格なのです。家や自動車を購入する、異国に移住する、書籍を執筆するといった場合、それぞれの作業をうまく実行するためのしっかりとした計画が必要となるのです。しかし、いったんしっかりとした計画ができ上がれば、意志決定はプロジェクトの最後までよりシャープかつ迅速なものとなるわけです（これについては14章で詳しく考察しています）。

3.4.2　時間がない場合は？

　調査が実施されておらず、その時間もないという最悪の場合であっても、とにかくこういった疑問を挙げてみてください。優れた疑問を挙げるだけで、2つのポジティブな効果が生み出されるのです。まず最初に、優れた疑問の答を推測するということは、何もやらないよりもずっとましなのです。優れた疑問によって、正しい問題にエネルギーを振り向けられるようになるわけです。推測する程度の時間しか持ち合わせていない場合であっても、正しい問題に対する推測は誤った問題に対する推測よりもずっと価値があるのです。次に、優れた疑問に対する調査を実施していないという事実によって、リーダーやマネジメントに対して警告信号を出すことができるようになります。組織の長期的な健全さは、優れた計画を作成する能力に依存し、プロジェクトを支援するための投資（要員の追加や資金の投入）が遅きに失したとしても、その教訓は次のプロジェクトで活かされることになるはずです。

3.5　よく見かける悪い手段

　良い手段よりも悪い手段の方が数多くあるのが世の常であり、プロジェクト計画とてその例外ではありません。表3-1では、悪い手段を良い手段に切り替える際に役立てることができるよう、私が今までに見てきたお粗末なアプローチをまとめています。この表を活用することで、記載されているような事態が発生した際、すぐにそのことを認識し、なぜそういったアプローチに問題があるのかを理解できるようになるはずです。

表3-1 よく見かける悪い手段

悪い手段	例	なぜ起こるか	問題
前回と同じことを行う	「バージョン3.0は2.0を改良しただけのものだ！」	ビジネス、技術、顧客の問題について、仕切り直して新たな調査を行いたくないし、そのリソースもない場合がしばしばある。	v2.0の頃と比べると世の中は変化しているかもしれない。2.0がどれだけ目標を満足できたかを検証しなければ、その計画は破綻する可能性がある。
前回やり残したことを行う	「バージョン2.0で割愛された機能が3.0の中核となる！」	割愛された機能は調査が済み、ある程度でき上がっており、容易に再開できることは間違いない。	積み残された機能である以上、本質的なものではないはず。そういったもののリリースに注力することは、リソースの有効利用とは言えない可能性がある。
競合他社がやっていることを行う	「我々の目標はXという製品の機能を実現することだ。」	これは最もシンプルなマーケティング戦略である。これで偏執的で精神不安定な怠け者を満足させることができる。分析を実施する必要はない。	競合他社がその機能を実現している理由は、馬鹿げたものであるかもしれない。
ホットでトレンディなものを作る	「バージョン5.0はJavaベースで、モバイル端末対応、RSS 4.0準拠だ。」	トレンドというものは、容易で追求するのが楽しいが故にトレンドなのだ。そして退屈な、または病んだプロジェクトを容易に活気づけることができる。	技術革新は滅多なことでは起こらない。技術革新は短期的には過大評価され、長期的には過小評価されるものである。顧客という視点をトレンドという一時的流行に対する切り札とするべきである。
これを作ればみんなが使うだろう	「この製品は、かつてないほど強力な検索エンジン/ウェブエディタ/ウィジェット/ネズミ取りになるだろう。」	チーム全員の目を開発の理由ではなく開発作業そのものへとそらすことで、チームは本来の計画作業を行わなくてもよくなる。	かつてないほど強力なネズミ取りなど、世の中から必要とされているのだろうか？人々は便利なものを使うのであって、チームが作ろうと決めたものを使うわけではない。

3.6 計画プロセス

プロジェクトの定義にどれだけの時間を割くかは自由ですが、計画の疑問に答えるシンプルなプロセスを用意しておいてください。可能であれば、それぞれの視点（ビジネス、技術、顧客）ごとにエキスパートを1人割り当て、情報の調査、アイデアの創造と提案を任せ、他の視点を持つメンバーとともに対等にレビューを行わせるようにしてください。ここでのコツは、生産性を落とさない程度にまで規模を抑えるとともに、幅広く包括的な視点となる程度まで規模を大きくすることです。10人のグループで行う議論は、

5人のグループで行う議論よりも生産性が低くなり、チーム内の雰囲気もぎくしゃくしたものになりやすいのです (9章を参照してください)。

大人数で貧弱な計画を妥協しながらだらだら検討していくよりも、少人数の貢献者として選ばれなかったメンバーの自尊心を個別に癒していく方がよい結果につながるのです。貢献者でないと判断されたメンバーも大人でしょうから、時間をかけて理由を説得すれば理解してくれるはずです。大人でなかった場合、それによって大人への階段を上るきっかけを与えることになり、それでも納得しないという場合には、当人のエゴを満足させることのできる転職先を探すきっかけを与えるということになるのです。

この章の最初で解説したような成果物を計画しているのであれば、計画グループの目標は、そういったドキュメントを作成し、チームに向けて公開することになるはずです。

計画フェーズ (図3-3を参照してください) は、こういったドキュメントが完成した時 (つまりそのドキュメントに記載されている意思決定が完了した時) に初めて終了します。

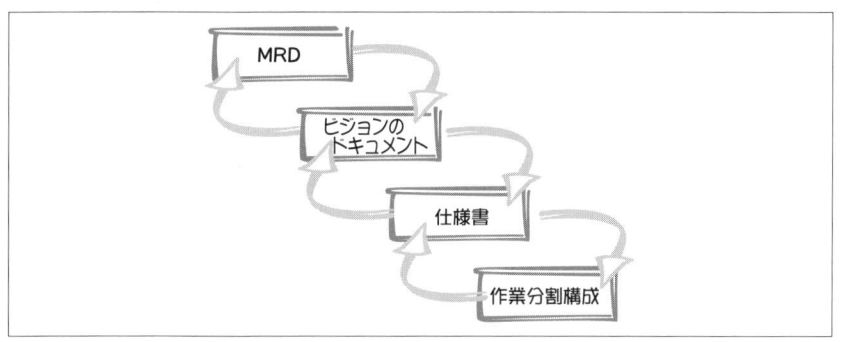

図3-3 計画のレベル間におけるフィードバック

各計画ドキュメントのドラフト版は、チームからのフィードバックを反映しても最終版の期限に間に合うよう、余裕を持って準備するべきです。また、図3-3で示しているように、成果物間にシンプルなフィードバックループを作り出すこともできます。MRDのドラフト版が完成した時、他のメンバーによってビジョンのドキュメントに関する作業が開始できるようになり、それによってMRDの最終版が完成する前にその品質改善を行うフィードバックが可能になるのです。こういったパターンは、すべての計画作業を通じて繰り返されます。このため、計画ドキュメントに厳しい納期が設定されていたとしても、各作業にオーバーラップが存在していること自体は健全なことであり、プロセスの品質改善につながることでもあるわけです。ただし、プロジェクトが中盤 (実装) に差しかかってしまうと、不可能ではないものの、計画ドキュメントにまで影響が及ぶようなこういったフィードバック (図3-4を参照してください) は難しくなります。(図3-4

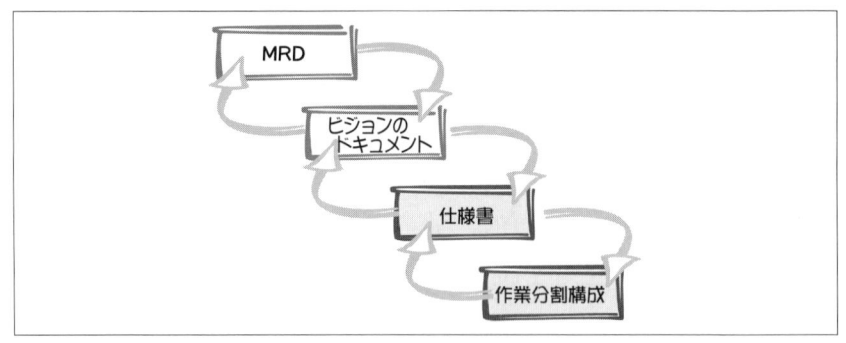

図3-4 プロジェクトの進行とともに、計画ドキュメントに遡る変更は難しくなっていきます（とは言うものの不可能ではありません）。

は、WBSと仕様書に対してのみフィードバックを行っている状態を表しています。）

3.6.1　日々の作業

　計画という作業は共同作業を日々積み重ねていくという性質のものであり、これだけを行えば成功するといった魔法のような近道など存在していません。人は人であり、最初はばらばらな考え方を持つメンバー同士が集まり、互いに学びあい、ものごとを前に進めるために議論や妥協を重ねていくといった過程を避けて通るわけにはいかないのです。作業の中には打ち合わせや会議があり、おそらくは電子メールの宛先一覧やウェブサイトの作成といったものもあるかもしれませんが、こういったことに大きな違いをもたらす秘密のレシピなど存在しないのです。シンプルさを貫き、できる限り直接的な行動を心がけてください。リーダーは、対話の口火を切り、重要な疑問を提示し、適切なメンバーが適切なタイミングで部屋にいるようにすることで場の雰囲気を作り出すことになります。しかし、以下の3つのことも心に留めておいてください。

- **プロセスで最も重要なことは、メンバーに期待される役割である**。要求の権限は誰が持っているのでしょうか？　設計は？　多くのメンバーが関与する場合、どのように意思決定を行うのでしょうか？　収拾がつかない場合はどのように解決するのでしょうか？　こういった人間関係に関する問題を初期のうちに定義しておけば、多くの問題を避けることができ、時間内に冷静に対処することも可能になるはずです。（人間関係と役割の定義についての詳細は10章を参照してください。）
- **全員にマイルストーンを知らせておくこと**。計画作業の初日から、プロジェクト定義が完了するまでには、どういったマイルストーンが設定されているのでしょうか？　できるだけ早いうちに、レポート、プレゼンテーション、レビュー資料、ビジョンのド

キュメントといった成果物の完成日付と、その責任者を明確化しておいてください。「計画」は厳密にいつ終了し、設計や実装はいつ開始するのでしょうか？ これについては、ちゃんとした答を出して公けにしておくべきです。
- **それぞれの視点を議論する打ち合わせを頻繁に開催すること**。新たな情報や考え方に関するレポートを公表し、新たに出てきた疑問や結論も提示するべきです。組織内やチーム内のエキスパートが役に立ちそうな場合、あるいは彼らの意見がグループにとって価値をもたらす場合、彼らを打ち合わせに出席させてください。

プロジェクトマネージャは、打ち合わせや議論におけるキーポイントをまとめ、メンバーが結論を簡単に参照できるよう、明確に文書化しておく責任があります。持ち上がった疑問や問題は、適切な担当者に割り当て、次の打ち合わせで議論するべきです。

3.7　顧客調査とその誤用

　顧客に関する情報は、さまざまな手段で誤用されています。顧客が大切だと主張するだけでは、何も言っていないに等しいのです。「われわれは顧客のことを気にかけている」とか「顧客満足度が重要だ」と言ったところで、こういった信念が組織の行動に対応付けられているかどうかは、ほとんど省みられていないからです。顧客を調査あるいは理解するための方法論はこの10年で著しく進歩してきたものの、マネジメント中心型組織やエンジニアリング中心型組織にはほとんど浸透していません。プロジェクトチームの意思決定担当者として顧客調査、インタフェース設計、ユーザビリティのエキスパートを招き入れるというプラクティスは、まだ一般的になっていないのです。

　今まで見てきた誤用の中で最も多かったのは、特定の調査手法に対して過度の信頼を置きすぎるというものでした。科学的、非科学的を問わず、すべての調査には対象の一面しか評価しないという根本的な問題が存在しているのです（これについては8章で再度考察します）。ある調査手法は、特定の属性を調査することには長けているものの、他の属性を調査することには長けていないのです（表3-2を参照してください）。体重を測る時に速度計を使用したり、銀行口座の残高を調べる時に血圧計を使用したりしないように（ひょっとしたら血圧計は必要かもしれませんが）、サーベイやフォーカスグループには、向いていることと、向いていないことがあるわけです。

表3-2 一般的な顧客調査手法

手法	これはどういったもの？	長所	短所
フォーカスグループの利用	潜在顧客グループを集め、プロトタイプを見せ、議論を通じて意見を集める。	一度に多くの意見を集めることができる。また大きなヒントが得られたり、正直な声を聞くことができる。	議論の分析が難しく、誤解が生じやすい。進行役が不慣れな場合、誤った結論が導き出される[a]。
サーベイの実施	一連の疑問を潜在顧客に尋ねる。	多くの人から情報を入手する低価格な手法である。幅広いトレンドの調査に役立つ。	情報の信頼性が低い[b]。偏りのない回答を導き出すことは難しい。データの誤解が生じやすい。
作業現場への訪問	エキスパートやチームメンバーが顧客の作業現場に赴き、彼らの作業を観察する。	真の顧客エクスペリエンスが得られる。また、チームにとって最も記憶に残るパワフルな経験となることも多い。	こういった経験は訪問者にとって最も貴重なものとなる。ただ、他のメンバーにその経験を伝えることは難しく、定量的に使用することも困難である。
ユーザビリティの研究	選ばれた顧客が一定条件の環境下で対象を使用してみる。結果は、完了できたシナリオ数、完了に要した時間、誤りの数によって定量化する。	対象の使用しやすさを定量化することができる。具体的な問題に関する証拠を提供できる。早いうち、特にプロジェクトの開始前に行っておくのが最も効果的である。	ビジネスや技術の質問に直接価値を与えることはほとんどない。早期に実施しなかった、またはエンジニアリングチームが頻繁に省みなかった場合、その努力は無駄に終わる。
市場調査の実施	顧客数や競合製品のコストを知り、収益を予測するため、製品の市場を調査する。	ビジネスという視点で市場や業界を捉える唯一の方法である。	製品が成功する理由を説明できない上、人やその振る舞いに着目せず、トレンドや経費に目を向けがちとなる。

a：フォーカスグループは、人々が好意的であるという誤った結論に到達しやすい手法です。彼らは招かれたお客さんで遠慮があるため、否定的な意見よりも肯定的な意見が出てきやすいのです。

b：過去に受けたサーベイを思い出し、どれだけ真面目に答えたのかを思い返してください。サーベイを受けたことがない場合、サーベイによって長時間拘束される人たちの気持ちを考えてみてください。

　顧客調査のエキスパートは、プロジェクトチームが答えなければならない疑問に基づいて手法を選択し、個々のアプローチが持つ制約と偏りを打ち消すために複数の手法を用います。表3-2は、一般的な顧客調査手法の概要と、各手法の大まかな長所と短所を示したものです。

　私がマイクロソフトでプログラムマネージャをしていた時の経験ですが、最高のチームは、こういったさまざまな情報源に自由自在にアクセスできるようになっていました。また私自身、与えられている情報だけでは答えられない疑問に対する答を要求することが何度もありましたが、組織には専任のエキスパートがいたため、たいていの場合は作業を任せることができました。一方、これよりもサポートが手薄であったチームの場合、私は自らで答を見つけ出さなければなりませんでした（私は他にも多くの仕事を抱えてお

り、専任のエキスパートが下すような答を出せるほどのスキルを持ち合わせていなかったため、たいていの場合には正しい情報が得られませんでしたが)。

　リソースや予算がない場合であっても、計画の疑問に答えるための時間を数時間確保するだけで、有益な結果が得られることもあります。ウェブで検索を行ったり、図書館（実際の図書館はウェブサイトよりもずっとパワフルなリソースとして利用できます）に行って調べることで、何もやらない場合に比べると無限とも言える情報を引き出すことができるのです。そして、何度もこういった調査を実施していると、経験とともにスキルも身につき、作業能率がアップするようになるはずです。さらに重要なこととして、こういった作業をあなた自身で行うことで、あなたに代わってこの作業を行う人材を見出す目を養い、予算面や要員面でのメリットを生み出せるようになるのです。

　懐疑心を持ち、健全で綿密な調査を行うことで、どのような出所のデータであっても洗練し、その価値を向上させることができます。前提に対して疑問を投げかけると同時に、さまざまな調査結果における偏りというものを検討してください。これは、データが十分でない場合や疑義がある場合に、そのデータを捨て去ってしまえと言っているわけではありません。そうではなく、チームは議論に影響を与え、顧客のエクスペリエンスという現実的で優れた観点を得るために必要となる価値を見出すために、データの弱点を見つけ出す努力をすべきだと言っているのです。どんなデータも完璧ではありません。データには常に、偏り、前提条件、誤差、表に出てこない詳細が含まれているのです。プロジェクトマネージャは、こういったブレを見つけ出し、よりよい意思決定を行うために利用可能なものをできる限り賢く利用しなければならないのです。

3.8　すべてをまとめる：要求定義書

　計画作業の段階では、興味深い情報が大量に生み出されます（疑問を数多く挙げることで、成功の可能性が増すのです）。ここでの難問は、いかにして情報をシンプルにし、行動計画を定義するための有益な形に変換するかということになります。ビジョンのドキュメントは、大局的な観点からすべての視点、調査、戦略をまとめたものです。このドキュメントについては、次の章でより詳しく考察しています。また、局所的な観点については、要求定義書を用いることもあります。ビジョンのドキュメントにも要求に関する情報を記述することはありますが、仕様書に記述すべきかどうかという基準によって、より特化したドキュメントを作成し、細かい要求を記述することもあるわけです。

　プロジェクトの針路を決定するために要求定義書を使用しているプロジェクトは数多くあります。要求定義書とは、プロジェクトの完了時に実現されるべきであるとチーム（と顧客）が同意したすべてのことを記述したドキュメントのことです。最もシンプルな

要求定義の例として、ペパロニピザの注文があります。まず、あなたはピザ屋のシェフに欲しいものを注文します。シェフは要求を明確化するために質問（「一緒にドリンクはいかがですか？」）を行うかもしれませんし、要求の詳細について交渉（「ペパロニは切らしているのでサラミでどうですか？」）を始めてくるかもしれません。ソフトウェア開発といった複雑なケースでは、優れた要求を簡単に得ることなどできません。抽象的なアイデア（「高速に実行させたい」とか「ほとんどクラッシュしないようにさせたい」）を実現するにはさまざまな手段があり、要求を引き出すプロセスも難しいものとなるのです。

要求の洗い出しと文書化を行う手法はすでに確立されているため、そういったものに慣れ親しんでおくことをお勧めします（ドナルド・ゴース（Donald Gause）、ジェラルド・ワインバーグ（Gerald Weinberg）の著した素晴らしい書籍『*Exploring Requirements: Quality Before Design*』† （Dorset House刊、1989年）を参照してください）。要求定義の際には、あなたが持っている権限に応じて、さまざまな手法を適用することができます。こういった手法の詳細、その適用方法については、本書では取り扱っていません。しかし、簡単に使用でき、たいていの場合に有効となる手法を一つ紹介しておきましょう。それは問題叙述法（problem statement method）というものです。

問題の叙述は、エンドユーザーや顧客が抱える具体的な問題を1～2文の文章で説明します。これらは調査や具体的な顧客要求から導き出されたものでなければならず、顧客という視点（技術という視点やビジネスという視点ではなく）による問題やニーズを洗い出したものでなければなりません。これによって顧客に対する影響という視点が保たれ、他の視点からの予期せぬ邪魔が入らないようになるのです。また問題の叙述によって、チームが犯しやすい要求の誤りを避けることもできます（これについては5章で簡単に触れています）。

以下は、イントラネットウェブサイトの開発における問題の叙述例です。

- ホームページ上でよく使う項目が、見つけにくい位置に配置されている。
- 部門情報ページの表示が遅く、常にユーザーが待たされている。
- データベース検索ページで巨大なテーブルを指定するとクラッシュし、最初から作業をやり直す必要がある。
- サイト内にある人事サービスへの自動ログイン機能が提供されていないため、手間と時間がかかる。
- 検索結果のレイアウトが悪く、流し読みしづらい。
- 登録ページにおいて、必須項目の表示がないため、入力ミスを犯しやすい。

---

† 訳注：邦訳は『要求仕様の探検学――設計に先立つ品質の作り込み』（共立出版刊、1993年）です。

- ステータスページに電子メールに関する情報がないため、電子メールが動作しない場合に原因究明ができない。
- ホームページの表示方法を指定するプレファレンスやオプションを保存する方法がない。

こういったものは、バグレポートでないという点にご注意ください。これらは、ウェブサイトが対応しなければならないこととして洗い出される問題ばかりではありません。問題の叙述は、技術という視点によって問題を洗い出すだけでなく、顧客という視点によって欠けているものを捕捉するという目的で行う作業であるため、バグとは異なる、より幅の広い観点で捉えられるべきなのです。

こういった文に続けて、その証拠や実例（例えば、ウェブサイトや製品の画面イメージを添付して問題の文脈を表現する、あるいはユーザビリティ研究やその他の研究への参照を引用して問題を浮き彫りにする）を記述することで内容を判りやすくし、この問題が発生した理由と経緯（あるいはこういった機能が省略された理由）を説明することができます。ただし、問題の証拠は、問題の叙述自体、あるいはエンジニアリング計画やビジネスの目的と混在させるべきではありません。こういった注意を払うことで、顧客と顧客ニーズを中心に据えた問題の叙述にするわけです。

3.8.1 問題はシナリオになる

問題の叙述は世の中の現状を表したものであるため、作業完了時の状況を表現したドキュメントというものも必要となります。こういったドキュメントを作成するため、問題の叙述は機能の叙述やシナリオというものに変換する必要があります。これにはさまざまな方法があり、ユースケース（アリスター・コーバーン（Alistair Cockburn）著、『Writing Effective Use Cases』†（Addison Wesley刊、2000年）を参照してください）はその代表例と言えるでしょう。

各シナリオは、プロジェクトの結果として顧客ができるようになること、あるいはプロジェクトによる自動化によって顧客が行わなくてもよくなる作業を簡潔に説明したものとなります。これによって、顧客やユーザーという視点からものごとが解説できるようになり、こういった利点の達成方法という、後で考えるべき話を避けることもできるようになります。現時点で重要なことは、チームのやるべきことを明確化し、最も価値のあるシナリオはどれかという議論を可能にすることなのです。各シナリオについて、解

---

† 訳注：邦訳は『ユースケース実践ガイド――効果的なユースケースの書き方』（翔泳社刊、2001年）です。

決することでもたらされるビジネス価値や、技術的な実現可能性を考察するのは、こういったシナリオの優先順位が決まってからにすべきなのです。

　機能の叙述自体は、顧客について学んだことと、彼らのためにプロジェクトが注力すべきことを最もシンプルに表現したものとなっているべきです。先ほどの問題に対する機能の叙述例は、以下のようなものになります。

プロジェクトにおいて考えられる機能
- ホームページ上でよく使う項目は、見つけやすい位置に配置されていること。
- 検索結果は、ほとんどのユーザーにとって読みやすいものとなっていること。
- ウェブサイトは、人事サービスへの自動ログイン機能を提供し、容易にアクセスできるようになっていること。
- 登録ページは、簡単かつ誤りなく入力できるようになっていること。
- 部門情報ページは、ホームページ自体と同じくらい高速に表示されること。
- データベース検索インタフェースは、システムの他の部分と同じくらい信頼性が高いこと。
- ユーザーは電子メールサーバの状況について、簡潔かつ手軽な方法でチェックできること。
- 簡単な方法でプレファレンスをシステムに記憶させることが可能になっていること。

　機能の叙述は、具体的な解決策や設計を記述するべきではありませんが、解決策が顧客に及ぼす影響については解説しておくべきです。（こう言うのは簡単ですが、実際に実行するのは簡単ではありません。たいていのエンジニアや創造的な人々は、問題解決が三度の飯よりも好きなのです。あなたが問題を解説した途端、問題の調査や洗練ではなく、問題解決に挑もうとするはずです。問題の洗い出しやシナリオの議論中は、解決策の提案を一時的に禁止する必要が出てくることもしばしばあります。会議中は自らのアイデアを書き留めるだけにしてもらい、後でそういったものを議論するようにしてください。ただし、問題を解消できたり、問題を無視できるレベルにまで低減できるアイデアについては例外とします。）

　設計案に関する議論を先送りにして、深みにはまらないようにすることで、チームはプロジェクトの真の目標を明確化する作業に注力できるようになります。そして、これら機能の叙述を大まかな重要度によって並べ替えることで、プロジェクトの全体像を明らかにすることができます。こういったことを正しく行っておけば、設計の検討や定義を行う時期が来た時に、（解決のための技術や個人の好むアイデアに気を取られることなく）一つの目標に向けて全員が力を合わせ、ずっと迅速に作業を実施できるようになるわ

けです。また機能の叙述は、簡潔でありながらも多くのものごとの基礎となるものであるため、長期に渡ってチーム内で使用されることを念頭に置いて注意深く記述する必要があります。機能の叙述を適切なものとするためには、何度も作業やレビューを繰り返す必要がありますが、いったん完成すればプロジェクト期間を通じてずっと使用できるものとなるのです。

3.8.2 ビジネス要求および技術要求との統合

　顧客調査によって洗い出された機能候補の一覧に、ビジネス要求や技術要求を満足させる機能を追加することもできます。ただし、こういった追加要求が顧客支援に役立たないのであれば、なぜ追加するのかという疑問に答えておかなければなりません。また、新たな機能の追加に先立って、既存の機能でビジネス要求や技術要求を反映しているものがあるかどうかを洗い出しておくべきです。これによって、具体的な技術やビジネスに関する検討を禁止することなく、すべての議論を、顧客に対する影響と利益を中心としたものにすることができるのです。

　特定の市場機会を利用するためのビジネス要求が、すでに洗い出されている複数の機能によって満足されるということもあり得ます。また、技術要求についても、顧客への利益を生み出すようになっているべきです。（長期あるいは短期の）顧客利益に結びつかないビジネス要求や技術要求は、すべて注意深く吟味してください。顧客指向でない機能は、顧客エクスペリエンスにマイナスの影響を与えることがないよう、注意深く定義するべきなのです。

　こういったことに気を付けていれば、マーケティングが顧客エクスペリエンスの改善とは何の関係もない機能を要求してきた場合であっても、チーム全員は適切に対応できるはずです。場合によっては、顧客に価値をもたらすかどうかが怪しいものの、製品売上には直結する機能や、利害関係者や役員から命令された機能を追加する必要が出てきます。しかし、最初に顧客の調査を行い、次に問題の叙述に進み、結果の機能を導き出すという計画プロセスを実施することで、脱線することなく議論を行えるようになるわけです。あるリリースにおける機能の大半が顧客指向でないことが判れば、非常警報が鳴るはずです。顧客中心の機能一覧を基本にしてレビューを行うことで、思い付きや、自分勝手な要求は議題に上らなくなり、別途討論や議論を行う必要性が明らかになるわけです。これによってプロジェクトマネージャは、顧客と組織の双方に利益をもたらす議論の場を作り出すことができるのです。

3.9 サマリー

- プロジェクトの種類に応じて、さまざまな計画アプローチが要求されます。
- 計画作業はしばしば、誰がどのような権限を持っているのかによって決定されます。要求、設計、予算は、プロジェクトの計画に影響を与える3つの権限です。
- プロジェクトの計画における一般的な成果物がいくつかあります。それらは、市場要求ドキュメント（MRD）、ビジョン/スコープのドキュメント、仕様書、作業分割構成（WBS）です。
- プロジェクトの計画においては、ビジネス、技術、顧客という3つの視点を均等に使用することが重要です。顧客という視点はしばしば、誤解、誤用されることがあります。
- 疑問を持つことで、優れた思考が強制され、効率的に計画作業を行うことができます。
- 要求定義のプロセスは難しいものの、うまくやり遂げるための優れた参考文献は存在しています。
- 問題の叙述やシナリオは、要求を定義し、伝えるためのシンプルな方法です。これによって、何が重要かということに対する明確な理解を損なうことなく、要求を設計アイデアへと簡単に変換できるようになります。

4章
優れたビジョンを記述する

　チームを率いていく上での難問の一つに、メンバーを長期間、同じ目標に向かって集中させ続けるというものがあります。どのようなリーダーでも、自らの下した意思決定が忘れ去られてしまうことを恐れています。今日のところはリーダーの言うことを聞く必要性が理解されていたとしても、それが明日には忘れ去られたり、無視されてしまうということもあり得るわけです。さらに悪いことに、リーダー自身もプロジェクトを率いていく方向を忘れてしまうことがあるのです。このためリーダーは、正しい方向に向かって初めの一歩を踏み出すだけではなく、その針路を保ち続けるよう努力しなければならないのです。

　3章では、MRD、ビジョンのドキュメント、仕様書といった計画に関するドキュメントの概要を説明しました。この章では、計画作業の初期段階で用いる最も重要なドキュメント、すなわちビジョンのドキュメントを扱っています。そして、ビジョンのドキュメントを記述する価値、優れたビジョンのドキュメントに含まれる品質、プロジェクト実施期間を通じてビジョンのドキュメントから価値を引き出す方法について解説しています。このドキュメントを適切に使用できるようになった時、プロジェクトの初期計画フェーズが完了することになるのです（図4-1を参照してください）。

　本論に入る前に、述べておくことが一点あります。それは、MRD、ビジョンのドキュメント、仕様書が取り扱う守備範囲についてです。こういった定義にはさまざまな流儀があります。MRD、すなわちビジネスを正当化するためのドキュメントをまったく作成せず、そういった情報をビジョンのドキュメントに含めている組織もあります。また、ビジョンを4～5個の小さなドキュメントに分割し、格好のよい文書名を付けているチームもあります。さらに、ビジョンにあたる情報を仕様書自体に書き加えているプロジェクトもあります。このため、あなたの組織がいくつのドキュメントを作成しているかということや、それらを何と呼んでいるかということについて気にする必要はまったくあり

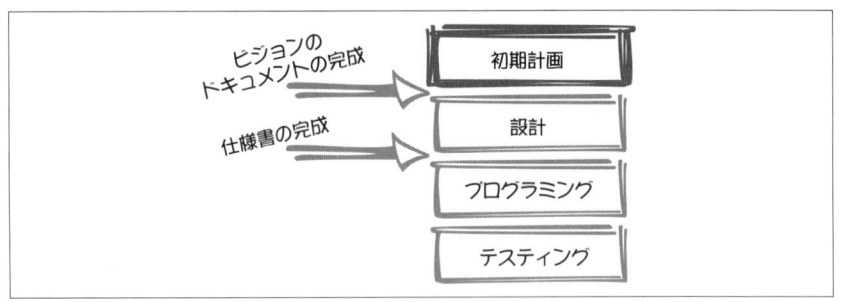

図4-1 ビジョンのドキュメントが完成すると計画フェーズが完了し、仕様書が完成すると設計フェーズが完了します。

ません。そういったことは、あまり重要ではないのです。本章におけるアドバイスは、あなたの使用している計画プロセスに対しても、同様に適用できるはずです。

4.1 書き留めることの価値

『The Creators』[†] や『The Discoverers』[††] というすばらしい書籍の著者ダニエル・ブアスティン（Daniel Boorstin）は、文書というものが人類史上最大の発明であると述べています。文書がなければ、私たちはダイナマイトを作ったり（えーっと、ニトログリセリンと木炭の混合比率は？）、核反応炉を建造する（ウランはどう配置するんだっけ？）際に、恐ろしいほど信頼性の低い記憶[‡]というものに頼らざるを得なくなるのです。プロジェクトの推進に限って考えても、エンジニアリング作業の定義や、チームの全体目標の洗い出しを一度行い、文書として書き出しておけば、何度もその知識を再利用できるようになります。意思決定の詳細を紙に書き留めておくことで、詳細を記憶しておくという重荷が取り払われ、必要に応じてその文書に目を通せばよいだけになるのです。このため、心が解き放たれ、目先の作業に全力を傾けることができるようになり、必要に応じて（観点がぼやけた時や、意見の相違があった時や、混乱した時に）その文書を参照することで、記述した時の情報を得ることができるという安心感が得られるのです。つまり、より複雑で努力を要することほど、その詳細を書き留めておくことで成功する確

[†] 訳注：邦訳は『創造者たち』（集英社刊、2002年）です。
[††] 訳注：邦訳は『大発見——未知に挑んだ人間の歴史』（集英社刊、1988年）です。
[‡] ダニエル・シャクター（Daniel Schacter）の『The Seven Sins of Memory』[‡‡]（Mariner Books刊、2002年）を参照するか、映画『メメント』を鑑賞してください。どちらも人間の記憶がいかに不自由なものであり、信頼できないかを認識させてくれます。
[‡‡] 訳注：邦訳は『なぜ、「あれ」が思い出せなくなるのか——記憶と脳の7つの謎』（日本経済新聞社刊、2004年）です。

率が高くなるというわけです。

　メンバーの人数が増えると、作業は複雑なものになっていきます。3人程度のチームであれば、廊下で立ち話をするだけで、それぞれの考え方をまとめることができ、最終的な目標を頭に描き続けることもできるでしょう。しかし、チームメンバーが20人、100人、1,000人にもなる場合、そういったことは望めなくなるのです。こういった場合、誰かが作業開始に先立って大局的な計画を決定し、みんなが簡単に参照できるような形式で文書化しておく必要があるのです。

　文書に書き留めるということは、大規模な組織内でチームの考えを他チームに伝える際にも有効です。Aというグループが、核となるアイデアと高レベルの意思決定を簡潔な文書で表現できれば、BやCというグループはAというグループの考えを理解して、疑問を投げかけたりフィードバックを行えるようになります。プロジェクトが複雑で周囲と密接に関係する場合、コミュニケーションの不具合やコストの高い過ちが起こる可能性も増えるため、こういった文書の重要性も増してくるわけです。また、チームに新たなメンバー（経験の浅い人材）が配属されてきた場合、プロジェクトの核となるアイデアが凝縮された文書に目を通すことで、行き当たりばったりなやり方よりも効果的に学習できるというおまけもついてくるのです。

4.2　どれだけのビジョンが必要となるのか？

　私は、たくさんの調査結果、図、戦略的思考を綿密に配置した50ページにもおよぶビジョンのドキュメントを見たことがあります。また私は、各項目が数行しかない、箇条書きだけで構成されたビジョンのドキュメントも見たことがあります。ドキュメントが必要とする構造や計画作業の量は、プロジェクトによって違うのです。計画ドキュメントとは、決まった形式が定められた厳格なものであるなどと考えてはいけません。これは単なるドキュメントなのです。どれだけ深く記述するか、またどれだけ形式に則って記述するかはプロジェクトの性質とチームの文化に依存します。とは言うものの、優れたビジョンのドキュメントで提示される疑問というものは、ほぼ同じ種類のものになる傾向があります。しかし、その深さと厳密さはさまざまなのです。

　以下は、あなたのプロジェクトにおける、ビジョンのドキュメントに必要な構造と厳密さを考えるための質問です。

- プロジェクトによって、何人の人たちが影響を受けるのか？　影響を受ける人たちは、いくつの組織におよんでいるのか？　各組織からの期待をどのように設定しようとしているのか？

- 将来について、チーム自体は有効な疑問をいくつ持っているのか？ 作業内容やその作業理由について、関係者はどれだけ知っておく必要があるのか？
- プロジェクトの方向性について、関係者からどれだけ深いフィードバックを望んでいるのか？
- 自分自身でどれだけの意思決定内容を説明しようとしているのか？（優れたビジョンであれば、ひとりでに浸透していくはずです。）
- プロジェクトリーダーは、プロジェクトレベルの意思決定を行う際に、どれだけ深い知識と考えを組織に提供するべきなのか？（ビジョンはこの証拠となります。）
- プロジェクトの遂行中、チームはどれだけ深い戦略的思考を行うべきなのか？
- 役員やあなたの上司は、プロジェクト計画の一環としてどういった調査をあなたに実施させようと考えているのか？ 彼らにどういった成果物を持っていくのか？
- 後々、チームに目標を再認識させる必要があるか？ 過去に同意した何らかの問題について、後で議論を蒸し返すような関係者はいるか？

こういった質問に対するあなたの答が詳しく、説得力があるほど、ビジョンのドキュメントの価値は高いものとなります。ほとんどの質問が「いいえ」となる場合、より軽量で形式張らないものを考えてください。そして、ほとんどの質問が「はい」となり、読んでいるだけで頭が痛くなってくるような場合、より重量級のものが必要となるはずです。

こういった質問は、単なるビジョンに関する質問というよりも、リーダーシップ、およびリーダーがリーダーシップにまつわる難問にどのように立ち向かっていくのかということに関する質問といった方が正確でしょう。そして、こういった数々の難問に同時に立ち向かえるのは、ビジョンのドキュメントをおいて他にないのです。また、一人のチーム（スーパーマン）で作業する場合でも、略式のビジョンのドキュメント（例えば目標の一覧）を1週間、1ヶ月、数年といった単位で記述しておけば、その期間中は自信を持ち続けることができるはずです。また、いったん書き留めれば、説明責任があなたにしかない場合であったとしても、関係者にも説明責任を持たせやすくなるのです。

4.2.1　チームの目標と個人の目標

ビジョンのドキュメントについての考察を行うにあたり、いくつか言葉を定義しておくことにしましょう。ビジョン、チームの目標、個人の目標という言葉は、しばしばオーバーラップした意味で用いられています。本書でこういった言葉を使用する場合、以下の意味があると考えてください。

- ビジョン：これによってプロジェクト全体の大局的な目標を定義します。これはビ

ジョンの叙述や真の目的を含むこともあります。(ビジョンによって定義される高レベルの目標は、低レベルの目標と区別しやすいよう「ねらい」と呼ぶこともあります。)
- **チームの目標**：これはビジョンの部分集合であり、その責任は特定のチームが負うことになります。そして、定義される内容はビジョンよりも踏み込んだものとなります。(例えば、Aチームはデータベースシステムとその目標に責任を負い、Bチームは検索エンジンシステムとその目標に責任を負うといった具合です。なおこういった場合であっても、両チームは同じビジョンを共有します。)
- **個人の目標**：これはチームの目標の部分集合であり、その責任は個人が負います。

小規模プロジェクトの場合、チームの目標と個人の目標はほとんど異なりません（図4-2を参照してください）。こういった区別の必要がないほど、プロジェクトが小さいということなのかもしれません。しかし、50人以上のメンバーが参加する大規模プロジェクトでは、こういった階層が必要となるのです。私の経歴の大半は大規模チーム（メンバー数が50人以上）におけるものでしたが、こういったチームで作業する時にはいつも、プロジェクト全体（ビジョン）、プロジェクトの機能や領域（チーム）毎、プロジェクトに参加するメンバー（個人）毎という3つの層を考えることになりました。最初の2つはチーム全体で公にされるものであり、最後のものはメンバーとその上司の間でやり取りされるものです。

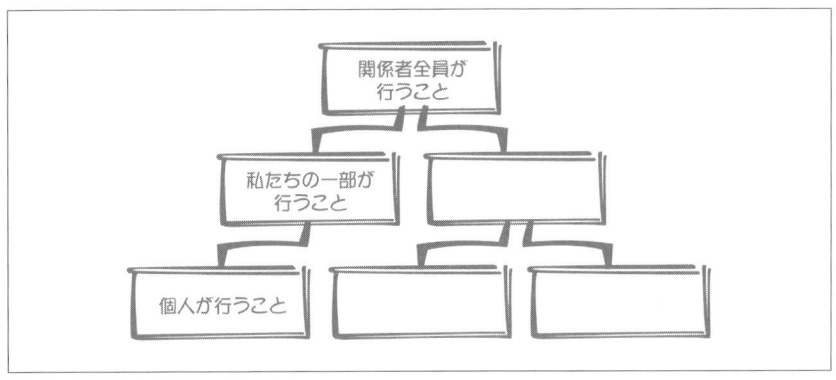

図4-2　目標における3つのレベル

例として、Hydraというイントラネットのウェブサイト開発プロジェクトを見てみることにしましょう。

- Hydraのビジョン。Hydraのウェブサイトを使用すれば、シンプルで使いやすいイン

タフェースによって、使用頻度の高いイントラネット情報に簡単にアクセスできるようになる。
- Aチームは、検索と経理関係の作業を、シンプルなインタフェースによって実現することに責任を持つ。Bチームは、在庫管理、人事、旅費精算に責任を持つ。
- フレッド（Aチーム）は、検索関係の全機能を設計、実装する。マイク（Bチーム）は、すべての設計を統括し、Hydraのユーザーインタフェース仕様を取りまとめる。ボブ（Bチーム）は、人事と旅費精算に必要な全機能の設計と実装を行う。

こういった階層には上から下への強い関係があるという点にご注意ください。チームの目標はプロジェクトの目標を受け継ぎ、個人の目標の大半（大半と書いたのは、個人にはプロジェクトやチームの目標とは直接関係のない訓練や成長目標が必要となるためです）はチームの目標を受け継ぐのです。こういった目標の階層をうまく設定できれば、メンバー全員にとって毎日が意味のあるものとなり、プロジェクトに直接貢献できるようにもなるわけです。そのため、時間をかけてこういった構造を作り上げる価値があるのです。その上、チーム全体が共通の目標を視野に入れることで、相乗効果が自然に生み出され、プロジェクトのマネジメントもずっと楽になるわけです（図4-2を参照してください）。

さまざまなドキュメントは、こういった3つの階層（少なくともさまざまな議論レベル）に対応付けられるべきです。プロジェクト全体という観点で見た場合、大局的なビジョンのドキュメントは、グループのマネージャやプロジェクトの上級リーダーが率先して作り出すべきです。その後、それぞれの分野やコンポーネントのリーダーが、大局的なビジョンから自らの領域や担当に合った目標を受け継ぎ、自らのチームの目標へと肉付けしていくことになります。そして最後に、現場のメンバーがマネージャやチームリーダーと議論し、チームの目標から派生した個人の目標や責任を決定することになるわけです。

4.3 優れたビジョンに備わる5つの品質

すべてのドキュメントは、大局的な観点に立ったビジョンのドキュメントから派生します。このためチーム全体のリーダーは、他のどのような計画関係の成果物よりも、ビジョンのドキュメントを重視すべきなのです。このドキュメントを作成する際には、シンプル、意図重視（目標駆動）、統合、閃き、覚えやすいという5つの品質を常に考えるようにしてください。

4.3.1 シンプル

最も重要なことは、プロジェクトの取り組みをシンプルにするということです。優れたビジョンによって、メンバーが持つ重要な疑問に答が出され、彼らの仕事を進める上で必要となる意思決定も支援されるようになるのです。ビジョンによって新たな疑問が生まれることもありますが、その数はビジョンによって解決される疑問の数よりも少ないはずです。プロジェクトの初期フェーズでは、意思決定を支援するため、そして願わくば進捗を促すツールとして、常に（議論の場、電子メール、打ち合わせで）ビジョンのドキュメントを参照するべきです。そしてプロジェクトマネージャはこういったドキュメントを管理し、チームにとってより有益なものにするための修正や改訂を進んで行う必要があります。ビジョンのドキュメントは、ガラス戸棚の中に保管しておくような、過去の経典であってはなりません。それは優れたボードゲームにおけるルールブックのような存在として、メンバー全員に明確さを提供したり、境界を明確にしたり、メンバーの誤解を迅速に解消するものなのです。そして、手垢にまみれ、余白に注釈が書き込まれ、使い古されていくべきものなのです。ビジョンのドキュメントをこのように扱うことで、メンバーは準備段階の作業を迅速に完了させ、プロジェクトの成功を確信しつつ、核たる作業に真っ向から取り組めるようになるわけです。

4.3.2 意図重視（目標駆動）

ビジョンのドキュメントは、プロジェクトにおける目標の源泉とも言うべきものです。これによって、優れた目標とはどのようなものか、計画中にどれだけの目標を立てるべきか、完了までに目標をどこまで洗練させる必要があるのかといった空気をチーム全体に伝えることができるのです。目標を的確に記述することで、明確な意図がチームメンバーに伝わります。また、目標そのものや、目標を裏付ける根拠に関する十分な情報を提供することで、メンバーはプロジェクトがいつ完了したのかを判断できるようになります。さらに、目標達成に役立つ作業とそうでない作業を簡単に見極めることができるようにもなります。優れた目標の記述というものは複雑かつ主観的な作業であり、強固で優れた目標を記述するには、多くの改訂が必要となります。なお、大局的な目標が少なければ、ビジョンのドキュメントはより強力なものとなります。経験から言うと、ビジョンのドキュメントには3〜5個の大局的な目標が含まれることになるはずです（以降で例示している優れたビジョンの叙述を参照してください）。

優れた目標を記述するためのスローガンとして、SMARTというものがあります。これは具体的（Specific）、測定可能（Measurable）、行動指向（Action-oriented）、現実的（Realistic）、タイムリー（Timely）の頭文字を並べたものです。目標がこういった5つの属性すべてを備えている場合、その目標は賢く（smart）定義されているということにな

るわけです（とは言うものの、目標の具体性や現実性の判断は主観的なものとなります）。目標の記述において有効となるもう一つのテクニックは、人のあら探し役になるというものです。このためには、目標がその記述通りに実現できているにも関わらず失敗するというケースを考える必要があります。そして、目標をより厳密に記述する方法や、目標達成に必要な追加情報がないかどうかを検討するわけです。

4.3.3 統合

ビジョンのドキュメントに効力を持たせようとした場合、さまざまなところからのアイデアを統合する必要があります。これには、調査、分析、戦略的計画といった取り組みから核となる考え方を吸収し、そういったアイデアを的確に表現しなければなりません。ビジョンのドキュメントを読むために、書き手の費やした工数の半分が必要になるというのであれば、そのビジョンのドキュメントは使い物にならないのです。

こういった理由により、目的や指示といったものは、計画の背後にあるすべての議論や調査と分けておくことが重要になります。そして、こういった補助的な考えや資料すべては、見つけやすいよう一箇所（簡単なウェブページやサイト）にまとめておき、ビジョンのドキュメント自体をより深く理解する（または疑う）上で活用するよう奨励すべきです。統合とは、無作為にさまざまな参考文献を取り込むということではなく、各内容間で整合性が取れているということです。またこういったものは、同じテンプレートやフォーマットを使用するか、少なくとも1冊の資料として簡単に印刷できるようになっているべきです。その理由は、プロセスで決められているからというわけではなく、読みやすくするためであり、それによってどれだけの参考文献や情報源に当たらなければならないのかを誰かさん（望むべくはボス自身）に考察させるためでもあるのです。参考文献の数はゼロであってはいけませんが、論文、エッセイ、報告書を含め15～20にもおよぶというのは行き過ぎでしょう。

4.3.4 閃き

閃きは、表面的なものごとからは生み出されません（読み手自身が表面的な人間だったとしても、そのことは真の閃きとは関係ありません）。チームの結束には、チームが興味を持っている、あるいはチームに解決できる、明確な問題が必要なのです。カリスマ性を備えたチームリーダーであれば、手を差し伸べることは可能ですが、そういったことを行ったとしても、ビジョンのドキュメントに記述されているアイデアの品質を変えることはできません。読み手に対してはっきりと機会を理解させ、それを探求する確固たる計画を提供することで、インスピレーションのあるメンバーに閃きを促すことができるようになるのです。プログラマやエンジニアは技術的な難問から閃きを感じることが

多いものの、難問はプロジェクトが抱えている実世界の問題から導き出すこともできるのです。そのためにも、プロジェクトというものは、ただの技術的な問題を解決するために行うものではなく、実世界の問題を解決するために行うものだということを、チーム全員が理解しておかなければなりません。

4.3.5　覚えやすい

　覚えやすいということには、2つの意味が含まれています。まず、書かれていることに筋が通っていたり、読み手の興味をそそるということです。次に、読み手に共感を覚えさせることで、プロジェクト遂行中の数週間や数ヶ月間、記憶に残り続けるということです。記憶に残ることはせいぜい数項目かもしれませんが、それによって日々の作業に自信を持てればそれで十分でしょう。(ビジョンが誰にも理解できないくらい複雑なものだったとしたら、こういった効果は期待できないという点にご注意ください。理解できないことなど、ほとんど記憶に残らないのです。)

　覚えやすくするには、直接的かつ正直である必要があります。アイデア満載で、メンバーが諸手を挙げて賛成する意思決定を導き出せるものの、説得力が弱く、読みにくいドキュメントよりも、意思決定の核心を突き、判りやすく記述されたドキュメントの方が、その意思決定に同意できないメンバーであったとしても、彼らの記憶に長く留まり続けるのです。このため、ビジョンは明確かつ確固たるものとなるよう記述してください。チームに対して、強力なコンセプトと作業に対する考え方を提供するのです。また、短期間しか閃きを与えないものや、数週間でアイデアの価値が落ちて息切れするような、一時的な流行や移ろいやすいトレンドを追いかけることは避けるべきです。

4.4　網羅しておくべきキーポイント

　ビジョンの核は、以下に掲げている数多くの疑問に対する答を提供するものとなっている必要があります。こういった疑問は、ビジョンのドキュメントにおける主要な見出しや、Q&Aセクションの最後に一覧表形式で含まれているのが一般的です。(とは言うものの、こういった疑問をドキュメント本文に含めず、付録に含めてエンジニアに参照させようという場合、本文自体の説得力は薄れてしまいがちになります。)

　こういった疑問に答えるには、マーケティング、顧客調査、製品設計、その他のエキスパートを初期の段階から関与させる必要があります。また疑問のいくつかは、計画に関する章で挙げた疑問と意図的に似せてあります。違いは、こういった疑問の比重が、文脈や理解にあるのではなく、優先順位と意思決定にあるという点です。計画作業中の調査も可能ですが、ビジョンは明確で断固たるものとなっている必要があるのです。

- この具体的なプロジェクトにおける特定のリリースを一文で定義するとどうなるのか？（これはしばしばビジョンステートメント、あるいは皮肉を込めてビジョンレスステートメントと呼ばれます。その例はもう少し後で見ていただきます。）
- このプロジェクトは組織としての目標達成にどのように貢献するのか？ なぜこのプロジェクトが、組織の目標達成に貢献しそうな他のプロジェクトを差し置いて適切となるのか？
- 顧客に対するどういったシナリオ/機能が、このプロジェクトの本質（第1級優先順位）なのか？
- 顧客に対するどういったシナリオ/機能が、要求されているものの本質でないもの（第2級優先順位）なのか？
- 顧客は誰か？ このプロジェクトによって解決される問題とは何か？ この主張を支える証拠や調査（意見や推測ではなく）にはどのようなものがあるか？ このプロジェクトがなければ、顧客はどのようにして作業を行うのか？
- このプロジェクトにおける利害関係者（顧客に限らず、プロジェクトに対して力を及ぼすことができる者）は誰か？ 彼らのプロジェクトにおける役割は何か？（利害関係者については16章で扱っています。）
- 顧客が、このサービスを購入または契約する理由は何か？（「それがクールだから」や「他に選択肢がないから」といった曖昧な理由は答になりませんが、対象顧客が現在利用しているものの要約や、顧客のライフスタイル、予算、日々の行動に新規プロジェクトがどう適合するかということは答となります。もちろん、ITによる実現という観点であれば「他に選択肢がないから」という答もあり得ます。）
- 競合にはどういったものが存在し、このプロジェクトはそれとどのように戦えるのか？（よく似たプロジェクトの以前のリリース、あるいはITとは無関係の紙と鉛筆を用いるような代替手段も競合に含めるべきです。Palm Pilot[†]のシンプルな設計が生み出されたのは、電子機器だけではなく紙と鉛筆による手段も競合として考慮したためです。）
- 顧客から解決を要求、示唆されている問題で、このプロジェクトが解決していないものは何か？
- それを技術的に解決しようとしない理由は何か？
- プロジェクトが達成しないことは何か？（メンバーが推測や想像で追加してしまいそうなことを、専門用語に酔うことなく挙げてください。まだ文書化されていないのであれば、政治、ビジネス、顧客といった観点からも明記するようにしてください。）

[†] 訳注：Palm Pilotとは、Palm Inc.が発売している手の平サイズの電子手帳の名前です。

- このプロジェクトがはまりそうな落とし穴は何であり、それを避けたり最小化する方法とは何か？（初期のドラフト版では、リスク評価のみで、そういったもののマネジメント/回避計画はないかもしれません。）
- プロジェクトを成功させる上で、どのような企業やグループに依存しているのか？また、どのような企業やグループがこのプロジェクトの成功に依存しているのか？
- 大局的な観点から見た各チームの作業分担はどうなっているのか？プロジェクトにおける中核分野のリーダーは誰で、彼らにどのような権限を割り当てるのか？
- プロジェクトが依存している前提は何か？このプロジェクトは、他のプロジェクト、企業、組織とどういった依存関係にあるのか？

　重要な疑問やポイントは、確固たる思想に裏打ちされていなければなりません。プロジェクトマネージャは、論理の穴を探し出し、重要な内容を裏付ける考察を行うため、チーム内で最も聡明かつ最も懐疑的なメンバーを探し出し、彼らに支援を求めるべきです。こういったポイントは、後に続くすべてのものごとの基礎となるため、反駁できないようになっていなければならないのです。多くの場合、こういったフィードバックプロセスは、1対1や少人数のグループで非公式な議論を行い、議論の後にプロジェクトマネージャがフィードバックを行ったり、新たな観点からの考察を加えるという作業になるはずです。

4.5　うまく書き留める

　生まれつきコミュニケーションが得意な人でも、ビジョンやリーダーシップのドキュメントで見栄を張ってしまうことがあります。組織全体に素晴らしいアイデアを伝えるという機会が急に訪れた場合、こういったエゴを抑えることは難しいのです。しかし、見栄を張ったドキュメントはそれ自体の目的を台無しにし、アイデアを伝えることなく、隠蔽してしまうのです。

4.5.1　シンプルであることの難しさ

　ビジョンの記述において最もよく見かける過ちは、アイデアの複雑さとプレゼンテーションの複雑さを同一視することです。洗練されたアイデアをシンプルな形で表現するということは、思っているよりもずっと大変なことなのです（コーディングやエッセイの執筆も同じです）。サマリー、注意書き、図表が10ページにおよぶだけで、ビジョンの核となるアイデアが隠蔽されてしまうのです。また、こういったものによって、著者の自信のなさと簡潔にまとめる能力の欠如だけが読み手に伝わってしまうこともあります（学

術文献や哲学書を開けてみれば判るはずです)。しかも、これは伝染しやすいのです。つまり、組織の上から下へと伝わっていき、コミュニケーションを破綻させてしまうことになるわけです。そして場合によっては、日本語で書かれているとは思えない文書になることもあるのです。

　こういった理由から、ビジョンのドキュメントは、プロジェクトの方向性を決めるだけのものではないということが判るはずです。ビジョンのドキュメントは、プロジェクトメンバーが互いにコミュニケーションを行う際の空気と、コミュニケーション自体の品質を決定するものなのです。つまりこれによって、チームリーダーは的確なコミュニケーションというものをメンバー全員に対してデモンストレーションする、絶好の機会を得ることになるわけです。一方、ビジョンのドキュメントが分厚くなったり、専門用語だらけになったり、華美になったり、純理論的になったり、整合性を失ったり、妄想になったりしている場合、結果のプロジェクトも同じ道をたどってしまうことになるのです。

　優れたビジョンのドキュメントでは、核となるアイデアに正面から取り組むようになっています。このため、前書き、注意書き、序論といった前口上を避け、プロジェクトを定義する上で鍵となる(そして議論を呼ぶ)意思決定を隠そうとはしないのです。このため、優れたビジョンのドキュメントはたいてい短く読みやすいものとなっているわけです。私が過去に目にしてきた数多くの貧弱なビジョンのドキュメントは、鋭い発想によってではなく、大量のページによって読み手を威圧していました。この威圧は強力です。誰もドキュメントを読まなくなってしまうのです。

4.5.2　うまく書き留めるには、主となる著者を1人起用すること

　今までに目にしたことのある酷いビジョンのドキュメントの多くは、委員会によって作られたものでした。小さな委員会が優れた評議会として機能することはあるにしても、委員会はドキュメントの主たる記述者や意思決定機関という役割を担うべきではありません。委員同士が並はずれて相性が良く、ビジョンを共有している(委員会内の政治を考えた場合、こういった状況がもしあったとしたら、それは強い魔術にかけられているとしか言いようがないでしょう)場合を除き、彼らに明確、簡潔、情熱的な記述を期待することは無理な相談です。このため、プロジェクトマネージャやリーダーは、自らの個人的な意見を反映するのではなく、組織内で利用可能な最高のアイデアと考え方をまとめたものを記述するという方針に基づき、ビジョンのドキュメントを書き著す権限を得た上で、一枚岩の内容を記述していく必要があるわけです。そしてその主となる著者は、他のメンバーの最も優れたアイデアおよび意見を一つのドキュメントとしてまとめ上げる能力を備えた、優秀な共同製作者であるべきなのです。

主たる著者の力を表す端的な例として、米国の独立宣言書を挙げることができます。1776年、大陸会議はこの草案を記述する委員会を招集しました。委員会は何度か会合を開いた後、この文書における明解さの重要性に気付き、トーマス・ジェファーソンに草案の記述を依頼したのです。ビジョンのドキュメントにおける私の示唆と同様に、ジェファーソンは何度も草案を書き、複数の改訂を通じて委員会における議論の端緒を開いたのです。その数週間後、委員会は議会に最終版を上程しました。ジェファーソンが果たしたような役割は、人目につくものである必要はないのです。彼は、自分が書き起こした独立宣言書の草案に対して、各地でサイン会を行うことも、私のお薦め製品ですと宣伝して回ることもしませんでした。彼は、チームにとって最善の形で自らのスキルを行使する権限を委譲されただけだったのです。

4.5.3　量は質にあらず

明確な考えを語ろうとした場合、必ずしも多くのページが必要となるわけではないという点を肝に銘じておくべきです。世界一の効力を有しているリーダーシップのドキュメントは、そんなに長いものではありません。米国の権利章典を含む憲法は、わずか7,000ワード（約6ページ）ほどしかありません。モーセの十戒は300ワードほどです。マグナカルタ（大憲章）はほぼ5,000ワードです。頭脳明晰な人であれば、アイデアから核となる中心的要素を抽出し、多くのページを割いた場合に比べて2倍以上判りやすく表現できるのです。量と質は絶対に混同してはいけません。ただ残念なことに、質を充実させるよりも量を増やす方が簡単であるため、「よいものができなかったとしても量を増やしておけば誰も気付かないだろう」という誘惑に駆られてしまうことがあるのです（委員会主導で行った場合にもこうなりがちです）。じゃあなぜ、この書籍はもっと短くならなかったのかと考える方が出てくるかもしれません。それは今後の反省材料とさせていただきます。

こういった点はすべて、草稿の責任者やビジョンの改訂責任者を注意深く割り当てなければならないということを意味しています。組織で最もコミュニケーション上手な人が、最も偉いボスではないというケースの方が多いはずです。プロジェクトリーダーは、優れたビジョンを記述するために、自らの長所と短所だけでなく、チームメンバーの長所と短所も知っていなければならないのです。

4.6　草稿、レビュー、改訂

プロジェクトの計画方法は、各組織ごとに異なっています。このため、たった5つのステップに従うだけで、ビジョンがまったくない状態から、20日（5日でも50日でも）後に

完全なビジョンを作成できるなどという方法を紹介することはできません。あなたの持っている権限の有無によっては、必要な承認をすべて取得し、プロジェクトの円滑な遂行を保証する対話をすべて完了させるために、相当な時間がかかるかもしれないのです。

しかしビジョンの定義プロセスは、チームが現在活動しているプロジェクトを完了させる前に開始し、チームが次のプロジェクトに取りかかる前に完了しておかなければならないと認識しておくことが重要です。場合によっては、最終フェーズにあるプロジェクトからメンバーを起用し、彼の時間の半分を先に挙げた鍵となる疑問の調査に割くことも考えられます。そして、彼の成果を利用すれば、プロジェクトリーダーは1人で作業する場合よりも迅速に草稿をまとめ上げることができるはずです。

中・大規模の組織でこういったプロセスを実行する際、上級マネジメントや他のチームを交えた、実現すべきニーズの調整作業が最も大変なことになるという場合がよくあります（16章を参照してください）。CEOや役員は、次のプロジェクトに影響を与える計画を持っているのでしょうか？ 相談すべきエンジニアや思想を持ったリーダーはいるでしょうか？ 個々のチームや会社組織全体のリーダーのうち、専門性や政治力を持っており、私たちがそういったものを認識した上で関係を築いておくべきなのは誰でしょうか？ 実現すべき、あるいは少なくとも実現を検討すべき核となるアイデアはあるのでしょうか？ 企業内の他のプロジェクトは、私たちが実現しようとしているものに依存しているのでしょうか？

状況が良ければ、上級マネージャはこういった疑問のいくつかに明確な答を提供し、答を持っていない時には不明であると認めてくれます。しかし状況が悪い場合、プロジェクトマネージャ自身が答をひねり出し、実際のところをトライアンドエラーで学んでいくという重荷が課せられます。（あるいは、あなたが小さな店で働いており、あなたと同僚しか答える人がいない場合、こういった上級マネジメントに関する質問や重荷はすべて、良きにせよ悪しきにせよ、自動的にあなたたちのものとなります。）

どのようなケースでも、作業の性質は同じものとなります。このため、現在のプロジェクトの完了から、次のプロジェクトの立ち上がりに至るまでのスケジュールを考えるのであれば、大まかな草稿、各チームのリーダーたちとのレビュー、ビジョンの初期草稿完了という作業の期限を定めることになります。その際、各レビューの実施後には、草稿の改訂と改善を行うための時間を確保してください（各レビューの終了時に参加者全員の意見が一致していると考えてはいけません）。最初は小さいところから始め、プロセスや核となるアイデアを徐々に骨太なものとし、フィードバックの機会がある度に洗練していくのです。なお、このプロセスのスケジュールは公けにしておくべきであり（図4-3を参照してください）、レビューのメンバーは専用のオフィスやどこか他のビルに引きこもってしまうべきではありません。彼らはチームからよく見える場所で作業することに

大まかな草稿	3/10
リーダーたちとのレビュー	3/15
第1版草稿の公開	3/22
全員での打ち合わせ	3/25
確定版	4/5

図4-3　ビジョンのドキュメントをレビュー、改訂するための基本的なスケジュール

よって可視性を確保し、チームがいつでも連絡を取れるようにしておくべきなのです(とはいえ、チームが現在のプロジェクトから気をそらされることのないように気を遣う必要はあります)。疑問を奨励し、可視性を確保することで、新しい作業へのスムーズな移行を促すわけです。

このプロセスの一部として、チーム全体(つまり全員での打ち合わせ)に向けて、形骸化しない範囲でできるだけ早く、かつ実質的なことを多く伝えるという範囲でできるだけ遅く、鍵となるアイデアのプレゼンテーションとビジョンの草稿を提示することが含まれていなければなりません。鍵となるアイデアは存在するものの、まだ疑問が残っている状況で打ち合わせを開催するということは、新人リーダーにとって恐ろしく感じるかもしれませんが、これによってプロジェクトのメンバー全員が現在のビジョンに接するという貴重な機会が生み出されるのです。彼らも、意見を述べたり疑問を提示できるのであれば、拒絶はしないでしょう。対話を重ねたり、フィードバックの機会を頻繁に設けることによってビジョンが成熟していった場合、チームへの公開はメンバー全員にとって自然なものに感じられるはずです。

ビジョンが完成した時、計画フェーズは終了します(図4-3を参照してください)。この時点でチームは、目標を満足させる優れた設計作業に必要な情報をすべて持っているはずです。また、図4-3のようなレビュープロセスが実施された場合、チームはその時点で大まかな方向性を理解しているため、幸先のよいスタートを切れることになるのです。

4.7　(避けるべき)質の低いビジョンの一覧

私は、今までに何ダースにもおよぶビジョンのドキュメントを目にしてきました。その結果、質の低いドキュメントにはある種のパターンがあることに気付きました。質の低いドキュメントは整合性、計画の提示、意見の表明といった点に難があります。そし

て、推測による内容が記載され、間違っている可能性は無視されているのです。ビジョンのドキュメントが実現すべきことについての明確なスタンスを示していない場合、チームリーダーはプロジェクトに心底取り組むことができないため、プロジェクト失敗の準備ができ上がることになってしまうのです。映画『ファイト・クラブ』でタイラー・ダーデンは「尻に羽を付けてもチキンになるわけじゃあない」と言っています。「ビジョン」という語をタイトルに冠したドキュメントを書いても、あなたがビジョンを持っていることの証明にはならないのです。打ち合わせを適切に開催し、適切なドキュメントのひな形を用いたとしても、ビジョンのドキュメントができ上がるわけではありません。「プロジェクトリーダー」という肩書きがあっても、魔法のようにリーダーシップを発揮できるわけではないのと同様に、ビジョンのドキュメントという名前を付けたからといって、今までに挙げてきたような効果を発揮するわけではないのです。

表4-1は、私が今までに見てきた、質の低いビジョンのドキュメントに見られる特徴をまとめたものです。

表4-1 質の低いビジョンのドキュメントに見られる特徴

質の低いビジョンの種類	例	なぜこうなるか/なぜ悪いのか
台所の流し台（何でも流せる）型	顧客の能力を最大限まで引き出し、作業を実行できるようにする。	ビジョンが曖昧すぎます。これは組織の使命を記述したものであって、プロジェクトのビジョンではありません。
意味不明型	スケーラビリティのある、性能の高い戦略的知識管理ツールを開発、展開、管理し、関係者、パートナー、協調関係にある組織に対して最高のサービスを提供することで、多様な顧客プロフィールのすべてを満足させる。	これは専門用語に酔いしれた委員会風の表現です。要するに、このビジョンには強力なアイデアが存在していないことを隠蔽しようと複雑な言葉を使っているだけなのです。この文章が意味していることは誰にも理解できないため、役に立つことはありません。
超弱気型	最終的には、今までの方法よりも優れたものを考慮できるようになる。少なくとも、それが現在の我々のビジョンである。また、このビジョン自体を近々見直す予定にしているため、現時点ではあまり大げさなものとなっていない。	これでは気の弱さが全員に伝わってしまい、チームの結束力が得られません。
役員が言った型	我が社における役員のビジョンは、中規模市場におけるツールベンダのトップを目指すというものであり、役員の期待に沿えるよう、すべてのリソースを使ってこの実現に邁進する。	「誰かが何かを言った」ということだけではビジョンに説得力は生まれません。役員は重要な意思決定の理由を述べる責任があり、そういった理由を明確にすることこそがビジョンの目的なのです。

4.8　ビジョンと目標の例

　このセクションでは、私自身の経験から得た、優れたビジョンの叙述例とプロジェクト目標の例を解説しています。詳細については変更しているものの、プロジェクトでの作業がどういったものになるか、そしてビジョンの土台となっている目標がどういったものであるかを容易にイメージできるはずです。
　以下は優れたビジョンの叙述例です。

- SuperEdit 3.0は、プロの書籍編集者向けの編集ツールであり、顧客が最もよく使用する5つのシナリオに従った作業をSuperEdit 2.0よりも容易に、かつ高い信頼性で高速に実行する。
- Superwidgets.comは、中規模企業向けのウィジェット販売代理店として、インターネットにおける第一級のサイトとなる。このサイトによって、中規模企業向けのウィジェット購買プロセス全体がシンプルなものとなり、手軽に、かつ安全に行えるようになる。
- HASS（Helpdesk Automated Services Site）バージョン5.5は、平均パフォーマンス、信頼性、システム全体の応答速度にマイナスの影響を与えることなく、顧客である大学が抱いている10大問題点を解決する。

　優れたプロジェクト目標の例として、Palm Pilotというハンドヘルド機器を開発した人々が定義した例を、以下に引用します[†]。

1. サイズ：Yシャツのポケットに収まること。十分に軽く、不格好に見えないこと。
2. コスト：贅沢なシステム手帳（300ドル）よりも安くする。
3. シンプルさ：手帳と同様にシンプルに使える。スイッチを入れるとすぐに使え、シンプルな規則に則って使えること。
4. PC連携：PCと接続し、データのやり取りを行えるようにする。

　優れたプロジェクトの目標は、このようにクリアでシンプルなものであり、作業が完了した時にどうなるのかが解説されています。ここで、シンプルさというものは、単純さということではない点にご注意ください。こういった目標を満足する製品の開発は、技

[†]　これはアンドレア・バター（Andrea Butter）、デビッド・ポーグ（David Pogue）著の『*Piloting Palm: The Inside Story of Palm, Handspring and the Birth of the Billion Dollar Handheld Industry*』[††]（Wiley刊、2002年）のp.72からの引用です。

[††]　訳注：邦訳は『シンプリー・パーム——理想のPDAを目指して』（ソフトバンククリエイティブ刊、2002年）です。

術面から見ても設計面から見ても非常に難しいことなのです。つまり、先に見ていただいた優れたビジョンの叙述は、こういったプロジェクトにおける難問を表現したものとも言えるわけです。「第一級のサイト」、「SuperEdit 2.0よりも容易に」、「顧客が抱いている10大問題点」がどのように定義されるかによって、これらのプロジェクトが取り組む大きな難問が変わってくるのです。

4.8.1 ビジョンの文章と目標を裏付ける

ビジョンのドキュメントやプロジェクトの目標の中でなされた主張は、ドキュメント中のどこかで裏付け、または明確化しておくべきです。つまり、「顧客のニーズ」、「容易に実行」、「信頼性」、「顧客が抱いている10大問題点」といった叙述の意味は、意思決定が可能になるようきっちりと定義しておくべきであるというわけです。こういったことがビジョンとなるくらい重要であるということは、エキスパートの助けを借り、技術的な目標と同じくらいの精度と詳細さにまで、それらを肉付けしていく必要があるはずなのです。「容易に使用」といった主張があったとしても、メンバーが操作の容易性に関する専門性を持ち合わせていない場合、チームはその目標を達成できるメンバー構成となっていないということになります。リーダーはビジョンを叙述するにあたって、成功するためにどういったリソースが必要かや、リソースとスキルにおける実態とのギャップをどのようにして埋めるのか（選択肢は訓練、新規雇用、ビジョンの変更、幸運を祈る）を見積もるべきなのです。

4.9 ビジョンはビジュアルになっているべきである

「月を差す指。指と月を混同するなかれ。」

——禅問答より

ビジョンがビジョンと呼ばれるのには理由があります。これによって特定の成果物を想像し、心に思い描くことができるようになるのです。心に想い描くことによって、さまざまなレベルの情報を同時に吸収することができるようになります。数多くの複雑なコンセプトやアイデアがある場合、文字を書き連ねるよりも、イメージを使った方が迅速かつ明確に伝えられるのです。私は、プログラマやアーキテクトが白熱した議論を行った挙げ句、お互いの意見がうまく伝わらないと悩んでいる時に、誰かがホワイトボードにアイデアを描き、「こういうことかい？」と尋ねる場面を何十回も目にしました。その後たいていの場合、オブジェクトモデルや設計を言葉や身振りで説明しようとして無駄に時間を費やすよりも、ホワイトボードとマーカーペンがあればあっという間に説明で

きたんだと大笑いすることになるのです。アメリカ文化は、イラストや芸術的スキルよりも言語と数学のスキルを重視してきたため、ほとんどのプロフェッショナルもそれに従って訓練を積んできているのでしょう。私たちは、アイデアを表現する際におけるイメージの力を再認識するべきなのです。

　私が今までに見た最も素晴らしいビジョンのドキュメントには、ビジュアルなイメージが含まれていました。ビジョンがイメージできると、最終成果物の大まかなイメージ、モックアップ、プロトタイプを伝えることもできるのです。こういったものは示唆や素案といった形態で提示され、読み手が心の中にビジョンの最終形を具体的に想い描くのに十分な情報を伝えてくれます。ただし、こういったものが今から作ろうとしている成果物の最終版と大きく違っていることは明らかです。実際、大きく違っているのです。つまり、これはビジョンに対するアイデアを実現する初期の試みの一つでしかないというわけです。しかし、こういったものを用意することで、ビジョンによって提示された作業の抽象的側面だけでなく、作業自体についても議論できるようになるのです。

　筋金入りのエンジニアやプログラマにとって、オブジェクトモデル図やコード例よりも、モックアップやプロトタイプの方が判りやすいと感じられることもしばしばあります。ビジュアルなプロトタイプは、抽象的に表現された、ありがちな図などとは異なり、これから作ろうとするものを見せてくれるのです。高層ビルの建築家や自動車の設計者は、アイデアの理解を深めるため、対象のモックアップやプロトタイプを作成し、さまざまなところからフィードバックを得ようとします。映画製作者は、同じ目的で絵コンテを使用します。優れたビジョンのドキュメントも、類似のテクニックを使うことができるのです。最終成果物のスケッチを見せることで、メンバー全員が大きなコンテキストの中で自らの作業を捉えられるようになります。チームメンバーは、単なる組織の歯車ではなくなるのです。そして彼らは、自らの担当するコンポーネントの位置付けを深く理解できるようになるわけです。

4.9.1　見えないものをビジュアルにする

　ユーザーインタフェースや顧客とのやり取りがないものを開発するプロジェクトであっても、ビジュアルにすることは可能です。プロジェクトが完了すると、世の中はどのように変わるのでしょうか？　ビジョンは、人々が抱く問題や欲求不満（遅いサーバ、データベースのクラッシュ等）を解消するということに関するものかもしれません。そうであれば、例えばウェブサイトの変更前と変更後（あるいはシミュレーション）のイメージ（または顧客の操作手順が変更前と変更後でどのように変わるのかを示すプロトタイプ）を提示する、あるいは新たなアーキテクチャやデータベースの実装によって、ものごとがどれだけシンプルになるのかをビジュアルに示すことができるはずです。

たいていの場合、アイデアの抽象性や技術性を問わず、ビジュアルに表現する方法は数多く考えられます。顧客の机に向かう時間を削減するというプロジェクトであれば、机の近くに誰も座っていない椅子を描けばよいのです。データベースを高速化するプロジェクトであれば、変更前と変更後のデモを見せることになるでしょう。組み込みシステムのAPIにおけるエラー発生率を10%削減するのであれば、そういった測定ができるテストケースを用意して、プロジェクトの前と後の状況を見せることになります。各チームメンバーの作業をビジュアルなものにするために、どんなに退屈であくびが出そうなものであっても、ビジュアルなイメージをチームに提示すべきなのです。

（スケッチ、モックアップ、チャート等を使用しても）どうしても最終結果をビジュアルなものにできない場合、そのビジョン自体が明確になっていない可能性を考えてみるべきです。プロジェクトの影響をビジュアルに表現する方法が判らない場合、プロジェクトが世の中から必要とされていないという可能性や、プロジェクトそのものの定義が不十分である可能性を真剣に考えてみるべきでしょう。

顧客がいる場合は特に、将来をイメージし、アイデアをビジュアルに描くスキルは、デザイナの領域となります。彼らは、インタラクションデザイナ、製品デザイナ、場合によっては工業デザイナと呼ばれています。彼らは、アイデアをイメージへと変換し、抽象的な考えを顧客が理解できる具体的なものに変換する方法を知り尽くしたプロフェッショナルです。一部のエンジニアやプロジェクトマネージャが、こういった才能を身につけている場合もあるものの、ほとんどの人たちはこういったスキルを持っていないのです。使用容易性や顧客を満足させることが目標なのであれば、プロジェクトの早い時期からデザイナに参加してもらうべきです。彼らの貢献は、ビジョンのドキュメント作成だけに留まりません。プロジェクトに対して、十分早い時期からの参加を許され、真に関与するための権限を与えられたデザイナは、製品の見栄えを良くするだけではなく、製品自体を優れたものとすることにも大きく貢献するのです。

4.10　ビジョンの健全さをチェックする：日々の確認

合衆国憲法の原本の一部は、ワシントンD.C.にある美術館の厚い強化ガラスに守られた金庫の中に保管されています。これは保管方法として見た場合、安全で確実な方法ですが、この原本を読むことができる人はほとんどいなくなります。アクセスできなかったり、人の目に触れないところに置かれたアイデアは（美術館で展示されるだけの価値がない限り）、忘れ去られてしまうのです。短期プロジェクトであっても、日々の意思決定が全体のどこに位置付けられるかは簡単に見失われてしまいがちです。そして、核となるアイデアの可視性が確保されていなければ、そういったエントロピーの増大を加速さ

4.10 ビジョンの健全さをチェックする：日々の確認 | 99

せてしまうことになるのです。一所懸命に作業を行い、自らが作成しているモジュールや部品に対して自信を持っていたとしても、全体における位置付けを頻繁に確認しなければ、正しい方向に向かっているかどうかは確信できないはずです。このため、ビジョン、すなわち核となるアイデアとその目指すところは、オフィスや廊下といった目に付くところに掲示し、参照され続けるようにしておくべきなのです。

チームメンバーがビジョンを日頃から目にするようにしておくために、核となる目標をポスターにして、廊下の目に付くところに貼っておきましょう。また、週次や月次の打ち合わせで議論を円滑にするために、打ち合わせ開始前に大きな声で朗読するのもよいでしょう。チーム内で使用するプレゼンテーション用資料の先頭ページには、核となるポイントを書いておきます。メンバーは、こういったプロジェクトの目標について、少なくとも自分が責任を持ったり関与している部分に対して、常に口に出して言えるようになっておくべきです。

しかし、これだけではまだまだ十分ではありません。メンバーがビジョンを覚えているからといって、それを自らの作業で活かし、評価し続けているということにはならないのです。ビジョンを活きたものにし続けるには、チームリーダーによる行動が必要となります。つまり、ビジョンのドキュメントを作成した時に用いた思考を、継続的に適用し続けなければならないのです。

プロジェクト期間中の進捗打ち合わせ時や、リーダーシップの発揮が必要となる時には、以下の疑問を問いかけるようにしてください。

1. ビジョンは、このプロジェクトの目標やねらいを正確に反映しているか？
2. ビジョンは、リーダーやメンバーが正しい意思決定を行う際や、範囲外の要求を除去する際に役立っているか？
3. 1や2を満足していない場合、それらを満足させるために変更すべき点がビジョンにあるか？

組織のリーダーがビジョンのドキュメントを活きたものにし続けている限り、メンバー全員は活き活きと作業を続けられるのです。ビジョンと目標が健全であれば、それはチーム全体にとってモチベーションと明確さの源泉となるわけです。

ただこれは、ビジョンを頻繁に改訂せよと主張しているわけではない点にご注意ください。プロジェクトが順調に進んでいるのであれば、大きな変更が発生することはほとんどありません。ただし、ある種の状況下では変化に取り組むべきであるということは知っておく必要があるのです。こういったことを気にかけることで、チーム全体の生産性を保ち、ビジョンの核となるアイデアを全員の心に刻みつけておくことになるのです。

4.11 サマリー

- ビジョンのドキュメントとは、さまざまな計画資料を単一かつ高レベルの計画として凝縮したものです。
- ものごとを書き記すことにより、書き手とチーム全体にメリットがもたらされます。これによって議論の基礎、および曖昧な記憶に頼らなくても済むようになる参照標準が提供されるのです。
- ビジョンのドキュメントに盛り込む内容の詳細さは、チームやプロジェクトの性質によって異なります。
- チームの目標は、ビジョンのドキュメントに記載された目標から派生できるようになっているべきです。また、メンバーの目標はチームの目標から派生できるようになっているべきです。
- 優れたビジョンには、シンプル、意図重視、統合、閃き、覚えやすいという品質が備わっています。
- 量と品質は同じものではありません。ものごとをシンプルにすることの方が、量を確保することよりも大変なのです。
- プロジェクトにおける日々の意思決定では、ビジョンの有効性を問いかけ、そのビジョンを活きたものにし続けるよう努力してください。

5章
アイデアの源

　アイデアの源が「ひと」であるのは、まぎれもない事実です。人類の歴史を振り返ってみても、大きな石ころ、生暖かい汚物の山、細長い木の枝からひとりでにアイデアが生まれてきたことは一度もありません。また、自習本、創造力開発セミナー、ブレインストーミングからもひとりでにアイデアが生まれてくることはありません。アイデアはこういったものを通じて表現されたり、破壊されたりする場合がありますが、それを生み出している源は「ひと」なのです。そしてプロジェクトにおいても、アイデアを思い付き、目的に向けてそのアイデアの適用方法を考え出すのは、プロセス、方法論、委員会ではなく、一人一人の「ひと」なのです。

　つまり、アイデアを生み出す魔法など何もありません。私たちは、（個人差はあるものの）アイデアを考えつく能力を生まれながらにして持っているのです。この能力は、人間やその他の生物が生きていくために用いている、創造力と認識力の源になっている基本的な性質であることを忘れてはいけません。私たちは、学んだり経験したりしなくても、こういったスキルを身につけているのです。そして私たち人類は、難問に取り組む方法と、それを克服するための道具と戦略を発明することができたため、生物の頂点に立っているのです。（とは言うものの、私たちが発明したものによって解決された問題よりも、その発明品によって引き起こされた問題の方が多いため、本当に発明能力を持っているかどうかは疑問であると言えるかもしれません。）

　優れたアイデアを見つけ出す能力は、プロジェクトの最初から最後まで必要となります。初期計画における意思決定、設計の洗練、高品質なコードの記述、顧客のニーズにあったものを完成させるには、優れたアイデアが欠かせません。こういったそれぞれのアイデアは、異なった観点（プロジェクト全体に影響を与えるもの、コードの特定行に影響を与えるもの等）に立っている可能性があるものの、発見、選択のプロセスは非常によく似ているのです。この章と次の章では、こういったプロセスを解説しています。まず、

この章ではアイデアを考え出し、創造的思考を行う方法に焦点を当てています。そして次の6章では、創造的プロセスとアイデアを管理する方法を考察しています。

この章のほとんどの部分では、設計フェーズ（2章を参照してください）を念頭に置いて、アイデアを用いるプロセスの説明を行っています。設計フェーズを大まかに説明すると、大局的な計画（ビジョン等）が作成されているものの、実装が始まっていない期間のことです。あなたのプロジェクトがこのようなフェーズ分割になっていない場合でも問題はありません。それでもこの章が役に立つはずです。ここでのアドバイスは、どのような問題解決やアイデアが必要となる状況でも簡単に適用できるものなのです。

5.1 要求と解決策の間に横たわる溝

なぜか、多くの人々は創造的な作業の計画が得意ではありません。たいていのソフトウェア開発本やプロジェクトマネジメント本では、要求の一覧から実装すべきものを導き出す、すなわち設計を行う方法に関する記述が十分ではないのです。スケジュールには要求定義書の完成日付や、仕様書の完成日付が書き込まれていますが、こういった日付の間で何を行うのかはほとんど述べられていないのです（図5-1を参照してください）。

図5-1　設計作業は、初期計画から仕様書が完成するまでの間にある「不可解なプロセス」として扱われることも多々あります。

作業がインクリメンタルかつ直截的かつシンプルなものである場合、これでも構わないでしょう。作業がシンプルであれば、この期間の定義が曖昧であっても問題は顕在化しないのです。しかしそうでない場合、こういった期間に行うことを定義しておかなければ、チームは失敗へと導かれることになります[†]。問題が複雑である場合、チームは実装作業に入る前に、さまざまなアプローチを評価し、最適なものを学習する時間が必要となるのです。

例えば、分かれ道に立っている旅人の場合でも、行きたい場所を知っている（「家に帰りたい」）ということと、最善の道を知っている（「立っている場所からはどれも同じ道に

[†] 行おうとしている作業に多くの画期的な要素があるにも関わらず、普段通りの平凡な作業の場合と同じ計画プロセスを採用しようとしているのであれば、警戒警報を発してください。それは救急箱を使って脳外科手術を行おうとするようなものです。目標と計画が見合っていなければ、ひどい結果に終わることを覚悟しておく必要があるのです。

見える」)ということは同じではないのです。賢い旅人であれば、行き止まりの道を選ばないようにさまざまな手を考えるはずです。例えば、それぞれの道を少しだけ進んでみたり、別なところ (丘、山、遠隔制御された軌道上のスパイ衛星) からの見晴らしによって多くの情報を得ようとするわけです。こういった調査に割く時間は、その旅の規模が大きくなれば増えていくはずです。

この問題を解決する簡単な方法は2つあります。1つは要求の品質を高めることであり、もう1つは設計の探求を行うことです。とはいえ、これらは互いに強く関連し合っているため、並行して同時に行われることも珍しくありません。

5.1.1 要求の品質とミスの回避

3章では、計画プロセスにおける要求とその役割についての基本を解説しました。極端な話、要求の品質が高ければ、顧客のニーズおよび/あるいはプロジェクトの目標は、誰でも作業できるくらい明確かつ効果的に伝えられるのです。優れた要求には、問題の解決方法が定義されているとまでは言い切れないものの、適切な専門家が自信を持って解決できるだけの十分明確な問題が洗い出されています。私が経験してきたソフトウェアチームやプロジェクトチームでは、要求を洗練させるプロセスが必ずありました (忙しい場合には電子メールで箇条書きをやり取りし合うという非公式なものでしたが)。

要求は非常に重要なものです。これは、アイデアと解決策の候補を生み出すための出発点となるのです。例えば、「ここに納屋を建て、緑色に塗る」という要求がある場合、プロジェクトの設計を行う人はさまざまな種類の緑色の納屋を思い浮かべることになるはずです。これは二つの意味合いにおいて有用です。まずこれによって、考えられる多くのアイデアを除去することができます (誰かが青い宇宙船のスケッチを持ってきた場合、簡単に訂正できるのです)。次にこれによって、設計者は要求をより深く探求するための疑問を持つことができます。つまり設計者は、「ライムグリーンやダークグリーンは使えるのですか?」とか「納屋の面積はどれくらい必要ですか?」といった詳細についての疑問から、「納屋の用途は何ですか? 屋根裏部屋は必要ですか? あなたのニーズを考えた場合、これがおそらく安価でよい解決策になりますよ」といった大局的な疑問までを尋ねることが可能になるわけです。要求と設計の権限 (3章を参照してください) を誰が保持しているのかによって、疑問への回答者は変わってきます。それでも、要求の品質を向上させるために、疑問を尋ね、要求を詳しく調査することを全員に奨励するべきであるということに変わりはありません。

このように、考え抜かれた要求に対してさらなる注意を払うことで、その要求に見合った解決策を発見しやすくすることができるのです。要求が記述されない場合、設計者は自らのリスクで作業を行うことになります (例えば、要求がないのであれば、あなたの嗜

好に従った設計になるわけです)。ここでは、よりよい要求を生み出す上での大まかな指針になるよう、要求記述時によくやってしまう間違いの一覧をまとめておきます (詳しくは『Exploring Requirements: Quality Before Design』[†] (ドナルド・ゴース (Donald Gause)、ジェラルド・ワインバーグ (Gerald Weinberg) 著、Dorset House刊、1989年) を参照してください)。

- **要求の交渉と繰り返しのための計画を提供する**。要求によって設計者は疑問を持つことができるようになります。そして、こういった疑問のいくつかによって、要求が再考されることになります。要求に対して権限を持っている人は、こういったことを計画に盛り込み、設計者と早いうちから議論を開始するか、アイデアが提案された場合に要求を変更できるように準備しておくべきです。なお要求の記述時に、問題の解決方法ではなく、要求そのものに注力するようにしておくことで、修正が発生する可能性を抑えることができます。
- **誤った前提を見つけ出す**。クライアントやユーザーが実際に必要としていないにも関わらず、それを要求の前提に置いてしまうことがしばしばあります。要求の一覧を作成する際、電子メールを利用したり非公式な一覧を作成すると、最初のうちは問題なくともいずれ、誰か他の人が詳しい調査やレビューを行っていると全員が思い込んでしまうことが起こり得るのです。あなたがPMなのであれば、こういった思い込みに陥ってはいけません。こまめに「なぜこれが必要なのか?」、「これはどういった問題を解決するのか?」、「これは誰の要求なのか?」といった疑問を持つことで、前提に光を当ててください。誰かが誤解したり、知らないうちに誤った情報を伝えてしまうといったことはいつでも起こり得るのだと常に認識しておくべきなのです。
- **失われた情報を見つけ出す**。要求において最も目立つ過ちは、要求の脱落です。このような脱落は、ある内容の一部だけにも、あるいはそのすべてにも起こり得ます。内容の一部というのは、要求の一面が抜け落ちる (例えば、日付フィールドがあるにも関わらず、その形式が規定されていない) ということであり、すべてというのは、要求がすっぽり丸ごと見過ごされる (このウェブサイトはギリシャ語とNetscape 2.0をサポートする必要がある) ということを意味しています。そして、失われた情報があったということは、まったく異なる二つのことのいずれかを意味しているのです。それは、クライアントが問題におけるこの側面を気にしていないということか、クライアントはこの側面を気にしているものの、それを思いつかなかったか、提示することを忘れてしまっていたということです。誤った前提と同様、失われた情報を認識し、そ

[†] 訳注:邦訳は『要求仕様の探検学——設計に先立つ品質の作り込み』(共立出版刊、1993年)です。

れがいずれの意味を持っているのかを見極めるのもPMの仕事なのです。
- **各要求の相対的な優先順位を定義する**。できるだけすべての要求を引き出して記述することは重要ですが、各要求の優先順位を見極めておくことも重要です。相対的な順位をつけておくことで、要求の権限を持っている担当者とエンジニアリングの権限を持っている担当者の間での交渉がずっと容易になります（優先順位付けについては12章で考察しています）。
- **曖昧になっている言葉を洗練/除去する**。「高速」、「大規模」、「コンパクト」、「優れた」、「整理」、「使用可能」といった言葉を理解するには、相対的な尺度を導入する必要があります。要求に関わる作業者全員（クライアント、上司、プログラマ等）の間で、後で議論するという合意がなされているのであれば、こういったものを曖昧な形にしておくことも可能です。しかしそういった合意がなされていない場合、曖昧にしておく要求は、そうしておこうと決めたもののみにしておくべきです。たいていの場合、境界条件を用いることが、曖昧さを解決する最もシンプルな方法になります（「我々のホームページは、少なくともFirefoxでhttp://www.addison-wesley.com/を閲覧した時くらいの速度で表示されなければならず、できればhttp://www.oreilly.com/を閲覧した時くらいの速度で表示されて欲しい」）。なお、この例のように、絶対的な要求（絶対必要なもの）と望ましい要求（あれば嬉しいが、無くてもよいもの）は容易に識別することができるはずです。

3章と4章で見ていただいた問題の叙述から1つ選び、お手本となる要求を書いてみましょう。

検索結果はほとんどのユーザーにとって、すぐに理解できる簡単なものであること。 優先順位1：我々の目標は、検索のユーザビリティを順次改善していくことである。顧客の抱える不満の上位5つ、および近々予定されている既存設計に対するユーザビリティ研究で洗い出される問題の上位5つを解決するため、現在の検索結果ページを再設計する。新たに設計されるページとは、主要な検索入力ボックスすべて（ナビゲーションバーのフレーム、ホームページ、ショッピングカートのページに表示されるもの）から検索を行った場合に遷移する検索結果ページである。そして、コストが許すのであればすべての検索ボックスからの検索結果ページも対象とする。

ある種の詳細を追加する余地はあるものの、陥りがちな多くの落とし穴は、短い叙述によって回避されています。この要求では、意図については具体的に記述しているものの、ページ自体の再設計については具体的に記述していない点にご注意ください。要求を詳細にしすぎると、設計が要求によって（不必要なまでに）制約されてしまうのです。

ただしこういったことの是非は、誰がどのような権限とスキルを保持しているのかということによって変わってきます。

5.1.2 設計の探求

要求の重要性については同意していただけたと思います。では次に、アイデアの探求方法を考察することにしましょう。

要求がいったん文書化されれば、設計者はその要求によって定義された領域を探求することになります。こういった領域は問題空間と呼ばれ、その中には与えられた問題を解決するさまざまな方法が眠っています。要求によっては、この空間は広大な領域となることもあります。要求されているものが、例えば家、食事、会計システム、ウェブサイトのいずれであろうと、あるいは何か他のものであろうと、それを設計する方法はほぼ無限にあると言ってよいでしょう。このため、（問題空間を探求し）何らかの可能性を実感できるまで、初期の思い付きにすべてを委ねるということは避けるべきです。初期の思い付きは、問題空間を探索することで可能性に対する感触を得ようとしている段階で浮かび上がってくるものであるため、たいていの場合はさほど優れたものとならないのです。

図5-2は、いったんでき上がった要求を点として、そこから広がっている問題空間を示したものです。設計者が要求を満足するアイデアを探求していくに従って、この問題空間は広がっていきます。つまり、初期の疑問やスケッチによってさまざまな意思決定や機会が顕わになっていき、それに呼応して問題空間も大きなものとなっていくわけです。例えば、「このウェブサイトでは、全ページを対象とした全文検索機能を提供する」という要求があるものの、どの検索エンジンを使用すべきか、その設定はどうするか、ユーザーインタフェースをどのように統合するかといったことについては述べられていません。このため、誰かがさまざまな可能性を探求していかなければならないのです。（問題空間は最終的に狭まっていきます。これについては次の章で考察しています。）

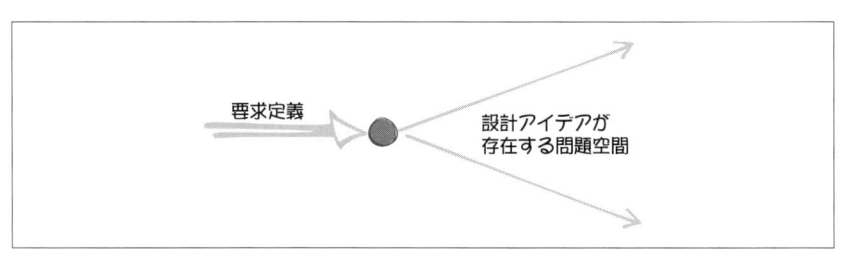

図5-2 問題を定義することで、設計アイデアが膨らんでいきます。

問題空間の境界線は、要求の性質によって異なったものとなります。問題空間の探求期間が1週間しかなく、設計を10ドル以下で完成させなければならない場合、問題空間は非常に小さなものとなります。そして、設計時の選択肢も非常に限られたものとなるでしょう。また、解の存在しない問題空間というものも存在し得ます（永久機関を発明する、NP完全問題を多項式時間内に解決する等）。時間、予算、専門性、具体的な設計基準といったものすべてが、問題空間の形や大きさに影響を与えるのです。こういったことも要求定義が設計プロセスに多大な影響を与える理由となっています。

またこのことによって、設計と要求定義の間でフィードバックループが必要となる理由も説明できます。何らかの要求が、問題空間の制約によって満足できないと判明した場合、その要求を調整しなければならないことになります。また、設計者がプロジェクトの目標を満足する素晴らしいアイデアを見つけたものの、要求を一部調整しなければならないという場合があるかもしれません。この場合、そういった変更の実施を考慮することは、クライアント/顧客/ビジネスの利益にかなうことなのです。

要求権限と設計権限の双方を有している人（新興企業、R&D系の研究所、ワンマン企業等）によって、しばしば革新的な成果が生み出されているという事実も、このことを考えると納得できるはずです。こういった人々は、設計と要求のいずれをどう変更するか、独自の判断で決定することができるのです。

5.1.3 探求に対する恐れと進歩を促すアイデア

多くの人々は、設計プロセスをおろそかにしがちです。その理由は探求することを恐れているからなのでしょう。また、人は自らが探求しているところを他人に見られるということを特に嫌がります。私たちは、自ら探求を行う時（例えば、アルゴリズムの最適化やドキュメントの改訂を行う時）、誰にもそのプロセスを見せたがりません。誰も見ていないからこそ、ばかげたアイデアや奇抜なアイデアを自由に試すことができるのです。しかし、チームとして設計工程をスケジュール化しているにも関わらず、他のメンバーに探求しているところを見せようとしないのは考えものです。担当者が作るスケッチやプロトタイプは、他のメンバーに見せ、オープンに議論できるようにしなければならないのです。建設的な批判を受け入れられるだけの信頼を互いに持つことができなければ、設計プロセスはメンバーを怯えさせるものにしかならないのです[†]。

バグ修正やドキュメント作成の場合とは異なり、設計作業の進捗をどのように測定すればよいかということを知っている人はほとんどいません。マネージャは、進捗率が大

[†] 「批判の言い方、言われ方（How to give and receive criticism）」（http://www.scottberkun.com/essays/essay35.htm）を参照してください。

きくなったり小さくなったりするのを眺めているのではなく、設計プロセスにおける自らの知識(何かが欠けているかもしれません)や進捗状況に対する主観的な判断(そのようなものは存在しないか、あるいは信頼できないかもしれません)に頼らなければならないのです。しかし、設計プロセスを体系的なものにしようとし過ぎると、人々の創造性が阻害され、非体系的なものにし過ぎるとプロジェクトを崖っぷちに追いやってしまうという恐れから、状況は悪化していくことになります。(6章では、こういった難問に取り組む方法を解説しています。)

創造的な作業というものは、それがたとえ橋の建設、宇宙船の設計、ウェブサイトのエンジニアリングといったものであったとしても、多くの固定観念から悪影響を受けます。マネージャとリーダーは、率先してこういった固定観念を乗り越える必要があるのです。アイデアを見つけ出すにあたって特に問題となる固定観念や誤解の例として、「悪いアイデアなど存在しない」とか「枠の外で考える」という邪悪なスローガンの存在を挙げることができます。こういったスローガンとその背後に潜む誤ったアイデアを考察することで、創造力を高めるシンプルな手段と、素晴らしいアイデアを生み出す方法について考えてみることにしましょう。

5.2　悪いアイデアは存在する

「悪いアイデアなど存在しない」というスローガンがどこで生み出されたのかは知りませんが、これが間違っていることは確かです。私は、テレビのコマーシャルを見ている時と、ブレインストーミングに参加している時に、このスローガンに出くわしました(コマーシャルもブレインストーミング中という設定だったかもしれません)。たいていの場合、この短いスローガンは、創造的プロセスの初期段階でアイデアの創造を阻害しないようにするために用いられます。しかし、それ以外の状況、例えば問題解決や創造的思考といった状況を考えた場合、「悪いアイデアなど存在しない」というスローガンは大きな間違いとなるのです。私は、すさまじく、恐ろしく、使い物にならず、笑い転げるほど馬鹿げた、当惑するほどひどいアイデアが数限りなく存在するという、明白な証拠を握っています。あなたの周囲を見渡していただいても、そういった証拠には事欠かないはずです。

世界一品質の高い要求があったとしても、そこから考え出される設計すべてが、プロジェクトの目標を満足したり問題を解決できるわけではありません(図5-3を参照してください)。実際、優れた解決策が存在する問題空間は、優れていない解決策が存在する問題空間よりも遥かに小さいのです。このことを簡単な例で感じていただきましょう。エベレスト山に登頂することを依頼された場合、安全に登頂するルートはほんの少ししか

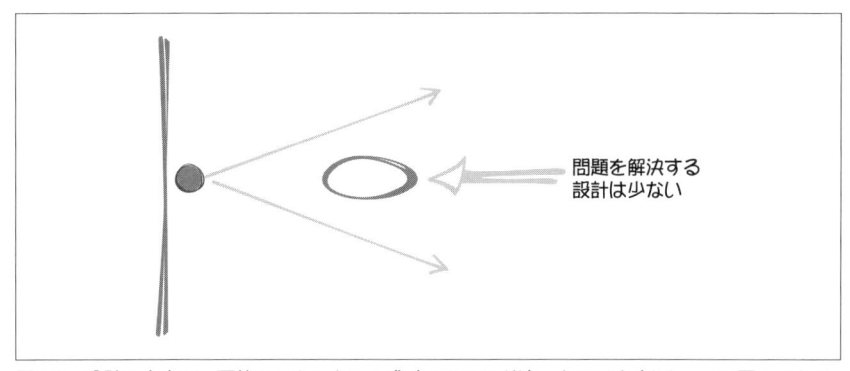

図5-3　設計の大半は、可能ではあるものの成功からはほど遠いものです（また、この図のように、成功する設計がすべて1箇所にかたまっているとは限りません）。

ないはずです。一方、エベレスト山に登頂しないことを依頼された場合、無限とも言えるだけの解決策があるはずです（例えば、鼻をほじる、ディケンズを読む、他の山に登る、鼻をほじりながらディケンズを読みつつ他の山に登る等）。何かをする場合よりも、何かをしない場合の方が解決策の数は多くあるのが普通なのです（世の中の皮肉屋と怠け者にとっては嬉しい事実でしょう）。

しかし問題は、早い段階で真の解決策につながるアイデアを知ることが難しいという点にあります。エベレスト山の登頂とは異なり、ほとんどのプロジェクトは詳しい地図がないような状況から始めなければならないのです。例えばプロジェクトでは、最先端のテクノロジ（信頼性の低さを意味しています）を使用したり、新たな、あるいは複雑な問題を解決しようとしたり、スキルのない人々と作業したりすることがあります。このように現在のプロジェクトが過去のプロジェクトと違っている部分は星の数ほどあり、そういった違いがあるということは、成功する上で新たな考え方（設計）が必要となるということを意味しているのです。

5.2.1　優劣は何と比較するのか？

さらにややこしいことに、目の前にあるアイデアの優劣は簡単に判断できるとは限りません。抽象的なアイデアは、そのままでは評価できないのです。アイデアの優劣は、具体的な問題をどのように解決するか、あるいは望み通りの結果（誰かを笑わせる、何かを爆発させる等）をどのようにして引き出すかという観点から見た場合にのみ評価できるのです。上述したように、問題が複雑である場合、完全な解決策を見つけ出せることは稀であるため、優れた解決策というものは代替策と相対的に比較することによってのみ優れていると言えるわけです。アイデアが一つしかない場合、比較対象がないため、正し

い評価は行えません。このため、問題が複雑で、相対的な評価を可能にする代替策がない場合、アイデアの価値を判定することは非常に難しくなるのです†。

　このことを考えるもう一つの例として、アインシュタイン博士の素晴らしい功績である$E=mc^2$という式を見てみることにしましょう。この式は家計簿の収支が合わないと悩んでいる友人を助ける場合や、サハラ砂漠で迷っている人を助ける場合には、役に立ちそうもありません††（当然のことながら、サハラ砂漠で家計簿の収支が合わないと悩みながら迷っている友人を助ける際にも役立ちません）。果たして$E=mc^2$は優れたアイデアなのでしょうか？ 要求が変化し、問題空間に宇宙の精緻な知識を含める必要がある場合には、優れたアイデアになるかもしれません。しかし、サハラ砂漠にいる友人の面倒を見るためだけであれば、優れたアイデアとは言えないでしょう。アイデアの優劣は、背景となる状況に照らし合わせて初めて決まるものです。このため、あるアイデアが抽象的なレベルでスマートかつ知的なものに見えたとしても、何らかの問題を解決するための具体的な成果物作成プロジェクトにおいて、そのアイデアの実用性と抽象性を区別できなければ、後々トラブルに見舞われることになるのです。

　アイデアが抽象的である場合、聡明な人々であっても、直面している本当の問題から目をそらされてしまうことがよくあります。実世界における問題を解決しないアイデアであっても、慣れ親しんでいる他のアイデアとの関連によって、エレガントで、賢明で、創造的なものに思えてしまうのです。またアイデアは、自らの意見を正当化したり、政治の道具として役立てることもできるため、満足感を得るためだけに用いられる場合があります。例えば、顧客要求を満たせるアイデアはAであるのに、別のBというアイデア（自らが設計したオブジェクトモデル）の方がエレガントであるとプログラマが主張するかもしれません。この場合、プログラマの個人的な要求とプロジェクトの要求が一致していないにも関わらず、本人がそのことに気付かないということもあり得るのです。こ

---

† この例の一つにミノキシジルがあります。これは高血圧の治療を目的として開発された薬でした。しかし高血圧には効かないということが判ったのです。ところが、育毛効果という、まったく別の効能が発見されたのです。ある一つの基準で判断した場合、ミノキシジルは失敗でしたが、別な基準で判断すれば成功だったのです。この薬は優れたアイデアと言えるのでしょうか？ 評価というものは、どういったコンテキストで考えるのかによって変わってくるのです。

†† しかし、砂から水とコンパスを作り出す（砂を陽子、電子、中性子レベルに分割し、原子レベルで再合成できれば理論的には可能です）簡単な方法を考え出せば、「砂漠で迷っちまったよ」大賞で年間ベストアイデア賞を受賞できるかもしれません。そういったことを考え出せる可能性があるのであれば、「$E=mc^2$を使ってサハラ砂漠で迷っている人を助ける」はうまく定義された途方もなく難しい問題の例となります（1章で述べたシンプルかつ難しい問題です）。要求や問題定義によって問題解決の面白さが奪われていると誰かが不平を述べた場合、その要求や問題定義に問題があると考えてください。問題定義は到達すべき山の頂上を指すものであり、山頂に登る方法を手取り足取り述べるものではないのです。

のため、アイデアを追求、弁護する本当の動機を自らで確認する癖をつけておくようにしてください。

5.3　枠の内外で考えるのはOK

　邪悪で誤解を呼ぶスローガンの2つ目は、「枠の外で考える」というもので、これは古典的なパズルに由来しています。このパズルは図5-4のようなもので、被害者、いや回答者はペンを紙から離すことなく4本の直線だけで9つの点すべてを繋ぐことが要求されます。これは一見すると不可能に見えます。しかし、点が描かれた枠の外側のスペースも利用して、（ここでドラムロール！）「枠の外で考える」と答が見えてくるのです。ここでのポイントは、制約や限界が問題の一部をなしているという誤った仮定を置くことで、私たちは自らの思考を制限し、解決策を見つけることができなくなってしまうということです。私たちは思考を自ら制限し、解決策から目をそらせてしまうわけです。これは魅力的で、面白く、興味深いポイントを突いたパズルですので、次の話題に行く前にゆっくり楽しんでください。

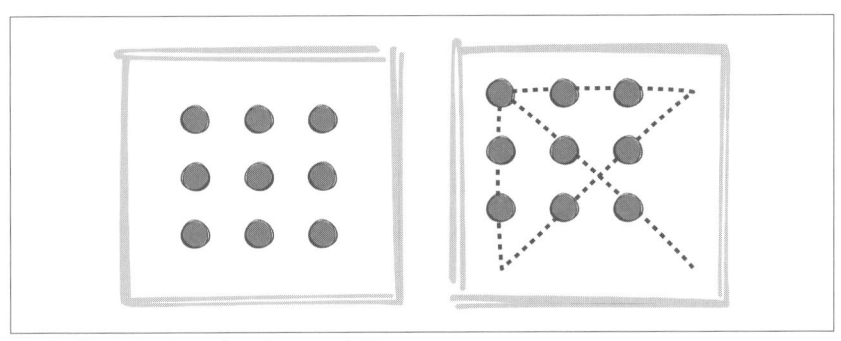

図5-4　「枠の外で考える」パズルとその解答

　パズルや頭の体操はさておいて、最も難しいことは枠を外すことではありません。どの枠を使うのか、そしてその使い時を知ることが重要なのです。息をするには空気が必要であり、生きていくには食べ物が必要であるのと同様に、いつの世にも制約は存在しています。物体同士が引き合うのは、無くすことのできない物理法則があるためです。そして、制約は問題を解決する際に手を貸してくれることもあるのです。例えば、重力の存在は制約にもなりますが、ごつごつした岩を地面に置いても、それが飛び上がってきて私の顔面にぶつからないという前提を置くこともできるようになるわけです。

　このため、問題解決と創造的思考における真の技芸とは、どういった制約を使用し、ま

た無視するか、そしていつそういったことを行うのかを知ることなのです。昔のことですが、採用期間を3週間も過ぎてから、素晴らしいアイデアを携えた創造力豊かな人材が入社を希望してきたことがありました。また、小規模で予算も少ないプロジェクト（既にスケジュールは遅れていました）のブレインストーミングで、「野心的かつ革新的な、枠の外にあるアイデア」が複数出てきたものの、その優れたアイデアは一つとして最終的なプロジェクト計画に合致していなかったため、逆にチーム全体を激怒させたということもありました。

誰かがチームの先頭に立ち、どの制約/要求を無視したり、克服したり、曲げたり、誤魔化すことができるのか、あるいは文字通り従うべきなのかを決定する必要があるのです。創造的に振る舞うということはしばしば、何らかの制約がある、あるいはリソースや時間が限られている状況下で作業を行い、考えられていた以上によい結果を出すための巧妙な、または上手いやり方を見つけ出すということを意味します（こういった観点から『アポロ13』という映画は鑑賞に値します）。成功するために、野心的で革新的、かつ驚くべきアイデアが必要となることはほとんどありません。必要となるのは基本的で手堅い、そして優れたほんの一握りのアイデアであり、それを正しく適用することが重要となってくるのです。

私の基本的な主張は次のようなものです。マネージャとして、プロジェクトの目標として洗い出された問題を解決するために必要なことは何でも行ってください。枠をどうしようと構いません。枠の中で、外で、上で、下で考えようが、枠を壊してそれを火にくべようが自由なのです。問題を理解し、メンバーの創造力を高め、チーム一丸となって目標を目指すために、枠との関連を断ち切るのです。トーマス・エジソンは「何か大きなことを成し遂げようとしている時にはルールなんか関係ない」と言っています。あなたの作るルールが、プロセスと人に役立つものとなっており、逆にその足を引っ張るものになっていないことを確認してください。

また、次のような疑問を持つことも重要です。「同じ問題を人に考えさせるにはどうしたらよいか？」、「優れたアイデアを引き寄せるにはどうしたらよいか？」、「どこから手を付けたらよいか見当をつけたいのか？」、「この段落でもうお腹一杯ですか？」（えっと、ここは驚くところです。）多くの場合、ものごとは正しい疑問を持つところから始まるのです。（本当でしょうか？ はい。確かですか？ 確かです。では、それに取りかかってもよいのでしょうか？ もちろんですとも。）

5.4 優れた質問は優れたアイデアを惹きつける

「コンピュータは使い物にならない。出てくるのは答ばかりだ。」

——パブロ・ピカソ

　私は、大学での単位数稼ぎのため、学部課程で論理学と哲学を選択しました。私がせっかく学んだにも関わらず忘れてしまったことはさておき、未だに覚えていることの一つに優れた質問の重要性というものがあります。私は、論理学について、ある程度の勘を身につけていますが、院生向けの論理学クラスでただ1人の学部生だった私の成績はたいていの場合（はいはい、いつもです）ビリでした。それはともかく私は、教授やクラスメイトに対する質問を注意深く作文しなかった場合、自分にとってまったく役に立たない複雑な情報を大量に受け取る羽目になるということを学んだのです。また私は、多くのエンジニア、学者といった頭の良い専門家が、私の聞きたかった内容であるかどうかに関係なく、知っていることを楽しそうに話す傾向があることも知りました。人というものは、自らの知識に溺れて周りが見えなくなってしまうのです。

　しかし注意深く質問することで、難しい会話を有益な方向へと導くことができるのです。例として、私が質問の方法に注意を払うことになった、論理学の教授とのやり取りを再録してみましょう。対話は、まず私が「ゲーデルの不完全性定理のこの部分について説明していただけますか？」といった質問を投げかけることによって始まります。すると教授は「わかった。すべての証明システムは核となる原始帰納関数によって定義される一連の本質的特性に還元できるのだ」と答えてくれます。それを聞いた私は「あー、それは判りました。で、この行を説明していただけますか？」と証明中のとある行に赤ペンで丸を描き、その横に大きく疑問符を書いた部分を指さすことになります。そこで教授がうなずきながら「あぁ、それか。もちろんだよ。＜小休止＞。論理証明システムの歴史を紐解くと、これは存在という側面を証明可能なシステムを通じて表現しようとする高潔な試みから派生したもので……」と続けるのを制止して、私は「いやいや、違うんです。＜と、もう一度その行を指さしながら＞これはどういう意味なのですか？　上の行とどのような関連があるのでしょうか？」と聞くことになるわけです。すると教授は「なるほどなるほど。証明論は論理学と関連があるのだ。その理由は無形の副命題が序数集合間にあって……」と最後には私の方が根負けしてしまい、近くのパブに飲みに向かうことになるのです。

　こういった経験から私は、優れた質問なしに優れた答は得られないということを学んだのです。場合によっては、優れた質問を投げかけても、優れた答が返ってこないこともあります。ともあれ、私は何とかして単位をものにし、優れた質問を行うスキルに大

きな価値があることを、マイクロソフトやIT業界で再発見することになったのです。私が教室で直面していたコミュニケーションの問題は、エンジニア、弁護士、役員、営業担当者、設計者、顧客との間における問題ともよく似ています。人はしばしば、あなたが知りたいと思っていることとは何の関係もないことを答えようとします。論理学の教室における私の体験はさておき、優れた質問をしっかり問えば、対話をより有益な方向に向かわせることができるようになるのです。

創造的な問題解決のために行える質問は3種類あります。それは、焦点合わせの質問（よい）、創造的な質問（よい）、修辞的な質問（邪悪）です。

5.4.1　焦点合わせの質問

　焦点合わせの質問が優れていれば、作業を遂行する上で重要もしくは有益な、あるいは中核となる何かが欠如しているということを相手に気付かせることができます。そしてこの種の質問によって、議論の対象となる範囲を限定し、直面している状況におけるある種の側面に注意を集中させることができるのです。つまり、「今はそのことを横に置いておき、ここを見るんですよ、ここ」と言うことになるわけです。質問する相手がそこに注意を向けてくれるのであれば、考え抜かれた直接的な質問は、そうでない質問を複数投げかけるよりもずっと効果的なものとなります。質問と一口に言っても「既存のコードを流用して、パフォーマンス要求に合致するシステムを構築することはできないの？」、「ユーザーはこの画面を使う必要があることをどのようにして知るの？」、「ピーナッツバターとチョコレートは混ぜることができるの？」と色々あります。優れた質問とは、簡潔な質問によって二次的かつ本質的でない情報に触れないようにしながら、問題の本質的要素（あるいは解決策）を浮き彫りにし、答を生み出すための空間を創り出すものなのです。知的な人々は、優れた質問や優れた問題を本能的に嗅ぎ分けることができますし、全力を挙げてそれらに取り組むことを好むのです。優れた質問は磁石のようなものであり、知的で創造的な人々を惹きつける結果、優れたアイデアが数多くもたらされることになるというわけです。

　優れたプロジェクトマネージャや創造的な思考を行う人々は、質問の達人です。彼らは話が本筋から外れたことをいち早く察知し、議論や計画から抜け落ちてしまった重要な要素を認識した後、考え抜いた質問をタイミングを見計らって投げかけることで、そういった要素を再び話の俎上に載せます。また、強力なチームが編成されている場合、プロジェクトマネージャの質問が見当違いだったとしても、そのタイミングさえ正しければ、他のメンバーによって適切な質問がなされるのです。「あぁ、スコット、その要求は却下しただろう？　だからより適切な質問は『この新たな設計は、新しく出された要求を本当に満足させられるか？』なんだよ」といった具合です。そして短い議論の後、チーム

全体が再び活気を取り戻し、取り組むべき作業に新たな気持ちで集中できるようになるわけです。優れた質問は触媒となるのです。これによって、議論のエネルギーを知識と組み合わせ、同時に増幅、洗練、結晶化させた後、そのエネルギーをより実りの多い方向へと振り向けることが可能になるわけです。

あなたがチームからの信頼を得ているのであれば、以下の質問はプロジェクトマネジメント、創造的思考、問題解決すべてに適用できる最もパワフルなものとなります。

　解決しようとしているのは、どのような問題なのでしょうか？

あなたの発したこの質問が、邪魔な上司からの心ないツッコミに聞こえない程度にあなたがチームから信頼されているのであれば、この質問はプロジェクトの序盤から終盤までのほとんどの議論で使用することができ、2つの効果を発揮してくれます。まず最初に、チームの見つけ出そうとしている本当のものを洗い出せるようになります。次に、その時に部屋にいる全員が同じ答に到達できるようになります（5人の聡明なメンバーがともに作業していたものの、実は全員がまったく別の問題を解決しようとしていたなんてことがあってはならないのです）。この質問は、高いレベルから低いレベルまで、つまり大局的な戦略会議から、コードの標準化、テストケースの詳細、設計作業時の問題といったものに関わる細々した意思決定までのすべてにおいて魔法のような効果を発揮します。これは本当にパワフルで有効な質問であるため、私はポスターにして机の上に貼っています。設計時の思考やアイデアの創造が混乱している、またはメンバーが矛盾したことを述べ合っているとあなたが感じた時には、他のメンバーもあなた同様に困惑しているのです。このため、魔法の質問を投げかけることにより、その時に取り組んでいたことが何であっても、全員が頭の中をリセットし、新たな気持ちで作業に取りかかれるようにするわけです。

5.4.2　創造的な質問

創造的な質問は、焦点合わせの質問とは正反対に位置する、まったく違ったタイプの質問です。創造的な質問とは、今まで考慮の対象となっていなかったものの、探求すべき方向を指摘する質問です。「この情報をホームページ上に表示する際、表示の仕方はどれだけあるか？」や「検索エンジンのデータベースを使って、他にできることはあるか？」といった質問がこれに該当します。通常の場合、設計時の議論というものは、こういった質問をチームメンバー間でやり取りしながら、さまざまなことを考え、スケッチし、答を探求していくことになります。たいていの場合、優れた創造的な質問は代替策の数を増やし、議論のスコープを広げる（必ずしも問題のスコープが広げられるわけではありません）ことになります。この章の後半でも解説していますが、優れたアイデアを生み出す

には、アイデアの泉を大きくしておくことが唯一の方法であることも多いのです。創造的な質問を的確に行うことで、創造的なメンバーを正しい方向に向かわせたり、他のメンバーが正しい方向を見つけ出せるよう、いったん誤った方向に向ける（こういったことはよくあります）ことができるのです。

5.4.3 修辞的な質問

しかし、創造的な質問の双子であるものの、その本性が邪悪そのものである修辞的な質問には注意が必要です。修辞的な質問とは、不誠実な質問に分類されるものであり、文字通りの答を期待することなく発せられるものです。子供に説教する時の親のように（「フルーツループ†を一箱食べちゃうなんて何考えてるの？」とか「テレビ画面にピーナツバターを塗ってるサリーに気付かなかったとでも言うの？」）、修辞的な質問は議論を終わらせてしまうのです。こういった質問には、罪の叱責と否定の評価が潜んでいます。また、こういった質問は、質問を発する側がその受け手よりも多くの情報を持っているという前提を置いており、受け手を不当に不利な立場に貶めることになります。この手の質問は、権限を持っているもののその使い方を見失ってしまっている人たちが多用します（例えばフラストレーションがたまっている上司や教師）。このような形で修辞的な質問を行っても、たいてい答は返ってきません。修辞的な質問は、注意深く使えばジョークとして有効であり、誰かを奮い立たせたい時（「おいおい、これが君たちの実力だとでも言うのかい？」）にも有効となります。しかし、こういった目的であっても、いざという時にしか使ってはいけません。

焦点合わせの質問と創造的な質問の双方によって、優れた思考を行う際に必要となる元ネタを引き出せるようになります。ただし、どういった種類の質問を行うのかや、議論に参加してどういったタイミングで自らのアイデアを提供するのかを知るには、ちょっとした注意が必要です。チームが的確に作業をこなしており、創造的なスタンスで集中できているのであれば、意識的に質問を探す必要はないのです。結局のところ、最後に重要となるのはアイデアの品質であり、その水準を達成するまでに要する疑問や特定のプロセスではないのです。

5.5 悪いアイデアは良いアイデアの素となる

私が初めて設計（デザイン）という作業を目にしたのは大学3年の時でした。その時は、設計という仕事がどういうものかについて、ちゃんと理解していなかったのですが、頭

---

† 訳注：フルーツループとは、欧米の朝食によく登場するフルーツ味のシリアル食品のことです。

の中ではぼんやりとジーンズ、ハンドバッグといったカッコイイものを創造する仕事だと考えていました。それはともかく、私が初めて目にした設計の現場では、ある若者が新型ポータブルステレオを設計しているところでした。彼はデザイン学部のスタジオにおり、その広い空間に配置された数多くの机の上には、スケッチ、プロトタイプ、設計図が所狭しと並べられていました†。彼はちょうど、ステレオのデザインとなるさまざまなスケッチを描いているところでした。私は彼に、何をしているのかを尋ねてみました。私の質問をもっと正確に述べれば、彼のやっていることがどういった形で「設計」につながるのか、ということでした。

彼は少し間を置いて、笑いながら「悪いアイデアを目にするまで、私にはどれが優れたアイデアかがまったく判らないんだ」と答えました。私は礼儀正しく頷きながらも、失望しつつその場から立ち去りました。その時の私は、自らの無知に背を向け、彼の言ったことが理解できなかったことを彼自身のせいにしていたのです。

その後、私はソフトウェアの設計を何年か手がけた後になって初めて、彼の言っていたことが理解できるようになりました。優れたアイデアというものは、数多くの悪いアイデアの残骸から生み出されるということを経験を通じて学んだのです。さまざまな試みにおいて過ちや見過ごしを経験することなく、成功に通じるアイデアの道を見つけることなど不可能なのです（1章を参照してください）。その理由は、採用したアイデアが失敗した時にしか、私たちは自らの置いた前提を再吟味しようとしないという点にあるのかもしれません。失敗し、一歩下がってより多くの情報を見つめることで初めて、今まで見えていなかった道が見えてくるのでしょう。

つまり、最善のアイデアを思いついたり、最善の設計を行うには、勢いというものが必要なのです。勢いは魔法の呪文や意思の力（「賢くあれ！ 今だ。今すぐに……！」）で生み出せるものではありません。あらゆる走り書き、スケッチ、プロトタイプは、どんなに馬鹿げていようと、無価値なものであろうとも、設計者（またはエンジニアや科学者）に問題に関する何かを教えてくれるものであり、次の試みが前よりも成功する可能性を高めてくれるものなのです。複雑な問題を解決した世界中の偉人の周りには、大量のしわくちゃになった紙の山があるのです。これに異議を唱える人もいるでしょうし、我が意を得たりという人もいるでしょう。しかし、悪いアイデアが優れたアイデアの素とな

---

† これはトム・デマルコ（Tom DeMarco）とティモシー・リスター（Timothy Lister）の『Peopleware』††、ケント・ベック（Kent Beck）とマーチン・ファウラー（Martin Fowler）の『Planning Extreme Programming』‡ で解説されているような作業環境でした。

†† 訳注：邦訳は『ピープルウェア第2版──ヤル気こそプロジェクト成功の鍵』（日経BP社刊、2001年）です。

‡ 訳注：邦訳は『XPエクストリーム・プログラミング実行計画』（ピアソン・エデュケーション刊、2001年）です。

ると考えることによって、少なくとも手近にある好きなものから設計を開始できるようになるのです。私たちは、早いうちに手を汚して、多くの過ちを経験しておくべきなのです。早いうちに過ちを犯しておけば、優れたアイデアにも早く到達できることになるのですから。

5.5.1 優れた設計は多くの優れたアイデアから生み出される

単一の問題を解決することがプロジェクトの目標ではありません。ものごとはもっとややこしいのです。ほとんどのソフトウェアプロジェクトでは、何ダースもの問題を解決し、簡単に使用できるものを限られた時間内に開発することが要求されます。そして、自動車、ウェブサイト、ソフトウェアプログラムの設計やエンジニアリングにおいて行われることになる膨大な数のパーツやコンポーネントの統合作業を考えた場合、設計者は正しいものを作り上げるまでに何十回にも及ぶ改訂が必要なことを判っておいてしかるべきです。つまり、改訂と洗練こそが最も重要なことであり、それらはプロセスの一部であるということを肝に銘じておく必要があるわけです。

エンジニアリングから芸術に至るまで、創造性を探求するあらゆる試みの背後には、こういった基本的な真実が横たわっているのです。著名な思想家や創造力豊かな人々も以下のように述べています。

「アーキテクトが持っている最も重要な2つのツールとは、製図室の消しゴムと建設現場の大型ハンマーである。」
——フランク・ロイド・ライト

「物理学者が持っている最高のツールとは、くずかごである。」
——アルバート・アインシュタイン

「一日に5枚の絵画を描ける日もあるが、20枚描いても成功だと思えるのは1枚しかない。」
——ビンセント・ヴァン・ゴッホ

「失敗というものなどない。単に早くあきらめすぎただけなのだ。」
——ジョナス・サーク

「もっとよい方法があるはずだ——それを見つけるのだ。」
——トーマス・エジソン

「失敗せよ、また失敗せよ、うまく失敗するようにせよ。」
——サミュエル・ベケット

「成功したければ、失敗する率を倍にすることだ。」

——トム・ワトソン（IBM）

「傑作を1ページ書き進めるためには、99ページのゴミを書くことになる。」

——アーネスト・ヘミングウェイ

　すべてのソフトウェアプロジェクトを傑作品にする必然性はないかもしれませんが、設計や問題解決を必要とするプロジェクトには、幅広い代替アイデアを探求するための十分な時間をかけなければなりません。また、コンセプトやコンポーネントを統合するための時間も必要です。皮肉屋やケチな人は、こういったアクティビティにリソースを割こうとしないかもしれませんが、それによって多少コストを浮かせたとしても、問題の解決可能性をその分低下させてしまうことになるのです。

　ただ、この主張を受け入れて設計に時間を割いたからといって、ものごとが簡単に進むようになるわけではありません。有益なアイデアを発見したり創造するには、私たちが学校でほとんど教わることのなかった、そして職場でも一般的に語られることのなかったスキルが必要となるのです。実際のところ、設計を学校で学び、職場で実践してきた私でも、アイデアの源について学ぶために学校に逆戻りしなければなりませんでした。

5.6　ものの見方とアドリブ

　私は、マイクロソフトの同僚であるアイカ・ユクセルとバネッサ・ロングエーカーとともに、コミュニティカレッジのアドリブ（即興）コメディ講座を受講することになりました。一日目を終えた段階で、仕事上にユーモアを持ち込むことに対する恐れが杞憂であることを学びました。また、注意の払い方（その講座で教えられていたことです）を少し学習すれば、誰でも普段の状況からユーモラスなことを見つけ出せるということも学びました。こういったことを行うには、今まで見過ごされていたものごとに目をつけ、それらをつなぎ合わせるだけでよいのです。

　その後、職場に戻ってプロジェクトと設計の世界を見てみると、問題解決にも同じ真理が存在することに気付きました。問題解決の達人は、他の人が気付かないものごとに気が付くのです。彼らはより詳細を見て、それらの関連性を見極め、より深い知識に基づいてものごとの関連付けを行うのです。『Wired』マガジンのインタビューにおいてスティーブ・ジョブズは、創造性に関する素晴らしいコメントを述べています。

> 何かを本当にうまく設計するには、それを理解する必要がある。それが一体何なのかを心の底から理解しなければならないのだ。これには、単に何かを丸飲みして理

解しようとするのではなく、じっくりと噛みしめることで徹底的に理解しようとする情熱が必要となる。しかしほとんどの人々は、そこまで時間をかけようとはしないのだ。創造性とは単にものごとをつなぎ合わせることなのだ。クリエイティブな人たちに、何かを行った時にどうやったのかを尋ねてみると、彼らは罪悪感を感じることもある。彼らは実際には何もやっておらず、何かを理解しただけであるためだ。時間をかけることで、それは彼らにとって明らかなこととなったのだ。なぜなら、彼らは自らの経験をつなぎ合わせて新しいものを合成することができたからだ。そして、彼らがこういったことを行えた理由は、他の人々よりも経験が豊富である、あるいは自らの経験について他の人々よりもより深く思索しているからなのだ。残念なことに、こういったことを行える人は少ない。我々の業界にいる多くの人々は、多様な経験をしてきていないのだ。彼らは、線につなぎ合わせることができる点の数を十分に持ちあわせていないため、問題に対する幅広い観点を持つことなしに、リニアな解決策でよしとしてしまうのだ。人間の経験をより幅広く理解することで、よりよい設計が生まれてくるのだ†。

　この引用で私が賛成できないのは、創造的な人々には「非創造的な」人々に獲得できない特殊な素質があると匂わせている点だけです。私には、人間というものが生まれながらにして、創造力あふれる天才か、創造力の欠如した鈍才のいずれかであるとは思えません。私が受講したアドリブコメディ講座の参加者を見る限り、ほとんどの人々は周囲の世界、彼ら自身、ものごとのつながりについての観察力とセンスを、ジョブズを満足させる基準にまで磨くことができるはずなのです。

　その講座（http://www.jetcityimprov.com/を参照してください）の受講者は、ほとんどが学生ではなく大人、それもさまざまな経歴や職業の人（何人かは海外からの参加）であり、全員がコメディやアドリブの経験を持ちあわせていなかったにも関わらず、最後には面白おかしいことができるようになりました。私は、アドリブを繰り出すといった、創造性を養うための良質な訓練を重ねることによって、他人を観察することで理解するという、あらゆる人に備わっている能力が引き出され、その結果、より注意を払うことでさまざまなことを明確に、かつ深く理解できるようになると考えています。そして、普通のソフトウェア開発者であれば誰でも、自らの分野に関することだけを学習するよりも、他の分野（例えば高層ビルや橋の建築、作曲といったものですら）に関することを学習することで、こういった能力を一層向上させることができるようになると信じているのです。

---

† 『Wired』マガジンIssue 4.02（1996年2月）より。

特定の作業からいったん離れた後（数時間の読書や映画の鑑賞）、元の作業に戻ってくることが、その作業内容を本当に理解する唯一の方法となることもしばしばあります。何かの達人になるということは、連峰の頂上に立つようなものです。何かを成し遂げたことを誇りに感じるとともに、同じように優れた眺望を持つ他の山々の存在に気付くのです。

私は、仕事を離れてアドリブ講座を受講することで、今まで見えなかったものが見えてくるようになりました。またアドリブ講座では、アイデアの気付きと新たなアイデアの流れを生み出すための4つの有用なルールを学びました。私は、こういったルールを設計時の議論や少人数でのブレインストーミングに適用することで、新たなアイデアを見つけ出し、後でレビューするためのコンセプトとアイデアの一覧表を作ることができるということにも気付きました。

懐疑主義者や皮肉屋（例えば私）にとって、ルールというものは幸せなファシズム（楽しい専制政治）とも言うべきものでしょう。しかし、私が過去に指揮した、厳格なチーム、おとなしいチーム、皮肉っぽいチーム、象牙の塔チーム、知的すぎるチーム、社会性の低いチームにも、これらのルールは役立ちました。始めのうちはこれらのルールを拒絶していたチームも、最後には常に優れた議論を行えるようになったのです。

5.6.1 アドリブ講座におけるアイデアを生み出すためのルール

ブレインストーミングにおいてアドリブ講座のルールを適用する（注意：これは設計を深く検討する場合には向いていません）ためには、いくつか用意するものがあります。それらは、少人数（2〜8人）のグループ、快適な部屋、適度に専念できる時間、適切な問題を少なくとも1つ、メンバーが述べたアイデアをホワイトボードに記述する人です。アイデアの説明にホワイトボードを使っても構いませんが、大事なのはアイデアの数であるため、あまり詳細な説明にとらわれるべきではありません。

開始するにあたって、ファシリテータ役を決定し、ホワイトボードの脇に立ってもらいます。また、問題を1つ叙述し、グループが何のためにアイデアを出すのかを明確にしておく必要もあります。これには、問題定義や要求から選び出したものや、あなた自身が思いついたものを使用することができます。問題に対して合意が得られたのであれば、メンバーがアイデアを出し始め、ファシリテータがホワイトボードに書き込んでいくことになります。

誰かがアイデアを述べ、議論が起こった時にゲームは始まります。この議論において従うべきルールは4つあります。

1. **「そうですね、そうすると……」ルール**：誰かが考えを述べた場合、許されている唯一の返答は「そうですね、そうすると＜ここで何かしゃべります＞」となります。あなたはまず最初に、相手の考えの続きを述べなければならないのです。たいていの場合、あなたは相手のアイデアやポイントを一歩進めるか、その進路を変更することになります。例えば、「ここでは検索ボックスを使用することができるはず……」と誰かが述べた場合、「そうですね、そうすると何かが入力された時に、ユーザーを適切な場所に誘導する十分スマートな方法となりますね」とか「そうですね、そうすると私たちが作成している新たな検索エンジンを使えるので、迅速に結果を返せるようになりますね」と答えるわけです。これによって、議論の進行をポジティブに保ち続けることができるとともに、自分の意見を述べるためにぼーっと待っているのではなく、他者のアイデアを改善するために相手の言うことに耳を傾ける癖をつけることができるというメリットが生まれるのです。

2. **「自分のアイデアを否定しない」ルール**：あなた自身のアイデアを述べる際、「ごめん、これがまずいのは判ってる」とか「私は創造力が足りないんだ」などと言うことは許されていません。自分の意見を否定するということは、自分の言ったことに責任を持たないと表明することに他なりません。あなたが述べることは、全力でバックアップできる自信があるほど明晰なアイデアでなくてもよいのです。はっきり言ってまずいアイデアであっても構いません。そのアイデアがきっかけになり、誰かがより優れたアイデアを述べてくれるかもしれないのです。あなたの隣にいる人が「そうですね、そうすると……」と言ってくれるのであれば、その人はあなたの「お粗末な」アイデアから、あなたもその人もそれまでは考えつかなかったような面白いアイデアを生み出してくれるかもしれないのです。

3. **「さえぎる質問は行わない」ルール**：質問は、アイデアと、そのアイデアを発言した人を防衛サイドに追い込んでしまいます。もしもあなたが誰かに「なんでそんなことをするの？」と言った場合、その人の発言内容を、アドリブ的ではない、断定的なコンテキストで新たに覆ってしまうことになります。こういった質問は、アイデアが優れている理由を証明できない限り、そのアイデアは優れていないという前提に基づいたものであり、オープンで自由な思考を行う場の空気にはそぐわないのです（ただし、設計に関する詳細な議論を行う際には、こういった空気が必要となります）。ここでは、あなた自身の知性が試されていると考えてください。どのようにすれば最初のアイデアを有効なものに変換できるのでしょうか？　そのためには、最初のアイデアに意味を持たせることのできる前提や論理展開を、それがどんなものであれ考え出す必要があります。そして、それをどんどんと続けていくのです。場合によっては、アイデアを明確にするための短い質問は許されますが、その質問自体にとらわれることが

ないようにしなければなりません。個々の問題を掘り下げ過ぎるよりも、次のアイデアに進んだ方がよいでしょう。さまざまなアイデアを出し尽くすことが目標となっている場合、各アイデアの品質よりも時間あたりのアイデア量の方が重要となるはずです。あるアイデアがどれだけ馬鹿げているかを主張するよりも、何も言わない方が、アイデアを生み出すという最終的な目標に合致することも多いのです。

4. 「他のメンバーを盛り立てる」ルール：誰がどういったことを述べたのかを書き留めておくようなことは、するべきではありません。ここで誉められるべきなのは、他のメンバーが発言したアイデアを増幅したり、明確にしたり、最善のアイデアを引き出すといったことに貢献したメンバーたちなのです。この部屋から生み出され、設計されるものは、彼ら全員によって開発されるものとなるため、言い出しっぺに対して勲章を与えたり、アイデアを発言者毎に分類したところで意味はありません。設計プロセスが共同体における健全なプロセスとして開始され、その発案者にとらわれることなく最善のアイデアを生み出せたのであれば、以降のプロジェクトも同じ精神を引き継ぐことになるのです。

　こういったことを行うことによって、次の段階で整理することになる、大まかな概略アイデアの一覧ができ上がることになります。整理の際には、追求する価値のあるものや、より詳細を議論したいものを一覧から選び出すことになります。なお、こういったフォローアップの議論は、アイデアを数多く生み出すためのものではないため、アドリブ講座のルールはさほど重要になりませんが、その精神は受け継ぐべきでしょう。

5.6.2　アイデアを生み出すその他のアプローチ

　こういったルールを実施する準備ができていない、あるいはアイデアを生み出すためのよりストレートな方法が必要であるという方のために、従来からある提案をいくつか紹介しておきます。

- **創造的思考に関する書籍を読む**。多くの書籍が出版されています。私のお気に入りは、マイケル・マハルコ（Michael Michalko）の『*Thinkertoys*』[†] と、エドワード・デ・ボーノ（Edward De Bono）の『*Six Thinking Hats*』[††] です。他にも数多くの書籍がありますが、私はこの2冊から最も多くのことを学びました。
- **最も創造的であると感じた時に注意を払う**。自分が創造的であると感じた時の周囲

[†] 訳注：邦訳は『アイデアのおもちゃ箱——独創力を伸ばす発想トレーニング』（ダイヤモンド社刊、1997年）です。
[††] 訳注：邦訳は『会議が変わる6つの帽子』（翔泳社刊、2003年）です。

の環境を思い返してください。1人で作業していたのですか？ 誰か（あるいはどんな人）がいましたか？ 音楽は流れていましたか？ どんな音楽でしたか？ 創造力を高める環境は人によって異なるため、あなたにあった実際の環境は、あなた自身が体験してみるしかないのです。素敵な喫茶店にいる時、森に囲まれた公園のベンチで瞑想している時、ブルックリン橋の向こうの水平線にゆっくりと沈んでいく太陽を見ている時等、さまざまな状況があるはずです。

- 創造性に至るねばり強さを認識する。創造力あふれる活動を行っている人が、あなたよりも簡単にアイデアを生み出しているというわけではありません。多くの時間を費やして訓練し、柔軟な思考を養おうと努力している場合も多いのです。創造力は皆が持っているスキルであり、スタート地点は違ったとしても、十分な労力をかけさえすれば、誰もが高めることのできるものなのです。
- マイケル・マハルコ（Michael Michalko）の生み出したブレインストーミング用カード『ThinkPak』を購入する。このカードは、個人やグループが難問に対して新たなアイデアを生み出せるようになることを支援するために作られたものです。同様のものが他にもありますが、私にはこれが一番でした。（『ThinkPak』はhttp://www.amazon.com/で入手することができます。）

5.7 顧客のエクスペリエンスが設計を開始させる

「技術的な夢想家は、実現可能性と要望の違いを認識できない。」

——エドワード・メンデルソン

最高のオブジェクトモデル、素晴らしいアルゴリズム、最速かつ最も信頼性の高いコードで構築されている世界一素晴らしい成果物があったとしても、顧客がそれをどのように使って自らの要求を満たせばよいか判らないというのであれば、何の意味もありません。成果物の高い品質を誰も経験できないのであれば、それはアルゴルズムや開発時のマンパワーの無駄遣いでしかないのです。

こういったことを防ぐ唯一の方法は、トップダウンで設計とエンジニアリングを開始することです。つまり、顧客が画面上で目にするものから始め、高レベルのコンポーネント、そして作業項目へと細分化していくわけです。顧客のエクスペリエンスとなる大まかなコンセプトが仕上がったところで、エンジニアと技術者は、彼らが考えてきたものがこういったコンセプトに対してどのようにフィットするのかを考えることになります。その設計は実際に実装できるのでしょうか？ どういった妥協が必要なのでしょうか？ どういった制約を考慮する必要があるのでしょうか？ こういった作業が行われる段階で

5.7 顧客のエクスペリエンスが設計を開始させる | 125

は、議論が設計のレイヤ間を行きつ戻りつするなか、チーム内のさまざまな専門家が、エンジニアリングの可能性（そして実現性）とユーザーエクスペリエンスの統一性を両立させようとすることになります。つまり設計の思考は、顧客にとって望ましいエクスペリエンスから技術に向かう流れと、実践的な技術から顧客のエクスペリエンスに向かう流れという2の流れを持つことになるわけです（図5-5を参照してください）。

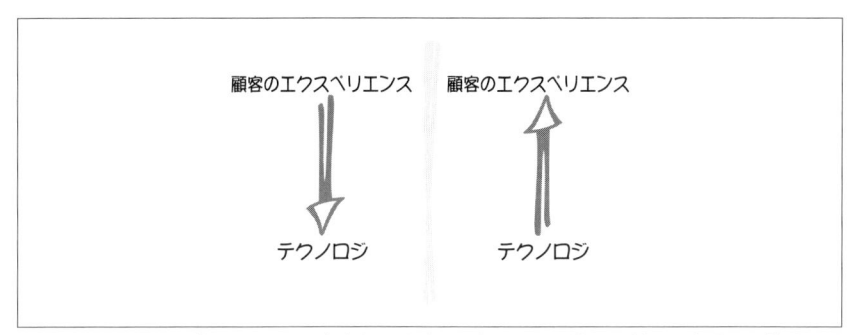

図5-5　最適な設計プロセスは、顧客中心の設計と、利用可能な技術に対する実践的な検討を融合させたものとなります。一方のみに目を向けて設計すると、もう一方は常に妥協の対象となります。

　ブレインストーミングでは、設計作業を始める方法とそのスタート地点を明確にするべきです。ブレインストーミングによって生み出される初期のアイデアの多くは、問題を解決するためのシステムを設計する何らかの手段を解説したものとなっているはずです。こういったアイデアにはそれぞれ、1行のコードも記述せずに概略を説明し、検討対象とすることができるビジュアルな表現（そのソフトウェアやウェブサイトがユーザーからどのように見えるのか）が少なくとも1つあるはずです。（組み込みシステムやOSのカーネルといった、具体的なユーザーインタフェースを有していないものを構築するプロジェクトの場合、絶対に受け入れられない条件とは何かということが注意すべき点となります。）
　こういった表現、スケッチ、初期イメージ、場合によってはプロトタイプは、アイデアを理解する上での取っ掛かりとなるものです。こういった形でビジュアル化できないもの、スケッチできないものを構築することなどできません。なお、ここで言う設計のスケッチとは、UMLやVisioのダイアグラムのことではありません。ダイアグラムとは、抽象的側面でしかないのです。こういったものは、ユーザーが目にするものを見せてくれるわけではないため、検討が必要なあらゆる種類の問題や詳細が隠蔽されてしまうことになるのです。
　「ホームページ上でよく使う項目が、見つけにくい位置に配置されている。」これは3章

における問題の例から抜粋してきたものです。この問題に関するブレインストーミングによって、3つの検討すべきアイデアが出てきたと考えてください。

1. ユーザーの使用状況に基づいて、ページ内における項目の表示優先順位を動的に変更する。
2. ユーザーが絶対に使用しないリンク等を削除する。
3. ホームページ内の項目を何らかのグループに分類し、ユーザーにとって判りやすいものにする。

エンジニアがアイデアの実現方法を考える前に、誰かが顧客エクスペリエンスの観点からそのアイデアを検討するべきです。抽象レベルでは素晴らしいアイデアに見えたにも関わらず、そのアイデアを取り入れることによって、顧客にとって使いやすいものとなる優れた設計[†]ができなくなるかもしれないのです。このためチームは、顧客のエクスペリエンスをスタート地点にするべきなのです。これによって、不必要な作業を取り込むことなく、採用する設計とその理由を明確化でき、後に大きな変更が必要となる可能性を低減することができるようになるわけです。このプロセスのマネジメントは簡単ではありませんが、どんなに貧弱であったとしてもやらないよりはましなのです。

5.8 設計とは一連の対話である

ユーザーインタフェースの候補となるスケッチがあれば、実際の設計作業を開始することができます。エンジニア、テスター、営業を交えてスケッチの非公式なウォークスルーを行うことで、実際の対話を始め、プロジェクトを前に進めることができるのです。エンジニアは、設計者に対して、構築しやすさという観点から見た推奨策や設計内容の変更を示唆してくれるはずです。そして、多くの優れた疑問が双方向から出されることになるわけです。またエンジニアが、設計者の知らない技術的に可能な選択肢を示唆してくれる場合もあります(「あぁ、製造中の新しいフラックスキャパシタ[‡]を使えば、そ

[†] 推薦図書：ウェブデザインの一般的な原則については、スティーブ・クラッグ(Steve Krug)の『Don't Make Me Think』[††]、UIデザインのよくある過ちの概観については、ジェフ・ジョンソン(Jeff Johnson)の『GUI Bloopers』を参照してください。ユーザビリティやデザインのコンサルタントを雇用するには、http://www.upassoc.org/people_pages/consultants_directory/index.htmlをチェックするか、私(http://www.scottberkun.com/services/)まで連絡してください。

[††] 訳注：邦訳は『ウェブユーザビリティの法則：ストレスを感じさせないナビゲーション作法とは』(ソフトバンククリエイティブ刊、2001年)です。

[‡] 訳注：フラックスキャパシタとは、映画『バック・トゥ・ザ・フューチャー』に登場するタイムマシンを構成する主要なコンポーネントの名前です。

の画面は無くすことができるよ」)。議論を早く開始することで、こういった有益な対話が早期に行われるようになり、結果としてより多くのアイデアが提案、検討、レビューされるようになるのです。

そして、満足のいく提案（最終的に仕様書として文書化されます）ができ上がるまで、一連の試み、議論、質問、レビューが繰り返されます。チーム全員が、こういったプロセスを理解していなければなりません。こういった一連のプロセスに参加したくないメンバーがいる場合、そのメンバーが持っている意思決定権限を誰かに委譲させてください。設計作業とエンジニアリング作業はそれぞれ異質なものであり、設計作業にエンジニアを参加させることで設計品質は向上するというものの、一メンバーを満足させるためにプロセスの変更を試みるくらいであれば、そのメンバーをプロセスから外した方がよいのです。

プロジェクトの目標が明確であり、解決すべき問題も洗い出せているのであれば、後に続く設計の対話も優れた性質を持ったものとなるはずです。見解の不一致も起こり得ますが、全員が同じ問題を解決しようとしている限り、根深い争いになることはありません。そして、この章の前半で考察した観点の価値を考えた場合、こういった問題は個人の視野を広げることにも役立つのです。アドリブ講座のルールが示唆しているように、あるメンバーのアイデアは異なった背景、意見を持つメンバーにとって、元のアイデアとはまったく違った、そして優れたアイデアを生み出すためのスタート地点となり得るのです。

> 「私がアイデアを述べると、優れた人々はさらによいアイデアを述べてくれる。それを聞いた私はもう少しよいアイデアを思いつく、といった**連鎖**が続いていく。だから私は優れた人たちと仕事をするのが好きなのだ。これが相乗効果というものであり、私がやりたいと思っていることだけを行うよりも、よい仕事ができるようになるのだ。」
>
> ——テリー・ギリアム（映画監督）

ギリアムが述べているような共同作業は、チームが互いに信頼し合っている場合にのみ可能となります。たいていの場合、信頼の置ける環境を創り出す責任を負っているのはマネージャとリーダーであり、彼らは、アイデアが優れていればその出所に関係なく受け入れるオープンな心を持っている必要があります。これについては12章で詳しく解説しています。

5.9 サマリー

- 多くのチームでは、要求定義書の完成から仕様書の完成までの期間が正しく管理されていません。
- 要求の品質を高め、設計の探求を行うことが、こういった期間の最も有効な使い方となります。
- アイデアの優劣は、その目標や他のアイデアとの関係によってのみ決めることができます。
- 制約はアイデアを見つけ出す際に役立つことがあるため、枠の外で考えることが答を出すための方法であるとは限りません。制約内で作業を行う知的な方法を見つけることが、最善の解決策となる場合もあります。
- 質問、視点、アドリブ講座のゲームは、新たなアイデアを生み出すためのツールとなります。
- 設計のアイデアを生み出す最善のスタート地点は、顧客のエクスペリエンスです。
- さまざまな専門性を持った多種多様な人との対話を通じて、アイデアは設計へと変わっていきます。

6章
アイデアを得た後にすること

　優れたアイデアを見つけ出すのは簡単なことではありませんが、優れたアイデアをマネジメントするのはもっと大変です。プロジェクトが快調に進み、ビジョンのドキュメントも完成しており、チームが勢いづいている場合であっても、考えなければならないことがあるのです。それは、設計やアイデアをどのように意思決定に変換していくのかということです。優れた設計やアイデアに注力し、メンバーが熱心に作業している場合であっても、仕様書作成に向けた難問は残っています。最終的な設計に向けてチームを勢い付ける意思決定が、タイミングよく行われなかったり、そのマネジメント方法が不適切であった場合、行く手には破滅が待っているのです。つまり、プロジェクトの失敗はこういったところから始まるのです。

　プログラマが仕様書（あるいは意思決定）を要求しているにも関わらず、影響の大きな意思決定がまだ成されていない場合、プロジェクトの今後はもう決まったも同然です。スケジュールはずるずると遅れ、作業能率は低下していき、メンバーはベストを尽くすことができなくなるのです。また、最終的にスケジュールを守れたとしても、アイデアの品質が正しく設計に反映されていなければ、スケジュールを守ったことが意味を持たなくなってしまう場合もあります。つまり、プロジェクトの目標によっては、アイデアの品質はスケジュール通りということと同等、またはそれ以上に重要視されることになるわけです。

　こういった理由により、初期計画が完成した日から仕様書が完成するまでの期間は、どのマイルストーンも厳しいものとなるのが常です。チームの緊張は、最初の大きな締め切り（すなわち仕様書）が地平線に見え始めた時から、自然に高まっていきます。メンバーは口にこそ出さないものの、検討しているすべてのアイデアが生き残るとは考えていないはずです。検討しているすべてのものを作り出す時間、資金、人材は十分にありません。このため、メンバーは公約を避け、手を抜く方法を探し始めるのです。さらに

悪いことに、アイデアや設計によっては互いに矛盾し合っているものもあります。自動車に搭載できるエンジンは1つだけであり、屋根は家に1つあれば十分です。提案が3つあるということは、そのうちの2つが捨て去られるということなのです。

6.1 アイデアが手に負えなくなる時

　こういった時期における欲求不満として、優れたアイデアが飛び交っているものの、それらの着地点が見えないというものがあります。私自身も、Internet Explorer 4.0開発プロジェクトにおけるこの時期で、最悪の経験をしたことがあります。（悲惨なストーリーに興味のない方は、次のセクションまで読み飛ばしていただいても構いません。）

　私はオフィスに座って、ホワイトボードを見つめていたことを覚えています。ちょうどその時、私はもう一人のPMとともに、大規模プロジェクトチームの体制と、取り組んでいる全機能をダイアグラムに描き上げたところでした。でき上がったと思うたびに、要求の追加や変更が発生し、完成した時にはホワイトボードはダイアグラムで埋め尽くされていました。その後すぐに、もう一人のPMが急な用事で席を外し、私はその邪悪なダイアグラムとともに一人オフィスに取り残されることになったのです。

　やることは山ほどありましたが、私はとりあえず座って、そのダイアグラムを見つめていました。それはまるで誰か他人が描いたようなものに感じられました。解決しようとしている各問題の規模はあまりにも大きく、他の問題と重なりあっている部分も多かったため、全体像をイメージすることができなかったのです。私はチームと自分の仕事をこよなく愛していましたが、それでも失望感が広がるのを止めることはできませんでした。広げた風呂敷を畳む方法が見えなかったのです。これはスマートなものごとが一杯詰まった、将来的に見込みがある混乱でしたが、混乱は混乱でした。その時、同じチームの友人がオフィスのドアから顔を覗かせました。彼は、私の表情とダイアグラムを見ただけで、状況を即座に理解したのでした。そして一言、「ヘイ、愛を感じ取るんだ！」と言ってくれたのです。この言葉はそれ以降、プロジェクト内でちょっとした皮肉を込めたスローガンになりました。

　IE 4.0開発プロジェクトを立ち上げた最初の数ヶ月は、大混乱状態が続きました。また我々は同時期に、製品の大規模リリースに向けて、リリース体制の変更と開発チーム（IE 2.0および3.0）の再編を行おうとしていました。さらに、ブラウザ戦争での生き残りをかけて闘っていた本社からのプレッシャもありました。その後、社内の政治的な理由による戦略の変更もありました。こういった状況下において、プロジェクトという船を安定させるのは誰の目から見ても簡単なことではありませんでした。そして、たいていのプロジェクトと同様、計画からエンジニアリングに移行する段階で、エゴと意見がぶ

つかり合うことになったのです。メンバーは最初の厳しい意思決定に直面し、自らが表明したことに対して大きなプレッシャを感じるようになりました。不確実性とプレッシャがどんどん明らかになっていくなか、変わらないものが一つだけありました。それは締め切りです。差し迫った次の締め切りが、刻一刻と近付いてきていたのです[†]。

　こういった問題の解決策は、可能な設計というものの範囲をきめ細かく管理することであり、本章がテーマにしていることでもあります。設計を行うためには誰かが、探求から仕様書作成に至るまでの各マイルストーンを計画し、皆を導いていかなければならないのです。そして、経験豊富な設計者や天才エンジニアがこういった取り組みを率いる（前の章で述べたように、これが最善の方法となります）のでない限り、彼らに最も近い存在であるマネージャが重荷を負わなければならないのです。ここでは5章で積み残した、アイデアを生み出した後と、仕様書の記述（これは次の章で扱っています）を開始するまでの間の期間に焦点を当てています。

6.2　アイデアのマネジメントには毅然とした態度が必要となる

　最もよく見かける間違いは、設計プロセスを照明のスイッチのように、好きな時にオン、オフできるものだと考えてしまうことです。この夢物語は、次のようなものです。ある朝、出社したあなたは、スケジュールが遅れ始め、あまりにも多くのアイデアや設計がある（そして十分に意思決定されていない）ことに気付いたため、チームに向かって「OK、アイデアはもうこれくらいでいいだろう。設計を選んでコーディングを始めよう！それっ！」と叫ぶわけです。設計が今すぐ実装可能になっているような滅多にないチャンスの場合（そんなことはあり得ませんが）でも、こういった突然の指示によってチームはまごつき、混乱することになります。声がかかるまで、チーム全員は時間のかかる設計を行っていたのです。設計プロセスがいつまでかを教えておかなければ、彼らは仕様書完成予定日の前日夜11時59分までにすべての意思決定を行えばよいと考えていたかもしれないのです。

　アイデアを適切にマネジメントするには、決断力を発揮するだけではなく、その決断が突然のものとならないよう地ならしをしておく必要があります。プロジェクトが次のフェーズに入る時点で、（火を吹いていない限り）作業の性質が変化したり、注力すべき点の変化が驚きをもって受け取られないようにすべきなのです。つまり、作業の性質

[†] この感覚は、They Might Be Giantsの "*Older*" という曲の歌詞によく表されています。——"This day will soon be at an end, and now it's even sooner, and now it's even sooner. And now it's sooner still."

や注力すべき点の変化は、チームが容易に、かつ自然に受け止められるような形で事前に知らせておく必要があるわけです。例えば、照明の調光スイッチ（光量を自由に設定できるつまみ）を使うように、焦点の移動は徐々に行われるべきなのです。そして、この調光スイッチを操作するのはプロジェクトマネージャの役割であり、その操作は安定したものとなっていなければならないのです。例えば、誰かが「ちょっとすみません。時間が押してるんです。ここはAですかBですか？」と尋ねてくる時が来るかもしれませんが、そういったことは何日か、あるいは何週間か前に予想できていなければなりません。そして、プロセスのペースを加速させたり、減速させたりする必要があっても、それは徐々に行うべきなのです。

　図6-1は、こういったことを説明するために、プロジェクトの創造的なフェーズが理想的に実施された場合の模式図を示したものです。左側の点は問題と目標が定義された（ビジョンのドキュメントおよび/あるいは要求定義書ができ上がった）時点であり、右側の点は仕様書が完成する時点です。この2つの点に挟まれた期間で、ブレインストーミング、スケッチ作成、設計作業、プロトタイプ作成などの、5章で考察したアクティビティが行われることになるわけです。この期間の前半では、メンバー全員がアイデアを生み出し、設計選択肢の空間を広げていくことに注力します。そして後半では、アイデアを絞り込み、最善の設計を洗練させていくことに注力します。最終的に、設計を行う上で十分な意思決定が行われ、それらが仕様書という形で文書化されることで、右側の点に到達するわけです。

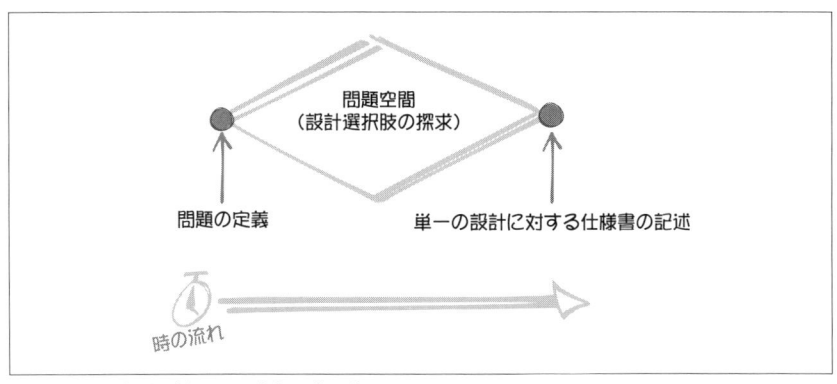

図6-1　問題空間は折り返し地点以降、狭くなっていきます。

　これはよくできたお話であり、模式図も美しく描き出されています。自信を持ってこういった図を本書に記述できたら、さぞかし誇りに思えることでしょう。しかし、数多くの美しい模式図と同様に、こういった模式図と現実が一致することなどあり得ないの

6.2 アイデアのマネジメントには毅然とした態度が必要となる

です。こういったきれいな菱形になることは絶対にありません。アイデアのマネジメントは、プロジェクトマネジメントにおけるその他多くの作業と同様、常に曖昧で主観的なプロセスとなっている (1章で解説したプロジェクトマネジメントにおける8つのパラドックスを参照してください) ということ以外に、この菱形が不正確であるとする重要な理由はいくつかあります。

まず最初に、問題空間が前後するという傾向があります。定められた位置に、常に判りやすい蛍光色でラインが引かれることはないのです。その理由は、解決すべき問題とその解決方法に対する理解が静的なものとならず、設計選択肢の空間が常に伸縮するためです。また、要求が調整されることもあります。そして空間は、縮小する場合と拡大する場合のいずれもある上、どちらか一方になるというわけでもありません。その結果、直線ではなく、ずっと複雑で曖昧な曲線になってしまうのです。

よくある理由を以下に挙げてみます。

- **新たな情報が利用可能になる**。プロジェクトの進行中は、時間が止まってくれるわけではありません。企業がビジネスから撤退するかもしれません。テクノロジが役に立たなくなるかもしれません。予算も変更になるかもしれません。ユーザビリティの調査や、顧客に対するインタビューを行った結果、問題に対する新たな洞察が得られるかもしれません (「思っていたよりもユーザーは帳票を印刷する」、「プロトタイプの結果、このホームページ設計だとユーザーは基本的な作業すら行えない」等)。
- **エンジニアの計画が明らかになると、作業の大まかな見積もりが変更になる**。初期の思考よりも、後に行われる優れた思考の方が、たいていの場合は優先されるはずです。こういった思考の変化によって、プロジェクトがよい方向にぶれたり、悪い方向にぶれたりします。例えば、プログラマによって新たな実装戦略が見つけ出されるかもしれません。つまり、「これを新しい方法で実装したら、作業項目が5つ削減できるため、浮いた時間を他の作業に回したり、とっとと作業を終わらせてしまえる (イェイ！)」とか「当初思っていた形では実装できないことが判ったため、作業項目が5つ増え、他の作業ができなくなったり、スケジュールに影響が出てしまう (ブツブツ)」といったことが起こるわけです。
- **複数の問題を解決するために導入した複数の解決策によって、作業内容に矛盾が生じる**。こういったことは、ユーザビリティ、ビジネス、エンジニアリングといった点において発生します。ジョーは素晴らしい自動車のエンジンを設計し、サリーは素晴らしい変速機を設計しましたが、これらを組み合わせようとした時に、互いの設計が競合し合っていることに気付きました。変速機とエンジンが接続できなかったのです。

6.2.1　変更によって連鎖反応が引き起こされる

　設計上の意思決定が相互に関連し合っているということも、問題空間にずれが生じる理由の一つです。つまりある変更が、他の多くの意思決定に影響を与えるのです。こういった相互依存関係によって、変更の影響を完全に予測することができなくなってしまうのです。私も、過去に何度も経験したことがあります。

　IE 5.0の開発プロジェクトにおける我々の目標の一つに、お気に入りのウェブサイトを管理する機能の改善がありました。我々は4つの設計を検討することにし、それぞれにシンプルなユーザーインタフェース（UI）のプロトタイプを用意しました。こういったプロトタイプによって、エンジニアリング上の大まかな見積もりと、基本的なユーザビリティ情報を入手して、各設計案を比較しようとしたのです。その後、スケジュールも押し迫ってきた頃、我々はBという設計を選択することに決定しました。ところがその数日後に、他のプロジェクトのスケジュールが変更になったため、Bという設計が使用するはずのコンポーネントが手に入らないという事態に陥ったのです。このため、我々は設計の評価を一からやり直す羽目になってしまったのでした。

　そして評価をやり直したところ、我々は**他の設計すべても同じコンポーネントを使っている**という驚愕の事実を発見したのです（あっちゃー！）。このため、我々はこのコンポーネントに依存していた機能を割愛しました（つまり、要求を変更したわけです）。ところが、他のプログラマが、我々の割愛した機能のコードを流用しようとしていたのです。このコンポーネントはプロジェクトにとって、我々が当初認識していたよりもずっと重要なものだったわけです。その結果、我々はその機能自体を自分たちの手で設計、構築できるかどうか、あるいはその機能をまったく実装しなかった場合にどうなるのかということを、チームとして腰を据えて検証する羽目に陥ったのです。

　このストーリーは失敗談ではないという点にご注意ください。Bという設計の採用を決定することがなければ、依存性の洗い出しと設計の考察を行うことはなかったのです。要領のよいチームであれば、要求や依存性を早期に洗い出せると思いますが、プロジェクトが複雑なものになれば、そう簡単にはいかなくなります。私は、複雑なシステムのモデリングに時間を割き、すべての依存関係や相互関係を洗い出そうとすることが、常にコストに見合った価値を持っているとは考えていません（プロジェクトのペースが早く、プロジェクト自体が複雑である場合、この種のモデルを維持するにはコストがかかりすぎるのです）。しかし、そういったことが有効になる場合もあるのです。つまるところ、プロジェクトのニーズに依存するということになるわけです。そして、このストーリーにおいて我々は、依存関係や相互関係を洗い出す手段としてチームワークに賭けることにしたというわけです。

　とにかく、さまざまな道を考察し、前提の誤りを見つけ出し、新たな疑問を洗い出し

ながら行きつ戻りつを繰り返すということが、ものごとを設計するということなのです。これはしばしばイテレーション（繰り返し）とも呼ばれます。詳細というものは時間とともに進化させていかなければならないのです（問題がある程度複雑になると、数回の進化を経ずして正しい意思決定に到達することなどできません）。

こと設計に関して言えば、イテレーションは2歩進んで1歩下がるということを意味しています。作業がより難しく複雑なものになるほど、歩数の比はさらに厳しいもの（例えば、1.5歩進んで1歩下がる等）になります。しかし、一歩でも前に進んで意思決定を行わない限り（「Bという設計で行くぞ！」）、問題や懸案事項は見えてこないのです。設計中に行う意思決定は、たとえそれが間違いであったとしても、問題や懸案事項を洗い出す唯一の方法なのです。設計プロセス中に何度過ちを犯そうとも、計画が正しいものでありさえすれば、成功のチャンスはそういった過ちを通じて劇的に増えていくはずです。以下の引用でも示されているように、ほとんどのエンジニアリング、設計、科学における取り組みには類似のパターンが存在しているのです。

> 「そこには莫大な量の試行錯誤が存在している。……観察と理論を行きつ戻りつすることになるのだ。理論を持たずして何を探すべきかを知ることはできず、事実を観察せずして理論を確認することはできないのだ。……たった一つのことを探求する過程で数千回、あるいは数百万回にも及ぶ試行錯誤が存在していると私は確信している。」
>
> ——ジョシュア・レダバーグ（ノーベル賞受賞者、1958年）

6.2.2　創造的な作業には勢いがある

図6-1に関してもう一点述べると、経験を積んでいないリーダーやマネージャは、プロジェクトの創造的な作業の持つ勢いを過小評価するという傾向があります。多くのアイデアを単一の（優れた）設計にまとめるという取り組みは、考えている以上に難しいものであり、さまざまなスキルを必要とするのです。図6-1では、問題空間を広げていく期間と狭めていく期間がほぼ同じになっています。しかしプロジェクトがより革新的、あるいはより創造的になるほど、問題空間の収束に必要となる期間の見積もりが難しくなるのです。そしてこれは創造的な作業が持っている勢いのせいなのです。

この勢いの源泉は、新たな疑問や問題の発覚ペースが、既知の問題を解決するペースを上回っているというところにあります。実際の作業に関与した方であれば、このことを実感したことがあるはずです。仕様書の完成予定日まで、あと何週間もあるという時でも、多くのメンバーはスケジュールが遅延すると確信しています（さらに悪いことに、マネージャがそのことを理解していないため、彼らは何もできないのです）。これが、プ

ロジェクトの遅延する大きなきっかけとなることもしばしばあります。つまり、こういった勢いは徐々に強くなっていき、過小評価され続けて、最後には手が付けられないほど強くなってしまうわけです。（一般的なスケジュールの訂正作業については、14章と15章で扱っています。）

図6-2（これは図6-1と比べるとかなり歪んでいますが、より現実的な図であると言えます）の場合、いくらチームが頑張っても、仕様書完成予定日までに完成させることができないのは明らかです。問題空間は収束傾向にあるという点で、概ね正しい方向に向かっていると言えますが、仕様書完成予定日（右側の点）の時点では完全に収束しないのです。

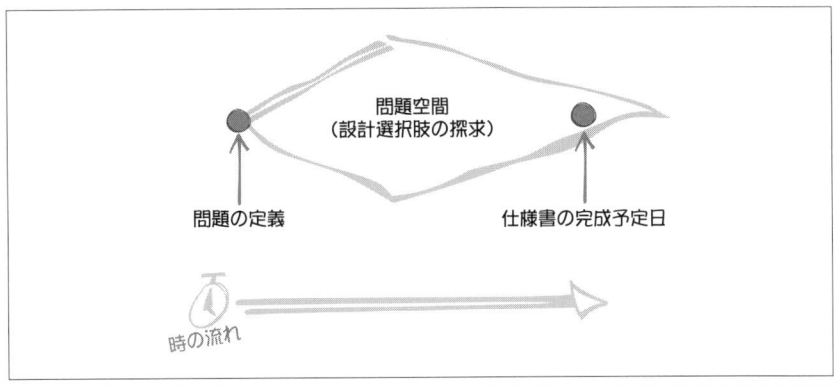

図6-2 創造的な作業が予想外の勢いを持つことで、設計期間における問題空間収束過程に影響が発生します。

この時点でプロジェクトマネージャがパニックを起こすこともしばしばあります。ここに至るまで、すべては言葉、目標、一覧、プレゼンのスライドといった抽象的なものでした。しかし、設計がまとまらないまま、仕様書完成期限が迫ってくると、ある時点で一気に不安感が襲ってくることもあるのです。マネージャによっては、他のメンバーを責めたり、まずい意思決定を強要したり、問題の存在そのものを否定することで現実逃避の道を模索することもあります。仕様書の遅延に取り組むテクニックについては7章で解説しており、ものごとが悪い方向へと進んだ時に行うことについては11章で考察しているため、この章ではアイデアのよりよいマネジメント方法と、そもそも問題が起こらないようにする方法に焦点を当てることにしましょう。

6.3 設計フェーズにおけるチェックポイント

アイデアをマネジメントする最善の方法は、設計作業を大々的に開始する前に、時間

をどのように使うか考え、チェックポイントを明確化しておくことです。要求定義（あるいは問題定義）の完成と仕様書の完成という2つのチェックポイントを設定するだけでなく、複数のチェックポイントを設定してから作業に取りかかるべきなのです。実際にどういったチェックポイントを設定すべきかや、そこに到達したと判断する基準を決定することに関しては、設計者やエンジニアが最適である場合もありますが、それらのチェックポイントが適切な時期までに設定されていること（そして全員がその有効性を理解していること）を確認するのはプロジェクトマネージャの役割です[†]。ただし、こういったことを実践する最適な方法は、プロジェクトやチーム毎に異なっています。そのためここでは、経験的に重要であると判断したチェックポイントを時系列に従って挙げておきます（図6-3で図示しています）。

- **ビジョンとコンセプトの証明**：ビジョンのドキュメントが、コンセプトを証明できるプロトタイプとともに提供されれば、設計や創造的な作業は幸先のよいスタートを切ることができます。なぜなら、そういった作業のたたき台となる（あるいは、問題をしっかりと理解した上で作業対象から除外することのできる）設計アイデアや、エンジニアリング上のコンセプトがすでに用意されていることになるからです。せめてコンセプトを大まかにでも証明できる設計のプロトタイプがなければ、優れたビジョンとは言えないのです。

- **アイデア分類/一覧の作成**：新たなアイデアや可能性のあるアプローチを洗い出したのであれば、誰かがまとめ、整理する必要があります。こういった作業の完了をチェックポイントとして設定しておくことで、チームはその成果物を組み込んだ計画を立案することができるわけです。

- **3つの設計選択肢**：折り返し点を過ぎれば、設計の方向性を3～5つの設計選択肢に絞り込むことが目標になります。複雑なことを実現するプロジェクトであれば、より多くの設計選択肢が必要となるはずです。それぞれの設計選択肢がどの程度他の設計選択肢と異なっているのかについては、プロジェクト自体の革新性/保守性、設計者の自信、プロジェクトが解決しようとしている問題によって変わってきます。

- **2つの設計選択肢**：自信を持って2つの設計選択肢に絞り込めるまで調査、検討、プロトタイプ作成、疑問の洗い出しを行います。このチェックポイントでは、明確な方向性を持った設計選択肢が2つ残ることになります。

[†] チェックポイントというものは、PMの視点から見た場合、期待通りの効果を発揮しさえすれば、その内容や期日はあまり大きな意味を持たないという場合がしばしばあります。チームに対して、チェックポイントへの思い入れを持たせ、それを守る気にさせようとするならば、彼らにその内容や時期を提案させる方がよい場合も多くあります。

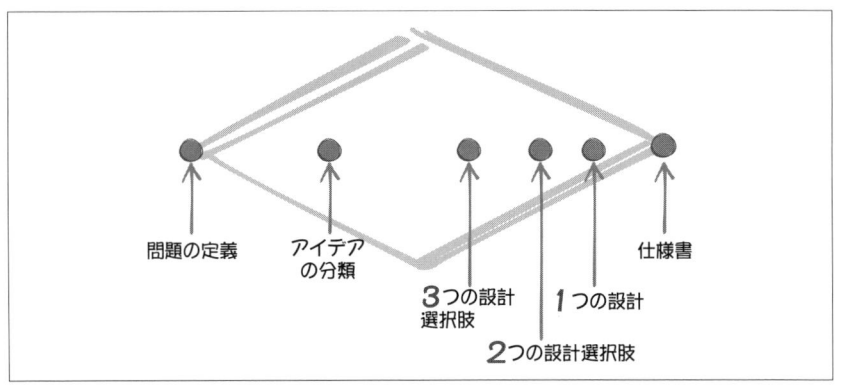

図6-3 設計におけるチェックポイント

- **1つの設計**：最終的な方向を選択できるようになるまで、調査、検討、プロトタイプ作成、疑問の洗い出しを行います。
- **仕様書作成**：選択した設計を文書化します。残った時間は、低レベルの設計問題に対する調査、理解、意思決定に充てます。

　こういったチェックポイントは、ビジョンのドキュメントが完成する時期を目処に、チームの手によって定義されるべきです。スケジュールが短期なのであれば、チェックポイントの数や内容を軽減したり、中間点のいくつかを飛ばしても構いません。全作業に対してチェックポイントを設定するだけのリソースがない場合、重要度の高い難問を優先させるようにしてください。
　ここで重要なのは、チェックポイントというものが、プロセスを制御するためだけに用いられるのではないという点です。チェックポイントによって、チームは指針を持てるようになり、作業は管理可能な塊にまで分割されるようになり、プロジェクトマネージャはプロジェクトの状態を理解する術を持てるようになるのです。何らかの変更が発生した場合でも、チェックポイントがあることによって、各メンバーは今起こっていることとその理由を議論するための枠組みを持てるのです。例えば、3つの設計選択肢に絞った後、新たな情報やアイデアが生み出された場合、設計選択肢を4〜5つにまで増やすことがあるかもしれません。これは、設計がまだ活発な状態であり、新たな思考によって設計を改善している段階であることを意味しているのかもしれませんし、不必要な方向性が探求されるということを意味しているのかもしれません。チームはチェックポイントによって、いずれの状況が発生しているかを知ることになり、設計空間の広がりが長引きすぎている場合にはそのことを認識できるのです。チェックポイントによって、プロジェクトマネージャとチームには、プロジェクトをスケジュール通りに進めるために

今後の意思決定をどれだけ革新的に、あるいは保守的にするべきかを議論する機会が自ずと与えられるようになるわけです。

> こういったチェックポイントは、プロジェクトレベルで利用でき、また機能からアルゴリズムに至るまでの、設計に関するさまざまな問題に利用することもできます。これは作業を思い通りに進めるための戦術であり、どのような規模のプロジェクトにも適用できます。

私の経験では、実現が最も難しく、かつエンジニアに最も無視されてしまいやすいのが、最初のチェックポイントです。しかし、最初の段階をうまくマネジメントできれば、以降のプロセスを創造的なものとする土台ができたことになります。これによってメンバーは、そのプロセスに価値を見出し、従うようになるわけです。このため、最初のチェックポイントほど、注意してマネジメントを行う必要があります。チェックポイントを置きたがらない頑固なチームの場合、問題の定義、3つの設計選択肢、仕様書の記述という3つくらいに抑えたチェックポイントから始めてみることで、妥協を引き出せるかもしれません（チームによるプロセスの生成と採用については10章を参照してください）。

6.4 アイデアのまとめ方

どのような創造的なプロセスでも、アイデアを洗い出した後は、誰かがその可能性を検証し、有効性によって分類しなければなりません。これによってさまざまな設計の方向性を理解でき、その違いも見えてくるようになるのです。（たいていの場合、ものごとが30、50、150個あるよりも、4〜5個の方がずっと作業しやすいはずです。これはアイデア、仕様書、やんちゃな子供、ペット、キャンディ、意味もなく馬鹿げた一覧を作成する迷惑な著者等にも適用できます。）アイデアは、すべてがプロトタイプ中に組み込まれている必要はなく、殴り書きやメモとして書かれているものがあったり、未検証の状態で頭の中に入っているだけというものがあっても構いません。ここでの目標は、個々のアイデアを消し込んだり、洗練させることではなく、それらの形を明確にしたり、肉付けしていくことなのです。

これにはさまざまなテクニック[†]を利用することができます。私が知っている最もシンプルなものは、アフィニティダイアグラムというものです（文化人類学者の川喜田二郎

[†] テクニックの一覧は、http://www.ms.lt/ms/projects/toolkinds/organize.html を参照してください。

氏が考案したKJ法で使用するダイアグラムです)。この手法に必要なものは、アイデア、壁、ポストイット†、チームの4つです(この他、ビールと美味しいつまみがあれば言うことありません)。アフィニティダイアグラムを作成するには、個々のアイデアを簡潔に表現したポストイットを壁に貼っていきます。こういったアイデアには、ブレインストーミングの結果や、チームメンバーが選び抜いたアイデアの一覧を用いることになります。アイデアの数は20〜100くらい、あるいはそれを越えることがあっても構いません。アイデアの数は、解決しようとしている問題のスコープや、メンバーがそれまでに発揮した創造性によって、プロジェクト毎に大きく異なることとなります。

　アフィニティダイアグラムを使うことによって、アイデアすべてを俯瞰することができるようになります。これは図6-4のようになるはずです。あるアイデア同士がよく似たものである場合、近いところにまとめて貼っておくと識別しやすくなります。アフィニティダイアグラムによって作業をビジュアル化することで、個々のアイデアを記憶しておく必要がなくなるため、アイデア同士の関係に集中できるようになるのです。また、アフィニティダイアグラムには、アイデアについての議論が自ずと促進されるというメリットもあります。少人数のメンバーが壁の前に集まって、アイデアの関係についてコメントし、何らかの結論が出るたびにポストイットの位置を変更することができるためです。ポストイットは自由に貼り直すことができるため、このようにしてアイデア同士の関係を簡単に変更できるようになります。アフィニティダイアグラムでポストイットを使うのは、こういった理由があるためなのです。

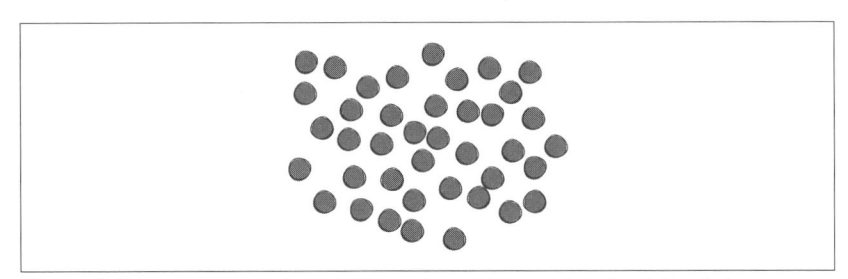

図6-4　多くのアイデアがある(イェイ!)ものの、マネジメントしにくい(ブツブツ)。

　アフィニティダイアグラムの目標は、図6-5のような状態に持っていくことです。この図では、最初は何の規則性もなく並べられていたアイデアが5つのグループに分類されています。このようにするのはさほど難しいことではありません。誰かが壁に行き、アイデアを移動し始めればよいのです。まずは設計リーダーかプロジェクトマネージャ、あ

---

†　訳注:ポストイットとは、住友スリーエムの登録商標であり、再剥離式の付箋紙のことです。

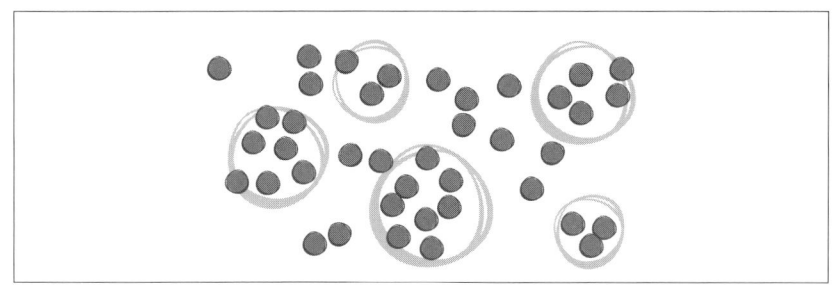

図6-5　アイデアのグループ化を行うというのはよいアイデアです。

るいは小人数のチームがアイデアの組織化を行ってみせるべきです。誰かが始めれば、他のメンバーもそれに追随し、グループ間でアイデアを移動したり、グループ名を変更したり、重複しているアイデアを削除したりするようになるはずです。そして試行錯誤に伴って、ダイアグラムの形はさまざまな形に変化していくことになるのです。(ちょっとしたヒント：こういった試行錯誤の過程を履歴として残しておきたいのであれば、定期的にデジタルカメラで写真を撮っておくのがよいでしょう。) 最終的に、アフィニティダイアグラムの形は安定し、次のステップで使用できるグループが姿を現すことになるはずです。

　アフィニティダイアグラムの解説が漠然としていると感じた方向けに、図6-5を別な例を用いて説明してみましょう。イントラネットにおけるウェブサイトの検索結果を使用しやすくするというプロジェクト目標があったと考えてください。私たちは部屋に集まり、ブレインストーミングを行い、ビールを飲みながら、多くのアイデアを生み出しました。翌朝になって何人かのメンバがアイデアを思いついたので、それも追加しました。私たちはアイデアの一覧をレビューし、重複しているものを除外し、誰も説明できないようなアイデアを苦笑いしながら消し込んで、以下のような基本的なアイデアの一覧を作成しました。

- 誰も使用していない上級者向けオプションを削除する。
- 検索結果ページのレイアウトを改善する。
- より高機能なHyperX検索エンジンを使用する。
- 表示される結果の数を削減する。
- ユーザーがページの見栄えを変更できるようにする。
- 検索結果を新たなウィンドウで表示する。
- 検索エンジンのパフォーマンスを改善する。
- 検索エンジンを正しく動作するようにする (条件検索のサポート)。

一覧をレビューし、ポストイットやその他の手段を用いてアイデアのグループ化を行った後、30分ほどかけてアイデアを整理しました。さまざまなグループ化を試した後、最も有益なものとして以下の一覧ができ上がりました。

- 簡素化
  - 誰も使用していない上級者向けオプションを削除する。
  - 検索結果ページのレイアウトを改善する。
  - 表示される結果の数を削減する。
- カスタマイズ
  - ユーザーがページの見栄えを変更できるようにする。
  - 検索結果を新たなウィンドウで表示する。
- アーキテクチャの再モデル化
  - 検索エンジンを正しく動作するようにする(条件検索のサポート)。
  - 検索エンジンのパフォーマンスを改善する。
  - より高機能なHyperX検索エンジンを使用する。

　ここで行ったグループ化はとてもシンプルなものです。アイデアは全部合わせても8個しかないため、一覧で表現しても見づらいものにはなっていません。しかし、アイデアが40～50個もある場合、こういった一覧では済まなくなるはずです。一覧は直線的で序列的な思考を促進するため、ある程度以上大きくなると全容を把握できなくなるのです。開発作業の後半において、一覧はプロセスを前進させるための素晴らしい道具となりますが、初期段階においては、アフィニティダイアグラムの方がよりパワフルな道具となります。アイデアは、アフィニティダイアグラムを使うことで、あちこちに移動させ、体系付けを簡単に変更することができるようになるため、流動的かつ具体的なものとして捉えやすくなるのです。アイデアを流動的なものと捉えることによってメンバーは、置かれている前提に対して疑問を口にしたり、新たな視点を見つけたり、他のメンバーの思考を理解するといったことも楽に行えるようになるわけです。創造的思考に慣れていないチーム(特にグループ)にとっても、アフィニティダイアグラムは素晴らしい手法となるはずです。なお、ここで生み出される一覧は、プロジェクトマネージャとしての作業に役立てることもできますが、チームが身近に感じられるようなものを作成するようにしてください。それによってチームメンバーは、より多くの優れたアイデアを考え出せるようになるとともに、プロセスに積極的に参加することができるようになるのです。

6.4.1　洗練と優先順位付け

　「ベスト」となるグループ化を見つけ出そうと気負いすぎないようにしてください。そこそこ良いものであれば、それで十分なのです。アイデアの数が少なかったとしても、グ

ループ化の組み合わせはたくさんあり、その多くは優れたものなのです。作業時には、4〜5個のグループに分類することで、できるだけ多様な領域、あるいはできるだけ多様な方向性を網羅するようにしてください。なお、どのグループにも適さないと思うようなアイデアが出てくるかもしれませんが、そういったものも、最も適していると考えられるグループに含めてしまってください。

　アイデアを再考し、グループ化をやり直すことは、必要に応じていつでもできることを忘れないでください。必要だと感じたら、迷わず行えばよいだけです。アフィニティダイアグラムやアイデアの一覧は顧客に納品するものではないので、そんなに難しく考える必要はないのです。

　最後に、非公式な形態でアイデアの優先順位付けを実施するという方法もあります（公式な形態で実施する優先順位付けについては12章で考察しています）。最も将来性があるのはどのアイデアなのでしょうか？　まず、チーム全員が本当の基準を理解できているかどうか、プロジェクトのビジョンや解決すべき問題に立ち戻って確認してください（人間というものは、プロジェクトの目標とは何の関係もない理由でアイデアに惹かれてしまう動物なのです）。そして、実際に優先順位付けを行う際には、プロジェクトマネージャか設計リーダーが、チームを適切に牽引していくべきです。この際、議論を非公式なものとするほど、かかる時間は短くなるはずです。複雑な基準を記したチェックリストや評価手続きを考え出す必要はありません。必要なのは、プロトタイプ作成作業に先立って、どのコンセプトが強力そうであるかということを大まかに考えておくことだけなのです。また、こういった大まかな指針を持っておけば、スケジュールが差し迫っている場合でも、その指針に従うことで残り時間を有効に使うことができるのです。

6.5　プロトタイプはあなたの友達

　5章では、なぜ設計が探求であるのかを解説しました。設計選択肢としてどういったものが存在するのかを理解するためには、問題領域を探求しなければならないのです。また、優れた設計を行うには、優れた意思決定を行う必要があり、それには問題と解決策に関する情報をできるだけ多く仕入れておく必要があります。つまり、優れた設計が行えるかどうかは、設計選択肢についての知識をどれだけ獲得できるかにかかってくるわけです。こういったことを考えた場合、設計プロセスにおける次の作業はプロトタイプの作成となります。これは、実装にともなうリスクを回避しつつ、今までに学習してきたことすべてを問題領域に適用するための手段なのです。プロトタイプを作成することで、チームが作業に全力を傾け始める前に、設計を再確認し、場合によっては改善する機会を得ることができるわけです。つまり、これは大工の格言である「まず寸法を測り、

もう一度寸法を測り、そして切る」を実践していることになるのです。また、次のセクションで解説しているように、プロトタイプは洗練されたものである必要も、コストをかける必要も、時間をかける必要もありません。プロトタイピングの価値について疑いを持っているのであれば、「6.5.4　プロトタイプはプログラマの味方」を読んでみてください。

6.5.1　プロトタイピングの始め方は？

　手元に4～5個のグループがあれば、それをプロトタイピングの基礎とすることができます。創造力があるメンバーであれば、グループ化されていないアイデアからでも設計選択肢の方向性を理解できますが、アイデアをグループ化しておくことで、ずっと容易に設計選択肢の数を確認できるようになるのです。アイデアが20～30個もあれば、個々のアイデアに対する複数の解釈を1つとして数えたとしても、それらの組み合わせは数百にも上ることになるのです。

　経験豊富な設計者は、どこから手を付ければよいのかを本能的に知っています。そういった人は、利用可能なアイデアを整理し、最初にプロトタイピングを行うアイデアを決定するという作業を、何の苦もなくやってのけます（プロトタイピング方法についても言うに及びません）。ここでは、そういったスキルを持ち合わせていない方のために、プロトタイプの対象を選択する簡単な方法を紹介しておきましょう。

- 各グループから最も有望なアイデアを選び出し、1つの設計内でそれらを組み合わせてみる。
- 各グループごとに小さなプロトタイプを作成し、その動作を評価する。アーキテクチャの再モデル化や、カスタマイズの追加によってすべての問題が解決されるか？　各方向性における設計実現度合いを検証する。
- 設計者の判断：設計者の経験や勘を用いて、最初に何を使うか決定する。
- 設計において最も難しい、あるいは最も重要な疑問の一覧を作成し、それらの疑問に対して答を出せるようなプロトタイプ（複数の場合もあり）を作成する。

　一般的な傾向として、プロトタイプの洗練度が高いほど、より高い洗練度の疑問に答えられるようになります。プロジェクトの初期に出てきた疑問や大雑把な疑問であれば、チラシの裏に描いたスケッチでも十分ですが、具体的なことについて明確な答が知りたい場合には、よりきっちりとしたものが必要となるのです。

　最初のプロトタイプを作成している時、矛盾や問題を引き起こすことなく追加できるアイデアと、追加できないアイデアを明確にしておくべきです。これによってジグソーパズルのように、部分的に完成したかたまりをスライドさせることで、より大きなかた

まりにすることができるわけです。ただ、そういったことを行うには試行錯誤が必要となります。詳細や視点（顧客、ビジネス、テクノロジ）は数多くあるため、どの進路を取ればうまくいくかは実際に行ってみなければ判らないのです。このため、プロトタイプやイテレーションが必要となるわけです。こういったものによって、失敗し、学び、改訂し、前へ進むことができるようになるのです。

6.5.2 ユーザーインタフェースを用いたプロジェクトのプロトタイピング

プロトタイピングはトップダウンで行うべきです。つまり、ユーザーが目にする部分を、彼らが目にすることになる順に従って作成していきます。妥当な設計や前提を得ようとすれば、可能な限り早い段階で、ユーザビリティの専門家や設計の専門家を巻き込むべきです。画面が作成されない限り、データベースやXMLのスキーマに時間を費やす必要はありません。それは、家の間取り図ができ上がる前に骨組みを組み立てているようなものであり、製造時の作業品質低下につながることなのです。そしてプロトタイピングは、まさにそういったことを避けるための手段なのです。（設計前にプログラミングを行う問題についての考察は、アラン・クーパー（Alan Cooper）著『The Inmates Are Running the Asylum』†（Sams刊、2004年）を参照してください。）

とにかく、有望なユーザーインタフェース（ユーザビリティ研究や、各画面でユーザーが下すことになる決断を順に確認することによって決定するのがベストです）のスケッチやモックアップができ上がるまで待ってください。その後、エンジニアが実際の構築方法を探求することになります。プロジェクトにおいて類似の議論が以前に行われていた場合、こういったことはその当然の続きとして容易に行えるはずです。

プロトタイプの作成に使える魔法の呪文などありません。どれを誤魔化したり取り繕ったりし、どれをさらに検討したり調査する必要があるかを学ぶには、ちょっとした経験が必要となるのです††。一般的な経験則としては、必要な情報を得るための作業を必要最小限に抑えるということでしょう。プロトタイプの設計には、Flash、HTML、VBから紙に至るまで、あらゆるツールを使用することができます。つまり重要なことは、テクニックやツールではなく、設計者および/あるいはプロトタイプ担当者のスキルなのです。

6.5.3 ユーザーインタフェースを用いないプロジェクトのプロトタイピング

ユーザーインタフェースやウェブのフロントエンドがないプロジェクトの場合でも、プ

---

† 訳注：邦訳は『コンピュータは、むずかしすぎて使えない！』（翔泳社刊、2000年）です。
†† 「UIプロトタイピングの技芸」（http://www.scottberkun.com/essays/essay12.htm）を参照してください。

ロトタイプは有効となります[†]。この場合、ユーザーインタフェース設計における問題の代わりに、最も難しい、あるいは最も複雑な技術上の難問を選択し、プロトタイプを作成することになります。そして、核となるアルゴリズムが健全であるか、基本的なテストケースを満足できるか、パフォーマンス基準に合致しているかといったことを確認するわけです。プロトタイピングの目標は、どのようなプロジェクトでも同じです。プロトタイピングとは、検討中の大まかなアプローチを採用することによって、プロジェクトが期間内に完了するか、そして問題が実際に解決可能であるかを理解するための作業なのです。別の言い方をすれば、プロトタイピングによって、実装工程を開始する前に、リスクに取り組んだり、行っておく必要のあることを学習するチャンスが得られるわけです。

6.5.4　プロトタイプはプログラマの味方

　設計者やプロジェクトマネージャがプロトタイピング作業を率いる場合、自らのすることがなくなると不平を漏らすプログラマやエンジニアが出てくることもあります[††]。彼らは、こういったプロセスが時間の無駄であるとさえ主張するかもしれません（彼らはコーディングに関係のない作業に対して、すべからく同様の主張を行うことがよくあります）。しかし実際にプロトタイピングを行った場合、最大のメリットを享受するのはプログラマなのです。プロトタイピング作業を適切に行うことができれば、設計は考え抜かれたものとなるため、品質が劇的に向上するのです。もちろん、そうなることが常に保証されるというわけではありませんが、その可能性は確実に向上します。そしてプロジェクトマネージャにとってより重要なことは、プロトタイピングが行われている間に、プログラマたちが自らの使用する開発アプローチやエンジニアリングアプローチの先行調査を行えるということです。プログラマたちが設計時間を有効に利用できれば、彼らが記述するコードの品質は向上することになるのです。

　以下は、プログラマたちがこの時点で答を持っているべき疑問の一覧です。

[†] あなたのチームはユーザーに対する責任を負っていないかもしれませんが、使用するアルゴリズムやデータベースとユーザーの間には、何らかの接点が存在しているはずであるため、あなたの意思決定がユーザーに影響を与えることになるという点にご注意ください。

[††] まさにこの点について、私は他のマネージャたちと議論したことがあります。彼らにとっては、プログラマたちを遊ばせずにコーディングさせることが第一の目標であり、プログラマたちがプロジェクトの方向性を理解しているかどうかは二の次だったのです。プログラマがコーディングを行っていないからといって、プロジェクトの進捗は止まっていることになるのでしょうか？　いいえ、そんなことはありません。プログラマの時間が貴重であると主張するのであれば、彼らの時間は入念に計画した上で使うべきなのです。「コーディングを行っていない間、プログラマたちは何をしているんだね？」と尋ねられれば、私は「彼らは自らの時間に見合う価値のある計画を待っているか、チームがそういった計画を見つける手助けをしています」と答えるようにしています。

- 設計プロトタイプで示されたものは、大まかにいってどのように構築することができるか？ 使用可能な、または使用するべき既存コードやテクノロジは存在するか？
- エンジニアリングのコストを削減できるような設計上の変更で、設計者が知っておくべき（手頃な）ものはあるか？
- 必要となるコンポーネントを5～6個挙げた場合、どのようなものとなり、どのように関連し合うのか？ こういったコンポーネントの構築を大局的に見た場合、そのコストはどの程度になりそうか？（高/中/低/不明といった答で十分です。ただし不明の場合、プログラマは調査を開始する必要があります。）
- 技術的に見た場合、最大のリスクはどこにあるのか？ どのコンポーネントの構築が最も難しい、あるいは最も複雑なものとなりそうか？
- 最も複雑、または失敗しやすいインタフェースは、どこにあり、またそれはどのコンポーネント間のものなのか？（専属のテスターや品質保証担当者を手配できるのであれば、彼らに尋ねるのがベストでしょう。）

　設計者が、設計プロトタイプの存在なくして複雑な設計上の疑問に自信を持って答えられないのと同様、エンジニアは、エンジニアリングプロトタイプ（彼らが何と呼ぶかに関係なく）の存在なくして複雑なエンジニアリング上の疑問に自信を持って答えられません。このような複数のプロトタイピングを行う必要がある場合、それぞれの作業を同期させるようにしてください。設計者のリーダーとエンジニアのリーダーが話し合い、質問し合い、優れた意思決定を行えるよう互いに助け合うのがベストです。なお、これら2つのプロトタイピングは、最終的に概念的な統合に至るよう計画されるべきです。エンジニアリング上のアイデアと設計上のアイデアの間に矛盾があってはならないのです。

6.5.5　設計選択肢によって成功への扉が開かれる

　ユーザーインタフェースとウェブ設計に関して言えば、私が貢献してきた、あるいは私自身が作ってきたほとんどのプロトタイプには、多くの似たような兄弟分が存在していました。創造的なプロセスの初期に洗い出されたさまざまなアイデアから、妥当な設計選択肢が数多く生み出されることになるのです。こういった中から最も優れた設計選択肢を見つけ出すには、それらを実際に作成し、試してみるしかありません。プロトタイプの作成経験が豊富な設計者やエンジニアであれば、ユーザーインタフェース、レイアウトといった詳細をコンフィギュレーションとしてまとめておくというノウハウを持っています（CSSやHTMLは個別に変更できるレイヤーを備えているため重宝します）。柔軟性のあるプロトタイプを用意することで、頭の中で想像したりイメージを描いたりする必要がなくなるため、議論や意思決定を迅速に行えるようになるのです。

全員が同じイメージを想い描いていなければ、いくら同意を取り付けたかのように見えたとしても、その同意はまったく効力を持っていないも同然なのです。こういったことは、私も何度も経験しています。各人がまったく違ったものを心に描いている可能性があるということは、誰かがイエスと言ったとしても、そのイエスは本来のものとまったく異なることに対する同意であるかもしれないということを意味しているのです。そして後になって混乱が生じ、設計者やプロジェクトマネージャが非難されることになるわけです。プロトタイプは実際に見せることも、後から参照することもできるため、こういった混乱を避けることに役立つのです。例えば、「これを見たことがありますよね？あなたがこれに同意したのを、部屋にいた全員が見ていたんですよ」と言うこともできるわけです。ただし、プロトタイプやスクリーンショットをこういった形で使用する場合、その使用目的をあらかじめ明確に表明しておくようにしてください。

6.6　イテレーションについての疑問

最初のプロトタイプが完成した後は、そこから数多くの新たなアイデアや疑問が出てくるはずです。こういったものには変更、拡張、試すべき新アイデアの示唆が含まれています。そして、初期のプロトタイプでは、次のイテレーションにおいて、より大きなアイデアや広範囲な変更を探求することに注力できるはずです。これに対して作業後半のプロトタイプでは、イテレーションによって設計空間を狭めたり、意思決定に役立つ情報を得るようにすべきです。いずれの場合も、イテレーションを行うたびに、設計の向上に関して新たな議論を行う機会がもたらされるのです。こういった議論の枠組みとしては、設計の評価に役立ち、議論を生産的なものに維持するような一連の疑問が最適です。

以下は、初期のプロトタイプのイテレーションにおいて使用できる疑問の例です。

- これによってどういった要求が満足されるのか？ それを検証することができるか？（ユーザビリティ、ユースケース等）
- この設計は、解決しようとしている問題に関してどのような長所と短所を持っているのか？（ユーザビリティ、ビジネス、テクノロジ、その他の検討材料それぞれにおけるメリットとデメリット）
- この設計を評価するためにどのようなデータが必要なのか？（おそらくは、ユーザビリティ研究、エンジニアリング上の問題がないことを確認するためのプログラムによる非公式なレビュー、販売戦略、専門家の意見といったものになるでしょう。）
- この設計から学んだことの中で、次回の設計にも活かせるもの、あるいは避けるべき

ものは何か？
- 次のイテレーションではどういった改善を試みるべきか？
- アイデアのグループ化や他のプロトタイプによって生まれたアイデアで、反映するべきものはあるか？

以下は、後半のプロトタイプのイテレーションにおいて使用できる疑問の例です。

- これによって、どういった意思決定が可能になるのか？
- これによって、どういった懸案事項が解消するのか？
- この設計によって、調査する必要のある問題の存在が確認できるのか？ これによって、解決しなければならない問題が解決されるのか？
- 仕様書の記述に向けて、次のイテレーションではどういったことを試みることができるのか？

これらの疑問に答えることで、設計者は次のバージョンのプロトタイプを、2つの設計選択肢をまとめる、あるいは2つの設計選択肢に設計を分割するといった形で作成するための情報を得ることができるわけです。なお、設計作業を完成させるという目的に合致する限り、行って良いことと悪いことを決めるような制限を加えるべきではありません。

6.7 懸案事項の一覧

設計選択肢の領域が狭まるに従って、プロジェクトマネージャには、懸案事項の一覧を管理するという新たな責任が課されることになります。懸案事項とは、意思決定を行う、もしくは答を見つける必要があるものとして洗い出されたものの、まだ手が付けられていない項目のことです。懸案事項の一覧は、本質的には疑問の一覧です。そしてこの中には、行う必要のあることすべてが、エンジニアリングへの影響度によって優先順位付けされていなければなりません。ただ、この一覧の形式はさほど重要ではありません。そういったことよりも、各項目の品質や、解決にあたる担当者の努力の方が重要となります。私は、ホワイトボードの特定位置に記述したり、Excelのスプレッドシートを用いたことがありますが、そういったことで差が出ることはありませんでした。こういった一覧は、（組織の政治力学や文化がそうすることを要求しない限り）ソースコードのように厳密に管理する必要がありません。実際のところ、管理はシンプルに行う方がよいのです。

こういった一覧は、答の出ていない疑問（「データのスキーマはAにするかBにするか？」、「サリーが最終版のUIを設計しないといけない」等）をざっくりと挙げていくこと

で作成できますが、仕様書の記述を開始する数日前までには、詳細が書き加えられ、洗練されたものになっているべきです。また、各項目の右端には、その問題の解決にあたる担当者名も書かれているべきです。そしてPMは、各問題の担当者が自らに割り当てられた問題を認識していることを確認し、彼らに対してその解決を適切に催促し、問題が解決されるまで作業状況を管理する必要があります。

　プログラマには、エンジニアリングに関して疑問を洗い出したり調査を行うという重責が課されることになりますが、PMは自分にできる仕事があればそれを引き受けなければいけません。通常の場合、エンジニアリング作業そのものではないもののエンジニアリング作業の妨げとなる事項は、実装作業よりも仕様書作成作業（両者の違いは7章で解説しています）に対して影響を与えることになるため、プロジェクトマネージャによって管理されることになります。こういった作業としては、マーケティングの承認、ユーザビリティの考察、ブランド作り、ビジュアルデザインといったものがあります。

　聡明なプロジェクトマネージャであれば、優先順位に従って懸案事項の一覧を2つに分類しているはずです。つまり、仕様書作成を開始する前までに解決しなければならない懸案事項と、それ以降に解決してもよい懸案事項に分類しているのです。こういった分類を行うことは、エンジニアリング作業、ひいてはプロジェクト全体を停滞させる可能性のある問題を優先し、それらに注力するためには至極当然のことです。ただし、意思決定や、必要な情報の獲得が仕様書作成の開始後になっても構わないかどうかということを判断できるのはエンジニアだけであるため、こういった分類作業は彼らとともに行うべきです。（仕様書作成の開始後まで待つ方法とその理由については、次の章で解説しています。）

　ということで、取り組むべきすべての未確定項目を一覧に挙げておく必要があるわけです。初期段階ではプロジェクトマネージャ以外、この一覧を見る必要はないかもしれません。しかしこういった一覧は時が経つにつれ、ミーティングや廊下での議論において無くてはならないものとなるはずです。またこういった一覧は、メンバーの気分を滅入らせるために存在しているのではなく、残っている懸案事項と、他のチームメンバーが解決すべき問題を各メンバーに対して認識させるために存在しているのです。さらに、プロジェクトマネージャの作業はメンバー全員に影響を与えることになるため、この一覧を全員の目の届くところに掲示しておくことで、全員が懸案事項の解決に一致協力できるようにもなります。「あぁ、その項目は私の一覧にもあります。やってもらえる？　何なら私がやるけど？」といった会話が交わされるようになるわけです。こういった理由もあって、私はこの一覧をオフィスのホワイトボードに書いたり、廊下に張り出したりするのです。（ウェブサイトで公開するというのも一つの手ですが、私の経験ではほとんど誰も見にきてくれませんでした。現実世界で気軽に見ることができる場所ほどうまくい

くようです。)

　誰かが私のオフィスに来て進捗状況を尋ねた場合、私はこの一覧を指さし、「あれがまさに状況を表しています。あの一覧から項目がすべてなくなれば、仕様書作成を完了させることができます」と答えるようにしています。これは生産性指標や、進捗状況を数値で厳格に表現したものではありませんが、プロジェクトマネージャの抱えている問題そのものであり、そこに含まれている項目の内容によって進捗状況が雄弁に物語られるのです。項目数が多くても、とても具体的で細かい問題が挙げられている場合、プロジェクトはよい状況にあると言えます。それとは逆に、項目数こそ少ないものの、その内容に「解決しようとしている問題は何か？」とか「プログラミング言語は何を使うのか？」といった恐ろしく基本的な問題が含まれている場合、プロジェクトはまだまだだということになるわけです。

6.8　サマリー

- アイデアはそれ自体が勢いを持っています。そして創造的な作業において、こういった勢いをコントロールするには思っていたよりも時間がかかります。また、変更はプロジェクト内で連鎖していきます。
- 創造的な作業を追跡、管理するためにチェックポイントを作成してください。一般的なチェックポイントとしては、ビジョンとコンセプトの証明、アイデア分類/一覧の作成、3つの設計選択肢、2つの設計選択肢、1つの設計があります。
- アイデアをまとめるには、アフィニティダイアグラムを使用してください。
- プロトタイプによって、早期から問題に取り組むことができるようになるため、大きなリスクを犯すことなく、過ちから学習することができるようになります。
- イテレーション、すなわちプロトタイプを定期的に洗練させることで、疑問を投げかけ、進捗を評価し、次のステップを決定してください。
- 懸案事項の一覧を作成し、仕様書作成が完了するまでに解決すべき疑問を管理するようにしてください。

II部　スキル

7章
優れた仕様書の記述

　私は昔、仕様書など書く必要はないと信じているプログラマと議論したことがあります。私が上司から指定された大規模な仕様書レイアウトのひな形を持って彼のオフィスに行った時、彼はそれを見て嘲笑しました（そして悲しいことに、私にも嘲笑を投げかけてきました）。彼の意見は、プログラマに対する指示が50ページ以上にもなるような複雑な仕様書など作るに値しないというものでした。彼は、こういったプロセスや文書が必要とされていることを、チーム内のコミュニケーションと協調体制が崩壊しつつあり、チームメンバーは意思決定を任されるほど信頼されていないというシグナルとして捉えていたのです。彼は、こんな無駄な作業や官僚主義を導入するべきではないと主張し、入念な計画も不要であるということをほのめかしていました。

　この手の議論を以前に経験していた私は、にっこりと笑ってみせました。そして、例えば彼が入居することになる高層アパートや、通勤時に使用することになる3層構造ハイウェイのエンジニアリング計画に対しても同じ考えを持っているかどうかを尋ねてみました。すると、彼にもこういった議論の経験があるとみえ、すぐニヤリと笑いを浮かべました。彼は確かに、そういったものごとについては詳細な計画が必要だと主張しましたが、その一方でソフトウェアが絡む作業は物理法則や建築材料を扱うようにはいかないとも主張しました。我々はすぐに2つのポイントで合意しました。1つ目はまず、ソフトウェアというものが従来のエンジニアリング対象よりも柔軟で、簡単に変更でき、人の命がかかっているものは稀であるという点です。とは言うものの、我々は複雑なエンジニアリング上の難問に直面しており、チーム全員が我々の意思決定に依存し、予算と納期も決定していたため、廊下の立ち話で決めた内容を記憶しているだけでは不十分だという結論にも達しました。

　また2つ目として、我々のプロジェクトに必要なのは、我々が行っている作業に適したものと、我々と同じ種類の人材だという点でも合意しました。何らかのドキュメントに

よって、チームが抱える本当の問題を解決でき、開発プロセスを加速させ、品質の高い成果物を生み出せる可能性を高めることができる(そしてチームを混乱させることなく改訂できる)のであれば、そのドキュメントは有益なものと言えるはずです。彼は、こういったことが達成できるのであれば、そのドキュメントが何と呼ばれようと、どのようなレイアウトであろうと喜んで使うと言ってくれました。このため我々は、仕様書作成プロセスを見直し、我々のような小規模チームに適したものへと変更しました。その後、私は上司のところに戻り、彼との議論をかいつまんで説明し、了解を取り付けました。六法全書のような厚さがあった仕様書のひな形は、お払い箱となったのです。

このストーリーにおける重要な教訓は、人類が作り出すさまざまなものと同様に、仕様書の記述や作業の文書化を行うにあたって万能の方法など存在しないということなのです。仕様書は、チームに要求されるほとんどの成果物と同様、現行のプロジェクト、仕様書の作成者、仕様書の使用者が持つニーズに適合しているべきです。そして、ウェブサイトやソフトウェア製品を開発する際、最適なアプローチを見つけ出す上で何らかの設計プロセスが必要となるように、仕様書を正しいものとするためには何らかの思考やイテレーションが必要となるのです。

とはいえ、万能の仕様書(何と呼ぶかは人それぞれです)という罠にはまり、それを記述する方法が存在すると信じ込んでしまった経験豊富な人々を私は何人も知っています。その記述方法とは、たいていの場合、彼らが前回に採用した方法となっていました。前回をどんどんたぐっていくと、自らが初めて実施したプロジェクトにまで遡ることすらあります。彼らは、仕様書記述方法がよかったせいもあって、こういったプロジェクトが回復不能なまでの破滅に至らなかったのだと思い込んでいるのです。調査なくしては、その思いこみが本当に正しいかどうかは判りません(すなわち、こういった機能不全の仕様書作成プロセスを採用しなければ、プロジェクトは華々しい成功を収めていたかもしれないのです)。さらに悪いことに、仕様書を作成する理由と方法についての優れた疑問を持たなければ、その仕様書作成プロセスの良し悪しや、チームのパフォーマンスに対する影響度を正しく理解することはできないのです。(このことは、品質の高いコードを記述する方法についての優れた疑問を持たなければ、コード自体の良し悪しを理解できなくなってしまうこととよく似ています。)

本章のねらいは、以下のアイデアを解説することです。まず、仕様書はプロジェクトにおいて3つの目標を達成するべきであるということです。その3つとは、正しいものの構築を保証する、プロジェクトの計画フェーズを締めくくるマイルストーンを提供する、プロジェクトの過程で踏み込んだレビューや各個人からのフィードバックを可能にするというものです。こういったことは非常に重要であり、仕様書作成以外のプロセスでそのすべてを同時に実現することは難しいのです。私が仕様書作成を支持している最大の

理由はここにあります。次に、仕様書に対してつけられる文句のほとんどは、解消することが可能だということです。ただしそのためには、仕様書作成者が、その作業時に陥りやすい落とし穴を理解するとともに、仕様書のもたらすべき具体的なメリットを認識している必要があります。

7.1　仕様書の使用によってできることとできないこと

　仕様書はビジョンのドキュメントと同様に、コミュニケーションの一形態です。効果的に使えば、仕様書は重要な情報をシンプルかつ判りやすい形で伝えることができます。しかし使い方を誤れば、仕様書は読みづらく、作成するのが鬱陶しく、関係者全員を苛立たしい気持ちにさせるものとなるのです。お粗末な仕様書を記述するチームほど、必要とする仕様書が多くなるように思えることもしばしばあります (まるで「狼は群でやってくるんだから、仕様書も量で勝負しなければ」と考えているかのようです)。たいていの場合、仕様書が機能しない、または間違ったものとなるのは、仕様書の使用によってできることとできないことを誤解しているがためなのです。

　以下は、仕様書の使用によってできることの一覧です。

- 構築するものの機能を効果的に描写することができる。
- 設計者に対して具体的な記述を要求することで、彼らの意思決定を明確化することができる。
- 実装作業を開始する前に、詳細計画についてのレビュー、疑問の洗い出し、議論を行うことができる。
- 1人が持っていた情報を複数のメンバーに伝えることができる。
- チーム内で共有できる、具体的な計画の参照標準とすることができる (また設計フェーズにおいて、仕様書の草稿は、プロジェクトで起こっていることをチームに伝える活きたドキュメントとなる†)。
- チームの目標となるスケジュール上のマイルストーンを提供することができる。

---

† こういった理由から、仕様書をソースコード管理システムに登録することもあります。また、チェックイン/チェックアウト時に文書のロック機能を使用することにより、矛盾を発生させることなく、複数の担当者が同時に文書編集作業を行えるようになります。これによってある種の不便が強いられますが、試してみる価値はあるでしょう。また、以前のバージョンとどこが違っているのかを、文書の先頭からじっくりと追いかける必要もなくなります。こういったことを実現するには、別途ツールを使ったり、作成者が文書自体に変更履歴を書き残す (「2004年3月20日——セクション6に詳細を追加」等) ことになります。

- 書き手がバスにはねられた場合の保険とすることができる[†]。
- 健全な議論を加速させ、その品質を向上させるとともに、そういった議論の頻度を増やすことができる。
- リーダーによるフィードバックと、品質基準の設定機会が与えられる。
- チーム（と仕様書作成者）に対し、心の平穏と自信をもたらすことができる。

以下は、仕様書の使用によってできないこと、あるいはやろうとしてはいけないことの一覧です。

- メンバー間の議論をすべてなくそうとすること。
- 仕様書作成者がいかに聡明であるかをチームに対して証明しようとすること。
- 機能の重要性（あるいは機能を削除すべきではない理由）を証明しようとすること。
- メンバーに哲学的な視点を持たせようとすること。
- 仕様書作成者の持っているVisioやUMLのスキルを見せびらかそうとすること。

チームリーダーはこういった項目を、チームが利用できるよう、まとめて一覧にしておくべきでしょう。そして、仕様書作成を開始する前に、仕様書を作成する、あるいは利用する立場にいるメンバー全員が、この一覧の内容に対するレビューとフィードバックを行っておくよう要求してください。おそらく、チームに不必要な項目が挙げられていたり、必要な項目が漏れていたりするはずです。こういった議論は、せいぜい30分で終了するでしょう。ほんの少し議論するだけで、仕様書に対して期待してもよいことを明確化でき、チームから仕様書作成プロセスの改善案を得る機会が得られることになるのです。チームが共通のひな形に従って仕様書を作成する場合でも、こういった基準を念頭に置いて作業を進めるべきです。

7.2 記述することを決定する

私が過去に見てきたソフトウェア開発やプロジェクトマネジメントに関する方法論ではすべて、仕様書というものの定義が異なっていました。とは言うものの、私はそのことがそれほど重要であると思ったことはありません。仕様書というものは、大きく分けると4種類の情報が記述されたものです。このため、仕様書の内容を議論する際には、それが4種類の個別ドキュメントであると考えるのが手っ取り早いでしょう。ただし、情報

[†] 一見すると悪い冗談のようですが、これは本当のことです。実際、知識マネジメントというコンセプトは、担当者が次のリリースを待たずしてプロジェクトから去る場合に備え、情報を文書化しておこうという考え方に基づいているのです。

をどのように4つに分割するかということ自体はあまり重要なことではありません（とは言うものの、どのように分割するかを重要視する人もいます）。ここで重要なことは、適切な情報が適切なメンバーによって記述され、読み手であるメンバーが有効利用できる形になっている必要があるということです。このため、小規模チームでは、これらさまざまな情報を一つの仕様書としてまとめてしまうこともしばしばあります。一方、大規模チームではドキュメントを分割し（当然のことながら相互に連携している必要があります）、場合によっては2人以上の担当者が分担して作成することもあります。

- **要求仕様**：プロジェクトに期待されるさまざまなものごとを文書化するため、作業によって達成されるべきすべての要求と責任の概要を要求仕様として記述します。これによって要求に関する作業の成果がすべて1箇所にまとめて記述され、プロジェクトの参照標準が提供されることになります。とは言うもののこれは、最終結果がどうなるかということを、実現方法について言及することなく記述しただけのものであり、プロジェクトを成功させる上での必要条件を挙げたものでしかありません。また要求仕様は、どのような場合であっても設計プロセスの開始前に定義されていなければならず（とは言うものの、後で改善、更新することは可能です）、かつビジョンのドキュメントから派生したものでなければなりません。そしてこういったものは、機能仕様を含めることで明確化され、レビュー時の参考資料（この計画は要求を満足できるか？）としても使用できるようになっているべきです。
- **機能仕様**：機能仕様とは、顧客の視点から見た特定のシナリオやシナリオ群における振る舞いや機能を記述したものです。機能仕様は設計プロセスにおける主要な成果物となります。機能仕様では、ソフトウェアの機能をユーザーインタフェース（あれば）を通じて解説し、なるべく技術的な詳細に踏み込まないようにしつつ、ものごとの動作方法を解説します。また、顧客のエクスペリエンスが作業完了時にはどのように変わるのかという点や、エンジニアによって定義された必須作業項目の一覧が記述されているべきです。こういった機能の一覧は、ユーザーインタフェースやその他の設計要素を含む、要求を実現するための具体的な設計を定義しているという点で、要求の一覧とは異なったものとなります。
- **技術仕様**：技術仕様とは、機能仕様を満足するために必要となるエンジニアリングアプローチを解説したものです。技術仕様において記述する詳細は、最も複雑なコンポーネントや、他のプログラマが再利用する可能性のあるコンポーネントを解説したり、機能仕様に必要な作業項目に対して技術的な裏付けを提供できるだけのレベルで十分です。なお、機能仕様の深さや技術的な性質によっては、技術仕様を別ドキュメントとして切り離す必要がない場合もあります。

- **作業項目一覧**：これは作業分割構成（WBS）とほぼ同じものとなります。作業項目一覧とは、機能仕様を満足する上で必要となる、プログラミング上のタスクを解説したものです。作業項目一覧には、重要度の違いに基づいて詳細レベルにまで細分化された項目が、日単位の見積もり（こういった単位は作業項目の大きさによって、例えば半日単位にすることもできますが、それを決定するのは担当プログラマとなります）とともに記述されることになります。作業項目一覧の作成は完全にプログラマの仕事となりますが、こういった一覧をレビューし、妥当性のあるものにするのはプログラマのリーダーの責任、そして場合によってはプロジェクトマネージャの責任となります。（厳密に考えた場合、作業項目一覧は仕様書ではありません。こういったものは、エンジニアリング側がどのようにして仕様を満足させるのかという計画だからです。しかし、作業項目一覧は重要であり、他の仕様書と密接な関係を持っているため、ここでは仕様書として説明しています。）
- **テスト基準とマイルストーン達成基準**：機能仕様がまとまった段階で、テスト基準も作成されるべきです。これには、各テストケースの優先順位と、各マイルストーンにおける品質目標（これが達成基準です。15章を参照してください）を満足するためには、コードが該当テストケースにおいてどの程度正しく動作する必要があるのかという目標が含まれていなければなりません。

こういったさまざまな情報のまとめ方についての一例を挙げてみることにしましょう。私が大規模チームで開発を行う場合、機能仕様と技術仕様の双方を作成することが一般的でした。まず、ビジョンのドキュメントから要求の一覧を作成し、チームや顧客とともにレビューした後、それを機能仕様の出発点とします。そして多くの場合、作業項目一覧はプログラマが作成し（チーム全体で単純なスプレッドシートを共有することがよく行われていました）、それらは機能仕様へとコピー、あるいは連携されることになります。そして、最終的にはここで解説したさまざまな情報を含んだ仕様書が1つでき上がることになるわけです。

こういった4つの仕様は、要求仕様、機能仕様、技術仕様、作業項目一覧という大まかな時系列に従うと考えやすくなるはずです。プロジェクトにおける他の多くの作業と同様に、こういった4種類の情報はそれぞれ、次の作業の下地となるのです。そしてチームの規模が大きくなり、プロジェクトが複雑化すると、こういった仕様をきっちりと分割する必要が出てくるわけです。

7.2.1 仕様書の責任者は誰？

大規模チームにおいて、PMや設計者は機能仕様に責任を持つべきであり、プログラマ

は技術仕様に責任を持つことになります。それぞれの仕様の書き手は、チームメンバーが双方の仕様に目を通した際に、書き手同士が互いのことをよく理解し、頻繁に意志疎通を行っていたと信じられるようなものを作る必要があります。技術仕様は対象となる読み手が少なく、プログラマはコンパイルできないものごとに興味を持たない傾向があるため、たいていの場合は技術仕様の方がずっとコンパクト（そして不親切）なものになります。たとえそうであったとしても、技術仕様と機能仕様は互いに矛盾のないものとなっていなければならないのです。

ビジネスアナリスト、クライアント、プロジェクトマネージャが要求仕様を書くこともしばしばあります。こういったことは、誰が要求に関する権限を持っているかや、プロジェクトチームの性質（小規模チーム、大規模チーム等）に依存します。作業項目一覧に対する責任は、プログラミングチームのマネジメントを行う人が担うことになります。大規模な組織では、これはプログラマのリーダーとなることが一般的です。

例によって、小規模チームの場合には、さほどきっちりとしていないのが通常です。そして、誰が何を行うのかや、どんなドキュメントが必要なのかといった厳格なポリシーも存在しないかもしれません。プロジェクトマネージャやプログラマのリーダーは、4種類の仕様をチームの必要に応じて記述した、ごった煮ドキュメントを1つ作成するだけかもしれません。メンバーが必要な時に必要なものを得ることができるのであれば、これでもまったく問題はないのです。

7.3　仕様書の記述は設計ではない

5章と6章では、アイデアを見つけ出し、それを計画に盛り込むための設計プロセスを定義しました。こういった設計プロセスを定義したのは、設計作業や計画作業と、仕様書の記述作業を切り離すことが重要となるためです。仕様書の作成時には、既存の計画や一連の意思決定を（できる限り）最善の方法で表現することに注力し、こういった計画の設計自体を同時に行うべきではありません。二兎を追う者は一兎をも得ずということわざがあります。こういった作業はそれぞれが難しいものであるため、双方を同時に行おうとすれば、いずれの作業も満足に実行できなくなってしまうことになりがちです。

仕様書作成者は、設計時と仕様書作成時では異なった心構えが必要となることを判っていなければなりません。仕様書の記述を行う時には、探求心と創造心をいったん脇に置いておき、表現と説明に集中するようにしてください。それができない場合、仕様書を書き上げた後、不十分な説明を理由とした仕様書の大々的な改訂を覚悟しておく必要があります。仕様書（あるいは他の文書）を記述する際には、何かを見つけ出す方法というものが、その何かを他人に説明する最善の方法になるわけではないということを肝に

銘じておいてください。

7.3.1　設計の記述VS.構築方法の記述

　機能仕様と技術仕様を1つのドキュメントにまとめることは可能ですが、たいていの場合、それらは明確に分割された別々のセクションに記述する必要があります。私は、機能仕様と技術仕様を同時に説明しようとする過ちを犯した最悪の仕様書を見たことがあります。この仕様書の作成者、すなわち頭がいい有能な人物は、設計内容を解説しながら構築方法を解説しようとしていました。私はその仕様書のページを開いた瞬間、彼がその作成にどれほどの時間をかけたのかが手に取るように判りました[†]。彼は、複雑な図を描くことによって、オブジェクトとコンポーネントの関係を示すと同時に、それらが顧客からのどのように使われるのかを説明しようとしていたのです。こういった試みの結果、仕様書は美しく、高度に洗練されたゴミとなってしまっていたわけです。その仕様書は見栄えこそ素晴らしいものの、5分も読めば、意味の判りづらさにイライラしてきて、投げ出してしまいたくなるものでした（彼のチームも同じ反応を示していました）。彼は何度も、チームメンバーに対して仕様書の内容を一から説明しようとしましたが、それはメンバーの否定的な（そして目には見えないものの暴力的な）反応を加速させただけでした。

　私はこういった状況をどうにかして救おうと、仕様書作成者と話をし、ちょっとしたアドバイスを提供してみようとしました。すると彼は、内容をまとめきれなかったことと、仕様書がそれほど有用なものとなっていないということは認めたものの、自らの採ったアプローチは正しかったと主張しました。彼の主張によれば、プログラマは、顧客が期待するシステムの振る舞いと、オブジェクトの関係についての詳細という2つのことに関する資料を必要とするため、それらをまとめるのが合理的だと考えていたとのことでした。そして私の意見は、プログラマがそういった2種類の情報の双方を必要とする場合があるにしても、それらが同時に必要となる、あるいは同じページに記述しておく必要はないというものでした。たいていの場合、複数レベルの情報をまとめて処理するよりも、単一レベルの情報を1つずつ読み書きする方が簡単なのです。多くの優れた仕様書では、設計が階層に分けられた上で記述されています。まず最初に、顧客のエクスペリエ

[†] 美しい、あるいは分厚い仕様書を見るといつでも、私の頭の中で警告ランプが点灯します。こういった仕様書は、その作成者が構築しようとしている製品よりも仕様書自体を重要視していることを暗示しているからです。また、分厚い仕様書はしばしば、誰もそれを読み通す人がいないということも意味しています。私が核兵器や外科手術道具（あるいはその組み込みシステム）を製造しているのであれば、また違った意見を持つかもしれませんが、ほとんどすべてのソフトウェアプロジェクトでは、そこまでの詳細レベルは必要とならないはずなのです。

ンスが顧客の言葉で記述されています。次に、基本オブジェクトの大まかな概要とアーキテクチャが記述されています。そして最後に、エンジニアリングにおける、設計上の複雑かつ詳細な問題が記述されているのです。

7.3.2 優れた仕様はシンプルである

　技術マインドを持っている人にとって最も難しいのは、詳細のどの部分を割愛するのか、そしてそれをいつ行うのかという判断を下すことです。数々の嫌になるほど複雑な論理学と数学の授業を生き延びてきた私は、素晴らしい教師はあるスキルを持っていることに気付きました。そのスキルとは、大切なものごとであったとしても、それが本質的でなければ説明を割愛し、学生（仕様書の場合は読み手）の準備ができた時点でその説明に戻るというものです。仕様書をうまく記述するには、これと同じスキルを用いる必要があります。そうすることで本質的なことが伝わり、読み手は作業を明確に理解した上で、それに取りかかることができるようになるわけです。そして、読み手が頭の中に描く構築方法のモデルは仕様書を読むことによって洗練され、彼らがPMやチームメンバーに尋ねる疑問の品質は向上することになります。こういった効果に目を向けてください。このことをチーム全員に理解してもらうのは難しいかもしれませんが、少なくともプロジェクトの主要な貢献者には理解してもらえるよう努力してください。

　もちろん、ややこしいオブジェクトモデルや、とても詳細なインタフェースのように、文書化するとどうしても複雑になるというものも存在しています。こういったものは、その説明が長くなったり、理解に時間がかかるかもしれませんが、目の前にある文書がこのケースに該当するかどうかについては、その都度見極める必要があります。複雑さは多くの場合、記述のまずさや、三流の思考に対する逃げ口上となっているからです。仕様書を作成する際には、読み手が仕様書を理解する上で不要な作業を強いられることのないよう、細心の注意を払わなければならないのです。そうでなければ、最悪の場合、仕様書を理解するよりも自分で設計する方が早いということにもなってしまうわけです。ただし、こういったことの基準は、文書に関する大半のものごとと同様、極めて主観的なものとなります。つまり、明確さや複雑さの適切なレベルは判断の問題ということになるわけです。そして、その判断はチームリーダーに任せるのが一番なのです。

　ただし、以下で紹介するような、仕様書をうまく書く上でのヒントや避けるべきことがいくつかあります。

- 他の仕様書から優れた説明を借用する（それが他人の書いたものであったとしても）：
  ウェブ上の有益な説明を利用する場合、必要に応じてハイパーリンク（他の文書の位置情報へのリンク）を使用します。チームリーダーは、こういったことを奨励するべ

きです。すべてのものを自らで考え出したり、説明する必要はないのです。
- **専門用語や曖昧な言葉を避ける**：専門用語や曖昧な言葉は、読み手に役立つと確信できる場合（滅多にないはずです）以外は使ってはいけません。より有用性の少ない表現を用いると、「巨視的概念ニヲケル簡潔サヲ希釈シテ曖昧模糊トナラナヒ知識ヘト変換スルトトモニ、言語的ナ連結ニヨル冗長性ヲ全般的ニ放棄スルコトヲ通ジ、意図的ニ錯乱スル可能性ノアル概念的事物ノ削減ヲ目的トスルベキ」ということなのです。
- **古い仕様書を保管しておく**：こういったものは、コンセプトを表現したり、何かをダイアグラムで表現する方法で悩んだ時に、参考資料として役立ちます。また、誰か他の人が書いた、優れた仕様書を見かけた時にはそれを保管しておきましょう。
- **仕様書を記述する際に、読み手のことを考える**：10人のチームでさえも、4～5人は仕様書に強く依存することになります。仕様書を記述する際、あなたの知っている聡明な人で、チームに所属しておらず、あなたの使用する特定の知識に馴染みがない人に読ませることを念頭に置いてください。彼に難しいコンセプトを説明するにはどうすればよいのでしょうか？
- **Visioやフローチャートとは恋に落ちない**：すべてのツールとは「いいお友達」の関係でいてください。ダイアグラムは、たいていの場合その作成者にとってのみ意味のあるものとなり、作成者が思うほどプロジェクトに貢献しないことがしばしばあるのです。UMLダイアグラムを500個描くよりも、優れた文章を書いたり、乱雑にでも手書きスケッチを描く方が役に立つこともあります。（作成者にとって、何らかのものごとを理解するための唯一の手段がダイアグラムであったとしても、それが他者に説明するための最善の手段になるとは限らないのです。）ツールやダイアグラムは素晴らしいものですが、そういったものにのめり込まないようにしてください。
- **記述しているのはリファレンスなのか、それとも仕様書なのか？**：通常の場合、仕様書には完璧なAPIリファレンスを記述する必要はなく、実際の例や考えられる振る舞いのすべてを説明する必要もありません。10～15の一般的なケースや最重要ケースを解説することに注力し、それ以外の膨大なケースは別の文書に（あまり詳細に踏み込まずに）記述するのが妥当でしょう。
- **詳細に入る前に、疑似コードを用いたり、日本語を使用して、複雑なアルゴリズムを大局的な観点から説明する**：先に述べたように、説明を階層化するというアプローチは、読み手が聡明な人々であったとしても学習への早道となるということを忘れないようにしてください。少なくとも、優れたサマリーや概説書があれば、大いに役に立ちます。

この他にも私が有効だと感じているヒントがあります。仕様書の草稿を誰かに読んでもらい（何かを発見するには、まず誰かに読んでもらわなければなりません）、その人が引っかかりを感じた場所を、5分間で説明してみてください。そして相手が理解できたら、もっとよい説明方法があるかどうかを尋ねてください。よいアドバイスが得られることも、得られないこともあるでしょうが、あなた自身の視野が広げられることになるため、より深い理解が得られるようになるはずです。そして、あなたが誰かに何かを尋ねるたびに、何らかの考えを少し違った視点から見るようになるため、よりよいアプローチを見つける可能性を高めることができるわけです。仕様書作成者にとって、優れたフィードバックというものは、単に待っているよりも、誰かに依頼した方がずっと簡単に得ることができるのです。

7.3.3 正しいものごとが起こるようにする

仕様書によって一連の意向が定義されます。つまりこれによって「ものごとが期待通りに進めば、この作業が終わる頃には本仕様書で解説されているものを得ることができる」という主張がなされ、機能仕様に記述されたすべての（あるいは十分な割合の）振る舞いと機能は、コード作成作業が完了した時に、完成したコードによって実現されるということが表されるわけです。仕様書が完成した翌日に世界が大きく様変わりするということもあり得ますが、仕様書を作成した時点での意向は残り続けるのです。なお世界が様変わりした場合、その内容がどうであれ、仕様書は新たな世界と新たな意向を反映するよう更新されるべきです。

このため、エンジニアリングのレベルにおける仕様書の目標は、メンバー全員にこういった意向を伝達するということになります。このことはテスターや品質保証担当者にとって、プロジェクトにおいて期待される振る舞いに関して、テストケースと見積もりの草稿を記述できるだけの十分な精度の情報が得られることを意味しています。また、マーケティング担当者、ドキュメント担当者、その他のスペシャリストにとっては、自らの作業を開始する前に答を出しておく必要のある、最終成果物に関する疑問を洗い出せることを意味しています。そして、技術サポート担当者や会計マネージャは、サポートを行ったり、サポート計画を立てるために、こういった仕様書を読むことによって、ものごとがどう機能するかを理解しておく必要があるのです。

メンバーが仕様書を読んだ後で「最善の作業を行う上で必要なことがすべて得られましたか？」という質問を行ってみてください。読み手を重視することで、彼らの仕様書に対する興味を引き立てることができるのです。そしてその結果、彼らはよりよい疑問を持ち、今後の実際の作業に向けて仕様書を座右の書とするようになるわけです。

7.4　いつ誰がどうやって

　ビジョンのドキュメントと同様に、仕様書の著者は1人に限定するべきです。仕様書を使って作業を行うメンバー全員は、コメントを付けたり、内容を追加するといった形で貢献するべきですが、必ず1人の責任者が内容をチェックし、形式を整え、矛盾のないようまとめ上げなければなりません。その理由は簡単です。仕様書を明解なものにする、つまり確たる思想を持った個人によって記述された文書としたい場合、複数の担当者で分担して作成することはできないのです。優れた貢献と優れた示唆を取り込むことが自らの仕事であると、仕様書の責任者が理解しているのであれば、ものごとはうまく進むはずです。

　主要な著者を1人選ぶとすれば、プロジェクトマネージャ、設計者、プログラマのリーダーのうちの誰かになるはずです。ただし、仕様書は複数の領域に関わる意思決定を表現したものであるため、該当レベルの意思決定に責任を持てる人物によって記述されなければなりません。機能仕様と技術仕様は、プログラミングチームが作成した作業項目一覧と矛盾することなく関連付けられる必要があるのです。エンジニアリング担当者と設計担当者が設計プロセス全般においてうまく連携できれば、こういった矛盾をなくすことは簡単でしょう。さらにおまけとして、早い時期から協力して作業を行うことによって、仕様書作成プロセスに対する見方が変わるはずです。つまり、議論と欲求不満に満ちたプロセスではなく、作業を計画するための創造的な協力プロセスとして捉えられるようになるわけです。

　こういったことを始めとする複数の理由により、仕様書作成という作業は設計フェーズ中から開始するべきなのです。プロトタイプを作成し、アイデアを探求し始めるようになると、小さな意思決定から作業を開始し、大まかな仕様書の草稿に手を付けることができるようになります。こういったものは、他のメンバーに有用となるような記述ができるまで、個人で持っておいて構わないでしょう。プロジェクトマネジメント、設計、マーケティング、プログラミングを対話の中で網羅することによって、正しい設計というものに関する理解がゆっくりではあるものの着実に進むため、それを徐々に仕様書に反映していけばよいのです。設計プロセスにおいて、チェックポイントのスケジュール通りに設計選択肢を2つにまで絞り込めていれば、仕様書作成に弾みがついているはずです。設計選択肢が2つだけであれば、この時点の仕様書には少なくとも、それらに共通している要素と必要なエンジニアリング作業（例えば、双方の設計に必要となる検索エンジン等）すべてを含めることができるはずです。また、それに加えて、他の主要な意思決定と、それが潜在的に意味していることについての概要の一覧も含めることができるはずです。

7.4.1　1人のための記述VS.多くのための記述

　プロジェクトマネージャにとって、仕様書は自分にしか役立たない情報を記述する手頃な文書にもなります。数多くの疑問や問題がさまざまな関係者から寄せられることが多いため、表面的に見た場合、こういった情報を記述し、管理していくために1冊の仕様書を利用するのが最も楽だと感じられるかもしれません。しかし残念なことに、プロジェクトマネージャ以外のメンバーにとっては、こういったレベルの詳細な情報はノイズでしかないのです。仕様書の読み手が、作成者の作業日誌を読まされているような気になるようではいけません（とは言うものの、多くの科学者やエンジニアが指摘するように、作業日誌をつけること自体は、優れたアイデアを見つけ出すための手段としてお勧めできます）。また、チームの規模が大きいほど、チーム内の役割が細分化されるという傾向があり、この傾向が問題をさらに悪化させることになります。

　しかし、PMを直接支援するというのも、仕様書の持つ重要な機能の一つなのです。PMは取り組みを組織化し、率いていかなければならないため、仕様書を誰よりも頻繁に読み、改訂することになるのです。このため仕様書に現れる作業日誌のような内容は、それ自体が重要な価値、つまりプロジェクトに関する具体的で詳細な情報を追跡できるという価値を持っているわけです。ただしこういったことは、仕様書が解説しようとしている基本的なストーリーや意思決定を曖昧にしないように行わなければならないのです。

　このため、仕様書を記述する際、PMに対してのみ役立つ詳細と、チームの他のメンバーに対して役立つ詳細を見極めることになります。最も簡単な方法は、振る舞いや機能の解説と、それに関する懸案事項や疑問を分けて記述することでしょう。つまり、仕様書の最後に懸案事項の一覧をまとめるというのが最も簡潔な解決策となるわけです。

7.5　仕様書はいつ完成するのか？

　計画フェーズのある開発スケジュールであればどのようなものでも、仕様書の記述作業とレビューが行われて当然です。理屈の上では、チームは仕様書の完成時点で、構築の対象となるものとその構築方法について、詳細をほぼ理解できているはずです。そしてそうなっていてこそ、プロジェクトはフルスピードで進む用意ができていることになり、バトンが計画担当者と設計担当者から、プログラマとテスターへと渡されることになるわけです。

7.5.1　どれだけやれば十分か？

　仕様書が完成したかどうかについては、誰かが見極めなければなりません。そして、こういった判断を行う際には、懸案事項や疑問、そして他の企業やプロジェクトに依存し

ている未解決のものごとが残されているのが常です。完成した仕様書に押される「完了」スタンプがどれだけの完成度と品質を意味しているのかは、プロジェクトやチームによって異なっています。そしてそこには、簡単な判断基準などありません。例えば、仕様書の品質に若干の問題がある場合でも、それが原因で引き起こされるかもしれない問題よりも、スケジュールやその他の考慮事項の方が重要視されるのであれば、仕様書は完成したことになるわけです。

とは言うものの、仕様書の品質が高いほど、スケジュールを守ることのできる可能性は高くなります。このため問題となるのが、品質をどこまで追求するのかということです。仕様書の品質を5%上げるために、時間を費す価値はあるでしょうか？ それとも、その5%分の詳細は、プログラマやPMが作業の進捗に従って考え出していけるものなのでしょうか？ こういった疑問に対する単純な答はありません。どのような仕様書であれ、自らの判断力を駆使する必要があるのです。そしてそういった判断力を駆使するために必要なものは、プログラミングスキルや仕様書作成スキルではなく、プロジェクト経験だと私は考えています。

しかし、どの程度の品質を達成すれば仕様書を完成と見なすかに関わらず、その品質に到達する道はレビュープロセスしかないという点に注意しておくことが必要です。そして、レビュープロセスは非常に主観的かつ相対的なものであるため、ある種の品質を達成しようとすれば、チームリーダー（と仕様書の読み手）によるレビューとフィードバックしか方法はないのです。（このプロセスについては次のセクションで解説します。）

7.5.2 懸案事項のマネジメント

チームの設計プロセスをどのようにうまくマネジメントしたとしても、仕様書作成中は、常に未解決の懸案事項がつきまといます。そして、こういった懸案事項のマネジメントを適切に行わなければ、やがては大災害が引き起こされることになるのです。プロジェクト中盤での大災害は、多くの場合、仕様にまつわる懸案事項を適切に取り扱わなかったり、見過ごしてしまったために引き起こされるのです。チームがこういった懸案事項を早期に認識するよう、PMはイニシアチブを取って懸案事項の洗い出しとレビューにあたらなければなりません。これは、経験の浅いPMにとっては難題かもしれません。彼らは、仕様書作成作業そのものに没頭するあまり、懸案事項の管理をおろそかにしてしまいがちだからです。そして彼らは、プロジェクトの後半で懸案事項によって痛い目を見ることで初めて、早期に懸案事項に取り組む価値を認識することになるのです。

懸案事項の効果的なマネジメントは、純粋にやる気の問題となります。誰かが問題になりそうなものごとを調査し、それを文書化するために時間を割かなければならないのです。ここには何の仕掛けもありません。いったん文書化されれば、優先順位を付け、誰

かに割り当て、解決することができるのです。しかし、誰も時間を割かなければ、問題を回避できるかどうかはスキル次第ではなく、運次第ということになってしまうのです。

　何らかの方法（オフィスに置いたホワイトボードに書いた一覧表を使う場合でも）で懸案事項を管理する場合には、以下の基本的な疑問を投げかけることによって、優先順位を付けたり、洗練させたりすることができるはずです。

- この懸案事項はいつまでに解決しなければならないのか？　これを解決するために必要となる意思決定は、誰が行うのがベストなのか？
- この懸案事項を何らかの方法で、具体的なコンポーネントやシナリオといったものへと切り出すことができるか？　また、こういったことは機能全般やプロジェクト全体に影響を与えるか？
- 現在検討中の懸案事項に対して適用できそうな解決策として、どういったものが考えられるか？（例えば、ASP、PHPは使用するもののJSPは使用しない等があります。）それぞれの設計選択肢は、仕様書にどのような影響を与えるのか？
- この懸案事項を切り捨てることができるか？　この懸案事項は、最優先のユーザーシナリオにおいて、実際のところ顧客にどういった影響を与えるのか？
- この懸案事項を他のメンバーに委譲できる（するべき）小さなものへと分割できるか？
- この懸案事項の解決を妨げているのは誰、または何であり、現時点でそれに対する取り組みがなされているか？（この解決策は技術的なもの、政治的なものの双方が考えられます。）

　大きな懸案事項が数多くあるにも関わらず、それらを分割することができないという場合、何かがうまくいかず、設計プロセスおよび/あるいはチームのリーダーシップが適切に機能しなかったということになります。こういった問題への対処は、懸案事項のマネジメントという範疇を超えたものとなります。（11章を参照してください。）

仕様書のギャップを埋める

　懸案事項をうまくマネジメントできれば、こういった懸案事項を解決する方法についての見積もりを行うことで、スケジュールのギャップを埋めることができる場合もあります。基本的なアイデアは、図7-1で示すようなものであり、これは皮肉を込めて「ショットガン」と呼ばれることもあります。このアイデアを適切に実践すれば、設計に関する懸案事項が未解決のまま残っていたとしても、仕様書をレビューし、スケジュール通りに完成したことにできるのです。ただし、ショットガンを実践することでリスクを抱えることになります。というのもショットガンの場合、チームが実際に懸案事項を解決する前に、残っている懸案事項の解決見積もりを行うことになるためです。しかし、こういっ

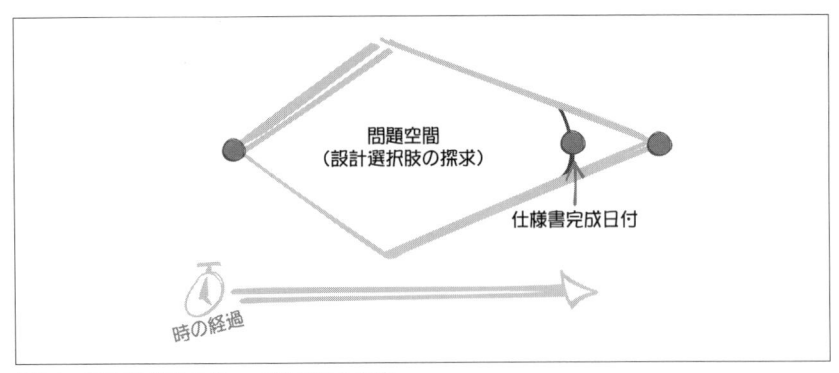

図7-1　設計/仕様書のギャップを埋める方法

たことが高いリスクを伴うとは限りません。すべては、懸案事項がいかに適切に理解されているかと、それらに対する前提がいかに適切なものとなっているかに依存するためです。例えば、ここにAチームとBチームという2つのチームがあったと考えてください。Aチームは項目数が多いものの、しっかりと理解された懸案事項の一覧を持っています。Bチームは項目数こそ少ないものの、理解が不十分な懸案事項の一覧を持っています。どちらのチームの方が締め切りを守れそうでしょうか？　私だったらAチームに賭けます（ここで『特攻野郎Aチーム』†のテーマ曲を！）。少し懐疑的な心を持っていれば、Bチームの項目数が少ないのは、仕様書の懸案事項すべてが洗い出されていないからではないかと気付くはずです。その一方、AチームはBチームと比べて、懸案事項の理解に多くの時間を割いており、プロジェクトを待ち受ける難題に対する備えもよくできていると考えられるのです。

　ここでギャップを埋めると表現していることは、意思決定を完了させる上で必要となる設計作業をあきらめるということを意味しているわけではありません。PMがいったん後ろに下がって、スケジュール維持の可能性を追求するために、慎重に判断を下すということを意味しているのです。

　ギャップを埋めるには、各懸案事項に対して以下の疑問を考察するのがよいでしょう。

- どの選択肢を選んだとしても、実行しなければならないという作業項目はあるのでしょうか？　あるのであれば、それを見積もった上で仕様書に追加するべきです。そういった作業項目は、必要に応じて仕様書完成前に取り組み始めることもできるはずです。

---

† 訳注：『特攻野郎Aチーム』は、1980年代に人気を博したアメリカのアクション（コメディ）テレビドラマです。

- この懸案事項は、PMや設計者によって解決可能でしょうか？ この懸案事項を解決することで、別の作業項目に取り組むことができるでしょうか？（例えば、PMが懸案事項の解決にあたっている間、プログラマは並行して、理解できている作業項目に取り組むことができます。）
- 検討中の懸案事項を解決するための設計選択肢として、どういったものが考えられるのでしょうか？
- 考えられる設計選択肢のうち、最もコストがかかるのはどれでしょうか？ そのアプローチに基づいた作業項目を見積もり、該当仕様とその作業項目の一覧を組み入れた、最悪のケースにおける設計計画を作成してみてください。
- これは主要な、すなわち核となるコンポーネントなのでしょうか？ プログラマは、いつこれを実装しなければならないのでしょうか？ その設計を遅らせ、実装フェーズにおいて行うことはできるでしょうか？ これは、他のコンポーネントに依存されているものでしょうか？
- この懸案事項を独立させたり、絞り込んだり、分割したり、削除することはできるでしょうか？ できない場合、優先順位一覧のトップに繰り上げてください。

　ギャップを埋めることが、いつも成功するとは限りません。上述した努力を実りあるものとし、ものごとを進捗させることはできますが、ギャップを埋めきれないという場合もあるのです。とはいえ、ギャップを埋めるための努力によって弊害が生じることはありません。経験の浅いチームの場合、（技術上の、またはその他の）懸案事項すべてに直面させようとすると、この種のプレッシャが必要となることもあります。また、マネージャはこういったことを行って初めて、残っている懸案事項の複雑さを完全に理解できるようになるのです。こういったことは、スケジュールが危険にさらされるまで指をくわえているのではなく、積極的にギャップを埋めようとするというアプローチに対する、しっかりした論拠となっています。

7.5.3　仕様書を完成させることの重要性

　プロジェクトのスケジュールには、仕様書を完成させる日付が明記されているはずです。そして、それはおそらく、プロジェクトに貢献する一個人としてのPMにとって最も重要な日付であるはずです。仕様書の作成はPMにとって最優先の作業であることが多く、完成した仕様書はおそらく、PMがプロジェクトに引き渡すことのできる唯一の重要文書であるはずです。そして、仕様書が完成した暁には、PMの焦点はチームを開発に邁進させることを始めとする、プロジェクトのガイドと先導を果たすことに移るわけです。

仕様書の完成を境に、チームの心理状態と態度は大きく変わるはずです。メンバーは現在のマイルストーンに対する準備を整え、困難な意思決定の多くを既に終えたと感じているはずです。チームは、適切な設計を考え出し、ビジョンを実現できる多くの可能性の選択という難問を解決し、仕様書を完成させたのです。ここまでの作業に参加している全員が、こういった観点と自らの作業に対する認識を持てるようにすることが、PMの役目となります。

> 誰かの作業を誉めたい時には、面と向かって伝えてください。誰を誉める場合であっても、チーム全体宛ての電子メールを使うべきではありません。本人のところに出向くか、電話を使ってください。どんな電子メールよりも短い対話の方が、感情をこめることができるのです。

士気を高めるイベントの開催や激励を上手に行うことは簡単ではないものの、現在までに行われた作業に対して、何らかの形でチーム全体に感謝の意を表す必要があります。その形としてはしばしば、シンプルなものが最も効果を発揮します。例えば、午後を丸ごと休みにする、太陽の下でのんびりランチを食べる、喫茶室でビールとつまみを1週間無料提供するといったものです。チームが頭の切り替えを図り、これからの何週間か何ヶ月に渡ってさらされることになる今までとは異なるプレッシャに備えるようにするには、決まり切った日常を離れる（例えば、職場を離れる等）ポジティブな休憩を取ることが一番なのです。

7.6　レビューとフィードバック

仕様書に関して人々が犯す最大の過ちは、公式のレビュー会議を開催するまで内容のフィードバックを得ようとしないことです。レビューは確認と洗練を行うための場であり、たたき台の検討と最終決定を同時に行うための場ではありません。設計プロセスと仕様書作成プロセスを分けるべきであるというのは、こういった理由もあるのです。つまり、設計上の意思決定には多くの繰り返しが含まれており、仕様書の作者は優れた示唆を取り込むことのできる多くの機会に恵まれているわけです。チームリーダーは、非公式な初期レビューを開催したり、イントラネットで草稿を閲覧できるようにすることでこういった機会を提供するべきです。ただし、仕様書のレビューに対して安易な態度で臨んでも構わないと言っているわけではありません。各人は、自らに期待されている役割を明確に認識した上で、レビュープロセスの場に臨むべきです。

仕様書のレビューにはさまざまな方法がありますが、そのほとんどは仕様書の読書会となっていたり、誰かを満足させるための議論の場になっています。レビューがどれだけ

公的なものとなるかについては、チームの文化、チームリーダーの態度、プロジェクトの性質に強く依存します。しかし、レビューがどれだけ公的なものであるかに関わらず、その目的は2つの重要な疑問に答えることなのです。その疑問とは、「この仕様書には、開発期間を通じて私たちの指針になるくらいの詳細が記述されているか？」と「成果物はプロジェクトの要求と目標を満足させることができるか？」です。他にも疑問はたくさんありますが、それらはすべて、鍵となるこの2つの疑問から派生したものとなります。このためレビューのプロセスは、こういった疑問に自信を持って答えられるように方向付けられる必要があるのです。

7.6.1 仕様書のレビュー方法

　仕様書のレビューはチームのプロセスとなっているべきです。注意の中心は、仕様書そのものとその作成者ですが、作業を行う全員が仕様書に書かれていることに同意するということを目標とするべきです。これを手っ取り早く実現するために、出てきた質問の答すべてが全員に周知されるよう、全員を会議室に集めるという方法があります。私は、電子メールや電話会議を利用して仕様書のレビューを試みたこともありますが、その結果は満足のいくものではありませんでした。議論を要する問題が出てくるたびに、関係者全員が一堂に会し、ホワイトボードやジェスチャーを使って面と向かって説明できる状態だったらよかったのにと何度も思いました。仕様書が複雑であるほど、全員を同じ部屋に呼びたくなるのです。（電話会議やビデオ会議を用いて作業しなければならない場合、全員を参加させたいレビューであったとしても、3〜5人までに抑えてください。仕様書のレビューのような複雑な作業では、大人数を招集した電話会議やビデオ会議はすぐに悲喜劇になってしまうのです。）

　レビューの数日前には、中くらいの大きさの会議室を1時間か2時間の枠で予約してください。そして、仕様書のレビュー準備ができた（チームリーダーによって定義された基準に基づいて作成者が判断します）のであれば、参加者に通知すると同時に仕様書を配布するようにしてください。ただし私が覚えている限り、このように実施できたことは数えるほどしかありませんでした。たいていの場合は、1週間くらい前に会議室の予約を行い、レビュー日時とともに、仕様書はレビューの24時間前までに電子メールで送付するという旨を伝えていました。こういったやり方を嫌がる人もいましたが、これが最新の仕様書を提供し、参加者に読んでもらうための最善の策だということを判っていたのです。事前に警報を鳴らしておくことで、レビュー参加者はその24時間で仕様書を読む計画を立てておくことができるようになるわけです。

　レビュー参加者に対し、レビュー前に仕様書を読んでおくよう伝えておくことは、妥当な要求であると思います。本当に仕様書を読む必要のあるメンバーは、それが自らの

作業にとって最も重要であることを知っているため、当然のこととして自ら進んで読むわけです。彼らがどう主張しようと、仕様書を流し読みして問題を見つける時間すら作り出せないと本当に思っているのであれば、それは彼らにとって最優先事項ではないことになります。このため、彼らをレビューに参加させる必要はないということになるのです。

　私に権限がある時にはいつでも、チーム全体のルールとして、レビュー前に仕様書を読むことを要求しています。これによって2つのことが保証されるようになります。最初に、本当に参加する必要のあるメンバーだけが会議に参加するようになり、参加者の数を減らすことができるのです。これで、会議室が重箱の隅をつつく人でいっぱいになるという可能性を減らすことができます。次に、レビューの開始時点で、仕様書に対する理解が全員同じ程度となるため、レビューが迅速に行えるようになります。仕様書を読んでいない人々は、突拍子もない質問をする傾向があります。疑問が有効なものであれば、それは考慮されるべきですが、仕様書のどこかに答が載っているような質問をする人に対しては、該当セクションを読み、必要であればレビュー後に仕様書の作成者にフォローを頼むよう促せばよいのです。

7.6.2　誰を参加させ、どのように運用するべきか？

　会議室には、主要な役割（プログラミング、テスティング等）毎に最低1人のメンバーと、主要な貢献者の役割（ビジネス、設計、文書化）を担うメンバーが参加しているべきです。とは言うものの、レビューはチーム全体に対して開かれたものとなっている必要があります。テスターやプログラマが仕様書に興味を持っており、前もって仕様書に目を通しているのであれば、仕様書に記述されている具体的な機能が彼らの担当外であったとしても、その参加を歓迎するべきでしょう。また、チームリーダーは任意参加とし、レビューに参加する必要があるかどうかは彼ら自身に決定させるべきです。彼らが自らの作業をちゃんとこなしているのであれば、詳細についても十分理解しているはずであるため、議論が起こりそうな仕様書のレビューにだけに参加するということでも構わないのです。一方、経験の浅いチームの場合、チームリーダーはすべてのレビューに参加した方がよいかもしれません。

　実際のレビューはPM（あるいは仕様書作成者）によって運営されるべきです。この運営進行は、疑問に答えていくという簡単なものとなります。疑問がなく（理想的ですね）、適切なメンバーが部屋にいて、全員が仕様書に対して文句を言わなければ、レビューは終了です。最終版のプロトタイプをウォークスルーするPMもいますが、それも悪くないでしょう。またPMによっては、仕様書の全セクションを通読しようとするかもしれません。私の個人的な意見になりますが、これは時間の無駄です（優れた仕様書を記述し、全

員が事前に目を通しているのに、なぜ全体を読み通す必要があるのでしょう？）。とはいえ、こういったことを好むチームもあるため、ここでは、うまくいくのであればどんな手段でも採用するべきでしょう。唯一重要なことは、メンバーが健全な議論に参加し、優れた質問を行い、一致協力しながら作業を行っていくということなのです。

　レビューで出てきた疑問は、疑問を持ったメンバーが満足するまで議論して答を出すか、仕様書中の懸案事項の一覧に新規項目として追加するかのいずれかになります。そして、どちらにするかを決めるのは部屋にいるメンバーです。疑問が尽きれば、PMは懸案事項の一覧をレビューし、もう一度レビューで議論する価値のあるものがあるかどうかを判断します（新規項目を書き留めていく道具としては会議室のホワイトボードが打って付けです）。そういったものがなければ、新たに挙げられた懸案事項の調査および解決という仕事が残っているものの、仕様書はレビュー済みと見なされることになるわけです。

　仕様書のレビューが完了したのであれば、PMはレビューで洗い出された新たな疑問や懸案事項に対処する期限を設定するべきです。そして、レビューが終わった後は速やかに、懸案事項の簡潔なサマリー、次のレビュー日程（スケジューリングされたのであれば）、懸案事項の解決期限を電子メールで参加者全員に伝えてください。これは、懸案事項のせいで誰かの作業が止まっている場合、特に重要なこととなります。実際、そういったことが起こった場合には、レビュー中にその懸案事項を明確にし、特に注意を振り向けるようにしてください。

7.6.3　質問の一覧

　仕様書のレビューを行う際、人が犯してしまいがちなことに基づいた、尋ねるべき質問がいくつかあります。厳しい質問によって具体的な懸案事項が挙がってこないような場合であっても、チームの行っていることに対してより批判的な目を向けられるようになります。つまり、こういった質問はパスすれば卒業を認めるといった類のものではないのです。このため、レビューに先立ってメンバーに質問の一覧を知らせておいても構いません。メンバー全員が準備をしてレビューに臨むということが大事なのです。

　設計作業や仕様書作成作業といったものは楽観的な立場に立ったプロセスであるため、レビューに参加するメンバーは懐疑的な観点に立って、見落としがないかをチェックすることになります。（意地悪にならないように注意してください。批判的になろうとして、無理に冷淡な態度に出たり、人の気分を害するような言動をとる必要はまったくありません。仕様書のレビュー準備が十分でない場合、その責任は個人だけでなくチームリーダーにもある場合が多いのです。）チームが適切な質問を知っていたとしても、本当の答を見つけ出そうとすれば、誰かがさまざまな策を講じる必要があるのです。

以下は、私が使用している質問の一覧です。これを元にしてあなた自身の質問を追加していくことをお勧めします。

- プログラマの作業項目一覧と仕様書はマッチしているか？ 仕様書中の主要なコンポーネントはそれぞれ、各作業項目とどのように関連しているか？ 見過ごしている作業項目があるとすれば、設計中のどの辺りにありそうか？
- この設計が破綻するのはどういった場合か？ 最も弱いコンポーネントやインタフェースは何か？ なぜ、それらを改善することができないのか？
- この設計における最も強固な側面とは何か？ 逆に最も弱い側面とは何か？ 我々が最も自信を持っているものと、自信のないものはそれぞれ何か？ 我々の力と自信は、最も重要なコンポーネントに注力されているか？
- 適切な品質レベルが想定されているか？ それはプロジェクトのビジョンで要求されている信頼性、パフォーマンス、使用可能性を満足できるか？ テストの見積もりは現実的か？
- なぜ、これよりシンプルな設計が採用できないのか？ 本当にこういった複雑さや機能が必要とされるのか？ こういった簡潔化を行わないということに関して、具体的な理由や、しっかりした論拠があるのか？
- この設計にはどういった依存性があるのか？ この作業にダメージを与えたり、作業自体を阻害するような仕様が技術上、組織上、プロジェクト上などに存在するか？ 非常事態計画は用意されているか？
- 最も変更される可能性が高いのは、設計中のどの要素か？ また、その理由は何か？
- このプロジェクトにおけるテスティング、文書化、マーケティング、その他の役割を持った担当者には、ベストの作業を行うために必要な情報がすべて与えられているか？ 彼らが最も懸念していることは何で、そういったことはどのように対処されることになっているのか？ また、そういったことを無視できる適切な理由があるのか？
- PM、プログラマ、テスターが抱く、この仕様書に対する主要な懸念とは何か？ また、機能に対する主要な懸念とは何か？
- このプロジェクトで構築している他の機能と、コードの共有やコードの融通を図る機会はあるか？
- UIに関して、アクセス可能性とローカライゼーション要求を満足できているか？
- この設計におけるセキュリティ上のリスクとは何か？ そのリスクを除去しないのはなぜか？ また、そのリスクは潜在的改善策（すなわち脅威モデル）とともに仕様書中に記述されているか？
- 特定ユーザーが、このUI設計を用いることで必要な作業を行えるということを示す

確かな証拠があるか？

7.7 サマリー

- 仕様書には3つの目的があります。それらは、正しい製品の構築を保証すること、プロジェクトの計画フェーズを完了させるスケジュール上のマイルストーンを提供すること、プロジェクトの過程で踏み込んだレビューや各個人からのフィードバックを可能にするというものです。
- 仕様書はある種の問題のみを解決するものです。チームリーダーは、仕様書によって解決しようとする問題と、その他の手段によって解決しようとする問題を明確にしておくべきです。
- 優れた仕様書はシンプルです。仕様書とは本来、コミュニケーションの一形態なのです。
- 仕様書の作成作業は、設計作業とは大きく異なります。
- 仕様書を記述するにあたっては、内容について各種の判断を行う必要があるため、その担当者は明確な権限を与えられている必要があります。
- ギャップを埋めるということは、仕様書作成プロセスを短縮するために懸案事項をマネジメントするというアプローチです。
- レビュープロセスとは、仕様書の品質を定義し、その品質を達成するための最もシンプルな方法です。

8章
優れた意思決定の行い方

　本書の記述にあたって、私は十人以上のプロジェクトマネージャに対してインタビューを行いました。私はその際、彼らに対して優れた意思決定手法について質問してみました。彼らの答には、選択肢の重み付けを行うといったものから、基準を定義する、手元の状況を解決する各種の手法を追求するといったものまで、さまざまなものが含まれていました。しかし、一日に行っている意思決定の数を尋ねた後、彼らが述べた意思決定手法をどれだけの頻度で用いているのかを尋ねてみると、彼らの多くは何かが間違っていることに気付いた様子でした。そして（後ろを振り返って誰も見ていないことを確認した上で）、時間が限られ、やるべきことがたくさんある状況で、常に特定の意思決定手法を用いることは不可能だと白状したのです。

　彼らは実際のところ、本能に従う、筋の通った前提を置く、当面の懸案事項をプロジェクトにおけるより大きな目標と照らし合わせるといった手法を使っていることを認めました。可能であれば、以前の意思決定に用いた論理を再利用したり、以前のプロジェクトからの経験を活かすわけです。こういった答は十分納得できるものなのですが、こういう話になるたびに、プロジェクトマネージャと私はある種の失望を感じていました。実際は違うと知りつつも、細心の注意を払い、思慮を重ねた上で意思決定を行っていると信じたい気持ちは判ります。とは言うものの、時間と能力には限りがあるため、すべての意思決定を同じようにうまく行うことなどできない相談なのです。

　ことプロジェクトマネジメントに関して言えば、人が意思決定に失敗する原因は多くの場合、その意思の薄弱さや経験不足にあるのではなく、行うべきさまざまな意思決定にかける労力が不十分であったことに起因するのです。すべての意思決定の実施に先立ち、どの意思決定に時間と労力を投資すべきかを考える、メタ意思決定プロセスというものが存在しています。こういったレベルの高い意思決定を行うためには経験に加えて、過ちを反省し、今後の糧とするという意欲が必要となるのです。（こういったスキルを養

成するための訓練は数多くあるものの、そのような訓練がコンピュータ科学やプロジェクトマネジメントのカリキュラムに重点的に取り入れられているという話は聞いたことがありません†。)

　マネージャによっては通常の5倍（すなわち5人分）以上もの仕事をこなすことができるのは、彼らが効果的な意思決定を行う能力を身につけているからに他なりません。こういったマネージャは本能の助けを借り、作業を意味のある単位に分割し、最も効果的な意思決定とアクションを洗い出し、その意思決定を可能な限り優れたものとするために労力をかけているのです。彼らが少ない労力で十分だと判断した意思決定によって引き起こされる過ちや問題は、重要な意思決定に十分な労力をかけなかった場合に起こる過ちに比べると、簡単にリカバリーできるものとなっているのです。

　こういったことを考えると、「意思決定のスキル」が大学で教えられる際、学生達は効用理論や、選択肢に数値を割り当てて計算を行う決定樹分析を学ぶことになるという点が興味深いところです（費用便益分析も広く教えられている手法です）。MBA学位のプログラム††の多くや、プロジェクトマネジメント認定のいくつかには、こういった教程が含まれています。しかし、教室の外、つまり実世界で行われる高レベルの意思決定や、その他の意思決定における実践的な考察については、ほとんど採り上げられることがありません。決定樹分析のような手法は、すべての要素を数値化する必要があるため、財務に関する意思決定に対してのみ有効となり、設計、戦略、組織に関する意思決定に対しては荷が重すぎるというわけです。プロジェクトにおいて優れた意思決定を行おうとする際に、数多くのファクタや視点を考慮する必要のある場合もあるとはいえ、そういったものをすべて考慮できる手法というものは存在していないのです。

　このため、私がインタビューしたプロジェクトマネージャたちのほとんどは意思決定手法をきちんと学んだ経験がなく、学んだ経験のあるごく少数の人々でも、それをほとんど使用したことがなかったのです。こういった事例証拠として、ゲーリー・クライン（Gary Klein）の著した『*Sources of Power: How People Make Decisions*』‡‡ (MIT Press

---

† 意思決定というスキルを養成するための最善の方法は、シミュレーションを通じた訓練です。私は、シミュレーションを行うことで、教師が語る経験としてではなく、生徒が自身の経験としてものごとを学習できるということに気付きました。クラーク・アブト（Clark Abt）著『*Serious Games*』(Viking刊、1970年) を参照してください。なお、私はこういったアイデアを自身の講座にも取り入れています。

†† スティーブン・A・シルビジャー（Steven A. Silbiger）著『*The Ten-Day MBA*』‡ (Quill刊、1999年) には、定量分析と基本的な決定樹分析理論についての簡潔でシンプルな章があります。この書籍は全体として、主要なMBA学位のプログラムの大半で必修科目として教えられていることがらを網羅した良書と言えます。

‡ 訳注：邦訳は『10日で学ぶMBA』（ソフトバンククリエイティブ刊、2002年）です。

‡‡ 訳注：邦訳は『決断の法則：人はどのようにして意思決定するのか？』（トッパン刊、1998年——絶版）です。

刊、1999）でも「……意思決定における形式的手法には懐疑的に接するべきである。彼らは滅多に使われることのない手法を教えているのだ」と記されています。クラインはその後、経験豊富な飛行機のパイロット、消防士、看護師の意思決定におけるさまざまな手法を解説し、教科書で書かれている形式的手法が実際には滅多に使用されていないことを説明しています。とは言うものの、このことは形式的手法が悪いということを意味しているのではありません。ただ、他の手法と比べた場合の、適用対象領域とその有効性が提供されていないというだけのことなのです。

　クラインは、こういった経験豊富なプロフェッショナルには、そのような意思決定手法をうまく適用するだけの十分な情報や時間が与えられておらず、大半のプロジェクトマネージャも彼らと同様の状況にあると述べています。このような事情から、彼らは優れた意思決定を行うために形式的手法を使用するのではなく、自らが利用できる経験、本能、訓練、人材を最大限に活かそうとするわけです。戦闘機パイロットや医学生のための訓練カリキュラムの中には、こういったことを念頭に置いているものもあります。訓練中に理想的な手続きや理論を記憶するのではなく、一般的な問題や難問のシミュレーションを通じて経験を培っていくということに力点が置かれているのです。

　この章では、意思決定について説明するにあたり、リスクの理解、選択肢の発見と（必要に応じた）重み付け、情報の適切な使用という3つの側面に焦点を当てています。

8.1　意思決定の重要度を評価する（リスクは何か？）

　あなたは毎日意思決定を行っています。例えば、明日は何時に起きるか、朝食に何を食べるか、職場に到着したらまず最初に誰と話をするかといったことはすべて、何らかの意思決定なのです。こういった意思決定の影響度は非常に小さいため、いちいち気にしたことはないかもしれませんが、それでも私たちは常に何らかの意思決定を行っているのです。つまり私たちは、日常生活における意思決定の重要度を無意識のうちに判断しているわけです。そしてこういった判断は、プロジェクトマネジメントに関する意思決定にも適用できます。従業員の雇用/首切りや目標の定義といったものに関わる意思決定の場合、その影響が数ヶ月から数年におよぶこともあります。こういった意思決定は長期的かつ多大な影響を及ぼすため、決断にあたってはたっぷりと時間をかけてさまざまな選択肢とそれぞれのトレードオフを考慮する必要があるのです。これに対して、より影響度の小さい、またはより重要度の低い意思決定は、決断時の労力も少なくて済むわけです。

　このため意思決定の第一歩は、その意思決定の重要度を判断することになります。たいていの場合、私たちはこういったことを本能的に行っています。つまり、意思決定の

重要度を自らの判断力で見極めるわけです。例えば私は今、この場で優れた意思決定を行うことができるのでしょうか、それとももう少し時間が必要なのでしょうか？　といった具合です。たいていの場合、数分もあればこういった見極めを行うことができるはずです。とは言うものの、私たちがトラブルに巻き込まれるのは、まさにこの見極めが原因となっているのです。この種の本能は、正しい要因によって導かれることもあれば、間違った要因によって導かれることもあります。少なくとも時々は、見極めをブレークダウンし、特定の見極めに用いられた要因の評価に時間を割かなければ、私たちの思考の元となる偏見や前提（例えば、昇進欲や、お気に入りのやり方を守りたいという思い等）を知ることはできないのです。

　こういったことを念頭に置いた上で、意思決定の重要度を評価する際に用いることができる主な疑問を挙げてみましょう。以下の一覧は、特定の意思決定に対して使用するだけではなく、意思決定の重要度を評価する上での大局的な基準を見直すためにも使用することができます。

- **この意思決定の中心にはどういった問題があるのか？**　新たな情報の獲得によって意思決定が必要となることもしばしばあり、そういった際には、問題の急を要する、限定的な側面が強調されがちです。このため最初にするべきことは、真相を探るような質問をし、行うべき本当の意思決定を見極めることです。例えば、最初に出てきた問題が「今までに見つけた50個のバグすべてを修正する時間はない」というものであったとしても、本当の問題は「バグの優先順位付けを行う基準がない」というものかもしれません。問題を、そして意思決定を再定義し、より有益なものにすることは、設計の品質を改善させる長い道のりの第一歩となるのです。こういったことを実現しやすくするためには、緊急性があるように見える問題に対しても、辛抱強く、落ち着いて行動することです。例えば、この問題の原因は何か？　これは独立した問題なのか？　それとも他の領域に影響を与える問題なのか？　これは誰の問題か？　この問題によって影響を受けないのはビジョンにおけるどの目標か？　この意思決定は仕様書やビジョンのドキュメントですでに行われたものなのか？　もしそうであれば、それを今また再考する適切な理由はあるのか？　といった質問を問いかけるわけです。
- **この意思決定がプロジェクトに影響を及ぼす期間はどのくらい続くことになるのか？　また影響の大きさはどの程度になるのか？**　ビジョンの方向や、採用する技術の決定といった大きな意思決定は、プロジェクト全体に影響を及ぼします。その一方、打ち合わせ時間や議題の決定といった小さな意思決定は、影響を及ぼす範囲も、その程度も限定されたものとなります。このため、意思決定の影響範囲が大きく、その影響が長期に及ぶ場合、じっくりと綿密に取り組む必要があるわけです。そして影響範囲が

8.1 意思決定の重要度を評価する（リスクは何か？）　|　183

小さく、その影響期間も限られている意思決定の場合、ビジョンのドキュメントを作成する際になされた戦略的判断を明瞭に意識しつつ、迅速かつ明確に行うことを目指すわけです。一般的に、大きな意思決定は、じっくりと考察することができるよう、ぎりぎりになってからではなく、プロジェクトの初期や特定のフェーズで行うのがベストです。（このことは2章で考察した点とよく似ています。）

- **この意思決定が間違っていた場合、どれだけの影響が出るのか、またどれだけのコストがかかるのか？　その結果によって、他のどういった意思決定に影響が波及するのか？**　影響が小さく無視できるくらいであれば、失うものはそう多くありません。とは言うものの、気軽にコインを投げて決断してもよいというわけではありません。プロジェクトにおける、ユーザビリティや信頼性といった面に関して言えば、品質というものは、数々の小さな意思決定が絡み合った結果生まれてくるのです。「塵も積もれば山となる」[†] はこういった状況を的確に表した喩えです。つまり、たった一つの大きな過ちではなく、数々の小さな過ちによって命取りとなる状況が引き起こされるのです。こういった場合は少なくとも、その意思決定が本当に他の意思決定に影響を及ぼさないかどうかを考えておく必要があります。影響を及ぼす場合、関連している意思決定をなるべくまとめて行うようにしてください。例えば、UI設計ガイドラインに従ってすべてのページを統一するか、同じAPIを使用しているすべてのコードをリファクタリングするか、こういった機能を完全に割愛するかを考えるのです。あなたの行う意思決定によって、プロジェクトをできるだけ前進させるようにしてください。

- **この意思決定にどれだけの時間をかけることができるのか？**　あなたのいるビルが火事になった場合、避難経路の決定方法がどんなに複雑であったとしても、そんなに時間はかけられません。意思決定に時間をかけている間に、避難経路が次々と火にやられ、最終的にすべての道が閉ざされてしまうことになるのです。重大な意思決定だからといって、必ずしも時間をかけて構わないということにはならないわけです。場合によっては、チャンスを逃さないようにするために、難しい戦略的な意思決定を迅速に行う必要もあります。つまり、意思決定に関しては品質よりもスピードの方が重要となる場合もあるのです [††]。

[†] そして、「千丈の堤も蟻穴より崩る」ということも起こり得るのです。
[††] 競合他社がいる場合、こういったことが特に重要となる場合が多々あります。迅速な対応によって、先手必勝という効果が生まれるのです。つまり早めに手を打つことで、競合他社を防御態勢で応戦するように追い込むのです。こういったことを効果的に行うには、戦況に応じて臨機応変に戦略を着想し、それに沿って計画を立てるという、ほとんどの人にない能力が必要となります。ただ、戦況が有利であると感じた場合に、こういった形で主導権を取ることはしばしば行われます。

- **この種の意思決定を以前に行ったことがあるのか？** 次の質問は、あなたの傲慢度をテストするためのものです。もしもあなたが緊急治療室に連れて行かれ、苦しみ悶えている患者の目の前で、心臓のバイパス手術を執刀するよう依頼されたとしたら、どれほど自信たっぷりでいられるでしょうか？ 無知であることを告白しても恥ずかしいことではありません。そうする勇気が必要なのです。あなたの作業が難しいものである、または最先端の作業である場合、実現方法が見当もつかないということもあるはずです。そういったことを隠したり、他のメンバーに隠させてはいけません（意思決定においてその品質よりもスピードが重要であるという場合は除きます）。隠蔽工作に走るのではなく、チームやあなた自身がこの種の意思決定に経験がないため、外部の助けが必要になったり、問題について考えるための時間が余分に必要となるかもしれないということを認識するようにしてください。リーダーやマネージャ自らが無知を認めることによって、自らの無知を認めても構わないということがメンバー全員に伝えられるのです。その結果、メンバー全員が正直になり、チーム全体における意思決定の品質が劇的に改善されるのです。
- **誰が専門家の視点を持っているのか？ これは本当に自分が行うべき意思決定なのか？** あなたが誰かから意思決定を依頼されたからといって、あなたがその意思決定に最適な人材であるとは限りません。あなたがある種の意思決定において他の人よりも長けているということは、他の人があなたよりも長けている意思決定があるということを意味しています。つまり、オールマイティーではない自らの意思決定能力をあてにし過ぎてはいけないのです。プロジェクトマネージャは、しばしば身近な専門家として扱われます。PMは、マーケティング担当者から見ると技術の専門家であり、エンジニアリング担当から見るとビジネスの専門家なのです。しかし現実のPMは、何でも屋（そして何の専門家でもない）に近い存在なのです。このため、手元の懸案事項についてあなたよりも詳しい人に電話することをためらってはいけません。少なくとも彼らに相談し、彼らを議論に引き込んでください。さらに、意思決定そのものを彼らに委譲することも考えてください。あるいは、誰が意思決定を行うべきなのかを、彼らに尋ねてください。人間関係が良好なのであれば、お互いに時間が取られることになったとしても、共同作業の中で意思決定を行うのがベストかもしれません。
- **誰の承認が必要なのか？ 意思決定を行う前に誰のフィードバックが必要となるのか？** 組織の規模が大きい場合、意思決定にかかるさまざまなコストも大きくなります。一見すると些細な意思決定であっても、利害関係者やパートナー組織の政治力学や要望が絡んでくることによって、複雑なものとなる場合があるのです（16章を参照してください）。些細な意思決定に対して承認手続きをとったり、委員会を開催する頻度が高いほど、あなたの権限が低いことになります。意思決定の際に必要となる手続きが

多いほど、意思決定そのものよりも、そういった周囲からの影響をやり過ごすことに労力を費やさなければいけなくなってしまうのです。技術、ビジネス、顧客といったものに関係していない意思決定には政治によるコストが内在していることもあり、意思決定に影響を与えることもあります。

8.2　選択肢の発見と重み付け

『*Sources of Power: How People Make Decisions*』†において、クラインは人々が意思決定を行う際に用いる基本的な2つの手法として、単独評価と比較評価（表8-1を参照してください）を説明しています。単独評価では、最初の選択肢を考察し、何らかの基準と比較します（今日は、緑色のシャツを着ていこうか？）。その基準に適合したのであれば、意思決定者はそれを選択した上で、他のより重要な考察を行います。それが基準に適合しなければ、他の考えや選択肢を考察し、後は基準に適合するまで同様の考察を繰り返していくことになります（この黄色いシャツではどうだろうか？）。腹痛に襲われた時にトイレを探す、猛烈に飢えている時に口に入るものを探すのもその好例です。この場合、最初に見つかったトイレやレストランに駆け込めば、それで十分であり、他の選択肢を探求する必要はないのです。

表8-1　意思決定の際に用いる2つの基本的手法

意思決定アプローチ	その動作	例
単独評価	最初に見つかった妥当な選択肢を受け入れる。	トイレに行きたい。
比較評価	意思決定に先立ち、複数の選択肢を評価する。	どの南の島を購入しようか決めようとしている。

　一方、もう一つの手法である比較評価を行うには、まず他の選択肢を見つけ出す必要があります。こういった比較評価の一例が、家族の引っ越し先を考えるというものです。
　単独評価は、素晴らしい解決策とそこそこの解決策の違いがあまり重要でない場合に効果を発揮します。クラインは、こういった状況が無差別の領域にあると解説しています。つまり、意思決定の担当者は、選択肢が基本的な基準に適合してさえいれば、成果物の違いに対して無頓着でいられるというわけです。すべての選択肢が無差別の領域（図8-1を参照してください）にある場合、プロジェクトにおいてはかなりの時間を節約することが可能であり、討論や議論を早期に終わらせることで、もっと時間をかけて考察す

---

† 訳注：邦訳は『決断の法則：人はどのようにして意思決定するのか？』（トッパン刊、1998年──絶版）です。

図8-1 あなたが気にかけないことは、無差別の領域に位置付けられます。また、単独評価が可能であるということは、比較評価の方が適切な場合に比べて、無差別の領域が大きいということを意味しています。

る価値のある複雑な意思決定に注力できるようにもなります。優れた意思決定者は、最適化する必要のないものまで最適化しようとして、時間を無駄遣いすることなどしないのです。タイラー・ダーデン†も「重要でないことを重要視してはいけない」と言っています。

　比較評価は、多くの変数が関与するような複雑な状況で、すぐに結果が把握できない、あるいは品質の高い成果物が要求されるような場合に効果を発揮します。比較評価が最も適していてる例として、新たな状況や、本質的に戦略的である問題を挙げることができます。意思決定のリスクが大きくなるほど、そしてメンバーそれぞれが選択肢の性質に精通していないほど、比較評価を行うことが適切となるのです。また、チームという観点で見た場合、比較評価は第三者を納得させたり、第三者を意思決定プロセスに巻き込むための最適なフレームワークともなります。また、比較評価を行えば、比較した上で意見を述べ、行動に対してより掘り下げた理論を展開するということを余儀なくされるため、この手法はグループによる議論やコミュニケーションに役立ちます。

　評価はほとんどの場合、迅速に行うことが求められます。比較評価を行う方法は数多くあり、その中にはそれほど手のかからないものもあります。例えば、ある意思決定についての選択肢をホワイトボードに書き出し、それぞれの相対的な価値を手っ取り早く判断するには、数分もかからないでしょう。また、作業を一人で行っている場合であっても、数個の選択肢の一覧を作成して比較することは、自らの判断をチェックする素晴

---

† 訳注：映画『ファイト・クラブ』の登場人物です。

らしい方法となります。選択肢が一つしか思いつかないという場合、問題を十分に理解できていないことは明らかです。選択肢は常にいくつも存在するはずなのですから。

8.2.1　感情と明確さ

　ほとんどの人は口に出しませんが、意思決定には常に感情的かつ心理的な問題が絡んでくるのです。『The Secret Life of the Brain』(Joseph Henry Press刊、2001年) を著したリチャード・レスタック (Richard Restak) は、「感情的になっていない時など一瞬たりともない」と書いています。私たちは、意識しているかどうかに関わらず、ものごとに対して、常に恐れ、欲求、動機付けを抱いているのです。動機付けが、プロジェクトにとって、または関係者にとって最善の成果物を追求するといった利他的なものであったとしても、感情的な要素が絡んでくるのです。

　このことはつまり、最も論理的かつドライなメンバーでも、本人が意識しているかどうかに関わらず、自らの行動について何らかの感情を抱いているということを意味しています。こういった感情は意思決定において、有用となる場合もありますが、そのプロセスを減速させたり、人に偏見を抱かせてしまう場合もあります。また個人的な感情を別にしても、意思決定という作業自体にはプレッシャとストレスがつきものです。そしてこういったものによって、抱えている問題と直接には何の関係もないような感情や感覚が生まれることもあります。しかし、書くことや話すことを通じて意思決定プロセスを客観的に捉えるようにすることで、重荷となる感情を共有し、採り得る選択肢について明確な思考を可能にすることができます。そして、意思決定の責任が自らにある場合でも、意思決定プロセスを他者に対してオープンにすることで、採るべき最善の道がより明確に見えてくるようになるのです。

8.2.2　比較を容易に行うためには

　比較評価は、決定すべき問題や懸案事項が明確化されている場合にのみ適用することができます。また、成果物のどういった面を重視するのか (完成が早い、品質が高い、役員が喜ぶ等) といった判断も必要となります。さらに、ビジョンのドキュメント、仕様書、要求の一覧に記述されている単語や言い回しを取り入れることをできるだけ奨励すべきです。こういったドキュメントは、すでに行われた大局的な意思決定を反映した内容となっているため、その価値ある内容をできる限り再利用すべきなのです (それこそがこういったドキュメントの目的なのです)。また、クライアント、顧客、こういったドキュメントの作成者と会話を交わすことが、ドキュメントそのものと同じくらい (あるいはそれよりも) 役に立つ場合もあります。

　あなたが懸案事項の詳細に精通している、あるいは精通している人と直接話をするこ

とができる場合、採り得る選択肢の一覧は数分もかからずに作成することができるはずです。こういった一覧を作成することによって、把握できた選択肢に対して前向きな気持ちを抱くようになり、また、他の人々を議論に巻き込むためのたたき台を手にしたことにもなるのです。ある選択肢が他のものよりもずっと優れており、詳しい分析を行わなくてもよいという場合はあるかもしれません。しかし、簡単だと思っていたことが実は難しかったということも、実際にはしばしば起こります。そのため、選択肢の洗い出しは、気付いていなかった他の懸案事項を認識するチャンスであると捉えるべきなのです。

　こういったことを行う最もシンプルな方法は、長所と短所の一覧表という、お馴染みのものを使用することです（図8-2を参照してください）。私が教えた、またはマネジメントしたほとんどすべての人は、いつ学んだのかは知りませんが、この種の一覧表のことを大なり小なり知っていました。しかし不思議なことに、打ち合わせや議論の場でこういったものが使われているのをあまり見かけたことはありません。ひょっとしたら自らの思考プロセスを書き出すと、書かないと整理できない頭の悪い奴だと思われてしまうとでも思っているのかもしれません。

	長所	短所
問題：プログラマのリーダーが退職した。 目標：スケジュールを遅延させない。品質を維持する。顧客満足度を最大限に高める。		
機能Aの廃止		
機能Bの廃止		
機能Cの廃止		
顧客に決定させる		
何もしない		

図8-2 長所と短所の一覧表

　こういった長所と短所の一覧表は、公開討論で結論を導き出すためのツールとして昔から用いられており、その歴史は少なくとも15世紀にまで遡ることができます。その頃から数世紀経った後、ベンジャミン・フランクリンは自らの意思決定に一覧表を用いたことから、アメリカにおいて一覧表を普及させた功労者とみなされています[†]。

　この一覧表はとてもシンプルなものですが、効果的に利用するために注意すべき点がいくつかあります。

- **「何もしない」という選択肢を必ず含めておく**。意思決定や問題というものが、常に何らかの対応を必要とするわけではありません。場合によっては何も行わず、流れに任せておき、他のところに労力をかけることが最善の方法になることもあるのです。埋没原価を回収する価値など、ほとんどありません。意思決定におけるリスクをチームに理解させる上でも、この選択肢を必ず含めるようにしてください。また、局所的な政治力学として、「何もしない」という選択肢を一覧表に追加することで、問題に対して必ずしも何らかの対応が必要となるわけではないということをメンバーに気付かせることができるため、他の意思決定の相対的な価値を高めることができます。
- **あなたは、判っているということを、どのようにして判っているのか？** この質問は、誰もが気楽に尋ねられるようになっている必要があります。メンバーはこの質問を尋ねることによって、前提をチェックし、また、いかなるデータ、直接体験によって得た知識、調査にも裏付けられていない主張に疑問を投げかけることができるからです。「私はこの機能の信頼性について、100%の自信があります」といった裏付けのない主張が行われたとしても、それを裏付けるものとしては当人の意見しかないということをチーム全員が知っているのであれば（そして、その事実に基づいて判断を下すことができるのであれば）、何も問題はないのです。必要に応じて、重要な疑問や主張に適したデータや調査を行えばよいわけです。
- **厳しい疑問を投げかける**。意思決定の核心部分にずばり斬り込んでください。直接的かつ率直な質問を行うのです。ぐいぐい攻め、選択肢の核心に迫ってください。（「13.3 現実感を保ち続ける」を参照してください。）懸案事項の核心を把握し、選択肢を真に理解するということを迅速に行うことができれば、次の意思決定にそれだけ早く取りかかることができるのです。批判的かつ懐疑的になってください。そして、感情や個人的な意向をいったん脇に置いておくよう、チーム全員に頼んでおいてください。誰かの感情を損なうことを恐れるあまり、優れたアイデアを口に出せないということがあってはいけないのです。一覧表をチーム全員に見せ、彼らの疑問やコメントを反映してください。一覧表の長所、短所の欄に、所定の選択肢に対する疑問や考えられる前提を書き加えるわけです。未回答の疑問であっても、その選択肢が本当に意味することを明確化する手助けとなるはずです。
- **反対意見に耳を傾ける**。重大な意思決定に際しては、理に適う選択肢はすべて、それ

---

† 長所と短所の一覧表についての簡単な歴史は、http://www.knockknock.biz/から購入できる『How to Make a Decision』(Who's There, Inc.刊、2003年) という短いパンフレットに掲載されています。これは32ページの面白いパンフレットであり、コインの裏表、じゃんけん、"eenie meenie minie moe" †† 等が網羅されています。

†† 訳注：アメリカ版「誰にしようかな、天の神様の言うとおり！」です。

がたとえ不人気なものであっても含めることが重要となります。あなたが個人的に好きになれない意見や選択肢であっても、その論拠が優れているものは取り込むようにしてください。そうすることによって、あなたは公正を貫くことができますし、長所と短所の一覧表を見るメンバーに対しては、あなたを説得し、一人で行う場合よりも優れた意思決定を行うチャンスを与えることになるのです。「私を窮地に追い込むものの、プロジェクトのためになるような選択肢はあるだろうか？」、あるいは「私が非を認める必要が出てくるかもしれないが、優れた選択肢はあるだろうか？」と自分に問いかけることを恐れてはいけません。

- **選択肢の組み合わせを考慮する**。場合によっては、ある選択肢の属性を取り出して他の選択肢に追加することも考えられるはずです。設計の探求と同様、こういった意思決定には必ず、興味深い組み合わせが存在します。ただし、これによって選択肢の数が爆発的に増加し、必要以上に時間がかかり、ものごとが複雑化する可能性もあるということにご注意ください。無差別の領域に至ればすぐ気付くよう注意を払い、その領域で時間を浪費することがないようにしてください。

- **関連する観点をすべて含める**。この意思決定が、プロジェクトの技術面以外に影響を及ぼすかどうかを考えてください。ビジネス面における懸念で影響を受けるものはあるのでしょうか？ ユーザビリティは？ ローカライゼーションは？ こういったことがプロジェクトの目標となっており、意思決定によって影響を受けるというのであれば、併せて考慮する必要があります。また、純粋に技術的な意思決定であったとしても、パフォーマンス、信頼性、拡張性、コストといったさまざまな観点が関連しているということを忘れないようにしてください。

- **紙やホワイトボードに書き始める**。最初にアイデア/選択肢を考え出す際には、軽量で手っ取り早いプロセスが必要となるはずです。こういったプロセスは、（設計プロセスの初期のように）項目を簡単に削除したり、合成したり、どんどんと書き連ねていけるようになっているべきです。Excelのピボットテーブルを駆使し、15色で塗り分けられた豪華なスプレッドシートを作成しようとしてはいけません。そういったものはかえってポイントを判りにくくするのです。すぐに解決できるような意思決定の場合、ホワイトボードに記述した一覧表だけで十分なのです。洗練されたスプレッドシートやプレゼンテーション資料のことは、重要な会議で長所と短所の一覧表を提示する必要が生じた場合に考えればよいのです。

- **安定するまで洗練する**。一覧表に取り組み続ければ、最終的に安定したものとなるはずです。つまり、核となる疑問や意見は同じものが何度も話題に上るようになり、ともに働いている聡明な人々から新たに重要なコメントがもたらされることが少なくなってくるのです。論理的かつ妥当なアイデアがすべて出尽くし、一覧表を誰に見せ

ても聞いたことのある選択肢しか提示されないようになったならば、先へと進み、意思決定を行う時が来たということになるわけです。

> ちょっとした練習問題として、図8-1の一覧表に項目を追加してください。状況の詳細をほとんど知らされていなくても、理に適った選択肢を少なくとも10個は追加できるはずです。すべて挙げることができれば素晴らしい商品をお贈りしましょう。

8.2.3　議論と評価

　効果的な意思決定というものは、選択肢の一覧があり、各選択肢の違いがある程度理解できている場合にのみ可能となります。一覧があれば、複数の選択肢を順に検討し、どの選択肢が最も有望であるかについて、意見を培うことができるのです。また、議論を通じてしか強力な意見を培うことができないという場合がしばしばあり、その場合には選択肢の一覧が議論の自然な促進剤として機能します（議論の促進については9章で考察しています）。私は、こういった意思決定のマトリクスをオフィスのホワイトボードに書いておくことで、部屋に入ってきた人が懸案事項の状況について尋ねてきた際に、現状と採用方針の理由をすぐに説明できるようにしてあります。こうしておくことで、意思決定に結論が出ていない場合であっても、その理由を理解してもらいやすくなります（ひょっとしたら、意思決定のための時間を延ばしてもらえるかもしれません）。さらに、一緒にレビューし、私の論理に耳を傾け、彼らの意見を提示するよう頼むこともできます。そしてそういった場合に長所と短所の一覧表を使えば、考えながら説明しなくても、すべての考察を一覧で示し、私が培ってきた意見の根拠を示すことができるわけです。

　コミュニケーションが良好なチームでは、グループで重要な意思決定を考察することが当たり前となります。議論の参加者はそれぞれ、長所と短所の一覧表から抜き出した仮定をつむぎ合わせ、特定の意思決定に対して根拠を示すわけです。例えば、誰かが「これを行った場合、Xがまず引き起こされるものの、Yが可能になります」と言った場合、別なメンバーが割って入り、その話を洗練させたり、仮定のいずれかに対して疑問を投げかけることになります。このようにして意見が洗練されていくとともに、グループのより明確な思考を反映した長所と短所の一覧表ができ上がっていくのです。そして時が経てば（これは数分の場合もあれば数日の場合もあります）、関係者全員、特に意思決定者が、懸案の意思決定を行うことで得られるものと、そのトレードオフを完全に理解するようになるわけです。長所と短所の一覧表が安定し、新しい情報がほとんど追加されなくなったのであれば、選択肢を試し、絞り込んでいく時が来たということになります。

8.2.4 シャーロック・ホームズ、オッカムの剃刀、熟考

　かつてシャーロック・ホームズは、「あり得ないものを消去していき、ありそうもないものが残ったとしても、それが真実なのだ」と述べました。この名言は、意思決定においても通用します。最悪の選択肢を消去していき、悪いものが残ったとしても、それが最善の策なのです。このことは意思決定という作業の皮肉な一面を表していますが、難しい意思決定において、のしかかるプレッシャを跳ね返し、最終的な意思決定に向かって突き進むための原動力となり得るのは、消去法しかないのです。

　採り得る選択肢の一覧を作成した後、その領域を絞り込みたいというのであれば、プロジェクトにおいて要求される最低の基準を満たしていない選択肢を洗い出すことになります。当初こういったものを一覧に含めた目的は、さまざまな議論を活性化させ、組み合わせによる選択肢を見つけ出す機会を作ることや、要求を再考することにあったでわけですが、今やそういったものを切り捨てる時が来たということなのです。ドキュメントや要求の一覧をレビューし、顧客や関係者とともにチェックし、最低の基準を満たしていない選択肢を削っていってください。あなたがツイていれば、領域を半分以下にまで絞り込み、本当に検討する価値のある選択肢が2つか3つくらい残った一覧表を手にすることができるはずです。

　可能性を絞り込むために役立つもう一つの考え方が、オッカムの剃刀と呼ばれている原則です。ウィリアム・オブ・オッカムは14世紀の哲学者であり、意思決定の原動力となるシンプルさを提唱したことでその名を残しています。彼は、人々が問題を解決しようとする際、しばしば不必要な複雑さを加えてしまうと考えていました。このため彼は、最もシンプルな説明を見つけ出し、それを用いるということが問題を解決する上で最善の方法になるということを示唆したのです（現代風に表現するとKISS——Keep It Simple, Stupidとなります）†。

　オッカムの剃刀という名前は、問題の中核をなす点に立ち返るために不必要な詳細をすべて削ぎ落とすというプロセスに由来しています。また、オッカムの剃刀は、最善の解決策となる可能性が最も高いものは最もシンプルな論理に基づいているということも示唆しています。一覧中の有望な選択肢のなかには、複雑でリスクの高いエンジニアリングを必要とするものや、信頼性に欠ける人々や技術に対して依存しなければならなくなるものが存在しているかもしれません。しかし、オッカムの剃刀を適用することで、シ

---

† オッカムの剃刀が持つ弱点は、局所解に陥ってしまうと最適解を得ることができなくなってしまうという点です。例えばあなたが丘の上に立っており、地平線を見渡しても自分より背の高いものを見つけることができなかった場合、あなたは地球で一番背が高いというシンプルな結論を導き出してしまうのです。実際には、このシンプルな結論を無効にする情報が存在するものの、あなたがそれを知らないだけかもしれないのです。

ンプルさや明確さが欠如している選択肢を消去し、シンプルで信頼性のある選択肢を残せるようになるわけです。

　ただし、オッカムの剃刀を効果的に適用するには、時間をかけて熟考する必要があります。とは言うものの、同じ問題に対して数時間も熱心に取り組めば、そのうちにはどういう観点に立っていたのかが判らなくなってしまいます。このため、選択肢がどれも同じに見えてきたのであれば、いったん撤収してください。そして、散歩に行く、友人とコーヒーを飲むなど、いったん頭をクリアにして何か他のことを考えられるようにしてください。効果的な意思決定を行うためには、クリアかつフレッシュな頭で選択肢を検討する必要があるのです。そのためには、問題と一日中にらめっこをしているようではダメなのです。

　熟考という行為は、意思決定のツールとして不当に過小評価されています。熟考とは、いったん立ち止まり、あなたが扱ってきたすべての情報を十分理解することです。本当の理解というものはしばしば、リラックスし、今までに得たすべての情報を脳に処理させる時間を持てた時にのみ可能となります。私の場合、ジョギングや散歩といった身体運動が、頭をリラックスさせる最善の方法になっています。また、ネットワークゲームに参加する、面白い映画を見る、ペットと遊ぶといった、純粋な娯楽に没頭するのもよいでしょう。さらに、頭をクリアにする方法といえば安眠を外すことはできないでしょう。しかし、こういったことは人それぞれです。あなたの頭に、今まで考えてきたことを消化するだけの時間を与える最適な方法は、あなた自身が見つけ出さなければならないのです。

　選択肢の一覧に立ち戻る際、核心の事項が何であったのかを思い出すようにしてください。その後、オッカムの剃刀を念頭に置いて、どの選択肢が最もシンプルな方法で問題を解決できるのかということを検討するわけです。最もシンプルな選択肢によって、常に最善の成果が約束されるというわけではありませんが、そのシンプルさゆえに、満足できるレベルで問題をうまく解決できる可能性が高くなるはずです。

8.3　情報とは懐中電灯のようなもの

　西洋世界で教育を受けたほとんどの人間は、数字を信頼するように教えられてきています。数値を用いて作業し、それらを比較する方が、抽象的な感覚やアイデアを元にして作業するよりもずっと簡単なのです。少し前に言及した効用理論や決定樹分析も、要求や可能な選択肢を数値に変換し、それに基づいて計算することで、より優れた意思決定が可能になるという考え方に立っています。先のセクションではこういった理論を批判していましたが、数値化を行うことによって、真の意見を明確にしてから決断を下す

ということが容易に行えるようになる場合もあるのです。

　ともあれ私たちは、意思決定が必要ない場合であっても、主張されたことに対して数値での裏付けを求めたがるのが一般的です。「われわれの検索エンジンは、3単語のクエリを実行すると実行速度が12%低下する」という表現は、「システムが遅い」という表現よりもずっと有効であり、信頼性も高いはずです。数値データは、言葉では表現できないある種の精度を表現できるのです。さらに、何らかのことを客観的に検証する場合、人は数値データを要求します。例えば「このシステムは遅い」という主張に対して、「それはどのようにして判断したのか？」という質問が返ってくるわけです。この場合、その回答に何らかの研究や調査結果が織り込まれていなければ、当初の主張は信頼し難いとみなされるか、主張している人の意見や判断に基づいていると判断されることになってしまうのです。また、重要な疑問に対して具体的な情報を答えることで、意思決定に要する時間を短縮することができる場合もあります。

8.3.1　データは意思決定を行わない

　情報についての第一の誤解は、情報があなたの代わりに意思決定を行ってくれるというものです。優れた情報は懐中電灯のようなものです。これによってある領域を照らし、今まで見えていなかった詳細や境界を見ることができるようになります。重要な主張を傍証できるデータや調査が手元にないのであれば、時間を取ってデータを手にすることで意思決定プロセスを加速させることができるのです。ただ、これによって霧が晴れ、視界が開けるとは言うものの、意思決定が完了したことにはならないのです。そして、最初の光が当たり、基本的な詳細が明らかになった後は、いかなる量の情報を以てしてもものごとの性質が変わることはありません。あなたが太平洋の真ん中を漂流している時に、現在の海水温度や、見かけた魚の正確な種類が判ったとしても、あなたが行うことになる意思決定はほとんど影響を受けないはずです（ただし、海流、航路、星座が判れば、影響を受けるはずです）。ほとんどの難しい意思決定において、問題となるのは調査やデータの欠如ではありません。どれだけ情報を持っていたとしても、難しい意思決定というものはこの世から無くならないのです。人々が分析と議論に取り憑かれる「分析地獄」というアンチパターンは、もっと十分な情報がありさえすれば自動的に問題が解決すると自らを騙そうとする行為なのです。残念なことに、そんな都合のいい話はありません。情報は助けになりますが、あるレベルまでしか助けてくれないのです。

8.3.2　データの解釈ミスは簡単に起こる

　データについての2つ目の誤解は、すべてが均質であるというものです。数値を用いて作業を行う際には、ちょっとしたことで情報の解釈ミスを犯してしまうということが判っ

ています。ダレル・ハフ (Darrell Huff) の著した『How to Lie with Statistics』[†] (W.W. Norton刊、1993年) には、「統計という秘密の言語は、データ至上主義の人々を魅了するものであり、扇情、誇張、混乱、過度の単純化といったことを目的として使用される」と書かれています。ハフは、同じデータから全く逆の結論を引き出す方法を分類し、そういった方法は、意思決定を行うすべての人が知っておくべきだというアドバイスを与えています。ほとんどのトリックは、重要な詳細を省略したり、導き出したい主張を裏付ける情報のみを選択するといったことによって行われます。

　例えば、有名なスポーツドリンクのコマーシャルで「スーパースター6人のうち5人が愛用している」という主張がなされていたと考えてください。この主張は凄いことのように聞こえますが、この製品を愛用しているのはどのスーパースターなのでしょうか？ そもそも、スーパースターとは、どういった人たちなのでしょうか？ スーパースターが誰であれ、彼らはどういう経緯で調査対象に選ばれたのでしょうか？ 彼らはそのドリンクをどういう用途で愛用しているのでしょうか——自動車の洗車に使っている、なんてことはないのでしょうか？ 調査に先立って調査対象者との間で金銭の授受が行われたり、調査対象者を選ぶ際に商品を愛用していないスーパースターが除外されるようなことはなかったでしょうか？ こんなことを誰が知っているというのでしょうか？ 当然、コマーシャルの中で語られることはありません。医療分野における調査からビジネス分析、技術のトレンドまで、ありとあらゆるデータを注意深く調べてみれば、びっくりするような前提や注釈が細かい文字で書かれていたり、前提が一切書かれていないということが判るはずです。数多くの調査や研究報告は、特定の結果が導き出されることで利益を享受する人々からの資金援助を受けて行われているのです。さらに悪いことに、私たちが接する情報は、調査を行った本人ではなく、記者によって書かれた雑誌や新聞の記事であり、記者の持つ客観性や専門知識は、私たちが期待しているレベルに到達してないことも多いのです。

8.3.3　結果ありきの調査

　気を付けるべき最後の点は、結果ありきの調査です。何かを理解しようとすることと、特定のお気に入り理論を裏付けようとすることとの間には、天と地ほどの差があります。よく見かけるのは、誰かが (スキップ君と呼びましょう) アイデアのみを持っており、それを裏付けるデータを持ちあわせていない時に、自らの理論に合うデータを探そうとすることです。スキップ君は都合のよいデータを見つけるや否や、他の人のところに行き、

[†] 訳注：邦訳は『統計でウソをつく法——数式を使わない統計学入門』(講談社刊、1968年) です。

「ほら！ 私の正しさが証明されています」と説得を試みるのです。そして、その人が特にデータを疑う理由を持たないためスキップ君の説に従うと、スキップ君の言い分は通るということになるわけです。しかし悲しいことに、スキップ君が持ち出した証拠というのは、ほとんど何も証明していないのです。ペプシがコカコーラよりも優れているという調査結果があったからといって、まったく逆の調査結果が存在していないということにはなりません。公明正大な調査を行うのであれば、問題となっている主張を肯定する証拠だけではなく、それを議論するための証拠も探す必要があるのです（これが科学的手法と呼ばれるもののシンプルかつ部分的な説明です）。優れた研究者や科学者であればこういったことを行っています。しかし、優れた広告主、マーケティング担当者、（アイデアも含め）何かを販売しようとする人は、こういったことを行わないのが一般的なのです。

　操作されたデータに騙されたり、データを誤解してしまうことを避ける最善の方法は、調査を行った人と直接やり取りを行うことです。レポートに目を通すだけでなく、そのレポートを書いた人と話をするのです。二次情報、三次情報、四次情報は、できる限り避けるようにしてください。専門家に直接話を聞くことで、さまざまな事情によってレポートやプレゼンテーションから割愛されたものの、あなたにとっては有用となる詳細やニュアンスを知ることができる場合もしばしばあります。転送されてきた電子メールを鵜呑みにするのではなく、プログラマやマーケティング担当者に電話をかけ、あなたが直面している意思決定についての意見を求めてみてください。人から得る情報には必ず、情報そのものに含まれているよりも価値の高い何かが存在しているのです。レポートを書いた人は、レポートに書ききれないことを数多く学んでおり、尋ねてきた人とそれを分かち合いたいと思っているはずなのです。

　情報源として人を活用することはさておき、疑問を投げかける姿勢を持つことは、情報というもののリスクを理解し、最小化する最善の方法です。設計と意思決定の問題に関して先に書いたように、疑問を持つことによって選択肢が導き出され、各メンバーは目の前にある情報に欠けていることや、その前提を考察できるようになるのです。また、疑問を持つことによって、異なる課題や意見を抱える人々や組織等、さまざまな情報源からデータを入手する必要性が感じられるようになり、意思決定に関するより明確な実態を把握することもできるようになります。

8.3.4　精度と正確さの違い

　情報とデータに関する最後の注意点として、私たちの多くが精度と正確さの違いを忘れてしまいがちであるという点を挙げることができます。精度とは測定の有効桁数がどれだけあるかを表す指標であり、正確さとは測定結果がどれだけ現実に近いのかを表したものです。精度の高い数値（例えば作業工数が5.273日）が提示されたからといって、

それが大まかな数値（4～5日）よりも正確であるとは言えません。こういった数値がどこかから出てきた場合、私たちはその数値の妥当性は検証されているだろうと思い込んでしまうため、精度と正確さをごっちゃにしてしまいがちです。ここでの落とし穴は、精度は簡単にねつ造できるという点にあります。例えば、来年度は売上が550万ドル、経費が235万ドルであると予想し、これら2つの数値から、来年度の利益として315万ドルであるという値を導き出すことができます。この値の精度は高いでしょうか？答はイエスです。では、この値は正確でしょうか？誰にも判りません。「この値をどうやって知ったのか？」あるいは「このデータはどのようにして導き出されたのか？」を問わずして、その値が正確なのか、それとも単に精度が高いだけなのかを知ることはできないのです。こういったことから、精度を利用して人を惑わせるという他者の悪習を正す癖をつけておかなければならないわけです。

8.4　決定する勇気

> 「すべての人は道を知っている。しかし実際にその道を歩く者はほとんどいない。」
> ──達磨大師

　正しい選択を知ることと正しい選択を実行することには大きな違いがあります。たいていの場合、正しい選択が何であるかを知っている人は、何人かはいますが、自ら進んでそれを実践しようという人はほとんどいません。自ら進んで意思決定を行い、その責任とプレッシャを引き受ける人たちよりも、他者の意思決定を批判したり嘲笑する人たちの方が多いというのが世の常です。次のことは常に念頭に置いておいてください。意思決定というものは勇気の要る作業です。というのも、プロジェクトにとっての最善の意思決定は、メンバーの不評を買うことも多く、チームの中核メンバーを動揺、あるいは失望させ、ものごとが悪い方向へと進んだ際にはあなたが針のむしろに座ることになるためです。

　こういった重荷は、リーダーシップを発揮しようとするすべての人が負うものです。意思決定はリーダーやマネージャが行う作業の中核を占めるため、優れたリーダーになろうとするのであれば、勇気を持って意思決定を行う必要があるのです（「12.8　あなた自身を信頼する（自恃）」を参照してください）。

8.4.1　勝利をもたらす選択肢のない意思決定もある

　私がプロジェクトマネージャとして行った意思決定の中で最も酷かったものが、Internet Explorer 4.0におけるエクスプローラバーというコンポーネントに関するものでした。エ

クスプローラバーは、ブラウザの左側に縦長で表示され、検索結果、お気に入りの一覧、訪問したサイトの履歴を表示することでユーザーのナビゲーションを助けるという、当時としては目新しいユーザーインタフェースでした。ところが最初のベータ（つまりテスト）リリースが数週間後に迫った頃、設計に起因するある懸念が持ち上がってきました。我々は少し前からこの問題を把握していたのですが、いわゆる「ブラウザ戦争」と呼ばれるプレッシャが高まる中、この問題を残したままリリースするとメディアから大きく叩かれるのではないかという恐れを感じ始めたのです。

問題とは以下のようなものでした。特殊な状況下において、ファイルシステム用のエクスプローラと同じウィンドウ内にエクスプローラバーを表示させると、画面が3つの醜い領域で分断された、ウェブページの表示領域が非常に狭いウェブブラウザが表示されるようになってしまうのです。我々は、IE 3.0のリリース時にメディアや業界がこぞって入念なレビューを実施したことを記憶していたため、ベータユーザーやジャーナリストがこの発生条件を見極め、製品レビュー等でその画面イメージを大々的に公開するのではないかと恐れたわけです。製品レビューというものは、特にベータ版にとって非常に重要なものなのです。チームはこの問題に対して対策を採る必要性を認識し、上級マネジメントからもそうするようにとのプレッシャをかけられました。

私は大慌てで長所と短所の一覧表を作成し、プログラマや他のプロジェクトマネージャとともに議論し、3つの選択肢にまで絞り込みました。しかしそれらはすべて悪いものでした。まず、問題に対する根本的な対応を行おうとした場合、5日を要するという見積もりになりました。しかし、我々にそのような時間は残されていませんでした。この対応をとった上で期限に間に合わせようとした場合、他の主要な機能を割愛することになり、それはこのリリースの品質を著しく損なうことになるのです。次に、こういった問題を引き起こすいくつかの条件を除去するという、2日で済むハックもありましたが、この対処は一時的なものであり、後で捨て去らないといけないものでした（この対処はベータ版としては十分であるものの、最終版としては十分ではなかったのです）。そして最後の選択肢は、何もせず、誰もこの問題に気付かないことを祈るというものでした。私は死に物狂いで他の選択肢を探しましたが、見つけることはできませんでした。また、多くの人々が私のところにアイデアを持ってきましたが、結局はこの3つの選択肢に戻ってくるのでした。私は深夜、オフィスに置かれたホワイトボードの前で考え込みながら、堂々巡りの思考に陥っていたことを覚えています。

プロジェクトマネージャであれば、こういった厳しい選択を迫られた経験があるはずです。また、責任には、予算、従業員の採用および解雇、商取引、技術、法廷闘争、交渉、設計、ビジネス戦略に関するさまざまな意思決定がつきものです。厳しい意思決定に直面した時、適切な答が必ず一つだけ存在するとは限りません。実際、採り得る選択

肢のすべてが失敗につながる（あるいはすべてが成功につながる）ということもあり得るのです。どれだけ研究し、綿密に調査しても、意思決定は予測という行為でしかありません。厳しい意思決定というものは突き詰めれば、何らかのレベルにおいて、プロジェクトマネージャの判断と勇気、そしてその判断に従うチームの勇気ということになるのです。

私はIE4におけるこの状況において、何もしないという選択肢を採用しました。眠れない夜を過ごした後、メディアの件は、まだ起こっていない問題に対して保険をかけるよりも、問題が実際に起こった時に対応する（この場合、プログラマの時間ではなく私の時間が取られることになります）という決断を下したのです。この決定は、私には満足できないものでしたが、プロジェクトにとっては最善の選択肢だと感じていました。そしてチームは、この種の決定を下すことが私の役目であるとプロジェクト早期に同意してくれていたため、この決断によって次の作業に移れたというわけです†。

8.4.2　優れた意思決定でも悪い結果をもたらすことがある

多くの優れた意思決定者にとって、我々の行ってきた後釈釈は不当なものに感じられるでしょう。意思決定の結果、ものごとが思っていたようにうまくいかなかったからといって、意思決定者が知り得た情報を基に下した決断が間違っていたということにはならないのです。意思決定が複雑、あるいは難しい場合に、あらゆる不測の事態や、すべての可能性を考慮しておくことなど（一部の人々は試みようとしますが）できない相談なのです。また、あらゆる不測の事態に備えようとして時間を割くほど（マイクロマネジメントに陥ります）、ありがちな事態に対処する時間が少なくなります。例えば、あなたが心臓に問題を抱えており、食生活が乱れており、キーボードをタイプすることが運動不足の解消方法だと信じているのであれば、雷に打たれる心配をすることなどほとんど無意味なのです。

プロジェクトの一部が失敗したからといって、それが悪い意思決定によるものとは限りません。プロジェクトマネージャ、チーム、組織のコントロールが及ばない範疇でものごとが起こるのは、日常茶飯事です。予測できないものごとはたくさんあり、予測で

---

† 私は正しかったのでしょうか？ ここで結論を述べることは不可能です。私が意思決定を行った翌日、開発者のリーダーであるチー・チュウは自らの力で問題を解決しようと決断したのです。そして、その決断を誰にも伝えることなく、彼は**自らの個人的な時間を丸一日使って**問題を解決しました。元々の5日という見積もりは、該当コンポーネントに精通していない担当者が見積もったものであり、チーはその半分の時間で作業を完了させたのです。チーが作業を完了させた翌日、私が他の用事で彼のオフィスに行った時、彼は笑いながら変更後のブラウザを見せ、驚かせてくれました。もっとも私は、感動すると同時に一抹の恐ろしさを感じていましたが。

きたとしても、それに対応することは不可能なのです。このため、知り得なかった、または知っていても対応することができなかったものごとに対する責任を意思決定者に負わせるのは、不当というものでしょう。しかし、多くの組織ではまさにその不当なことがまかり通っているのです。チームがすんでのところで失敗した場合、チームが思いの外に頑張っていたとしても、周囲は彼らの熱心な仕事ぶりと献身的な努力を評価しない傾向にあります。意思決定に関して言えば、非難は慎重に行わなければならないのです。また、勇敢な意思決定を行う者は、いつでも慎重に、かつ用心深く意思決定を行う者に比べて、失敗する頻度が目に見えて高くなる傾向にあります。あなたが、意思決定者に勇敢であって欲しいと望むならば、彼らが大きな決断を下す際にはサポートを惜しまず、失敗した時には助けの手を差し伸べるようにする必要があるのです。

当たり前の話ですが、プロジェクトマネージャはプロジェクトの運命を左右する存在です。私は、プロジェクトマネージャがチームを崩壊させたのに、その背中を叩いてよくやったと誉めるべきだとは言っていません。優れた意思決定が悪い結果をもたらしたとしても、その意思決定を行ったPMが非難されることのないように注意すべきだと主張しているだけなのです。**意思決定前**における彼のロジックや思考プロセスがしっかりしていたのであれば、そのロジックと思考プロセスは**意思決定後**であっても変わらずしっかりしているはずです。意思決定当時よりも今の方が知識量が多いからといって、意思決定が行われた際の世界の状態が変化するわけではないのです。PMやチームが努力したにも関わらず、彼らの知らないこと、あるいは予測できないことがあったとしても彼らは責められるべきではありません。チームは責められることなく、前回の意思決定時に取りこぼしたデータや知識をどのようにして収集し、次回の意思決定時にどのように適用することができるのかを考えているべきなのです。

8.5　注意を払い、振り返る

　意思決定のスキルを向上させるには、2つのことを実践する必要があります。まず最初に、あなたにとって難しく、一所懸命に取り組まなければならない意思決定を経験する必要があります。難しいと感じる意思決定を行った経験が今までなく、間違いを犯すことも滅多にないというのであれば、あなたの上司にかけあって、もっと大きな責任を持たせてもらってください。そして次に、あなたの意思決定の結果に注意を払い、その評価を行ってください。この際、関係者に助けを仰ぎ、成果物の品質を改善する上で他の方法がなかったかどうかを考えるようにしてください。経験というものは、時間を取ってそこから教訓を学ぼうとする者にだけ利益をもたらすのです。

　戦闘機のパイロットは、訓練や実際のミッションの終了後に、デブリーフィング

(debriefing) セッションと呼ばれるミーティングを行い、起こったことを振り返ります。こういったミーティングには、上官や経験豊富なスタッフが参加します。戦闘機パイロットに必要とされる複雑なスキルを学習し、伸ばしていくには、関係者全員を交えたミッションのレビューによって、何がどういった理由で起こったのかを明確に関連付け、より優れた結果をもたらすために他の方法がなかったかどうかを考察するしか方法がないのです。こういった議論においてはしばしば、戦略や戦術の分析を行ったり、アイデアを交換したり、同じ状況下における別の選択肢を提案し合うといったことが行われます。

医療関係者もM&M (Morbidity and Mortality：罹患率と死亡率) セッションというよく似た会議 (冗談でD&D (Death and Doughnuts：死者とドーナツ)† と呼ばれることもあります) を行っていますが、これはたいていの場合、致命的な症例に遭遇した場合や、特に目新しい、あるいは複雑なことが行われた時にのみ行われます。

いずれのセッションにおいても、セッションが裁判になったり、参加者の犯した過ちを糾弾する会になることがないよう、リーダーは十分気を付けなければなりません。ここでの目標は、参加者を不快にさせないようにしながら、起こったことのレビューと再評価を自ら行うように仕向けることであり、そのことによって参加者は教訓を学び取り、組織内の他の人々とその教訓を分かち合えるようになるのです。

以下は、意思決定についてのレビューで使用することができる質問集です。チームが過去の作業を振り返って評価する場合、私はいつもこういった質問を投げかけるようにしています。こういった質問は、グループでレビューを行う場合に特に役立ちますが (さまざまな観点から意見が出されるため)、あなた自身の思考をレビューする際にも役立つはずです。

- **その意思決定は核となる問題を解決したか？** この質問は、意思決定プロセスの一環として行われるべきものです。判断が正しかったとしても、その意思決定がどれだけ適切に実践されたかによって、結果に違いが生まれてくることも多いのです。つまり、意思決定の2時間後、翌日、2日後にその意思決定をチェックし、まだ有効か、そして正しく実践されているかを確認する必要があるわけです。意思決定後の数時間から数日は、その再考が必要となるような、予期しない問題が起こりがちです。これは自然なことであり、想定しておくべきことなのです。
- **その意思決定をより迅速化できるような、より優れたロジックや情報はあったのか？** 意思決定のどの部分で時間がかかったのでしょうか？ 他の選択肢を発見、あるいは探求するプロセスを加速できたはずの知識やアドバイスはあったでしょうか？ どの

---

† 訳注：Death and Doughnutsの語源は、いつもドーナツを食べながら死亡患者について議論するためです。

ような調査ツールを使用したのでしょうか？ 誰かが図書館に足を運んだのでしょうか？ 書店には？ ウェブでの検索は？ コンサルタントや専門家を呼んだのでしょうか？ こういった情報源にあたらなかった理由はあるのでしょうか？

- **ビジョンのドキュメント、仕様書、要求定義書はその意思決定に役立ったか？** プロジェクトレベルの優れた意思決定や優先順位付けがあると、低レベルの意思決定に役立つことがしばしばあります。こういったものは、まさにそのために存在しているのです。また逆に、この意思決定によって、ビジョンのドキュメントにある弱点や見過ごしが明らかになったのでしょうか？ そういった見過ごしを把握、解消するための意思決定が行われた後、ビジョンのドキュメント/仕様書/要求定義書は改訂されたのでしょうか？

- **この意思決定はプロジェクトの進捗に役立ったか？** 悪い意思決定であっても、プロジェクトに進捗をもたらすこともあります。意思決定は、チームに対する触媒としての働きを持っているのです。道に迷った時、迅速な意思決定によって東に進むことになったものの、少し歩いて視点が変わると、本当は北に進むべきであったということが判明する場合もあります。こういったことは、実際に東に向かって進み始めるまで、判らないのです。このため、行ってきたことを振り返り、元々の意思決定が成功した理由を明確にするわけです。成功したのは意思決定が正しかったからでしょうか、それとも意思決定のタイミングが適切だったからでしょうか？

- **鍵となる人々をプロセスに参画させ、意思決定の支援をさせることができたか？** プロセスに参画してもらえなかったものの、本来は参画して支援を行ったり、専門性を発揮してもらう必要のあった人はいたのでしょうか？ そういった人にコンタクトを取ったものの、参加してもらえなかったのか、それともコンタクトすら取らなかったのでしょうか？ そういった人をうまく巻き込む方法は考えられるでしょうか？（正当な観点が必要なのであれば、そういった人の意見を得るべきです。）

- **この意思決定が他の問題を引き起こす/防止するということはあったのか？** 手元の問題を解決できたものの、同時に他の問題を引き起こしたりしなかったでしょうか？ 士気の低下を引き起こさなかったでしょうか？ この意思決定によって、協力企業やチームが痛い目を見ることはあったでしょうか？ この意思決定には、どういった負の副作用があり、そういった副作用は回避することができたのでしょうか？ また、それは予測できたのでしょうか、それとも予想外のことだったのでしょうか？

- **振り返ってみた場合、この意思決定の最中に気にしていたことは正しいことだったのか？** プレッシャや妄想によって、どの懸案事項に注意を払うべきかという感覚が混乱させられることもあります。やってきたことを振り返ることで、重要性を混乱させていたものが見えてくるようになるはずです。その混乱は、誰の意見によって、ま

たは誰の影響によって生じていたのでしょうか？ それを最小化しようとしたものの、無視された人はいたのでしょうか？
- **正しい決定を行うだけの十分な権限があったか？** 実行したかったものの、政治的な理由であきらめることになったアイデアがあるかもしれません。あるいは、問題に対する権限を手に入れることに時間がかかってしまい、初めから権限が与えられているべきだったと感じているかもしれません。意思決定において権限がどのような役割を果たしたのか、そして権限の委譲が違ったものとなっていればものごとがどのように変わっていたのかを考えてください。
- **この意思決定によって学んだことをプロジェクトの他の部分にどのように適用できるのか？** 得られた教訓を特定の意思決定だけのものとして考えないようにしてください。プロジェクトに押し寄せてくる意思決定の波（次のマイルストーンやタスク）を見据え、教訓を適用するのです。新たな視点に立ち、過去だけではなく、将来を見据えるのです。「人が恐れているのは、噛みつこうとしている虎ではなく、過去に噛みついてきた虎なのだ」というビルマのことわざを忘れないようにしてください。

8.6　サマリー

- メタ意思決定、すなわちどの意思決定に時間を割くのかという意思決定のスキルは、とても重要です。
- 時間を浪費することがないよう、まず意思決定の重要度を見極めるようにしてください。
- 無差別の領域に至ればすぐ気付くよう注意を払い、単独評価を有効に使用できる機会を見出すようにしてください。
- 労力を投資する価値のある意思決定に対しては、比較評価を使用してください。
- すべての意思決定には、私たちが認めるかどうかに関係なく、感情的な問題が絡んでいます。
- 長所と短所の一覧表は、比較評価における最も柔軟な手法です。これによって、さまざまな人を関与させ、意思決定に関する多くの視点を持ち込むことが容易になります。
- 情報やデータがあなたに代わって意思決定を行ってくれることはありません。
- 過去の意思決定をレビューし、教訓を求めたり、よりよい戦術を見出す機会を探求することによって、意思決定のスキルを向上させることができます。

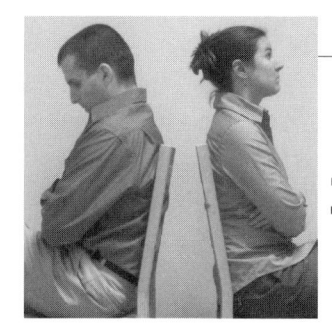

9章
コミュニケーションと人間関係

　聖書の創世記に記述されているバベルの塔の逸話は、西洋史における最古のエンジニアリングストーリーであり、その核となる教訓はコミュニケーションについてのものでした。この話は、人類が砂漠で一致団結するところから始まります。その後彼らは、レンガとモルタルの作り方を考え出しました。そこまでは何の問題もなかったため、彼らはそういった材料を使用し、天高くそびえる塔を建築しようとしたのです。作業は驚くほど順調に進みましたが、作業者達は突如として同じ言葉を話す能力を失ってしまい（これが「神の介入」なのでしょうか？）、その時を境にすべては文字通り崩壊してしまったのです。一度は団結していた人々も世界中に散っていき（またしても神の介入です）、さまざまな言語と社会が形成されました。つまりこの話は、相互のコミュニケーションがうまくできていれば、不可能なことは何もなかっただろうということを示唆しているのです（そしてこの話は、なぜ神の介入が引き起こされたのかということも示唆しているのかもしれません）。

　この聖書の逸話は、長さにすると約1ページという極めて短いものでしかありません。しかし、その後何世紀にもわたって、多くの芸術家や作家の興味を引き続けています。ブリューゲル† を始めとする多くの画家たちによって描かれた活き活きとした塔の絵画によって、その作品が描かれた当時のエンジニアリングやプロジェクトマネジメント作業のリアリティが伝わってきます。この話の解釈は時代とともに移り変わり、塔の描写も変わってきていますが、中心に流れているテーマは不変なのです。ある人は、この話が人類の傲慢さに対する警鐘であり、人類が足を踏み入れてはならない神の領域というも

---

† ブリューゲルは、16世紀のフランドルの画家であり、風景画と農民画で有名です。彼の描いたバベルの塔と、彼の生涯はhttp://en.wikipedia.org/wiki/Pieter_Brueghel_the_Elderで見ることができます（なお、フリー百科事典『ウィキペディア』(http://ja.wikipedia.org/) にて「ピーテル・ブリューゲル」を検索すると日本語で概要が読めます）。

のの存在を示す証であると捉えています。また他の人は、なし得ることのできる限界を超え、すべてを勝ち取ろうと努力する人々の話であると理解しています。しかし私にとっては、そしてこの章の目的から見た場合には、バベルの塔の逸話における核となる教訓はとてもシンプルなものとなっています。その教訓とは、コミュニケーションが成立しなければ、成功することはできないというものなのです。

　文明の歴史を振り返ると、コミュニケーションの遅延によって問題が引き起こされたという事例には事欠きません。(近世の) アメリカの南北戦争 (1861-1865) の頃になっても、無線、電信、手旗信号は一般的になっていなかったのです。このため将軍は、各駐屯地にいる司令官と戦局の情報をやり取りするために、伝令を馬で遣わしていました (つまり、伝令が敵に捕まらなかったとしても、メッセージが届くには数日かかる場合もあったわけです)。その結果、撤退や攻撃戦略の変更といった意思決定が数日前に行われることもしばしばありました。こういった制約によって、多くの悲劇や前線での混乱が引き起こされたのです。(例えば、戦場の司令官が総攻撃の命令を下し、将兵が全員突撃を開始した直後に、疲弊しきった伝令がテントに到着し、息を切らせながら「将軍よりの伝令です……『貴君が要求した援軍は戦局上の都合により他の地域に派遣されることになった。気の毒なことではあるが、幸運を祈る』」と伝えたとしたらどんな気持ちになるでしょうか。伝令が撃ち殺されても不思議ではないはずです。)

　コミュニケーションの重要性については、今も当時も変わりありません。しかし大きな違いが2つあります。まず、コミュニケーション速度は、今ではもはや大きな問題ではなくなりました (インスタントメッセージよりも高速なコミュニケーション手段なんて存在するのでしょうか？)。その代わりに、コミュニケーションの質と有効性が問題となってきたのです。次に、ソフトウェア開発のように複雑で相互依存している作業では、コミュニケーションだけでは不十分であることが判ってきました。つまり、共同作業を行うメンバーの間に、効率的かつ健全な関係が必要となるのです。多くの意思決定が共有され、多くの作業が協調して行われるため、優れた関係を築くことなしにコミュニケーション量を増やしても意味がないのです。軍隊の指揮系統とは異なり、ほとんどのソフトウェアチームは、階層構造に基づくやり取りよりも相互間のやり取りに依存しています。必要に応じて命令を出すリーダーという役割は明確に定義されているものの、プロジェクトには (きっちりした命令系統、厳格な規律、命令への完全服従ではなく) 各個人の知識を利用し、アイデアを共有し、歩調を合わせて作業することが要求されるわけです。

　プロジェクトマネージャは、個人や集団とのコミュニケーションに長い時間を費やすことになるため、効率的なコミュニケーションを行うという点において、チームの誰よりも重い責任を負うことになります。優れたプロジェクトマネージャは、コミュニケー

ションの品質を高く保ち、チーム内の関係を健全に保つことによって、全メンバーの効率を向上させます。つまり、新たなバベルの塔を生み出さないようにする鍵がチーム内の健全な関係にあるというのであれば、よりよい人間関係を築き、それを維持する役割を担うのは当然、プロジェクトマネージャということになるわけです。

　こういったことを行う上で、ゲーム番組の司会者のような外向性が必要になるわけではありません。また、卓越したユーモアのセンスや魔法の力も必要ありません（あれば、それなりに役に立ちますが）。これにはまず最初に、コミュニケーションと人間関係が重要であることと、あなた自身とチームにはさらなる向上の余地があるということを認識する必要があります。こういったことを認識した上で、コミュニケーションの問題が起こりがちな部分を理解し、それとどう取り組んでいくのかを学習していくことになるわけです。

9.1　対話を通じたマネジメント

　意外に感じられるかもしれませんが、私は昔、職場における対話の価値をなかなか理解できませんでした。確かに私も、おしゃべりをしたりジョークを飛ばしたりしていましたが、仕事場でのそういった社交的なやり取りは実際の仕事とは関係がないと考えていたのです。私は、自分の仕事というものは自分自身で解決するものだと教えられて育ってきました。このため、マイクロソフトに入社して一年目は、他人に意見を求めたり、私よりも知識のある人を見つけ出して、その知識を利用するといった賢明な行動をとることなく、一人がむしゃらに働いていたわけです。そして、私の最初のマネージャであるケン・ダイとジョー・ベルフィオーレの2人が他の人とのおしゃべりに多くの時間を割いている様子を、不可解なものとして捉えていました。彼らは、さまざまな人のオフィスに出向いては、おしゃべりをしていたのです。彼らも私と同じくらい忙しいにも関わらず、なぜ「人間関係」に時間を割いているのか、当時は不思議でなりませんでした。私はその理由を彼らに尋ねようとはせず、単に「外向的な性格」のなせる技なんだと思い込み、ちょっと嫌な気分になっていたのです。彼らの振る舞いは私にとって不快であり（なぜ彼らは私のように真面目に働かないのか？）、彼らが行っていることに対して私はまったく価値を見出すことができなかったのです。しかし、間違っていたのは私の方だったのです。

　私の責任が大きくなるともに、私はケンとジョーがやっていたことの価値を理解できるようになりました。私の言うことを聞く義務のない人々に何かを行わせたい場合、ぞんざいな扱い、いじめ、命令、要求といった手段が役に立たないということを、さまざまな試行錯誤の末に学習したのです。そして、このことは人と話すことを嫌うプログラ

マやテスターたちに対しても当てはまることに気が付きました。また、複数のメンバーが協力して作業を行う場合には、効率が低下するということにも気付きました。(このことの重要性は、図9-1を見ていただくと判るはずです。ここで暗に示されているのは、自らの仕事は自分1人で行う作業ばかりだと思っていても、実際にはそうではなく、より優れたコミュニケーションと人間関係のスキルによって利益を生み出せるということです。)

各開発者の時間の過ごし方

作業の種類	割合
1人で行う作業	30%
2人で行う作業	50%
3人以上で行う作業	20%

デマルコ(DeMarco)およびリスター(Lister)による『**Peopleware**』[†](Dorset House刊、1999年)にあったジェラルト・マッキュー(Gerald McCue)の調査結果からの抄録(IBM、1978年)より

図9-1　プログラマは思っているほど孤独ではないという証拠

　さらに、人に対して何かを要求したり(「ここはこのようにコーディングしなけりゃならないんだ、判ったかい?」)、何らかのことを決めてかかると、彼らがよい結果を生み出せなくなるということにも気付きました。彼らが要求通りに作業したとしても、私の命令によって彼らのモチベーションが低下し、要求した以上の付加価値が生み出される可能性を低下させてしまうのです。一方、命令ではなく、対話を行った場合(「やぁ、私たちはXをしなくちゃならないんだけど、最適任者は君だと思ってるんだ。どう思う?」)、どんなやり方を使った場合よりも迅速に、必要なものを手に入れることができました。さらに、私の出したアイデアに対して彼らが優れた改善策を示唆することも増えました。私は、演説、命令よりも対話の方が優れているということを学んだのです。

9.1.1　人間関係はコミュニケーションを促進させる

　優れた対話を行うために、建設的な人間関係を築く必要があることがいくら明らかでも、そうするためのスキルが重視されることは滅多にありません。ケンやジョーがおしゃ

---

† 訳注:邦訳は『ピープルウェア第2版——ヤル気こそプロジェクト成功の鍵』(日経BP社刊、2001年)です。

9.1 対話を通じたマネジメント | 209

べりや対話に時間を費やしていたのは、時間をつぶすためではなかったのです。こういった対話は人や情報に対する投資であり、ケンやジョーはこれによって知識、そして組織内で起こっていることに関する洞察を得ていたのです。しかし、より重要なことは、普段からこういった形で対話を行っていた彼らが、アドバイスや意見を必要とした時、あるいは誰かに仕事を頼む必要が生じた時、いつでも、チームの誰に対しても、健全で建設的な対話をすぐに始めることができたということです。そして、こういった人間関係を築くことによって、誰とでもコミュニケーションを取るという能力が磨かれていくわけです。

　これによって、礼を失することなくいきなり本題に入ることができ、通常であれば拒否されるような要求を行うことすらできるようになるのです。意見に関して言えば、彼らは十分な信頼関係を築いておくことで、適切なメンバーが（ざっくばらんで）正直な意見を気軽に言えるようにしています。そしてこれによって、大規模な議論の前に、さまざまなメンバーからの示唆やアイデアを取り込み、自らの意見をまとめ上げることも可能となります。ひとことで言えば、ケンやジョーはおしゃべりと人間関係によって、チームの他のメンバーよりも一歩先んじることができたのです。彼らは、うまくいっていることと、うまくいっていないことについて、他の誰よりもよく知っていました。そして、人間関係に時間をかけることで、そういったことに対するより強い影響力を持っていたわけです。彼らは、人に話しかけたり、人の話に耳を傾けたりすることによって、さまざまなサポートや利点を活かすための地固めをしていたのです。

　トム・ピーターズ（Tom Peters）とナンシー・オースティン（Nancy Austin）の古典的名作『A Passion for Excellence』†（Warner Business Books刊、1985年）では、この種の行動をMBWA（Management By Walking Around：歩き回ることによるマネジメント）と呼んでいます。そしてこれは、優れたマネージャが持つ中心的な資質として扱われています（上述した書籍では、MBWAのみを扱った章があります）。しかし、こういったことの適切な実践は簡単ではありません。著者らは、チームにおけるさまざまなレベル、役割のメンバーから何人かを選択し、時間を取って、彼らとこの種のざっくばらんな関係を築くよう勧めています††。ここで重要なことは、健全なコミュニケーションと人間関係がどのように機能するのかを理解した上で、それらを築くためのスキルを身につけることに全力を傾ける必要があるということです。人間関係を築く上でMBWAを採用し

---

† 訳注：邦訳は『エクセレント・リーダー——超優良企業への情熱』（講談社刊、1990年）です。
†† ピーターズは、「普段から（人々のオフィスに）足を運ぶ習慣がない場合、始めのうちはそういったことが恐怖に感じられるだろう」と述べています。ラポール（rapport：円滑なコミュニケーションに必要となる健全な人間関係のこと）を確立するには時間がかかるのです（相手にあなたを恐れる理由がある場合などは特に）。

ない場合であっても、あなたの行うすべてのことに対して、コミュニケーションと人間関係のスキルが重要となるという点に変わりはありません。

9.2　コミュニケーションの基本モデル

　頻繁にコミュニケーションを行っていたとしても、実際に何が起こっているのかを一歩後ろに下がって分析するようなことは、あまり行われていません。コミュニケーションの際に、実際に起こっていることを理解するような教育や訓練がほとんど行われていないことを考えると、頻繁に問題が発生しているのも当然と言ってよいかもしれません。コミュニケーションや人間関係において問題が起こっても、職場にいるほとんどの人は、原因を突き止めることに熟達していないか、解決する上で必要となる権限を持っていません。しかし、コミュニケーションにおけるシンプルなフレームワーク（枠組み）を学習し、プロジェクトマネジメントの観点からそれを日々の状況に適用していくことは、さほど難しいことではありません。こういった知識を用いて、失敗しそうな部分をブレークダウンすることで、何が機能していないのかをより深く理解できるようになり、問題解決の糸口を掴めるようになるのです。

> 「優れたコミュニケーションは、個人の気付きと分類能力を磨くことで生み出されます。こういったことに長けた人は、自らの内部プロセスと他者の外部プロセスの双方を熟知しているのです。」
>
> ——ジョン・ブラッドショー

　ここで紹介する最もシンプルなフレームワークは、あらゆるコミュニケーションに存在する5つの基本的な状態（この後すぐに説明します）で構成されています[†]。これらの状態は、遷移が進むに従って重要性が高まるとともに、達成が難しくなっていきます。そしてコミュニケーションは、第3の状態（理解）に到達して初めて成立します。ではここで、映画『2001年宇宙の旅』の一シーンを例にとって、各状態を解説してみましょう。小型宇宙艇を操縦している宇宙飛行士のデイブは、母船に戻ろうとしています。しかし母

[†] このフレームワークの出典を見つけることはできませんでした。送信済み、受信済み、理解は聞いたことがあるのですが、いくら調べても情報源は判りませんでした。なお、合意と有益な行動への変換は私自身が追加したものです。他のフレームワークとしてサター（Satir）のモデルという、ワインバーグが書籍で多用しているものがあります。詳細は、ヴァージニア・サター（Virginia Satir）らの著した『The Satir Model: Family Therapy and Beyond』（Science and Behavior Books刊、1991年）を参照してください。はい、この書籍はタイトルの通り心理療法の書籍です。そして、そのことが気に入らないというのであれば、これがまさしくあなたの読むべき書籍となるはずです。

船に戻るには、母船の宇宙艇格納庫のハッチを開けなければならず、それができるのは母船をコントロールしているコンピュータのHAL（ハル）9000だけなのです。

1. **送信済み**：あなたが電子メールを送ったり、ボイスメールを残した場合、誰かに対してメッセージを送信したことになります。しかし、メッセージを送信したからといって、相手がそれを読んだり聞いたりしたことにはなりません。相手に読んでもらうために、そのメッセージがあなたの手を離れたというだけの意味しかないのです。電子メールやウェブの場合、情報の送信は簡単ですが、そのこと自体は、誰かが読んでくれるという保証にはならないのです。例：デイブは「HAL、宇宙艇格納庫のハッチを開けてくれ」と命令しました（デイブは返事を待っている状態です）。
2. **受信済み**：誰かが電子メールをチェックしたり、FedExの受領書にサインした時、そのメッセージは受信済みとなります。しかし、受信されからといって、そのメッセージが開封されたとか、受信者がそのメッセージを読んだ、あるいは理解したということにはなりません。電子メールの受信確認通知は、メッセージが開封されたことを伝えてくれますが、それ以外のことは何も教えてくれないのです。例：HALが「ハロー、デイブ」と答えました（送信は受信されました）。
3. **理解**：メッセージの情報を正しく読み、理解することと、メッセージを単に受信することの間には大きな隔たりがあります。何かを理解するためには実際の認知活動が必要となりますが（「これは何を意味してるんだ？」）、メッセージを受信するだけならば、そういった知的な認知活動は不必要なのです（「おっ、メールが来た！」）。また問題によっては、メッセージを理解するために、新たな概念の学習、参考文献の検索、複雑なコードの調査といった作業が含まれる可能性もあります。さらに、元々のメッセージにあった曖昧な内容を明確化するため、質問を返さなければならないこともあります。そして質問を行うには、両者の間でしっかりとした双方向コミュニケーションを確立する必要があるのです。（こういった質問、およびその答が出てくるたびに、送信済み、受信済み、理解等の状態遷移を伴う新たなコミュニケーションが必要となり、シンプルであったはずの5段階のフレームワークが、どんどん複雑なものとなっていくのです。）
4. **合意**：何かを理解してもらえたからといって、それが同意されたということにはなりません。Mac専用のビデオ編集プログラムをLinuxに移植せよという役員からの要求のすべてを、リリースの前日になって完璧に理解できたとしても、馬鹿げたアイデアが素晴らしいアイデアに変わるわけではありません。知性と自説を持った2人の人間が合意に達するには、複雑かつ時間のかかる作業が必要となるのです。目的が明確化されていない場合、こういったことは特に顕著になります。しかし合意がどれだけ困

難なことであろうと、チームに影響を与える意思決定を行う上で、それが基本となるのです†。例：「デイブ、すまない。残念ながらそれはできない。」(HALはデイブの要求を理解しているものの、それに同意せず、また同意できない理由も説明していません。)

5. **有益な行動への変換**：何かを正しく理解すること、そしてその後何らかの合意に達することにどんなに多くのエネルギーを費やしたとしても、そのことに関して誰かに何かを行わせるためにはもっと大きなエネルギーが必要となります。メッセージが相手の行動を明確に指示するものであったとしても、メッセージを受け取った人物にはその行動を実行する義務がないということも多いのです。(あなたが10分以内に作業を完了させて欲しいと思っていても) 相手は来週、あるいは来月までに完了させればよいと解釈するかもしれません。また最悪の場合、間違った作業を行ったり、メッセージの送り手が同意していない作業を行ったりすることもあるのです。

　コミュニケーションの達人であれば、しっかりと理解できるような情報を送り出します。電子メールを送りつけ、結果をただ待つのではなく、先の5つの状態それぞれにおいて達成度を見極めつつ、コミュニケーションを巧妙に進めていくわけです。また、メッセージ中の表現や例に関しても、自らの思い付きを使用するのではなく、受け手にとって判りやすいものを選んで使用します。こういったことは特に、議論になりそうなポイントを明確化し、受け手に何をしてもらいたいかを指定するメッセージにおいて重要となります。

　コミュニケーションというものは、あなたが電子メールを送信/受信するたびに、あるいは誰かのオフィスに立ち寄って何かを頼むたびに、自然に展開していくことになります。このため、コミュニケーションがうまくいっていないと感じた時、ここで解説したフレームワークを使ってその理由を分析してみてください。優れたコミュニケーションというものは、自然かつ適切な順序でやり取りを行い、上述した状態それぞれをうまく終えた場合にのみ実現できるのです。そして、ものごとがうまく行かない場合であっても、こういったフレームワークを意識することで、コミュニケーションに問題のある部分を洗い出すことができるわけです。

---

† 場合によっては、どちらが意思決定を行うのかを決めるだけというシンプルな合意もあり得ます。意思決定を行うべきメンバーがいるのであれば、満場一致で合意する必要はないのです。これについては8章を参照してください。

9.3 コミュニケーション上のよくある問題

　コミュニケーションが破綻する理由はいくつもあります。プロジェクトマネージャであれば、こういった理由を知っておくことで、自分と他のメンバーの行動をチェックし、問題のある行動がとられた場合、すぐに対処しなければなりません。チームにおいてこういった問題のある行動がとられるのは多くの場合、マネージャ自らがそういった行動をとっているか、他のメンバーの行動を看過していることが原因です。こういった問題のある行動は、何らかの権限を持った人が介入し、コミュニケーションの問題であると指摘した上で、問題の解消に向けた何らかの手を打つまで続くことになります。

　以下の一覧では、コミュニケーションに関してよく見かける問題の多くを挙げています。ここではまた、問題の発生理由、および問題を避けたり解決するためのシンプルなアドバイスも併せて解説しています。

- **前提**：誰かのオフィスに立ち寄り、彼が送信するはずだった重要な電子メールがまだ送信されていない理由を尋ねる場合、あなたが置く前提としては、(a)彼は送信するべきであることを知っていた、(b)彼はいつ送信するべきかを知っていた、(c)彼は何を記述するべきかを理解していた、(d)送信を終えた時点であなたに通知するべきであると知っていた、といった可能性が考えられるはずです。彼（サムと呼びましょう）を怒鳴りつけたり叱責する前に、こういった前提を明確化することが優れたコミュニケーションにつながっていくのです。つまり、「サム、電子メールを送信したかい？」と尋ねるわけです。するとサムが、「どの電子メールですか？」と聞き返してきたと考えてください。その場合、「昨日、廊下で話してたことだよ、君はできるって言ってたよな？」と言うことになります。すると「あっ、はい。それは数分前に返信したところです」という答が返ってくるかもしれません。優れたコミュニケーションを行える人は、義務がいつ実行されるべきかといった前提を、適切なタイミングで対話の中に織り込むということを日頃から行い、締め切り直前にはそれを再確認しているのです。
- **明確さの欠如**：あなたが自分自身の言っていることを理解しているからといって、他人もあなたの言っていることを理解するはずだと考えるのは間違いです。どれだけ雄弁に語ろうと、あなたの言いたいことが相手に伝わっていないのであれば、その雄弁さは状況に適した雄弁さではないのです（レッド・アワーバック[†]は、「君の言ったことなんて関係ない、相手がどう聞いたのかこそが問題になるのだ」と述べています）。

[†] 訳注：レッド・アワーバックは、全米プロバスケットボールチームの監督です。

つまり重要なことは、一歩後ろに下がり、心を落ち着け、言いたいことを判りやすい大きさにまで細分化してから、それらをゆっくりと組み立てて話すことなのです。また、相手の理解を助けるために、お話や喩えを使って全体像を提供し、少しずつ詳細を付加していくことも考えてください。

- **聞く耳を持たない**：映画『ファイト・クラブ』の中で主人公のジャックは、自らが最近加入したサポートグループ[†]のことについて「彼らは、自分たちが話す順番をただ待つだけではなく、俺のいうことにちゃんと耳を傾けてくれる」と述べています。私たちは元来、行儀の悪い聞き手であり、他人の意見を聞くよりも、自ら意見を述べていたいと思う傾向にあります。さらに私たちは、誰かがしゃべっている間、相手の主張するポイントを理解しようとするのではなく、(自らの意見を押し通すための)反論を考えているだけということもあります。(極端なケースでは、誰かがあなたに話しかけている最中に、電子メールを読むなどして、相手の言うことに注意を払わないということもあるのです。さまざまな作業を同時にこなすことは可能だと信じる人たちからの反論があるかもしれませんが、こういった行為は、「あなたはアイコンタクトをとる価値もない人です」というネガティブな印象を相手に与えることになるのです。)こういったことを防ぐには、相手はあなたの知らない重要な情報を握っているかもしれないということを、常に頭の片隅に置いておくことです。あなたの目標は、相手よりも優位に立つことではなく、プロジェクトにとって最善の結果を達成することなのです。

- **指示**：聞く耳を持たないことと同様に問題となるのが指示です。指示する人というのは、聞く耳を持っているように見せかけることすらせず、単に命令を下すだけなのです。命令に対する異議や疑問を投げかけても、その命令が必要である理由や、その命令には説明が不要だという理由は自明であるとでも言うがごとく、はねつけられたり、落胆や嘲笑を交えた応答が返ってくることになるのです(「何言ってるんだ、この間抜けが？」)。こういった会話では、合意どころか理解しようという努力すらなされず、先に説明したフレームワークもまったく守られていないため、コミュニケーションが成立しているとは言えません。命令を下すことが必要な場合もありますが、それは例外的な状況として認識しておくべきなのです。通常、意思決定を行う際には、チームメンバーが優れた質問を行い、あなたの論理に挑む提案を行えるような環境を作るようにしてください。

- **問題のずれ**：コミュニケーションの問題によって、他の多くの問題が隠蔽されること

[†] 訳注：サポートグループとは、同じ病気を持つ人同士が、悩みを分かち合ったり、相談し合ったりするために集まったグループのことです。

があります。なぜなら、誰かが他の問題に関して私に懸念を表明しようと思えば、その人は私とコミュニケーションを図るしかないからです。何かを要求した場合、その要求の内容とは直接関係のない反応が返ってくる場合があります（「やぁ、この仕様書を読んでくれるかい？」、「いやだ！ 絶対！ 死んでもお断りだ！」）。ひょっとしたら相手は、これまで表に出したことはなかったものの、他の意思決定に関して何らかのわだかまりを抱いているのかもしれません。単一の問題を議論しているようであっても、実際には複数の問題を議論しているということを当事者双方が気付かない場合、その議論はイライラするものとなり、結論に至ることが難しくなります。どちらかが、「ちょっと待った。ここで議論していることは何なんだ？ この機能のコーディング方法なのか、君が昇進できなかったことなのか？」といったように問題を切り分けなければならないのです。

- **個人攻撃/人格攻撃**：議論をしている一方が話題をそらし、他方に対する攻撃を始めることもしばしばあります。これはアド・ホミネム（ad hominem：人格攻撃）と呼ばれています。例を挙げると、フレッドが「時間が足りません」と主張した時に、サムが「それは君の問題だ。テスト計画をレビューする時間がなかったなんて言い訳を言うつもりか？」と返すような場合です。フレッドは自らの意見だけではなく、個人的な行動も弁護しなければならなくなるため、こういった発言は彼にとって不当なものとなるのです。個人攻撃は卑劣な言動であり、さまざまな形態があります†。個人攻撃を受けた人はしばしば、弱い立場に立たされたと感じ、議論に勝つ唯一の方法は逆襲であると考えるのです。こういったことを仲裁し、問題を切り分けることができるのは、成熟した大人（あるいはフレッド自身）だけなのです。
- **嘲笑、冷やかし、非難**：斬新なアイデアを提案しようとする場合、弱い立場に立たされることがあります。そのため、相手に対して信頼の念を抱いていなければ、積極的かつ率直にアイデアを伝えることはできないのです。また、重要であるものの、聞いて嬉しくない情報を伝える際にいつも嘲笑されたり自尊心を傷つけられるとしたら、そういった情報を伝える人はいなくなってしまうはずです。問題の報告に対する最初のひとことが、「なぜこんなになるまで放っておいたんだ！」とか「これは完全に君のミスだよね？」というものであってはならないのです。

コミュニケーション時に起こる問題は、こういったものだけに留まりませんが、ここ

---

† http://www.vandruff.com/art_converse.htmlでは、対話における卑劣な発言の包括的な一覧が実例とともに分類されています。こういった類の行動は絶対、絶対、絶対避けるようにしてください。

で解説した基本的な一覧は、よくあるさまざまな状況を網羅しているはずです。こういった問題は、2人だけで対話を行う場合でも、数人で議論を行う場合でも起こり得ます。そして、関係する人の数が増えるとともに、何が問題となっているのかを見極め、それに対処するということが難しくなっていくのです。なお、グループで議論を行っている最中に、コミュニケーションの問題を解決しようとするのは、あまり適切ではありません。その理由として、人が多すぎて、問題を効率的に解決しようにも意見が衝突しすぎるという点を挙げることができます。グループのコミュニケーションについては、10章で簡単に触れており、この章ではそれよりシンプルな状況に焦点を当てています。

　上述した一覧をチーム全員で共有し、誰かが問題のある振る舞いをしている時、互いに注意し合うようにするとよいでしょう。そうすることで、チームは気付いた問題を指摘する言葉を獲得できるため、こういった振る舞いを見極めた上でそれを最小限に留めることも可能になるわけです。そしてチームリーダーは、これを自らの振る舞いを見直す機会とし、自らの言動にさらなる注意を払うことを習慣付けるようにするべきです。これにより、いつも行っていた振る舞いのうち、どれを改めるべきかがすぐに判るようになるはずです。（変革は、どのようなものであれ簡単ではありません。なお、組織的な変革を行うには、権限を持った人たちが行動を起こす必要があります。これについては16章を参照してください。）

　ただし、あなたが人間心理とコミュニケーションについてどれほど本を読んだり研究したりしたとしても、どの振る舞いを改めるべきかという判断は必ず主観的なものとなります。あなたがコミュニケーションにまつわる問題を引き起こしかけているかどうかを自分でチェックできる方程式など存在せず、またそういったことを検出するガジェットも市販されていないのです。また同様に、他のメンバーに対して、問題を引き起こしていると認識させることができるものも存在していません。これは微妙で複雑な問題をはらんでいます。まずいコミュニケーションを何年にも渡って続けてきた人に対して、あなたがそれを悔い改めるよう求めたとしても、すぐに改まらないこともあるでしょう。プロジェクトマネジメントが大変なのは、こういった理由もあるのです。相手があなたとの人間関係にどれだけ投資しているかに関わらず、あなたはプロジェクトマネージャとして、すべての人間関係に投資しなければならないのです。

9.4　人間関係に依存するプロジェクト

　プロジェクトマネージャの実力は、チームメンバーとの人間関係で評価されるといっても過言ではありません。PMの頭の回転がどんなに速くても、また知識がどれだけあったとしても、PMとしての価値は人間関係を通じて、そういった特性をいかにうまくプロ

ジェクトに適用するかにかかっているのです。例を挙げると、実装作業のほとんどはプログラマやテスターによって行われるため、PMがさらなる価値をもたらそうとすれば、こういったメンバーを通じるしか術がないということになるわけです。これはマイクロマネジメントを実践したり、プログラマやテスターと同じスキルに精通しなければならないということを意味しているわけではありません。他のメンバーの価値をさまざまな方法で増幅することこそがPMの役割だと認識しなければならないということを意味しているのです。

　ここでの難問は、それをいかにして行うかということでしょう。PMにはこういった役割があると、私がプロジェクトマネジメントについての講演や講義で主張するたびに、いつも聴衆から次のような質問を受けます。「では、どのように彼らの価値を増幅すればいいのでしょうか？ そういったことを行う必要があるということは判ったのですが、彼らから鬱陶しがられずに、そういったことを行うにはどうすればいいのでしょうか？」これはもっともな疑問です。実際のところ、自らの価値を増幅されたいとか、気に入らない人に日々の作業に関わって欲しいと思って出勤してくる人などまずいません。つまり、先の質問の答は、人間関係というものの理解に隠されているのです。どのような場合にも使用できる、価値を引き出すための必殺技などというものは存在していません。これはあなたがやり取りをすることになる人と、その人が果たすべき役割に対する期待によって変わってくるものなのです。

9.4.1　役割の定義

> 「ほとんどすべての人間関係における問題は、役割と目標にまつわる葛藤、あるいは曖昧な期待に根ざしている。」
> ——ステファン・コヴィー、『The 7 Habits of Highly Effective People』[†]の著者

　先に挙げたコミュニケーションにおける数々の問題のうち、最も重要となるのは前提とそれを明確化する方法についてです。PM、リーダー、マネージャという役割は最も曖昧なものであり、他の人々から最も前提を置かれやすいものとなっています。どんなプログラマやテスターでも、生まれて初めてPMと仕事をした時のイメージ（良きにつけ悪しきにつけ）を引きずり、その後一緒に仕事を行うことになるどのPMに対してもそのイメージを投影してしまうのです。つまり、あなたが彼らと初めて会う際には、彼らが過去に接してきたPMのイメージすべてがあなたに投影されることになるわけです。そして彼らは、あなたの能力や、あなたがチームにもたらす価値について、あなたとはまった

[†]　訳注：邦訳は『7つの習慣——成功には原則があった！』（キングベアー出版刊、1996年）です。

く異なった前提を置くのです。このため、会社が定義している職務内容がどれほど明確なものに思えたとしても、PMといった役割に対して誤った前提が置かれる余地はいくらでもあるのが常なのです。

　最も容易な解決策は、共に働くことになるプログラマ、テスター、マーケティング担当者、クライアント、上司といった重要な人々を交えて、それぞれの役割を明確にすることです。あなたとともに働くことになる人と一対一で話し合い、ホワイトボードを使うなりして次に挙げる3つの点を明確にしてください。まず最初の点は、あなたが責任を持つべきことです。次の点は、双方が共同で責任を持つべきことです。そして、最後の点は、他の人たちが責任を持つべきことです。責任を持つべきものごとを洗い出し、どちらがどういった責任を持つかを議論することで、お互いが相手に期待していることが明確になってくるはずです（図9-2を参照してください）。役割の定義を行うことによって、プロジェクトマネージャ、ジェネラルマネージャ、開発者、テスターらそれぞれが行うべきことに関して人々が抱いている前提と、過去からのイメージがすべて洗い出されるのです。

PMが行うこと	双方が行うこと	プログラマが行うこと
ー仕様書の記述 ークライアントのマネジメント ー上司のマネジメント ー進捗の追跡 ーチーム内コミュニケーションの推進	ー発生したバグのトリアージ ー開発コストと設計に影響を与えるトレードオフについての議論 ーリスクや問題の警告 ーお互いの問題解決の支援やブレインストーミング	ーコードの記述 ービルドプロセスの推進 ープログラムのテスト作業 ーチェックインした成果物のレビュー ー仕様書のレビュー

図9-2　期待する役割を議論することで、すべての人間関係を改善することができます（これは単なる一例であり、あなたの置かれている状況では違った内容になるはずです）。

　その結果として少なくとも、互いに同意できない点が洗い出されるため、解決できないまでも、潜在的な問題の存在に気付き、そういった役割についてはより気を遣うことができるようになります。また多くの場合、有益な議論を行うことで役割への理解が深まり、プロジェクトを成功させる上で、お互いがどれだけ依存し合っているかについて、より明確に把握できるようになるのです。とはいえ最も重要な点は、この議論が、将来において発生するであろう人間関係の問題を議論する際のフレームワークになるということです。この議論を行うことで双方の間の溝が埋まり、役割、協調、責任についての話が行いやすくなるのです。そのため、今後問題が発生しても、先の3つの点について議

論した結果に立ち戻れば、ものごとが期待したほどうまく機能していない理由を比較的容易に指摘できるようになるわけです。

　こういった議論を行う際には、統制に関する心配が首をもたげてきます。あなたの行いたいことをホワイトボードに書き出し、レビューや議論を行おうとした途端、それがあなたの手を離れてしまうという可能性も出てくるのです（あるいはそういったことが心配になります）。しかしPMの役割に限って言えば、PMが最も関心を抱いていること（大局的な意思決定、領域をまたがった作業、戦略）はたいていの場合、技術を重視するプログラマやテスターにとって最も関与したくないことなのです。実際のところ、たいていの技術屋さんたちは、PMが毎日何をやっているのかあまり判っていません。役割に関する議論を行わなければ、PMが何をやっているのかについてまったく知ることはないと言ってもいいぐらいです（優れたPMであれば、プログラマやテスターを政治、官僚主義、一般マネジメントの愚かな考えから守るための努力を惜しみません。こういった場合、メンバーは守られているが故に、PMがどれほど彼らの盾になっているのかを知る機会を持てないことになるのです）。

　認識した役割の間にあまりにも大きなギャップがある（「以前のPMが君の下着を洗濯していたとしても、私はそんなことをしないぞ」）という最悪の場合には、あなたの上司、そして場合によっては当人のマネージャと話をしてください。慌てふためく必要はありません。あなたが用いたコミュニケーションのフレームワークを使えば、そういった人たちに話し合いを持ちかけ、解決に向けて作業を行うことは難しくないはずです。より規模の大きなチームでは、最初にプログラミングチームのマネージャとこういった話し合いを行い、彼の了承を取り付けた上で、現場のプログラマとの話し合いに臨むこともあります。こういったことは、事前に彼らの協力が必要である場合や、役割に関して、現場のプログラマとの間よりもマネージャとの間でよりよい理解を共有している場合に有効となります。

9.5　仕事における最善の態度

　職場で語られることのない前提として、人は頑張って働き、ベストを尽くすというものがあります。しかし、人がどれだけ頑張ったかを測定する手法†は存在しておらず、またベストを尽くすということがどういうことかも明示できないため、マネージャはそれについてほとんど語ろうとしません。しかし、それは間違いです。マネージャは、チー

---

† 作業を測定するための方法にはいずれも、問題が存在しています。LoC（コーディング行数）は量を測定しているものの、品質を測定しておらず、時間は作業の長さを測定しているものの、集中度を測定しているわけではないのです。

ムメンバーの達成意欲を高めるために、彼らに手を差し伸べるべきなのです。作業担当者とマネージャの関係には、マネージャが作業担当者の効率を最大限に高めるための支援というものが含まれているべきなのです。

　PMが、テスター、開発者、マーケット担当者、設計者に対して「あなたがベストを尽くせるようにするには、私はどんな支援をしたらいいだろうか？」と質問するのは、自然かつ好ましいことであるはずです。前口上を述べる必要も、あなたができないことについて予め言っておく必要もありません。このシンプルな質問を投げかけるだけで、以下に挙げる3つのよいことが起こるのです。

1. あなたの話しかけている相手が、現在のプロジェクトでベストを尽くせるかどうかを見極めることができます。また、その障害となるものがあるかどうかも知ることができるはずです。
2. 作業担当者に対し、自らのパフォーマンスに対する評価と、自らがプロジェクトに対して貢献できることを洗い出すためのフレームワークを与えることになります。
3. 作業品質を改善する上で、双方ができることについての議論が可能になります。「ベストを尽くす」という観点から議論のフレームワークを定めることで、作業担当者に対して、非難されていると感じさせたり、自らの仕事が十分でないと感じさせたりすることを避けることができます。

　このアプローチは、ナイスガイになろうとか、人から好かれるようになろうということとは何の関係もありません。チームから最大のパフォーマンスを引き出すことは、PMの直接の責任なのです。設計者やプログラマの作業を効率化する方法を見つけ出すということは、単に彼らの役に立つだけではなく、プロジェクトにおける作業の品質を改善し、スピードを上げることにつながるのです。全員がベストを尽くさなくてもプロジェクトは成功するはずだという意見があるかもしれませんが、だからどうだというのでしょうか。全員が高い目標を目指したとしてもプロジェクトには何の問題も発生しない上、彼らの士気を高め、チームへの思い入れを高めることができるのであれば、こういったシンプルな質問を行ってみる価値があるはずです。

　時々、ベストを尽くす上で、どういった支援が欲しいかということを尋ねると、「放って置いてください」とか「馬鹿な質問はしないでください」といった、およそ参考にならない答が返ってくることもあります。しかし、あなたが彼らに受け入れられていないように感じたとしても、彼らはあなたの質問について考えているのです（彼らがそのことを認めるかどうかは関係ありません）。私の経験でも、この質問を最初に行った時、プログラマたちは肩をすくませた（「いいや、スコット。あんたにできることなど何もないよ」）にも関わらず、1週間後に私の元に姿を現し、開発チーム全体にメリットをもたらす素晴

らしい提案をしてくれたことがあります。さらに、彼らを尊重し、意見を求めたことに対して、感謝までしてくれたのです。

こういったことを考えた場合、プログラマの仕事に遅れが生じた時であっても、PMは彼を非難したり、とっとと作業するよう怒鳴りつけたりするべきでははないということになります。PMとしての正しい態度は、彼が問題を理解できるよう支援し、その問題を解決できるよう自らの時間と労力を割くことなのです。彼がベストを尽くす上で必要なことを尋ねるということは、彼との間に支援関係を確立するための簡単な方法なのです。こういった態度は、プロジェクトに貢献するあらゆる人、組織に対してとるべきです。また時間を要するものごとを他に抱えていたとしても、プロジェクトに直接貢献する人や組織に対する支援を、二次的な政治的、あるいは官僚的問題よりも優先させる方が、たいていの場合はよい結果がもたらされます。前者は常にプロジェクトのスケジュールに直接的な影響を与えますが、後者はそうとは限らないのです。

9.5.1 メンバーにベストを尽くしてもらう方法

素晴らしいリーダーは、メンバーに何かを強要することなどほとんどありません。素晴らしいリーダーはそんなことをせずに、さまざまな手段を用いて、行うべきものごとをメンバーに悟らせるのです。チームメンバーにはそれぞれ異なった長所と短所があるため、優れたリーダーはメンバーを動機付けるにあたってさまざまな手法を用いる上、その手法をうまく使いこなす技量を持っていることも多いのです。

私が過去に見てきた優秀とは言えないマネージャやリーダーは、メンバーにベストを尽くしてもらおうとして、特定のアプローチや手法に依存しすぎていました。そして、その特定のアプローチや手法がうまくいかないとなると、彼らはすぐにギブアップし、手の打ちようがないと主張していたのです。残念なことに、チームリーダーがギブアップしてしまうと、それ以上の進展はまず望めません。ある手法で行き詰まったとしても、今までとは違った角度からアプローチすることでうまく行くかもしれないのです。あるいは、他の戦術を試したり、あなたの持っていない才能を持っているチームの誰かに手助けを求めるといったことも可能なはずです。

- **アドバイスに従う**。アドバイスに耳を傾けることは重要ですが、話はそれで終わりではありません。アドバイスを実践することも重要なのです。メンバーがある作業に対してもう少し時間が必要だと言ってきた場合、その要求をかなえるようにするべきです。打ち合わせが長過ぎると言ってきたのであれば、短くする方法を提案してもらいましょう。彼らの言うことに真摯に耳を傾けてください。彼らが求めてきたことを実現するために労力を割いてください。最終的に良い結果が出なかったとしても、彼ら

の要求に対して真摯な態度で取り組めば、彼らはそのことに気付くはずです。彼らの作業品質に影響を与えるということは、成功することとほぼ同じ意味を持っているのです。誠実さを忘れてはいけません。メンバーは、あなたから何マイルも離れたところで作業していたとしても、マネージャとしてのあなたの努力が見せかけのものであれば、それを見抜くことができるのです（彼らは職に就いた時から、さまざまなマネージャの仕事ぶりを目にしてきているため、それなりの眼力を身につけているのです）。

- **煽る/命令を下す。**権威を持った人が他の人々に何かを行わせたい場合、最も簡単でお約束の方法は、「腕立て伏せ40回、今すぐにだ！」といった命令を下すというものです。しかし、作業を行う人々の知性、自立性、スキルが高いほど、このアプローチは失敗に終わる可能性が高くなります。ビジョンが優れており、作業が面白く、順調に進んでいるのであれば、何も命令する必要はありません。モチベーションというものは自然に生まれているはずです。メンバーを煽る必要がある場合には、巧妙な手を見つけてください。「この日までにできたら、私の髪を青く染めてみせる」とか「すべてのバグを最初に修正しきったチームには私がバーベキューをおごる」†といった、あなたからの何らかの見返りを提示してください。命令が必要な時もありますが、その際には意地の悪い物言いではなく、率直な物言いをするよう心がけてください。「ちょっと見てくれ、これをやる必要があるんだけど議論している時間がないんだ。あらかじめ明確にしていなかったことは謝る。お願いだから私のためにこれをやってくれないか、いいだろう？」といった具合です。

- **意欲をかき立てる。**メンバーの意欲をかき立てようとして、あなた自身が信念を抱いていないにも関わらず、信念を抱いている振りをしたとしても、ほとんど徒労に終わるはずです。あなたが信念を抱いていればそれでよいし、抱いていなければそれまでなのです。あなたが信念を抱いているというのであれば、メンバーがそれを糧とできるよう、何らかのポジティブな方法で表現しなければなりません。「私はこのプロジェクトが好きだ。私たちはここで新たなテクノロジを学び、その適用方法を経験することができるんだ。これは千載一遇のチャンスであり、毎日出勤するのが楽しみだ。」表現を洗練させる必要も、長々と語る必要もありません。正直に語れば、うまくいくはずです。人間は、本能的にポジティブな感情に反応するようになっているため、心の底から何かを表現することができれば、人はついてくるのです。また、例えばコーディング作業において彼らが好む点を聞き出し、彼らがその感情を当面の作業に関連付けられるようにするといったストレートな方法もあります。

---

† ずる賢いやり方ですが、勝ち負けに関わらず双方のチームにおごるのがよいでしょう。しかし、ゲームが終わるまでそのことを言ってはいけません。

- **障害を排除する。**アメリカンフットボールの名ランニングバックには、彼の行く手を切り拓く縁の下の力持ちがついています。このポジションはブロッカー（あるいはフルバック）と呼ばれています。ブロッカーはランニングバックの前に走り出て、ランニングバックにタックルしようとする敵（たいていはブロッカーよりも大きいのです）を倒すのです。また、ランニングバックが70ヤードもの距離を走り抜けるといったハイライトシーンを注意深く見てみると、複数の大男の下敷きになったブロッカーがグラウンドに横たわっていることに気付くはずです。こういったファインプレイは、ブロッカーのお陰で可能になるのです。優れたPMは、プレイを可能にするブロッカーと同じ働きをします。つまり、PMはチームの進捗を妨げている問題を探し出し、排除する役割を担っているわけです。メンバーに、「何か妨げとなっているものはないかい？」と尋ねてください。彼らが何らかの意思決定を待っている、あるいは情報を追求しているところであれば、そのプロセスを加速させる方法を探し出すのがあなたの仕事となります。そして彼らには、妨げとなるものがあると感じた際には、あなたから助けの手が差し伸べられるということを知らせておくべきなのです。
- **各自の役割を思い起こさせる。**ベストを尽くして作業を遂行できるようにするために、各メンバーに自らの役割を思い起こさせるという手段がよく用いられます。プログラマが機能追加要求の多さに不満を漏らしている場合、追加要求の窓口は誰の仕事であるべきかを考えさせることになります。つまり、追加要求があなた（PM）から出てくるよう、要求の取りまとめ方法を変更するといったことになるわけです。プログラマは自らの判断でこういった作業を行っても構いませんが、スケジュールが遅延するようであれば、その作業をPMに任せるべきなのです。人は時として、そしてプログラマの場合には特に、作業に集中しすぎると、その作業の最適任者、つまりテスター、設計者、マネージャの存在が目に入らなくなってしまうのです。
- **プロジェクトの目標を思い起こさせる。**PMやリーダーであれば、プロジェクトに対する視野の広さは、チーム一番となっているはずです。これに対して各担当者は、自らが責任を持つ狭い分野の複雑さに埋もれて、本当に重要な問題を見失ってしまいがちです。このためPMやリーダーは、各担当者と会話を交わし、彼らが達成しようとしていることとその理由を改めて認識させ、彼らの集中力、動機、効率を維持させることになります。空港の滑走路に設置された着陸灯によって、飛行機が夜間でも安全に着陸できるように、優れたPMによってチームメンバーの行く手が照らされるのです。
- **教示する。**メンバーが活用できるスキルやちょっとしたコツを知っているのであれば、それを彼らに教示してはどうでしょうか？ 古いスキルやコツを使っている彼らに新しいスキルやコツを教えれば、元の知識の価値を倍増させることができるはずです。

そしてこれによって、彼らはより迅速かつうまく作業をこなせるようになり、品質の高い作業を行うことが多くなる上、作業の品質レベルをさらに向上させることもできるようになるはずです。『The Leadership Engine』[†]（Harper刊、2002年）の著者であるノール・ティシー（Noel Tichy）は、教示することの重要性について「（何かを学んだ後の）海軍特殊部隊の人間は、自らの命を守るために、学んだことを真っ先に仲間に教えるのだ。私が何かを学んだ時、チームメンバーの元に駆け寄って、その内容を教えるだろうか？ こういったことをさらに大きな規模で行うことができるだろうか？ それが大きな鍵となるのだ」と語っています。

- **頼む**。当たり前のアプローチのように思えるかもしれませんが、あまり実践されていません。ベストを尽くして作業を行うよう、彼らに頼んでください。理由を説明したり、見返りに何かを提供する必要はありません。単に「やぁ、ここは君にベストを尽くして欲しいんだ。この作業はとても重要だから、100%の力を出し切っていないんだったら、是非出して欲しいんだ」と言うだけでよいのです。

9.5.2　メンバーがベストを尽くせるように支援する理由

　昔、私がWindowsチームにいた頃、自分の時間すべてを、他のメンバーの作業支援に使っていると感じていたことがありました。当時の私は（直接報告を受ける立場の）マネージャになってまだ日が浅く、メンバーの作業の火消しを手伝ったり、アドバイスを与えることに奔走した挙げ句に疲れ果て、一人になりたいと思うようになったのです。そこで私はオフィスに戻り、ドアを閉めていたのですが、それでも人々は私のところに訪れ続けました。私のボイスメール着信ランプは明滅したままであり、ビルの中を走り回っている間にたまった電子メールは読む気をなくすほどの数に達していました。そして私は、自分がなぜ他人のオフィスで長時間過ごしているのかを考えるようになりました。答はなかなか出てきませんでしたが、最終的には私なりの答を見つけ出すことができました。それは以下のようなものです。

　私がチームメンバーと行っていた対話は、別世界のことでも昔話でもありません。それぞれの対話は、プロジェクトの目標と直接関係したものだったのです。この重要性は、優れた人間関係を築くという抽象的な重要性を超えたものなのです。私は、立ち話で質問に答えたり、他の組織と交渉を行ったり、もっとリソースが必要だとチームのために主張するたびに、開発者やテスターがプロジェクトを前へ進めようと行うことに匹敵することを行っていたのです。つまり、私の行ったことにより、彼らはコーディング作業、

[†]　訳注：邦訳は『リーダーシップ・エンジン——持続する企業成長の秘密』（東洋経済新報社刊、1999年）です。

バグの発見など、1,000個以上にも及ぶさまざまな作業を、より迅速かつ容易に行えたことになるわけです。

メンバーとの対話を注意深く吟味し、その対話がプロジェクトに与える影響を考察すると、ほとんどの対話は以下のいずれかのことに貢献しているという事実が見えてくるはずです。

- 開発しているものの品質を向上させる。
- 締め切りに間に合う可能性を高める。
- 人々にとってより使いやすい製品/ウェブサイト/ソフトウェアを開発できるようにする。
- 製品/ウェブサイト/ソフトウェアが利益をもたらしたり、取引を増加させる可能性を高める。
- 必要のない作業、馬鹿らしい政治力学、官僚主義からメンバーを守る。
- 保守しやすいものを開発できるようにする。
- チームメンバーの士気や幸福感を高める。
- チームがよりスマートかつ迅速に作業を行えるようにするとともに、新たなスキルを適用(および学習)できるようにする。
- プロジェクトやチームにとって有害な振る舞いを排除する、もしくは明確化する。

障害の排除、質問への回答、複数の人に対する各種の連絡に疲れ果てた時、そういったことに対するあなたの尽力は、無駄になることもなければ、重要性の低いものでもないということを思い出してください。あなたがこういった議論、おしゃべり、非常訓練、討論をプロジェクトのポジティブな動きにつなげている限り(あるいはネガティブな動きを避けるために行っている限り)、それらはプロジェクトを前進させるための非常に重要な作業となっているのです。つまりあなたの働きは、他の人には真似できないほど効果的であるわけです。ただし、こういった対話を重要なことに活かせていないと感じるのであれば、止めてしまうべきでしょう。そしてその場合には、あなたの時間、人間関係の優先順位付けを見直し、自らが最もポジティブな影響を与えられるものにエネルギーを振り向けるようにしてください。

9.6 サマリー

- プロジェクトは、コミュニケーションを通じてのみ存在し得ます。近代では、コミュニケーションのボトルネックはスピードではなく、品質となっています。
- 人間関係は、コミュニケーションを促進させるとともに加速させます。

- コミュニケーションは一定のフレームワークに沿って進んでいきます。PMは、コミュニケーションの問題に気付き、解決できるよう、こういったものに慣れ親しんでおくべきです。
- コミュニケーション上のよくある問題がいくつかあります。こういったものには、前提、明確さの欠如、聞く耳を持たない、指示、問題のずれ、個人攻撃/人格攻撃、嘲笑、冷やかし、非難があります。
- 役割の定義は、人間関係を向上させる最も簡単な方法です。
- メンバーがベストを尽くす上で必要となることを尋ねてください。こういったことには、アドバイスに従う、障害を排除する、教示する、プロジェクトの目標を思い起こさせるといったことが含まれています。
- 人間関係とコミュニケーションは、優先順位の低い作業ではありません。これらはプロジェクト期間中に行われる個々の作業すべてにとって非常に重要なものなのです。

10章
メンバーの邪魔をしない方法：
プロセス、電子メール、打ち合わせ

官僚主義[名詞]：厳格あるいは複雑な手続きを要求したり、それを良しとする管理上の形態のことであり、効率的な行動を妨げることになる。

　チームの規模が大きいほど、プロジェクトマネジメントという作業によってメンバーを不快にさせる可能性が高くなります。誰かの作業を管理したり、他のメンバーに影響を与える意思決定を行うたびに、誰かを不快にさせる危険を犯すことになりますが、こういったことはプロジェクトマネジメントという作業にはつきものなのです。聡明なあなたであれば、共に働くメンバーを不快にさせることなく、効率的に作業を行う方法を探そうとするはずです。彼らがハッピーであれば、プロジェクトはよりうまく回るようになり、廊下で暗い顔を見かけることも少なくなるのです。

　人を不快にさせる可能性が高い行動とは、電子メール、打ち合わせ、チームのプロセス(すなわちビルドプロセスや仕様書作成プロセス)という3つのことに関連したものです。本章では、こういった行動において犯しがちな間違いと、人を不快にさせるリスク要因を最小化するための基本的なアプローチについて扱っています。

10.1　人々が不快になる理由

　不快感について考察している書籍はあまり見かけないため、なぜ人々が不快になるのかを私自身の経験からまとめてみましょう。この手の話についての私の経験は豊富です。私は何度も不愉快な経験をしたことがあり、また不愉快なことに巻き込まれている人々を観察したこともあり、(ごく稀にですが)人を不愉快にさせたこともあります。以下の一覧は完全なものではありませんが、不快感の原因として私が知っている最も一般的かつ重要なものです。

　ここでは実感を持って理解できるよう、すべての項目の主語を「〜」としています(読む

際には、同僚や上司の名前を補ってください)。

- **〜は私のことを無能だと思っている。**私はXという作業を行えるし、それを行うために雇われているのに、そういったことができない人間のように扱われた(何十ステップにもなる手順や、規則集や作業テンプレートを指定されたり、毎日のように評議されたり、評議会を開催されたり、Xという作業を行うためのプロセスを適用させられる)ならば、私は間違いなく不快に感じるでしょう。マネジメントの定めた方針を逸脱しない範囲で、自らの作業を定義するということも、私の作業の一つであるはずです。私が失敗し、無能であると判定されたわけでない以上、一人の能力のある人材として扱われるべきなのです。つまり、私は最善の作業方法を一定の範囲内で自ら自由に定義できるべきなのです。

- **〜は私を信頼していない。**私の責任となっている意思決定について、連絡、確認、再確認、報告を毎日行うよう要求されたとすれば、私は不快に感じるでしょう。何から何まで、すべてを確認してもらわなければならないのであれば、私はどういった権限を持っていることになるのでしょうか？ 私が優れた作業をしているにも関わらず、ありとあらゆることを文書化し、記録しなければならないという理由は何なのでしょうか？ 初めのうちは私を信頼できなかったとしても、どうすればマネジメントの信頼を得られるのかということを私に示した上で、その支援を行っていくべきなのです。

- **〜は私の時間を浪費させる。**チーム運営において、何度も繰り返し(飽き飽きする)作業を要求したり、あり得ないほど滑稽かつ無意味な事態を想定したり、マネジメントの偏執的な手法が私の手法と大きくかけ離れている場合、私は不快に感じるでしょう。こういったチーム運営には、重要な意思決定を簡単に覆したり、矛盾した言動に対する質問に答えようとしない(謝ることすらしようとしない)といった行動も含まれます。

- **〜は私に対して敬意を払わずマネジメントを行う。**行き当たりばったりで作業指示を与えられたり、現実離れした作業を割り当てられたり、失敗するように仕向けられ、自らの責任範囲を超えたことについて非難される場合、私は不快に感じるでしょう。誰かが私に注意を払い、私の取り組みがプロジェクトの方向性との整合性を保ち続けるようにすることで、私を成功へと導くべきなのです。このため、私が支援を要請した場合、その要請は真摯に捉えられるべきであり、先送りにされたり無視されたりするべきではないのです。

- **〜は私に馬鹿げたことを聞かせたり、読ませたりする。**作業に関係のないことを聞かされたり、読まされたりした場合、私は不快に感じるでしょう。バグであればトリアージを行うのに、馬鹿げたことにトリアージを行わないのはなぜなのでしょうか？

誰かが打ち合わせの開催を決めた、または報告書を書き上げた、あるいは電子メールを送ったからといって、そのことが常に私の時間を費やす価値のあることにはなりません。行うよう要求(あるいは命令)されることの重要度が低いほど、私の生産性も幸せ指数も低下するのです。

人々を不快にさせるこれらの理由は、なぜ多くの人々が作業プロセスを毛嫌いするかという説明にもなっています。人々は、作業のシステム化によって、官僚主義を始めとするさまざまな苦難が降りかかってくると考えているのです。しかし私は、この恐れが根拠のないものであると考えています。人々が考え出すプロセスというものは、他の創造物と同様に、それを考え出した人が聡明で、正しい目標を念頭に置いている限り、関係者全員に利益をもたらすものとなるのです。プロセスは人を制約したり、不快にさせたりするものではなく、人を支援するために使用できるものなのです。

10.2　優れたプロセスの持つ効果

　私はプロセスというものを、あることが必ず特定の方法で実行されるようにするために、チームが定常的に実施すると決めた繰り返し可能な一連の行動であると定義しています。プロセスは、ルール、ガイドライン、フォーム、手続き、制約といったさまざまな名前で呼ばれています。(例えば、コードのチェックイン方法、テスト方法、ビルド方法などは、エンジニアリングプロセスとしてよく見かけるものです。これ以外には、仕様書の記述方法、レビュー方法、バグの管理方法、日程やスケジュールの管理方法などがあります。)優れたプロセスはプロジェクト完遂の可能性を高める上、それにかかるコストを上回るメリットを生み出すのです。しかし、プロセスの存在する意義や解決する(べき)問題が検討されることは稀であるため、漫然とプロセスを実施するだけで、そのメリットを享受できていないという場合も数多くあります。

　権限を持っている人が問題の原因となっている場合もあります。馬鹿な人が権限を持ってしまうと、気の遠くなるほど馬鹿げたシステムを思いついた挙げ句、チームをそれに従わせようとする悲劇も起こり得るのです。また、その権力者が思いついたプロセスを推進し、プロジェクトの完遂までこぎ着けることができた場合、(プロセスが馬鹿げていたにも関わらず、チームの努力によってプロジェクトが成功したという事実から目を背け)そのプロセスこそが成功の原因であると指摘することさえあります。さらに、こういった権力者は、チームがプロセスの改善を求めて反抗や嘆願を行っても、それを押さえ込んだ上、新たなプロセスを追加してチームを苦しめ続けることもあるのです。

　問題の原因としては他に、「以前にXを使ってうまくいったから、今回もXを行おう」と

いう論理があります。つまり、過去に何らかのやり方で成功した経験を持つチームリーダーが、その際に使用した手法やプロセスを使用するよう、新たなプロジェクトのチームにも強要するのです。しかし、こういった考え方が通用するのは、Xを使って成功した時の状況と現在の状況がよく似ている場合のみです。プロセスが本当に使い物になるかどうかは、過去の成功体験ではなく、現在の状況に照らし合わせて判断するべきなのです。

　問題の原因についていくつか述べてきましたが、たいていの場合は、プロセスの作成というものが複雑であることが原因となっています。プロセスというものは、人の作業方法と人同士のやり取りを体系付けるものです。そして、これらはいずれもとても重要であるものの、非常に有機的なものなのです。個人が作業する方法は人それぞれであり、その方法を公式に統制されることに対する嗜好や許容度も人それぞれとなっています。このため、プロセスの作成時に注意しなければ、そのプロセスは簡単にボトルネックとなり、人々の効率を低下させ、彼らの(ある種の)自由と権限を阻害することになってしまうのです。

　優れたプロセスを生み出す秘訣は、プロジェクトとチームに成功をもたらすものと、現在のプロジェクトとチームをひとあじ違ったものにするもの(図10-1を参照してください)という2つを組み合わせて考えることです。テスト一つ採り上げてみても、一般的なテスト方法を知るだけでは十分ではありません。文化、個人の性格、現在のテストチームのやり方といったものを考慮する必要があるのです。文化やプロジェクトによっては、今までと違ったアプローチが要求されることもあります(例えば、車のABS[†]をテストするためのプロセスと、スティーブが率いているパンクロックバンドについてのウェブサイトをテストするためのプロセス等)。上から高圧的に押しつけるのではなく、チーム自身にプロセスを生み出させた方がよい場合もしばしばあります。でき合いのものをそのまま流用するのではなく、彼ら自身にプロセスの修正や作成を任せてください。他のあらゆる種類の交渉ごと(11章を参照してください)と同様に、プロセスの作成に関しては、特定の観点からのみ説明するのでなく、あなたがどのような効果を重視しているのかを明確に示すようにしてください。

　優れたプロセスの発見と認識に役立てることができるよう、そういったプロセスがプロジェクトにもたらすことになる属性と、効果を以下に挙げています。じっくりと腰を据えてプロセスを作成、洗練する場合、この一覧を活用することができるはずです。

- **進捗を加速させることができる**。これは一見すると直感に反しますが、優れたプロセ

[†] 訳注：ABSとはAntilock Braking Systemの略であり、ブレーキをかけた際のタイヤのロックを防ぎ、制動距離を短くするためのシステムのことです。

10.2 優れたプロセスの持つ効果

```
        優れたプロセスはココ
              ↓
  ┌─────────┐ ┌─────────┐
  │一般的にチームを│ │このチーム/    │
  │効率化すること │ │プロジェクトを  │
  │         │ │ひと味違ったもの │
  │         │ │にすること    │
  └─────────┘ └─────────┘
```

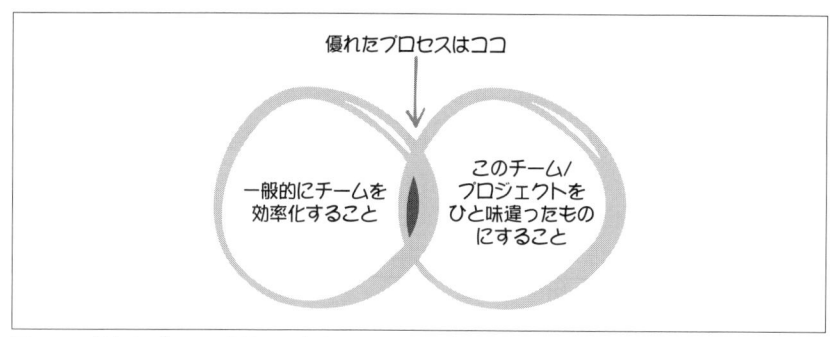

図10-1 優れたプロセスを見つけ出すためには、一般的なプロジェクトの性質を理解するとともに、現在のプロジェクトが持つ独特の性質を考慮する必要もあります。

スは人々の効率を低下させるのではなく、向上させることになるのです。例えば、高速道路に引かれた車線によって、車を運転する際に走行する場所が制限されます。しかし、道路を走るすべての車両に対してこの制約が適用されるため、個々のドライバーにとっては高速走行(そしてゆっくり走る車を避けること)を可能にするルールとなるのです。また、他のドライバーもこのルールに従うという前提を置くことができます。つまり優れたプロセスによって、何らかの前提を置くことが可能になり、意思決定の基礎にすることができる体系を持てるようになるわけです。またプロセスは、人の果たす役割を定義する場合もあります。これによって例えば、スティーブは必要なこと(コードレビューを行ってくれる人を見つける等)をモリーに頼みやすくなるわけです。教科書的な例としては、自動化されたビルドツールとプロセスがあります。これによって、いくつかキーを叩くだけで、ビルドシステムに定義された規約に則ってプロジェクトがビルドされるようになります。

- **問題を避けることができる**。プロセスを導入する最も一般的な動機として、何らかの馬鹿げたことが(再び)起こらないようにするというものがあります。ここでの難問は、進捗の足を引っ張ったり、まったく異なる馬鹿げたことを助長することなく、この動機を満たすということです。こういった難問を解決するには、問題の原因と、進捗の最も重要な要因を理解する必要があります。例えば、「X、Y、Zを今後起こさないようにする上で、最も押しつけがましくなく、最も不快にさせる度合いが低く、最も安価な方法は何だろうか?」といった質問を問いかけるだけで理解が進むはずです。また既存プロセスを見直す場合であれば、「これによってどんな問題を避けることができるのか? その問題はどれだけ深刻なものであり、どの程度の確率で発生するのだろうか?」といった質問を問いかけるのです。プロセスによって問題を避けることができない場合や、進捗を加速させることができない場合、それを捨て去ることも考慮

してください(次の「10.2.1　優れたプロセスを見つけ出す方程式」を参照してください)。

- **重要な作業の可視化、測定が可能となる。**バグの管理プロセスや仕様書の公開プロセスによって、作業頻度の把握が容易になります。また、作業状況、作業結果、チーム全体を通じた傾向といったものの把握も容易になります。つまり、優れたプロセスによって、バグ、仕様書、テストといった重要な作業に関する現在のプロジェクトの状態を把握し、それをプロジェクトの以前の状態や、将来のあるべき状態と比較することが容易になるわけです。これは、プロジェクトの中盤から終盤における戦略の決定に大きな意味を持ちます(14章と15章を参照してください)。

- **プロセスの変更、除去を行うためのプロセスが提供される。**プロジェクトやチームは常に変化するため、先月には必須であった有効なプロセスが今月もそうであるとは限りません。プロセスには、それ自体が使い物にならなくなった時や、改訂する必要が出てきた時を判定できるようなメカニズムが組み込まれているべきです。プロセスは未来永劫使用できるという前提を捨て去り、プロセスを前提にして作業を定義するようなことを避けるようにしてください。誰かが自らの仕事を「第5回目のテストを行う」ことだと考えている場合、彼は第5回目のテストを行うというプロセスを全身全霊で守ろうとし、それに対する一切の変更を恐れるようになるのです。これはよいことではありません。プロセスについては、それを前提にして作業を定義するのではなく、それがプロジェクトに対して及ぼす効果や結果に対して作業を定義するようにしてください。

- **プロセスによって影響を受ける人がそのプロセスを支持するようになる。**人は有効なプロセスを好みます。優れたプロセスは、それを必要とする人の目に好ましく映るのです。あなたの提案しようとしている新たなプロセスが、テスターやプログラマに影響を与え、プロジェクトに対して価値をもたらすものなのであれば、それを彼らに試させることはそう難しくないはずです。より端的に言えば、新たなプロセスを考え出そうという場合、影響を受ける人々を初めの段階から直接関与させておくべきなのです。もちろん、何らかの説得が必要な場合もあります(説得なしに変革はあり得ません)。とは言うものの、解決しようとしている問題が本物であり、本当に生産性が向上するのであれば、チームは俄然やる気を出すはずです。また逆に、プロセスを提案した際、その影響を受ける人から欠点が数多く挙げられたのであれば、彼らの主張を真摯に受け止めるべきです。(しかし、解決しようとしている問題が本物なのであれば、ここであきらめてはいけません。彼らに逆提案を求めるようにしてください。)

10.2.1 優れたプロセスを見つけ出す方程式

プロセスというものを考察するため、それが持つポジティブな効果と、導入および実践にかかるコストを比較してみることにしましょう。こういった比較に役立つ方程式があります。この方程式を利用する上で、実際に数値を代入する必要はありません。この方程式は、エンジニアリングプロセスを追加する際のトレードオフについて考えるためのものなのです。なお、こういった思考や方程式が苦手であるという方は、次のセクションに進んでいただいても構いません。

まず最初に、プロセスのコストを考えてみましょう。これには、プロセスを考え出す時間(DT)、チームがそのプロセスを学習する時間(LT)、そのプロセスを用いて作業する実際の時間(AT)とその頻度(N)があります。つまり、プロセスのコストはDT + LT + (AT×N)となるわけです。

次にプロセスの利点を考えてみましょう。これは、プロセスを採用することによって回避できる失敗のコスト(FC)と、プロセスを採用しない場合に一定時間内に発生する失敗の確率(FP)と、プロジェクト遂行中にこの一定時間が繰り返される回数(T)を乗じたものになります。つまり、プロセスの利点をトータルすると(FC×FP)×Tとなるわけです。

この結果、プロセスの価値というものは、((FC×FP)×T) − (DT + LT + (AT×N))で表すことができます。

この方程式が大胆なまでに単純化されていることは認めますが、それでも核心を突いたものとなっているはずです。結果の値が大きくなるプロセスの方が、小さな値となるプロセスよりも価値があることになります。そして値が負になる場合、プロセスの利点よりもコストの方が上回っていることを意味するわけです。

この方程式が意味することを考えてみましょう。まず、問題を排除するプロセスの作成自体は、さほど難しいことではありません。しかし、そのプロセスの実行コストは実は、その問題が発生し得る全期間内において実際に問題が発生した際のコストを大きく上回る可能性があるのです(喩えて言えば、クッキー缶を盗まれないようにするために5,000ドルのセキュリティシステムを導入するようなものです)。問題の発生確率が非常に低い場合、プロセスの作成時間と学習時間を考慮すれば、その問題を排除するためのプロセスをわざわざ導入することがコスト的に見合わないということもあり得るわけです。

とは言うものの、長期的な利益も考えておく必要があります。こういった利益は、複数のプロジェクトにおいて享受できるということもあるためです。例えば、チェックインやビルド方法の改善は、今後のプロジェクトでも役に立つ可能性が高いはずです。また、次のいくつかのプロジェクトでは、プロセスの解決しようとしている問題の発生確

率が、100%近くにまで上昇するかもしれません。このため、式中にあるTの値が大きな比重を持つようになってくるわけです。つまり、失敗の確率(FP)が低い場合であっても、期間が長期に渡れば、実際に問題が発生する確率も上昇し、プロセスを導入してその問題を排除しておく価値も高まることになるのです。(目に見えやすい短期のコストと、目に見えにくい長期のメリットをどの程度考慮するかということは、リーダーが抱える大きな難問の1つです。そしてこういった難問は、雇用、備品、設備、トレーニング等のいたるところで発生するのです。「蒔かぬ種は生えぬ」ということわざもあります。長期のメリットを享受するには、長期の投資を行うしかないのです。)

最後に、この方程式におけるATの値(このプロセスを用いて作業する実際の時間)にも注意が必要です。優れたプロセスを採用した場合、作業時間は短縮されます。このため優れたプロセスであれば、そのプロセスを用いずに作業を行った場合よりもATの値が小さくなるのです。これによって、式の中に組み込まれているコストと利益の関係が変わります。例えば、プロセスを用いなかった時の作業が7時間だったにも関わらず、プロセスを採用することでそれを5時間に短縮できた場合、その差は2時間となります。そして、この2時間の作業短縮によって、プロセスの全体価値がさらに高まることになるわけです。

10.2.2　プロセスの作成、実践方法

プロセスによって解決できそうな問題を洗い出せたのであれば、11章で概要を解説している大まかな手続きに沿って作業を進めることになります。(短期計画における基本的な実行手続きは、あなたが危機的状況に直面しているかどうかに関係なく似たようなものとなるはずです。)あなたが解決しようとしている問題と、その解決を支援できるベストメンバーを明確に定義してください。そして小人数のグループで作業を行い、選択肢を複数提案した後、最善のものを選択してください。

次に、プロジェクトにおいて比較的リスクの低い部分を切り出し、新たなプロセスの試験的な運用を行います。可能であれば、そのプロセスに対して興味と理解を持ち合わせているメンバーを選び、プロセスの作成に関与してもらいます。そしてプロセスが達成すべき効果についての意見を調整し、可能であればその結果を定量化する方法を用意してください。その後、選択されたメンバーによって、該当プロセスの試験的な運用を行います。また、プロセス変更による効果を評価する期日もあらかじめ設定しておいてください。

この評価日には、プロセス作成者と、試験的な運用を行ったメンバーを交えて再度打ち合わせを開き、どういったことが起こったのかを議論することになります。試験的な運用が失敗だったということになれば、先ほどの手続きを繰り返し、2回目の試験的な運

用を行ってください。失敗でなければ、学習したことに基づいてプロセスを改訂し、より規模の大きなグループに(おそらくチーム全体に)展開し、運用することになります。この際にはチーム全員が、該当プロセスによって解決される問題と、それが実際にどう解決されるのかを理解しているべきです(試験的な運用に携わった人の事例や、彼らの証言が役に立つはずです)。

10.2.3　下層から行うプロセスのマネジメント

「集団をなす馬鹿な人々の力を侮るなかれ。」
——トッド・ブランチャード

　あなたよりも強い権力を持った人たちが、納得できないプロセスをチームに強要してくることもあります。多数決で押し切られたり、プロセスを改訂する権限があなたに与えられない場合もあるでしょう。こういったことは誰にも起こり得ることです。こういった状況に対処する方法は3つあります。これらが常にうまくいくとは限りませんが、やってみる価値はあるはずです。

- **そのプロセスからチームを守る**。あなた自身がチームに代わってプロセスを実行し、彼らの負担を吸収できる場合があるはずです。何かをするために依頼書を書いたり、事務作業が必要となるのであれば、あなたがそれを代行するのです。こういったことにより、自分がチーム専属の秘書になったかのように感じられるかもしれません。しかし、あなたが毎日、あるいは毎週、数分程度の作業を行うことで、チームがその負荷から逃れられるのであれば、あなたの作業は十分価値あるものとなるのです。また、馬鹿げたプロセスからチームを守ったということで、チームがあなたに対して絶大の信頼を寄せるようになる可能性もあります。チームを守ることが適切となるようなプロセスとして、簡単なものでは、作業時間管理、支出報告書、強制の(馬鹿げた)ホームルームのような打ち合わせ、備品請求、その他の細々した作業を挙げることができます。
- **そのプロセスに対して反旗を翻す**。まず、チームとともにそのプロセスに対する反対意見を考えてみてください。つまり、該当プロセスが解決しようとする問題や達成しようとする目標が、そのプロセスを使わなくても実現できるかどうかを考えるわけです。そして、考え出したことが本当に可能であることを証明するため、一定期間をかけて評価を行います。一定期間が経過した後、こういったことが証明できなかった場合、そのプロセスの採用に同意することになります。しかし、証明できた場合には、そのプロセスの採用を取りやめることになります。証明できなかった場合であっても、

正しい懸案事項(どういった問題を解決しようとしていたのか?)について、プロセスという観点から議論することができるため、プロセスの改善に結びつく場合があるはずです。(稀なケースですが、プロセスを採用していない、あるいはより考え抜かれたプロセスを採用している類似組織の成功事例を調査することで、一気に反旗を翻すことができる場合もあります。)

- **そのプロセスを無視する。**私は、自分が理解できない、遠回しで曖昧かつ官僚的で組織的なプロセスは無視するようにしています。そういったものを無視することで、次に述べる二つのケースのうち、いずれかのことが起こるはずだと考えているのです。一つは、偉い人が私のオフィスを訪ねてきて、私がプロセスを実行していない理由について尋ねるというケースです。この場合、私はそのプロセスを実行すべき理由について話し合うことができるわけです。そしてもう一つは、私がプロセスを実行していない理由を誰も尋ねに来ないというケースです。この場合、該当プロセスは誰にとっても重要ではないということが判るわけです(少なくとも、私が実行したかどうかは重要じゃなかったということになります)。そして、後々になって誰かがプロセスを実行しなかった理由を尋ねてきたとしても、該当プロセスに頼ることなくその時までに作業を完了させていれば、自らの立場を正当化することができるのです(「あぁ、そのプロセスを使わなくても実現できました。どうしてそのプロセスが役に立つと思ったのか聞かせてもらえませんか?」)。組織的な指示を無視した理由が説明できるため、この作戦は新たなプロジェクトの場合に最もうまく機能します。ただし、官僚主義を無視することで、あなたの政治的な立場が危うくなる可能性もあるということだけは忘れないようにしてください。

10.3 人を不快にさせない電子メール

このセクション名を見ると、素晴らしい解決策があるかのように思われるかもしれませんが、プロジェクトメンバーにとって、電子メールが最も不快感を覚えるシステムであることに変わりはありません。あまりにも大量の電子メールを受け取り、できるだけ迅速に対応しなければというプレッシャを感じてしまうことで、読むにしろ返信を書くにしろ、その対応がなおざりになるということはよくあります。つまり、私たちのほとんどは多くの場合、きちんと電子メールを読んだり、返信を書いたりしていないということなのです。そして皮肉なことに、送信者の言おうとしていることが理解できなかったり、受信者に自分の考えを伝えることができなかった場合、電子メールのスピードと便利さというメリットは活用できていないことになるのです。

また、リーダーやマネージャにとっての主要なコミュニケーション手段とも言える電

子メールは、プロジェクトマネジメントにおいて最も重要なツールと言えるでしょう。リーダーは新規メールの作成やメールの返信によって、プロジェクト内の情報の流れに影響を与え、コントロールすることになります。またリーダーが、クリアな考えを持ち、しっかりとした疑問を尋ねることで、他のメンバーにもそういった行動が伝播していきます。そして数十人で行っている大規模な議論に対して、1通メールを返信するだけで、組織全体に明快なメッセージを送ることができるのです。しかしその一方で、リーダーが曖昧な考えを表現し、要点を不明瞭にしたり紛らわしいものとしてしまうと、チームのコミュニケーション能力に悪影響を与えることにもなるのです。

　大きな問題の一つとして、まずい電子メールを送信していることにほとんどの人が気付かないという点を挙げることができます。(まずい電子メールに気付かないというのは、まずい電子メールを書いてしまう理由の一つでもあります。)例えば、以下のテストを行ってみてください。あなたの主観的な判断で構わないので、あなたが社内の人から受け取る電子メールのうち、品質の高いものは何パーセントくらいあるのかを考えてください。また、平均的な品質のものは何パーセントくらいあるのかを考えてください。さらに、ほとんど役に立たないものが何パーセントくらいあるのかも考えてください。次に、あなたの送信する電子メールを上記の3つに分類した場合、それぞれ何パーセントくらいになるのかを考えてください。私は実験として、PM、テスター、プログラマのグループそれぞれにこの質問を投げかけたことがあります。すると全員が、自分の送信するメールよりも他の人から受け取るメールの方が2倍近く無価値なものがあると主張したのです。彼らは全員で共同作業を行っていたため、このデータから判断すると、全員が自らの送信するメールではなく、他者の送信するメールに問題を感じていたということになります。私はこの主張を裏付けるような厳密なデータを持ち合わせていませんが、これは真実であると考えています。コミュニケーションに問題が発生した時、平均的な人々はどういうわけか他の人を非難する傾向にあるのです(西洋文明における国際関係の歴史を紐解いていただくと、夥しいほどの証拠を見つけることができるはずです)。

10.3.1　優れた電子メール

　私がマイクロソフトで学んだことの一つに、優れた電子メールを誉めるという習慣があります。数多くの重要な議論が電子メールによって行われ、こういった議論にさまざまなレベルの人々が参加するのも珍しいことではありません。現場のPM、中間管理職、役員といった参加者全員が、対等の立場で電子メールをやり取りすることもあるのです。そしてこういった議論の中で、私が責任を持っていることが議題として浮上し、私も議論に加わるといったことを何度も経験してきました。

　こういった電子メールを用いた議論において、誰かの書いてきたことに対して、どう

しても主張しておきたくなることが何度もありました。そんな時私は、注意深く言葉を選び、納得するまで何度も推敲を重ねます。これによってシンプルで説得力があり、明確な文章ができ上がるのです。そうやって、納得のいく文章を作成できて初めて、メールを送信することになります。私の主張が徹底的に叩かれることもあれば、まったく無視されることもあります。しかし、たまにはホームランを打つこともあるのです。そんな時は、すぐに役員や「私よりもずっと偉い人」から「素晴らしいメールだ」とだけ書かれた個人宛の電子メールが届きました。議論はまだ続いているものの、これによって有益な主張を提示したと認識してもらえたことが判るわけです。しかしここで重要なのは、私の主張が有益であり、メール中の私の表現が称賛に値するということを私に教えるために、誰かがわざわざ時間を割いてくれたという点なのです[†]。

聡明なマネージャは、優れた電子メールを高く評価します。マネージャは毎日、まずい電子メールを数多く読まされており、優れた電子メールを誉めるために時間を割かなければ、事態は改善しないということを身に染みて感じているのです。ちょっとした電子メールであれば書くのに15秒もかからない上、私の経験が示唆しているように、そのメールを受け取る人は、あなたが考えている以上にそれを重要なことと捉えるかもしれないのです。

しかも、他人の書いた電子メールを誉めるということは、あなた自身のまずい電子メールに責任を持つよりも簡単なのです。上述したように、ほとんどの人たちは、他の人たちが思っているよりも電子メールをうまく書いていると考えています(そしてあなたが年長者であるほど、あなたの電子メールエチケットについて正直なフィードバックを得ることが難しくなるのです)。リーダーやマネージャは誰よりも多く電子メールを送信することになるため、自らのまずい電子メール習慣を把握し、矯正するよう努力すべきなのです。以下は、優れた電子メールとはどのようなものか、そして一般的にまずい電子メールとはどのようなものかを判断する上でのアドバイスです。

- **簡潔に、シンプルに、ダイレクトに**。プログラミング言語Pascalの名の由来ともなった数学者のパスカルは、「私にもっと時間があれば、より短い手紙を書くだろう」と書き記しています。言葉は、プログラムと同様に最適化することができますが、その目的は両者で異なります。言葉は、論理の効率性に着目して最適化するのではなく、コミュニケーションの効率性に着目して最適化することになります。プログラムとは異

[†] 上級マネジメントからの褒め言葉があまりにも簡潔だったため、私は当惑し、こういった称賛メールをしばらく保管していました。インスタントメッセージング(IM)や電子メールには、打ち合わせにおける頷きや微笑みといった副次的なフィードバックに相当するものがありませんが、こういった称賛メールによってある程度フォローすることができるのです。

なり、文法的にも論理的にも正しい3単語のメッセージがあったとしても、受け取った人が意味を理解できなければ役に立たないのです†。誰がその電子メールを読むのかを頭に想い描き、その人と面と向かって話す場合に、あなたの伝えたいことをどのように説明したり依頼できるのかを考えてください。どういった詳細が必要となるのでしょうか？ また、どういったことが省略できるのでしょうか？ 前提として、相手はどういったことを知っているのでしょうか？ どういったメタファを使えるのでしょうか？ 重要な電子メールを送信する際には、書き終わった後で他の作業を数分間行ってから、こういった疑問を頭に置いて再度読んでみてください。また、特に重要な電子メールや、多くの人に宛てた電子メールを送信する際には、まずチームの1人に読んでもらってフィードバックを得るようにしてください。

- **やることと締め切りを明記する**。優れた電子メールでは、特定の意図や要求が明確になっており、必要に応じて妥当な締め切りが記載されています。そして受信者にとっては、この電子メールを受け取る理由、記載された作業が行われた場合に受ける影響、自らが(締め切りまでに)行う必要のある作業が明確に理解できるものとなっています。なお、締め切りを指定することで(「結果を金曜日までに送ってくれ」等)、電子メールを通じてやり取りする相手に対して今後の作業に気を配らせることになるため、あなたはより強い立場に立てるようになります。

- **優先順位を明確にする**。その電子メールは本当に送信しなければならないのでしょうか？ 電子メールを送信することで、受信者はあなたの要求を処理するために、さらなる作業を行わなければならなくなります。あなたが伝えようとしているものごとのうち、重要なものはいくつあるのでしょうか？ 例えば、議論すべき問題が10個ある場合、それらを2つのグループに分け、重要度の高い方のグループに注力するようにしてください。また、電話、次のチーム打ち合わせ、面と向かった議論の方がよいかどうかも考えてください。優先順位付けを行わなかった場合、受信者が自らの判断で優先順位付けを行うことになるのです。

- **受信者が電子メールを読むと仮定するなかれ(内容があなたにとって重要である場合は特に)**。あなたがそれを送信したからと言って、受信者がそれを読むと考えるのは

---

† 文豪ヴィクトル・ユーゴーの逸話に、極めて簡潔なコミュニケーションに関するものがあります。彼の著作である『レ・ミゼラブル』が出版された時、彼は売れ行きを出版者に尋ねるための電報を打ちました。その電報には「？」とだけ書かれており、それ以上簡潔にはできないものでした。すると、彼の元に「！」とだけ書かれた電報が返ってきたのです。つまり、売れ行きは極めて素晴らしいということだったわけです。ここに教訓があるとしたら、それは2人の人間関係が良好であれば、そうでない人たちよりもずっと効率よく意思疎通が行えるのだということでしょう。これが一緒に作業する人たちとの人間関係を重視するもう一つの理由なのです。

傲慢です。人々は毎日、星の数ほどの電子メールを受信しており、そのほとんどはあなたの送信したものと同じくらい重要なのです。あなたの抱えている問題が重要であるほど、より多くの労力を注ぎ込み、相手が実際にそれを読み、何らかの対処を行うようにし向けなければならないのです。あなたとチームメンバーの間に信頼関係が確立されているのであれば、あなたがメンバーに送信した電子メールに対する反応も正しく予測できるはずです。

- **実況放送を避ける**。何か重要なことが起こるまでの細かい状況を、全員に知らせておく必要はないはずです。このため、そのことに至るまでの、さまざまなメンバーの作業を書き連ねたような電子メールは避けるべきです。例えば、「サリーが最初にビルドプロセスを設計した時、彼女が興味を持っていたのは……」とか、実況中継のような「打ち合わせの滑り出しは順調だった。ボブとスティーブは説得力のあるプレゼンテーションを情熱的に行った。そして……」といった書き方は避けるべきです。大事なのは、そういったことが生み出す影響なのです。つまり、起こったことそのもの、それがもたらすことになる変化、そしてそれに対してやるべきことに重点を置いて書く必要があるわけです。細かい背景を伝えておく必要があるのであれば、重要なポイントの下に箇条書きで羅列してください。同じことはプレゼンテーション資料、ウェブサイト、報告書等についても言えます。最初の2行を読んだだけで、読み手がその重要性を理解できるようにしてください。

- **「ご参考」メールは別立てで**。私が昔所属していたチームに、直接関係ないものごとでも、興味を引きそうなことはすべて電子メールで転送するという習慣がありました。こういった電子メールのことを、FYI（For Your Information）メール、またはご参考メールと呼びます。好奇心を刺激したり、業界動向を意識させることは素晴らしい習慣ですが、こういったものにコミュニケーションの場を占有させるのではなく、何らかの形で住み分けられるようにしてください。例えば、電子メールにエイリアス（別名）を設定したり、「業界動向」や「注目技術」といったディスカッショングループを作成し、メンバーが見つけたクールな情報を投稿できるようにしておくのもよいでしょう。また、電子メールソフトウェアが優先順位設定機能や振り分け機能をサポートしているのであれば、こういった電子メールの優先順位を低くしたり、件名を「FYI:」で始まるようにしておくのもよいでしょう。こういった工夫を凝らすことで、簡単に電子メールを整理できるようになるはずです。

- **電話は友達**。重要なメールを受信したものの理解できない部分がある場合、厳格な章立てに従った電子メールで質問事項を返信しないようにしてください。まず、電子メールの送信者に電話をかけてみてください。混乱や論争を解決するには、電子メールよりも対話の方が常に有効となるのです。例えば、電話で30秒ほど話し合うだけ

で、時間をかけて電子メールをやり取りせずに済むようになることも多いわけです。そして、送信者に電話をかけて問題を解決した後には、明確になった内容を関係者全員に電子メールで送って共有することができます。あなたが混乱したということは、他の人も混乱している可能性が高いのです。電話(あるいは対話に出向くこと)は、電子メールによるコミュニケーションを補完する素晴らしいツールなのです[†]。

10.3.2 まずいメールの例

まずい電子メールはすぐに判ります。まずい電子メールは非常に長く、書き方が悪く、添付ファイルが多くあり、斜め読みしづらくなっています。こういった電子メールは、一瞥するだけで見抜かれ、通常の場合無視されるか、「フレッド：このメールじゃあ訳が分からない。他のメンバーからも苦情が返ってきているのであれば、書き直すか、あらためて打ち合わせを開いてくれないか？ そうじゃない場合はこっちから電話するよ。じゃあ」といったメールが返ってくることになります。このため、明らかにまずい電子メールは逆に、最も厄介な部類には入らないのです。

本当に厄介な電子メールとは、一見するとうまく書かれているように見えるものの、実際には脱線ばかりで、練られていない考えと曖昧さが満載というものです。それでは以下に、同じ内容の電子メールを悪い書き方と良い書き方で記述してみましょう。

```
From：ジャック・コロノ
To：ストライカー開発チーム
件名：最近における重要な議論のサマリ

過去4週間、我々の多くを悩ませ続けた、コードのチェックイン手続きに関するプロセス見
直しはついに完了しました。
こういった新たな手続きを検討するための適切な方法については、廊下での立ち話や打ち
合わせによる数多くの討論もむなしく、長い期間が必要となってしまいました。
また、委員会メンバーの選出も容易ではなく、多くの方々もご存じのように、予想以上に
長い時間がかかってしまいました。
それについてお詫び申し上げるとともに、以下にその結果を報告させていただきます。

まず、週次の打ち合わせに参加できなかった方、または2週間前から私と話をしていなかっ
た方に対して、新たに出てきた提案のポイントをまとめておきます。


1) チェックインは非常に重要である。これによって何が実際にビルドされているのかを判
断することができる。
```

[†] 現在、主流となっている通信手段(電子メール)は、以前に主流となっていた通信手段(電話)に未だに依存する部分があり、それもまた以前に主流となっていた通信手段に未だに依存する部分がある(つまり、インスタントメッセンジャー＞電子メール＞電話＞郵便＞のろし＞対面＞等々)という通信の法則があるようです。

2) 人それぞれに意見がある。ランディとボブは、現在のシステムが抱えている問題について詳細に語ってくれた。

3) 簡単な解決策は存在しない。我々が議論したほとんどの変更には欠点があった。このため、最終的な結論に到達した場合であっても、運用しながら若干の調整を行う必要がある。

こういったことはさて置いて、今週の後半に、改訂された提案書を配布する予定です。
私からの次のメールをお待ちください。
もうすぐ送信の予定です。

それでは。

---ジャック

10.3.3　よい電子メールの例

　よい電子メールは、まずい電子メールとは異なり、くどくどと経緯を述べたり何かを正当化しようとはしません。簡潔明解にポイントを突きます。提案にまつわる数々のことを解説するのではなく、実際に提案を行っています。一部、最後通牒のような表現がありますが、それによって提案に勢いをつけ、解決に向けた(強力な)後押しとすることができるはずです。

```
From: ジャック・コロノ
To: ストライカー開発チーム
件名: 新しいチェックインプロセス
```

新しいチェックインプロセスの最終提案が完成し、現在ウェブサイト(http://intman/proc/checkin/)で公開中です。

内容が内容だけに、私はこの提案を一つずつ、ほとんどのメンバーと議論し、すべてのフィードバックを盛り込みました。
もしもあなたの意見が反映されていない、あるいは何らかの主張をお持ちのであれば、*大至急*メールでお知らせください。

ただ、注意してください。
このメールは、将来的な変更についての2度目のお知らせです。
変更機会は現段階でほとんどなく、日を追ってさらに少なくなっていきます。
今すぐ行動するか、我慢するか、いずれかの道を選択してください。

金曜の5:00が上記提案に対するフィードバックの締め切りです。
それまでに寄せられた疑問やコメントについては(適切なメンバーとともに)検討します。
この期日を過ぎた場合、本件は終了し、新しいチェックインプロセスが来週から実施されることになります。

以上

---ジャック

これら2つの電子メールの違いは明らかでしょうから、こういった例を詳しく解説する必要はないでしょう。この例は、べき集、べからず集としていつでも使えるテンプレートになっているわけではありません。あなたが送信する電子メールは、それぞれがさまざまな目的を持っており、ここでの例に従うことがよいとは限らないかもしれません。このため電子メールを書く際には、明確な目的を持ち、熟考し、作業を完了させる上で必要なことを何でも実行するようにしてください。ただ、核心を突く方法を常に模索し、ものごとを前進させるために電子メールを利用するのだということを忘れないようにしてください。

10.4　打ち合わせを不快なものにしない方法

　以下は、打ち合わせについての私の告白です。私は定例打ち合わせが好きではありません。定例打ち合わせというものは、無駄なく整然と行う努力を怠るとすぐに、だらだらとして冗漫な、不満を感じさせるものとなり、参加者は無意味で無駄な時間を過ごすことになってしまうのです。しかし、努力を欠かさなければ、打ち合わせは活気に満ちたものとなり、参加者全員が力を合わせる場になるのです。ここでの難問は、打ち合わせを開催、進行する人が、自らの行うことを理解していなければならないという点にあります。

　何はともあれ、打ち合わせというもののコストの高さを理解しておく必要があります。10人が参加する打ち合わせを1時間行った場合、そのコストは10人時間となります。チーム全員が、バグの修正や懸案事項の対処といった、進捗に直結する作業を行うのではなく、会議室に閉じこめられ、何かが起こるのを座して待つことになるのです。そして、その何かは起こるかもしれず、起こらないかもしれないのです。プログラマや他のメンバーが不平を漏らすのも無理のないことでしょう。会議室で過ごす時間の重みが、コンピュータの前で過ごす時間の重みに勝てることなどほとんどないのです。

　しかし、打ち合わせを行う理由が、重要なアイデアや意思決定について議論する、打ち合わせ後の参加者全員の行動に影響の及ぶ情報を明らかにする、プロジェクトに関する閃きや理解を伝えるといったものである場合、その価値はずっと高いものとなります。この場合、打ち合わせは時間の無駄ではなくなり、他の手段では得がたい情報を互いに得るための手段となるのです。

10.4.1　ファシリテーションの技芸

　何年も前の話になりますが、私がWindowsの重要な部分のアーキテクチャ会議に出席した時のことです。私は打ち合わせが始まる少し前に会議室に到着し、参加者が自らの

案は完璧だという表情を見せながら着席するさまを眺めていました。そして私は、打ち合わせが始まるまでのひととき、彼らが椅子にもたれかかって頭の中で議論の予行演習を行っているのを見ていました。その後、まさに意見を戦わせるという表現にふさわしい議論が始まりました。10分間に渡って、議論は大きくうねり、ホワイトボードには対立する意見の図がそれぞれ書き殴られ、辛辣な言葉が増え、最後には皮肉や言葉尻を捉えた質問の応酬となったのです。やがて、グループのマネージャであるハディ・パルトヴィが立ち上がり、部屋の前に置かれたホワイトボードに静かに歩み寄りました。

彼はものも言わずに、疑問を箇条書きにし始めました。3つ目の疑問を書き始める頃には、全員が議論を止め、彼のすることに静かに見入っていました。彼は疑問の一覧を書き終えた後、書いた内容に間違いがないかどうかを参加者全員に問いかけました。そして全員がこくりと頷きました。彼はその後、それらの疑問に一つずつあたっていったのです。それでも議論は起こりましたが、問題が体系化されていたため、その時間は劇的に短縮されることになったのです。この時、ハディは自らの意見を述べませんでした（彼にも彼なりの意見があったということを私は知っていました）。彼は自らの意見を主張するのではなく、我々が同意した疑問を用いて議論を先導してくれたのです。そしてこれがファシリテーションの技芸なのです。

> ファシリテーション（名詞）：ものごとを容易に、あるいはさらに容易にする行為のこと

優れた打ち合わせというものは、参加者の誰かがファシリテーション術を心得ている場合にのみ実現できることなのです。こういったことに生まれつき長けている人がいる一方で、こういったことが行われたことすら認識できない人もいます。その他の対人スキルと同様に、対話や、対話に影響を与える数多くの方法について、よく判っている人もいれば全然判っていない人もいるのです。

ファシリテーションは、打ち合わせというショーを開催する人（たいていはPM）や打ち合わせを呼びかけた人が務める、半ば公式の役割となっています。チームによっては、この役をこなす人を議論の内容に応じて臨機応変に変更する（つまり多くのメンバーがこういったスキルを持っている）という、強いファシリテーション文化を有している場合もあります。しかしほとんどのプロジェクトでは、ファシリテーションの才能を持った人材が圧倒的に不足しているというのが実状なのです。

10.4.2　ファシリテーションにあたっての注意点

ファシリテーションというスキルは、それが発揮されているチームにおいては当たり前のものとして捉えられがちです。つまり、効果的なコミュニケーションが行えていな

10.4 打ち合わせを不快なものにしない方法

いチームと作業を行う、あるいは効果的なコミュニケーションを行えていないと自覚するまで、この種のスキルが持つ価値は見過ごされやすいわけです。ファシリテーションの実践方法についての書籍[†]や講座はいくつかありますが、こういったスキルを身につけるには、ファシリテーションに長けている人を観察し、学んだことを次の打ち合わせで試してみるのが一番でしょう。しかし、注意点がいくつかあります。私はこういった注意点に気付くまでに長い時間を必要としました。また、あなたが生まれつきファシリテーションスキルを身につけていたとしても、こういった注意点が参考になるはずです。

- **司会者の席に座る**。あなたが打ち合わせの主催者なのであれば、事実上のファシリテーション役を務めることになるはずです。参加者の紹介を行い、議題を明確にしてから議論を開始してください。参加者が部屋に入ってきた時から司会者のように振る舞えば、彼らは参加者であることを自覚し、あなたを司会者として立てるはずです。また、どこに座るかを注意深く考えてください。たいていの場合、部屋の隅に座るよりも上座や中央に座ることで、権威ある者として扱われるようになるはずです。
- **耳を傾け、言い換えを行う**。ファシリテーション役の人が担う重要な仕事の一つに、他者のコミュニケーションを助けるというものがあります。誰かが中途半端な（しかし完全に無意味ではない）アイデアを述べた場合、手を差し伸べて、それを本格的なものにするのです。例えば、マイクがモリーに何かを伝えようとしているものの、うまく表現できていないと感じたのであれば、マイクに助け船を出してあげるわけです。これには、発言を言い換えるというテクニックが使用できます。つまり、「あぁマイク、君が言ったのは＜マイクが表現したポイントを言い換えてここで述べます＞ということだと思うんだけど、それでいいのかい？」といった具合に割って入るわけです。これによって彼のポイントを洗練させることができるとともに、協調して議論を行う方法を全員に伝えることができるのです。しかし、あなた自身の意見を主張しようとしてはいけません。あなたが個人的な意見を振り回したりすれば、優れたファシリテーション役や優れた聞き手にまわることはできなくなるのです。紛糾しそうな打ち合わせや難題がある場合、プロのファシリテーション役を雇うような組織もあるくらいなのです。チーム内でファシリテーション能力に優れているメンバーを調べておき、何らかの意見を自ら主張したい場合には彼にファシリテーション役を任せてください。くれぐれも、意見の主張とファシリテーションの両立は可能だなどと考えないようにしてください。

[†] 入門書としてはトム・ジャスティス（Tom Justice）の『The Facilitator's Fieldbook』（American Management Association刊、1999年）とトーマス・A・ケイサー（Thomas A. Kayser）の『Mining Group Gold』（McGraw-Hill刊、1991年）が適当でしょう。

- **話の方向付けを行う。**議題を指針とし、横道にそれた議論を元に引き戻すため、必要に応じて議論に介入してください。柔軟性を重んじ、参加者に思い通りに発言してもらうよう心がける必要はあるものの、西に向かって進むべき議論が南に向かって進みかけているのであれば、何らかの手を打たなければなりません。議論に丁重に割り込み、ホワイトボードに書かれた議題を指さし、その議題に片がつくまでは本論から外れる議論を控えてもらう(あるいはその議論の方が重要である場合、議題を見直す)ようにするわけです。また、喋りすぎている人はいないか、発言の機会を逸している人はいないかということに注意を払い、場をうまくマネジメントしてください(「ボブ、ちょっと待って……スティーブ、この件に関して何か考えはあるかい?」)。
- **対話を終了させる。**懸案事項についての議論を終わらせ、仕切直して別の機会に解決を試みるべきだと判断する際のしきい値を考えておいてください。問題を特定し、その担当者を決定し、明日か明後日にその担当者から解決策を提案してもらうだけで十分な場合もしばしばあります。これは議論が横道にそれたままになることを防ぐ最も優れた方法です。例えば、「おーい、ちょっと待ってくれ。サムとボブ、君たちだけでそれを決定できるかい? できたらその結果を後で聞かせてくれ」ということになります。特定の2人が会議の場を占有し、他の5〜6人がずっと退屈しているといった状況にならないようにするべきなのです。
- **記録を残す。**議論を(可能な限りその場で)文書化するようにしてください。これにより、議論の経緯を追跡し、グループに伝えることができるようになるため、ファシリテーションが楽になります。私は、まさにこういった理由でホワイトボードを愛用しているのです。ホワイトボードは、参加者の意見を書き留めたり、to-doリスト(やるべきことの一覧)を作成したり、一致した(または不一致となった)意見を明記するツールとして簡単かつ柔軟に使用することができるのです。とは言うものの、どのように使用するかは重要ではありません。重要なのは、打ち合わせが終わった段階で次のステップと重要なポイントの記録が完了しており、参加者に電子メールとして送信できるという点なのです。また、こういったものを記録する役を務めると、表現や強調する点に影響を与えることができるため、ある種の力を握ることになると主張する人もいます。こういった主張が当てはまらないとしても、議論の記録を他の人に送ることによって、あなたの記録に不正確なところがあっても彼らがそれを正してくれることになるのです。

こういった点に同意できない場合であっても、打ち合わせにはリーダーシップという役割が必要であるということには同意していただけるはずです。こういった役割を積極的に務める人がいなければ、打ち合わせはイライラするものとなったり、退屈なものと

なってしまうのです。よく、「打ち合わせはつまらないし、参加したくない」という感想を見聞きしますが、本当の問題は打ち合わせそのものにあるのではなく、それを実施する方法にあるのです。

10.4.3　打ち合わせの3形態

打ち合わせを開催する人がよく犯す過ちは、打ち合わせがいかに融通の効くものであるかを忘れてしまうということです。すべての打ち合わせを同じやり方で進める必要はなく、また、同じ形態で実施する必要もないのです。たいていの打ち合わせが、ほとんどの人たちにとって退屈なものとなる理由は、その目的にふさわしくない形態や規模となっているためです。誰がファシリテーション役を買って出たとしても、参加者が7〜8人を超えると対話性の高い議論はできなくなります。大雑把に言って、打ち合わせには以下の3種類があり、それぞれに制約と適した分野が存在しています。このため、解決すべき手元の問題には、どういった種類の打ち合わせが最適となるのかを常に考えるようにしてください。

- **対話性の高い議論**：参加者全員が活発に発言を行う必要のある打ち合わせです。ここでの目標は、議論の深さと緻密さです。実施にあたって注力することは、具体的な懸案事項についての探求や解決、選択肢の追求です。規模は、小〜中規模（2〜8人）となるのが一般的です。設計時の議論、ブレインストーミング、危機管理、トリアージを例として挙げることができます。
- **報告あるいは中程度の議論**：何らかの情報を持っており、他のメンバーに対して、その情報に関する意見を求めたり、その情報自体を理解させたいという場合があります。ここでの目標は、レベルの高いフィードバックと知識の共有です。こういった形式でも対話性の高い議論を実施することは可能ですが、それは参加者がチームの一部に限られている場合のみです。打ち合わせにおいては、必要に応じて各担当者が場を仕切り、話を進める役と意見を述べる役を交代することもできます。規模は、中〜大規模（5〜15人）となるのが一般的です。仕様書のレビュー、アーキテクチャのレビュー、マネジメントのレビュー、小規模なプレゼンテーションを例として挙げることができます。
- **状況のレビューやプロジェクトのレビュー**：この打ち合わせの目的は、チームやプロジェクト全体の状況を概観することです。そしてリーダーはこれにより、進路修正を行ったり、マネジメントが打ち出した新たな方向性をチーム全体に提示する機会を得ることになるわけです。その一方、こういった打ち合わせで、作業状況のヒアリングを行ったり、全員の進捗状況を報告しようとすると、宇宙一退屈な打ち合わせとなっ

てしまいます。規模としては、中〜大規模(10〜100人)となるのが一般的です。状況のレビュー、プロジェクトのレビュー、大規模なプレゼンテーション、全員参加の打ち合わせを例として挙げることができます。

　目的と形態が一致していない打ち合わせほど、邪悪なものはありません。参加者が10人以上になると、対話性の高い議論や深い議論を行うことは難しくなります。全員が発言できるだけの十分な時間がない場合、(誰かがファシリテーションを行わない限り)声の大きな一握りの参加者がほとんどの時間を占有してしまうことになりがちです(ただ、声の大きな一握りの参加者がいるということ自体は悪いこととは限りません)。ほとんどの委員会はこういった形態であり、予想通り平凡で下らない結果に終わるのです。

10.4.4　邪悪な、惰性による打ち合わせ

　邪悪な打ち合わせとしては他に、(週次、日次、月次ベースで)繰り返し行われた後、その必要がなくなったにも関わらず漫然と続けられているというものがあります(マイクロソフトでも、惰性による定例打ち合わせで会議室の予約が埋まりきってしまい、打ち合わせが予約できなくなった社屋もありました)。定例打ち合わせは、作業にリズムをもたらし、メンバーが同時に同じ場所に集うという点で偉大なものです。細々としたあらゆる問題は、参加者が同じ部屋に集まることと、その頻度が週1回以上と決められていることで、迅速かつ簡単に解決できるのです。例えば、「あぁ、ちょっとサム、この打ち合わせで尋ねようと思っていたことがあったんだ。このAPIは変更されるんだろうか？ チェックインしたコードを見て、私のコードに影響ありそうだと思ったんだけど、ちょっと自信ないんだ」といった感じです。電子メールや電話の場合、回答が得られるとは限りませんが、本人があなたの隣に座っている場合、必要な情報はたいてい得ることができるはずです。

　問題は、こういった定例打ち合わせが必要なくなってからも惰性で続けられやすいという点にあります。参加者が減ってくる、あるいはラップトップを持ち込んで打ち合わせ中に電子メールのチェックをするようになったのであれば、何かが狂い始めています。その打ち合わせは、かかる時間に見合うだけの価値を提供できなくなっているのです。マネージャ(あるいは打ち合わせの主催者)は、打ち合わせを中止すると、チーム全体を導く機会がなくなるのではないかという恐れを抱きがちです。しかし実際はまったく逆であり、マネージャは不必要な打ち合わせによってチームを苦しめることで、彼らからの信頼を失うことになるのです。

　こういったことを防ぐために、オプトイン打ち合わせという形式を採用することができます。これにはまず、定例打ち合わせを予定しておき、打ち合わせ開始時刻の5分前

に、議題を伝える電子メールの有無を全員がチェックするように決めておきます。明確な議題がある場合、主催者はその旨を送信し、参加者が集うことになります。しかし議題がなければ、電子メールでその旨を伝え、(その週の)打ち合わせは中止になります。これによって、チームは必要に応じて集う時間を確保しながらも、チームメンバーは意味のない打ち合わせに参加させられることがなくなるわけです。そして、3～4週間以上に渡って打ち合わせのない状態が続くようであれば、定例打ち合わせを止めることになります。

10.4.5 打ち合わせにあたっての注意点

　この最後のセクションでは、打ち合わせの運営と参加において見過ごされやすい戦術の一覧を紹介しています。これはすごい秘訣でもなければ、とりたてて変わったことでもありません。実際のところこれは、小人数のグループと作業を行う際に気を付けておくべきことでしかありません。打ち合わせを数多く開催した経験のある人は、何らかの秘訣やコツというものを一揃い持っています。少なくとも、この一覧とあなたが過去に行ってきた作業を照らし合わせることで、何らかの気付きが得られるはずです。

- **適切な参加者が部屋にいるか？** 参加を呼びかけると、何人かは参加するでしょう。しかし一部の参加者は、首に縄を付けて引っ張ってこない限り(あるいはお菓子等で釣ったりしない限り)参加しないでしょう。このため、適切な参加者を適切なタイミングで部屋に集めるのもPMの仕事になります。必要があれば廊下を歩いて参加者を探し回り、参加者が他の会議に出席していたとしても、躊躇せず会議室に押し入って連れてこなくてはなりません。また、参加すべきメンバーが定刻までに揃わなかった場合、打ち合わせを中止する勇気も必要となります。明日以降にメンバーを揃えてやり直す必要があるのであれば、今の時間を無駄にしてはいけません。最後に、参加する必要のないメンバーが参加しようとしている場合、彼らにその旨を伝えてください。その際には、如才なく振る舞い、議事録や報告書を後で送付することを伝える必要があるものの、そのメンバーには会議室から出ていってもらってください。打ち合わせを妨げそうなメンバーであれば、こういったことは特に重要になります。
- **座る/立つ。** 打ち合わせ時間を短縮するには、立ったままで打ち合わせを行うという方法があります(廊下や屋外で行う等)。これによって、重要かつグループで議論するにふさわしい問題のみを話し合うよう仕向けるのです。こういった打ち合わせは、高々5～10分で終了するはずです。SCRUM† という開発プロセスの場合、毎日、立った

---

† SCRUMについての詳細は、http://c2.com/cgi/wiki?ScrumMeetingsかhttp://www.controlchaos.com/を参照してください。

状態で3つの質問に答えることによって、状況確認の打ち合わせを行います。3つの質問とは、前回の打ち合わせ以降に何をしたのか？　今抱えている障害は何か？　次回の打ち合わせまでに何を行うのか？　です。打ち合わせの無駄を極限までそぎ落とせば、へそ曲がりなエンジニアでさえも進んで出席するようになるはずです。特定のメンバーで具体的な懸案事項を議論したい場合には、従来形式で打ち合わせを行います。立ったままで打ち合わせを行うという方法は、少なくとも試してみる価値があります。また、予定では1時間の打ち合わせが、本当に1時間も必要なのかどうかを参加者全員が問い直すきっかけにもなるはずです。

- **準備する**。準備不足の場合、打ち合わせが失敗することもしばしばあります。打ち合わせの目的を達成するには、どれだけ準備が必要なのかを常に考えるようにしてください。場合によっては、質問や未解決の懸案事項の一覧、あるいは前日に電子メールで送信した議題等、最小限の準備でよいこともあります。逆に、プレゼンテーション資料、デモ、配布用資料等の準備が必要となることもあります。思い通りに打ち合わせが行えなかった時は、どうするべきであったのかを反省するようにしてください。たいていの場合、原因は準備をさぼっていたことにあるはずです。準備不足にならないようにするコツは、打ち合わせの予定を参加者に通知する際、準備について考え、その準備に必要となる適切な時間を自分の予定表に書き込んでおくことです。

- **ラップトップと電子機器**。私は、打ち合わせ中にラップトップやPDA等の電子機器を使用することについてよくない印象を持っています。打ち合わせに全神経を集中させるほど重要性がないと思っている参加者は、その場にいるべきではないのです（状況報告会やプロジェクトのレビュー打ち合わせといった、信号対雑音比の小さい打ち合わせは除きます）。面と向かって議論を行うという時間は貴重であるため、そういった時間は参加者全員が重要性や価値を感じることに使用するべきなのです。打ち合わせでのラップトップや電子機器の使用を野放しにするのがよくないとあなたが思っているのであれば、チームメンバーと話し合い、そういった機器の打ち合わせ時における適切な使用方法についてのポリシーを決めるようにしてください。

- **遅刻しない**。時間に対する態度は、序列に従って伝染していきます。役員や上級マネージャが遅刻すると、他の参加者も遅刻するようになります。そして、彼らが時間通りに現れると、他の参加者も時間通りに現れるようになるのです。ただし、遅刻者が目上の人でない場合、あるいは報告を行う担当者だった場合には、笑いを使って迷惑していることを表現してみてください。私のお気に入りは、遅刻している参加者のオフィスに電話をかけるというものです。彼がまだそこにいれば、電話を通じて全員の前で穏やかに冷やかすのです。つまり、「やぁ、サム。第5会議室に来ていただければ、我々全員は光栄に思うのですが」といった感じです。彼が不在であれば、ボイス

メールを残しておきます。電話のスピーカー機能を使って、部屋にいる全員で一斉に「愛してるよ〜サム！」と叫んだり、ハッピーバースデーの歌を合唱するのもよいでしょう。打ち合わせに遅刻した人や部屋に最後に入ってきた人に、毎回こういったことを行うのです。これによって、和気あいあいとした雰囲気の中で打ち合わせを開始でき、時間通りに会議室に行くという動機付けも行えるわけです。

- **次の作業とその担当者を明確にして終了する。**打ち合わせが終われば、次に何をするのかが重要なことになります。人類史上まれに見るほどの無茶苦茶な打ち合わせであったとしても、次に行うべき適切な作業を5項目、そしてその担当者を5人決定できていれば、その打ち合わせは成功と言えます。次の作業を明確にすることなく部屋を後にすることがないようにしてください。そのためには、打ち合わせの準備作業として、次の作業をどのように導き出すかということと、各作業に適切な人材は誰かということをあなたなりに考えておく必要があります。

10.5　サマリー

- プロジェクトマネージャは、人を不快にさせてしまいがちです。しかし、そのうちのいくつかは避けることができるのです。
- 人はさまざまな理由で不快になります。人が不快になるのは、自らの時間が無駄にされていると感じた時、無能であるかのように扱われた時、馬鹿げたことを要求されたり不当な扱いを受けた時といった場合が多いのです。
- 優れたプロセスには、進捗を加速させる、問題の発生を防ぐ等、多くのポジティブな効果があります。しかし、優れたプロセスを作り出すことは簡単ではありません。
- 人を不快にさせない電子メールとは、簡潔で、行動に移しやすい内容になっているとともに、件名や最初の一文を読むだけで、それ以上読み進める必要があるかどうかをすぐに判断できるようになっているものです。
- ファシリテーション役がいる場合、打ち合わせの進行がスムーズになります。
- 打ち合わせの目的と形態が合わない場合、その打ち合わせはイライラするものとなります。

11章
問題発生時に行うこと

　あなたが行うこと、熱心さの度合い、作業を共にする相手とは関係なく、問題は発生します。最高のリーダーと担当者が揃っており、勤労意欲が高く、潤沢なリソースが用意された世界一のチームであっても、予期せず難局に陥ってしまうことはあるのです。難局を徹底的に避けようとすれば、重要なことを一切行わないか、常に自らの身をあらゆるリスクから遠ざけるように振る舞うしかありません。しかしこういったことを行えば、プロジェクトの成功に貢献できる可能性はほぼなくなり、プロジェクトマネージャとしては失格になってしまうのです。

>　「プロジェクトの成功に通じるすべての道は、克服しなければならない困難のただただ長い繰り返しである。たまにしか困難に直面しないというのではなく、困難であることが普通の状況であり、我々の仕事はその困難を克服することなのだ。我々の本当の評価は、困難が存在しない場合にいつ成功するのかということではなく、困難が存在している時に勝利を勝ち取るということにあるのだ。」
>
> ──ウィリアム・A・コーヘン

　こういった理由から、優れたPMを目指すならば、難しい状況に取り組む準備を整えておく必要があるわけです。そして準備を整えるにあたっては、悪いことが起こる時には起こるのだと気付く、ある種の知恵が必要となります。何かが起こってしまった後でそれを変えることなどできません。このためプロジェクトの成功には、チームが逆境にどのように取り組むのかということの方が、逆境を避けようとすることよりも重要となるのです。そして、柔軟性と復旧能力というものはどちらも、予期しないことに取り組む上で必要となる属性と言えます。こういった属性を持たないチームは、他の属性が完璧で、計画も完璧であったとしても、ちょっとした誤まりがあっただけで、キリモミ状態に陥ってしまうことになるのです。

この章では、大まかな指針、つまり問題発生時の応急処置、メンバーやチームは難しい状況にどう取り組むべきか、厳しい状況をマネジメントするための戦術とアプローチについて扱っています。

11.1　大まかな指針の適用

> 「誰かが暗闇で何かをひっくり返した時、あなたはその人を非難することもできれば、ロウソクを灯すこともできる。しかし、問題のあることを知っていたにも関わらず何の対処もしなかったのであれば、非はあなたのみにあるのだ。」
>
> ——ポール・ホーケン

このセクションは、難しい状況に対処するための簡単な手引きとなっています。この章の後半では、一般的な状況をいくつか解説し、それに対する具体的なアドバイスを行っていますが、ここでの指針は、あなたの直面している難局がどのようなものであれ、役に立つはずです。

手順1. **気を落ち着かせる**。恐れ、怒り、欲求不満にまかせて行動しても、状況は悪化するばかりです。とは言うものの、問題が発生した場合には誰でもこういった感情を抱くことになります。そして、そのことに気付いていようがいまいが、あなたの思考や振る舞いはその影響を受けることになるのです。(経験則では、気付いていない場合ほど、あなたが受ける影響は大きくなります。)こういった感情に対して尻込みしたり過剰反応することなく、辛抱強く、じっくりと、常に注意を払っておくようにしてください。

手順2. **プロジェクトに関係のある問題を評価する**。空が落ちてくると誰かが信じているからといって、本当に空が落ちてくるわけではありません。こういったことが本当に問題となるのでしょうか？　それは誰の問題なのでしょうか？　プロジェクト(あるいはその目標)はこういった状況のせいで、どれだけのリスクを抱えることになり、またどれだけの変更が必要となるのでしょうか。5%？　20%？　90%？　大局的な見地に立ってものごとを考えてください。この問題は人命に関わるものなのでしょうか(あなたは脳外科医ではないはずですよね)？　都市が丸ごと壊滅することになるのでしょうか？　罪のない人々が次々と伝染病にかかっていくことになるのでしょうか？　チーム全員を支援し、適切な感情と知性によって問題を捉えられようにしてあげてください。人々に対して多くの疑問を投げかけることで、反射的な行動を戒め、まず考えるようにし向けてください。前提となっていることを一つずつ消し込んでいくのです。

また、あなた自らが、問題とその本当の影響をしっかりと理解できているかどうか、確認しておいてください。そして、緊急（今すぐ！）、大問題（今日中）、気がかり（今週や来週）、問題でない（対応しない）といった優先順位付けを行ってください。つまり、この新たな問題をどの程度放置しておけるのかを判断し、既存作業も考慮した上で優先順位付けを行うわけです。そして、それが実は問題ではないと判明したのであれば、問題であると言った人に対して、次回は問題の指摘前によく確認するよう言い聞かせておくべきなのです。

手順3. **もう一度、気を落ち着かせる**。ここまでで問題に関する何らかの情報を得ることができたはずですが、それでもまだ取り乱しているかもしれません（「このクソったれな＜ここに具体的な内容が入ります＞は、なんで起こったんだ？」）。この場合、空に向かって叫ぶ、ジムで汗を流す、友人と話すといった、無難な形で感情を表現する方法を見つけ出しておいてください。ここで感情を包み隠さずに表現することが重要なのです†。自分にとって何が効果的なのかを見つけておき、それを活用してください。そしてその後で問題に戻るわけです。また、優れた意思決定を行うためには、あなた自身だけではなく、チームの気も落ち着かせておく必要があります。誰が心配し、動転しているのかに注意を払い、その人の気を落ち着かせるために手を差し伸べてください。手始めとしては、冗談、思いやりの言葉、食べ物、飲み物といったものが手頃でしょう。あなたがリーダーなのであれば、あなた自身が気を落ち着かせ、ゆったりとすることで、全員にその落ち着きが伝わっていくはずです。そして、この状況に対する責任を取ることで（後述の「11.3　責任を取る」を参照してください）、誰のミスだったかに関係なく、チームはその問題からより早く復旧できるようになるのです。

手順4. **適切な人材を会議室に呼ぶ**。大きな問題というものは、あなただけに影響をおよぼすわけではありません。その問題について、最も責任があり、知識があり、適切に対処できる人材を洗い出し、その人たちを会議室（または電話会議のために電話口）に連れてくるよう、すぐさま手を打ってください。その人材が他の打ち合わせに出席していたり、他の作業中であったとしても関係ありません。緊急性があるのであれば、緊急性のあることを明確にし、あなたの往く手を阻むものはすべて排除してください。そしてそういった人材を会議室に連れてきて椅子に座らせたら、ドアを閉ざし、手順2の内容を実践します。なお、この打ち合わせの人数はできるだけ少なく抑えるよう

---

† 何ごとにも動じない振りをすることは、特に男性によく見られる悪習です。これは否認（denial）と呼ばれています。私たちの感情は、程度の差こそあれ、すべてのものごとに影響されるのです。それに対する気付きを持っている人を評して——用意はいいですか？——「健全である」と言うのです。豊かな感情を持ち、それを探求してください。これによって、あなたは一回り大きく成長することができるはずです。

にしてください。実際のところ、問題が複雑であるほど、あるいは議論を呼ぶものであるほど人数は少なくするべきなのです†。また、あなた自身はこの議論に参加しない方がよい場合も（しばしば）あるということを頭に入れておいてください。つまり、会議室に関係者を集め、問題を伝えた後は、彼らに任せてしまうことになるわけです。サポートを行う必要はありますが、彼らの邪魔にならないように振る舞うのです（あなたが必要とされていなければ、部屋を出てしまってもよいでしょう）。なおこの場合、誰がこの問題の解決に向けて指揮を執ることになるのかは明確に示しておくようにしてください。

手順5. **選択肢を探求する**。疑問点を解消し、状況が明らかになった後は、採り得る選択肢を考えることになります（8章を参照してください）。この際、何らかの調査が必要となる場合もあります。そのような調査があれば、それも人に任せてしまってください。緊急性のあるものはその旨を明確にし、皆がその緊急性を理解しているという前提を置かないようにしてください。また、いつまでに答が必要となるのかということについても、できるだけ明確にしておきます。

手順6. **最もシンプルな計画を作成する**。選択肢を評価し、最も優れたものを選び出し、シンプルな計画を立案します（あるいは、こういった作業も必要に応じて委譲します）。持っている選択肢の中で最もマシなものは、それがどれだけひどいものであったとしても最も優れたものとなるのです（危機に陥っている時に理想を追求すべきではありません）。また、問題の緊急性が高いほど、対処計画はよりシンプルで明快なものとなっているべきです。あなたの落ちた穴が深いほど、そこから抜け出す方法はより直接的かつ大胆なものとなっているべきなのです。必要に応じて計画をシンプルな手順に分解し、混乱するメンバーが出てこないようにしてください。次に、計画の承認をお願いすることになる人たちと、計画の実行前に情報を通知しておく必要のある人たちを洗い出します。そして、前者の人たちのところに行き、計画を提示し、彼らからのフィードバックを取り込み、サポートを得てください。その後、その計画を後者の人たちのところに持っていき、伝えることになります。

手順7. **実行する**。計画を実行します（13章を参照してください）。作業担当者はこれまでのプロセスに関与しており、自らがその作業を行わなければならない理由をきっちりと理解しているということを、チーム全員に対して確認しておいてください。想定や

---

† これは文化的な問題と言えます。私は昔、優れたコミュニケーション文化を持つチームにいたことがあります。このチームでは、論争となりそうな議題で、部屋に7～8人の参加者がいる場合でも、和気あいあいと議論が行えました。しかしほとんどのチームは、これほど親密ではないはずです。手っ取り早い方法としては、小人数で議論を開始し、弾みをつけた後で、他の参加者を招き入れるのがよいでしょう。

曖昧さの入り込む余地はないのです。定期的なチェックポイントを設け（時間毎、日次、週次）、計画通りに結果が生み出されていることを確認するとともに、この問題に対して他にできることがあるかどうかを改めて考えるようにしてください。新たな問題が見つかった場合、手順1に戻ります。

手順8. **結果の振り返り**。火事を消せたところで、適切な人たちを部屋に集め、学んだ教訓をまとめます。（ここでのグループは、意思決定の影響を受けた人たちであり、その意思決定を行った人たち、すなわち手順4における適切な人たちとは異なっている場合もあります。）今後どのようにすれば、今回のような問題の発生を防ぐことができるのかについて討論してください。問題が大きければ、この疑問に対する答も多くなります。そして、でき上がった一覧表に優先順位を付けてください。その後、上位の項目について、それぞれ誰を責任者にするべきか考えてください。

11.2　よく見かける問題

プロジェクトを遂行すると、何らかの問題が必ず発生します。本書では、こういった問題が発生する可能性を減らす方法や、発生したとしてもその影響を緩和する方法について多くのページを割いています。とは言うものの、プロジェクトというものはそもそもが難しいものであり、ものごとは良い方向よりも悪い方向へと転がっていきやすくなっています。しかし、プロジェクト経験を積むに従って、ここで扱っている問題すべてを体験することになり、そういった問題に直接対峙する方法を学んでいくことになるはずです。

私が初めて難題に遭遇したのは、大きな責任を初めて与えられた1996年に遡ります。この時、チームはIE 3.0向けのコンテンツアドバイザ機能を開発していました。この機能は、ウェブを子供たちにとって「安全」なものにするためのものであり、我々はW3C標準に準拠したコンテンツアドバイザ機能を搭載した初のウェブブラウザを開発しようとしていたのです。

最初のレビューが行われるまで、私はプロジェクトが順調に進んでいるものと思っていました。しかし、すでにプロジェクトは悲惨な状態に陥っていたのです。彼らの質問に対する私の答は、10人いたメンバーのうちの9人までを失望させ、彼らは私の言うことに耳を傾けなくなりました。彼らは全員が経験豊富な開発者やアーキテクトであり、私の答は彼らの質問よりも質的に劣っていたのです。そしてみんなが怒鳴り始め、チームの士気は低下し、すべては最悪の状態になりました。ミーティングを始めて10分ほどで、誰が見ても悲惨な状況に陥ってしまったのです。20分経つ頃には、私は消えて無くなってしまいたいと思っていました。そして1時間が過ぎる頃には、私は立ち上がるのがやっ

との状態でした。

　こういった状況を「炎の裁判」と呼ぶマイクロソフトの同僚もいます。炎に身を焦がされながら、分厚い革手袋もなしに手探りで出口を探さなければならないのです。質問の難易度は高く、答に対する期待レベルも高いものとなります。私はこのレビューを経験したことで初めて、優れた仕事をするには、いかに多くのことを考えなければならないのかということを実感させられました。あの時のレビューは今でも脳裏に鮮明に焼き付いています。それ以前に似たような経験談を聞いたことはありましたが、自らの身に降りかかるまで、そういった経験談を完全には理解できていなかったのです。しかしその後、私の理解は深まりました。ものごとをうまく進め、上述した悪夢のような打ち合わせが二度と起こらないようにすることこそが、私の行うべき仕事なのです。

　私は、他のマネージャに対して教育を実施した経験から、人は自らが経験したことのない問題には共感を憶えづらいのだということを知りました（これが教育時にシミュレーションを用いるべきであるという理由の一つともなっています）。スケジュール遅延や要求変更といった他者の経験談にどれだけすんなり共感できたとしても、ほとんどの人はなぜか、そういったことが自分たちの身に降りかかることはないだろうと考えてしまうのです。より正確に言うと、私たちが抱えていた（または抱えている）問題は、他者の過去の経験に当てはめることができない独特のものであるため、他者の経験を知ったところでどうしようもないと考えてしまうわけです。

　この本を読んでくれている方はこういった人々とは違うという、極めて楽観的な見方に基づき、よく見かける難題というものを以下に列挙してみることにしましょう。この一覧を斜め読みすることで、少なくとも、あなたの過去の経験と現在の状況を再び考察するきっかけを作ることができるはずです。

11.2.1　問題の発生を知る方法

　プロジェクトが以下の基準のいずれかに合致する場合、問題が発生している考えられます。

1. **現実と現行の計画との間に大きな乖離がある。**（「我々は1時間以内にウェブサイトの公開を行う必要があるにも関わらず、フレッドによれば、顧客データベース全体が破壊されており、停電中で、プログラミングチームは酔いつぶれている。」）
2. **乖離が何か、その原因は何か、それを解決するのは誰の仕事か、そういったものが実際に存在するのかといったことについての混乱がある。**（「氷山って何？　氷山なんて見えないけど。」）
3. **乖離の解消に向けたリソースの適用方法が不明確である。**何らかの手を打つことに

よって、あるいは何も手を打たないことによってもものごとが悪化するという恐れを抱いています。(「そんなところに突っ立ってないで、何かするんだ！　いや、ちょっと待った……漫然と何かするんじゃなく、そこに立ってろ！」)

意地の悪いコメントですが、プロジェクトの初日からこの一覧に挙げた様相を呈する悲惨なケースもあります。これはある意味、仕方のないことです。ある組織におけるこのような常態が、別の組織では備えるべき非常事態でしかないこともあるのです。いずれにせよ、混乱を最小化するのはマネジメントの仕事(作業環境全般に対してではなく、せいぜい特定の問題を特定のタイミングで対処することであって欲しいのですが)であるとは言うものの、私たちはマネジメントがその仕事をこなせない場合もあるということも知っているはずです(ここにも皮肉っぽいコメントを入れてみてください)。とは言うものの、この章におけるアドバイスは、その適用頻度に関わらず活用できるものとなっています。ただ、この章を何度も読まなければならないような場合、新たなマネージャを探すか、新たな職場を探すべき時が来ているのかもしれません。

11.2.2　難題の一覧

この章の冒頭で紹介した大まかな指針は、その領域および必要となるスキルが(多少)異なるとはいえ、以下の状況すべてに適用できます。また参考として、こういった状況それぞれについて採り得る行動を解説しています(大まかな指針としては手順5の「選択肢を探求する」を参照してください)。

- **見過ごしがある、または何らかの気付きがある**。プロジェクトが悪い方向に向かうのは、多くの場合、見過ごしや過小評価が原因です。数日、あるいは数週間前に下した意思決定がうまくいかなかったため、現時点で何かがうまくいっていないという場合です。ここでの問題は、スケジュールおよび/あるいは要求はそのまま変わっていないという点にあります。これらを満足させるには何か新しいことを行わなければならないのです(例えば、毎日ビルドを行うようにすることで、こういった状況を早期に発見できるようになります)。考えられる対応策としては、要求を変更する、実装スケジュールを見直す(優先順位の低い機能を割愛する)、必要に応じて他の設計選択肢を探求するといったものがあります。設計の探求を実施している(5章、6章を参照してください)のであれば、すでに理解の済んでいる、優れた設計選択肢が他にあるかもしれません。
- **あなたやチームが何か馬鹿なことを強要される**。こういったことはさまざまな理由で発生します。最もよく見かけるのは、問題の側面を理解しようとしない上級マネー

ジャやクライアントの意思決定から生み出されるものでしょう(とは言うものの、リソースが欠如しているせいでまずい意思決定をせざるを得ないこともあります)。よりよい答が存在することを知っているにも関わらず、それを実現するだけの力がないというのは、イライラすることです。考えられる対応策は、自らがマネジメントの罠に陥ってしまっているという事実を認識することです。馬鹿げた意思決定にも関わらず、何とか成功することができた場合、あなたは将来的に再び同じ状況に置かれることになるはずです。また、失敗した場合、あなたがその意思決定をまったく信じていなかったためだと非難されるかもしれません。このため、問題が慢性的なものであれば、マネジメントアップを行う必要があるのです(16章を参照してください)。あなたの意見を優先順位付けし、具体的な提案を考え出し、政治力と交渉力を使って妥協点を探してください(この章にある「11.5 競合する解決策と交渉」を参照してください)。あなたは勝てないかもしれませんが、新たなマネジメント体制になるまで、あなたとチームを守ることができるはずです。馬鹿げたことは、そのダメージが最小限で済むような機能やマイルストーンに限定するよう努力してください(後述の「11.4 ダメージコントロール」を参照してください)。

- **スケジュールが遅延している、またはリソースが不足している**。次のマイルストーンに間に合う可能性が75%を割り込んでしまったのであれば、もはやその日付はあてになりません。間に合わせることができないとは言えませんが、その日付に頼ることはできないのです。考えられる対応策については、2章と14章を参照してください。ここでの問題はすべて、終了条件とそれが暗黙のうちに意味する優先順位についてのことなのです。機能を削除する、スケジュールを延長する、常識を破壊するといったことを行い、あなたの最後の望みと遺言状を書いた後で、ともかくそのマイルストーンを達成するよう努力してください。スケジュール上のリスクを切り出したり、クリティカルパスを移動させたり、作業を将来に予定している他のものと交換できるかどうかについても忘れずに考慮してください。スケジュールが遅延した際、メンバーを追加しても期待通りの結果にならないということは、ブルックスの法則†が示している通りなのです。
- **品質が低い**。品質とは何かということが判っていなければ、品質が低いかどうかを知ることはできません。毎日ビルドを行ったり、頻繁に何らかの指標(バグの数等)を

---

† ブルックスの法則によると、メンバーの追加によって2つのマイナス効果が生み出されます。1つ目のマイナス効果とは、一定時間が経過するまで追加メンバーは足手まといにしかならないというものです。そして2つ目のマイナス効果とは、作業を行う際のオーバーヘッドが増加するというものです。このため、いくら環境を整えたとしても、メンバーの追加は思った通りの価値を生み出さないのです。ただし、これには例外もあります。

追跡しているのであれば、品質の低さを早期に検知できるはずです。貧弱な品質と一口に言っても、コードが脆弱である、要求を満足していない、パフォーマンスが悪い、安定していない等、その種類はさまざまです。また、貧弱な品質が生み出される原因として、エンジニアリング（開発時の核となるプラクティス）、プロセス（チェックインやツールの使用）、スケジュール/計画といった数多くのものを挙げることができます。考えられる対応策は、優れた品質とは何かということについて、チーム全員の理解を育み、それに対して日々の目標を設定する（15章を参照してください）ことです。そして、何か（機能、時間）を犠牲にして、品質を向上させることになります。進捗のスピードをいったん低下させ、品質が一定基準を満たし、チーム全員が品質基準を満たす方法を理解するのを待った上で、進捗のスピードを再び上げることが最善策になる場合もしばしばあります。

- **方針が転換される。**マネジメントあるいは市場のせいでプロジェクトが方針転換を余儀なくされることもあります。これはプロジェクトにとって必ずしも悪いことであるとは限りません（進捗につながることもあります）が、あまり面白いものではありません。また、こういった方針転換によって、予算が削減されたり、新たにレベルの高い目標が設定されることもあります。考えられる対応策は、変更を特定のコンポーネントに隔離できるかどうかを検討することです。どの仕様、あるいは仕様のどの部分がまだ有効なのかを洗い出し、それらを切り出して開発パイプライン内に維持するようにしてから（14章を参照してください）、変更しなければならないものの優先順位を明確化します。指図されたことを漫然と行うだけではいけません。「Xをやれ」と言われることと「あと10％収益を上げないといけない」と言われることは同じではないのです。前者は指示であり、後者は解決すべき問題です。問題が何であるかを見つけ出し、適切な解決策を提案することでプロジェクトに関与していくのです（この章にある「11.5　競合する解決策と交渉」を参照してください）。

- **チームまたは個人の問題が発生する。**チーム内の誰かが取り乱すと、チーム全体にマイナスの影響が及ぶことになります。こういったことは、個人的なこと（「私はフレッドと仕事をしたくない」）であったり、体制上のこと（「コードレビューのやり方が気にくわない」）であったりします。考えられる対応策は、関係者との間で1対1の対話を開始することです。何が起こっているのかということ、事態の改善に向けて（あなたもしくは彼らによって）何ができるのかということを尋ねてください。問題を洗い出し、言いたいことをすべて言ってもらうのです。ただしその際には、症状について尋ねるだけでなく、原因を探るようにしてください（この章にある「11.5　競合する解決策と交渉」を参照してください）。

- **意見が一致せず、諍いが起こる。**行うべきことについて、人々の意見が大きく異な

場合 (このこと自体は健全です)、進捗が妨げられることもあります。つまり、討論に多くの時間が割かれ、作業を行うのではなく、作業内容の見直しに終始してしまう状態に陥ってしまうのです。極端な場合、さまざまな派閥が生み出され、自分たちの意見を実現するためにこっそり画策することもあります。考えられる対応策については、この章にある「11.5　競合する解決策と交渉」を参照してください。

- **信頼感の欠如が見られる。**プロジェクトの方向性に対する信念がぐらついてしまうことがあります。彼らは力を合わせて作業を行っており、積極的に反対意見を述べることはないものの、自分たちが乗っている船が氷山に向かって突進していると考えているのです。考えられる対応策は、彼らの考えが正しいかどうかを検討することです。正しくないのであれば、彼らがプロジェクトの方向性を再び信じることのできるよう、政治力を行使してください (16章を参照してください)。最初は小さなところから手を付けます。プロジェクトの方向性について、最も強い信念を抱いているのは誰でしょうか？ その信念を育み、チーム全体に伝播させていくにはどうしたらよいでしょうか？ チームのために小さな目標を設定し、それを達成させることで勢いをつけてください。メンバーのところに出向き、「君は信じていないかもしれないが、私は信じているんだ。そのことを理解してもらう上で何かできることはあるかい？ ないのであれば、とりあえず来週まででいいから私の言うことを信じてくれないかな？」といった風に、信頼してもらえるよう頼んでみてください。

- **反乱の恐れがある。**信頼感の欠如している状況が極限まで悪化するとこうなります。チームの欲求不満が限界に達すると、彼らはどんな些細な問題に対しても貧弱な対応しかできなくなるのです。さらに、現時点で直面している問題ではなく、メタな問題について不平をこぼすようになります (「なぜマネジメント/テスター/マーケティング担当者はこんなことをやり続けるんだ？」等)。何も対策を講じなかった場合、チーム経験の長い人までもその不平に賛同するようになり、ちょっとした、あるいは象徴的な破壊活動が始まるようになります (例えば、ある種のバグの修正が突如として困難になります)。誰かがこういった問題に立ち向かい、不平を解消しなければならないのです。問題の存在を認め、すべての不平を整理し、すくなくとも一部の不平については目に見える形で取り組むようにしてください。

こういった状況の難しさは、状況それ自体にあるのではなく、その状況が発生しているコンテキストにある場合がほとんどです。問題の発生がプロジェクトの終盤に近付いているほど、チーム (またはPM) の士気が低下し、問題への対処が難しくなっていくのです。プロジェクトが終盤に近付くにつれて、こういった問題を解決するための手段が少なくなっていく上、そのコストも高くなっていくためです。こういった事実により、締

め切りの話を持ち出すだけで討論を簡単に打ち切れるようになる場合もあります。つまり、プロジェクトの終盤になるとさまざまな問題の解決コストが高くなるため、問題を抱えたまま進め、次のリリース（またはマイルストーン）に修正するという意見が幅を利かせるようになるわけです。しかし、先送りにすることで問題が解決するわけではないという点には注意が必要です。このことは、問題を一時的に棚上げするという簡単な選択肢があることしか意味しておらず、その選択肢はプロジェクトにとって適切な場合もあれば、不適切な場合もあるのです。

　また、こういった難題の開始と終了はしばしば曖昧であるという点に気付いておくことも重要です。あなたの机の上に置かれている赤ランプが点滅し、士気の低下や見過ごしの発生を教えてくれるわけではないのです。こういった赤ランプを探し続ける必要はありますが、たとえ探し出せたとしても、起こっていることが100%明確に判るようにはなりません。しかも、問題を見つけ出し、何らかの対処を行ったとしても、問題を緩和させ、その影響を最小化することしかできないかもしれません。つまり、問題を完全に解決できないかもしれないのです。このことは、何週間、あるいは何ヶ月にもわたって、問題によって引き起こされる些細な懸案事項や症状と付き合っていかなければならないということを意味しています。（例えば、相性の悪い2人のプログラマやテスターがいる場合、彼らをなだめながらマネジメントしていくことになります。この際、彼らの間に割って入り、手を差し伸べることはできますが、彼らの諍（いさか）いを完全に鎮めることはできないのです。）このため、問題が発生した際には、慢性的かつ解決不能な問題を耐えられるレベルに抑えておくために時間を割くということも必要となります。そして、このような対応を採る問題が多いほど、その対処やダメージコントロールに多くの時間を割かなければならないようになるのです。

11.2.3　実践と訓練を難しくするもの

　プロジェクトマネージャのトレーニングを優れたものにするには、こういった状況をシミュレーションできるような練習問題や作業が含まれていなければなりません。基本的な理論を学ぶのであれば理想的なケースを教えるだけで十分ですが、プロジェクトマネジメントのスキルを向上させ、理論を理解する上では失敗や難問となる事例を教えるしか方法がないのです。私が教えた中で、最も効果のあった講座は、公式や概念を教えるものではなく、状況や難問を下敷きにした演習を重視するものでした。皮肉な言い方になりますが、プロジェクトのマネジメントという難問は、澄み渡った空の下で、凪いだ海を航海することではありません。そうではなく、プロジェクトのマネジメントとは、次々と起こる予期せぬ難問に取り組みながら、優先順位を付け、対処していくという挑戦なのです。（とは言うものの、マネジメントにおける究極のスキルとは、チームが航海

を始めるまでに荒れた海を穏やかな海に変えることなのかもしれません。)

このため、あなたが他のプロジェクトマネージャとともに作業したり、彼らのマネジメントを行う場合、あなたがきちんとした訓練を受けたことがないのであれば、こういった難題を学習機会として活用するべきなのです。こういった経験はストレスが高く、イライラするものであるとはいえ、後日時間を割いてレビューしさえすれば、次のプロジェクトにとって価値ある資産となるのです。スチュワート・ブランドも「焦るとミスがミスを呼ぶようになる。落ち着いて熟考するとミスは教師になってくれる」†と語っています。どんなにひどい状況であったとしても、PMはどう対処するかを自ら決定できるのです。そして、文字通り致命的な状況でない限り、チームは起こったことから学習するという機会を必ず与えられるのです。

その他の難題においても、問題を細分化する数多くの方法があるはずです。学習用としての資料を探しているのであれば、スティーブ・マコネル（Steve McConnell）の『Rapid Development』††（Microsoft Press刊、1996年）の3章をお勧めします。他にも、アンチパターンカタログ（http://c2.com/cgi/wiki?AntiPatternsCatalog）といったものがあります。こちらの方がより面白く、さまざまなことが書かれているのですが、適用が難しく、記述の質にムラのあることが難点となっています（これはWikiシステムであるため、ある程度しょうがないことなのでしょう）。

11.3 責任を取る

何かに対して責任を取ったからといって、その何かがあなたの失敗となるわけではありません。それは単に、結果と向き合った上で、状況の解決に対する説明責任を負うということしか意味していないのです。多くの人々は、説明責任を負うことで愚弄や叱責の対象になるというリスクを抱えたくないと考えているため、責任を取るということに対して二の足を踏みます。しかし、優れたマネージャになろうと思うのであれば、まったく逆の態度を取るべきです。つまり、チームやプロジェクトに関することについての職責を追求、行使することで、チームやプロジェクトを成功に導こうとするべきなのです。また、非難されることに対するエンジニアやテスターの恐れを取り除くことで、解決策が優れたものになったり、迅速に実現されるというのであれば、進んでそうするべ

---

† これは『Edge』という雑誌が2004年に行った「あなたの法則は？」というアンケートの結果として掲載された、スチュワート・ブランドの「ペースの法則」です。http://www.edge.org/q2004/page6.html#brandを参照してください。

†† 訳注：邦訳は『ラピッドデベロップメント――効率的な開発を目指して』（アスキー刊、1998年）です。

きでしょう。あなたのマネージャがちゃんとした人物であれば、問題に対して責任を取ろうとすることを誉めてくれるはずです。問題の責任をちゃんと取ることにより、その問題がプロジェクトに及ぼす危険性を軽減することになるのです（「11.6 役割と明確な権限」を参照してください）。

　責任を取るという考え方は、単なる非難や失敗の延長線上にあるのではなく、すべての人々との人間関係に関わることなのです。ラリー・コンスタンチン（Larry Constantine）は『Beyond Chaos: The Expert Edge in Managing Software Development』[†]（Addison Wesley刊、2001年）で、以下のように書いています。

> ある人間がなぜ扱いづらいのかを悩むのではなく、自分自身がその人を扱いづらいと感じている理由を自問する方が有効です。もちろん、同僚の目に入ったゴミを見つけ出す方が、自分自身の目に入ったマカロニを見つけるよりもずっと簡単であるはずです。しかし、扱いづらい人に出会った時にイライラするのではなく、あなた自身のことを学ぶよい機会ができたと捉えるべきなのです。そうすることで、扱いづらいと感じる人が時とともに減っていくことを肌で感じられるようになるはずです。

　こういったことは、チームのメンバーが繊細である場合や、カッとしやすい傾向にある場合に特に重要となります。他のメンバーの恐れや不条理さに打ち克つことのできる知恵と落ち着きを、あなたが備えているのであれば、他のメンバーの欲求不満や非生産的な振る舞いをものともせずにプロジェクトを成功に導いていくことができるはずです。

　責任を取るということは、それが失敗や難題に対する責任であったとしても、必ず成長の機会となります。あなたが自発的に試練の場に飛び込むことで、あなた自身にある種の力が与えられるのです。これとは逆に、非難を避けたり、責任逃れに走れば、失敗の後始末や、上級マネージャへの気まずい報告をしなくてもよくなりますが、その代わりに、何かを学ぶ機会や、あなたの能力を育て、それを内外に示す機会を失うことになるのです。火を消すというスキルを獲得したければ、火傷を負う覚悟を決めてものごとに挑む必要があるというわけです。

　危機の際には、積極的に責任を受け持つようにすることで、他のメンバーに力を与えるようにしてください。以下のセリフは、他のメンバーと仕事をする際に使えるものとして憶えておいてください。「この事態がどのようにして起こったのか、私には判らない。しかし、そんなことは今はどうでもよいことだ。それは後で心配することであり、その際には、起こったことに対して私が責任を持つつもりだ。とにかく、この事態が実際に起こってしまった以上、今すぐにX、Y、Zを行う必要がある。X、Y、Zを実現する手段

[†] 訳注：邦訳は『ソフトウェア開発のカオス』（構造計画研究所刊、2003年）です。

を考え出すために私に手を貸してくれないか？」

　また状況によっては、あなたの採り得る最も強力な手段が、責任を誰かに預けることであるという場合もあります。（12章では、信頼の重要性と、権限の委譲が信頼を表す行為となり得ることを解説しています。）難題を抱えている時には、誰かの能力に対するあなたの信頼を再確認してみせることが、あなたの行う知的な、または技術的な貢献よりもずっとポジティブな効果を生み出す場合もあります。例えば「サリー、私は君を信頼している。この問題が大変なのは判るけど、君はエキスパートなんだ。この問題への対処方法として君がどのようなものを考えていようとも、私はそれを後押しする。しかし、これが私からのフィードバックなんだ。じっくり考えてみてくれ。それでも同意できないのであれば、君の方法で進めることにしよう」ということになるわけです。

11.4　ダメージコントロール

　さまざまな問題が同時に起こった場合や、本当にとんでもないことが起こった場合、最初にダメージコントロールを行うことになるはずです。つまり、プロジェクトを制御可能な状態に戻すことを最優先にするわけです。あなたが操縦しているジャンボジェット機の全エンジンが停止したと仮定してください。エンジンの出力を回復するまで、他のことはさほど重要ではありません。その際あなたは、他のすべての問題が依存しているたった1つの問題を解決するために、意識を集中させることになるのです。つまり、ダメージコントロールモードに突入するわけです。

　ダメージコントロールが行われる状況において、パイロットや船長は問題の診断、および症状と原因の洗い出しを行うよう訓練されています。また、航空機のパイロットや宇宙飛行士はたいていの場合、起こり得る重大な状況毎にあらかじめ定められた特定の手続きを行うようになっています（こういった状況は数多くあるため、ブックレット形式で手続きが管理されていることもしばしばあります）。この背景には、重大な事態が発生してから対策を考えていては間に合わないかもしれない、また場合によっては手続きに従うだけの十分な時間もないかもしれないという考えがあるのです。このため、パイロットは緊急事態にあることを認識した際、診断手続きを開始し、解決策を見つけ出すまで（あるいは失敗して墜落するまで）系統的に作業を行うことで問題に対処するわけです。

　プロジェクトマネージャであれば、いつかはダメージコントロールの必要な状況に置かれることになるはずです。この場合、選択肢を探求する、あるいは検討する時間はありません。とても重要なものが破壊され、その解決方法すら明確になっていないという状況となるためです。こういった状況に取り組むには、以下のことを検討してください。

11.4 ダメージコントロール | 267

- **全員ミーティングを実施する**。何か重要なことが明らかにおかしいという場合、その話はすぐにチーム内に伝わります。それに対する取り組みが遅れると、あなたが実際の対策を行う時には、より多くの意見の対立や恐れがチームを支配することになります。難題に真正面から挑むために、ミーティングを招集するか、優先順位を最高にした電子メールをチームに送信してください。そして状況を簡単に説明し、それに取り組んでいることを伝えるのです。できれば、次の24時間で何をしようとしているのかも説明し（この章の前半にある「11.1　大まかな指針の適用」を参照してください）、次回の状況報告スケジュールを伝えてください。大きな問題から逃げてはいけません。あなたがどんなにうまく問題を隠しおおせたと思っていても、チームは何かがおかしいと敏感に感じ取るのです。
- **メンバーが同意しない場合、同意できる点を見つけ出す**。これについては次のセクションで詳細に考察しています。ただ、起こっていること、そしてやるべきことについての意見があまりにもバラバラだというのであれば、いったん議論を制して仕切直すようにしてください。同意できていたところまで議論を戻すのです。「我々全員の目標は、A、B、Cであり、それらをこの順序で行うべきだという点については同意できているよね？」と問いかけてもよいでしょう。いったん全員が同意できる点に戻ったのであれば、それがどのようにシンプルなものであったとしても、直面している問題に向けてそこから一歩ずつ着実に議論を進めていってください。そして問題には1つずつ取り組み、その問題が解決してから、またはミーティングに参加していない誰かに推進役を割り当ててから、次の問題に取りかかるようにしてください。
- **プロジェクトとチームが正しかった状態にまで遡る**。あなたが何とかしようとしているダメージが技術的なものである場合、過去のビルドを遡り（これにはアーカイブを保存しておく必要があります）、いつまで正しかったのかを調査してください。特定できれば、プロジェクトの状態をその時点にまで戻すことになります。今の状態を引きずるよりも、この方がずっと早く何とかできる可能性があるのです。その時点以降の変更は手作業で反映することができるはずですし、問題の原因を排除するためにより高次の管理を行うこともできるはずです。これは過激な手段ですが、これによって確実に、プロジェクトの状態を安定した、信頼の置ける状態にすることができるのです。
- **問題を隔離する**。あなたの乗っている船で火災が発生したと考えてください。火災発生区画を封鎖することはできるでしょうか？　船の最も重要な区画を火災から守ることができるでしょうか？　どのようにすれば問題を隔離することができ、プロジェクトの最も重要な部分に影響を与えないようにすることができるのかを考えてください。これには、あまり重要でないものを犠牲にしたり、チーム内でリソースのやり繰りを

行う必要があるかもしれません。また、問題の隔離と封じ込めを手伝ってもらうために他の部署から一時的に人材を借りてくる必要が発生するかもしれません。しかし、プロジェクトを安定させることができればその労は報われるはずです。

- **ダメージを避けるためにリソースの適用を検討する。**あなたの裁量で（お金や人材を用いて）問題から抜け出ることができる場合もあります。地震や竜巻のような物理的な災害を考えてみてください。より恒久的な解決策が見つかるまでの間、プロジェクトを維持するために、プロジェクトの移転や新機材の購入に資金を投入できるはずです。また、このままでは品質を保証できないところがあると判った場合、人材を外部に求め、担当者が割り当てられていないテストケースやビルドプロセスを任せることともできるでしょう。目的が適切であり、健全な方向に向かおうとするものなのであれば、資金やその他のリソースを投入することで、問題を解決できる場合もあるのです。

11.5　競合する解決策と交渉

「我々を悩ませるものは、我々に反対する人の多さではなく、そうすることが正しいと思っている彼らの理由なのである。」

——アラン・ド・ボトン

　見解の相違を解決することは、マネージャが普段から行う必要のある仕事です。交渉についてはこの章でしか扱っておらず、この章の表題は「問題発生時に行うこと」となっていますが、見解の相違というものは問題が発生していない場合にも存在しています。現実に目をやると、健全かつ活気に溢れたチームであれば、さまざまなアイデアや意見があるため、必ず見解の相違が発生しているのです。そして、人々がさまざまなアイデアの長所を議論し合い、互いに相手を尊敬している限り、見解の相違によってさまざまな観点が提供され、実際の進捗につながることになるのです。つまり、見解の相違が発生した際における最も重要なことは、互いに相手をどのように扱い、相違をどのように解決し、相違や議論を前向きな行動に変えていけるかどうかにあるわけです。

　とは言うものの、危機的状況において、見解の不一致を解決したり、交渉する能力は、さらに重要なものとなります。あなたは適切な妥協案を見つけ出し、難局を双方にとって有益な状況へと転換しなければならないのです。こういったことを行う正しい態度とスキルを身につけるには、ロジャー・フィッシャー（Roger Fisher）の『*Getting to Yes*』†（Penguin Books刊、1991年）という短い書籍がお勧めです††。この書籍を知ったの

---

†　訳注：邦訳は『ハーバード流交渉術』（ティビーエスブリタニカ刊、1998年）です。

は、私の経歴としては後の方だったのですが、これを読むことで、今までの交渉経験すべてにおいて、何がうまくいき何がうまくいかなかったのかということを、よりよく理解できるようになりました。また私は、交渉にはさまざまな形態があることにも気付きました。例えば私は、問題を解決しようとしているチームメンバーの2人を支援したことがあります。また私は、見解の相違が発生した際の当事者であったにも関わらず、問題解決を支援してくれる第三者がいなかったため、自分自身で仲裁役を果たさなければならなかったこともありました。しかし、こういったすべての事例には、以下のような基本的なアプローチが共通していたのです。

- **共通点を見出す**。どれだけ見解の相違があるかに関係なく、何らかの点では合意できるはずです。地球は丸く、空は青く、プロジェクトは納期までに終えないといけないのです。重要な共通点や同意点をまず見出し、そこを出発点として議論を始めてください。この場合、前向きな勢いをつけることのできる交渉から手を付けることになります。そして、相互利益と観点の共有という枠組みの中で議論に取り組んでください。こういったことを行うには、一方の側の関心事ともう一方の側の関心事をベン図に描き、共通集合に着目するのがよいでしょう。共通集合がない場合、何かが欠けていることになります。共通の関心事がないのに、どうやって見解の相違が生まれるというのでしょうか？
- **性格上の対立を見出した後、それらを無視する**。誰かの性格に気を取られると、簡単に交渉の目的を見誤ってしまいます。こういったことはあなたが両者のいずれかの肩を持っている場合によく起こります。全員に利益をもたらす状況を見つけようとするという目的を忘れ、交渉を競争と考えてしまうのです。つまり、自分が勝ちたいと考えてしまう、そしてさらに悪いことに、「競争相手」を負けさせたいと考えてしまうわけです。これは本当の目標を見失ってしまった状態です。あなたの交渉相手が気にくわない、あるいは解決しようとしている争いの当事者を好きになれない場合、そういった感情と当面の作業を切り分けて考える方法を見つけ出してください（または、あなたの役割を他の人に委譲してください）。手元の問題を解決することによって、プロジェクトにどのようなメリットがもたらされるのかを重視し、それをあなたの動機にするのです。
- **相互の関心事を見つけ出す**。状況を解決するための選択肢をすべて挙げることができ

---

†† G・リチャード・シェル（G. Richard Shell）の『Bargaining for Advantage』‡（Penguin Books刊、2000年）もお勧めします。この書籍は『Getting to Yes』よりも戦術やテクニックが豊富であるため、2冊目としては最適でしょう。
‡ 訳注：邦訳は『無理せずに勝てる交渉術』（ティビーエスブリタニカ刊、2000年）です。

た場合、双方に利益をもたらす選択肢が必ず見つかるはずです。こういった選択肢は、関心事という観点に立った議論の枠組みからのみ生み出されてくるものであり、対立する主張からは生み出されません。また、こういった主張は、一連の具体的な要求（「私はチョコレートケーキだけを食べたい」）によって作り出されます。そして関心事は、大局的な目標によって作り出されるのです（「私はおいしく満足できるデザートが欲しい」）。関心事を満足させる解決策は数多くありますが、主張を満足させる解決策の数は限られているのです。人が争っている場合、お互いの関心事に気付くことなく、それぞれが自らの主張を満足させるためだけに労力を費やしていることもしばしばあります。しかし関心事の方が、主張よりもずっと理解しやすく、働きかけもしやすいのです。全員の関心事を満足させる具体的な方法を議論し始める前に、まず各人が関心事について話す機会を設け、全員が一定レベルでの合意（少なくとも理解）に達するようにしてください。双方の関心事を書き出し、共通点と関連付けるのです。この場合、ある関心事は他の関心事よりも関連付けやすいはずです。そこで、そういったものがどれであるのかを参加者全員に明確に示すわけです。

- **強く、しかし柔軟に**。これだけは譲れないという強い主張がある場合、それよりも重要度が低く、譲れるところのある他の主張を探してみてください。例えば、納期を遅らせることができないのであれば、機能を変更することはできるのでしょうか？ あるいは、これ以上時間を与えることができないのであれば、追加資金を投入することはできるのでしょうか？ このようにして、どの主張に譲れる点があり、どの主張が絶対に譲れないのかということを知っておくのです。交渉相手をよく理解しているほど、相手にとっては価値があるものの、あなたにとって重要度の低いものを見つけやすくなるはずです。譲れる点が一つもないという場合、あなたは自らの関心事を完全に理解していないと言ってもよいでしょう（ひょっとしたら、あなたの上司は主張だけを伝え、関心事を伝えていないのかもしれません）。

- **他の選択肢を知る**。交渉を始める前には必ず、交渉が物別れに終わった場合にあなたが失うものと彼らが失うものを理解しておいてください。書籍『*Getting to Yes*』[†]では、これをBATNA（不調時対策案：Best Alternative To a Negotiated Agreement）と呼んでいます。これによってあなたの関心事と主張を見極めることができます。そして、あなたのBATNAが相手のBATNAよりも優れている場合、交渉を有利に進めることができるのです。例えば、あなたが数十人の人々とともに砂漠を彷徨っていたと考えてください。そして、水筒を持っているのはあなただけだったとします。フレッドは5ドルで水を売ってくれと頼んできました。この場合、あなたは首を横に振

[†] 訳注：邦訳は『ハーバード流交渉術』（ティビーエスブリタニカ刊、1998年）です。

ることができ、他の人からのよりよい申し出を待つことができますが、フレッドはあなたとしか交渉することができないのです。あなたは他に数多くの選択肢を持っているものの、フレッドは他の選択肢を持っていないに等しい状況なのです。あなたが、自分はフレッドよりも優位な立場にあると気付いていれば、彼の交渉術は（たとえそれが世界一であったとしても）役に立たないのです[†]。

- **説得と議論を使い分ける。**たいていの場合、両者の関心事や要求というものは、ものごとの相対的な価値に関する主観的な意見に基づいています。つまり、相手が感じていることを正しく理解できた場合、状況はその相手が考えている以上に望ましい（あるいは望ましくない）ということを説得できるはずなのです。説得力というものは、カリスマ性、コミュニケーション能力、論理的思考、心理学と密接に結びついているスキルです。そしてこういったものすべては、経験と努力によって身につけることができるのです。人を説得する際には機転を利かせ、進捗に最も重要となる主張に重点的に取り組むようにしてください。

交渉という行為は、実際のところ議論の一形態でしかありません。適切な参加者を招集し（この章の前半にある「11.1　大まかな指針の適用」を参照してください）、懸案事項と関心事を含めた議題を示し、それらを解決できる選択肢を見つけ出すのです。また、意見の対立する参加者が同じ組織に属していれば、プロジェクトの目標をうまく利用することで、参加者全員が最も高い関心を寄せるべきこと（同意点）をまとめ上げることができます。そして解決策に到達するまで、提案と逆提案を行っていくわけです。

意見の対立する参加者が別の組織に属している場合、ものごとはより複雑になります。参加者間の信頼関係があまり強くなく、人間関係もずっと弱いものとなるためです。この場合、まず最初に「なぜ一緒にビジネスを行おうとしているのか？」や「作業やリソースの交換によって、どのようにして相互利益が生み出されるのか？」といった、プロジェクトの目標に代わるものを用意しなければなりません。私の経験に従うと、こういったことは両者の関係が始まった時に行っておくべきことです（契約書というものは、この種の合意事項を1つにまとめたものです）。これによって全員の関心事が明確化され、後々

[†] 交渉が複雑になるのは、こういった段階においてです。つまり、あなたは他の選択肢を採らないだろうとフレッドが考えていた場合、彼から見たあなたのBATNAは違ってくるのです。彼はそれを口に出すかもしれません（「まさか私を見殺しにしようとは思ってないよな？」）。また、人がハッタリをかけたり、自らの関心事について嘘をついたり、相手を信頼していない場合、交渉はさらに複雑なものとなります。しかしよりマトモな状況の場合、ものごとはBATNAを適用した通りの結果に落ち着く傾向にあります。つまり、ビジネスとしてよい取引ができるのであれば、最終的にあるべき結果に落ち着くことになり、そうでなければ取引が流れることになるのです。

になって争いや見解の相違が発生した場合に参照できる基準が提供されることになのです（また、見解の相違が発生する機会を最小化することにもなります）。また、こういったことを事前に行うのではなく、事後に行うことも可能です。しかし、解決策を見つけ出す上で必要不可欠となる信頼や信用が十分築き上げられていないため、ずっと難しいことになるはずです。

11.6　役割と明確な権限

　私はスポーツから2つの教訓を学びました。まず1つ目の教訓は、真の信頼を獲得できるのは、表面化した難問を克服した場合のみであるということです。言い換えれば、信頼関係を育む機会が得られるのは、誰かが動転したり心配するような論争や議論が巻き起こり、真実が明らかになる場合のみであるということです。2つ目の教訓は、優れたチームが効果的に機能するのは、各個人が自らの役割と他のメンバーの役割の双方を理解している場合であるというものです。そしてそうなっていてこそ、各メンバーは他のメンバーの貢献をあてにした上で、自らの作業に全力を傾けることができるわけです。ロックバンドを例に挙げると、リードギタリストが素晴らしいソロパートを演奏するには、ベーシストとドラマーが確実なリズムを刻んでいる必要があるのです。バスケットボールにおけるフォワードとポイントガード、アメリカンフットボールにおけるクォーターバックとオフェンスラインのプレーヤも同じです。そしてもちろん、プログラマ、テスター、その他の技術チームでも同じことが言えるのです。

　チーム活動において互いが依存し合えるということは、ストレスやプレッシャが高まるにつれて、より重要なことになってきます。たいていの場合、ものごとは悪くなっていくものであり、ものごとが悪くなってしまうと、人は失敗したり、心配になったり、他人を非難するようになるのです。また、複雑な作業というものは、しばしば他の作業と密接に関連し合っています。このため、サラが予定通りにコードを完成させないと、フレッドは自らのテストを完了できなくなってしまうといったことが発生するわけです。そしてフレッドが、厳しいスケジュール下におけるサラのコード調達能力を信頼していない場合、彼は当然のことながら心配することになります。

　こういったことがあるため、経験の浅いチームでは、プレッシャがかかると、メンバーが互いの役割達成を疑問視するようになることがあります。その場合、個人は他のメンバーの能力に疑問を抱き、他のメンバーが引き起こす失敗から自らを守ろうとするのです（その際に無駄な労力が費やされます）。また、経験豊かな人であっても、互いに信頼関係を築けていないチーム内では、同様の行動に出てしまうこともあるのです。

　このことは、厳しい状況下において、PMの行うべき作業の大半がチーム内の役割構造

の強化になるということを意味しています。チームメンバーそれぞれに対して、彼らの抱えている作業のうちで他のメンバーに依存している作業と、他のメンバーから依存されている作業を再認識させるのです。リーダーであるあなたは、チーム内で狼狽したり、神経質になっている人を見つけ出し、あなたの自信を示すことで彼らを安心させなければなりません。また、疎外感を感じたり、弱い立場に置かれていると感じているメンバーを見つけ出し、彼らの認識を変える必要があります。チームをまとめるということは、大演説や大袈裟な意思表示を行うことによって達成できるわけではありません。リーダーが行うべきことは、メンバーのところに出向き、各メンバーが自らの作業と他のメンバーの作業との関連を実感し、自らの貢献がプロジェクトの成功に必要であると信じていることを確認するだけなのです。

　また、人は自らの役割を果たす上で、サポートと保護を必要とする場合もあります。真面目に仕事をこなそうとしているものの、他の関係者から不当な、あるいは非生産的な問いかけを受けるメンバーがいれば、PMはそのメンバーを援護するべきです。こういったことは、プログラミングチームとテスティングチーム、あるいはエンジニアリング部門とマーケティング部門といったチーム間や役割間でしばしば発生します。このため、「あぁ、ボブの奴、まだテストを終わってないのか。あのアホたれ……」といったセリフを耳にした場合、適切な状況であれば「スティーブ、ボブが遅れているのは開発チーム全体が先週ずっと遅れていたせいなんだよ。テストチームが君らを手助けしてくれた時もあっただろう。今度は君が彼を助けてやってくれないかい？」と言うべきなのです。チームの良心となり、メンバーが誠実に振る舞うよう必要に応じて行動を起こしてください。

　本当にメンバーが無能なのであれば（つまりボブにはできないというのであれば）、個人やマネージャたちを直接動かし、その問題に対処できる最適なメンバーに問題を特定させるようにしてください。（その際には、該当の担当者が果たすことになっていた役割すべてと、果たせなかった役割に関してフィードバックさせるようにしてください。問題の原因は、担当者の無能というよりも、役割や方針が正しく伝わっていなかったことにあるのかもしれません。）しかしたいていの場合、ストレスにさらされているチームの抱える問題は、コミュニケーション、うっかりミス、信頼の欠如、役割定義の過ちに起因するものであり、単にメンバーの無能あるいは不向きに起因するものではないのです。

11.6.1　誰が意思決定者なのかを全員が知っておく必要がある

　チームが難局に直面している時には、意思決定を行う権限について、明確な線引きがなされていなければなりません。チームが暗礁に乗り上げ、プロジェクトの命運を分けるような厳しい決断を5分以内に下す必要があるという場合、それは誰の役目であるべきなのでしょうか？　軍隊組織であれば、指揮系統というものが存在しているため、こういっ

た問題の答は常に明快です。そして、軍隊の意思決定は短い時間内に多大なストレスを受けながら行われることになるため、状況がどれほど混乱していようとも有効に実行できることが確実な、議論を差し挟む余地のないマネジメント構造が必要となるのです。また、兵士の訓練の大半は、指揮系統に絶対の信頼を置くことに注力しています。そしてプロジェクトの場合も、プレッシャが高く、投入するリソースが多いほど、権限の保持者はより明確になっている必要があるのです。

プロジェクトでは、厳しい意思決定を行う際の指揮系統は、マネジメント、具体的にはプロジェクトマネジメントの手に委ねられるべきです。手元の難問がビジネス、技術、要求に関することすべてを含んでいる場合、たった1人の専門家（マーケティングやエンジニアリング）ですべての観点を網羅することはできません。しかしPMは、プロジェクトに幅広く関与しているため、考慮すべきさまざまなことや、トレードオフを伴う意思決定が及ぼす影響を最もよく理解しているはずです。複数のメンバーがPMの作業を行う場合、誰が何を決定し、誰を関与させるのかということを決める明確なプロセスが必要となります。9章で解説した役割の議論を行う際には、こういった意思決定を行う権限も含めておくべきです。また、これによって他の権限にまつわる問題を明確にすることが可能になります。

ただし、意思決定者は誰であろうと必ず、委譲や共同作業を行う権限も有しているということを覚えておいてください。ここで重要なのは、ボブやミッシェルや副社長様が厳しい意思決定をすべて行うということではなく、ある種の意思決定が必要となった場合、誰のところに行けばよいのかを、危機の発生前から組織の全員が知っているということなのです。これによってチームの意思決定速度を加速させ、小さな脅威が大災害につながることを防ぐわけです。

11.7　感情についての色々：プレッシャ、感情についての感情、ヒーローコンプレックス

この章を締めくくるセクションでは、チーム作業で何らかの問題が発生した際の感情にまつわる話題を取り扱っています。とは言っても、ストレスマネジメントに関する心理学の論文を読んでいただこうとしているわけではありません。ここでは、あなたが直面する問題の迅速な調査、およびそういったことに直面した際に検討する必要がある重要な考慮点を解説しています。

11.7.1　プレッシャ

プレッシャという言葉の適切な定義は以下の通りです。

プレッシャ（名詞）：強制的で制約的な影響力または力を振るうこと

ここで鍵となる言葉は**制約**です。プレッシャにさらされるということは、取り去ることのできない制約があり、それと取り組まなければならないということを意味しています。こういった制約は、時間、リソース、状況自体が持つ難しさのこともあれば、これらすべてということもあります。また、こういった制約の存在は、問題が何であるかに関係なく、採り得る選択肢が少なくなり、場合によっては解決のための時間が限られることさえあるということを意味しているのです。

しかし、誰かが**プレッシャ**という言葉を使って、「私は今プレッシャにさらされています」と表現した場合、その制約の克服に失敗する恐れがあるという意味を持つことになります。政治討論、あるいは試合終了間際に最後のシュートを試みるといったプレッシャのある状況では、気を抜けば負けてしまう（あるいは少なくともそう信じている）という重要な賭けが行われているわけです。また、失敗によって他のメンバーに悪影響が及ぶということもしばしばあり、そういった場合にはプレッシャはさらに増幅されることになるのです。

プレッシャについて知っておくべき最も重要な点は、こういったことに対する人の反応はまちまちであるということです。個人の感受性はそれぞれ異なっており、誰でもさまざまな状況で多かれ少なかれプレッシャを感じているのです。また人は、さまざまな方法でプレッシャに立ち向かったり、切り抜けたりしようとします。プレッシャやストレスを発散させるために身体を動かす人もいれば、ユーモアを用いる人もいるわけです。しかし悲しいことに、多くの人々はこういったものにどう対処してよいのか判らずにいるのです。

厳しい状況下において、リーダーに新たに課されることになる作業は、ストレスを軽減するためのさまざまな支援を行うことです。リーダーが、メンバーのストレス発散策（「俺は家に帰ったら、缶ビール6本を持って今までにないくらいの長風呂に入るぞ」）をからかったりした場合、他のメンバーも同じことを行うようになります。また、リーダーが息抜きのためと称し、定時以降に他のメンバーをジム（またはゲームセンター）に誘った場合、他のメンバーはそういったことがストレス発散になるかどうかを試せるようになります。さらに、こういったことに参加しない人であっても、自分がどういったストレスにさらされており、それをどういったことで発散できるのかを考えられるようになります。一方、ストレスにさらされていることをリーダーが否定し、そういったものを感じないかのように振る舞ったり、ストレス発散の必要性も認めなかった場合（いわゆる体育会系の振る舞いです）、メンバーは辛い日々を送ることになります。ストレスを発散させるという行為が弱さの現れであるというメッセージをチームに発信してはいけま

せん。

「発散しないといけないほどのストレスを感じているんだったら、君はこのチームに向いていないんじゃないかな」といった、心配にかこつけた脅し文句を言ったりしないよう注意してください。また、「えっ、ヨガ？　まぁ、ヨガなんかに頼るほどストレスがたまっていると言うんなら、いいんじゃない？」といった見下したセリフも避けてください。こういったことを言うマネージャは、メンバーにとって何がプラスになるのかということを理解していないのです。ストレスの解消という行為は、安価に、または無料で行えることも多く、短所があるわけではありません。それがストレス解消に役立たない場合であっても、そういったことを行おうとするメンバーを支援することで（あるいは彼らが無料で行えるようにすることで）、彼らの士気が向上するという副次効果も得られるのです。厳しい状況の最中に、マッサージセラピストを連れて各オフィスを回り、メンバーに10分間マッサージを行った凄腕のマネージャもいました。これは、そのプロジェクトに参加していない人たちの間で、何日も話題に上るほど素晴らしい効果を生み出したのです。

自然のプレッシャと人工のプレッシャ

マネージャは、プレッシャをある程度コントロールすることができます。また、マネジメントの行動によって、プレッシャの性質はさまざまに変わっていきます。そして、こういったことを理解しておくことは、ストレスの高い時期にチームをマネジメントする場合に重要となってくるのです。プレッシャには、自然のプレッシャ、人工のプレッシャ、ポジティブなプレッシャ、ネガティブなプレッシャの4種類があります（図11-1を参照してください）。

自然のプレッシャというのは、何らかの作業がリスクにさらされた時に、その担当者が感じる感覚のことです（「あぁ、ちょっと待った。私は2時までにデモが完成するとサムに言っちゃったよ」）。その担当者が責任を感じ、自らの作業品質に対する思い入れを

	自然のプレッシャ	人工のプレッシャ
ポジティブな プレッシャ		
ネガティブな プレッシャ		

図11-1　4つのプレッシャ

持っている場合、彼は自発的に、より集中してさらなるエネルギーを注ぐはずです。こ
れを自然のプレッシャと呼ぶのは、こういったプレッシャが作業、および作業に対して
個人が持つ関係から直接生まれるものであるためです。自然のプレッシャがかかってい
る状況においてリーダーが果たすべき役割は、担当者のエネルギーを導き、守ることに
よって、チームの各メンバーの目標達成を支援するということのみです。こういったプ
レッシャは、個人の動機とチームのニーズが同一線上にあるため、たいていの場合はポ
ジティブなものとなります。しかし、担当者が責任を全うできないことに対して罪悪感
を感じた途端、そのプレッシャはネガティブなものとなります。こういったことは、そ
の状況が、他のメンバーの引き起こした問題によって発生している場合に特に顕著にな
ります。

　人工のプレッシャというのは、リーダーが戦術的な理由によってチームに与えたり、増
幅したりするプレッシャのことです。こういったプレッシャにもポジティブなものとネ
ガティブなものがあります。ポジティブなプレッシャというのは、厳しい状況において
熱心に作業を行い、効率を上げることができれば、ご褒美（例えば、昇給、昇進、ボーナ
ス）が待っているという動機付けの形態を採ることがあります。また、チームに対してよ
り熱心に働くよう依頼（命令ではありません）することで、自発的に作業を行ってもらう
という場合もあります（おそらく残業した人には夕食がおごられたり、在宅勤務が許可さ
れるといった動機付けがあるはずです）。さらに、人工のプレッシャは、プロジェクトの
背後にあるポジティブなエネルギーを再燃させるような、活気のある打ち合わせという
形態を採ることもでき（チームの何人かに自然のプレッシャがかけられることになるはず
です）、これによってチーム内に新たな活気が生まれることになるのです。

　人工のプレッシャのうち、ネガティブなものは、メンバーをさらに働かせようとして
行われる説教、罪悪感という罠の利用、脅しといった形態を採ります。この例として、
リーダーがチームの失敗を非難し、より一所懸命に働くように命令するというケースを
挙げることができます。こういった行動は、典型的な鬼軍曹的精神構造から来ています。
つまり、チームが（理論上）最善を尽くすためには、常に大声で怒鳴りつけ、規律に従っ
た行動をさせていなければならないという発想なのです。

　マネージャがチームに対して行使するプレッシャは、たいていの場合、自然のプレッ
シャ、人工のプレッシャ、ポジティブなプレッシャ、ネガティブなプレッシャを組み合
わせたものとなっています。ポジティブなプレッシャを使うことが好ましいとはいえ、
チームの活力と集中力を蘇らせるためには、ネガティブなプレッシャを慎重に使うしか
ないという場合もあります。一般的に言って、こういったことには絶妙のバランス感覚
が必要となり、機械的に適用できる簡単な法則はありません。そして、この感覚を養う
ためには、チームのマネジメントや人間観察を通じて経験を積んでいくしかないのです。

また、経験豊富なマネージャであれば、プレッシャの適用に関して理論を築き上げている場合もあります。しかし、こういった理論はほとんどの場合、多様な経験から築き上げられたわけではないため、確固たるものとはなっていないのです。

　プレッシャの法則はさておき、チームが抱えることのできるプレッシャの大きさに限界があることは明白です。図11-2はジェラルド・ワインバーグ（Gerald Weinberg）の『Quality Software Management』[†]（Dorset House刊、1991年）の第1巻から引用した図です。これはプレッシャにさらされているチームのパフォーマンスを表したものです。たいていの場合、人やチームに対するプレッシャが増えていくと、当面はパフォーマンスが向上していきます。しかしある程度を過ぎると、こういった関係は次第になくなり、パフォーマンスの伸びは鈍化していくことになります。そして、チームが最高のパフォーマンスレベル（限界レベルや最大レベルとも言います）に達した後、さらにプレッシャを加えたとしても、チームをより熱心に、より効率よく、より迅速に作業させることはできないのです。そして、さらなるプレッシャを加えると、最終的にチーム（または個人）は力尽き、パフォーマンスは低下していくことになります。

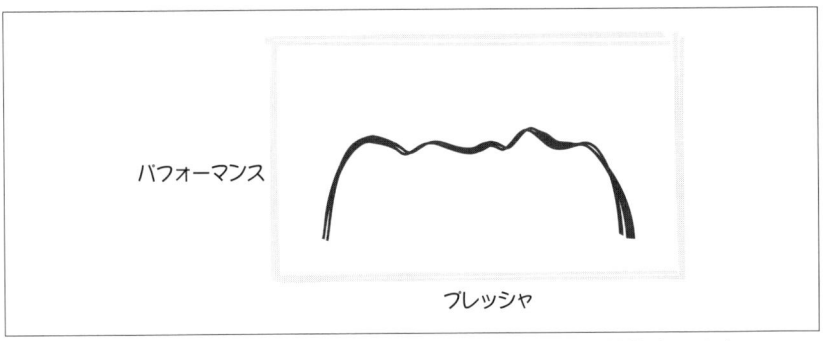

図11-2　パフォーマンスを向上させることのできるプレッシャの量には限界があります。

　このため、チームにプレッシャをかけるとあなたが決めた場合であっても、その量がしきい値を超えないように注意する必要があります。また、チームがプレッシャに反応しない場合、別な種類のプレッシャをかける必要があるのかもしれませんが、チームが限界レベルに達しており、どのようなマネジメントをもってしてもパフォーマンスを向上させることができない状態にあるかもしれないのです。これらの違いを識別するには経験が必要となります。簡単な識別方法を紹介すると、限界レベルにあるチームのメンバーは、廊下ですれ違ってもうなだれており、あまり笑おうとはしません。また彼らは、

[†] 訳注：邦訳は『ワインバーグのシステム思考法』（共立出版刊、1994年）です。

神経質になっており、かつ疲れ果てているという風にも見えることもあります。そして、彼らに追加作業や変更作業を依頼すると、倒れてしまったりすることもあります。燃え尽き症候群に陥ったメンバーを回復させることと、プロジェクトのペースをスローダウンさせることを比べると、前者の方がずっと重大な問題であるため、後者が最善の選択となるのです。このため、プレッシャを解き放つために、午後を休暇にしたり、駐車場で即興のタッチフットボールを行ったり、作業負荷やスケジュールを妥当なものに調整したりしてください。

11.7.2　感情についての感情

　感情的な問題に興味がないという理由で、このセクションを読み飛ばそうとしているのであれば、その前に、次の質問に答えてください。ストレスにさらされた人々が、それぞれ異なる振る舞いを見せるのはなぜだと思いますか？ こういったことが気にならない、あるいはこういったこととプロジェクトマネジメントの関連が理解できないというのであれば、このセクションを読み飛ばしていただいても構いません。ただ、あなたの下で働く人たちに同情の念を禁じ得ません。（これが「罪悪感」という罠の仕掛け方です。）

　はい、これはフェアなやり方ではありませんでしたが、効果があったはずです。お詫びに、人間の振る舞いに関する貴重な情報をお教えすることにしましょう。心理学と人間の振る舞いについての書籍を何冊も著したバージニア・サティアは、人が予測不能な振る舞いをする理由を説明できるシンプルなモデルを考えつきました。このモデルによれば、私たちが何らかの感情を抱いた場合（例えば動転や苦痛）、すぐにその感情に呼応した第2の感情を抱くことになり、その第2の感情に基づいて何らかの行動を起こすことになるのです。例えば、私があなたの体は臭いと言ったと考えてください。これによってあなたは悲しくなるはずです。しかし、私があなたを悲しくさせたという事実に対して、あなたは怒りを覚えることになるのです。このため、あなたは悲しみの感情を表すのではなく、2番目の感情である怒りを表すことになるわけです（図11-3はこの例を簡素化して示したものです）。しばらくすれば、あなたはその感情の中心に悲しみがあることに気付き、悲しさを感じるかもしれませんが、当面は悲しみの感情によって生み出された怒りの感情がすべてを支配するのです。

　ワインバーグはこの他にも、『*Quality Software Management*』の第1巻[†]において、サティアのモデルが示している有益なことについて言及しています。それは、2番目の感情というものが人類に共通する感情の振る舞いではなく、私たちの教えられてきた信念や習慣によって引き起こされるということです。つまり、先ほどの悲しみの感情に対し

[†] 訳注：邦訳は『ワインバーグのシステム思考法』（共立出版刊、1994年）です。

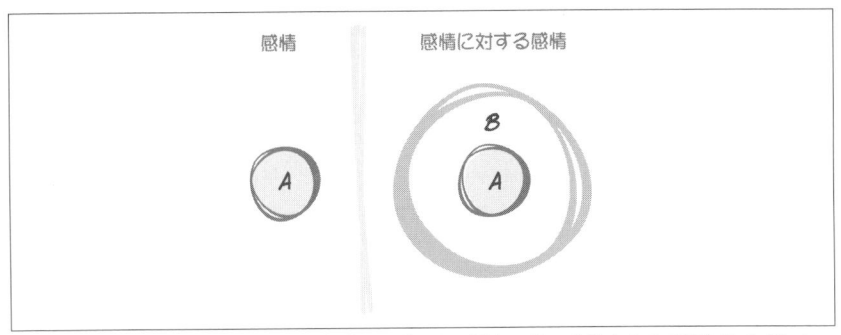

図11-3 私たちが行動を起こす際の感情は、私たちが最初に抱いた核となる感情とは必ずしも一致していないということを、サティアのモデルによって説明することができます。

て怒りの感情を覚えるのは、人間の本能的な振る舞いではなく、後天的に学習された振る舞いなのです。実際、ワインバーグによれば、さまざまな感情に対する私たちの反応は、感情の発育過程で私たちが体得してきたことでしかないのです。

　子どもの発育に関する興味深い点として、私たちは皆、信念と感情を体系化したものを親から受け継ぐということを挙げることができます。つまり、私たちの振る舞いのほとんどは、両親から受け継いだものであり、両親はまたその両親から受け継いだものであり、といった形で連綿と受け継いできたものなのです。このため、振る舞いや感情的な反応をどこから学んだかとは関係なく、それらの意義を立ち止まって考えない限り、感情的に成熟することは難しく、また、自身がどれほど感情的に成熟し、健全であるかを知ることすら難しいのです。そしてさらに悪いことに、破壊的な振る舞いや混乱した振る舞いというものは、私たちから他の人たち（例えば学生、同僚、友人、子供達）へと伝播してしまう可能性すらあるのです。

　私たちの学んできた規則には優れたものもあるでしょうし、悪いものもあるでしょう。このため、何かに対して今まで通りの反応をするということが健全であり、進歩に役立つとは必ずしも言えないわけです。

　あなたがPMなのであれば、メンバーがあなたに対して向ける感情は、あなたのとった行動とは何の関係もない場合があるという点に注意しておくことが必要です。あなたがコード中のバグを指摘する場合、そのバグがどんなに重要なものであったとしても、またどんなに丁寧な口調で指摘したとしても、彼はあなたに対して憤慨することがあるのです。

　この章のテーマに戻りますが、人というものはストレスが高まると過ちを犯しやすくなります。また、プレッシャや感情が高まると、それらの相互作用を理解することはより困難になります。このため、多くのメンバーと作業を行うことになるマネージャとし

ては、メンバーがあなたに対して向ける感情のうち、どれがあなたの言動に起因するものであり、どれが彼らの他の感情に起因しているものなのかを根気よく見極めなければならないのです。

避けるべきことは、直接の関連のない感情によって引き起こされる「感情の連鎖反応」です。図11-3において、Bという感情の表現に対して、誰かがCという感情を反映させて応えた場合、こういった状況全体が生まれた真の原因（Aという感情）はさらに覆い隠されてしまうことになるのです。つまり、5人の打ち合わせで、全員が白熱した討論と怒鳴り合いを繰り広げているにも関わらず、誰も同じ感情のコンテキスト（文脈）を共有していないということもあり得るわけです。この場合、参加者全員は、話題に対するさまざまな感情に対して、自らの感情を表現したり、反応したりしているだけなのです（例えば、最近あった親戚の集まりを思い浮かべてください）。

人間の感情についての著名な作家であるレオ・F・バスカグリア[†]（Leo F. Buscaglia）やジョン・ブラッドショー（John Bradshaw）は、健全で、感情的に成熟している人ほど、自らの感情にも他者の感情にもより気を配るようになるため、他者の感情に対して多様に反応することができると指摘しています。つまり、危機的状況にある場合、メンバーの感情パターンを見極め、それをマネジメントするさまざまな方法を使い分けることができれば、その状況をうまく乗り切れる可能性が高くなるということになるわけです。

11.7.3　ヒーローコンプレックス

ヒーローコンプレックスのある人は、プレッシャに直面した際に特殊な行動に出ます。こういった人は、自らが活躍できる舞台となる危機的状況を作り出そうと躍起になるのです。そして、極めて難しい状況下でのスリルとチャレンジを追い求めるあまり、そういったトラブルの芽を摘み取ろうともしなくなるのです。軽症の場合は、リスクの高い状況下で作業を行い、その状況を切り抜けるということを好むだけです。しかし重症の場合、プロジェクトをリスクにさらす行動に出たり、妨害工作を行うこともあるのです。

プロジェクトの状況が悪化した場合、ヒーローコンプレックスを持った人は喜々として作業に打ち込む傾向を持っています。普通の人であれば、尻込みしたり嫌がったりし

[†]　基本的な感情の力学についての読みやすい入門書としてレオ・F・バスカグリア（Leo F. Buscaglia）の『Living, Loving & Learning』[††]（Ballantine Books刊、1985年）という素晴らしい書籍があります。また、より本格的な入門書としてジョン・ブラッドショー（John Bradshaw）の『Bradshaw On: The Family』[‡]（Health Communications刊、1990年）があります。
[††]　訳注：邦訳は『"自分らしさ"を愛せますか』（三笠書房刊、1999年）です。
[‡]　訳注：邦訳は『病んだ家族からの旅立ち：アダルトチルドレンの克服と回復を目指して』（川島書店刊、2004年）です。

て、自ら火中に飛び込むようなことはしません。しかしこういった人は、やっとプロジェクトが面白くなってきたと言わんばかりに、喜々として火中に飛び込んでいくのです。軽症のうちは、放火に走ったりはせず、火を探しては消火して回ってくれるため、チームにとって貴重な存在となります。しかし重症になると、わざとプロジェクトを不安定にするような行動に出ることもあるため、注意が必要となります。また、リスクの高い状況を避けるための行動に対して、徹底的に抗おうとすることもよくあります。

　ヒーローコンプレックスは、新興企業やとても小さな（吹けば飛ぶような）企業でキャリアをスタートさせた人々に蔓延している病気です。こういった組織では、その大望に見合うだけの十分なリソースを準備できることなどほとんどないため、ヒーロー的かつ超人的な努力が必要とされるのです[†]。そして、悪化した状況をうまく切り抜けることができた場合、関わったメンバーはその成功がヒーローの努力の賜であったと考えてしまうのです。この状況に限って見た場合、彼らの見解は間違っていません。しかし、そこに落とし穴があるのです。Aという状況でヒーローが必要であったからといって、B、C、Dという状況でヒーローが必要となるわけではないし、ヒーローがメリットをもたらすとも限らないのです。

　ヒーローコンプレックスは、いくつかの信念によって引き起こされます。以下では、そういった信念について解説し、その間違いを明らかにしています。

- **計画など必要ない：私はそれを立証してきた**。ヒーローは仕様書やスケジュールのない状態で成功を経験してきているため、こういったものは絶対に必要ないという信念を抱いています。しかし、プロジェクトの性質が千差万別であることを考えると、この信念の間違いが判るはずです。5人のメンバーが参加する1ヶ月のプロジェクトと200人のメンバーが参加する12ヶ月のプロジェクトでは、制約やリスクが大きく違っていて当たり前なのです。このため、プロジェクトが異なれば、マネジメント面、計画面、エンジニアリング面で異なったアプローチが必要となる可能性があるのです。こういった（誤った）信念は、ヒーローがありとあらゆる種類のソフトウェア開発経験を積んできたという仮定の上に成り立っています。こういった傲慢さによって、マネジメント、プロセス、チーム構造のバランスが必要となるような、プロジェクト固

[†] 新興企業に対してより好意的な見方をすれば、革新のための創造的なエネルギーは、少人数が緊密に連携し、熱心に作業することでしか得られないのです。人材の「不足」は、チーム全員を極限まで自律的に行動させる上で必要となる要素なのです。ポール・グレアム（Paul Graham）の『Hackers and Painters』[††]（O'Reilly刊、2004年）では新興企業で得られる報酬と、それに伴うリスクについての興味深い考察が行われています。

[††] 訳注：邦訳は『ハッカーと画家――コンピュータ時代の創造者たち』（オーム社刊、2005年）です。

11.7 感情についての色々：プレッシャ、感情についての感情、ヒーローコンプレックス

有の問題が隠蔽されてしまうのです。また、プロセスがいつ必要になるのかという質問に、**必ず必要**、あるいは**絶対に不要**という答はありません。答は常にプロジェクトの詳細に依存しているのです。

- **ヒーローは一人で戦うものだ**。ヒーロー的な行動に出る動機として、ヒーローはただ単にヒーローであることを好むという利己的なものがあります。こういった人はヒーローでいることを心底好むため、自らがその役割を演じる際に何かが危険にさらされたり、破壊されたとしても気にかけないのです。この症状として、同僚と破壊的な競争を行ってみたり、他のメンバーの作業に（あるいはプロジェクトの目標にすら）無関心になるといったものがあります。ヒーローコンプレックスを抱えている人は、自らのヒーロー願望によって他のメンバーに迷惑が及ぶということに気付いていない場合もあります（ほとんどの迷惑は自分自身ではなく、他のメンバーが被るものであるため、気付きようがないのでしょう）。また、なぜヒーロー的な行動が他のメンバーに受け入れられないのかということすら理解できない場合もあります（「モコモコした可愛い動物を助けるために燃えさかるビルに飛び込んだのは私なんだよ？」、「そうなんだけど、火を放ったのは君なんだ。」）。

- **偽ヒーロー**。こういったケースを見たことがあるのは、数回だけです。これは、状況を実際よりもひどく見せかけた後で、改善した状況を見せ、マネジメントに自らの行動をアピールする（ヒーロー！）というものであり、いわば錯覚を用いたトリックです。マネジメントが無知であったり、無関心である場合、こういったトリックは簡単に利用できます。ただしこの手の誤魔化しが成功するのは、誰かがそのカラクリに気付くまでの数回だけです。この偽ヒーローは、本当にヒーロー的な活躍をしたいとは思っていないという点で、実際にヒーローコンプレックスにかかっているわけではありません。単にヒーローとして認めてもらいたいと思っているだけなのです。

- **無能な上司とヒーロー**。ヒーローが活躍する状況のほとんどは、マネジメントの失敗によって生み出されます。プロジェクトに数週間規模の遅れが発生する、大きな要求の見落としが発覚する、戦略ミスにより大きな設計変更が後になって出てくるといった場合、その責任はすべてマネジメントに帰することになります。こういったマネジメントの過ちをエンジニアリングチームのヒーローが復旧（すなわち隠蔽）することで、マネジメントとエンジニアリングチームの共生関係が生まれることもあります。マネジメントは自らの失敗を認めることなく、エンジニアリングチームのヒーロー的な作業を称賛できるようになります（とは言うものの、そういった作業は避けることができた可能性があります）。一方、エンジニアリングチームはマネジメントに対して文句を言いながらも、彼らが起こす問題をスリリングなものとして愛し、計画やリスクマネジメントが改善されて欲しいとは少しも思っていないのです。つまり、互い

がリスクの作成とその解決を期待し合うという、ヒーローに依存した共生関係が文化として形成されるわけです。
- **失敗コンプレックス**。これはヒーローコンプレックスとは異なるものですが、この一覧に含めておくだけの深い関係があるものです。文句を言う対象が常にないと居心地が悪いという人たちがいます。何らかの難問を突きつけられた時、彼らはその難問の解決に向けて努力するのではなく、失敗した時の言い訳を探し、その妥当性を他者に判ってもらおうとするのです。彼らは勝利することよりも非難することを好むわけです。こういった人たちは、非難と否定が最も重要なことと見なされているチーム（または家族）から数多く輩出されます。彼らは、より健全な生き方があることを、誰か他の人から見せてもらう必要があるのです。

ヒーロー文化にまつわるリスクを最小化するには、とにかく積極的なマネジメントチームを持つことです。マネジメントがその気になれば、1週間80時間という労働が、危機を回避するためのヒーロー的な働きの結果なのか、メンバー自らが無能な働きを続けた結果なのかはすぐに判るはずです。PMであるあなたには、ヒーローコンプレックスの悪習をチームに気付かせるだけの十分な影響力がないかもしれません。しかし、そういったことは試してみなければ判らないのです（16章を参照してください）。

誰かがこういった振る舞いに対して注意を呼びかけないことには、現状を変革することなどできません。少なくとも、ヒーロー的な行為をレビューするというポリシーを確立してください。ヒーローが行動を起こす場合、そもそもヒーローが必要とされるような事態を避けるために何かできることはなかったのかということを全員で議論するべきです。ヒーローを誉めることが必要な場合もありますが、将来に渡ってそういった状況を引き起こさないようにする方法を見つけた人も誉めるべきなのです。

11.8 サマリー

- あなたが何を行ったとしても、問題の発生を防ぐことはできません。
- 気を落ち着かせて問題をブレークダウンすれば、たいていの難しい状況を取り扱えるようになります。（大まかな指針を思い出してください。）
- よくある難題には、見過ごし、馬鹿なことの強要、リソース不足、低い品質、方針の転換、個人の問題、反乱の恐れ等があります。
- 難題を抱えるということは、学習する機会が生まれたということを意味します。後で振り返り、何が起こったのか、どのようにすれば避けられたのかをチームとともに検証してください。

- 何らかの状況に対して責任を取ることによって、誰がその状況を引き起こしたのかとは関係なく、問題を必ず迅速に解決できるようになります。
- とんでもない状況が発生した場合、ダメージコントロールモードに切り替えてください。プロジェクトを元の安定した状態に戻すために、ありとあらゆる手を尽くすのです。
- 交渉能力は危機的状況において役立つだけでなく、マネジメントにも役立つものとなります。優れた交渉を行うには、主張という観点ではなく、関心事という観点に立ってください。
- 権限体系は常に明確にしておいてください。チーム全員は危機に備えて、誰が意思決定権限を持っているのかということについて知っておくべきです。
- プレッシャに対する反応は、人によってさまざまです。普段から観察しておき、チームがさまざまなプレッシャに対処できるよう、その知識を役立ててください。

Ⅲ部　マネジメント

12章
リーダーシップが信頼に基づく理由

　私には、今までに1ダース以上のマネージャの下で作業をしてきた経験があります。多くのマネージャは、ここで問題にするほどではありませんでした。しかし、とてもひどい人たちが何人かいました。また、ほんの一握りの人たちは、称賛に値し、私自身もよい点を学んで彼らのようになりたいと思えるくらいでした。こういったマネージャは最善の作業を要求する一方で、その実現に向けた日々の作業において信頼関係が必要であるということを理解していました。これは、彼らが私の要求をすべて受け入れるとか、私の意見をすべて通すということを意味しているわけではありません。そうではなく、マネージャがマネージャらしい振る舞いをするということなのです。たいていの場合、マネージャは自らの持つ責務、動機、期待について、率直に明らかにしてくれました。そのため、私は自分の立場、私とマネージャそれぞれの役割、私が遂行するべき作業に対するマネージャのサポート内容を知ることができたわけです。

　すべてはチームのメンバーが、あなたというリーダー、すなわちチームに対する重要な貢献者の人物像をどう捉えるかにかかっています。あなたが「これは明日までにやっておくよ」とか「サリーに話をして、彼女の同意を取り付けておくよ」と言った場合、部屋にいる他のメンバーは、あなたが本当にそれを実行する確率を（おそらくは無意識のうちに）計算しているはずです。チームに対する貢献を続けていくと、その確率は時とともに高くなっていきます。つまり、彼らはリーダーであるあなたの言葉を信じ、あなたに信頼を寄せるようになるということです。

　映画やテレビドラマではしばしば、ヒーローが燃えさかるビルに飛び込んだり、悪役一味に単身戦いを挑むといった形で、リーダーシップをドラマ性の高いアクティビティとして扱っています。しかし本当のリーダーシップというものは、もっとシンプルかつ実践的なものであり、あなたが自らの言ったことを実行し、意図通りのことを口に出すということなのです。このため、間違いを犯した場合には、それを素直に認めてくださ

い。また、他のメンバーに影響が及ぶ意思決定を行う場合、彼らに意見とアイデアを求めてください。こういったことを繰り返すうちに、あなたは他のメンバーからの信頼を勝ち取ることができるはずです。そうなれば、彼らのあまりやりたがらないことや、同意していないことを依頼する必要のある時が来ても、あなたは彼らからの信頼を礎にしてリーダーシップを発揮することができるようになるのです。

つまり、優れたリーダーになるには、プログラミング、計画立案、アーキテクチャ創造、喋り、冗談、設計の達人である必要はないということです。大事なことは、あなたが信頼関係の構築を重視し、チーム全員と信頼関係を結べるよう、ひたすら努力するということなのです。このため、優れたリーダーになるには、あなた自身に対する信頼を深めていく方法とともに、他者との間で信頼関係を見つけ出し、構築し、獲得し、与える方法を学ばなければならないのです。

12.1　信頼の構築と破壊

信頼（名詞）：人の誠実さ、能力、性格に対して大きく依存すること。

「信頼とはすべての重要な人間関係の核である。信頼なしには、与えることも、一体感を得ることも、リスクを犯すこともできない。」
——テリー・ミズラヒ、Ecco（Education Center for Community Organizations）代表

私は、知り合いの何人かを選び、今の職場で信頼を寄せている人とその理由を尋ねてみたことがあります。すべての答は、ほぼ同じものでした。それによると、自らの作業をちゃんと行い、プロジェクトの目標に向けて努力し、メンバーを公平に扱い、どんな時でも一貫した振る舞いをとる人に対して信頼が寄せられていたのです。馬が合う人とか、夕食に招きたい人といった答は一つもありませんでした。つまり、（仕事に関する）信頼というものは、個人的な好みとは関係がないのです。私たちは、好きになれない人や一緒に時間を過ごしたくない人に対しても信頼を寄せることができるのです。

人の好みはさまざまですが、信頼はそういったものとほとんど関係がありません。私たちは信頼を寄せる人を選ぶにあたって、上っ面だけで判断するのではなく、本当に頼れる人なのかどうかを厳しく判断しているのです。命賭けの危険な状況において信頼できる人というのは、一緒に映画に行きたいと思っている人とは別人となるはずです。個人的な相性と、信頼できるかどうかは、まったく別ものというわけです。

ただ、プロジェクトというコンテキストにおける信頼という言葉の意味を吟味するには、もう少しブレークダウンしておく必要があります。ここでは信頼をより簡潔にした単位である表明というものを見てみることにしましょう。表明とは約束のことであり、2

人の人間が何らかのことに合意した場合の、最もシンプルな合意事項を意味しています。

12.1.1　信頼は表明によって培われる

新しい友人ができ、どこかで待ち合わせる約束をした場合、あなたはその友人が約束通りに来ると信じるはずです。しかし、2〜3回立て続けに待ちぼうけを食わされ、映画を1人で観る羽目になったり、クラブで1人寂しくたたずむことになったのであれば、彼に対する信頼は失われていくはずです。結局のところ、彼はあなたに対して行った表明を守らなかったことになるのです。こういったことが続けば、彼に対するあなたの認識も変わってしまうことでしょう。あなたにとって彼はもはや信頼できる人物ではなくなり、重要なことも頼まないようになるはずです。

ワッツ・S・ハンフリー (Watts S. Humphrey) の『*Managing the Software Process*』†(Addison Wesley刊、1989年) によると、うまくマネジメントされているプロジェクトには、自らの作業を表明し、その表明をちゃんと遂行するというリーダーの能力が中核要素として存在しているのです。ハンフリーは、この重要性を鑑み、効果的な表明というものがどういったものなのかを厳密に定義しました。以下は、彼の一覧に少し手を加えたものです。

効果的な表明の要素

1. 表明を行う人はきちんとした意志を持って行うこと。
2. 表明は気軽に行わないこと、つまり関連作業、リソース、スケジュールを慎重に考慮してから行うこと。
3. 何を、誰が、いつ行うかについて関係者と合意できていること。
4. 表明はオープンにされ、広く内外に公表されること。
5. 責任を持つ人は、助けが必要となった場合でも、表明を達成するべく努力すること。
6. 表明した期限に至るまでに、関係者に影響を及ぼす変更が発生する場合、事前に告知を行い、新たな表明を交渉すること。

ここで特に興味深い点が2つあります。まず最初は、表明が双方向で機能するという点です。つまり2人の人間が互いに表明を行うことになるわけです。ルパートの旅行中、コーネリアスが彼に代わってペットの犬ローバーを散歩させると表明した場合、両者は相手の関心事を尊重し合うことになります。ところが、コーネリアスがローバーを散歩させるために、25ブロックも離れたルパートのアパートまで行ったところ、ルパートが

---

† 訳注：邦訳は『ソフトウェアプロセス成熟度の改善』(日科技連出版社刊、1991年) です。

ソファーに寝そべってテレビを見ていたとしてください (「やぁ、すまんすまん。昨日言おうと思ってたんだけど、旅行は中止になったんだ」)。こんなことがあってはいけないのです。互いの信頼は、相手との交換によって成り立っているものであり、こういった信頼はそれぞれが尊重し合わなければならず、壊したり忘れたりしてはいけません。誰かの時間やお金を無駄にすることは、信頼の破壊行為に他ならないのです。

　そしてもう一つは、私たちがいつでも当たり前のように表明を行っているという点です。つまり、会話を交わし、何かを頼んだり頼まれたりして、期限について同意するたびに、私たちは表明を行っていることになるわけです。こういった表明には「じゃ、昼食後に電話するよ」とか「明日までに原稿に目を通しておきます」といったシンプルなものもあります。両者の間で、表明の重要性について食い違いが発生することはあるものの、何らかの表明がなされたということについて疑いが発生する余地はありません。表明というものを軽く捉えすぎるほど、相手からの信頼を失う可能性が高くなります。表明にはさまざまなレベルがある (例えば、ある日の午後、妻に電話することを忘れたとしても、それがすぐ離婚につながるというわけではありません) ものの、そういった表明すべては関連付けられることになるため、その人物の信頼度に影響を及ぼすことになるのです。

12.1.2　矛盾した振る舞いによって信頼が失われる

　プロジェクトに話を戻すと、でたらめな振る舞いや、予測できない振る舞いをしていると、信頼を壊してしまうことになります。そして、表明を省みない行動ばかりをとっていると、チームをかき乱すような懸念や心配事を次々と引き起こすことになるため、共に作業する (あるいは議論する) 人々はヘトヘトになってしまうのです。つまりチームメンバーは、作業完了に向けて集中するのではなく、表明を行った人が本当に表明通りに行動するかどうかということに気を取られてしまうわけです。こういった場合、非常事態に備えた計画を立案しておく必要が出てくる上、ストレスレベルと疑念が急上昇することになります (「マーラが今日中にコードをチェックしないと、我々は修羅場に突入してしまう」)。つまり、表明を行った人が責任感に欠けた行動をとるほど、こういった影響が大きくなるというわけです。

　私にも、信頼を打ち砕かれるという興味深い (そして辛い) 経験があります。当時の私は、5人のプログラマおよびテスターとともに作業するプログラムマネージャであり、彼らとはうまくやっていました。そしてチームリーダーのジェイクは、私のマネージャでもあり、私や他のPMよりも権限を持っていました。ところがジェイクには、ころころと心変わりをするという悪い習性があったのです。ある時、私はジェイクとともに、彼の支援を必要とする重要な意思決定についての話をしていました。我々2人は、すぐに最善

のアプローチについて合意に達しました。ところがその後、他の人を交えた打ち合わせにおいて、頑固な参加者や、ジェイクよりも大きな権限を持った参加者がその合意事項に対して異議を唱えると、ジェイクは簡単に意見を撤回してしまうのです（こういったことが3回に1回は起こるのですが、私にはそれがいつ起こるのか、まったく予測できませんでした）。彼は、まったく違った方向に向かって走り出し、多数意見に同調するのでした。

　ある打ち合わせの最中のことでした。私がホワイトボードの横に立ってAという計画を説明している途中であったにも関わらず、ジェイクは誰かの意見に同調し、Bという計画で行こうという発言をしたのです。私は思わず手を止め、まじまじと彼を見つめてしまいました。何も感じずにこういった発言をできるなんて信じられなかったのです。彼は本当に忘れてしまったのでしょうか？　彼は単なるおべっか使いなのでしょうか？　彼は私との事前打ち合わせの結果をまったく理解していなかったのでしょうか？　それとも、この風見鶏のような（部屋の空気の流れに従うという）振る舞いは、彼以外の力のなせる技なのでしょうか？　当時の私はこういった事態に対処するスキルがなく、私が目の当たりにした振る舞いについて誰かに相談するほどの機転も利かなかったため、独り苦しむことになりました。そのため、私のジムでの運動量は、もの凄いものとなっていたのです。

　私は、この振る舞いについてジェイクとの議論を試みました。また私は、ジェイクとともに行った意思決定をすぐに文書化し（電子メールはこういったことに向いています）、後の論拠とするようにしました。さらに、打ち合わせの直前には彼のところに出向き、その準備を行ったりもしました。しかし、私のこういった努力にも関わらず、彼の振る舞いはほとんど改善されませんでした（代案に賛成することはなくなりましたが、我々の当初の案を支持することもなく、議論に加わろうとさえしなくなったのです）。ほどなく私は、解決策を見出しました。打ち合わせで何かを決定したい場合、彼を呼ばないようにしたのです。その結果、以前と比べて事前準備が減り、効率はアップすることになりました。この解決策によってチーム（そしてジェイクとの関係）に新たな問題がもたらされたものの、私は自らの責任範囲をマネジメントし、ものごとを成し遂げることができるようになったのです。

　ジェイクは頭の回転が速く、一緒に作業するだけであれば面白い人間だったことが惜しまれてなりません。しかし、彼を信頼できないという事実の前では、そんなことは関係ありませんでした。たとえ頭の回転がもう少し遅くても、倍ほど信頼できる人物だったのであれば、彼はマネージャとしてもっと有益な人材になっていたことでしょう。そうであれば、我々はもっとよい製品を作れていたに違いないし、彼のマネジメントに費やす私のエネルギーをチームの支援に振り向けることができていたはずなのです。

12.2　信頼を明確にする(グリーンライトを点灯させる)

　私が出会ったことのある優れたマネージャたちは、信頼を明確化していました。彼らは、私がチームからの支援を得ている限り、私の責任範囲に関する意思決定権は私自身にあるということを明言してくれていたのです。優れたマネージャ（私のマネージャたち）であれば、彼らの懸念する事項を具体的に洗い出し、それらについて報告するよう私に指示してくれます。そして、必要なものを私に尋ね、その提供可否について交渉する機会を与えてくれます。提供できない場合、誰かの承認を求めて走り回らなくても済むように、直接指揮を執ることでものごとの達成に向けて集中させてくれるのです。私が優秀なマネージャの行動を説明したのは、相手に信頼を置くこと、すなわち本当の意味での委譲というものが、大きな力を持っているためです。スポーツの世界にも、こういった権限の委譲を表す専門用語が存在しています。例えば、バスケットボールの世界には「グリーンライト」(青信号)を点灯させるという表現があります。

　何年も前の話ですが、私は高校バスケットボールのプレイヤーであり、ニューヨークのダグラストンではロブ・エルキンスがコーチを務めているサミュエルフィールドYのチーム†に在籍していました。ある日私は、練習中にコーチに呼び出されました。これは叱りつけられる時のパターンなのです。私が練習中に気を抜いてしまい、他のプレイヤーの足を引っ張ったため、彼らのディフェンスがおろそかになってしまったのです。私はベンチに座る時、万一に備えてうなだれていました。しかしコーチは何も言いませんでした。我々は長い間そこに座り、コート上で行われていたチームメンバーの練習試合を黙って眺めていました。しばらくしてコーチはようやく口を開き、「スコット、グリーンライトだ」と言ったのです。私はコーチの方を見て、「グリーンライト？」と聞き返しました。すると彼はこちらの方を見ずに「そうだ」と笑い顔で応えました。その後、私は「判りました、コーチ」と言い、コートに戻ったのです。ほとんどの人にはこういったやり取りが聞こえていなかったはずですが、なぜか全員が状況を理解していました。プレイヤーは通常の場合、コーチの指示する作戦に沿う形でしかボールをシュートできないのですが、グリーンライトという指示が出ている場合はこの限りではありません。つまり、自分の判断で適切だと感じた時には、いつでもボールをシュートできるようになるわけです。言い換えれば、自分が必要であると感じたのであれば、どのような作戦の遂行中であったとしても権限を行使することができるのです。

---

†　ニューヨークのダグラストンにあるサミュエルフィールドYのロブとエリックは、指導とマネジメントについて、高校や大学のバスケットボールコーチよりも多くのことを教えてくれました。もしもあなたが彼らの知り合いなのであれば、私に連絡するよう彼らに伝えてください。

こういった指示は、固い信頼の絆があって初めて与えられるものであるため、選手生命を通じて耳にしたことがないプレイヤーも多いはずです（私は高校、およびカレッジチームのディビジョンⅢを通じてバスケットボールをプレイしていましたが、こういった経験は後にも先にもこれ1回きりでした）。一般的にコーチは、権限を委譲することに恐怖を抱きます。彼らもマネージャと同様に、自らの力が曖昧なものであると感じているのです。サイドラインの外に立つ（あるいは役員室に一人でいる）ことは、無防備な立場に身を置くということを意味しています。多くのマネージャやコーチは、チームに自由を与えた時に起こることに恐怖しているわけです。しかし彼らは、信頼のレベルがいつでも調整可能であるということを忘れてしまっているのです。私がエルキンスコーチから与えられた信頼を裏切ってしまったとしても、コーチは（グリーンライトをイエローライトに変えることで）信頼のレベルを簡単に元の状態に戻すことができるのです。さらに重要なのは、マネージャが与えることを恐れている信頼のレベルというものは、マネージャのリーダーシップに従う上でチームが必要とする信頼のレベルときっかり一致することも多いのです。

　エルキンスコーチの下でのプレイは、他のどのコーチの下でのプレイよりも大変でした。私に対する期待レベルが、より高いものであると感じられたからです（とは言うものの、私はある試合の1クォーターで7度ジャンプシュートを試み、そのすべてを外すという、クラブの珍記録を樹立したこともありました）。また、エルキンスコーチのように信頼してくれるマネージャの下では、そうでないマネージャの下にいる時よりも熱心に働くことになりました。その理由は、マネージャに好感を持っていたためではなく（それも多少はあるかもしれませんが）、成長の場を与えてもらえたためです。相手を信頼することによって、その人のパフォーマンスを最大化するための機会が創出できるため、信頼は真の権限委譲と言えるのです。

　成功の可能性を最大限にしたい場合、メンバーにグリーンライトという指示を出すための道を探さなければなりません。マネージャの仕事は、チームのために機会を創出することに加え、チームがその機会を活用できるよう、強化と準備を支援することなのです。

12.3　力の種類

　本書では二種類の力について解説しています。より進んだ方の力は16章で解説することにし、ここでは、シンプルであるものの、影響力の強い機能的な力について解説することにしましょう。

　機能的な力には、付与されることで得られるものと獲得することで得られるものがあ

ります。付与された力というものは、職務階級や仕事の肩書きを通じて手にすることになります（「職務権限」、ex officioと呼ばれることもあります）。例えば、バスケットボールチームのコーチには、どの選手をコートに送り出し、どの選手をベンチに留めておくのかを決める力があります。また、小さな販売店の社長には、人材の雇用や解雇を行う力があります。しかし、この力を使ってメンバーからの尊敬を集めたり、マネージャの持つスキルや知識をメンバーに誇示することはできません。その一方で、獲得した力というものは、プロジェクトにおける実績や働きを通じて培われていきます。獲得した力や獲得した権限を持つ人が話をする場合、聞き手は話し手が権限を持っているが故に耳を傾けるのではなく、話し手が賢く、自分たちを支援してくれると考えるが故に耳を傾けるのです。

12.3.1 付与された力に頼るべからず

> 「私はシステム化しようとする者に対して不信感を抱いているため、彼らを避けようとする。システム化しようという意志には高潔さが欠如している。」
>
> ——ニーチェ

リーダーシップにおいて、獲得した力を前面に押し出して使用する場合、人間関係に制約が加えられることになります。そうすることで、アイデアの交換という可能性を排除してしまい、知恵の活用ではなく、力の利用を重要視するようになってしまうのです。専制君主的な力を使用すべき時があることは確かですが、優れたリーダーであるほど伝家の宝刀を抜こうとしません。剣を抜いたが最後、誰もあなたの言うことを聞かなくなり、剣の言うことに耳を傾けるようになるのです。さらに悪いことに、あなたの周囲にいる全員が自らの剣を抜き放ち、あなたに立ち向かってくるのです。彼らは、あなたが誤っている理由を説明することなく、自らの権限を使ってあなたに立ち向かってくるわけです。こうなると、知性や最善策の探求とは何の関係もない、力と力の戦いになってしまいます。付与された力（フォースのダークサイドと同じです）は、簡単に行使できるため魅力的に映るのです。この力を使えば、それほど努力しなくても望みの結果を手に入れることができるのですから。

　私は、付与された力と獲得した力のいずれかを選択しなければならない状況に直面したことがあります。それは、私がプロジェクトマネージャとして経験した、初の大規模プロジェクトであるInternet Explorer 2.0を開発している時の出来事でした。私は初日に、一緒に働くことになる2人のプログラマ、ビルとジェイを紹介されました。ジェイは親しみやすかったものの、ビルは極めて威圧的でした。彼は組織内でもかなり上の階級に位置付けられていました（当時のマイクロソフト用語でレベル13という、プログラマ

における最高のレベルにいたのです）。私は彼のオフィスに座り、デスク越しに彼と対峙していたことを覚えています。私は10分ほど話していたのですが、その間彼はほとんど言葉を発しませんでした。彼は椅子にふんぞり返って私を見つめていただけだったのです。

私は、ビルが話し始めやすくなるのではないかと思い、ホワイトボードのところに行きました。それでも何も起こりませんでした。彼が口にするのは「あぁ、そうなの？」とか「へぇ……そんなことを考えてるなんて面白いな」といった皮肉や、もやもやと人の心を乱すような言葉ばかりでした。彼は、死にかけの鼠をもて遊ぶ猫のように、私をオモチャにしていただけだったのです。当時、私は傲慢な23才でした。私は自らの役割に自信を持っていたものの、実際のところは何も判っちゃいなかったのです。一方、ビルは百戦錬磨の強者でした。おそらく彼の頭の中には「なんで俺がこんな新人と一緒に仕事しなくちゃならないんだ？」と「こいつは今まで会ってきた人間の中で一二を争うくらいの馬鹿なんじゃないか？」という2つの思いが駆けめぐっていたことでしょう。こうして初めての出会いは、協力して作業を行うことについての素晴らしさを私が延々と語るという、「人間関係のトレーニングビデオそのまま」に終わったのです。（きっと彼は、私のことを一番の大馬鹿野郎だと思っていたはずです。）

その時、私の同僚（彼もPMでした）は、頭ごなしに命令すればよいというアドバイスをしてくれました。私はPMであり、ビルはプログラマであるため、私の命令には素直に従わなければならないということを彼に伝えるべきだというのです。これは私が耳にしていたマイクロソフトのPM伝説（「邪魔をしたらぶっ殺すぞ」）にも矛盾しないため、私はそうしようと決心しました。しかし剣を抜き、丘を駆け上がっていく前に、私は自分のマネージャと話をしてみることにしました。それまでのことを私のマネージャに話すと、彼は気さくに笑いながら、そんなに慌てることはないと諭してくれたのです。そして彼は、ビルが聡明であり、彼の専門領域に関する知識は素晴らしいということも思い出させてくれました。つまり、私は彼とうまくやっていく方法を探すべきだというのです。また彼は、ビルと仕事をすることで、「君のためにもなる」はずだとも言ってくれました。笑われたものの、私はこのマネージャを信頼することにして剣をさやに収めた後、ビルからできる限り多くの価値を引き出そうとする立場に立って問題にアプローチすることにしたのです。

12.3.2　力の獲得に向けた作業

私はそれ以降の数週間で、ビルの信頼を少しずつ獲得していきました。最初はとてもつらいものでした。彼からの支援が得られるようにするために、まず私にできることを彼に証明し、小さなことを一つずつ積み上げていく必要がありました。また、彼の専門

領域に関する知識については、私よりも彼の方が優れているということを認めた時ほど、優れたアドバイスが得られやすいということを知りました。そして私が何かを表明し、その表明を遂行した時、彼はより寛大になりました。当然のことながら、私は優れた意思決定を行い、適切な論拠を示して自らの論点を主張する必要があったものの、我々は最終的に、仕事上の素晴らしい関係を築き上げることができたのです。ビルは、彼に対して多大な影響が及ぶ意思決定についても、私に一任してくれるようになりました。彼は、私が信頼するに足る人間であるかどうか、私にまず実証するよう要求していただけだったのです。

　もしもあの時、私が付与された力を行使していたのであれば、力を獲得する可能性はゼロになっていたことでしょう。ビルは私の力に従わなければならなかったため、初日から私に屈服したかもしれませんが、協調の道を歩み、協力して作業を行うということは難しくなっていたはずです。そして、付与された力に頼り続けた場合（この力にいったん頼ってしまうと、以降も頼ってしまいやすくなるのです）、時とともに効率が落ちていったはずです。マネージャやリーダーが毎回、「これは命令だ」と主張していると、議論することができなくなり、より優れた意見を聞く可能性を閉ざしてしまうことになるのです。そして彼らの周囲にいる聡明な人や熱心な人は、作業に対する思い入れを失うことになる上、自らの役割が制限されたことについて不満を抱くようになるのです。

　組織としての観点から見た場合、専制君主的な振る舞いは、深く考えようとする人を遠ざけてしまいます。それと同時に、言われたことだけやればいいという風潮を作り上げます。専制君主が作り出す環境は、唯々諾々と従う人にしか耐えられないものであり、また逆に、唯々諾々と従うしか能のない人は専制君主の下でしか働けないのです。さらに悪いことに、専制君主はその権力の下に新たな専制君主を作り出します。こういった行動パターン（付与された力の有無ですべてが決まる）は、組織を通じて伝染していき、最終的に組織全体を汚染してしまうことになるのです。

12.3.3　説得は命令よりも強い

　誰かのマネジメントを行う場合、命令するのではなく、当人が自発的に行動するように仕向ける方が、ものごとは効率よく進みます。専制君主的な力は、どんな馬鹿でも使うことができ、どんな行動でも命令することができます。スキルなんて要りません。しかし、知性のある人（あるいはグループ）に対しては、彼らを説得し、当初彼らがやりたくないと思っていた場合であっても、それが実は正しい、または優れたことであり、彼らのためにもなるということを納得してもらった上で作業してもらった方がいいのです。このような方法を採っていれば、彼らが何時間もの作業の後でその作業理由を見失ってしまったとしても、あなたを責めようとはしないはずです。彼らはその場合でも、自ら

の作業に時間を割く理由について、あなたとの議論で培われた自らの知性を使って考えることができるからです。

最終的にチーム全員が、私の意見には必ずちゃんとした理由があるということを確信したため、私の言うことに耳を傾けるようになりました。そして彼らは、私が考え抜いた上で要求を出してきていると信じるようになったため、私の要求に疑問を差し挟まないようにもなりました。また彼らは、私の振る舞いがプロジェクトやチームのためを考えてのことだったという例を数多く見てきたことで、私が彼らを騙しているのではないかという心配もしなくなりました。あなたのことを信頼するメンバーが多いほど、チームの説得が容易になります。私がビルとの関係で経験したように、最初は説得に多大な労力を必要としても、信頼を得るとともに、説得に労力をかけなくてもよくなり、こちらの要求通りに作業を遂行してもらえることが多くなっていくのです。

12.3.4　時には専制君主的に

付与された力にも使いどころはあります。ものごとをコントロールしきれなくなった時であれば、秩序を取り戻すための最も手っ取り早い手段として、付与された力を使っても構いません。打ち合わせで収拾がつかなくなった時、重大な表明が遂行できない時、その他の根本的な問題が発生した時には、迷わず剣を抜いてください。事態を打開する上で、直接的な力を行使するしか道がないと確信したのであれば、とにかくそれを行使してください。明確かつ直接的な態度で、与えられた権限を行使することによって、プロジェクトを前進させるのです。

しかしこういった力というものは、使えば使うほど、取り組むべき組織上の根本的問題を見えにくくしてしまいます。今週一週間を乗り切るためだけに、打ち合わせの最中に怒鳴って自らの意見を通したり、パーティション内で命令をわめき散らすというのであれば、プロジェクトのビジョン、組織構造、スケジュールを再考する必要があるはずです。これらはプロジェクトの屋台骨とも言うべきものであり、なるべく力を行使せずにチームを率いていくためには必要不可欠なものです。こういった屋台骨がずれてしまっている場合、専制君主的な手段を用いることで、症状のマネジメントを行うことは可能ですが、根本的な問題の解消にはならないのです。

12.4　他者を信頼する

付与された力への依存は、組織階層が広く、深いほど、より一般的なものとなっています。というのも、そういった組織のリーダーほど、多くのメンバーをいかに協調して作業させるか（あるいはいかに革命の勃発を防ぐか）ということについて、大きな恐れを

抱いているためです。そして彼らは、獲得した力を用いる必要のあるような議論やコミュニケーションに組織のメンバーを関与させる暇などないと信じているのです。また彼らの中には、たとえ小規模チームであっても、そのような労力や時間をかけることなどできないと信じているリーダーもいます。しかしこの問題に対しては、もう一つの信頼の形、すなわち委譲という解決策を採ることができます。つまり、他者を信頼して意思決定を任せてしまうわけです。

特定の作業や知識分野に関して専門知識を持ち、周りからあてにされているメンバーが数多くいるはずです。例えば、C++によるオブジェクト指向について最も知識が深いのはジョーであり、データベース作業の最適任者はサリーかもしれません。健全で、情報のやり取りを盛んに行うチームメンバーは互いに信頼し合っているため、どのメンバーがより優れたスキルや、よりよい視点を有しているかを知っており、恥をかかされたり嘲笑される心配をすることなく、そのメンバーにアドバイスを求めることができるのです。エンジニアリングの世界には、助けを乞うことに対して受動的攻撃†が行われるという嫌な文化がある（例えば「マニュアルを読んでから質問せよ」）ため、こういった心配は極めて現実的なものです。大学のコンピュータサイエンス学部においてさえも、人の世話にならないということが大事な能力であるとされており、誰かに助けを乞うことは弱さの現れであると考えられている場合も多いのです。

プロジェクトという観点で見た場合、データベース設計に関するサリーの専門知識は、プロジェクトに対して適用されてこそ価値を生みます。サリーがオフィスに1人でぽつんと座っており、誰も彼女の専門知識を問題解決のために活かそうとしない場合、サリーの専門知識は無駄になるか、せいぜい彼女自身の仕事にしか適用されないことになってしまうのです。プロジェクトリーダーやマネージャには、チーム全体のために委譲と知識共有をモデル化するという重要な責任があります。彼らが適切な行動をとれば、チームメンバーはその行動を容易に見習うことができるのです。

12.4.1　権限の委譲

委譲という言葉は昔から、特定の作業や責任を任せる行為を意味するものでした。しかし私は、意思決定や、意思決定に影響を与える能力を任せる場合に、より強力な委譲が行われると考えています。こういった委譲は、打ち合わせやグループ討論の場において実践することができます。例えば、リーダーやマネージャに対して、「では、我々はこの問題をどのようにして解決していくのでしょうか？」という質問がなされたのであれ

---

† 訳注：受動的攻撃とは、攻撃を受ける側の何らかの行動が引き金となって行われる攻撃のことです。この場合、質問者が攻撃を受ける側、回答者が攻撃する側に該当します。

ば、それは他のメンバーに権限を委譲する機会があるということなのです。「サリー、君は我々のチームにおいて最も優秀なデータベース設計者だ。我々は何をなすべきだと思う？」といった質問は、不適切な状況下で行われない限り（例えば、役員が参加する緊張感溢れるレビューの最中にデモが異常終了した時等、サリーが質問されるなどとは夢にも思っていない時に、こういった質問を行ってはいけません）、共同作業に向けた気運を高めることができるわけです。メンバー同士が互いの専門性を認め合っているのであれば、彼らは適切な権限の委譲を行うはずです。この場合、プロジェクトマネージャは、何のリスクも冒していないのです。サリーの示唆が優れたものでなかった場合、議論は続くことになります。しかし、サリーに質問していなければ、議論はまったく起こらなかったかもしれないのです。

　もちろん、権限を明示的に引き渡すという形で委譲を行うことも可能です。他のメンバーが、特定の作業領域や機能をマネジメントするということを公に宣言することで、マネージャは自らの権限をそのメンバーに委譲することができるのです。この場合の権限の委譲は、それを実際に知らしめておく必要のあるメンバー全員の前で、明確に行うことが重要です。私が責任を誰かに委譲する際にはいつも、その影響を受けるプログラマやテスターに連絡を取り、私の持っているどの力と権限を委譲するのかを彼らに明確に示すようにしています。場合によっては、こういった委譲に難色を示すメンバーもいますが、委譲の理由を理解させることもリーダーの役割なのです。

　私のチームでプロジェクトマネージャを務めていたジョンは、より多くの責任を任せられる準備ができていました。このため、チームの作業分担を見直す際、私は自らが責任を持っていた分野を彼に委譲することにしました。私はジョンとスティーブ（この分野の担当プログラマ）を交えて議論した後、責任をジョンに委譲したのです。ところが1週間ほどして、スティーブが私のオフィスに現れ、その分野に対する支援を要求しました。私は話を聞きながらも、なぜ彼がジョンではなく私のところに来たのかということを考えていました。そこで私は話に割り込み、「スティーブ、なぜその話を私にするんだい？」と尋ねてみたのです。すると「あぁ、スコット。君はこれについて責任ある立場にいたんじゃなかったっけ？」という答が返ってきたので、私は「そうだよスティーブ。でも今はジョンが責任を持ってるんだ。彼とは話をしたのかい？」と問いかけました。彼は肩をすくめました。私は「スティーブ、彼のところへ行って話をするんだ」と告げました。「彼は聡明だし、うまくやってくれる。彼を信頼するんだ」スティーブは数日後にまた現れ、同じような会話が繰り返されましたが、今度は前ほど時間がかかりませんでした。その後、スティーブが（少なくともこの件に関しては）私の前に姿を現すことはありませんでした。

　ジョンはおそらく、こういった会話が交わされたことを知らなかったでしょうし、知

る必要もありませんでした。スティーブは何らかの理由で私とともに作業したかったため、責任の所在が変わったにも関わらず、前のままの関係を継続しようとしたのでしょう。しかし委譲した以上、私はそのような議論を打ち切る必要があったのです。私はスティーブの質問に答えることもできたし、そうすることで結構楽しい時間を過ごせただろうとは思いますが、それは私が行った委譲という意思決定に反する行為だったのです。つまり、その分野に関与する正当な理由がない限り、私はジョンとスティーブを信頼し、彼らに作業を任せるしかなかったというわけです。これには、スティーブが私に寄せる信頼を用いることで、彼にジョンを信頼させるということも含まれているのです。

多くのマネージャは、スムーズに委譲を行うことができません。彼らは、自らその作業を遂行する能力を有しており、また、リーダーシップを発揮する上で必要となるスキルは作業担当者の持っているスキルとは異なるという理由で、既得権を手放そうとしないのです（「1.5　プロジェクトマネジメントにおけるバランス感覚」を参照してください）。たいていの場合こういったマネージャは、思うようにコントロールできなくなるという恐れを抱いて消極的になっています。しかし、こういった恐れに呑み込まれてしまうと、人に対する信頼を学べなくなってしまうのです。

このような状況は、妥協によって解決することができる場合もあります。この場合、マネージャは委譲に際しての注意点を、チームのメンバーとともに議論しておくことになります（「ジョン、私はスティーブのことが心配だ。彼は見積もり通りに仕事を上げてこない。だからちょっと注意を払っておいてくれないか？」）。リーダーは、メンバーに対して委譲後の期待を明確にしておくことで、経験と指針を伝えることができ、おそらくは成功のチャンスを高めることもできるのです。

12.5　信頼は逆境に対する保険である

前の章で考察したように、あらゆるプロジェクトには問題がつきものとなっています。競合他社は、期待通りに動いてくれませんし（それが彼らの仕事なのです）、テクノロジは次から次へと生まれては消えていき、偉い人々は心変わりをします。プロジェクトマネージャが予測も準備もしていなかったことは、必ず発生するのです。このため、厳しい状況や不透明な状況においても、チームや同僚があなたを信じ、互いに信頼し合えるようにしておくべきなのです。

信頼が生まれ、時とともに培われていき、メンバーが互いに意思決定を行えるようになると、問題が起こった場合でも、プロジェクトは迅速に復旧できるようになります。メンバーがチームを信じている時、彼らは他の手段では実現することのできない自信と忍耐力を生み出すことができるのです。塹壕にいる兵士のように、各人が互いの背後を監

視し合うことで、目の前の作業により多くの労力をつぎ込むことができるようになるわけです。

　また、チームが互いに信頼し合っているのであれば、プロジェクトマネージャはパニックに陥ったり不満を抱いているメンバーをなだめる必要がなくなるため、手持ちの問題に多くの時間を割けるようになります。ただし時には、リーダーがチームに対してこういったサポートを明示的に求める必要のある場合もあります。この場合、リーダーはサポートを命令するのではなく、問題を特定した上でサポートの依頼を行うことで、チームが持つべき「相手を尊重する気持ち」をリーダー自ら身を以て示す必要があります。（「今すぐサポートしろ！」と怒鳴ってもうまくいかないのです。）たいていの場合、厳しい状況を乗り切る鍵は、給料や採用しているテクノロジではなく、個人が持つ（あるいは持たない）力の大きさでもなく、人と人とのつながりにあるのです。

　このため優れたリーダーは、海の向こうには嵐や危険が潜んでいるということを知っている大型船の船長のように、自らと乗組員で予期せぬ事態に可能な限り備えておくのです。予期せぬ事態が確実に起こるというのであれば、プロジェクトマネージャにできる最善の準備は、自らを含め、その事態に対処するチーム全員の間に強固な絆を築き上げておくことになるはずです。また、より規模の大きなチームでは、プロジェクトにおいて最も重要な部分の人間関係、あるいはストレスに最も弱い部分の人間関係を強化することに、より多くの時間を割くべきです。仕様書、ビジョンのドキュメント、その他のツールといったものは、人々を団結させるために役立てることができますが、本当に力を持っているものは、こういったものの背後にある人と人との信頼関係なのです。

12.6　モデル、質問、競合

　「自らに対して行って欲しいことを他者に対しても行え」という黄金律は、マネージャにも適用できます。チームメンバーの自発的な意思よりも効果の高い指示などありません。人間というものは社会的な動物であり、たいていは他者をモデルにすることで、生涯を通じて自らの行動を学習しているのです。つまり私たちは、自らが尊敬する、または憧れている人物の行動を手本にし、それを意識的、あるいは無意識的に真似することで学習するわけです。このため、チームメンバーや作業を共にする人たちに望まれる行動の手本を見せるのは、プロジェクトリーダーの役割となるのです。プロバスケットボール選手であったマイケル・ジョーダンの仕事に対する倫理観は、彼の資質の中でも特に際立っています。彼は、NBAにおける最高額の給与を得て、最も有名な選手であったにも関わらず、他のほとんどの選手よりも熱心に練習を行っていました。彼はそうすることで、自分よりもレベルの低い選手が練習をさぼったり、ジムでの運動時間を減らす可

能性を排除していたのです。つまり、リーダーが自ら手本を示せば、他のメンバーはそれに従うようになるというわけです。

　作業の倫理観とは別に、リーダーとしての黄金律には、自らの判断に確信を持ち、他のメンバーたちと同じルールに従えるようにしておくというものがあります（この章の後半にある「12.8　あなた自身を信頼する（自恃）」を参照してください）。これを実践するということは、他者、同僚、部下が、リーダーの判断や振る舞いの妥当性に対して疑いを表明したり、質問を行っても構わないということを意味しています。誰かが付与された力を持っているのであれば、その妥当性に疑問を投げかけるための何らかのフィードバックループが必要となるのです（すなわち、王様が服を着ていないことを注進できるようにするわけです）。優れたリーダーは、チームメイトに対して、時々、おそらくは個人的に、自らの振る舞いとパフォーマンスについてのフィードバックを求めます。もちろん、フィードバックがあったからといって、必ず何らかの手を打つ義務はなく、それに対して意見を述べる必要さえもありませんが、こういった情報がプロジェクトマネージャの元に届くような健全かつ安全な手だてがなければ、プロジェクトが成功する確率は低くなるのです。

12.6.1　リーダーはフィードバックプロセスを定義する

　一般的に、人は権威がある人へのフィードバックを躊躇します。私は、誰かが報告に来た時や、週次の個人面談の時に、マネージャとしての私の作業、振る舞い、パフォーマンスについて何か言いたいことがあるかどうかを尋ねるようにしています。彼らが最初から何か言ってくれることはほとんどありません。そして、それは私が理想のマネージャであるためでもありません。（そんなことは判っています。この世の中には理想のマネージャなんていないのです。）彼らに何でも言うようになって欲しければ、信頼と時間に頼る他ありません。つまり、彼らが私の振る舞いを自由に批判できると自信を持てるようになるまで、粘り強く待つ必要があるわけです。また彼らに対して、何か言えば過剰に防衛される、あるいは逆に叱責されるという心配を抱かせてはいけないのです。

　しかし、私と彼らの間にいったんフィードバックループが形成された後は、彼らの観点が、上司からのフィードバックよりも有益なものとなることを実感できました。もっとも私の場合、こういった関係をメンバー全員と持つことはなかったのですが、時間をかけることで、ほとんどの人たちが私の問いかけに対して何らかの有益な答をくれるようになりました。例えば彼らは、今までとは違った打ち合わせ方法を提案してくれたり、私が行った意思決定について質問してくれたり、双方が意義を感じられるような議論のきっかけとなる意見を述べてくれました。

　議論の際、私は意見を述べたり聞いたりするたびに、アイデアを批評することと、そ

のアイデアを出した人を批評することの違いを明確にしようと努力してきました。Aさんが Bさんの意見に対して賛成、あるいは反対したからといって、A さんが B さんという人間に対して何らかの判断を下したことにはなりません。私がチームに対して抱いていた目標は、不必要な悪意を見せたり、よこしまなコメントを行うことなく、互いを尊敬し、信頼感の中で、チーム全員が思ったことを自由に口に出し、謝る必要もなく反対意見を述べ合えるようにするというものでした。こういったチームを実現する上で、ユーモアのセンスはとても役に立ちます。そのためリーダーは手始めに、自らをジョークのネタにすることで、どのような場合に皮肉や冷やかしを言ってよいかを示すわけです。リーダーにとって重要なことは、自らお手本を見せ、行き過ぎたジョークを言う人々を諫め、その笑いに加わりきれない人たちに手を差し伸べなければならないということです。

　これは衝突や見解の不一致を打開する方法にもなります。付与された力や獲得した力を持っていても、指をくわえて問題を見ているだけでは、誰も助けることなどできません。また、影響力や権力は、馬鹿げた議論に割り込みをかけたり、権力を濫用する人を排除するために使うのが一番有効な利用法です。つまり、意見の違いが元で人格攻撃が行われたり、意思決定を正当化するために形だけの議論が行われようとした場合、誰かが割り込みをかけて、正しい道に戻さなければならないのです。こういった振る舞いにストップをかけることで、その場にいる全員が、「そういった振る舞いは、ここでは受け入れられないものであるため、二度と試みてはならない」というメッセージを受け取ることになるわけです。

　もちろん、真のリーダーとしての黄金律に従えば、自らが形だけの議論を行おうとした場合、他のメンバーがそれを問題にするという可能性（おそらく避けることはできません）にも備えておくべきということになります。優れたリーダーであれば、チームが正しい道を歩むことを重要視しているため、リーダーの行動に対してさえも恐れることなく疑問を投げかけるというメンバーの行動を喜ばしいものとして捉えるはずなのです。

12.7　信頼と過ち

　チームが順風満帆の時にメンバーを信頼するのは簡単です。しかし、人の過ちをマネジメントするということは、ずっと複雑なことなのです。つまり、ここがマネージャの注意の払いどころとなるわけです。

　自らの経験を振り返ると私は、問題を引き起こした人物が私のオフィスに入ってくるたびに、以下の3つの考えを持ち続けておこうとしている（とはいえ常に成功するわけではありません）ことに気付きました。

1. 彼がその件について私のところに相談しに来てくれたことを喜びます。問題を隠したり、自らの手で解決しようとして事態を悪化させるよりも、相談しに来てもらった方がよいのです。まず、そのことを彼に伝えるべきです。
2. その問題が何であれ、どのようにすれば解決を支援できるでしょうか？ そもそも解決は可能なのでしょうか？ 選択肢としてどのようなものがあるのでしょうか？ 私はどのように関与するべきでしょうか？ 彼が必要とするアドバイスはできるだけ与えるべきですが、可能であれば、必要なことは彼自身に行わせるべきです。ただし、それが彼の実力で可能かどうかは確認する必要があります。99％の確率で焼け死ぬと判っているにも関わらず、彼を火の中に押し戻すのは優れたマネジメントとは言えないのです。
3. 彼が学ぶことのできる教訓†があるかどうかを確認する必要があります。過ちを犯したことで実際に教訓を学ぶことができるのは、その人が起こったことに対して個人的かつ感情的なエネルギーを注ぎ、同じ過ちを二度と繰り返さないと固く決意している場合に限られるのです (特に彼がチームから信頼されていると感じている場合)。

どのような分野の達人に尋ねたとしても、何か (おそらく重要なこと) に対する失敗がきっかけになって、よりよい方法を学習することができたという話を語って聞かせてくれるはずです。これに従えば、達人になるには自らがたまに失敗するだけでなく、よりよい方法を学習する機会を誰かから与えてもらう必要があるのです。そのため、マネージャは問題をマネジメントする際に、復旧を支援するだけではなく、過ちを教訓へと転換し、チームがそれを学べるようにするというプロセスを主導する必要があるのです。

優れたマネジメントやリーダーシップとは、チームメンバーに対してその能力と経験に釣り合った責任と権限を与えることですが、彼らに孤立無援だと感じさせたり、順調な時しかあなたからのサポートが得られないと感じさせてはいけないのです。過ちを犯すというポテンシャルは、貢献や成功に必要なポテンシャルとまったく同じものです。このため、判断の誤りや、意思決定の結果として起こった問題を引き合いに出して人を責めるのは不当であるということになるわけです。

そういったことを行うのではなく、メンバーが大きな望みを持つことと、自らの過ちを認め、責任を取ることをともに行えるような環境を創造しようと努力するべきので

---

† 多くの軍隊組織では、インシデントと呼ばれる状況が発生した場合やミッションが行われた場合にのみ、デブリーフィングが行われます。このため、あなたのプロジェクトで何かとんでもないことが起きたものの、それが誰かの失敗ではなく、影響も小さく、得るべき教訓がまったくないというのであれば、そこから何かを導き出すような取り組みを行う必要はありません。実際、似たような懸案事項が将来発生しても、あなたに承認を求める必要はないということを伝えておくだけで十分なこともあります。

す。そしてそういった環境においてメンバーは、信頼されていると感じることで、過ちを二度と犯すことがないよう、できるだけ教訓を身につけたいと考えるようになるわけです。チーム全体にこういった文化が醸成されている場合、自ら過ちを正す力が生み出されます。過ちを認識し、対処し、そこから教訓を学び取ることのできる健全な仕組みができ上がっていると、時とともに過ちが減っていき（あるいは過ちがあったとしても迅速に対処できるようになり）、メンバーはほとんど過ちを犯さず、どのようなことであれ自信を持って実行できるようになるのです。

12.7.1 問題が未解決なのに叱りつけてはいけない

　問題が解決していないにも関わらず誰かを叱責するということは、特に危機の真っ只中においては、絶対にやってはいけないことです。これによって問題が解決するわけではない上、問題について最も多くのことを知っている当事者（非難されているメンバー）が罪悪感を感じ、自らの擁護を優先してしまうため、迅速な問題解決ができなくなる可能性があるのです。あなたの部下がオフィスに駆け込んできて、「私のオフィスが燃えているんです！」と金切り声を上げている時に、「おいおい、馬鹿なことをするんじゃないよ。なぜそんなことになったんだ？　君には失望したよ」と言うようなものです。人はいつでも、これと似たようなことを行いますが、私はどうしてもその理由に思いを巡らせてしまいます。思うに、誰かを糾弾し、非難することが問題解決に向けた第一歩であると信じている人がいるということなのでしょう（できの悪いマネージャや両親から学んだのでしょう）。当たり前のことですが、人に罪悪感を感じさせ、誰が最も罪悪感を感じるべきかということを決定したところで、状況は改善されません（火事の時に、放火犯を突き止めたところで、早く消火できるようになるわけではないのです）。そうではなく、問題を解決し、頭を冷やし、プレッシャのない状態になってから落ち着いて振り返り、何がどういった理由で発生したのかを見極め、個人、リーダー、チームにとっての教訓を考えるべきなのです。

12.8　あなた自身を信頼する（自恃）

「なにより肝心なのは、自己に忠実であれということだ、そうすれば、夜が昼につづくように間違いなく他人に対しても忠実にならざるをえまい。」
　　　　　　　　——『ハムレット』、シェークスピア（小田島雄志訳）

　リーダーシップと信頼に関する最後のポイントは、あなた自身に対する信頼を学び取るということです。これはとても哲学的な話題であり、本書にすべてを書ききることはできません。しかし、この短いセクションで重要なエッセンスを伝えることができるだ

けの信頼関係は、すでにあなたとの間に築けているはずです。

　米国の高校や大学のカリキュラムを探してみても、見つけることのできない科目があります。それは、あなたが一体何者なのかを見つけ出すという科目です。これは非常に不思議なことです。個性と自由を重要視する米国において、国民は自己発見や自恃[†]についてほとんど教育を受けていないのです。自己発見とは、友人、家族、会社、国家といったものから一歩離れたあなた個人が、一体何者であるかということを学習するプロセスです。自恃とは、あなた自身の精神的、肉体的、財務的な枠組みに基づいて、あなたの個性を世界に適用する能力です。こういった能力を身につけるために、人里離れた山の中で修行を積まなければならないということはありません。ただあなたの内面を見るだけで、他人がどう思おうと、あなたが信じた意思決定を行うための力を見つけ出すことができるのです。

> **「どこかに書かれているとか誰かが言ったという理由でものごとを信じてはいけません。あなた自身の判断とあなた自身の良識で納得しない限り、私自身の言うことも信じてはいけないのです。」**
>
> 　　　　　　　　　　　　　　　　　　　　　　　　　　　　──仏陀

　伝統的な意味合いにおけるリーダーシップというものは、個人に対してある種の自恃を要求します。リスクを冒したり、厳しい意思決定を行うためには、正しいと信じるものに向かって突き進むための羅針盤が心の中に必要となります。自恃がなければ、他者の影響に対抗するための確固たる基盤を持てないため、あなたの行うすべての決定は、他者の意見や、彼らを喜ばせようという思いに大きく依存することになってしまうのです。トム・ピーターズ（Tom Peters）、ジョン・P・コッター（John P. Kotter）やその他の著者らは、こういった求心力を価値体系と呼んでいます。彼らは、一連の価値があなたの核や組織の核として機能し、難局に対処する際の指針となるということを示唆しているのです。これだけでも十分役に立ちますが、より踏み込んだ個人的なアドバイスを以下に記しておきましょう。

　自恃はあなた自身の意見を信頼するところから始まります。これによってあなたは、誰も信じていないことであっても、それを正しいと信じることができるのです。あなたと異なる意見にぶつかったとしても、その意見を考察し、あなた自身で考え抜き、あなたが考えを変えない限り、あなたの意見が否定されたことにはならないのです。あなたが考えを変えない限り、自らの意見をあきらめる必要はありません（強い権限の介入によって意思決定が覆されることはあるかもしれませんが、そのこと自体は意見を撤回したこ

[†] 訳注：自恃（じじ）とは自分自身を恃み（たのみ）とすることです。

とにはならないのです)。あなたの信念には自恃がなければなりません。他人の意見と違っているというだけの理由で自らの意見を否定するということは、自らに対する信頼を踏みにじるという裏切り行為なのです。そして、自らに対する信頼を踏みにじることは、あなたのチームに対する信頼を踏みにじることと同じくらい危険な行為なのです。

　勇敢な人にとっての自恃というものは、これだけに留まっていません。こういった人は、自らの意見を信頼しているだけでなく、自らの核となるものに信頼を置くことで、自らの意見を変更したり、さらには自らの過ちを認めることができるのです。私たちは変革、そしてたまの苦心なしには、学習も成長もできません。しかし、あなた自身を信頼できるのであれば、失敗した時でも、成長して新たなアイデアを持つようになっても、あなたはあなたであり続けることができるのです。エマーソンは「馬鹿げた一貫性は、小心者のいたずら好きな小鬼である」と書いています。つまり、同じアイデアを持ち続けるためだけにそのアイデアに固執するのは意味のないことだと言っているわけです。賢明な人は常に学習し続けているはずであり、それによって、場合によっては過去のものとは異なる、新たなアイデアや意見が生み出されることになるのです。また、あなたが知的で感動的な人生を積極的に生きていけば、あなたのアイデアはあなたとともに成長することになるわけです。

　つまり自恃の精神を持つ人は、自らに対して自信を持ち続けながら、他の人からの影響を受け入れ、将来についての自らのビジョンを定義することに役立てるとともに、ポジティブな変化すべてを受け入れることができるわけです。そして、自らのアイデンティティを否定することなく、過ちを犯し、それを認め、自らの意見を変えることができるのです。

　こういった方法で自らを信頼できるようになれば、リーダーであるあなたの役割の一つとして、メンバー自身の自恃を支援することが追加されます。プロジェクトや人間心理の世界において、人々が自らの能力を信じ、より自恃の精神を持てるよう支援することは、どのような形の委譲よりもパワフルなのです。

　ここで、ラルフ・ワルド・エマーソン (Ralph Waldo Emerson) の書いた『Self-Reliance』というエッセイをお薦めしておきましょう。これは彼の著作集のほとんどに収録されており、http://www.emersoncentral.com/selfreliance.htm で読むこともできます。また、自己発見に関する一般書を一冊選ぶとすれば、リック・フィールズ (Rick Fields) 著の『Chop Wood, Carry Water』(Jeremy P. Tarcher刊、1984年) を挙げることができるでしょう。哲学的冒険心に満ちた人には、アルベール・カミュ (Albert Camus) の『The Myth of Sisyphus』† (Vintage刊、1991年) をお薦めします。

---

† 訳注：邦訳は『シーシュポスの神話』(新潮社刊、1969年) です。

> 「他の支援をまったく受けず、一人で立ち上がる者のみが強者であり、勝利を得ることになる。……力が自らに備わっており、自らとその周囲における良いもの（のみ）に目を向けるが故に自らに弱さのあることを知っており、理解する力に優れた者は、躊躇せず自らの思考に従い、すぐさま自らを正し、立ち上がり、その手足に命令し、奇跡を起こすのだ。それはまさに、自らの足で立ち上がる者が頭で考えることしかしない者よりも強いのと同じことなのだ。」
> ——ラルフ・ワルド・エマーソン（Ralph Waldo Emerson）『*Self-Reliance*』より

12.9 サマリー

- 信頼は効果的な表明によって培われます。
- 信頼は、重要なことに対して矛盾した行動をとることで失われます。
- 権限を与え、信頼を寄せることで、人々に素晴らしい作業を行わせることが可能になります。
- 付与された力は組織階層から生み出されます。獲得した力は、あなたの行動に対する人々の反応の結果としてのみ生み出されます。獲得した力は付与された力よりも有効であるものの、いずれの力も必要不可欠なものです。
- チームの信頼を築くため、そしてチームが逆境を跳ね返せるようにするために委譲を利用してください。
- 問題の対処時には、人々の信頼を維持できるような方法を採用してください。チームメンバーが問題を隠そうとするのではなく、あなたの元に問題を持ってくるよう、危機の最中にも彼らを支援してください。
- あなた自らを信頼することが、リーダーシップの核となります。あなたが誰であるかを学び、健全な自恃を発達させるためには、自己発見が必要となります。

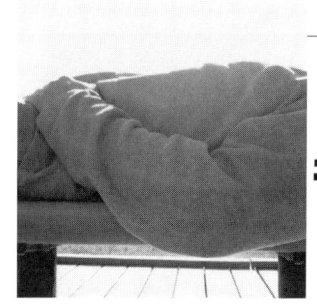

13章
ものごとを成し遂げる方法

　プロジェクトマネジメントの世界には、生まれつきプロジェクトマネジメントに向いた人とそうでない人がいるという神話があります。私は、この神話が他のプロジェクトマネージャとの間で話題に上るたびに、その能力をどのように認識、分類するのか、そして可能であればその能力をどのようにして他者に培わせるのかという説明を求めるようにしています。そして議論や討論を行った末に（つまり本書で扱っているさまざまな話題とスキルについて考慮した末に）、それはものごとを成し遂げる能力であるということで話が落ち着くのです。プロジェクトを前進させる上で必要となるスキルや才能を自由に組み合わせて適用できる人がいる一方、個々のスキルには秀でているものの、それらを適用できずにいる人もいます。ものごとを成し遂げる能力というものは、さまざまな状況を前進させるための触媒や原動力となる方法を知ることと、それを実行するための勇気を持つことの組み合わせなのです。

　原動力となるこの能力は非常に重要なものであるため、プロジェクトマネージャを雇用する際のリトマス試験紙として用いられることもあります。こういった能力が何であるかについて、PM（面接官）が他のスキルを引き合いに出すことなく明確に定義できない場合であっても、他者のスキルを感じたり、その力量を推し量ったりすることはできるはずです。このため、面接官は候補者を前にして「プロジェクトの重要部分で問題が発生した場合、自信を持ってこの人間を議論や討論に参加させることができるだろうか、そしてどのような問題に対しても改善方法を見つけ出してくれると信じられるだろうか？」と自身に対して問いかける必要があります。何度か面接を行ってその答がノーなのであれば、候補者には帰っていただくことになります†。つまり、この候補者が手元の状況

---

† この際の合格レベルは「この人物はすべてをやり遂げることができるのか？」ではなく、「この人物は自らの手に余る事態が発生した際、いつ支援策を要求したらよいか判っているだろうか？」というものになります。PMは、こういった状況にも対処できなければならないのです。

に対して迅速かつ柔軟に自らのスキルと知識を適用させ、ものごとを前進させる道を見つけることができないのであれば、プロジェクトにおいて生き残ることはできず、ましてや成長することもできないと判断できるわけです。この章では、そういった能力やスキル、および戦術について扱っています。

13.1　優先順位付けによってものごとが成し遂げられる

　私がPMとして過ごしている時間の大半は、順序付けられた一覧表の作成に費やされています。順序付けられた一覧表とは、単にさまざまな項目を重要度の高い順に並べたものです。私は、保有しているさまざまな知識やスキルの活用を期待されていますが、実際に行っているのはこういった一覧表の作成なのです。作成にあたっては、要求、機能、バグといったものすべてに関してやるべきことを洗い出し、プロジェクトにとって重要度の高い順に並べていくことになります。こういった一覧表を何時間、何日もかけて洗練、改訂し、新たなアイデアや情報を統合し、他のメンバーと議論や討論を重ねることでそれらを盤石のものとしていくわけです。いったん一覧表ができてしまえば、私はチームにやる気を出させ、彼らを率いていくことで、そこに記述されている項目をその順番通りに遂行していくことになります。こういった一覧表には、私自身の特定日における予定や、チーム全体の数週間から数ヶ月に渡る作業が記述されます。しかし、その手順や効果に変わりはありません。

　明確な優先順位というものは進捗を支える屋台骨となるため、私はこういった一覧表作りにじっくり時間をかけるようにしています。ものごとを成し遂げるということは、重要なことを明確にするとともに、その判断結果をチームにおけるすべてのやり取りに反映させるということにかかっています。つまりこういった優先順位は、あなたの送信する電子メール、あなたの行う質問、あなたが開催する打ち合わせすべてに反映されていなければならないわけです。プログラマやテスターも、プロジェクトの成否を分けるこういったものごとにエネルギーを投資するべきなのです。このためには誰かが、そういったものごとを洗い出した上で、それらの達成に向けてチームを動かしていかなければならないのです。

　プロジェクトの目標や、作業の優先順位が混乱してしまうと、進捗に遅れが生じ、プロジェクト作業時間の大半が無駄に費やされてしまいます。コミュニケーションにまつわる多くの失敗は、Aさんの考える優先順位（システムの実行速度を高速化する）とBさんの考える優先順位（システムの実行を安定させる）が異なっている場合に起こります。これはプログラマ、テスター、マーケティング担当、チーム全体について言えることです。こういった混乱を避けることができた場合、プロジェクトの目標に向けて、より多

くの時間を割けるようになるのです。

　私は、優先順位に関する議論をしてはいけないと主張しているわけではありません。むしろ、そういった議論を行うべきなのです。ただそういったことは、計画プロセスの一部として、なるべく早目に行っておくべきです。開発中に同じ議論が何度も出てくる場合、メンバーはその意思決定について納得していない、あるいは意思決定が行われた理由を忘れてしまったために思い出させる必要があるかのいずれかであるということを意味しています。この場合、思う存分議論してください。ただ、優先順位を考慮し直す必要性を判断するために計画後に状況の変化があったかどうかを問いかけるところから始めてください。何も変化（競合他社の戦略、新たなミッションの追加、リソースの増減、重大な問題の発生等）が発生していないのであれば、元の意思決定を堅持してください。

　順序付けられた一覧表を壁に貼り、重要な項目を全員に対して明確にしているのであれば、こういった議論はすぐに終わるはずであり、場合によっては議論自体が始まらないこともあります。つまり、順序付けられた一覧表によって、意思決定の元になったロジックの枠組みを全員が共有することになるのです。そして、目標が明確にされ、全員に理解されていれば、解釈のブレが少なくなるため、労力が無駄になる確率も低くなるわけです。

　このため、チーム内で何かが起こり、メンバーが重要なことに集中できないといった問題が生じた場合、私がものごとの順序付けに失敗したか、こういった優先順位を正しく伝えられなかったか、順序通りに実行、実現できていないかのいずれかであることが判るわけです。こういった場合、まず行うべき作業は、優先順位付けの見直しと、順序付けられた一覧表の再作成になるのです。

13.1.1　一般的な順序付き一覧表

　順序付けられた一覧表を常に用いるようにすることで、優先順位の調整や変更が容易になります。この一覧表があれば、ある作業が期限までに完了したり、リソースに余裕ができた場合（奇蹟です）にも、次に行うべき作業は一目瞭然となります。また、スケジュールを短縮する必要がある場合、どの作業を割愛するべきかも一目で判るのです。一覧表を持っておくことで、何が起こったとしても必ず、最も重要な作業を選択し、多大な労力をかけたり、士気を低下させたりすることなく迅速に調整を行うことができるわけです。また、優先順位付けの間違いは相対的なものとなります。10個目の作業が9個目の作業よりも重要であったとしたら、大きな問題となるはずです。しかし、一覧表の作業すべてが優先順位に従って並んでいるのであれば、大失敗につながることはないでしょう。また、優先順位付けを明確にし、チームを集中させ続けることができるのであれば、期間内に10個の作業を完了させることができるはずです。

ほとんどのプロジェクトには、目標の一覧表、機能の一覧表、作業項目の一覧表という最も重要かつ最も形式的な順序付き一覧表があるはずです（図13-1を参照してください）。たいていの場合、目標の一覧表はビジョンのドキュメント（4章を参照してください）の一部となるか、それから派生したものとなります。機能の一覧表と作業項目の一覧表は、設計プロセスの成果物（5章、6章、7章を参照してください）となります。こういった一覧表はそれぞれ、先行する一覧表の優先順位を引き継いでいるため、どんな議論が起ころうとも、1つ前の一覧表に戻って優先順位を明確にし、それを手元の一覧表に再度適用することで、解決に向かって歩み出すことが可能になります。これによって常に議論が解決されるわけではありませんが、本当に重要なものは何かというコンテキストの中で意思決定が行えるようになるのです。

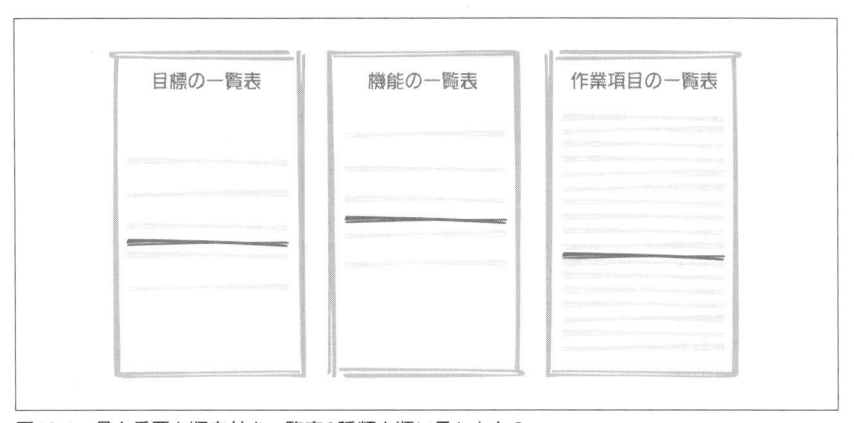

図13-1　最も重要な順序付き一覧表3種類を順に示したもの

順序付き一覧表の適用対象として他に、バグ、顧客からの示唆、従業員のボーナス、チームの予算等を挙げることができます。こういったものの使い方はすべて同じです。つまり、プロジェクトの遂行や組織の運営にとって、最も重要となる順序でものごとを並べるわけです。あなたの作業は、使用しているツール（例えばバグ追跡ツール）の複雑さとは関係なく、ものごとを順序通りに並べることだということを忘れてはいけません。使用しているツールやプロセスに順序付けという概念がない、あるいはそういったことに役立たないのであれば、他のツールやプロセスを検討してください。バグのトリアージを例に挙げると、メンバーを集め、いつまでにバグを修正すべきかを決定することは、バグの順序付き一覧表を作成するためのグループプロセスそのものとなります。この場合、個人で1つずつバグの分類を行うのではなく、集団でバグの分類を行っていくことになりますが、その目的と効果に違いはありません。

最も一般的な3つの順序付き一覧表を使用する場合には、それらが必ず互いに対応付けられていることを確認するようにしてください。つまり、すべての作業項目は機能に対応付けられ、すべての機能は目標に対応付けられている必要があるのです。新たな作業項目が追加された場合、それは機能と目標に対応付けることができなければなりません。これによって、手当たり次第に機能が追加されていくという事態を防ぐことができます。役員やプログラマが作業項目を追加したいというのであれば、その本人が、該当項目はプロジェクトの達成目標とどう対応付けられるのかを明確にするべきなのです（「部長、それは素晴らしい機能ですが、それはどの達成目標に対応するものなのでしょうか？ 対応しないものならば、我々は目標を調整するか、そのために労力を費やすべきではないのです。」）目標、機能、作業項目の3つを同期させるという原則をチームに周知させることで、あなたはチームに集中でき、彼らも時間を無駄にすることがなくなるのです。

13.1.2 第1級優先順位 VS. その他もろもろ

たいていの場合、こういった順序付き一覧には、その項目群を2つに分け隔てる重要な境界線が存在しています。境界線の上側は第1級優先順位、つまり成功する上で必須の項目であり、絶対に実行する必要があるものです。残った部分は、その他もろもろということになります。第2級優先順位や第3級優先順位といった分類も可能ですが、その性質は第1級優先順位の項目と比べるとまったく違ったものとなります。その他もろもろと第1級優先順位の間には大きな壁が存在しているのです。

どの項目をこの第1級優先順位として分類するかは、真剣に検討する必要があります。この項目群を少なく、密度の濃いものとするよう努力するべきなのです（このことはビジョンのドキュメントに記述する目標の一覧すべてにも言えることです）。つまり、第1級優先順位の各項目は、「これがなければ死活問題だ」ということを意味しているわけです。あれば便利とか、個人的に本当に欲しいと思っているものとは訳が違うのです。つまり、この項目群によってプロジェクト目標を到達するための最も工数の少ない方法を定義することができるわけです。自動車の製造を例に挙げると、第1級優先順位となる項目はエンジン、タイヤ、変速機、ブレーキ、ハンドル、ペダルだけです。第2級優先順位となる項目とは、無くても何とかなるもの、つまりドア、フロントガラス、エアコン、ラジオ等です。こういったものが無かったとしても、自動車の中核機能を実現することができるため、その状態で出荷しても自動車と呼ぶことができるのです。

こういった境界線の決定は、難しい作業となるのが常です。つまり、顧客にとって必須でないものや、特に重要なものを決める際には、多くの議論や討論が行われるということになります。こういった討論や議論を行うこと自体はよいことなのですが、プロジェクトの早期に行うべきであり、いつまでもだらだらと続けるべきではないのです。これ

には痛みが伴うものの、討論や議論が終わった段階で、チームの意見と観点に適った項目が手元に残るはずです。そしてその後、遂行に先立って、作成した一覧に対して議論を深め、賛成意見と反対意見を整理しておきます。こうすることで、後になって出てきそうなよくある疑問や反論（なぜブレーキを装備するのにエアコンを装備しないのか等）への準備を整え、それらが実際に出てきた時に迅速に対応できるようにしておくわけです。つまり、その意見は以前に出され、却下された理由も判っていると言えるようにしておくのです。

優先順位付け作業が難しいのは、誰が何と言おうと、それが知的な側面というよりも感情的/心理的な側面を持っているためです。ダイエットや節約の場合と同じく、（必要ではないが）欲しいというものを除外するには、規律を守り、目標を表明し、重要な目標に向かって邁進する必要があるのです。「安定性が重要である」と言うのは簡単ですが、他の重要なものごとも併せて考慮しながら優先順位付けを行うのは簡単ではありません。実際、こういったプロセスに尻込みするマネージャは数多くいます。しかし、こういった難しい順位付けを避けたり、遅らせたり、否定することにより、プロジェクトが失敗してしまうことになるのです。難しい順位付けを避けていては進捗などあり得ません。ただ単に**重要**という抽象的な言葉を使ったとしても、そこには何の意味も含まれていないのです。結局のところ、順序付けられた一覧表を作成し、第1級優先順位となる項目群を決定することによって、リーダーとチーム全体に対して厳しい意思決定と明確な思考が要求されることになるのです。

プロジェクトにおいてものごとを成し遂げるには、明確さが必要となります。つまり、チーム全員が常に、自らの作業内容、その作業を行う理由、その作業と他のメンバーの作業との関連をきっちりと把握しておく必要があるわけです。チームメンバーがある作業の優先順位について疑問を投げかけたとしても、その優先順位には明確で筋の通った理由が存在するのです。また状況が変化し、優先順位に変更があったとしても、順序付けられた一覧表と優先順位という基本的な考え方が土台にあることに変わりはないのです。

13.1.3　優先順位は力なり

あなたは、絶対に終わりそうにないと思えるくらいの厳しい議論を経験したことがあるでしょうか？　例えばエンジニアの半数がAという意見を支持し、残りの半数はBという意見を支持しているような状況です。しかしこんな場合でも、聡明なリーダーが間に入り、いくつか質問を投げかけると、新しい視点からの議論が開始され、ほどなくチーム全員が同意するということがあるのです。私は、過去に何度もこういったことを経験しました。私が若かった頃は、そのことが不思議でしょうがありませんでした。マネージャやプログラマのリーダーは、部屋にいる誰よりも賢く、我々の見えていない何かが

見えているとしか思えませんでした。しかし、より注意を払って観察したり、後になってからどうやったのかを尋ねたりすることで、彼らは確固たる優先順位を持っているということに気付いたのです。彼らの頭の中には順序付けられた一覧表があり、他のメンバーがそれを枠組みにして議論できるように仕向けていたわけです。優れた優先順位は力となるのです。彼らは議論から副次的なパラメータを排除することで、他のメンバーが懸案事項に集中し、解決することを可能にしていたのです。

　優先順位が決まっているのであれば、いつでも、どこでも、最も重要な主題に議論を収束させるための質問を投げかけることができます。これによって目標に対するチーム全員の認識をリフレッシュし、必要不可欠なものと、便利であるものの必要不可欠でないものを見極めることができるのです。以下はこういった質問の例です。

- 私たちが解決しようとしている問題は何か？
- 複数の問題がある場合、どれが最も重要なのか？
- この問題は私たちの目標とどう関係しており、どのように影響するのか？
- 目標に見合うようにこの問題を解決する最もシンプルな方法は何か？

　こういった質問を投げかけることによって少なくとも、チーム全員が合意したプロジェクト目標に向けて、議論を仕切り直すことができるはずです。討論が何時間も続いている場合、共通する土台を見つけることが、ポジティブな結末に向けて議論を動かす最善策となるのです。

13.1.4　優先順位付けマシンとなるべし

　私がプログラマやテスターと対話し、彼らの抱える懸案事項や難問について耳を傾けるたびに、彼らを集中させることが私の存在価値であると気付かされました。私の使命は、彼らの抱えているものごとから二次的、三次的なものごとを取り去り、彼らが作業の順位付けをきちんと把握できるようにすることだったのです。特定のウェブページやデータベースシステムを設計、実装する方法は星の数ほどありますが、目的に合ったものは数えるほどしかありません。私はそのことを知っていたため、プログラマに対して、自らの時間を割くべき次の作業が判らなくなった場合には、私のところに来るよう求めていました。

　そして、彼らが私のところに来た際には、マイクロマネジメント（「コレをやれ、いやアレをやれ、いやこのようにするんだ。終わったか？今どんな具合だ？」）を行うのではなく、彼らの求めに応じて優先順位付けに手を貸すだけだということを理解してもらいました。彼らはプロジェクト全体を見渡すという観点に立っていないため、ほんの少しの間であったとしても、プロジェクト全体から見た彼らの作業を説明することで、彼ら

の理解は大きく進むことになりました。また、モジュールのデバッグやユニットテストを一日中行うような工程でも、より高いレベルから見た位置付けを知ることで、自らの行っていることに対する自信が得られるようになりました。そして、こういったことはほとんどの場合、30秒程度の会話で実現できたのです。

　また、新たな情報がプロジェクトにもたらされた際に、(私一人、または他のメンバーとの議論を通じて) その意味を解釈し、注意すべきことと注意する必要のないことに分類し、優先順位付けされた一覧表に書き込むという作業も私の仕事となりました。以前の一覧表を見直し、新たな情報に対応するよう手直しする必要に迫られたこともしばしばありました。例えば、役員が心変わりを見せることもあります。あるいは、ユーザビリティの研究によって新たな懸案事項が見つかることもあります。さらに、競合他社が想定外の戦略を採ることもあります。こういった優先順位付けは不変のものではなく、変化して当たり前のものであり、私たちの方向性や目標に変化があった場合には、それらを直接的かつ迅速に反映させる必要があるのです。

　私が優先順位を保守したことで、チームは重要なものごとに集中し続け、実際に作業を進捗させることができるようになりました。場合によっては、私の上役が定義した優先順位 (ビジョンのドキュメント、グループの任務定義書) を再利用したこともありますが、そうでない場合、私は曖昧で不明瞭な状況に応じて一から優先順位を決めていくしかありませんでした。このため、私はまさに優先順位付けマシンとなっていたのです。優れたプロジェクトマネージャとして私を讃える銅像が造られるのであれば、その碑文には「明確さを求める、気まぐれで、混乱の極みにあり、嫌みったらしい毒舌家である汝のプログラマ集団を我の元に連れてきたまえ」と刻まれるのではないかと思っています。

13.2　あなたが「ノー」と言う時に、ものごとが成し遂げられる

　優先順位を設定すると、「ノー」と言わなければならない必要性が何度も出てくるという副作用が生まれます。この言葉は、英単語としては最も短いものの一つですが、多くの人々がこの言葉を言えずに苦しんでいます。しかし、あなたが「ノー」と言わなければ、優先順位は決定できないのです。優先順位の決定にあたっては、世界が果てしなく広がっていようと、第1級優先順位の項目群を小さくまとめておくべきです。このため、世界中の人々 (あなたのチームメンバーも含めて) が考えつく素晴らしいアイデアのほとんどは、プロジェクトの目標に合致しないということになるわけです。このことは、そういったアイデアが現在遂行中のプロジェクトには何も貢献しないということを意味しているだけであり、アイデアそのものが悪いということを意味しているわけではありません。と

13.2 あなたが「ノー」と言う時に、ものごとが成し遂げられる

はいえPMの世界では、あなたが「ノー」と言えなければプロジェクトをマネジメントすることはできない†という基本法則が成り立つのです。

「ノー」は組織のトップから始めることになります。プロジェクトの最上層部に位置する人は、メンバーが要求に対して実際にノーと言えるかどうかを見極めることになるわけです。リーダーやマネージャが、優先順位を無視して「イエス」と言い続けた場合、他のメンバーもそれを真似するようになります。そうなってしまうと、プログラマはお気に入りの機能にこだわり続けるようになります。また、PMは要求を(こっそり)追加するようになります。こういった行動がそれぞれ優れたものであったとしても、チーム全体が一枚岩として行動できておらず、メンバーがさまざまな優先順位の下で作業を行うことになれば、衝突が多発するようになるのです。こういった衝突は、プログラマ間における意見の対立である場合もありますが、多くの場合、最終的な設計に矛盾を生じさせることになってしまうのです。こうなると、安定性、パフォーマンス、ユーザビリティすべてが損なわれます。優先順位に焦点を合わせずして、均質なものを生み出すようチームを協調させることはできません。優れたリーダーやチームマネージャは、目標にそぐわないものごとに対して「ノー」と言うことで、チーム全体のレベルを一定に保ち続け、チームを率いていかなければならないのです。

あなたが「ノー」と言い、その考えを貫き通すことで、プロジェクトの勢いは増していきます。メンバーが不要な作業を抱えなくても済むようにすることで、彼らは行うべき作業に集中し、熱心に働くためのエネルギーと動機付けを得ることになるのです。打ち合わせや突発的な議論の数は減り、作業効率は向上することになります。つまり、あなたが「ノー」ということで、チームに勢いをもたらすことになるわけです。また、他のメンバーも自らの守備範囲内で「ノー」と言えるようになります。実際、私はチームメンバーに対して次のように述べたことがあります。「誰かが優先順位を無視した指示をしてきたと思った時には、『ノー』と言ってください。あるいはその指示をした人に対して、私が『ノー』と言っていたと伝えれば、その人は私のところに来るはずです。もし彼らが文句を言ったとしても、議論して時間を無駄にしないようにしてください。とにかく私のところに来るように、その人に伝えてください。」優先順位に関する議論は私の守備範囲であり、彼らの仕事ではないため、そのことで彼らの時間を無駄にしたくなかったのです。こういった宣言を行うことで、彼らがそういった状況に直面しなかったとしても、優先順位の重要性と、私がどれほど積極的に優先順位を守ろうとしているのかを伝えることができるわけです。

---

† 「イエス」と「ノー」についての補足的考察としては、リチャード・ブレナー(Richard Brenner)のエッセイ "Saying No: A Short Course for Managers" (http://www.ayeconference.com/Articles/Sayingno.html) を参照してください。

13.2.1 「ノー」の言い方

　機能の追加要求に対して直ちに「ノー」と言う必要があることもあります。また、小耳に挟んだ優先順位が違っているため、会話や打ち合わせに割り込み、議論の内容がどのようなものであれ「ノー」と告げる必要があることもあります。こういったことを行うためには、「ノー」という言葉が持つさまざまな意味合いすべてを知っておく必要があります。

- 「ノー、それは我々の優先順位に合致していません。」プロジェクトが始まって間もないのであれば、現在の優先順位が優れている理由を議論するべきですが、その場合には他の優先順位が主張されている理由にも耳を傾けるようにしてください。彼らは優れたアイデアを持っていたり、目標を明確化する必要性を感じ取っているかもしれないのです。ただし、プロジェクトの優先順位に関係のある議論に的を絞り、機能の抽象的価値やバグ修正の要求といった議論を避けるようにしてください。プロジェクトの後半に突入している場合、時期的にもう遅すぎるということを伝えてください。今の優先順位が無茶苦茶だと感じていたとしても、たった1つのアイデアのために変更してはいけません。プロジェクトの終わりに近付くほど、目標変更は戦略の大きな失敗につながることになるのです。
- 「ノー、時間ができた場合にのみ行います。」第1級優先順位の項目を少なく保てているのであれば、泣く泣く割愛された素晴らしいアイデアが数多くあるはずです。そういったものは相対的な意思決定の結果であることを明らかにしておいてください。つまり、そういったアイデアはある程度優れているものの、他の作業やプロジェクトの優先順位から見ると十分ではないということを表明しておくのです。そして、その項目が第2級優先順位に位置付けられているのであれば、それは実現される可能性こそあるものの、保証することはできないということを伝えてください。
- 「ノー、あなたが＜不可能なことをここに入れてください＞を行ってください。」これによって、要求してきた当人にその要求を返すことができます。例えば、役員が新たな機能を追加するよう要求してきた場合、今抱えている第1級優先順位の要求を1つ削除してくれれば可能であると伝えるのです。これによって、議論のポイントを握るのはあなたではなくなり、議論を具体的ではあるものの、おそらくは達成できない状況そのものへと向けることができるようになります。また、「それが優れたアイデアだとサリーを納得させることができたら、私も検討しましょう」といった具合に、政治的な問題や、同意の問題にすることもできます。ただし、これは裏目に出ることもあります。（彼がサリーを納得させてしまったらどうなるのでしょうか？　また、彼があなたの言ったことを真に受けて無駄な努力を始めてしまったらどうなるのでしょう

か?)
- 「ノー、次のリリースで考えます。」あなたの構築しているウェブサイトや開発中のソフトウェアが更新頻度の高いものである場合に、次のリリースで要求の採用を検討するということを提案してください。これは第2級優先順位として分類されたすべての項目に適用できるはずです。またこれは、しばしば延期や先送りと呼ばれています。
- 「ノー、絶対ダメです。」長期的な観点に立って見た場合に、その要求がプロジェクトの目標から根本的にずれているのであれば、断固として却下するべきです。ばっさりと切り落とし、同じ要求が再び出てきて時間を無駄にすることのないようにしてください。この際、理由を明確に説明することが重要となる場合もあります(そうすることで彼らも学ぶのです)。「ノーだ、フレッド。ウェブサイトの検索エンジンがエスペラント語をサポートすることは絶対あり得ないんだ。絶対だ。」

13.3　現実感を保ち続ける

　現実を感じ取る力はチームによってまちまちです。製品の出荷が何ヶ月も、いや何年も遅れたり、予算を数百万ドルも超過してしまったプロジェクトチームの話は、掃いて捨てるほどあります(ロバート・グラス(Robert Glass)の『*Software Runaways*』(Prentice Hall刊、1997年)を参照してください)。チームというものは少しずつ、小さな嘘を信じ、本当に起こっていることを誤解していくことで、危険で生産性の低い世界に墜ちていくのです。そして、チームが現実から乖離していくほど、ものごとを成し遂げることは難しくなります。このためチームリーダーは、チームを正直に保ち(これはチームが意図的に嘘をつくということではなく、現実感を喪失する場合があるということを意味しています)、チームが答をねつ造したり、問題を無視したり、誤った優先順位に着目している際には、そのことに気付かせるという役割も持っているのです。

　もう数年になりますが、私が他の小規模な製品チームの開催した打ち合わせに出席した時の話です。そのチームはライブラリを開発しており、成果物を私のチームで使用させたいと考えていたのです。最初に行われたプレゼンテーションは、ライブラリに追加される新機能と新技術をクローズアップしたものでした。私は部屋の後ろの方に座り、プレゼンテーションを見ていたのですが、そのうちに不快感が募ってきました。彼らは、重要な懸案事項に取り組んでおらず、それについて言及することすらなかったためです。ほどなくして私は、本当の問題に気付きました。その問題とは、彼らが重要な懸案事項に取り組んでいないせいで、全員の時間が無駄に費やされているということでした。

　私は部屋を見渡し、この問題の一端を垣間見ました。私のチームのリーダーは、私を除いて誰一人として出席していなかったのです。本来であれば、他のPMやプログラマの

リーダーが鋭い質問をしているはずでした。しかし、部屋にいるメンバーの顔付きを見ていると、必要に応じて必要なことを主張する参加者がいるようには見えませんでした。数々の疑問が首をもたげてきたため、私は手を挙げ、一連のシンプルな質問を順番に尋ねてみました。「開発スケジュールはどうなっていますか？ 使用可能なコードはいつ用意できるのですか？ 他にどういったユーザーがおり、それらの人々の要求と、我々の要求との間でどういった優先順位付けがなされるのですか？ あなたとあなたのチームに依存することで、我々にどういった利益がもたらされるのですか？」すると彼らは黙りこくってしまったのです。つまり、彼らの準備はまったくお粗末なものだったわけです。

　彼らがこういった質問を予期していなかったことは明白でした。さらに悪いことに、彼らは質問に対して答える必要があるということすら予期していなかったのです。私は、こういった打ち合わせを開催するには時期尚早であることを丁寧に説明するとともに、打ち合わせが通知された時（主催者は彼らでした）、私の期待を明確に伝えていなかったことを謝りました。そして、こういった質問に答えられないのであれば、この打ち合わせは彼らを含む参加者全員の時間を無駄にしているということを伝えました。その後、これらのシンプルな質問に対して答えられるようになるまで、以降の打ち合わせを延期するよう示唆したのです。彼らはおどおどとした態度で同意し、その打ち合わせは終わりました。

　私がこの時に行ったことは、PM仲間で使っている表現を使えば「ダウト」をかけたということになります。これはトランプで手持ちのカードすべてをできるだけ早く場に出しきってしまうと勝ちになる「ダウト」（bullshit）というゲームから来た言葉です。ゲーム中、プレイヤーは順番に、カードのランク（数字）をエースからキングまで順に宣言しながら、カードを裏向けのまま場に出していきます。その時、本当のランクを宣言する義務はありません。そして、他のプレイヤーが誰かの宣言を嘘だと思ったのであれば、「ダウト」と言って、そのカードを表向きにさせることができるのです。ダウトが正しければ（つまり、宣言したランクと実際のランクが違っていた場合）、そのカードを場に出したプレイヤーは場にあるカードをすべて引き取ることになります（大きな手戻りです）。しかし、ダウトが間違っていれば、ダウトをかけた人が場にあるカードを引き取ることになるのです。

　ダウトをかけることによって、ものごとを成し遂げることができるのです。彼らが、あなたは厳しい質問を行い、答を得るまで納得しないということを知っていれば、あなたに会う前にしっかりと準備を行ってくるはずです。これによって、彼らがあなたやチームの時間を無駄にするようなことはなくなるのです。自己欺瞞も含め、すべての欺瞞はプロジェクトのためにならないということを忘れないでください。早く真実が明るみに出るほど、それに対して早く対処することができます。ほとんどの人は他人との衝突を

嫌がり、（問題がある場合でも）問題のない素振りをする傾向にありますが、誰かが真実に光を当てなければならないのです。そして、あなたがより多くの真実を明らかにしておくほど、チームは地に足をつけた状態で、迅速に作業を行えるようになるのです。

質問を投げかけることによって、個人や組織の文化と衝突する可能性があります。質問を行うという行為は、ある文化においては侮辱や信頼の欠如として捉えられることがあるためです。そのような文化の下では、ものごとの真の姿を明らかにしようと純粋に疑問を投げかけても、個人攻撃と捉えられる可能性もあります。こういった場合、私が話した例よりもあらたまったスタイルのアプローチを採る必要があるかもしれません。例えば、答えて欲しい質問の一覧を作成し、打ち合わせの前に渡しておくようにするのです。あるいは、質問の一覧表を作って会議室の壁にでも貼っておき、関係者であればいつでも、誰に対しても（役員やPMを含みます）質問できるようにしてもよいでしょう。こういったことをプロジェクトの初日から行い、いつでもダウトをかけられるようにしておけば、誰を侮辱することもなく、質問を行う文化を醸成することができます。ただし、リーダーは時々実際にダウトをかけ、真実に踏み込む行為をチームに示して見せる必要があります。

13.4　クリティカルパスを知る

プロジェクトマネジメント用語にあるクリティカルパスとは、プロジェクトを完了させるための最短の作業経路のことです。クリティカルパス分析では、作業項目すべてを洗い出し、各作業項目の関係を表すダイアグラムやフローチャートを作成します。このダイアグラムを正しく作成すると、ボトルネックとなる経路が一目瞭然となるのです。例えば、A、B、Cという作業がDという作業の完了を待たなければならない場合、そのプロジェクトにおけるクリティカルパスはDとなります。もしもDの完了が遅れたり、その品質が悪かった場合、A、B、Cという作業項目にも深刻な影響が及ぶことになるのです。このため、クリティカルパスに取り組む際の計画と、その優先順位付けを行うことは、プロジェクトマネージャにとって重要な仕事となるわけです。あまり重要でないと思われていたコンポーネントが第1級優先順位の完了を妨げているようなこともあります。手遅れにならないうちにこういったことを検出するために、クリティカルパス分析は必要不可欠となるのです[†]。

[†] クリティカルパス分析の詳細については、プロジェクトマネジメントに関する多くの書籍で扱われています。概略は、http://en.wikipedia.org/wiki/Critical_pathで閲覧することができます。詳細については、ステフェン・デボー（Stephen Devaux）の『*Total Project Control*』（Wiley刊、1999年）を参照してください。

大局的な見地に立った場合、ありとあらゆる状況にクリティカルパスが存在します。こういったクリティカルパスすべてを、詳細にダイアグラム化したり、測定する必要はありませんが、PMの抱える多くの問題を評価するための思考プロセスとして使うことができます。問題を一連のつながりとして考え、ボトルネックやクリティカルポイントを見極めていくわけです。意思決定やアクションは、互いにどのように依存し合っているのでしょうか？ 関係を見極めた後、それらに十分な注意が払われているか、また今議論されている問題は実際の問題なのかということを考察するわけです。このようにして、進捗の原動力となる要素、要因、意思決定にチームの注意を振り向けることによって、チームの進捗を劇的に加速させることができるのです。

常に以下のクリティカルパスを考慮するようにしてください。

- プロジェクトにおけるエンジニアリング作業（先に簡単に説明したもの）
- プロジェクトにおける大局的な見地に立った意思決定プロセス（誰がチームの足を引っ張っているか？）
- コードのビルドやバグのトリアージにおけるチームのプロセス（不要な書類、打ち合わせ、承認はあるか？）
- ウェブやイントラネットにコンテンツを登録する際のプロセス
- プロジェクト目標に影響を与える打ち合わせ、出来事、プロセス

ものごとを効率よく成し遂げるには、クリティカルパスを見極める鋭い感覚が必要となります。オフィスに足を踏み入れる時、電子メールを読む時、意思決定に関与する時、クリティカルパスを念頭に置いてものごとを考える必要があるのです。あなたが注目している問題は、中核の問題なのでしょうか？ それは、現在の議論や一連の思考によって解決できるものなのでしょうか？ まず最初に、あなた（あるいはチーム）がこういった考察を行い、その後、クリティカルパスを短縮したり、十分なリソースを確保したり、遅延の回避を行うために必要なことを考えてください。クリティカルパスを押さえることで、重要度の低い問題をより容易に解決できるようになるのです。

チーム内に権限を分散させることで（エンジニアリング以外の）クリティカルパスを制御している組織もあります。コンセンサスが必要となった場合、それを求めようとするのではなく、個人に意思決定を任せ、自身で判断させてしまうのです。そして、承認、ドキュメント作成、手続き書類の作成、その他事務手続き上のあらゆるオーバーヘッド（10章を参照してください）に関しても同様のことを行うのです。組織におけるクリティカルパスを改善する最善の方法は、新たなプロセスや階層を作るのではなく、プロセスを排除し、権限をチームに委譲することである場合も多いのです。

13.5　冷酷であれ

「この世界は行動に反応し、それ以外のことには見向きもしない。」
——スコット・アダムス

　問題の存在を見抜くことができる聡明な人はいますが、解決策を見出そうと努力し、その解決策を実行する勇気を振り絞ろうとする人はあまりいません。というのも、あきらめる、部分的な解決策を受け入れる、問題が解消することを祈りながらずるずると引き延ばす、他者を非難するといった安易な道があるためです。より大変な道は、問題に正面から取り組み、目標を満足できないような決定に対して抵抗することです。優れたプロジェクトマネージャは、簡単にあきらめたりはしないのです。プロジェクトにとって重要なことであれば、彼らはその問題に対する答を見つけたり、問題を解決するために、(必要な手段すべてを用いて) 積極的に行動するのです。その行動には、機能不全となったチームを再編成する、メンバーの目標を一つにまとめる、疑問に対する答を見つけ出す、メンバー間の意見の相違を解消するといったことが含まれています。

　これは、場合によっては人のやりたがらないことを指示したり、答えたくない質問を投げかけなければならないということを意味しています。誰かがこういったことを行わなければ、安易な道が選ばれてしまうのです。多くのプロジェクトは、特定の役割を割り当てられた人々から構成されており、これらの人々は自らの守備範囲を越えた (あるいは自らの役割と誰かの役割の隙間にある) ものごとには責任を取ろうとしない場合がほとんどです。しかしより大きな問題は、私たちのほとんどが他者との衝突を避けようとする点にあるのかもしれません。多くの場合、PMは関係者をどれほど不快にしようとも、質問を行い、前提に疑問を投げかけ、真実を追求しなければならないのです (とは言うものの、関係者にできるだけ不快な思いをさせないようにしつつ、これらのことを実践するのがPMの目標となります)。そしてPMは、必要に応じて、こういったことを自ら進んで行わなければならないのです。

　当初はどうしようもない、あるいは困難に見える状況であっても、その多くはプロジェクトマネージャの粘り強い努力によって打開することができるのです。少し古い話になりますが、アポロ13号の事故がその好例です。『*Failure Is Not an Option*』(Berkeley Publishing刊、2001年) で著者のジーン・クランツ[†] (Gene Kranz) は、損傷を受けた宇宙船の生命維持システムの修復に対する取り組みについて説明しています。これはチー

[†] 訳注：ジーン・クランツはアポロ13号計画において、ヒューストン管制センターで飛行実施責任者として指揮を執っていた人です。

ムが直面したエンジニアリング上における最大の難問の一つであり、ほとんどの専門家は、部分的な解決策なら見つけられるという意見にさえも大きなダウトを感じていました。しかしクランツは、解決策を見つけるだけでなく、限られた時間内にそれを実現することができるという立場を採ったのです。彼は、逃げ道に走ることを拒絶し、考えられる選択肢をチームに模索させ、チームの論争を解決し、チームの力を一つに結束したのです。歴史上最も偉大なこのプロジェクトマネジメントと問題解決の事例についての詳細は、映画『アポロ13』、クランツの書籍、ジム・ラベル（Jim Lovell：アポロ13号の船長です）とジェフリー・クルーガー（Jeffrey Kluger）による『Lost Moon』[†]（Pocket刊、1995年）という3つのストーリーから知ることができます。

　有能なPMは、他の人々があきらめるような状況にあっても、選択肢を探し求めようと努力します。そして彼らは、皆が恐れる役員が言ったからとか、専門家がそう言ったからという理由で誰もがそのまま受け入れていた前提を改めて問い直すのです。「あなたが知っていることは、どのようにして知ったのですか？」という質問は、多くの人々が尋ねることを躊躇したり、忘れたりしているものの、前提と真実をふるいにかける最もシンプルな方法なのです。冷酷であれという言葉の裏には、問題の99%には解決策があると信じる（この解決策の中には、問題の定義そのものを変えるというものも含まれています）とともに、手元の情報で解決策が得られない場合、相手が誰であろうとも突っ込んだ疑問を投げかける必要があるということを意味しています。ここで重要なのは、プロジェクトの成功を最優先にして考えるということなのです。

　私がマイクロソフトのWindows部門に籍を置いていた時、ヒレル・クーパーマンという、おそらく私の出会った人間のうちで最も情熱的で献身的なマネージャの下で働く機会がありました。私は、あるジレンマを抱えて彼のオフィスに行った時のことを覚えています。私のチームは、エンジニアリング面と政治面の双方に関連する複雑な問題で行き詰まっていました。我々は、とある重要な作業を他の組織に行ってもらおうとしていたのですが、先方はそれに難色を示していたのです。私は関係者全員とブレインストーミングを行い、他の先輩諸氏の意見も求めたのですが、問題を解決するに至っていませんでした。理に適った解決策はなく、八方塞がりに思えたものの、この問題を解決することはプロジェクトにとって非常に重要であったため、降伏することもできなかったのです。ヒレルに状況を説明した後の会話は次のようなものでした。「まだ試していないことは何だい？」ここで私は答え方を誤ってしまいました。「やれることは全部やりました。」彼は笑いながら私の方を見て「全部？　どうして全部やったなんて言えるんだい？　すべてのことをやったのだとしたら、満足する答が見つかっているはずなんだが、そんな風

[†] 訳注：邦訳は『アポロ13』（新潮社刊、1995年）です。

には見えないぞ」と言ったのです。この時点で2人とも会話の方向が見えたため、愉快な気分になりました。

　彼はその後、何か示唆が必要かどうかを尋ねました。もちろん私はイエスと答えました。我々は、その後しばらくやり取りを行いながら、検討すべきことの一覧表を作成していきました。「君が電話していないのは誰だっけ？ この手のことは電子メールじゃ伝えられないんだ。それとあっち側の人たち、つまり君の意見に反対している人たちの中で、君の言うことに最も耳を傾けているのは誰だい？ 君の欲しいものを納得してもらうために、どれけ強く主張したんだい？ 私が手を貸して、君の代わりに話をしてみようか？ それでいけるか？ 役員を引っ張り出そうかい？ エンジニアリング部門に回避策を見つけるよう、どれだけ強く主張したんだい？ 少しだけ？ それなりに強く？ それとも思いっきり押してみたのかい？ 一杯飲みに誘ったのかい？ 晩飯は？ 1対1で話をしたのか、グループで話をしたのか、どっちなんだい？ どんどん続けて、さらに続けて、これでもかというくらい続けるんだ。そうすると道が見えてくるはずだ。私は君を信頼しているし、君がこの問題を解決できるだろうということも判っている。どんどん続けたまえ。」

　彼は私に2つのことを思い出させてくれました。それは、私には打つべき手がまだまだ残されているということと、私は意思決定を行う権限をまだ握っているということでした。彼のオフィスを後にする時には、さすがに疲れ果てていましたが、まだまだ調査してみる価値のある方法があり、それを行うのは私の仕事だということを確信していました。懸案事項をどうするかは私次第であるということを彼も確認してくれたため、より冷酷になるだけの動機付けもできました。解決策はどこかに潜んでおり、私がそれを見つけ出せばよいだけの話だったのです。当時10件以上も抱えていたその他の懸案事項と同様に、私は最終的に解決策を見つけ出しました（エンジニアリング上の回避策があったのでした）が、それは私が解決策を追求し続けたからでした。つまり、待っていても解決策が勝手に現れるということはないのです。

　また、努力する者が最後に勝つということもヒレルから学びました。あなたが真剣であり、特定の懸案事項に対してあくまでも取り組むという意思を明確にした場合、さまざまな可能性が生み出されるのです。そして、あなたが自らの前提をしっかりと検討すれば、人々は各自の前提を見直すようになります。また、彼らが検討していないことを検討するように仕向けることで、解決策が見えてくる場合もしばしばあります。さらに、意見が対立していたり、交渉中の場合でも、あなたが自らの正しさを確信しているのであれば、強く主張し続けることで相手はしばしば折れてくれるのです。ただし、彼らがあなたの相手をするのはもう勘弁して欲しいと思った結果、折れてくれるということもあります。攻撃的にならない程度に強く主張するということは、それ自体が効果的なテクニックなのです。

冷酷になるということは、ものごとを成し遂げる上で必要不可欠な態度なのです。プロジェクトの遂行において、失敗に至る道は数多くありますが、そういった道に迷い込まないようにする上で、少なくともある感情的な力がプロジェクトに内在していなければなりません。その感情的な力とは、前に進もうとし、選択肢を探求し、どのような問題や罠であっても抜け出る道は必ずあると信じる信念です。こういった力がなければプロジェクトは成功しないでしょう。そして、優れたPMはそういった信念そのものとなるのです。また、優れたPMはプロジェクトを引っ張り、より迅速な、あるいはよりスマートな方法で改善できることがないか、常に注意を払っています。彼らは混沌を見つけ出し、秩序へと変えていくのです。さらにPMは、自らの役割を果たすための懐疑的な立場と、集中して全力投球すれば解決できない問題など存在しないと考える楽観的な立場を使い分けることになります。自らが明確に説明できないという理由によって、曖昧さや疑いに対して常に光を投げかけ、あらゆる可能性を探求し尽くすまであきらめないのです。結局のところ優れたPMは、優れた思考が勝利するということと、優れた思考を行うには努力して進むしかないということを確信しているのです。

13.6　抜け目なくあれ

冷酷であれということは、すべてのオフィスのドアを叩いて回ったり、メンバーを廊下で追いかけ回したり、オフィスに残って倒れるまで仕事をするということではありません。仕事に全身全霊で打ち込むというのは、正攻法であり、素晴らしいことですが、ただ熱心に取り組むのではなく、スマートな作業方法を常に模索するようにしてください。つまり、精神的には冷酷であるものの、行動はスマートで、かつ抜け目のないものとするわけです。また、あきらめずに解決策を探す道を選んだからといって、愚かで、馬鹿げた、イライラする作業を行って苦しい思いをする必要はありません（とは言うものの、そういった作業を避けることができない時もあります）。問題を回避するスマートな方法や、問題をより迅速に解決できる方法を探してください。そしてその際には、あなた自身ですべてのことを行おうとするのではなく、周囲の人をうまく使うようにしてください。ただし、最も重要なこととして、あなたと個人やチームの間で起こっていることをよく観察する必要があるということも忘れてはいけません。

多くのPMがしでかす基本的な過ちとして、共に作業しているメンバーのことを評価し、その評価に応じて彼らに対するアプローチを変更するということを忘れるというものがあります。例えば、海軍や陸軍の特殊部隊は、砂漠、湿地、ジャングル、ツンドラといったさまざまな環境下で任務を遂行できるよう訓練を積んでいます。こういった訓練を行わなければ、彼らのスキルを活かせる状況が限られてしまうことになるのです。も

しも、土地に不慣れなせいでスキルを活かせないということにでもなれば、生き残ることさえ難しくなるはずです（緑色と茶色の迷彩服に身を包んだ兵士が雪原で身を隠そうとしている光景を思い浮かべてください）。彼らが最初に学ぶことは、環境を評価し、今の環境で効果を発揮する戦術や戦略を自らのスキルセットの中から選択する方法です。PMについても、これと同じことが当てはまります。PMは地理的な環境ではなく、自らが身を置くさまざまな社会的、政治的、組織的な環境に注意を払った上で、その環境に応じた適切なアプローチを選択しなければならないのです。

抜け目なく振る舞い、環境に注意を払うことは、以下のような状況で最も重要となります。

- メンバーを動機付け、その意欲をかきたてる。
- チームを編成し、その行動を計画する。
- 議論を解決したり、行き詰まりを打開する。
- 他の組織や文化と協調する。
- リソースを獲得するための論拠を示す。
- 何らかのことを誰かに説得する。
- 部下（個人）のマネジメントを行う。

以下は、抜け目のないPMとして環境を評価するための大まかな指針です。こういった疑問は、あなたとともに作業するメンバー、チーム、グループに適用することができます。

- **どういったコミュニケーションスタイルをとるか？** 直接的なスタイルですか、間接的なスタイルですか？ メンバーはオープンにコミュニケーションを行っていますか、それとも遠慮がちな様子ですか？ ある種の意見を理解してもらおうとする時に使用する、定番の方法はありますか？ メンバーは、電子メールを用いた場合に能力を発揮できるでしょうか？ 打ち合わせの場合はどうでしょうか？ 意思決定の過程をオープンにしているのでしょうか、密室の中で行っているのでしょうか？ 誰と話をする場合であっても、その人物に対して効果的なアプローチを選択するようにしてください。
- **グループは、ユーモアのセンスをどれだけ持っているか？** 笑えない、タブーとなる話題はあるのでしょうか？ デリケートな/難しい/紛糾する話題や意思決定は、どのように扱われているのでしょうか？
- **データに基づいて主張すれば、議論で勝つことができるか？** 議論の際に論理的な主張を行うことは可能でしょうか？ プロジェクトの目標に則っているでしょうか？ 誰

の声が最も大きいのでしょうか？ 誰がゴマスリなのでしょうか？ 議論においては、相手が廊下を挟んだ部屋にいる1人のテスターあろうと、部屋に居並ぶ重役であろうと関係なく、その相手が最も心地よく感じるスタイル、形式、口調を心がけてください。

- ＜ここにあなたがやろうとしていることを入れてください＞を効率的に行えるのは誰で、私はその人物のどういった点を真似でき、何を学ぶことができるだろうか？ 何がうまく機能するのかということに注意を払ってください。誰が一番なのでしょうか？ 最も尊敬されているのは誰でしょうか？ 彼らはどうやって成功しているのでしょうか？ なぜ落ち目となっているのでしょうか？ 彼らはなぜ役に立てていないのでしょうか？

- このメンバーやグループに対する振る舞いにおいて、最も重要視される価値とはどのようなものでしょうか？ 知性？ 勇気？ スピード？ 明解さ？ 忍耐？ 従順さ？ また逆に、どういった振る舞いの評価が最も低い、あるいは落胆されることになるのでしょうか？ プログラマとマネージャの価値観は大きく異なっているはずです。何かについて他の人を説得しようとする前に、その人が重視する価値を知っておくべきなのです。

- 組織上の文化としてはどういったものがあるのでしょうか？ 大学、企業、チームといった組織にはすべて、文化となっている価値観があります。あなたの組織にそういったものがあると思えなかったとしても、それはあなたがその組織に染まりきっているが故に見えなくなってしまっているだけなのです（あるいは1度も見たことがないのかもしれません）。知性や個性よりも忠誠心や敬意に価値を認める組織もあれば、倫理と献身を重視する組織もあるのです。

　PMは、こういった疑問に対する答に応じて、自らの作業方法を調整するべきです。誰かのオフィスに入る際や、打ち合わせを始める際に、何かしらの調整を行うべきなのです。先に述べた特殊部隊のように、環境を評価し、プロジェクトの目標地点に到達する最適ルートを決定してください。目標地点に到達するためのスマートな方法があるのであれば、敢えて険しい道を選ぶ必要はないのです。

13.6.1　ゲリラ戦術

　抜け目なく振る舞うということは、スマートな方法を探し、それを進んで採用するということを意味しています。以下では、私が過去に使用して成功した、または私に対して使用され、成功した戦術を挙げています。あなたの置かれている環境はさまざまでしょうが、目標に向かって進む上でここに紹介している戦術は参考になるはずです。以下の戦術には、リスクのあるものも含まれているため、適用時には注意が必要ですが、そう

いったものについては適宜解説しています。こういった戦術を使用しない場合であっても、それらを知っておくことで、あなたの回りで起こっていることに関して、より抜け目のない判断を下せるようになるはずです。

- **権限の保持者を知る**。懸案事項に対して権限や影響力を持っていない人物と議論することで、時間を無駄にしないようにしてください。効率的に振る舞うためには、特定の懸案事項や状況に対して誰が意思決定を行っているのか、あるいは誰が影響力を持っているのかを知っておく必要があります。そういった人物（必ずしもプロジェクトにおいて最も偉い人物であるとは限りませんし、懸案事項によって異なるかもしれません）を見つけ出し、その人物と1対1で話し合って、あなたの意見を主張してください。そしてその際には、少なくともその人物の本当の目的というものを理解するように心がけるべきです。最も影響力の強い人物（例えば役員のサリー）と話をすることができないという場合には、その人物に対して最も影響力のある人物（サリーの片腕）を探し出してください。あなたが話をすることのできる人のなかで、最も影響力のある人のところへ行って話をしてください。ただし、他の人を避けて通ろうとしてはいけません。権限を有した人物のところに行くだけではなく、必要に応じて、別の観点に立つ人にお願いしてみたり、あなたの行っていることをその人に見てもらってください。そして、「我々は同意していないのです。ですが、それはサリーが意思決定を行うことであるという点にはあなたも同意できるはずです。この件について明日、彼女のところに行って話をしようと思っているので、あなたにもその場に同席してもらいたいのです」と依頼するわけです（16章を参照してください）。
- **情報源に当たる**。又聞きの情報で時間を無駄にしてはいけません。また、複雑な情報に関してはレポートや電子メールだけに頼ってはいけません。実際の情報源である人物を見つけ、直接話を聞くようにするのです。レポートや電子メールを読むだけでは、湧き出てきた疑問に対する答を得ることはできません。また、直接話を聞くことで、記述する際に割愛された重要な情報を得ることができる場合もあります。さらに、情報源に当たることで必ず、他の手段による場合よりも信頼性の高い貴重な情報を得ることもできるのです。このため、そういった手間をかける価値があるというわけです。例えば、2人のプログラマが他のプログラマの言ったことについて議論している場合、当人を部屋に呼ぶか電話するかして、直接話をさせるようにしてください。常にものごとをはっきりさせるようにし、他のメンバーにもそうさせてください。
- **コミュニケーション方法を変える**。意思疎通がうまくいっていないと感じたのであれば、コミュニケーション方法を変えてみてください。例えば、電子メールではなく、電話を使うのです。あるいは、電話ではなく、相手のオフィスに立ち寄ってください。

人によって、好きなコミュニケーション方法は異なります。（一般的には、ホワイトボードを前にした対面コミュニケーションに勝るものはありません。電子メールでの討論で収拾がつかなくなったのであれば、ホワイトボードのある部屋にメンバーを集めてください。）特定のテクノロジが持つ限界に作業を妨げられないようにしてください。人によって好きなコミュニケーション方法に違いがあるということは、コミュニケーション方法を変更することで、同じことを問いかけたとしても異なった応答が返ってくることもあるのです。つまり、何か重大なことを前にして、重要な仕事仲間とのコミュニケーション力学を改善したいのであれば、お金と時間をかけて、飛行機や車で相手のオフィスに乗り込むだけの価値があるということなのです。

- **二人きりになる。** あなたが誰かに語りかける場合、それが二人きりの時であるか、大勢の人と一緒の時であるかによって、相手から見たあなたの距離は異なって見えます。責任ある人は、打ち合わせにおいて、自らの発言がその場にいる全員の耳に入っても構わない内容となるよう、考えてから発言する必要があります。また、周りに誰がいるかによって、まったく異なったことを耳にする場合もしばしばあります。そのため、率直かつ正直な意見が聞きたい場合や、深い内容で集中した対話を行いたい場合には、二人きりになる必要があるわけです。さらに、影響力の大きな人は誰かということも考慮してください。ジムを説得したい場合、ジムが信頼を置いているベスを説得できそうなのであれば、まず最初にベスを説得するのです。その際には、待ち伏せをかけるようなことは避けるべきですが、ものごとを進捗させるための周到な準備は行うようにしてください。

- **誰かを捕まえる。** 緊急事態が発生し、一刻も早く答が欲しい場合、答を知っている人のオフィスやパーティションの前で待ち伏せする時間を捻出してください。私はこういったことを何度も行いました。その人が電話にも出ず、電子メールに返信しなかったとしても、打ち合わせから戻ってくる頃を見計らってオフィスのドアの前で待っていれば、捕まえることができるはずです。こういった場合はたいてい、相手が油断していたところを捕まえることになるため、交渉を優位に進めることもできます。その人から何かを引き出さなければならない場合、恐れることなく追い回してください。喫茶室にも探しに行ってください。今が昼休みなのであれば、近所のカフェにも探しに行ってください。その人に秘書がいるのであれば、どの打ち合わせに出席しているのかを聞き出し、会議室の外で待ち構えてください。礼儀正しくしながらも、追いかけて必要なものを得るようにしてください。（ただし、私生活には立ち入らないように注意してください。しっかりと情報を収集しているのであれば、私生活に立ち入る必要など無いはずです。）

- **姿をくらませる。** あなたの作業が遅れており、遅れを挽回するためのまとまった時間

が欲しい場合、姿をくらませてください。私は時々（隣のビルにある）会議室に引きこもり、私を本当に必要としそうな一握りのメンバーにだけ居場所を教えておくようにしています。そうすることで、電子メール、仕様書、従業員評価等に関して、あるいは重要な作業に関して、遅れていた処理を、誰にも割り込まれることなく行えるようになるのです。より規模の小さな組織の場合には、自宅や喫茶店で作業するようにしても同じ効果が得られるでしょう（WAN技術の進歩のおかげです）。私は、部下にもそうすることを勧めています。PMは、割り込まれずに作業できる時間などほとんど与えられていないため、そういった時間が欲しいと思えば、自ら捻出する必要があるのです。

- **アドバイスを求める。**どうしてもという場合を除き、地図もない状態での単独飛行をしてはいけません。あなたが置かれている状況において、あなたが最も高く評価している関係者や、必要なものを得る方法について有益なアドバイスができる人は誰かということを考えてください。他者の専門的知識や経験をうまく利用するのです。彼らを連れ出して、お願いしてみてください。これは人に関すること、意思決定に関すること、計画に関すること、何でも構いません。「やぁボブ、この予算に関してアドバイスを欲しいんだけど。ちょっと時間はあるかな？」とか「ジェーン、この懸案事項についてサムと作業しようとしているんだ。この機能を割愛するよう彼を説得したいんだけど、いい方法はあるかな？」といった具合です。また多くのメンバーは、アドバイスを求められることによって、あなたへの信頼を深めていきます。誰かにアドバイスを求めるということは、その人に対する尊敬を表す行為でもあるのです。

- **お願い、懇願、袖の下。**あなたの信用や寛大さを利用することで、お願いすることができるはずです。例えば、あなたが何かを見落としていたとか、開発期間の終盤になって要求に変更があったといった理由で、エンジニアリング側に追加作業を行ってもらいたい場合、頼みを聞いてくれるよう彼らにお願いするのです。この場合、仕事上の関係という狭い枠を越え、頼み込むことになります。夕食をおごるというのもよいでしょうし（たいていのことであれば、20ドルもあれば十分でしょう）、これで一つ借りができることになると告げるのもよいでしょう（そのことはちゃんと覚えておいてください）。ここで起こり得る最悪の事態は、相手がノーと言うことです。あなたがこれまで他者に対して行った親切が色々とあるのであれば、頼みごともしやすいはずです。また、相手が欲しがっているものを、他の人から引き出すことができるのであれば、（「カタンの開拓者」というボードゲームにおける）三者交渉を考えてみるのもいいでしょう。行わなければならない作業を支援してもらう上で、彼らが納得する見返りを提供することは、決して倫理に反する行為ではないのです。

- **人々を互いに競わせる。**これは注意深く行えば、必ずしも邪悪なことではありませ

ん。サムがある作業を10日でできると見積もったものの、その見積もりが大嘘だと思えたのであれば、ボブのところに行って同じ見積もりを依頼します。そして、ボブが10日未満の日数を答えたのであれば、ボブを連れてサムのところに戻るわけです。これだけで、作業見積もりが本当はどれくらいであるべきかという対話がすぐに始まるはずです。こういったことを一度行えば、虚偽の見積もりが出てくることは二度となくなります（あなたは「ダウト」をかけたわけです）。ただ、サムの性格にもよりますが、こういった戦術は人間関係を損なう可能性があるため、できるだけ如才なく振る舞い、必要な時にのみ行うようにしてください。プログラマのリーダーが優れていれば、見積もりが大き過ぎると思えばそう指摘するはずですが、そういったことをしないリーダーの場合、それを行うのはあなたの役割となるのです。

- **事前工作をしておく**。重要な打ち合わせに参加する場合、鍵となる参加者の意見を必ず事前に知っておくようにしてください。あなたの意見に賛成しそうな人と、反対しそうな人を調べておき、あなたの意見を通すための戦略を練っておくのです（16章を参照してください）。また、その打ち合わせにおいて、あなたにとって重大なことが決定されるのであれば、あなたに反対しそうな人たちと事前に話をして、反対しないよう、あるいはサポートしてくれるようお願いしてみてください。その際には、嘘をついたり、誤魔化したり、惑わせたりしようとしてはいけません。真剣に準備を行い、出されるであろう意見や反論を理解するように努めてください。

- **コーヒーや食べ物をおごる**。これは馬鹿馬鹿しく聞こえるかもしれません。しかし、何日も議論を戦わせてきた人とともに近所の喫茶店に行き、おいしいコーヒーを飲みつつ話をするだけで、私の意見を受け入れる姿勢を見せるようになってくれたという経験が私には何度もあります。これによって人間関係の力学が変わるのです。その人を好きであるか嫌いであるかに関係なく、お茶に誘うことは20秒もあればできるはずです。相手に、「結構です。ここで話しちゃだめなんですか？」と言われたとしても、あなたが失うものは何もありません。対話を別な環境、おそらくより雰囲気の良い場所に移すことで、今までと同じ場所では思いもつかなかったような選択肢に目を向けるきっかけを与えることになるのです。生物学的に考えてみても、ヒトは美味しい食べ物を食べたり、快適な環境にいると、心地よいムードになります。私はオフィスにドーナツとクッキーを（そしてラム酒やスコッチウィスキーも）常備しているPMを知っています。これは善意から出た行動なのでしょうか？ 答はイエスですが、共に働いている人々のお腹を満たし、あなたとよい人間関係が築けるという心理的なメリットも生み出されるのです。

13.7 サマリー

- すべてのものは順序付き一覧表の形で表現できます。プロジェクトマネジメントにおける作業の大半は、優先順位付けを正しく行い、それを実行するようチームを率いていくことです。
- 最も基本的な順序付き一覧表は、プロジェクト目標（ビジョン）の一覧表、機能の一覧表、作業項目の一覧表の3つです。これら3つの一覧表は、常に同期が取れていなければなりません。各作業項目は何らかの機能に対応付けられ、各機能は何らかの目標に対応付けられます。
- 第1級優先順位の作業とそれ以外の作業の間には、大きな壁が存在しています。
- あなたがノーと言うことで、ものごとが成し遂げられます。もしもノーと言えないのであれば、あなたは実質的に優先順位付けを行えていないことになります。
- PMはチームを正直に保ち、彼らが現実感を喪失することのないようにしなければなりません。
- エンジニアリングおよびチームのプロセスにおけるクリティカルパスを知っておくことで、効率的な作業を実現することができます。
- ものごとを成し遂げるには、冷酷さと抜け目のなさの双方が欠かせません。

14章
中盤の戦略

　この章のタイトルである「中盤の戦略」は、プロジェクトをチェスの進行になぞらえたものです。チェスの進行状況を大きく分けると序盤、中盤、終盤に分けられます。中盤はプレイヤーの大まかな戦略が明確になり、その戦略が一手一手に反映される時です。ゲーム中のほとんどの手は中盤に指されるものです。終盤はゲームの終了間際であり、その時点で使用できるリソースは減っており、すべての指し手が勝敗に重大な影響を与えるようになります。この章ではプロジェクトの中盤の戦略に焦点を当て、次の章ではプロジェクトの終盤の戦略を扱っています。

　「チャンスは備えあるところに訪れる。」

——ルイ・パスツール

　プロジェクトの中盤は、全体スケジュールから見るとほぼ中央にあたります。順調な作業がある一方で、順調でない作業もある、一部の懸案事項が洗い出され解決されているものの、他のものは未だ洗い出されていないといった場合、あなたはゲームの中盤にいることになります。ゲームの中盤は多くのことが同時に起こるという意味で難関となる上、順調な作業とそうでない作業を明確に管理することも難しくなります。クラウゼヴィッツ[†]が戦時における戦局の混乱を表現するために使用した「戦争の霧」という言葉は、プロジェクトの中盤にも適用できます。チームを取り巻く開発作業において、霧は必ず発生し、経験の浅いメンバーは簡単に迷子になってしまうのです。リーダーは、不確かさが渦巻く中盤を切り抜け、ものごとが再び明確になる終盤までチームを先導して

[†] カール・フォン・クラウゼヴィッツ (Karl von Clausewitz) は、19世紀における有名な軍事思想家です。詳しくはhttp://en.wikipedia.org/wiki/Clausewitzを参照してください（なお、フリー百科事典『ウィキペディア』(http://ja.wikipedia.org/)にて「カール・フォン・クラウゼヴィッツ」を検索すると日本語で概要が読めます）。

いかなければならないのです。

　中盤、終盤というものを突き詰めると、最終的にはある種のメンテナンス作業となります[†]。

1. 一日目の終わりでものごとが順調に進んでいるのであれば、翌日の目標はそれを継続し続けることになります。
2. プロジェクトが順調に進まなくなったのであれば、あなたの仕事は、懸案事項を洗い出し、プロジェクトを順調に進ませるための対処を行うことになります。これには数時間、数日、数週間かかることもあります。
3. プロジェクトが完了するまで上記を繰り返します。

　こういった突き詰めたものの見方をした場合であっても、プロジェクトを不調に陥れる事態が無限にあるということは明白でしょう。さらに悪いことに、不調になった原因を見つけ出すための時間は限られており、それを解決するための時間はさらに限られているのです。プロジェクトの順調な部分を維持し続けるということも大変な作業であるのは言うまでもありません。

　こういった理由を始めとするさまざまな理由により、中盤から終盤にかけての労力とストレスレベルはかなり高いものとなります。チームは作業スピードを上げており、許容誤差は日に日に小さくなっていくのです。そして終盤が近付くに従って、ブレーキをかける方法を見つけ出すとともに、その方法を適切に使用し、徐々にスピードを落とし、すべてがうまく終わるようにしなければならないのです。

　この章と次の章では、方法論に関する前提として、2章で解説したものを使用しています（ここでのアドバイスは、あなたの使用する方法論が何であれ適用可能です）。以降を読み進める前に、「2.2　銀の弾丸と方法論」に目を通しておくのもよいでしょう。

　本章の内容のほとんどは中盤についてのことであり、次章の内容のほとんどは終盤についてのことですが、こういったテクニックを適用できる方法とタイミングの大部分はオーバーラップしています（例えば、あるフェーズの終盤はプロジェクト全体における中盤とも考えられるのです）。このため、場合によってはこういった2つの話題が前後することもあるという点を承知しておいてください。

[†] SEI（Software Engineering Institute）がソフトウェア開発用として作り上げたCMM（Capacity Maturity Model：ソフトウェア成熟度モデル）には、中盤におけるプロジェクトレベルのマネジメントに関する複数のベストプラクティスが定義されています。詳細についてはhttp://www2.umassd.edu/SWPI/sei/tr25f/tr25.htmlやhttp://www.sei.cmu.edu/cmm/を参照してください。

本章と次章で網羅している中盤と終盤のマネジメントは、現場で適用する上での実用性を十分備えたものとなっています。ただ、あなたのチームの規模やプロジェクトのスコープが持つ特殊性のため、疑問が出てきたり、ある種の状況に適応できないと感じたのであれば、斜め読みしたり、読み飛ばしていただいても構いません。ここで解説している内容すべてが、どのようなプロジェクトにも常に当てはまるとは私も考えていません。ただ、ここで提供しようとしているのは、特定のプロジェクトにおける価値ではなく、それ以降のプロジェクトでも適用し続けることができる価値なのです。つまり、今行っている作業に適用できなかったとしても、長期的に見ると有益であると考えられる多くの観点と疑問を扱っているのです。

14.1 飛行機の前方を飛行する

　巨大で危険な物体を操縦するには、操縦桿をしっかりと握っているだけでは不十分です。あなたが操縦しようとしているものが巨大であり、多くの人が関与しているのであれば、より大きな慣性が働くのです。プロジェクトマネジメントにおいても同様ですが、巨大な機械（自動車、飛行機、航空母艦等）を操縦する場合、初心者は進路変更操作をしてから、実際に進路が変更し始めるまでの時間を過小評価しがちです。図14-1で示しているように、巨大な自動車やプロジェクトの軌道は、その勢いや他の力がどれだけかかるかによって大きく変わってくるのです。このため、ほとんどの人（特に経験の浅い人）は、自らの行動の結果を正しく予想することができないのです。こういったことを予想するには、自らが操作しているものの力学を構成するすべての力を理解しなければならないというわけです。雪道を走るには、予期できない数多くの力と格闘しながら自動車の姿勢をコントロールする必要があるのです。

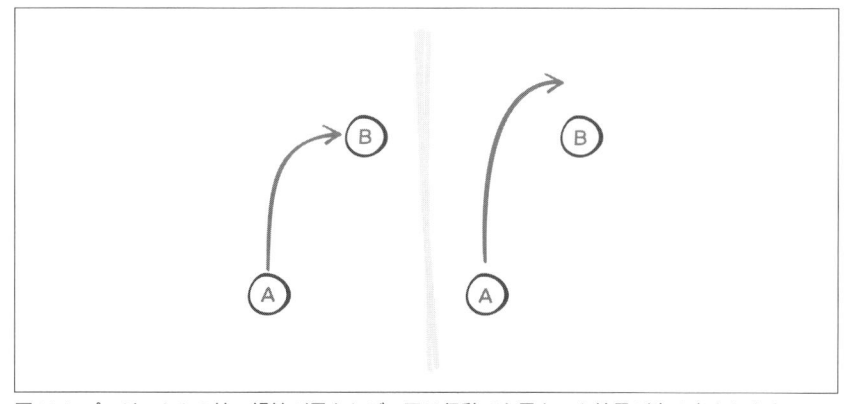

図14-1 プロジェクトの持つ慣性が異なれば、同じ行動でも異なった結果が生み出されます。

コントロールを行うべき人がコントロールを失った時、パニックに陥ることがよくあります。こういったことを認めない人もいますが、実際のところパニックに陥っているのです（パニックに陥っている人はたいてい、自らがパニックに陥っていることを認めようとはしません）。たいていの場合、最初の反応は問題に対する直接的な対処として、大胆な行動に出ることになります。しかし、すべての力を理解していなければ、こういった対処は、たいてい行き過ぎたものとなるのです（図14-2を参照してください）。そして、その対処が引き起こしたことを理解する頃には、さらなる対処が必要となっているため、すぐさま何らかの手を打つことになります。しかし、その対処も前と同じ論理に従ったものであるため、問題はより深刻化していくわけです。

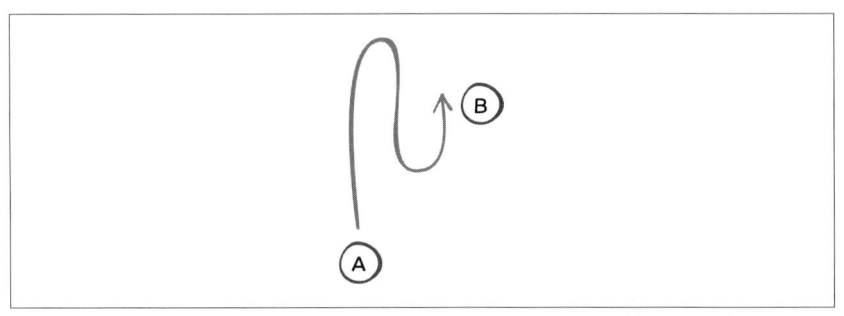

図14-2 コントロールするべき人がパニックに陥ることで、未知の力に対する軌道修正は予測できない（たいていの場合はイライラする）結果を生み出すことになります。

このため飛行機、自動車、プロジェクトが不安定になった場合、卓越したスキルや経験を備えた人であったとしても、コントロールすることは非常に難しくなるわけです。（規模の小さいプロジェクトは機敏性や応答性がより高いものの、やはり勢いというものを持っています。）安定性が低下すると、あまりにも多くのパラメータが次々と変化することになるため、たいていの行動の結果は予測不能となります。このため、優れたプロジェクトマネジメントを行えるかどうかは、こういった状況に陥らないよう、プロジェクトの一歩か二歩先を読むための労力を投資できるかどうかにかかっているのです。

戦闘機のパイロットは、パイロットが一歩か二歩先を読めなくなった時の状況を、「飛行機の後方を飛行する[†]」と表現します。パイロットが、戦闘機の（少なくとも）一歩先の動きを予想できなければ、戦闘機にのしかかってくるさまざまな力の生け贄となってしまうのです。高性能戦闘機を飛行させる場合と同様に、プロジェクトもさまざまな力

[†] 訳注：「飛行機の後方（または前方）を飛行する」という表現は、パイロットが操縦時に持つべきメンタルイメージを述べたものであり、飛行機操縦士の訓練学校でも教えられています。

をマネジメントする必要があります。こういった力はいずれも非線形システムの様相を呈しています。つまり、ある要素（スピード、角度、スケジュール、目標）を変化させることで、複数の影響が生み出されたり、さまざまな要素やメンバー間で力が増幅されるため、システムに予想以上の力が加わることになるわけです。このため、安定しているプロジェクトであっても、スピードがある場合、コードとチームの双方が持つ複雑な性質により、どのようなマネジメントでも予想できない結果がもたらされることもあるという点に注意しておくことが必要です。また、結果が数日後、あるいは数週間後にしか表面化しないこともあります。このように結果が遅れて表面化した時、本当の問題とは関係のない、直前に行った作業が問題の元凶であると勘違いすることで、解決がより難しくなることもあるのです。

14.1.1 あなたの健全さをチェックする

プロジェクトマネージャにとって、飛行機の前方を飛行する最も効果的な方法は、プロジェクトの健全さを毎日チェックすることです。プログラマは、コード中のある場所で前提条件が満足されていることを保証するために、**サニティチェック**を行います（C言語で言うところのassert()†です）。前提を置くことの危険性を考えた場合、これは大変優れたアイデアと言えるでしょう。コード中でサニティチェックが失敗するのであれば、目を皿のようにして関係のない部分（つまり問題が存在しない部分）を探し出す必要がなくなり、なぜ不健全な条件を引き起こすものがシステムに組み込まれたのかという根本的な疑問を抱けるようになるのです。

つまり、「飛行機の前方を飛行する」ためには、あなたの期待している条件が満足されているかどうかを、定期的に確認しなければならないわけです。そうすることで、何かが満足されていないことが判明してたとしても、注意を払うべき場所がすぐに判るはずです。

問題は、あまりにも多くのサニティチェックが考えられるという点にあります。目標、スケジュール、テクノロジ、士気、競合、予算、政治といったものすべてを、ずっと検証し続けることは不可能なのです（しかも、そのようなことをしても偏執的マネージャの介入を防ぐことはできません）。毎日、数十にもおよぶ前提をチームに確認させるなどという拷問を続けたら、チームは疲弊しきってしまうことになるでしょう。たいていの場合には満足されているはずのものごとをチームに確認させることで、あなたがチームを

---

† 訳注：assert()の括弧内には、コードが該当assert()文まで正常に実行された場合、必ず真となっているべき条件を記述します。実際の実行時に何らかの問題が発生し（あるいはバグが残っており）、この条件が偽と判定された場合、診断情報の出力とともに、コードの実行が停止することになります。

信頼していないというメッセージが伝わり、彼らの時間を無駄にすることにもなるのです。プロジェクトの状態は、プロジェクトの状態に影響を与えることなく調べなければならないのです。

　サニティチェックを行うにあたっては、戦術的質問、戦略的質問、チームに対する透過的な進捗計測という3つの方法があります。計測については次章で網羅しています。このため、ここでは戦術的質問と戦略的質問によるサニティチェックに焦点を当てることにしましょう。

　このプロセスはシンプルです。飛行機の前方を飛行する上で役に立ついくつかの質問を用意し、定期的にそれを問いかけるのです。具体的には、日に一度のペースで戦術的質問を問いかけ、週に一度のペースで戦略的質問を問いかけてみてください。これは一人でも行うことができますし、チームから数名を選び出し、一緒にやってもらうのもよいでしょう。またチームの誰か、特に経験豊富な人や年季の入った人に同様のサニティチェックを行ってもらい、彼らの結果とあなたの結果を対比させてみるのもよいでしょう。

　私のやり方は次のようなものです。まず週に一度、スケジュール表に30分の打ち合わせを書き込むことで、一人になれる時間を確保します（あなたが予定しなければ、一人になれる時間なんて誰も作ってくれないのです）。この時間は、ドアを閉め、音楽を流した後、質問の一覧を順に見ていくことになります。たいていの場合、これには数分しかかかりません。こうすることで、私の一日、チームの一日の優先順位付けを見直すことができます。チームによりけりですが、チームの文化として、このような質問を省みるようにすることもできます。つまり、こういった質問の簡略版を用意しておき、チームで打ち合わせを行う際に質問、応答できるようにするわけです。

14.1.2　前方を飛行するための戦術的（日々の）質問

- **私たちの目標と表明は何か？ こういったものは現状に即しているか？** プロジェクト遂行中は毎日、数多くの作業を行う必要があるため、あなたやメンバーは目標を見失いやすくなります。目標や表明を毎日見直すことで、あなたの焦点と優先順位をリセットするわけです。チームにとってより重要なことは、公式の目標が実際の目標と合わなくなったり（例えば役員の鶴の一声のせいで）、チームの目標が公式の目標と合わなくなったりした（自分たちがクールだと思うものを作ってしまう）時、目標は現状に即したものではなくなるのです。目標が現状に即していない場合、チームに争いが生まれます。そしてチームに争いが生まれると、症状が表面化するのです。このため、争いを見つけたのであれば、そこから引き起こされる症状が現れるのを待ってはいけません。目標に直接影響を与えるような懸案事項については特に注意しなが

ら、前方を飛行し続けるようにしてください。
- **私たちが今日やっていることは、目標に貢献しているか？** プログラマが抱えている今日、明日、今週の作業項目を見てください。それらは目標の達成に貢献する、あるいは要求を満たすものとなっているでしょうか？ そうでない場合、プロジェクトが本来の針路からずれ始めています。適切なプログラマ（たち）を集め、目標と、その目標を達成するために行う作業の価値について、全員の理解をリフレッシュするようにしてください。その後、目標、作業、その双方のいずれかを調整します。これを作業のアライメントと呼ぶこともあります。つまり、自動車の各タイヤが同じ方向に進むことを定期的にチェックする、ホイールアライメント調整と同様のことを行わなければならないのです。
- **作業項目はただ完了しているだけでなく、要求やシナリオを満足させる形で完了しているか？** 設計の背後にある精神と意向を全体的に満たさずして作業を行う方法は、星の数ほどあります。優れた設計書や仕様書には、実際の顧客のシナリオに合致するような作業項目が定義されています。しかし、ユーザビリティ、ビジネス要求、コンポーネントの統合、見た目のデザインに関する微妙な部分は、さまざまな作業項目を15個ほど抱えたプログラマによって忘れ去られてしまうことも多いのです。献身的なインタフェースデザイナ（あるいはその他の熟練者）が近くにいるのであれば、チェックインされたコードや日々のビルドを積極的にレビューしてもらい、作業項目が個々の要求だけではなく、全体の要求を満足していることを確認してもらってください。

14.1.3　前方を飛行するための（週次/月次の）戦略的質問

こういった質問が、リーダーシップを必要とする打ち合わせの議題となることもしばしばあります。週次や月次で状況を議論する場があるのであれば、リーダーはこういった事項に注意する必要があります。しかし、小規模な領域でPMが1人で作業する場合でも、こういった質問は有効です。

- **次の納期/マイルストーン/成果物を適切な精度で達成する確率はどれだけあるか？** 作業見積もりが行われた時から、状況は変わっているはずです。メンバーは現時点の作業についてどう感じているのでしょうか？ あなた自身と、チームの鍵となるメンバーに対して、次の納期を守れる確率を問いかけてください。100%？ 90%？ 50%？ 高？ 中？ 低？ 正直に答えるとともに、他のメンバーにも正直に答えるよう依頼してください。その場合、チームに対して気を遣うようにしてください。彼らを正直にさせる際、彼らの見積もりが間違っているとか、もっと熱心に働く必要のあることを証明してみせるといった素振りを見せると、罪悪感や挑戦意欲がその原動力になってしまう

のです。そうではなく、現時点における正直な答が必要であるということを明確にするのです。(彼らが自信を持っていない理由や、それが誰のせいかといったことを調べても、彼らが具体的な疑いを抱いているという事実に変わりはありません。その具体的な疑いに気付き、理解するようにしてください。)

- **その確率を向上させるには、どういった調整が必要となるか？** 正直かつ正気な人であれば、次の納期に対して100%の自信を持つことなど絶対にあり得ません。確率についての質問をした後は常に、その確率を向上させるためにできることが問題となります。打ち合わせや割り込みの数を減らすことでしょうか？ 意思決定の迅速化でしょうか？ 機能の削減でしょうか？ よりよい意思決定でしょうか？ 目標の明確化でしょうか？ より優れたコードレビューでしょうか？ 何でしょうか？ 最前線で日々の作業を行っている全員に問いかけてください。こういった問いかけと、その答の探求は、あなたとチームの高優先順位項目として、積極的に取り組むようにしてください。

- **どのようにすれば調整を慎重に、そして他から切り離して行えるようになるか？** どんな場合であっても、まず外科的な対策を考えるようにしてください。うまく問題を解決し、確率を向上させるために必要な最小限の行動とは何でしょうか？ 電話でしょうか？ 電子メールでしょうか？ 重要な意思決定を可視化することでしょうか？ 誰かの首を切ることでしょうか？ 目的を達成する上で最小限の行動となるのであれば、それが大それた行動に思えたとしても恐れてはいけません。外科的な選択肢が可能である場合、全体のことを考えるようにしてください。目標を調整する必要はあるでしょうか？ チェックインプロセスは？ 症状と原因を解消するために、どのプロセスや考え方を調整できるのでしょうか？(次のセクション「14.2 安全な行動をとる」を参照してください。)

- **今日/来週/来月に起こりそうな最大のリスクとは何か？ こういったリスクが実際に発生した場合、どういった手を打てるのか？** リスクやリスクの芽を3つ以上洗い出すだけで、その発生を抑止するための大きな一歩を踏み出したことになります。レーダーのスイッチをオンにすることで、こういった問題が発生する予兆を敏感に感じ取れるようになるのです。週に5分か10分の時間を割いて、起こり得るリスクと、そういったリスクに対して採り得る対処を書き出すだけで、飛行機の前方を飛行できるようになるわけです。この種の保険料はたいていの場合、安いものとなります。週に数分を費やすだけで手厚い保険をかけたことになるのです。

- **私の知らない間に世界が変わっているということはないか？** 役員や利害関係者は、まだ私たちを見捨てていないでしょうか？ 彼らの目標は変化したでしょうか？ チームの鍵となるメンバーは、プロジェクトに影響を与える、私の知らない何かを知っており、それについて危惧しているでしょうか？ 競合他社は、我々が対応をとる必要

のある何かを行ったでしょうか？ 私たちのパートナーや関係企業は、私たちについてきているでしょうか？ 今日おかしくなったとしても、明日にならないと判らないものがあるでしょうか？ たいていの場合は、電話で短いやりとりを行ったり、廊下を散歩するだけで、こういった質問に対する答えを得ることができるはずです。その際には、マイクロマネジメントに陥ったり、偏執的な行動をとったり、メンバーに恐れを抱かせたりしないように注意してください。この種の質問は、普段通りのカジュアルな感じで行うようにするべきなのです。さらに、この種の情報（彼らの責任であることだけではなく、他者の責任であることについても）を積極的にあなたの元へ届けるよう奨励し、実際に届けたメンバーに報いるようにしてください。

しかし、あなたがどれだけ経験豊富で、心構えができており、聡明であっても、プロジェクトの後方を飛行せざるを得ない時は必ずやってきます。このため、やるべき作業が星の数ほどある時と、飛行機の後方を飛行している時の違いを見極められるようになってください。この2つはまったく違ったものなのです。たいていの場合、あなたは手持ちの時間に比して作業が多いと感じているはずです。ただ、順序付き一覧表（13章を参照してください）を作成し、作業を優先順位付けしているのであれば、何を行えばよいかは常に判っているはずです。しかし、飛行機の後方を飛行している場合、身がすくまったり、意気消沈したり、脱力感を感じるようになってしまうのです。こういった場合、あなたはどれだけ残業したとしても、プロジェクトのコントロールを取り戻せるとは到底思えない状況になっているはずです。

最後に、以下の重要な点を意識しておいてください。

1. **飛行機の後方を飛行している時、そのことが判るようにする。** スケジュールというものは確率でしかないということを忘れないようにしてください。今週中に完了すべきことを、本当に今週中に完了させることができるかどうか、どれだけの自信があるのでしょうか？ 80%でしょうか？ 50%でしょうか？ 確率が五分五分の（あるいはそれよりも悪い）場合、あなたは後方を飛行しています。あなたの誤差許容範囲は小さくなっており、まだ失敗してなかったとしても、すぐに失敗することになるはずです。
2. **誰かが飛行機の後方を飛行している時、その人にサポートを申し出る。** 問題を否定してはいけません。あなたに問題が見えていることを告げ、支援の手を差し伸べてください。あなたの周りにいる人を弱気にさせたりパニックに陥らせたりしてはいけません。自ら冷静になるとともに、周囲を冷静にさせ、飛行機の前方を飛行できるようになるまで、一緒に作業してください。
3. **躊躇することなく同僚や上司に支援を求める。** これが、飛行機の前方に戻る上で唯

一の方法であるかもしれません。同僚や上司の助けを得て、あなたの時間とチームの時間の優先順位付けを行ったり、あなたの作業のいくつかを行ってもらってください。また、憂さを晴らすために、あなたの言うことに耳を傾けてもらうというのもよいでしょう。申し出があれば彼らの手を借りるのです。申し出がなければ、手を貸してもらえるよう頼んでください。

なお、危機的状況への取り組み方については、11章も参照してください。

14.2　安全な行動をとる

　中盤におけるPMの行動のほとんどは、計画中や設計中の行動よりも小さく、より緊密なものとなります。要求に見過ごしがあり、それを要求として取り込まなければならない場合、その定義と文書化というプロセスは、当初の要求定義プロセスで行ったこと（ニーズの理解、トレードオフの考察、定義、優先順位付け）の繰り返しとなります。また、仕様書中に見過ごしがあった場合、それを解決するために仕様書作成工程を2回ないし3回繰り返すことになります。中盤に新たなスキルが必要となることはほとんどありません。ここで使用されるスキルは、今までに使用されてきたものを単に簡素化し、迅速に使用できるようにしたものです。ただし、スピードを上げることで、リスクが生み出されるという問題が発生します。中盤において安全な行動をとるということは、プロジェクトの整合性に対して意図せぬ混乱を与えるような行動を避けるという意味があるのです。

　中盤では、多くの行動が並行して行われているため、安全な行動をとることは簡単ではありません。ものごとはすでに動き出しており、多くの意思決定はすでに済んでいるため、新たな行動はそういったものとの摩擦を引き起こす可能性があるのです。例えば、新築中の自宅の設計を、工程半ばで切妻屋根からドーム状屋根に変更した場合、用意していた建材とそれまでに行った作業を捨て去り、より大きなプレッシャの下で新たな作業を実行するしかなくなります。要求の変更、機能の削減、設計の手直しがコードとチームに与える影響を理解するには、経験が必要となるのです。

　PMの目標は安全な行動をとるということです。PMに必要とされる心がけと振る舞いは、変化するかもしれないプロジェクトの目標に向かって針路を維持すると同時に、プロジェクトへのダメージを最小限に抑えるというものです。ある種のダメージは避けることができないため、そういったものへの備えは必要です。しかし、ダメージが発生したとしても、PMの振る舞いが効率的であれば、マイナスの影響は少なくなるのです。

　図14-3で示しているように、プロジェクトの進行とともに安全な行動をとることは難しくなっていきます。これは、時とともに行動の代償が高価なものになりがちであるた

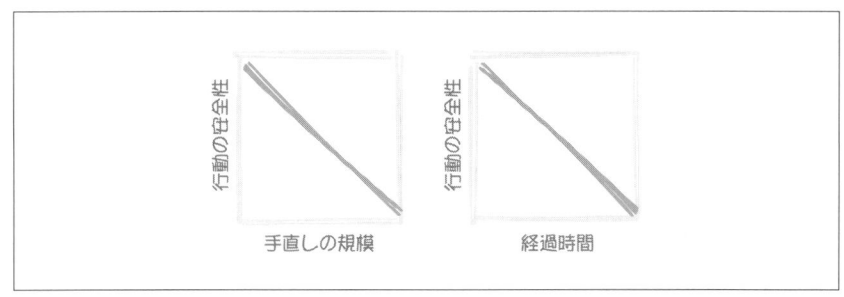

図14-3　安全な行動をとることは、手直しの規模が大きい、そして/または、プロジェクト期間の後になるほど、より難しくなります。

めです。つまり、すでに完了している作業を手直ししたり、捨て去らなければならない確率が高くなっていくわけです。場合によっては、こういったマイナス面を補って余りあるメリットが生み出されることもあるでしょう。このため安全な行動をとるということは、意思決定を行うにあたって、コストに関する何らかの検討を行うということを意味しているわけです。

中盤での手直し（機能/目標/要求の変更）を検討する場合、考慮すべき5つの質問があります。

1. 解決しようとしている問題は何か？ この問題をうまく解決する必要があるのか？ この問題を次のマイルストーンまでに解決する必要があるのか？ 問題を抱えたまま進むことができるか？
2. この問題は症状なのか、原因なのか？ 症状を解決するだけでよいのか？
3. その行動がコードやチームに及ぼす影響を十分に予測できているか？
4. 手直しによって得られるメリットは、手直しのコスト（コード/チームの状態を理解する時間、選択肢の検討工数、意思決定に対する政治的なサポートの工数を含む）に見合うだけの価値があるか？（原因の究明および解決という作業は、その症状を抱えたままプロジェクトを進める場合よりもコストがかかるかもしれません。）
5. 手直しによって新たな問題が発生するというリスクを考えた場合、手直しを行う価値は本当にあるのか？

行動の採用可否を決める際には、8章で解説した意思決定戦略を適用することができます。どのような設計、仕様、コミュニケーション、政治的行動が必要とされていようとも、それぞれ6章、7章、9章、16章で解説している戦術を駆使することが可能です。この際における考え方とアプローチは、費やすことのできる時間が減り、誤りの許容誤差範囲が小さくなるということ以外、まったく同じです。選択肢を検討する時間が減ると

いうことは、2つの意味を持っています。まず、設計時やその後のプロトタイピング時に学習した知識に頼るということを意味しています。検討中の手直しが過去に考察したことのあるものなのであれば、その時の知識を利用して現在の状況を分析することになるわけです。次に、保守的になるということを意味しています。あなたの知っていることが少ないほど、目に見えないリスクも増えるのです。このため、スケジュールの後の方になるほど、行動を起こす際にはより慎重になる必要があるわけです。

14.2.1 表明を破棄する

　安全な行動をとる上で、チームリーダーはチームに対して行った表明を考慮する必要があります。12章で考察したように、チームからの信頼というものは、リーダーが自らの表明をどのようにマネジメントするかにかかっているのです。ビジョンのドキュメント、要求、スケジュールというものは、マネジメント、チームリーダー、プログラマ、顧客の間で行われる表明の様式であると言えます。そして、中盤に行うあなたの行動は、あなたが行った以前の表明を無効にしてしまうかもしれないのです。

　変更発生時においてもチームとの信頼を維持し続けるためには、あなたは以前に行った自らの表明を尊重しなければなりません。ハンフリーは、「何かが変更になり、表明に関係するいずれかの側に影響が出る場合、事前に通知し、新たな表明を交渉することになる」と述べています。変更は可能ですが、その際には最初の表明（ビジョン、要求、スケジュール）を行った際と同様の交渉手続きに従わなければならないのです。ドキュメントの草稿を用意したり、全員打ち合わせを行う必要はありませんが、表明が変更になることを通知し、変更内容を決定するプロセスに関係者を参加させる必要があるわけです。

　もしもチームに2週間分の作業を捨て去るようにお願いするのであれば、その意思決定を評価する際に、該当工数も含めていたということを確認してください。また、変更が必要となる理由を彼らに説明し、新たな案にどういったメリットがあるのかを告げてください。可能であれば、最終的な意思決定を行う前にチームで議論するのもよいでしょう。

　変更の実施を恐れてはいけません。変更はよいことであり、避けることはできないのです。しかし、変更にはさまざまな種類があり、変更の際にチームのマネジメントを行う方法も数多くあります。今まで西に向かって進んでいたものの、今後は北に向かって進みたいという場合、チームを西に向かって進ませた時と同じスキルを使ってチームを北に向かわせる必要があるのです（とは言うものの、速度は2倍に、堅苦しさは半分くらいになるはずです）。変更の際にチームを率いていくための指針については、3章、4章、11章、12章を参照してください。

14.3　コーディングのパイプライン

　中盤の作業において、プログラマが記述するコードに着目するというのは実践的な観点と言えます。プロジェクトを進捗させるには、コードを1行ずつ記述し、プロジェクトを完了へと近付けていくしかないのです（個人的に気に入っている機能、不必要な最適化等はプロジェクトの進捗を阻害させる要因となります）。つまり、コーディングに先立って行われるすべての計画作業や設計作業は、プログラマが担当するかどうかに関わらず、彼らが行うことになる一連の作業を効率化するために行われるわけです。そして、こういった作業によってコーディングのパイプラインが形作られるのです。

　コーディングのパイプラインをスムーズに連携させることは、PMの役目です。プログラマ自身がパイプラインのマネジメントを行い、担当と作業内容を決定することもできます[†]が、そういう場合であっても、PMはプログラミングチームに対してサポートを行わなければなりません。この場合のサポートとは、探しものを見つけ出したり、打ち合わせを準備したり、さまざまな意思決定を催促して回るといったことであり、場合によっては設計に残されている懸案事項[††]を解決することも含まれます（図14-4を参照してください）。また、プログラマとともに数日間作業を行い、設計を完了させ、パイプラインをスムーズに連携させるといったことも含まれます。PMが複数の開発者の作業に対して責任を持つ場合、そのPMは自らの時間を注意深く優先順位付けし、複数のパイプラインの面倒を並行してみなければなりません（こういった作業の一部を、プログラマのリーダーに任せることもできます）。

　『Web Project Management: Delivering Successful Commercial Web Sites』（Morgan Kaufmann刊、2001年）において著者のアシュリー・フリードレイン（Ashley Friedlein）は、このプロセスをチームに対するブリーフィングと呼び、次に行うべき作業項目の詳細をブリーフと呼んでいます。フリードレインは、「開発の効率を上げ、スピードを最大にするには、今行っている作業よりも常に一歩先を行き、ブリーフを作り出す必要がある。今の作業が終わった時点で、次の作業のブリーフが用意できているようにするのだ」と述べ

[†]　こういったことを行う正式な方法もあります。また、週次の打ち合わせで各プログラマのパイプラインを簡単に議論するチームもあります。この場合、チームの全員がその週におけるチームの、そして個人の作業項目を理解しているのです。PMはパイプライン中のタイミングにまつわる問題の解決を保証することになります。

[††]　UIの比重が高いプロジェクトでも、コーディングのパイプラインをマネジメントすることで、設計の繰り返しが可能になります。パイプラインのマネジメントによって、作業項目Aの一部を作業し、それをユーザビリティ研究部門に引き渡し、さまざまなことを学び取り、設計を洗練させてから、Aの残り部分の作業にかかるわけです。パイプラインを稼働させ続け、開発期間やマイルストーンを守っている限り、設計者は低/中レベルのUI設計作業をプログラミングチームの作業と並行して行えるようになるのです。

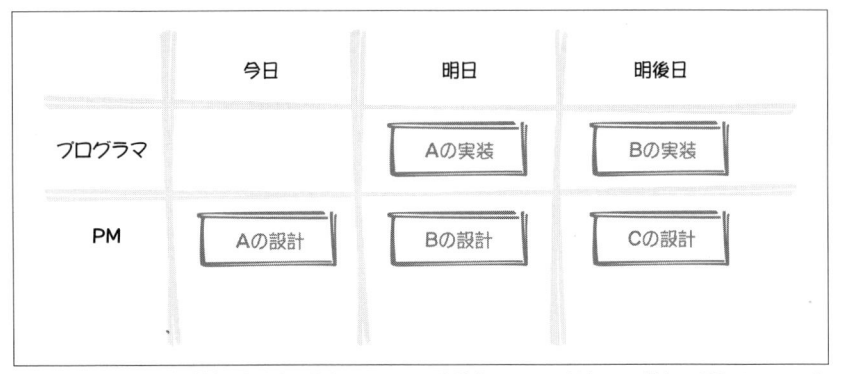

	今日	明日	明後日
プログラマ		Aの実装	Bの実装
PM	Aの設計	Bの設計	Cの設計

図14-4　最終的な仕様書/設計書の詳細は、PMや設計者によって並行して検収、承認されることになります。これによってコーディングのパイプラインが機能することになるわけです。

ています。こういったブリーフは (変更が発生していないのであれば) 仕様書から作り出されますが、それ以外にもプログラマが知っておくべき新規項目や変更項目が盛り込まれています。中盤の最中に、プログラマに対するブリーフィングを積極的に行わなければ、ユーザビリティに関する懸案事項、ビジュアルなデザイン作業、他のプログラマによって行われる作業、マーケティングに関する懸案事項、技術的な問題、外部との依存関係といった、作業項目を止めてしまうさまざまな事象が発生した場合に、パイプラインの流れが停滞してしまうことになるのです。たいていの場合、PMはチームで一番多様なスキルを有しているため、コーディングのパイプラインをチェックしたり、懸案事項の洗い出しや解決を行ったり、プログラマが作業を開始する前にものごとをスムーズにするといったことを実行する最適の人材と言えるわけです。(PMの作業の中には、パイプラインが停滞しているためにコーディングにとりかかれず、欲求不満になっているプログラマ (本人が認めない、または気付いていない場合もあります) を見つけるということも含まれています。)

　以下は、こういったことをうまく行うための4つの質問です。

- **活発にコーディングされていないのは、どの作業項目か？** プログラマの抱えている作業項目に何らかの懸案事項があり、そのために完成できないということになっていないでしょうか？ そうであれば、それを排除してください (排除するのは懸案事項であって作業項目じゃありません)。これはプロジェクトに対する非常警報です。プログラマがコーディングを行えなければ、プロジェクトは停止します。プログラマの作業を止めている懸案事項の解決以上に重要な作業などありません。彼らに「君がこれを解決する上で、私はどういった支援ができるんだい？」と尋ねてください。あな

14.3 コーディングのパイプライン | 351

たに何かできることがあるのであれば、彼らはそれを教えてくれるはずです。先行作業の完了待ちで作業が止まっている（例えば、フレッドが作業項目6を完了させなければ、ボブは作業項目7を開始できない）場合、その先行作業が完了するまで他の作業を進めておくことができるかどうかを検討してください。

- **プログラマは現在の作業項目を実施する上で必要となる知識をすべて知り、理解しているか？** 実装中にしか持ち上がってこない質問や矛盾というものは常に存在しています。こういった矛盾を自力で解決できるプログラマもいます。しかし、PMや設計者はこういった矛盾の洗い出しと解消をいつでも支援できるようにしておき、必要に応じて実際に関与する必要があるのです。また場合によっては、事前に予測して対処しておくこともできるはずです。例えば、仕様書レビューの場で、この作業項目に関して挙げられた懸案事項のすべてが解決されたのでしょうか？
- **次にコーディングするべき項目群は何か？** この質問からパイプラインの本当のマネジメントが始まります。プログラマの一歩先を行ってください（図14-4を参照してください）。現在作業中の項目が順調に進んでいるのであれば、パイプラインにおける次の作業項目が焦点となります。次の作業項目は、現在作業中の項目に次いで最も重要度の高いものになります。どんなに難しい作業であったとしても、常に最も重要度の高い作業から手を付けるようにするのです。パイプライン中の項目のいずれかに、プログラマの手を止めたり足を引っ張ったりするような未解決の懸案事項がありはしないかを調べてください。そういったものを見つけ出し、解決するのです。
- **完了したことになっている作業項目は、本当に完了しているか？** コーディングのパイプラインで重要となるのはこの部分です。誰かが、チェックインされたコードからビルドの内容を判断し、顧客の視点から見て正しいかどうかを確認しなければならないのです。完了したことになっている作業項目は、要求された機能と動作を本当に実現しているのでしょうか？ テストチームは同意しているのでしょうか？ ユニットテストはすべてパスしているのでしょうか？ バグデータベース中に、対応中の関連項目が残されていないでしょうか？ プロジェクトの現状を体感し、要求と実態の違いを洗い出す最も簡単な方法は、日々のビルド（次の章で解説します）を実践することです。こういったことを行う重要性は、作業項目が大きいほど高くなるのです。

　コーディングのパイプラインに対する責任の感じ方は、プログラマによってさまざまです。また、多くのプログラマはある種の（技術的な）懸案事項を積極的に探そうとするものの、他の（ビジネス上や政治的な）懸案事項を無視したり、遅らせたりする傾向にあります。このため、あなたはパイプラインのマネジメントにどれだけ関与しなければならないのかということを、各プログラマ毎に押さえておく必要があります。パイプライ

ンのマネジメントが実際に行われ、誰かが積極的に作業項目の品質を検証、維持しようとするのであれば、誰が行うのかはあまり関係ありません。(これは9章で考察した役割の話となります。)

14.3.1 挑戦的なパイプラインと保守的なパイプライン

　コーディングのパイプラインは、プログラミングチームよりも2～3項目分の作業項目を先行させるだけで済む場合もしばしばあります(2日かかる項目が3つあるのであれば、1週間強の作業となるわけです)。ただ次に行う作業項目については、PMとプログラマの間で非公式な議論を行うなどして同意しておく必要があります。(明確なクリティカルパスやガントチャートが存在し、期限まで数週間もないのであれば、パイプラインは自動的に決定されるはずです。) そうすることによって、懸案事項が期限内に解決できない場合であっても、その懸案事項が解決されるまでの間にパイプラインに流せるような、適切な代替作業項目を用意するだけの余裕ができるわけです。

　挑戦的性格を持ったチームの場合、パイプラインをフルに活用して懸案事項の優先順位付けを行います。こういったチームは、念入りに全作業項目の作業分割構成(WBS)を作成するのではなく、PMやプログラマのリーダーが持つパイプラインのマネジメント能力に全幅の信頼を置き、発生する変化にダイナミックに対応しようとするのです。この場合、リスクはより高くなります。パイプラインに流す代替項目が用意できていない場合や、チームが前方を飛行していない場合、誤った意思決定を行ってしまい、時間を無駄に費やしてしまうことになるのです。優れたWBSの作成方法、およびそれをプロジェクトのスケジュールに適用する方法についての詳細は、ステフェン・デボー(Stephen Devaux)の『*Total Project Control*』(Wiley刊、1999年)やプロジェクトマネジメントに関する優れた参考書を参照してください。

　保守的性格を持ったチームの場合、計画時に作成されたオリジナルの作業項目一覧を緩やかに洗練させていくことで、パイプラインのマネジメントが行われます。この場合、オリジナルの計画を各プログラマ向けのパイプラインの原型として採用し、数週間から数ヶ月かけてじっくりとパイプラインを作り込んでいくこともあります。ちょっとした手直しもありますが、オリジナルの計画のうち、少なくともマイルストーンは残ることになります。そして、次のマイルストーンを目指す際、計画作業の一部として新たな作業項目一覧を作成し、このプロセスを繰り返すことになります。つまり、マイルストーン間の時間的な長さによって、あるいはプロジェクトの安定度によって、事前にパイプラインを計画できるようになるわけです。

　しかし、パイプラインで重要なのは、その作成方法ではありません。あらゆる方法論には代替案が用意されているものなのです。ここで重要なことは、パイプラインを効率

よくマネジメントすること、適切な作業項目を適切な方法で実行すること、時間を無駄にすることなく次に実装するものを洗い出すことなのです。

14.3.2 コーディングのパイプラインはバグ修正のパイプラインとなる

コーディングのパイプラインは、プロジェクトの後半においてすべての作業項目が完了した後も機能し続けます。ただしパイプラインには、作業項目ではなく修正を要するバグ/欠陥が流されることになります。15章では、バグの取り扱い方法に関する意思決定プロセスである、トリアージを考察する際にこのことを解説しています。

14.3.3 進捗の追跡

中盤における進捗の追跡には、作業項目一覧を使用するのが最も手軽です。スケジュールされていた作業項目すべてが（適切な品質レベルで）完了するまで、中盤は終了しないのです（図14-5を参照してください）。また、中盤におけるすべての戦略には、プロジェクトの状態を理解すること、チームを正しい方向へ先導すること、成功につながる終盤を設定することが関係してきます。作業項目一覧による完了作業の記録は、こういった判断を行う上で必要不可欠な情報源となるのです。

作業項目	完了したか
A	済み
B	済み
C	未済
D	未済
E	未済

図14-5 スケジュールされていた作業項目が（適切な品質レベルで）すべて完了するまで、中盤は終了しません。そして中盤が終了しなければ、終盤は開始しないのです。作業項目の完了割合に影響を与えない作業に対して高い優先順位を割り当ててはいけません。

お薦めは、図14-5で示しているようなシンプルな表を使用し、チームもそれを利用できるようにしておくことです（大規模プロジェクトでは、完了した作業項目の割合を分野ごとに表示するようにしてもよいでしょう）。チームのウェブサイトがあるのであれば、作業項目の進捗状況をサマリーとして目立つところに表示し、日々更新するようにしてください。チームメンバーからよく見えるところに大きなホワイトボードを置き、この表を大きく書いておいてもよいでしょう。週次の状況連絡打ち合わせや大規模なチーム

打ち合わせを開始する際、まず最初にチーム全体の状況をさらっとレビューしてください。各作業項目は1〜3日で完了するはずであるため、図14-5のような表があれば、ほぼ日次ベースの進捗が把握できるはずです。メンバーは定期的にこういった情報をチェックし、最近チェックインされたものと、もうすぐ完了するものを知っておくように努力するべきなのです。

各作業項目の完了までの残日数といった副次的な情報も、もちろん追跡するべきです。しかし、こういったデータによってシンプルさが失われてはいけません。プロジェクトの全体的な状況をチームメンバー全員が理解しているということは、中盤を乗り切る上でとても重要なこととなるのです。たいていの場合、個々のメンバーは、自らの作業領域の状況や、日々の作業と関係する領域の状況に関しては、自然に理解するものなのです。

進捗を効率よく追跡する上で、知っておくべきことは他にも沢山あります。バグや傾向が重要となる場合の注意点については、次の章で詳しく扱っています。

14.4　動いている標的を狙う

「計画に従うことで勝利できるような戦いはないが、計画なくして勝利できるような戦いもない。」

——ドワイト・E・アイゼンハワー

エクストリームプログラミングに代表される、短いサイクルを採用している開発手法の擁護者は、方針とは変化するものだということを主張しています。開発時のサイクルを短くすることで、プロジェクトは作業バランスを崩すことなく、大きな変更に対応でき、計画や設計を短期間に集中して行えるようになるのです。短期戦によって勝利するという態度は、とても重要です。しかし、追加しておくべき真実がもう一つあります。それは、長期の計画があれば、それが大まかなものであったとしても、短期や中期の計画変更が容易になることも多いということです。

というのも目標、要求、設計に対する変更が発生した場合であっても、元の計画すべてを捨て去らなければならないということは滅多にないためです。実際のところ、変更（すなわち変位）というものは、その変更が発生した時点までプロジェクトが基本にしていたアイデアと相対的なものになっているのです。元の計画は、大まかであったとしても、間違っていなければ役に立つ参照資料となるため、迅速な調整が可能になるのです。つまり、変更の発生という不安定さに対する最善の保険は、プロジェクトを遂行しながら調整できる計画を最初から用意しておくことになるわけです。

「そうだ、私の意見では戦闘というものは計画通りに行えるものではない。計画は変化に備えた共通の基盤でしかないのだ。重要なことは、全員が計画を知っておくことで、容易に変更が可能になるということなのだ。……近代戦は非常に流動的であり、意思決定は迅速に行わなければならない──そしてそのほとんどは計画に従ったものとはならないのだ。しかし全員が少なくとも、自分はどこから来て、（その後）どこに向かっていくかということを知っているのだ。」

──イスラエル防衛軍司令官、ダン・ラネル陸将補

　計画を利用して移動する目標を狙う場合、その計画を見直すことなく、長期に渡って利用し続けてはいけません。適切なタイミングで計画を見直しているのであれば、標的の移動距離はさほど大きくならず、時間と速度と方向が判れば標的を捕捉することができるのです。プロジェクトに複数のマイルストーンやフェーズがあるのであれば（2章を参照してください）、そこが見直しを行う自然なタイミングとなるはずです（そして、こういったフェーズのそれぞれにおいても設計作業が計画されているのであれば、最初のマイルストーンにおいて成果物を見直すことも可能になります）。マイルストーンまで3〜6週間あったとしても、1〜2個の中間点を決めておけば、目標や要求が変更された場合にプロジェクトの針路を相対的に再評価することができるようになります。つまり、マイルストーンまでの長さは、こういったものの変更されやすさによって決定するべきであるということになります。プロジェクトの針路が変わりやすいというのであれば、マイルストーンまでの長さを短くするわけです。

　図14-6は移動する目標に照準を合わせ直すという例を単純化して示したものです。プロジェクトは点Aから開始し、点Bで終了するものとします。プロジェクトを始めて2週間後（マイルストーンに到達した後）、チームリーダーはBという目標に変化が発生したことを認めることで、プロジェクトはBに向けて照準を合わせ直すことになります。そして2週間後、さらに微調整が行われ、新たな軌道修正が行われます。いくつかの作業は捨て去らなければならないものの、後になって針路を調整するよりも早期に針路を調整した方が、捨て去らなければならない作業は少なくなるのです。こういった行動がマイルストーンのタイミングで行われる場合、変更に関連する設計部分の手直しを行い、以前の成果物を修正するための作業項目を追加し、実際に手直しを行う時間がチームに与えられるわけです。

　マイルストーンの設定が適切になっていなくても、コーディングのパイプラインを使用することで、開発チームは中盤の軌道修正を制御しやすくすることができます。こういった軌道修正は、プログラミングチームの目の前にあるパイプライン内で起こることになるため、実際の変更作業までには若干の余裕が生み出されます。そして、パイプラ

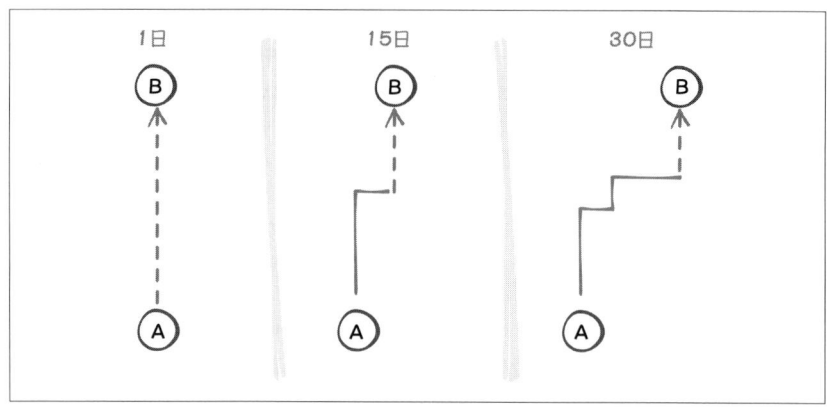

図14-6 目標、要求、制約は変化するものの、その速度と移動方向が判っており、変化を捉えるために中間的なステップが置かれているのであれば、変化をマネジメントすることができます。

インの通過時間が長ければ（図14-7を参照してください）、より大きな余裕が生み出されるのです。また、パイプラインのマネジメントを行う誰か（PMやプログラマのリーダー）がいる場合には、方針変更があっても、チームが完全に停止することはなくなるわけです。パイプライン中に十分な（そして適切な）作業があればよいだけなのです。

　しかし、これは変化が初期計画から大きく外れるものではないという前提に立っています。つまり計画が適切に取り組まれている場合にのみ、変化に対処できるようになるのです（図14-7を参照してください）。新しい要求や目標が、あるレベル以上になると、コーディングのパイプラインが持っている通過時間（あるいは、次のマイルストーンまでで計画されている設計時間）を超えた、大規模な設計作業や探求が新たに必要となるのです。例えば、初期計画がオーブントースターの製造であった場合、中盤になって中型のオーブン製造プロジェクトに軌道修正することは可能かもしれませんが、粒子加速器やオイルタンカーの製造プロジェクトに軌道修正することはできないのです。

　図14-7は、プロジェクトが許容できる変位の量を示した大まかなモデルです。枠で囲まれた領域は、計画時の取り組みによって、チームが新たな大改修を行うことなく対処できる変化の範囲を表現しています。またこういった図は、作業項目レベルにブレークダウンした場合でも成り立ちます。その場合、各作業項目に許容される要求/設計の変更範囲は、プログラマのアプローチによって変わってきます。

　図14-7に関する注意点が一つあります。この図の縦軸は時間の経過を下から上に向かって表しており、この領域はずっと一定であるかのように表現されていますが、それは正しくありません。この領域は、実際にはプロジェクトの進捗に伴い、そしてプロジェクトが置かれている状況によって伸縮するのです。たいていの場合、完了した作業項目

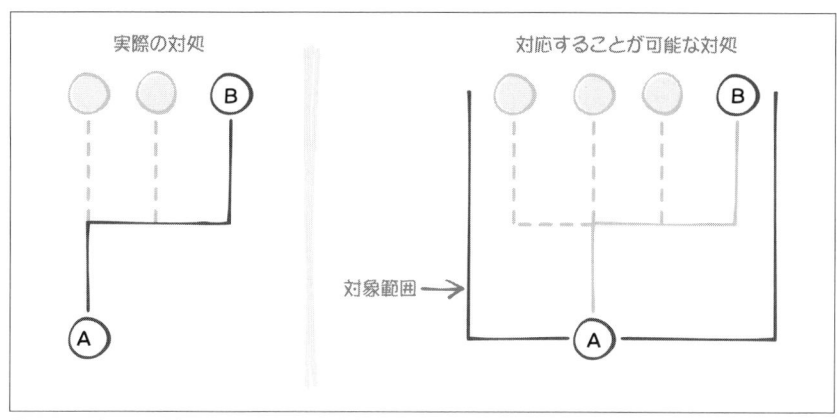

図14-7 すべての計画にはどれだけの変位までが許されるのかという対象範囲が存在しています。計画がより幅の広い、あるいはより深い洞察（変化の予測）に基づいているのであれば、対象範囲は広くなります。

が増えるとともに、この領域が小さくなっていきます。また、各作業の進捗とともに計画が実質的に変化していき、それによって領域も変化していくことになります。

14.4.1 鶴の一声の取り扱い

　健全な組織において順調に進捗しているプロジェクトでは、大局的な変更のほとんどがプロジェクトのマイルストーンに合わせて対処されます（その理由は、マイルストーンまでの期間が、プロジェクトや組織の持つ変化のタイミングと大枠で一致しているためです）。マネジメント側は忍耐力を持った大人であり、チームの仕切直しや、再調整の強制をフェーズの完了まで待つことができるのです。しかし、こういった組織においてさえ、中盤の真っ只中に急に変更を命じられるといったことがあり得るのです。

　たいていの場合、意思決定による針路変更よりも、マネジメント側、顧客、競合他社の声による針路変更の数の方が多くなっています。こういった針路変更の決定を、あなた自身が行える場合もあれば、誰か他の人が行うという場合もあります。いずれの場合であっても、あなたは大きな変更が発生した際に、どういった対策で臨むかという大まかな計画を考えておかなければなりません。マネジメント側からの鶴の一声による針路変更や、競合他社が打ってきた絶妙の手に対抗するための針路変更は、普段からそういったことに対して注意を払っているのであれば、数日前から数週間前に感じ取ることができます。その際にあなたは、人間関係を利用したり、政治手腕を発揮するなどして情報を仕入れ、プロジェクトの守りを固めることになるわけです。これによってすべての問題が解決できるわけではありませんが、問題を避けることができる場合もあるのです。

手持ちの情報を活用し、起こりそうな針路変更を定期的に推測し（何らかのテクノロジを採用する？　新機能を搭載する？　目標を新たに設定する？）、そういった事態が発生した際の作戦を考えておくのです。これは大まかなもので構いません。例えば、プログラマのリーダーとちょっとした対話を行い、情報を引き出せばよいのです（「フレッド、すでに我々が使っているAPIに加えて、バージョン2.0のAPIもサポートしようとしたら、他にどういった作業が必要となるかな？」）。ここでの目標は、新たな戦術や戦略ではありません。あなたとチームが歩むことになる道の感触を得ることなのです。優先順位付けされた作業項目の一覧（13章）をもう一度吟味し、必要となるかもしれない新たな作業に対して、何らかの検討を行ったかどうかを確認してください。

変更の影響を調査する

実際に変更が発生しそうになってきた場合、コーディングのパイプライン中に流す作業を調整し、変更に対して備えることになります。チェスで次の一手を考える場合、少なくとも2つの方法が考えられます。

1. **保守的になる**。将来的に採用できる手（選択肢）の数を最大にし、さまざまな選択肢を維持できるような手を探す。
2. **攻撃的になる**。ある1つの戦略に全力を傾け、対戦相手を巻き込んでいく。

プロジェクト（あるいはチェス）において、あなたの方が相手（すなわち鶴の一声を発するマネジメント側や競合他社）よりも強いと自信を持って言えるのであれば、攻撃的な作戦を採ることになります。力関係が不明であったり、不利な戦いを強いられている場合、保守的な作戦を採るのが一番でしょう。保守的な作戦の採用をチームに告げることで、進捗スピードは若干低下するかもしれませんが、それはその作戦を採用したことによる保険料のようなものです。また、意思決定の内容よりも、意思決定そのものを迅速に行うことが重要である場合、あなたの政治的な立場が弱かったとしても、攻撃的な作戦を採ることで他者の意思決定を促せることもあります。

しかし、手直しを検討するということは必ずしも、追加の開発作業が必要となったり、コードの品質が低下するということを意味しているわけではありません。信頼性はそのままで、より柔軟なアルゴリズムを見つけることができるかもしれないのです。チームメンバーに向かって「みんな、我々の顧客/役員が新たなデータベースのスキーマをサポートさせようとしているんだ。ちょっと自分の作業を見直して、この変更に備える簡単でスマートな方法があるかどうか調べ、あるのであれば対応して欲しいんだ。しかし、こういった理由で大きな変更を加えたり、品質を犠牲にしないでくれ。判ったかい？」と尋ねるだけなのです。

こういったことが不可能な場合もあります。疑問の答を見つけるための調査が数時間に及ぶこともあるのです。しかし、簡単に済む場合もあるはずです。例えば、プログラマがその可能性をすでに検討していたり、コードの理解に基づいて筋の通った意見を持っているかもしれません。5分も対話すればチームは準備できるかもしれないのです。そして、さらに重要なこととして、変更にかかるコストを深く理解できているほど、変更を否定しようとする反論は優れたものとなる傾向があるのです（あるいは、賛成する際の説得力が増すのです）。

変更可能性

プロジェクトが進捗し、元々の（あるいは現時点で有効な）目標に近付いていくと、手直しや方針変更が難しくなるという点にも注意が必要です。図14-8は、プロジェクトがBという目標に向かって進んでいるものの、方針変更の噂（図中の「？」）があることを示したものです。この場合、PMはその変更内容を可能な限り正確に予測し、それに従って調整を行うことになります。そして、対処方法をプログラマとともに検討し、軽量化した計画を作成するわけです。

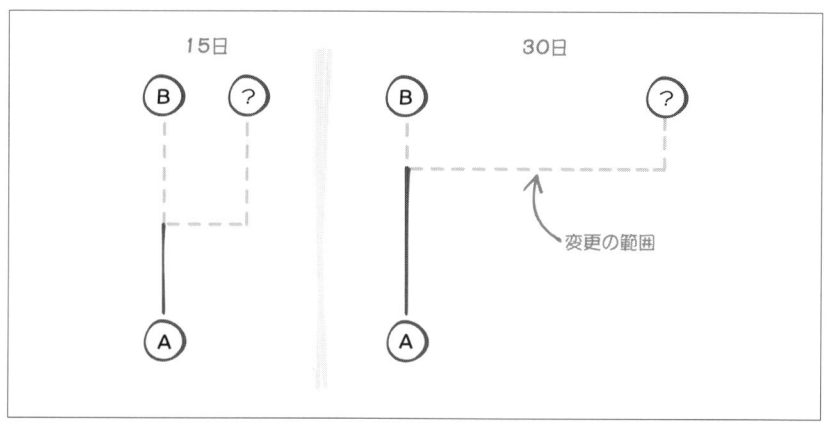

図14-8 変更されることが判っているものの、それがいつなのかが判っていない場合であっても、どういった変更になるのかを予測することはできるはずです。

プロジェクトが進捗していく中、鶴の一声があるという噂が残り続けたと考えてください。この場合、変更時の工数はプロジェクトの進捗とともに増大していき、難易度もリスクも高くなっていきます。コードが1行記述される度に、対応可能な変更の範囲は狭まっていきます。そして、プロジェクトがBの完了に向けて近付くにつれて、鶴の一声による変更後の目標への距離（図14-8における「変更の範囲」）は、Bまでの残りの距離と

比較すると無視できないほど長いものになっていくのです。つまり、変更に対して手をこまねいていると、そのコストは大きくなるという傾向があるわけです。

その後、実際に変更が発生し、それがあなたの予想とは違ったものであった場合、採るべき道は一つしかありません。それはチームをリセットすることです。追加の作業時間が与えられない場合、優先順位の一覧に戻り、必要な時間を捻出するために削除する項目を探すことになるわけです（11章を参照してください）。

14.4.2 変更のマネジメント（変更管理）

プロジェクトチームによっては、追加の作業項目が必要となったり、既存の作業項目を削除するような設計変更を積極的にコントロール、追跡しようとします（こういったことは仕様書の公式レビュー後から開始されます）。もしも、定められたプロセスを経ずに設計の変更が行われた場合、適切なメンバーの目に届かないところで大きくてまずい、邪悪な意思決定が行われるという危険性があります。こういったことを気にするかどうかは、チームの持つ文化と目標によります。フリードレインはこの点について、「プロジェクトを通じて変化をマネジメントする方法は、……プロジェクトの規模と性質に依存する。一般的に、プロジェクトが大規模になり、複雑化し、仕様書がより厳格なものとなると、変化のマネジメントをより厳格に行うことになる」と指摘しています。あなたのチームが仕様書作成プロセスを気にしないのであれば、おそらくプロセスの変更も気にしないはずです――違いを記録するものがないのですから。

しかし、プロジェクトの完了が近付くと、公式なプロセスをほとんど持たないチームでさえ、変化に対して敏感になってきます。この場合、コミュニケーションや、変化の追跡とマネジメントを行うためのプロセスがなければ、プロジェクトを収束させることは難しく、欲求不満も高まっていくことになるのです。このため、チームの成熟度が高いほど、変化のコントロールを早期に行いたくなるという傾向があるわけです。こういったことが終盤のプロセスで行われる必然性はありません。終盤が近付くにつれて、リスクは高まり、リスクをコントロールしたいという要望も高まっていくものなのです。

変更をマネジメントする最もシンプルな方法は、仕様書作成プロセスの贅肉を極限まで落としてしまうことです。NASAとマイクロソフトは、これをDCR（Design Change Request：設計変更要求）と呼んでいます。この他にもECR（Engineering Change Request：エンジニアリング変更要求）、ECO（Engineering Change Order：エンジニアリング変更命令）、または簡単にCR（Change Request：変更要求）と呼ばれることもあります。

この最もシンプルなプロセスは、以下のようになります。

1. 誰か (PM) が変更のサマリーを記述します。これには、プロジェクトの目標や要求との関係、変更の必要性、変更の設計内容が含まれます。(DCRがプロジェクトに与える影響から生み出されるリスクも洗い出しておくとよいでしょう。) こういったものが1～2ページを超えることはほとんどありません。バグ (あるいは懸案事項) の追跡に用いられる手法は、DCRも追跡できるようになっているべきであり、DCR自体も添付できるようになっているべきです。
2. プログラマ、テスターの他、変更によって多大な影響を受ける関係者たちは、DCRのサマリーを作成する際、一致協力し、この変更の必要性と、設計の適切さについて同意しなければなりません。プログラマは開発見積もりを作成し、テスターはテスト見積もり (あるいは大まかなテスト計画) を作成します。
3. 変更の対応是非を決定する、チームリーダーやグループのマネージャで構成された小グループに向け、DCRの提案を行います (「15.3.3 ウォーチーム」を参照してください)。変更が可決された場合、DCRはプロジェクトに対する追加作業項目として扱われ、チームへと伝えられます (そして各作業項目が適切なプログラマに割り当てられます)。スケジュールやプロジェクトの全ドキュメントは、この変更を反映して改訂されます。DCRが否決された場合、部屋の隅にひっそりと置かれ、そのままプロジェクトの世界から抹殺されることになります。

チームが小規模であり、権限の分散が徹底されている場合、最後の手順は省くことができます。適切なメンバーが顔を合わせ、選択肢を議論し、変更を決定するわけです。しかし、変更がプロジェクトを空転させたり、他のプログラマに影響を与えたり、追加リソースを要求する場合、チームリーダーが関与する必要があります。

DCRは常に、プログラミング見積もりやテスト見積もりよりも高価なものとなります。DCRによって、エンジニアリングチームは予測できない副作用に巻き込まれ、PMはパイプラインや他の重要な行動から注意をそらされるのです。DCRの設計作業は駆け足で行われるため、失敗したり、よくない設計を選択する確率が高くなります。また、DCRによって、新たなDCRが必要となることもよくあります。こういったことを考えた場合、一般的には次のような指針を持っておくべきでしょう。設計プロセスは強力なものを使用し、開発サイクルを短く保ちます。このようにしてDCRの必要性をなくした方が、DCRによる変更を多用するようなスケジュールを計画するよりもよいのです。設計上の懸案事項を早期に解決し、DCRプロセスを避けるという動機付けは、チームメンバー全員が持っているはずなのです。

14.5 サマリー

- チェスの中盤と終盤は、プロジェクトの中盤と終盤に対応付けることができます。
- ある日、プロジェクトが順調に進まなくなった場合、あなたの仕事は、何が悪いのかを見つけ出して解決することになります。中盤を通じてこれを繰り返します。
- プロジェクトというものは、非線形システムであり、大きな慣性を持っています。問題が急を要するものであるにも関わらず、様子を見ようと何もしないでいると手遅れになり、事態を悪化させることになります。
- プロジェクトが制御不能となった時、あなたは飛行機の後方を飛行していることになります。この状態は何とかしなければなりません。サニティチェックは、飛行機の前方を飛行し続けるための最も簡単な方法です。サニティチェックには戦術的なものと戦略的なものがあります。
- 対処方法を検討する際には、最も安全な方法を考えてください。行動の規模が大きいほど、そしてプロジェクトが進捗しているほど、対処行動はより危険なものとなります。
- 実装中の作業項目をマネジメントする方法として、コーディングのパイプラインを使用することができます。パイプラインのマネジメントには、挑戦的な方法と保守的な方法があります。
- マイルストーンに基づく計画とコーディングのパイプラインによって、プロジェクトを安全に軌道修正する機会が提供されます。
- 変更管理を（DCRを利用して）行うことで、プロジェクトに対する中、低レベルの変更のペースを調整することができます。

15章
終盤の戦略

　前の章で解説した中盤の戦略からの続きとして、この章では要所で期日を守り、期限に間に合わせることに焦点を置いています。

　ともすれば忘れてしまいがちですが、どのようなプロジェクトにも複数の期限が存在しています。こういった期日や期限は常に、マイルストーンやプロジェクトの納期へとつながるものなのです。このため、チームが期限を守るために懸命に努力している時に、その先にさらなる期限が待ち受けているからといって、目前の期限を守らせようとチームにプレッシャをかけすぎると、思わぬリスクが発生することになるわけです。目前の期限に間に合わせるために無理をさせることで、チームは次の期限に向けた作業を、疲弊し、ストレスレベルの高い、欲求不満を抱えた状況で開始することになり、その期限に間に合う可能性を低下させることになるのです。ヴィンス・ロンバルディ[†]も、疲弊は我々全員を腰抜けにしてしまうと言っています。疲弊している時に、いくらカフェインを摂取したとしても、よりよい環境下で作業するほどの効率は得られないのです。

「音の鳴らし方は、その音が何であるのかと同じくらい重要である。」
——ヘンリー・カイザー[††]

　チームの尻を叩いた場合、いったん低下したパフォーマンスが作業見積もりの前提と同じレベルに戻るまでには、数日から数週間かかるようになります（図15-1を参照してください）。さらに悪いことに、チームの尻を叩くことで、チームの反応が悪くなっていき、燃え尽きるレベルに到達すると、許容時間内にリカバリすることも不可能になります。

[†] 訳注：ヴィンス・ロンバルディとは、第1回および第2回スーパーボウルを制したグリーンベイ・パッカーズのヘッドコーチです。

[††] 訳注：ヘンリー・カイザーは、ロック、ジャズ、実験音楽界で有名なギタリストです。

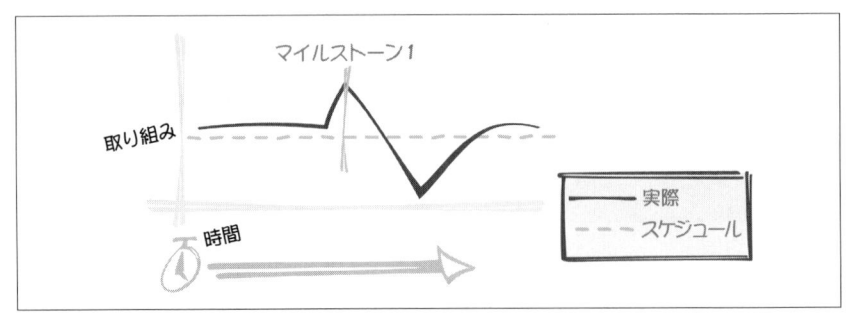

図15-1 メンバーの尻を叩くことで、次の目標に間に合う可能性をふいにしてしまうというリスクが生まれます。マイルストーン1に間に合わせようと無理することで、マイルストーン2に向けた作業は不利なスタートを切ることになるのです。

プロジェクトという観点から見た場合、チームの生産性はゼロサム†のリソースとして捉えるべきです。つまり、期限に間に合わせるために多大な努力を要求するということは、次のフェーズで費やされるはずだった工数を横取りすることに等しいのです。（しかし、各メンバーに特殊な役割が割り当てられている場合、その責任を融通し合うことでリスクを最小化できます。たいていの場合、設計担当者、計画担当者、PM、テスター、プログラマが忙しくなるタイミングは、役割毎に異なっているはずです。このため作業を適切に分散しておけば、チーム全体が同時に多忙を極めることはなくなるのです。）

さらに悪いことに、横取りしてきた工数に対して利息がついてしまうのです。横取りしてきた工数を現在のフェーズで使う時間と、次のフェーズでパフォーマンスを元に戻すための時間は同じではありません。パフォーマンスを元に戻すには、より多くの時間が必要となるのです（電車に乗り遅れまいと20秒間全力疾走すると、息が元通りになるまで1分ほどかかるのと同じです）。また、工数を横取りするとメンバーの個人的な時間や家族との時間が犠牲になることもあり、そうなると個人、チーム、組織の長期的な利益も損なわれてしまうことになるのです（図15-1を参照してください）。

つまり、優れたマネージャであれば、目先の期限に間に合わせるために、こういった多大な努力を要求するようなことは避けなければならないわけです。大規模プロジェクトにおいて、多大な努力を必要とするような突発的事態を避けることは不可能ですが、そういった事態の発生を注意深くコントロールし、最小限に留めるために先手を打ち、実

---

† ゼロサムというのは、ゲーム理論という学問分野において、リソースが有限であることを意味する際に用いられる用語です。例えば、チョコレートケーキを切り分けるのはゼロサムゲームです。私の取り分を多くすれば、あなたの取り分は減るのです。しかし、在庫の豊富なカフェに行き、ケーキを注文するというのはゼロサムゲームではありません。私たちは好きなだけケーキを食べることができるのです。いただきます！

際に発生した際の真のコストを理解しておくことは、マネージャにとって必要不可欠なこととなります（すなわち、次のマイルストーンを目指す作業が始まって2週間経ってから、活気がないとか、軌道に乗っていないなどとチームを非難しているようではいけないのです）。プロジェクトが長期化すると、こういった突発的な事態によってチームが失う工数も大きくなり、複数のマイルストーンを持つプロジェクトの終盤を乗り切ることが難しくなっていくのです。

15.1 大きな期限は、小さな期限の集合体でしかない

　中盤と終盤の戦略を考察する上で必要となる、プロジェクトにおける複数の内部的な期日というものを定義しておくことにしましょう。スケジュールを構成する内部的な期日のうちで最も基本的なものは3つあり、それらは2章で解説した1/3の法則における作業の切れ目と一致します（図15-2を参照してください）。こういった切れ目は、チームの注力する対象がシフトするポイントであり、そこには固有の終了条件が存在しているはずです。

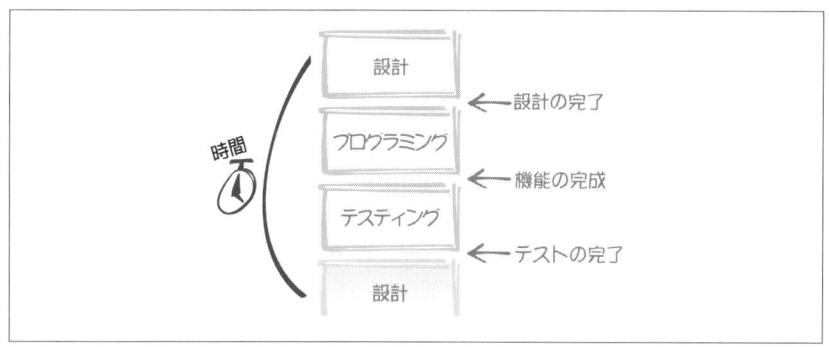

図15-2　マイルストーンに到達するまでの期間には、終了条件を備えた重要な期日がいくつかあります。こういった期日を目標とし、進捗を追跡していく必要があります。

　終了条件とは、マイルストーンまでに達成されるべきことを列挙したものです。そしてこれによって、マイルストーン到達時点におけるプロジェクトの状態を表現できるようになります。また、終了条件の定義を早期に行うことで、マイルストーンまでの作業がすべて予定通りに完了するという可能性を高めることができるのです。
　あるマイルストーンに至るまでの行程には、以下のような3つの作業の切れ目が必ず存在します。

- **設計の完了/仕様書の完成**：製造コードの記述準備が整います。実装に取りかかる上で必要となるすべての仕様書、プロトタイプ、設計書類が完成します。（すべての仕様書が完成しているというわけではなく、実装を開始する上で必要と思われる仕様書が完成しているということを意味している点にご注意ください。これは全体の20%である場合もあれば、90%の場合もあります。）このため、以降も設計作業が続けられたり（「14.3 コーディングのパイプライン」を参照してください）、作業の繰り返しや改訂が発生することもありますが、そこそこの、あるいは中核となる部分の作業は完了しています。
- **機能の完成**：成果物の洗練と品質保証に取りかかる準備が整います。これは、個人の担当する作業項目によって実現される全機能が完成し、要求に合致する振る舞いと設計が実装されたということを意味しています。品質上のギャップや問題があるかもしれませんが（バグは存在するのです）、そういったものはリーダーシップを発揮することで測定、追跡することができるため、核となる製造作業は完了したと考えられるわけです。この段階では、仕様書の一部として定義されているテスト指標や品質指標に対する結果も得られているはずです。この時以降、残っているすべての懸案事項がバグとして追跡され、バグデータベースが残りの進捗を管理する主要な手段となるのです（唯一の手段となる場合もあります）。
- **テストの完了やマイルストーンへの到達**：マイルストーンまでの作業が完了します。この時点で品質は適切なレベルに達しており、成果物は洗練されたものとなっています。この後は、次のマイルストーンに向けた作業が始まったり、そして/あるいは、出荷の時を迎えることになります。マイルストーンまでの作業が完了することを、マイルストーンの達成と呼ぶこともあります。達成したマイルストーンが、唯一のマイルストーンである、または最後のマイルストーンである場合、プロジェクトは完了することになります。

仕様書の品質、作業見積もり、チーム自体といったものがどうであれ、優れた終了条件を用意することで期日を守ることのできる可能性が高まるのです[†]。そして終了条件を満足するまで、チームは作業し続けることになるわけです。このため、スケジュール上にある重要な期日にはすべて、何らかの終了条件が定義されているべきなのです。

[†] 裏を返せば、終了条件の定義がお粗末であるほど、期日を守れない可能性が高くなるということになります。極端なケースでは、終了条件がまったく設定されていない状態で、気まぐれな上司に完了したかどうかを尋ねる羽目に陥るのです。

15.1.1 終了条件の定義

終了条件は複雑なものである必要はありません (とは言うものの複雑にすることもできます)。しかし、以下の項目を含めておく必要があります。

- 完了させる作業項目の一覧
- 完了させる必要があるものごとの品質の定義 (テストケース、テスト計画[†]、仕様書より導き出せるはずです)
- メンバーが実行する必要性を感じているものの、実際には完了させる必要のないものごとの一覧
- メンバーが絶対に実行する必要がないと考えているものごと (サニティチェック)

終了条件を定義する方法や、それをチームに伝え、チームとともに追跡する方法は数多くあります。しかし、そういった実行方法の詳細は、あまり重要ではありません (チームに提案し、フィードバックを受け取り、その後で手直しを行い、結果を示達することになるはずです)。重要なことは、こういったことを早期に、シンプルな形で実践することと、進捗を追跡したり、意思決定の指針とするために皆で使用していくことなのです。また終了条件というものは、プロジェクトのビジョンや目標に対応付けられているはずです。このため、マイルストーンまでの作業の中盤から終盤で直面することになる疑問や難題をビジョンや目標に照らし合わせようとした場合、終了条件を適用することが最も適切な方法となるのです。

一般的な終了条件には、以下のものが含まれています。

- **完了させるべき仕様書/設計書/作業項目の一覧：**これは設計の完了にのみ有効となります。設計作業に使用するツールやプロセスはすべて、設計を完了させるための終了条件に対応付けられていなければなりません。これは全仕様書の90%がレビュー済みとなる、あるいはある種の機能を実現するプロトタイプが完成するといったものとなるでしょう。
- **完了させるべき実際の作業項目：**これはマイルストーンに向けた作業やプロジェクトのフェーズを開始する時点で定義した作業項目の一覧に記述されているべきです。作業項目すべてが仕様書通りに完成した場合、そのマイルストーン/フェーズは完了し

[†] テスト計画や一般的な品質保証方法論の詳細については、レックス・ブラック (Rex Black) の『Managing the Test Process』[††] (Microsoft Press刊、1999年) を参照してください。品質を重視するのであれば、プロジェクトにおけるビジョンのドキュメントと計画プロセスに、品質に関する目標を盛り込んでおくべきです。

[††] 訳注：邦訳は『基本から学ぶテストプロセス管理——コンピュータシステムのテストを成功させるために』(日経BP社刊、2004年) です。

ます。

- **あるレベルにおけるバグ数**：後ほど考察するように、バグ/欠陥の追跡や測定を行う方法は数多くあります。一般的に、バグに関連する終了条件は、特定種類のアクティブなバグ[†]の許容量を記述します。
- **パスするべき特定のテストケース**：マイルストーンに到達したかどうかを判断するために使用する一連のテスト条件があるはずです。テストケースを終了条件として使用する場合、これを基準にしてマイルストーンの到達までに修正すべきバグ/欠陥を決定することになります。パスしたテストケース数が一定数を超えているかどうか、例えば「第1級優先順位のシナリオにおけるテストケースの80%にパスすること」という終了条件を定義するだけで十分な場合もあります。
- **パフォーマンスや信頼性の指標**：ある種のコンポーネント（例えばデータベースや検索エンジン）のパフォーマンスを測定する場合、こういった指標に基づいた終了条件が必要となることもあります。終了条件が、以前のリリースよりも実行速度を10%改善するというものである場合、実行速度が10%改善されるまで当該マイルストーンに到達したことにはなりません。
- **時間や予算**：時間は世界一シンプルな終了条件です。一定時間が経過すると、そのマイルストーンに到達したことになります。それだけです。月という単位は、開始時、終了時、残期間が簡単に把握できるため、手軽な指標となります。（私たちは普段の生活にも週や月という単位を使っています。プロジェクトのスケジュールでも使わない手はありませんよね？）半分だけ、あるいは一部だけ完了した機能は割愛され、次のマイルストーンに向けた作業（あれば）で考慮されます。また、予算も終了条件となり得ます。予算を使い切った時に、停電の際の電気製品と同様に停止することになるわけです。

　終了条件が設定されていなければ、チームは「どこまでやればプロジェクトにとって十分か」ということを主観的に判断しなければなりません。これは大きな時間の無駄です。どこまでが十分なのかという意見は、人それぞれで異なっているのです。こういった意思決定権限を誰かに与えたとしても、文書化されていなければ必ず議論が巻き起こることになります。つまり、終了条件が設定されていない場合、チームはストレスとリスクの高まるプロジェクトの後半において、難しい討論を強いられることになるわけです。マイルストーンに到達しようとする時に、終了条件について議論してチームのエネルギー

[†] 訳注：アクティブなバグとは、発見されたものの、まだ対処が行われていないバグのことです。

を無駄にするようなことは避けてください。まず計画を練り、マイルストーンへの到達に向け、終了条件を満足させることに、チームのエネルギーすべてを振り向けるようにしてください。

目標は、単に期日に間に合わせるということではなく、プロジェクトを特定の状態にした上で期日に間に合わせるということなのです。そして、この特定の状態を早い時期にチームに伝えておけば、期日に間に合う確率自体を高めることにもなるのです。また、チームが、早期に終了条件を知ることができれば、マイルストーンの到達までに行われるすべての意思決定は、その終了条件を反映したものとなります。さらに、終了条件が途中で変わったとしても、チームは全員の目指す方向を調整し、終盤をスムーズに終えることができるよう一致団結することになるのです。

小規模ウェブ開発におけるマイルストーンの終了条件を例示すると、以下のようになります。

- 作業項目1-10を仕様書通りに完成させる。
- 第1級優先順位のユーザビリティ目標を80%達成する。
- 第1級優先順位のテスト（自動化されたものと手作業のもの）をパスする。
- すべてのアクティブなバグについて、トリアージを行う。
- 第1級優先順位のバグと第2級優先順位のバグすべてを修正する。
- マーケティングチームとビジネスチームから承認をもらう。

15.1.2　期日に間に合わせることと飛行機の着陸が似ている理由

中間のマイルストーンまでの作業における目標は、特定の期日に間に合わせることだけではなく、チームを次のマイルストーン（またはリリース）までの作業に向けて準備させるということも含んでいます。期日に間に合わせるということは、時間的な話だけではないのです。期日に間に合わせることをどれだけスムーズに行うかによって、コードの安定性や次のマイルストーンに向けた作業（あれば）のリスクが変わってくるのです。

飛行機の着陸を考えてみてください。上手な着陸によって、飛行機は次に離陸しやすい状態で着陸できるのです。次に離陸しやすい状態とは、翼に損傷がなく、着陸装置が機能しており、乗員が生きている状態です。あと必要なものがあるとすれば、燃料、飛行計画、パイロット用のサンドイッチくらいでしょう。マイルストーンへ到達する際も、こういった状態を目指すべきなのです。マイルストーン到達時の角度が急峻であるほど、マイルストーンに到達した際のプロジェクトの状態が芳しくないものとなる確率が高くなってしまうのです。

降下角度

　エンジニアリングプロジェクトにおける最も基本的なスケジュールは、図15-3に示しているようなシンプルな図へと変換できます。この図は、進捗率が一定であり、プロジェクトは一定であるその進捗率を守り続けることで予定通りに完了することになるという前提を置いています。これはもちろん、おとぎの国の世界における話です。チームの進捗と効率は一定にはならないため（今までも多くの理由を説明しています）、この図は現実を反映していないのです。

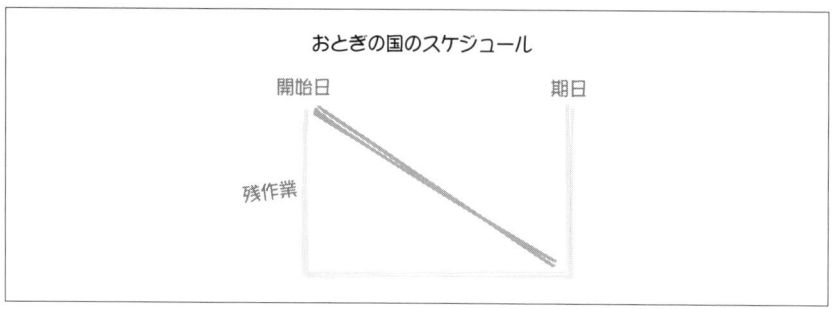

図15-3　これは、おとぎの国での前提が含まれている、マイルストーン到達までの世界一基本的なスケジュールです。

　実際のところ、ほとんどのプロジェクトは図15-4のようになるはずです。チームは期日までのどこかの道程で、作業が期待通りに進んでいないことに気付きます。その理由として、新たな作業が追加されたり（「14.4.2　変更のマネジメント（変更管理）」を参照してください）、見積もり通りに作業を行えなかったという理由があるのかもしれません。しかし、実際の理由が何であろうと、チームはある選択肢に直面していることになるのです。それは、期日までの距離をどのようにして挽回するのかということです。ここで

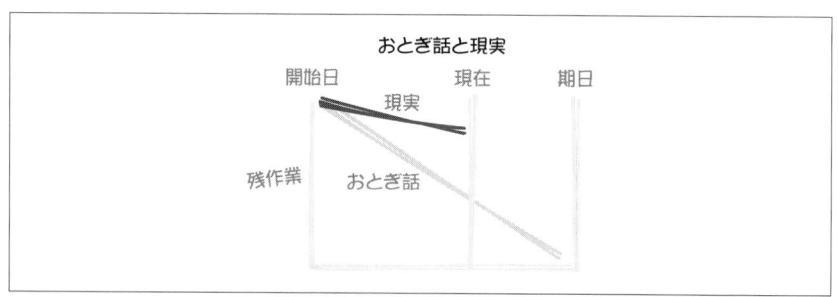

図15-4　現実のスケジュールは、当初のものとは異なることがしばしばあります。これをどのように取り扱うかは、終了条件に大きく依存します。

採り得る選択肢は3つしかありません。

1. **スケジュールを遅らせる**。新たに把握した降下率を反映し、期日を遅らせます。
2. **降下角度を変更する**。時間的なギャップを埋めるため、何らかの方法でチームの作業を迅速化させる（つまり不時着の準備です）という覚悟を決めます。こういった選択肢を試みることは可能ですが、大きな代償を支払う覚悟も必要となります。過ちを犯すリスクが高まる上、チームは次の作業を開始する際に活力を欠き、疲弊した状態になってしまうのです。
3. **手持ちのリソースで期日に間に合わせる**。最も作業が遅れている、または最もリスクを抱えている作業項目を洗い出してください。そして、そういった作業項目の機能を割愛する、次のマイルストーン（あれば）の作業に回す、品質を落として期日が来た段階で（涙を呑んで）出荷する等の対策を選択します。

どの選択肢を採用するかは、終了条件に大きく依存します。こういった選択は、マイルストーンが意味することについて明確な考え方を持っている場合にのみ行うことができるのです。あなたに必要なことは、難しい着陸を行うというストレスにさらされた状態で、遅ればせながら終了条件を考え出すことではなく、数週間前に考えておいた終了条件を振り返り、それを調整するということなのです。チームが馴染んでいる終了条件を参照できるのであれば、終盤の難しい状況における意思決定をより簡単に行えるようになるのです。

降下角度の変更がうまく行かない理由

飛行機の例に戻りますが、飛行機の着陸時に着陸停止位置を優先して降下角度を変更した場合、着陸進入が不安定になります。飛行機と同様にプロジェクトも、降下角度を大きくし、速度を上げることで制御不能に陥るのです。高い速度を保ちながらチームを安定させるには、多くのことを同時に行う必要があります。また飛行機の場合、着陸時に進路がそれたのであれば、着陸進入をやり直すことになります（スケジュールの日付を動かすこととは違い、滑走路を動かすことなど不可能なのです）。商用機の場合、悪天候時には実際に何度も着陸進入をやり直しているのです。しかしプロジェクトの場合、こういったことはまず許されません。つまりプロジェクトは、燃料の残量が少ないため、着陸進入を一度しか試みることができない飛行機のようなものなのです。失敗が許されない場合、パイロットが正気なのであれば、慎重に、しっかりと計画した着陸進入を行うはずです。正気なプロジェクトマネージャも同様です。期日や機能が（滑走路と同様に）動かせないという場合には、着陸を早いうちから計画し始める必要があるのです。

15.1.3 ものごとが悪化する理由

　作業の優先順位付けを行う場合、たいていの人は基本的な心理学的原則に従います。すべての条件が同じであれば、人は自らのやりたくないことを避ける傾向があるのです[†]。つまり、スケジュールの進捗とともに、残っている作業項目やバグ修正は、マイルストーンに至るまでの困った、やりたくない作業になっていくわけです。また、残っている作業が本当に楽しいものであったとしても、もしも1日、または1週間あたりに修正するバグの数で給料が決められるというのであれば、ノルマをこなすために適切な難易度のバグを選択するというプレッシャが生まれて当然です。

　マイルストーンが迫ってくると、人は疲れ、欲求不満を募らせがちになる、すなわちパフォーマンス低下を引き起こす条件が整うことになります。また、スケジュールの末期には、難易度が高く、責任の所在が曖昧なバグは、開発チーム間でたらい回しにされることが多くなってきます(別名バグのホットポテトです[‡])。つまり、プログラマはこういったバグを見て、その大変さに気付き、抱えている他の作業のプレッシャから、そのバグの責任を他のメンバーに押しつけようとするのです。ワインバーグも「……問題は解決されず、単にたらい回しにされているだけだ」と書いています。最高のプログラマであっても、こういった行動に出てしまうことがあるのです。

　難しい作業が後回しにされるという傾向は、バグの発見にも当てはまります。ただし、バグに関して言えば、その理由は心理的なものではありません。発見に時間がかかる欠陥、すなわちスケジュールの後半になって発見される欠陥は、より複雑であるという傾向を持っています[†](図15-5を参照してください)。複雑ではあるものの優先順位の低いバグはそれほど問題とはならないのですが、優先順位の高いバグに関して言えば、こういった傾向は深刻な問題となるのです。この手のバグは発見までの平均時間が長いだけでなく、修正に要する平均時間も長くなります。このため図15-4に描かれている2本の直線はどちらも間違っていることになるわけです。プロジェクトの期限に向かうアプローチは漸近線(つまり曲線です)となり、図15-6で示したような形となるのです。その結果、チームは今まで通り熱心に働いているにも関わらず、目標に向かう進捗率は低下していくことになるのです。そしてこの傾向は、期限に近付くほど顕著になっていきます。

[†]　ワインバーグ(Weinberg)の『Quality Software Management: Systems Thinking』[††](Dorset House刊、1991年)のp.272-273に書かれています。
[††]　訳注：邦訳は『ワインバーグのシステム思考法』(共立出版刊、1994年)です。
[‡]　訳注：ホットポテト(茹で上がった直後のポテト)はとても熱いものであるため、とっととどこかに置かなければ(あるいは人に渡さなければ)、自分が火傷を負ってしまうのです。

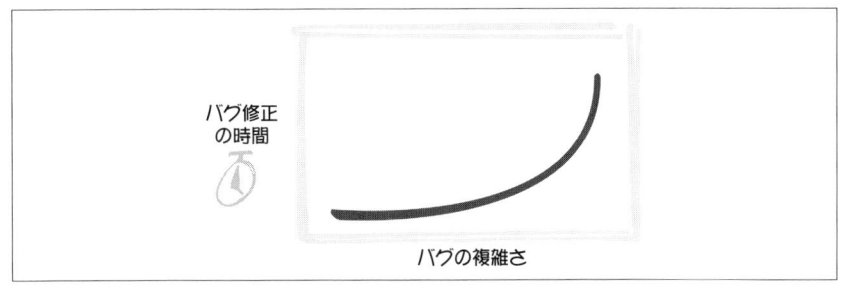

図15-5 バグはスケジュールの後半になると、発見、修正に時間がかかるようになります。つまり、アプローチの角度は直線ではなく、漸近線（図15-6を参照してください）となるのです。

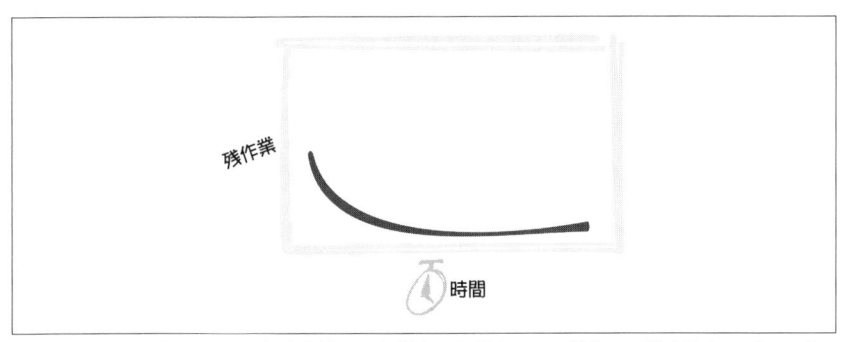

図15-6 チームが同じだけの努力を続けると仮定した場合の、一般的かつ現実的なアプローチの角度

15.1.4 アプローチの角度を修正するための大まかな指針

マイルストーンやプロジェクトの完了に向けたアプローチの角度に神秘的な要素はありません。ただし、スケジュールに関するその他の作業（2章を参照してください）と同様に、角度の予想を正確にする上で検討しておくべきことがいくつかあります。以下はその主なものです。

- **このプロジェクトにおける、そしてこのチームにおける過去のパフォーマンスを見る。**アプローチ角度を予測するには、このチームが過去に行った類似プロジェクトの終盤で、どれだけのパフォーマンスを出したのかを調査することです。マイルストーンが複数あるプロジェクトでは、以前のマイルストーンに向けた作業における計画と実際の曲線を比較してください（ズルをしてはいけません：オリジナルの計画と、最終的な実際のスケジュールを使用するようにしてください）。あなたがどう考えようと、あなたが計画しているマイルストーンに向けた作業は以前のものよりも難しくな

るはずです。また、アプローチ角度を考える上で参考になるデータがない場合、それは当て推量にしかなりません。当て推量を行うしかない場合には、保守的な観点に立ってください。

- **適切な見積もりを行う。**アプローチ角度の予測というものは、スケジュールを見積もる作業のうちの一つでしかありません。適切なメンバーを部屋に呼び、残っている作業をタスクにブレークダウンし、リスクと前提を議論し、見積もりを行ってください。これによって少なくとも、チームは一丸となって最終的なアプローチに取り組むこととなり、プロセスを受け入れ、アプローチ角度の決定に関与することになるわけです。そしてチームの士気は、アプローチ角度に反対することではなく、賛成することで高まっていくのです。
- **直線ではなく、ゆったりとした曲線で計画する。**データがない場合であっても、進捗率の計画はバグ数の低下に合わせて緩やかにするようにしてください（図15-6を参照してください）。作業は期限に近付くにつれて困難になっていくと仮定するべきなのです。つまり、終了に向かうにつれ、裾野が限りなく緩やかとなるようなグラフやチャートを描くことになるわけです。
- **Kool-Aid[†]を飲むべからず。**チャートは簡単に作成できます。現実に目に向けることなく、好きなところに直線を引くことができ、その直線の根拠を主張することもできるかもしれません。しかし、飛行機の例を思い浮かべてください。あなたは本当にこの角度で飛行できると思っているのでしょうか？ 赤信号を点灯し、皆に危険を知らせてください。あなたのチームを不時着から守るのです。あなたのアプローチが保守的すぎた場合に起こる最悪の事態は、作業がスケジュールよりも早く完了するということだけですが、積極的すぎた場合にはさまざまな邪悪な事態が発生するのです。
- **ブラックボックス[††]を作成しておく。**何があっても実際のパフォーマンスデータを記録することは忘れないようにしてください（次の「15.2　測定すべき要素」を参照してください）。これがあれば不時着した場合であっても、どこに問題があったのかを知り、次のプロジェクトやマイルストーンに向けた作業で行う調整に関して、確固たる論拠を持てるようになるはずです。

[†] 訳注：Kool-Aidとは、米国で販売されている粉末ジュースの名前です。
[††] 訳注：ブラックボックスとは、航空機に搭載され、パイロットの会話、計器の作動状況、航空機の航行状況すべてを記録する装置のことです。航空機事故の際には、この装置に記録されたデータを用いて調査が行われます。

15.2　測定すべき要素

　進捗度合いの測定は、中盤および終盤の双方でとても重要となります。そして、チームの規模が大きくなれば、プロジェクトの状態を可視化することが難しくなっていきます。針路の修正や手直し（14章を参照してください）を行うにあたっては、症状を診断するために、そしてプロジェクトが微調整に対してどのように反応するのかを予測するために、プロジェクトの現状を十分に理解しておく必要があるのです。

　プロジェクトで採用する進捗度合いの測定方法がどういったものであれ、それはチーム全体に明らかにされていなければなりません。14章では、中盤における最も重要な進捗追跡メカニズムは作業項目であると主張しました。ここでは、中盤においても有効となるものの、終盤において重要となるその他の測定方法を解説しています。

　終盤では、プロジェクト初期の段階で使用していた記録をすべて再利用することができます。ただし、重要な指標に対して適切な重み付けがなされていることを確認してください（作業項目など、重要性の低下したものは割愛してください）。なお、こういった記録はチーム全員からよく見えるところに掲示しておくべきです。ホワイトボード上でまめに更新するのもよいし、ネットワーク経由で最新データを表示する専用端末を（喫煙室、喫茶室等、人通りの多いところに）置いておくのもよいでしょう。

15.2.1　日々のビルド

　プロジェクトのビルドを毎日作成することで、現在抱えている多くの懸案事項は、明日以降に回されるのではなく、現時点で対処されるようになります。また、現在のビルドは誰でも参照できるため、進捗状況は一目瞭然となります。メンバーに状況報告書を作成してもらったり、面倒な作業をしてもらう必要もありません。単に現在のビルドをロードし、特定の機能を使用するだけで、いつでも大まかな状況を知ることができるのです。日々のビルドを維持するということは、コストとして高くつくかもしれません（また、こういったことを可能にするために、ツールを作成しなければならないかもしれません†）が、そのコストに見合う価値は十分にあるのです。

　日々のビルドを採用すると、チェックインによって他のコンポーネントに悪影響が出た場合、そのことは直ちにプログラマ（とチーム全体）に知れ渡ります。このため、チェッ

---

† 優れたツールやプロセスのサマリーは、http://www.martinfowler.com/articles/continuousIntegration.htmlにあります（旧バージョン（http://www.martinfowler.com/articles/originalContinuousIntegration.html）の記事の日本語訳「継続的インテグレーション」はhttp://www.objectclub.jp/community/XP-jp/xp_relate/cont-jにあります）。

クインの品質を高いものに保とうという動機が生まれるわけです。ビルド処理の開始時間を決めておくことで、品質確認テストに使用する安定したコードベースをチェックインする締め切り時間が設定されます。(日々のテストは、スモークテストと呼ばれることもあります：これは電子機器のコンポーネントをテストする際の用語であり、回路が火を噴いて文字通り煙を出すかどうか、実際に通電してテストを行うところから来ています。)この時間以降にソースツリーにチェックインしたものは、次回のビルドで使用されることになります。

そして、ビルドの品質を判定するために、各ビルドに対して一連のテストを行います。このテスト結果として必要なものは、すべてのテストにパスしたという「よい」、一部のテストにパスしたという「混成」、ほとんどすべてのテストに失敗した「悪い」という3つの分類だけです。テストの失敗で洗い出された具体的なバグは、ビルド情報とともに公開され、高い優先順位が与えられることになるはずです。

こういったビルドの品質テスト、すなわちビルド検証テスト（BVT：Build Verification Testとも呼ばれます）は、マイルストーンの終了条件を達成する上での道しるべとなっているべきです。マイルストーンに向けた作業の初期段階では、こういったテスト結果は終了条件ほど重視されません。例えば、1週間で「よい」ビルドが1つしかなかったとしても容認できるでしょう。しかし、機能の完成に向けてチームが進んでいくとともに、終了条件も厳しいものへと変わっていきます。日々のビルドと品質テストにより、品質の測定をいつでも行えるようになるとともに、品質を向上させる手段を手に入れたことになるのです。

15.2.2　バグ/欠陥のマネジメント

　機能が完成した時点で、完了までに終えるべき残作業はバグデータベースへと移行するべきです。これによって、プロジェクトに対するコントロールと進捗測定システムを手にすることができます。バグの追跡を行うシステムはシンプルなもので構いませんが、チーム全員が標準として定められたシステムだけを使用するようにしなければなりません。個々のプログラマがお気に入りの方法を使って自らの作業を追跡しており、その方法が各人で異なっていたとしたら、プロジェクトに対するコントロールや進捗測定など行えるわけがないのです。この場合、機能が完成した時点で、各人が独自に管理していた項目を、プロジェクトの標準システムに登録するよう、誰かが口を酸っぱくして何度も言わなければならないのです。

　懸案事項が出てきた場合、「そのバグ番号は何だ？」と尋ねる癖を付けてください。もしも番号がまだ採番されていないというのであれば、バグ番号を採番するまで話はお預けにします。これは傲慢な態度に思えるかもしれませんが、プロジェクトの利益を最重

要視した上でのことなのです。バグ番号を採番する時間は数分もかかりません。そして、プロジェクトという観点から見た場合、これによって計り知れないほどの価値が生み出されるのです。ビルドやコードベースに対してまったく影響を与えない懸案事項であれば、メンバーに好きな方法で管理させてもよいでしょう。実際、個人の覚え書きやto-doリストのような些細なバグを登録し、バグデータベースを使いにくいものにする必要はありません。(こういったものを登録対象に含める場合、登録時に特殊な分類を与えることで、レポート出力時やクエリ実行時に除外できるようにしておいてください。)

　バグ情報として、少なくとも以下の情報が保持されているべきです。しかし、あなたの使用しているバグ管理システムに不満がないのであれば、このセクションを飛ばしていただいても構いません。バグ追跡に利用できる情報にはさまざまな種類があります。以下では、私の経験に基づき、効果的にバグを管理する上で必要となる重要な情報を挙げています。

- **優先順位**：優先順位は可能な限りシンプルなものにしてください。例えば、優先順位1は「絶対修正要」、優先順位2は「状況に応じて修正」、優先順位3は「修正することが望ましいものの修正不要」、優先順位4は「太陽が西から昇ったとしても修正不要」となります。
- **深刻度**：バグの影響はどれだけ深刻なのでしょうか？　例えば、深刻度1は「データの破損、システムクラッシュ、セキュリティ上の問題が引き起こされる」、深刻度2は「主要機能が期待（仕様）通りに動作しない」、深刻度3は「周辺機能が期待（仕様）通りに動作しない」となります。深刻度と優先順位は違うものです。例えば、スクリプトの解釈ミスでブラウザがクラッシュする場合、それは深刻なバグ（深刻度1）となりますが、そのバグがウェブページ上の電子メールアドレス入力フィールドに大文字で「PAPAYA!」と7回入力した場合にしか発生しないのであれば、優先順位は低くなります（深刻度1であるものの優先順位は4になるわけです）。
- **担当者**：すべてのバグには、担当者を1人割り当てておく必要があります。新たに見つかったバグを仮の担当者に割り当てておくこともできますが、できる限り早期にバグの担当者を割り当てるということも、トリアージ（後ほど考察します）の目標の一つなのです。アルファ版やベータ版に対するバグを登録する場合、「アクティブ」や「パーティータイム」といった担当者名を割り当てるのもよいでしょう。こういったバグは、トリアージの後、実際のメンバーに割り当てられることになります。
- **再現性**：誰でもこのバグを再現できるような一連の手順です。この情報は、バグデータベースに登録する情報のうちで最も重要なものとなるはずです。再現手順が簡潔でない場合、チームは無駄な時間を費やし、バグの本質を見極めるために必要以上の労

力を割くことになります。優れたバグ情報には、バグをできるだけ簡単に再現するための方法が記述されているのです†。
- **発生箇所**：大規模プロジェクトの場合、バグはプロジェクト内のどの場所で発生したか（発生箇所）によって分類されるべきです。これによって開発者毎だけでなく、コンポーネント毎にバグを追跡できるようになります。
- **発見者**：このバグを発見した担当者名と、その連絡先です。
- **状況**：バグには、「アクティブ」、「修正済み」、「解決済み」、「クローズ」という4つの状態しかありません。「アクティブ」は、バグが修正されておらず、まだ対処方法を検討している状態です。「修正済み」は、プログラマが修正できたと考えている状態です。バグが「解決済み」になるのは、そのバグの発見者が修正を確認する、あるいは対応の延期に同意した場合だけです。「クローズ」はバグのライフサイクルが完結したことを意味しており、テストチームによって確認されます。
- **解決方法**：解決済みのバグとは、もはや「アクティブ」ではないバグを意味しています。バグを解決する方法にはいくつかあります。解決方法の選択肢として、バグを修正する、次のマイルストーンやリリースまで対応を延期する、他の既存バグの解決により対応できる、修正しないといったものがあります。
- **タイプ**：バグには、欠陥とリグレッションという2つの重要なタイプがあります。欠陥とは、いわゆる昔から言われているバグのことです。リグレッションとは、いったん修正されたものの、他の修正に起因する負の副作用として再び現象が現れたものです。
- **トリアージ**：該当バグのトリアージが済んでいるかどうか、そして済んでいる場合にはその結果を記録しておく必要があります。場合によっては、トリアージされ、承認されたバグだけを修正対象とするべき時もあります。このためバグデータベースには、承認済み、棄却、調査中という3つの状態を記録しておくことになります。
- **表題**：すべてのバグには、その内容を簡単に説明する一行の表題が付けられているべきです。これによって他のメンバーが、そのバグの基本的内容を理解できるようになります。

たいていのバグ追跡システムには、登録されているバグ毎にログを記録する機能が提供されています。つまり、特定のバグに対して、いつ誰がどのような変更を加えたのかが記録されるようになってるのです。特定のバグに関する意思決定で議論が起こった場

---

† ジョエル・スポルスキー（Joel Spolsky）のエッセイ『*Painless Bug Tracking*』（http://www.joelonsoftware.com/articles/fog0000000029.htmlにあります）を参照してください（日本語訳「やさしいバグトラッキング」はhttp://japanese.joelonsoftware.com/Articles/PainlessBugTracking.htmlにあります）。

合、こういった機能を活用することができます。また、バグの管理にまつわるさまざまな誤摩化しを防ぐこともできます。

15.2.3 アクティビティチャート

プロジェクトという観点から見た場合、バグの発見、評価、解決における傾向を追跡することで、バグ情報を効果的に活用できるようになります。プロジェクト全体の傾向を見ることで、進捗度合いの測定、プロジェクト全体が抱える問題についての洞察、こういった問題に対応する方法についてのセンスを磨けるようになるのです。

いったんバグデータベースを構築すると、それがシンプルなものであったとしても、さまざまなチャートやトレンド図を作成し、複雑な分析を簡単に実行できるようになるため、その罠にはまってしまわないよう気を付ける必要があります[†]。見た目の派手なものに惹かれる誘惑に負けないようにしてください。重要なのは基本を押さえたチャートなのです。複雑なクエリやトレンド図は、特定の質問に答える際には役立つかもしれませんが、たいていの場合は気を散らせるものにしかならないのです（「見てください！我々のバグ修正率はスペインの降雨量と相関関係があるようです！」）。手の込んだ新種の報告書を作ることに時間を費やすよりも、以下の質問を自らに問いかけてください。

1. このチャートを見ることで、どういった疑問に答えることができるのか？
2. こういった疑問に対する答は、納期と品質を守る上でどのように役立つのか？ この答は、具体的な終了条件やプロジェクトの目標を守る上でどのように役立つのか？
3. 数値の上昇が実際に意味することは何か？ 数値の下降は？ 数値が横這いの場合は？
4. これを用いることで、毎日/毎週の終わりに、私たちがどれだけ完了に近付いたのかを理解することができるか？

シンプルに保つ

アクティビティチャートを使うことで、最もシンプルかつ最も重要な傾向を追跡することができます。毎日、以下の統計情報をバグデータベースから抽出し、線グラフとして表示するのです。

[†] 厳格に管理する必要がある場合、トム・デマルコ (Tom DeMarco) の『Controlling Software Projects』[††] (Prentice Hall刊、1986年) とジェラルド・ワインバーグ (Gerald Weinberg) の『Quality Software Management: Systems Thinking』[‡] (Dorset House刊、1991年) を参照してください。
[††] 訳注：邦訳は『品質と生産性を重視したソフトウェア開発プロジェクト技法──見積り・設計・テストの効果的な構造化』(近代科学社刊、1987年) です。
[‡] 訳注：邦訳は『ワインバーグのシステム思考法』(共立出版刊、1994年) です。

- **アクティブなバグの数**：未修正、または未解決となっているアクティブなバグの総数。
- **発生したバグの数**：その日に登録された（トリアージ前の）バグの総数。
- **修正済みバグの数**：その日に修正されたバグの総数。

　図15-7は、ある中規模プロジェクトにおけるマイルストーン到達目前のアクティビティチャートです。アクティブなバグの数は多く、発生したバグの数も比較的高い値となっています。チャートの（左から右に向かう）中央部分では、テスト工程が本格的に始まったため、発生したバグの数は劇的に増加しています（それと同時に、アクティブなバグの数も増加しています）。そしてテスト工程が終了すると、修正済みバグの数が、発生したバグの数を上回り、アクティブなバグの数が減少し始めます。このシンプルなチャートにおける、発生したバグの数と修正済みバグの数によって、作業完了に向けた主な傾向が明らかになるはずです。

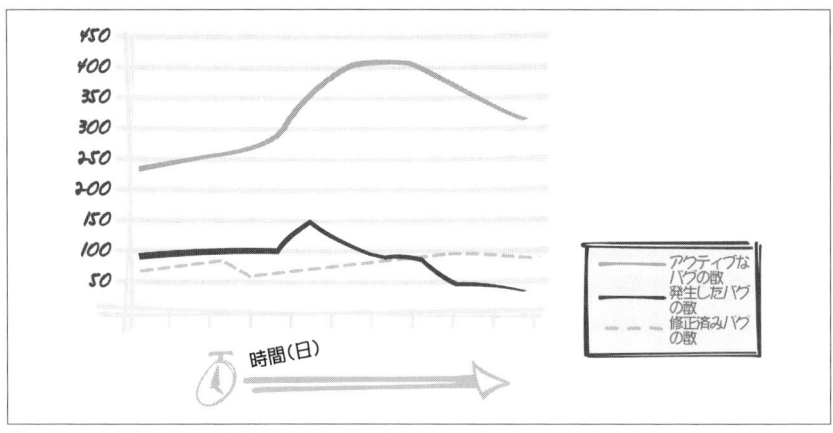

図15-7　バグ数から見た基本的なアクティビティチャート

15.2.4　傾向の評価

　どのようなチャートや分析テクニックでも、あることを教えてくれます。それは、もっとやるべきことがあるか、あるいは、あまりやるべきことがないかのいずれかです。例えば、アクティブなバグの数が上昇し続けているのであれば、やるべき作業が対処スピードを上回るペースで増えており、新たな懸案事項が増え続けていることを意味しています。また、アクティブなバグの数が減少傾向にある場合、新たな懸案事項が発見されるよりも早いペースで作業が完了していることを意味しています。いずれの場合においても、これによって3つの傾向が見えてくることになるわけです。

- **事態が悪化していく。**プロジェクトの初期テスト工程であれば、こういったことはまったく問題なく、むしろ望ましいとも言えます。本格的なテスト工程が進行中である、あるいは、完了したばかりなのであれば、バグの数がプログラミングチームの取り扱えるペースよりも早く増加することは自然なことです[†]。また、コンポーネントの統合が計画よりも遅れた場合、バグの発見ペースは予想よりもプロセスの後半にずれ込むこともあります。重要なことは、なぜ事態が悪化しているのか、どれだけ悪化するのか、この傾向を変えるために（可能であれば）何をするべきなのかを理解することです。

- **横這い状態である。**既知のバグが修正されるとともに新たなバグが発見されている場合、チームがいくら努力しても、立ち泳ぎをしているようにしか感じられないことがあります。プログラマがどれだけ頑張っても、アクティブなバグの数は減らないのです。指標が変化しない場合、この状況をどのようにして打開するのか、そしていつ打開できるのかを理解するために、発生したバグの数と修正済みバグの数がこの結果にどういった影響を与えているのか調査することになります。重要なことは、こういった情報をチームに伝えることです。多くのプログラマは、頑張っているにも関わらずプロジェクトが進捗しない（あるいは少しずつ沈没していく）理由を理解できず、パニックに陥っているのです。

- **事態が好転していく。**事態が順調に推移している場合、その傾向とマイルストーンの到達に向かうアプローチを評価することになります。ポジティブな傾向であったとしても、それは終了条件に合致していないこともあるのです。また、早い段階でポジティブな傾向が出てきた場合には、疑いの目を向ける必要もあります。すべてのテストは完了しているのでしょうか？　トリアージされていないバグはありませんか？　バグ修正の品質は高いですか？　これをよい知らせだと思う前に、なぜこういった傾向になっているのかということを明確に理解するようにしてください。

15.2.5　有益なバグ指標

終盤の進捗を追跡する上で有効となる一般的な指標がいくつかあります。意思決定を行う上でこういった指標が必要となった際、新たなデータベースクエリの作成に時間をかけなくても済むように、こういった指標を自動的に生成する方法を考えておくのがよいでしょう。

[†] テスト駆動開発は、初期の段階でエンジニアリング品質に取り組み、一気にバグの大波を受けることを避ける有益なアプローチの一つです。http://en.wikipedia.org/wiki/Test_driven_developmentを参照してください（なお、フリー百科事典『ウィキペディア』(http://ja.wikipedia.org/) にて「テスト駆動開発」を検索すると日本語で概要が読めます）。

- **バグ修正のペース**：チームがバグを修正するペースを「バグ修正のペース」と呼びます。バグは千差万別であるため、このペースは平均的な複雑さのバグを修正する時間となります。修正率が発生率を下回っており、発生するバグすべてが修正を要するものである場合、プロジェクトはいつまでたっても終了しません。バグは増えていくだけなのです。
- **発生したバグの数と承認されたバグの数の比率**：発生した新たなバグのうち、どれだけが既存のバグではなく、本当に修正する必要のあるものなのでしょうか？　また、どれだけが優先順位3～4のバグなのでしょうか？（こういったことを判断するプロセスがトリアージです。トリアージについては次の「15.3　コントロールすべき要素」で解説しています。）発生したバグの数とトリアージされたバグの数の比を知ることで、トリアージされていないバグの大まかな見積もりを得ることができます。またたいていの場合、バグの品質は時とともに低下していきます。つまりある時期を過ぎると、重要で、意味のある、優先順位1や2のバグの発生ペースは鈍化し、その後低下していくことになるわけです。単にバグ全体の発生ペースを見ているだけでは、こういった傾向を読み取ることはできません。
- **バグがアクティブとなっている時間**：バグがアクティブとなっている時間の平均です。これによってチームの応答性と、チームが現在どの程度作業をこなせているのかを知ることができます。期限に近付くほど、チームの扱うべきバグ数は減少し、チームはトリアージや新たな懸案事項に対してより積極的に取り組むようになるため、応答性はよくなっていくはずです。応答に時間がかかるのであれば、メンバーは忙しすぎるのです。
- **開発者あたりのバグ数**：開発チームの負荷分散を行うには、各開発者が現時点で調査、あるいは作業しているアクティブなバグの数を追跡する必要があります。また、テスター、開発者、PMという分類で、それぞれに割り当てられているアクティブなバグの数を把握するのもよいでしょう。PMやテスターに割り当てられているバグは、修正のためのパイプラインに流れていないため、定期的にトリアージを行い、再割り当てを行う必要があります
- **欠陥フィードバック率**：ワインバーグは、バグ修正によって引き起こされるリグレッションの率を欠陥フィードバック率（FFR：Fault Feedback Ratio）と呼んでいます[†][††]。1つのバグ修正によって2つのバグが引き起こされた場合、FFRは2.0となります。ワ

[†] ワインバーグ（Weinberg）の『*Quality Software Management: Systems Thinking*』(Dorset House刊、1991年）のp.250に書かれています。
[††] 訳注：邦訳は『ワインバーグのシステム思考法』(共立出版刊、1994年）です。

インバーグによれば、FFRの受け入れ可能な値は0.1〜0.3あたりとなります。それよりも値が大きければ、品質を向上させる（そして/あるいはペースを落とす）必要があります。ほとんどのバグデータベースでは、新たなバグを既存のバグと関連付けられるようにすることで、FFRの追跡を可能にしています。しかし、こういった追跡作業を自動化しているようなものは見たことがありません。その理由として、プロジェクトという観点に立ったトリアージは、主観的な作業を抜きにしては行えないということを挙げることができます。（あるバグを修正することで、以前から存在している隠れたバグが表面化することもある点にご注意ください。これはFFRとして計上されるべきではありません。）

15.3 コントロールすべき要素

プロジェクトのコントロールは、プロジェクトの追跡よりもずっと難しいことです。優れたデータの取得とその評価は、少し考えればできることですが、傾向に対処し、影響を与える方法を考え出すには野生の勘が要求されるのです。プロジェクトは、特に終盤において、それ自体が勢いを持っているため、なかなか思ったようにコントロールすることができません。バグ対処に注力している時、チーム内では数多くの意思決定が行われるため、コミュニケーションを絶やさないようにするとともに、メンバーが一貫性のある立場、前提、目標に従って意思決定を行うよう注意を喚起する必要があるのです。

コントロールにおけるさまざまな要素を考える際、最も重要となる視点は、それらをどのくらいの頻度で使用するのかというものです。マネージャとのレビューといった大局的な作業については、月に一度程度でよいでしょう。しかし、トリアージといった他の作業については、日々の、あるいは時間刻みの作業となるはずです。あなたが必要とするコントロールや影響のレベルに応じて、コントロールの間隔を考慮する必要があるわけです。

15.3.1 レビューミーティング

レビューミーティングは、主に中盤で適用されるコントロールのメカニズムです。チームリーダーはレビューミーティングにおいて、プロジェクトの状況を目標と比較し、上級マネージャ、クライアント、チーム全体に報告する必要があります。つまりレビューミーティングは、（目標に照らし合わせて）順調な作業、順調でない作業、その対処として行われている作業を明確にするための場であるわけです。このように、レビューの実施形式はとてもシンプルなものです。しかし、こういった議題に単刀直入に斬り込んだとしても、1時間以上はかかるはずです。私が経験したことのある最高のレビューでは、

ストレートに核心を突く文化が醸成されていました。参加者は十分に大人であり、見逃しは自発的に公表され（隠そうとしません）、支援の要求は名誉とされ（あざ笑われません）、最も重要なものごと（メンバーの見栄や彼らの気分をよくすることではありません）に注意が振り向けられていました。

　レビューの議論は、チームに目標、期限、テクノロジ、役割を現実的に評価させるようなものとなっているべきです。レビューで割愛してよいものなどありません。プロジェクトに影響を与える懸案事項はすべて、議論の対象とするべきなのです。こういったことから、レビューミーティングは、追跡のためだけにあるものではなく、コントロールのためにもあると言えるのです。つまりレビューミーティングは、リーダーと上級マネージャが、プロジェクトに関連することすべてを対象として、必要な調整を議論するための場として活用できるわけです。

　レビューの品質は、誰がプロジェクトの権限を握っているのかに依存します。最善のレビューでは、非難の応酬が行われるのではなく、懸案事項の理解と解決策の検討に重点が置かれ、起こっていることに関する正直な議論が行われます。こういったことを実現するために、レビューミーティングの規模は小さく留めておくべきです。そして議論のサマリーと、プレゼンテーションに使用したスライドや資料は、後ほど開催する個別の連絡会でチーム全体に提示します。（リーダーはチームに対する説明責任を負うべきです。上級マネージャとのやり取りの結果については特にです。）

　チームがマイルストーンに向けた作業を行う間は、定期的にレビューを計画してください。そして、レビューの後にはチームへの連絡会があるということを、メンバー全員の常識としておくのです。何ヶ月もかかるプロジェクトの場合、月次レビューを行います。また、数週間規模のプロジェクトの場合、週次または2週間に1度のレビューを行います。頻繁に行うことで、より身近に、そしてより融通が利くようになるのです。

顧客/クライアントとのレビュー

　あなたが請負チームの一員であったり、社内にクライアントがいる場合、レビューミーティングは顧客から直接フィードバックを得る機会であると考えることもできます。今までに解説したアドバイスの大半は、こういった場合にも適用可能です。ただし、こういったミーティングを、顧客からのフィードバックを受ける唯一の情報源と捉えてはいけません。たいていの場合、ミーティングの間隔は長すぎる上、ミーティングの持つ公式な属性により、深い議論を行ったり、複雑な懸案事項を考察することは困難なのです。

　エクストリームプログラミングの持つ重要な特徴として、ソフトウェア開発の際に顧客からの代表者を直接プロジェクトに参画させることを奨励している点を挙げることができます（『Extreme Programming Explained』[†] p.69より）。顧客側から少なくとも1

名の代表者を参加させるようにしてもらうことで得られるメリットは数多くあります。この担当者は、日々のビルドを利用し、プログラマやリーダーたちと人間関係を構築していくことになるはずです。これによって、懸案事項に対するフィードバックを、週次や月次といったタイミングではなく、日次、あるいは1時間毎に得られるようになるのです。こういった人間関係を構築することは、初めのうちは大変でしょうが（「9.4.1　役割の定義」を参照してください）、プロジェクトにおける意思決定がより優れたものとなり、顧客満足度も向上するため、それだけのエネルギーを注ぐだけの価値があることなのです。

15.3.2　トリアージ

　トリアージのプロセスでは、懸案事項の一覧を優先順位付けしていくことになります。実際のトリアージと、他の優先順位付け作業が異なっている点は、定期的に発生する新たな懸案事項を理解し、他の懸案事項と比較しながら優先順位付けを行っていくというところにあります。中間の期限、および終了条件としての品質指標がある場合には、中盤の作業中にもトリアージを行う必要があります。とは言うものの、終盤になると、トリアージがPMと他のメンバーの作業の大半を占めることもしばしばあります。

　トリアージの目標は、エンジニアリングのパイプライン（14章で解説しています）を管理し、現在のマイルストーンに設定された終了条件に向けて、作業の価値を最大化することにあります。これをうまく行う上で3つのことが要求されます。

- **サニタイズ**：発生するバグの重要性はさまざまです。誰かが新たなバグのレビューを行い、その品質レベルに関する情報を取得しなければ、プログラマに割り当て、調査、修正させることはできません。バグによっては、プログラマに調査してもらう必要もありますが、ほとんどの場合はデータベースのフィールド（深刻度、優先順位等）を埋めたり、再現性を向上させたり、既知のバグの別症例でないことを確認するといった些細な作業となるはずです。そしてこういった作業に必要なのは、電話や電子メールでのやり取りや、特定のビルドの実行だけということも多いのです。
- **調査**：バグのサニタイズが終わったところで、意思決定を行う前に、重大な問題を探求しておく必要があるはずです。そのバグは、本当に修正する必要があるのでしょうか？　そのバグは、要求定義書/仕様書の精神や記述内容と矛盾しているのでしょうか？　そのバグは、どのコンポーネントによって引き起こされたものであり、これを修正する上でどういったことを考えなければならないのでしょうか？　バグへの対処方法を決める意思決定の前には、複数の質問に答える必要があるかもしれません。なお、こ

† 訳注：邦訳（第2版）は『XPエクストリーム・プログラミング入門──変化を受け入れる』（ピアソン・エデュケーション刊、2005年）です。

ういった検討は技術的なものである場合もあり、そうでない場合もあります。
- **優先順位付け**：サニタイズと調査が終われば、バグを優先順位付けし、適切な順序でパイプラインに流していくことができるようになります。

トリアージの難しさは、こういった3つの作業がいずれも、1人の担当者の持つ知識だけでは行いきれないという点にあります。また、プロジェクトの規模が大きいほど、1人の人間で手際よくトリアージを行うことはより難しくなるのです。このため、たいていのプロジェクトにおけるトリアージは、グループによる作業となるわけです。プロジェクトの早い段階では、各メンバーが自らのバグをトリアージできるかもしれません。しかし、プロジェクトの後半になってくると、トリアージを行う主体は小グループやサブチームへと移っていくことになります。これはバグが、各担当者の担当領域内ではなく、担当領域をまたがった部分で発生するようになるためです（前述した「15.2.2　バグ/欠陥のマネジメント」を参照してください）。また、各担当領域に責任を持つ人々から構成される小グループという形を保つ方が、チームの他の動きに関係なく容易にトリアージを行えるようになります。

そして終盤の大詰めになると、バグに関するすべての意思決定が詳細に調査されるようになるため、プロジェクト全体に対するトリアージを、チームリーダーで構成された核となるグループによって実施するようにすべきです（図15-8を参照してください。これについては「15.3.3　ウォーチーム」で解説しています）。それでは2種類のトリアージについて解説しましょう。トリアージには、日次（週次）のトリアージと、方向性を持ったトリアージがあります。

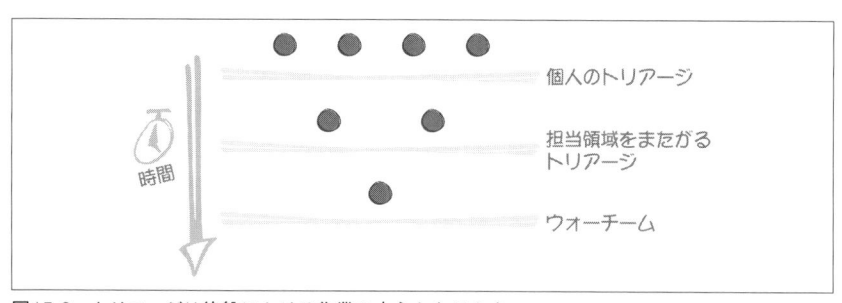

図15-8　トリアージは終盤における作業の中心となります。

日次（週次）のトリアージ

日次のトリアージは、新たに発生したバグやアクティブなバグを扱うためのルーチンプロセスです。これは状況に応じて、週次、日次、毎時に行う必要があります。そして

トリアージの実行頻度は、終盤の進捗につれて増加していくことになります。

日次のトリアージにおける目標は、プロジェクトを健全に保つというシンプルなものとなります。プロジェクト終盤におけるクリティカルパスはプログラミングチームであり、パイプラインが有効に機能していることを保証する唯一の方法がトリアージとなるのです。発生するすべてのバグは、サニタイズし、既存のバグと比較し、優先順位付けを行うべきです。またこういった作業は、プログラマに割り当てる前に行っておくのがよいでしょう。

特定分野を受け持つ専任の担当者によって日次のトリアージを行うことが（チームの効率性を考えた場合に）最善となることもあります。プログラマとテスターがこの条件に同意した場合、専任の担当者に、新たなバグのサニタイズ、既存のバグとの比較、優先順位付けといった作業を任せることになります。そして、懸案事項を理解し、基本的なバグの意思決定を行えるだけの技術的知識を持ち合わせているという点を考えると、こういった作業の最適任者はPMになるはずです。

専任の担当者に任せるという選択肢を採用しない場合、開発者、テスター、PMといった代表者で構成される小グループでトリアージを行うべきです。マーケティング、デザイン、ユーザビリティといった分野の専門家には、必要に応じて参加してもらいます。この場合、ミーティングは短時間で終わらせるべきです。そのためには、すぐに解決できない懸案事項についてはすべて、プログラマに調査を行ってもらうべきです。

バグデータベース上のトリアージというフィールドは、トリアージの最中にはバグと設定しておくべきです。これによって、アクティブなバグ（内容の判っていないバグ）の総数とトリアージされたバグ（既知の修正すべきバグ）の数を比較できるようになるため、バグ情報に対するもう一つの視点がプロジェクトに提供されることになります。

方向性を持ったトリアージ

方向性を持ったトリアージは、具体的な目標を達成するために行う取り組みです。これは日次のトリアージに追加する形で行われます。方向性を持ったトリアージは、プロジェクトレベルにおけるコントロールの1つであり、ものごとを進捗させ、バグチャートとトレンド分析の価値を向上させるものです。以下は、方向性を持ったトリアージが必要となる一般的な状況です。

- **トリアージされたバグの数とアクティブなバグの総数の比が小さい場合**：アクティブなバグが500個ある中、トリアージされたバグが200個しかない場合、残りの300個の深刻度を知る方法はありません。すべてがシステムクラッシュを引き起こす優先順位1のバグかもしれず、すべてが既知のバグによって引き起こされている間接的な

バグかもしれません。それを予想することはできないのです。方向性を持ったトリアージは、特定の日時（例えば明日の正午）までにトリアージされていないすべてのバグのトリアージを行うという具体的な目標を掲げて行われます。こういった目標を達成できるだけの時間的な余裕がない場合であっても、一定時間（例えば24時間）以上トリアージされていないアクティブなバグを対象にすることができるはずです。

- **終了条件が変更になった場合**：終了条件を調整する（削除や追加等）ことが必要になった場合、プロジェクトを立て直すにはトリアージしか方法がありません。終了条件を設定し直すことは、プロジェクトの降下角度を変更する手段としてよく用いられています。この際、特定種類のバグを除外することでプロジェクト自体の安全性を向上させるわけです（ただしプロセスの品質は低下します）。

- **クローズされていないバグの数が多い場合**：バグが修正された際、その状況は「解決済み」になります。その後、該当バグを報告したメンバーを呼び戻し、本当に修正できているかどうかを確認してもらうことになります。しかし、こういった確認待ちのバグの中には、正しく修正されていないものもあるはずです。つまりこの状態にあるバグは、アクティブなバグとして計上されていないものの、その中には修正の必要なものも混じっている可能性があるのです。バグ追跡システムによっては、この他にもバグの隠れ家があるかもしれません。こういったものは、チームに定期的に掃き出させるようにするべきなのです。

15.3.3　ウォーチーム

　プロジェクトの完了に近付くにつれて、分散した権限を集約することになります。機能設計フェーズやプログラミングフェーズでは、チーム内に権限を分散することもできますが、終盤の大詰めを迎えた段階ではちょっとした過ちが命取りとなるのです。つまり、あらゆる意思決定の重要性が増し、リスクも大きくなるため、よりしっかりとしたコントロールが必要になるわけです。マイクロソフトでは「ウォーチーム」（war team）と呼ぶグループに、こういった権限を集約します（これは、リーダーが集まって重要な懸案事項を決定する場を意味する「作戦司令室」（war room）という軍事用語に由来する言葉だと思います）。期限が近付いてきた段階で、チームリーダからなる少人数のグループが、権力を一手に掌握することになるわけです。チームの規模が小さい場合、こういった権限の移管を公式に行う必要はないかもしれませんが、チームの規模が中規模から大規模になると、こういった権限の移管は必要不可欠となります。これによってすべての意思決定の水準を引き上げ、プロジェクトが完了に向かっていることをチームに実感させることになるのです。

　ウォーチームのミーティングは、とてもシンプルです。用意するものは、会議室、各

部門からの上級メンバー（プログラミングおよびテスト部門の上級メンバー、PMやその他のリーダー、および必要に応じてグループの上級マネージャ）、大画面のモニターにつながったコンピュータ（議題となるバグや懸案事項を部屋にいる全員に見せるため）だけです。ウォーチームで議題が可決されるには、上級メンバー全員の同意が必要となります（チームによっては2/3以上の多数決制を導入したり、参加者に拒否権を与えることもあります）。ウォーチームの議題は毎朝決定され、どのような懸案事項でも議題となり得ます。裁判所決定と同様に、ウォーチームが可決、あるいは否決したことは、すべてチームに適用されます。ウォーチームのミーティングは、チームに対して開かれたものとなっていなければなりません。ただし、具体的なDCR（14章を参照してください）を抱えていたり、レビューにかけたいバグを提案しようとしているメンバーには優先権が与えられます。

　ウォーチームは高い水準を設けるべきです。このため、準備が整っていないのに参加しようとしたメンバーや、基本的な質問（これに合致する終了条件は？、これはどういったリグレッションを引き起こす可能性があるのか？、プログラマとテスターはこれを修正するべきだということに同意しているのか？）に答えられないメンバーは、準備を整えて出直してくるよう告げ、部屋から追い出すべきです。チームの時間が貴重であるが故に、ウォーチームの時間も貴重なのです。このためPMやプログラマはそれぞれ高いモチベーションを持ち、論旨を明確にし、論拠を強固なものとした上で、ウォーチームに対して承認を要求する必要があるのです。そして、こういったプレッシャをチーム全体にかけておくことによって、懸案事項をウォーチームのところに持ち込もうとする前に、メンバー自らが真剣に考えるようになるわけです。（ただし、ウォーチームのミーティングは白熱したものとなる可能性があり、スタンドプレイに出たり、自己中心的になって時間を無駄にしたりする機会もたくさんあるという点に注意してください。こういった言動の芽を早いうちに摘み取るのがグループマネージャの務めとなります。）

　ウォーチームが関与するタイミングと内容については、チームにしっかりと知らされているべきです。図15-9は、ウォーチームの承認を必要とするものごとを、簡単な段階で示したものです。このような段階によって、公表した期日までに、徐々に権限の集約を行っていくことになります。DCRの承認は中盤の早いうちから発生するため、たいていの場合はウォーチームが最初に手がける作業となるはずです。その後、バグの数を正確に把握する必要が出てきた時に、ウォーチームの作業として、プログラミングのパイプラインに流すバグの承認作業が追加されます（一般的に、以前に承認されたバグは先に処理することになります）。そして大詰めの数週間や数日間は、すべてのバグのレビューをウォーチームが一手に引き受けることになり、プロジェクトに対するコントロールの集約が実質的に完了することになるわけです。

```
              すべてのDCRをウォーチームが承認する
              すべての新規バグをウォーチームが承認する
残作業                       ウォーチームが一括して
                           トリアージを行う


                          時間
```

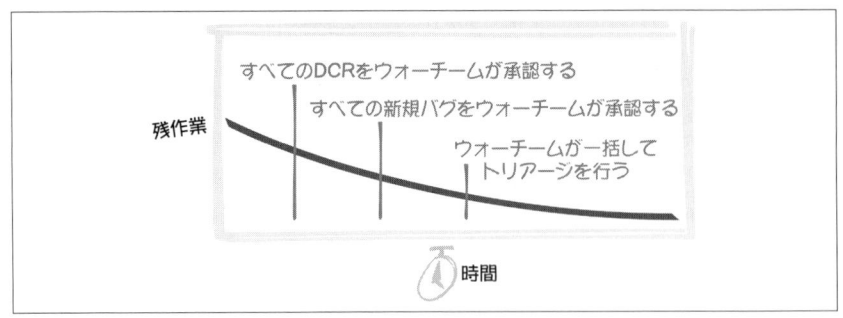

図15-9　ウォーチームの権限は、終盤の進捗に従って大きくなります。

　ウォーチームのミーティングは、当初は週次の開催でも構いませんが、早目に日次の開催（30分〜1時間）とするようにすべきです。また、ミーティングを予定通りに始め、予定通りに終わるようにするのは、ウォーチームの責任です（なお、ミーティングの開始までに議題を明確にしておくべきです）。ミーティングの目標が、終了条件とゴールに向けた優れた意思決定なのであれば、30分では無理としても、60分もあれば、数多くのDCRをレビューしたり、数多くのバグのトリアージを行えるはずです。ただし、終盤のマイクロマネジメントを避けることが秘訣となります。

　バグや懸案事項の作業内容について、ウォーチームがすべてを把握しておく必要はありません。必要なことは、意思決定がプロジェクトにとって最善の利益をもたらすこと、適切な疑問が出され、答えられること、残りの時間をどのように使用するかに対して適切な基準が設定されることだけなのです。そのため、リーダーがチームを信頼できなくなり、議題の細部まで把握しようとした場合、ウォーチームはその存在意義を失ってしまいます。また、提出された懸案事項が、細部まで把握する必要のある様相を呈している場合には、いったん議題から取り下げ、ウォーチームの担当メンバーと議論を行わせた上で、改善した議題を翌日に再提出させるようにします。

　プロジェクトの目標、終了条件、バグの優先順位に関する意思決定と、チームのコミュニケーションの間には、チームに意思決定を任せる多くの機会があります。また場合によっては、ウェブのフォームを活用することで、ウォーチームのメンバーが自らの都合のよい時間にネットワーク経由で項目を承認できるようにし、ウォーチームの承認プロセスを自動化するようなことも考えられるでしょう。賢く立ち回るようにしてください。ウォーチームが不必要に、かつ意図せずボトルネックになってはいけないのです。

　一般的に、ウォーチームがマネジメントする必要のある懸案事項が少ないほど、プロジェクトを通じた計画、実行、リーダーシップの発揮において上級マネジメントが優れた仕事を行っていたことになります。また、ウォーチームの定例ミーティングが無謀と

も言える3時間にもおよぶマラソン会議になった場合、何らかの理由でリーダーシップが発揮されていなかったということになります。きっとそこには、次のプロジェクトのために学んでおくべき教訓があるはずです。

15.4　終盤の大詰め

　エンジニアリングプロジェクトにおける大詰めの期間は難しく、退屈なプロセスとなります。ジム・マッカーシー (Jim McCarthy) は『*Dynamics of Software Development*』[†] (Microsoft Press刊、1995年) において、Jell-O [††] とともに作業すると表現しています。バグを修正するたびに、巨大なJell-Oの固まりにもう一度触ることになり、触ることで起こった振動が収まるにはしばらく時間がかかるのです。そして何度も触っていると、振動が激しくなり、さまざまな方向の振動が絡み合って複雑化していくことになります。ウェブサイトやソフトウェア製品というものは、Jell-Oのように振動する部品が組み合わさってできた巨大な集合体であり、手を入れるたびに内部にさまざまな種類の振動を発生させることになるのです。しかしソフトウェアは、Jell-Oとは違っていつ振動が収まったのかを簡単に知ることができません。コードは半透明ではないのです。ちょっとした変更の影響を理解するにも、品質保証プロセスを通じ、ビルドを手作業で注意深くチェックしていくしかないのです[‡]。

　このことは、プロジェクトの大詰めが持久戦になることを意味しています。何時間もかけて新たなバグ報告や懸案事項のレビューを行い、Jell-Oを再び振動させるだけの価値があるかどうかを調査することになるのです。大規模プロジェクトにおいては、ウォーチームがこの重荷を背負うことになります。とは言うものの、チームの他のメンバーは、懸案事項を積極的に探すとともに、最新のビルドを使用するべきです。つまり、全員が何らかの形でこの持久戦に貢献するべきなのです。

　しかしJell-Oを振動させてまで修正する価値のあるバグが出てきた場合、チーム全員は再び全速力で前進することになります。ウォーチームはチーム (より具体的にはプログラマ) を率いるプロセスを通じて、懸案事項の修正を行うための十分な理解を得ることになります。その後、一連のテストと条件を再び実行し、変更部分以外に影響が出ていないことを確認しなければなりません。これはとてもストレスの高いプロセスです。中盤における突撃モードや終盤初期の楽しいバグ探しとは異なり、作業に没頭することでス

[†]　訳注：邦訳は『ソフトウェア開発のダイナミズム』(アスキー刊、1997年) です。
[††]　訳注：Jell-Oとは粉末状のゼリーの素の商品名です。ここではゼリーそのものを表しています。
[‡]　もちろんのことながら、ソフトウェアのエンジニアリングが優れていれば、変更の影響は予測しやすくなります。

トレスを和らげることはできないのです。すべてのものごとは非常に細かくなっており、プレッシャのはけ口もなくなるのです。

このプロセスには、今までとは違った指標や勘どころがありますが、それによって作業の性質が大きく変わるというわけではありません。以下の指標は、リリースに向けた中間的なマイルストーンでしかありませんが、少なくとも終盤後期の作業における退屈な単調さを打ち壊す刺激にはなるはずです。

- ゼロバグバウンス（Zero Bug Bounce：ZBB）：アクティブかつ（ウォーチームによって）承認されたバグ数がゼロになった時、ゼロバグバウンスに到達したと表現します。これがバウンス（跳ねる）と呼ばれるのは、次のバグが発生すると同時に、バグ数がゼロではなくなるためです。ZBB到達時と実際のリリースとの期間を見積もる理論もいくつかありますが、ここで解説できるだけの強い裏付けがあるものはありません。
- ゼロ解決済み（Zero resolved）：「解決済み」という状態のバグによって懸案事項が隠蔽される場合があります。というのも、バグがクローズ（そして検証）されるまで、そのバグが正しく修正されているかどうかは判らないのです。解決済みのバグとアクティブなバグがともにゼロとなることで、プロジェクトが本当に完了可能な状態にあると判るのです。

この段階になると、発生したバグの数やアクティブなバグの数はそう多くはないはずであるため、指標としてはあまり役に立ちません。こういったバグは、チームによって積極的に調査されたとしても、ウォーチームに持ち込まれるまでは、プロジェクトの進捗に実質的な影響を与えないのです。

15.4.1　リリース候補（RC）

すべての終了条件をクリアしたプロジェクトにおける最初の成果物は、リリース候補（Release Candidate）と呼ばれます。RCビルドを作成した後、このRCビルドでどういった問題が見つかった場合に、2回目のRCビルドを作成するのかという終了条件を新たに追加する必要があります。こういった終了条件がない場合、このRCビルドの検収と品質保証テストがすべて合格した段階で、該当ビルドをウェブ経由やCDにして顧客の元に送り届けることになります。

RCについての終了条件が定義済みである場合、終了条件に合致するまで終盤のプロセスが繰り返されることになります。つまり、ウォーチームは調査、設計、実装すべきことを決定し、変更の承認から実施までのプロセスが繰り返されるわけです。

ソフトウェアの世界、特に量産されるパッケージソフトウェアの世界において、RCはコストのかかるものとなります。この場合、インストール、ローカライゼーション、ブ

ランド等にまつわるさまざまなことに関するテストや手続きが追加作業として必要となるのです。ウェブアプリケーションの場合、既存のプロジェクトに対する該当プロジェクトの統合方法が問題のすべてとなります。また、マネジメントが必要となる複雑な依存関係は他にもあるかもしれません。

15.4.2　移行と運用

　最終版のRCビルドが完成しても、浮かれることができるのはチームの一部でしかありません。プロジェクトの性質にもよりますが、最終版のRCビルドが完成したことによって、一連の作業が新たに生み出されるのです。テストチームと品質保証チームは、最終版のビルドを使うことでしかテストできない、サーバ負荷等のさまざまな容量にまつわる懸案事項の評価作業に突入する必要があります。こういった作業を事前に計画しておくことも可能ですが、実際のテスティング作業は、最終版が用意できて初めて開始することができるのです。

　ほとんどのウェブサイトやウェブベースのプロジェクトでは、一連のテストサーバを使うことで、最終版のテストカバレージを実施するための条件設定や統合作業を行います。しかし、対応するプラットフォームや言語が増えてくると、こういった移行プロセスは難しくなります。もちろんのことながら、適切な移行処理に必要となる時間は、初期計画の段階で見積もり、計画することができます。移行と運用にまつわる重荷は、こういった作業の体系を考えることで、サブチームのみに担当させることもできれば、プロジェクトチーム全体で共有することもできるはずです。

15.4.3　プロジェクトの検死

　マイルストーンやプロジェクト全体の完了が近付いてきたのであれば、チームが今まで行ってきた作業から教訓を得るように仕向ける必要があります。これはプロジェクト反省書、あるいは検死報告書（postmortem：死体から情報を引き出すという医学用語に由来する表現）を書くことで実現できます。こういったものは、メンバーの記憶が鮮明であるうちにまとめるべきです。しかし、お祝いムードで浮かれている時には誰も、過去を振り返るなんてことはやりたがらないのです。ほとんどの場合、皆は前に向かって進み、過去のことはそっとしておきたいと考えているのです。

　そこでリーダーシップの出番となるわけです。チームリーダーは、検死プロセスを実行することに全力を傾けなければなりません。緊張の糸が緩んでいく中、リーダーはメンバーに対して、メモのような簡単な形式で構わないので、うまくいったことと、うまくいかなかったことを挙げるよう依頼するべきなのです。チームリーダーはこういったことを一覧としてまとめ上げ、検死報告書を書き上げるということを計画しておくべき

です。報告書には、分析結果と学んだ教訓のサマリー、および次のプロジェクトで取り組むいくつかの改善目標（多くを望んではいけません。優先順位を付け、それに集中するようにしてください）を表明します。

あなたに代わって検死†のプロ（あるいは組織内でチームに参画していなかった人材）に作業を依頼するのもよいでしょう。彼らを呼び、1週間ほどかけてチームのメンバーに対するインタビューを行ってもらい、専門家の視点から学んだことに基づいた報告書を作成してもらいます。専門家を頼むということには、他の人では気付かなかった、そして聞こえなかったようなものごとを客観的に捉えてもらえるというメリットがあるのです††。より重要なことはおそらく、彼らによって外部の専門性が組織に持ち込まれ、それが具体的なプロジェクトやチームのニーズに適用されるということなのです。

15.5　パーティタイム

最終版のRCビルドが検証され、世に送り出すプロセスに入ったのであれば、今がまさにお祝いの時です。あなたが作成してきたものは、長い時間をかけた甲斐あってようやく完成にこぎ着けたのです。プロジェクトが完了するということは、とても稀なことであり特別なことでもあります。IT関連のプロジェクトで、ここまで到達できるようなものは数えるほどしかないのです。PMとしてのあなたの仕事は、関係者全員がそのことを祝い合える機会を作ることです。その際には、企業人や組織人としての発想を捨ててください（会議室で祝賀会をするなんて発想はダメダメなのです）。近くのパブに行く、お気に入りのレストランで大テーブルを予約する、あなたの自宅に仲間を招くなどしてください。今までできなかったくらい飲み、食べ、楽しい時を過ごすのです。あなたが宴会好きや外向的な性格ではないというのであれば、そういった性格のメンバーを探し出し、彼と結託して何かを企画してください。

プロジェクトの打ち上げは、長い人生の中で何度も起こることではありません。世の中の人々が日々の生活で使うことになるものを創造するということは、驚くほど大変なことなのです。派手に祝賀会を行う価値があるのです。大いに盛り上がってください。

---

† 検死作業をうまく行うには、http://www.scottberkun.com/essays/のアドバイスを参考にしてください。

†† プロジェクトのリーダーは、起こったことに対して強い思い入れを持っているため、客観的になるために苦闘することになります。しかし、外部の専門家は思い入れや個人的なしがらみがないため、プロジェクトに関する考察、理解、報告、忠告を適切に行える可能性が高いのです。

15.6　サマリー

- 大きな期限は、小さな期限の集合体でしかありません。
- どのようなマイルストーンにも3つの期限があります。それらは、設計の完了（仕様書の完成）、機能の完成（実装の終了）、マイルストーンへの到達（品質保証と洗練作業の完了）です。
- 終了条件を各マイルストーンに向けた作業の初めで定義することにより、チームが期限を守る可能性を高めることができます。
- 期日に間に合わせることは、飛行機の着陸とよく似ています。どちらも長い、ゆっくりとした着陸進入が必要となるのです。そして、大がかりな整備を必要とすることなく、すぐに再び離陸できる準備を整えられるような着陸を行う必要があるのです。
- プロジェクトを追跡するためには、どの要素を測定するのかを決定しておく必要があります。一般的な要素としては、日々のビルド、バグ/欠陥のマネジメント、アクティビティチャートがあります。
- プロジェクトレベルの調整を行うため、コントロールにおける要素を洗い出しておく必要があります。一般的な要素としては、レビューミーティング、トリアージ、ウォーチームがあります。
- 終盤の大詰めは、ゆっくりとした退屈なプロセスとなります。ここでの難問は、リリースを満足のいくものに保ちつつ、変更のスコープを狭めるということです。
- 今こそ検死プロセスを開始すべき時です。うまくいったことと、うまくいかなかったことから教訓を得て、あなたとチームの糧にしてください。
- あなたに幸運の女神が微笑んだのであれば、プロジェクトは無事に完了し、幸せになれます。とてもとても幸せになれます。多くの人々は、自分では何の失敗もしていないのに、ここまで到達することができないのです。豪勢な夜を計画してください。どんちゃん騒ぎをして散財してください（私も招いてください）。そして、その時のことをいつまでも語り継げるようにしてください。

16章
社内の力関係と政治

　パーティーの企画であろうと、会社の立ち上げであろうと、何かを行うための人材を集めようとすると、集まってくる人たちの態度、望み、スキルは常に千差万別となります。こういったことから、いくらリーダーが頭脳明晰であり、プロジェクトを指揮する才能に溢れていたとしても、望みを完全に満たされない人たちが出てくるのです。このため、やる気と野心のある人々は自ずと、力を持った人間に影響を与えることによって、自らの望みをかなえようとすることになります。この世に政治というものが存在する理由を簡潔に説明すると、このようになります。私たちが政治的な状況の中で体験するフラストレーションや難問は、集団におけるやり取りのなかで生み出される人間模様の副産物なのです。アリストテレスは、「人間は政治的動物である」と言いました。以下は、彼が述べたことと一致しています。

> 「マネジメントの行動はどれも政治的だ。つまり、マネジメントの行動は、何らかの方法で権力を再分配するか補強するかのいずれかなのだ。」
> 　——リチャード・ファースン（Richard Farson）著、『*Management of the Absurd: Paradoxes in Leadership*』† （Simon and Schuster刊、1996年）より

　政治を動かすのは力（権力）です。大まかに言って、力とは、他の人間に影響を与えたり、コントロールする能力のことです。私たちは、人の肩書きによって力を推し量ろうとする傾向がありますが、実際の力と肩書きに直接の関係が見られない場合も多々あります（12章で述べているように、獲得した力と、付与された力は違うのです）。適切なタイミングで適切な人を説得し、自らの知識を用いて皆が満足するような解決策を導き出し、状況を打開できる人は、彼の上司が気付いているかどうかに関わらず、彼らよりも

---

† 訳注：邦訳は『パラドックス系マネジャーがビジネスを変える!』（早川書房刊、2001年）です。

大きな力を持っていることになるのです。

　この事実は、組織内の政治力学をより複雑なものにします。各人は組織の肩書きに関係なく、力の獲得と育成を行うことができるのです。しかもそういった力は、懸案事項や意思決定に応じてチーム内に分散されるため、話はさらにややこしくなります。エンジニアリングに関する意思決定については、ハロルドが力を持っており、ビジネスに関する意思決定については、モードが力を握っていることもあるのです。プロジェクト組織の複雑さとこういったことすべてが相まって、政治というものが生み出されるわけです。そして同時に、力と影響力を得ようとする競争も生み出されることになるのです。

　プロジェクトマネージャにとって、このことは二つの意味を持っています。まず、あなたがどれだけ大きな力を持っていようと、あるいはどんなに倫理的であろうと、政治的な影響力から逃れることはできないということを意味しています。そして、力と政治はリーダーシップやマネジメントと切っても切れない関係にあるということも意味しています。力と政治からメリットを引き出すことに興味がなく、そのデメリットを軽減することの方が大事であると考えていたとしても、少なくとも政治力学の作用というものを理解しておく必要があるわけです。この章では、プロジェクトに対して政治的な力を適用する上で、重要となる教訓を解説しています。ここでは、あなたが直面している政治的な状況の分析方法、ありがちな状況とそれらが発生する理由、そして政治と力に関する問題の解決方法を説明しています。

16.1　私が政治を意識した日

　私が生まれて初めて組織の政治について大きな教訓を得たのは、1997年に遡ります。その教訓とは、当時Internet Explorer開発グループのプログラムマネージャを務めていたクリス・ジョーンズから得たものでした。その時、グループは複数の組織改編と方針変更で混乱した数ヶ月を乗り切った直後であり、まだ落ち着いた状態にはなっていませんでした。そして、このチームは特に重要な役割を担わされていました。それはチャネルと呼ばれる機能（ブラウザ戦争の最中に注目されながらも失敗に終わった「プッシュ型テクノロジ」の1つです）の開発だったのですが、それまで順調に進んだためしがありませんでした。この機能は我々の計画においてとても重要なものであったにも関わらず、マネジメントがひどいものであったため、チーム全体がマイナスの影響を被っていたのです。同僚の多くや私も精神的に疲弊していましたが、どうすればよいのかまったく判りませんでした。我々は無力感にとらわれつつも、ほとんどの場合はマネジメントチームの政治力のせいにしていました。さらに悪いことに、当時の私は組織の政治に対して最もシニカルな見方を持っていたのでした。私は政治力を以下のように定義していたの

です。

　政治力（名詞）：邪悪で、弱虫で、自己中心的な人々が利用しようとするもの

　私は政治力というものが具体的にどんなものであるか、またどのように使われるのかについてよく判っていませんでしたが、（それが誰であれ）チームの邪悪で、弱虫で、自己中心的な人々が使うものだと確信していました。当時の私は、頭が良いか悪いかという点でしか人を評価していなかったため、誰がそういった人にあたるのかを正確に特定することはできませんでした。私は無知であり、傲慢だったのです（面白いことにこの二つは高い確率で共存します）。ただ、こういった短所を持っていた私の唯一の救いは、私がクリスを尊敬しており、その彼と私のオフィスが隣り同士だったということです†。チームが置かれている状況に失望し、いらいらした日々を過ごしていた私はある日、彼のオフィスに行き、グループに対して抱いていた懸念をぶつけてみました。彼は私の話を辛抱強く聞いた後、それについては昼食時に話し合おうと言いました。

　クリスは昼食の席で、驚くべき行動に出ました。彼は私が期待していた以上のことを語ってくれたのです。クリスは自らの観点から状況を分析、説明し、組織の他の人間の信頼を裏切ることなく、私が重要な問題を理解する上で必要なことを話してくれたのです。彼は問題を高度なレベルで評価、説明した上で、妥当な解決策を3つ提示してくれました。私はその時、クリスも彼なりの制約を抱えていることに気付きました。つまり、ニーズ、要求、そして彼の同僚、マネージャ、役員たちが掲げる目標といったものです。また、彼はスケジュールと競合他社（Netscape）のプレッシャにもさらされていました。私は今まで、私よりもクリスの置かれている状況の方が自由度が高い（力が大きければ、自由度が高くなりますよね？）と思っていたのですが、説明を聞いているうちに、彼の方が私よりも難しい状況に置かれているということが判ってきました。

　その後クリスは、またもや私が予想もしていなかった行動に出ました。彼は私に意見を求めてきたのです。彼は意思決定に先立って、私自身の論理と観点を主張する機会を与えてくれたのです。私はこの時、生まれて初めて政治に対する悟りを得ました。政治というものの大変さが判ったのです。クリスは、私の考えを尋ね（そしてその答に耳を傾け）、私が政治に対して抱いていた憎悪や悪人探しすべてを消し去ってくれました。そし

---

† 職場の物理的な位置関係が持つ価値を決して軽んじてはいけません。私が自分より上のマネージャの行っていることを学べたのは、職場の物理的な位置に恵まれていたからです。このおかげで、クリスを探しているさまざまな人とざっくばらんな対話を交わすことができましたし、廊下で交わされていた重要な会話を偶然耳にすることもできました。もしも、私のマネージャが何でも自らのコントロール下に置きたがるタイプであったり、マイクロマネージャであった場合、この職場の物理的な位置関係によって大きなマイナス効果が引き起こされていたことでしょう。

て、関係する懸案事項や人々について実際に考えるように仕向けてくれたのです。そういったことを考えた途端、私は凍り付いてしまいました。まるで、高速道路の反対車線に放り出されたような気がしたのです。何から手を付けたらよいのか判らず、すべてが恐ろしくなりました。私は、食べかけのサンドイッチを見つめながら、まともなことを何一つ言えないでいた自分を今でも思い出すことがあります。ともかく会話は続き、昼食が終わった後、私は自分のオフィスに戻りました。その日以来、私は組織がどのように機能するかということについて多くを学んできましたが、自らの観点を変えた重要な日として、今でもその日のことをしっかりと覚えています。以下は、私がその日以来学んできた3つの重要なポイントです。

- **政治とは汚いことを表す言葉ではない**。「政治」という言葉の第一義は、たいていの辞書では以下のようになっています。

  > 政治（名詞）：政府や、統治機関が実施する芸術や科学のこと。特に、国家のような政治的な団体の統制や、その内外における事象の執行および統制を指す。

  ほとんどの英語辞書では、私の皮肉に満ちた定義は4番目か5番目以降にしか書かれていません。政治とは、人や組織を管理するスキルのことです。非倫理的な、あるいは卑劣な行動に出ることなく、政治手腕を振るうことも可能なのです。

- **あらゆるリーダーは、政治上や力の制約を抱えている**。企業役員や合衆国大統領といった偉い人は、とても大きな力を持っているように思えます。確かに、大きな力を持っていることは間違いないのですが、そういった力のほとんどは、周囲に影響を与えるという類の力なのです。例えば合衆国大統領は、立法、行政、司法という3つの政府機関の長ですが、その力は他の2つの機関によって監督され、バランスが保たれるようになっています。そして、大統領の公的な行動に対して拒否権が行使されたり、その行動が却下されることも多いのです。また大半の企業において、役員の下にいる上級マネージャは、役員に報告を行う義務があるものの、指示されることを好まないため、自らの権限拡大を求めます。これと同じことが、命令階層における各階層間で起こっているわけです。従って、あなたよりも大きな力を持っている人がいたとしても、その人が無限の力を持っていると考えてはいけないのです。

- **力の大きさは責任の大きさに比例する**。力というものを考える一つの方法は、あなたがその力を手に入れた時に直面することになる制約や問題を考察してみることです。例えば私が会社の社長であり、社員であるあなたに5ドル渡してコーヒーを買ってくるように頼んだとします。あなたが手にする権限は小さなものであり（それでも確かに存在します）、責任も小さなものでしかありません。これに対し、私があなたに250

万ドルと、複数の優秀な部下を与えた場合、あなたに対して何らかのビジネス企画、実現、運用の責任を負うように言うはずです。一般的に、責任、ストレス、難度は、与えられる力に比例して大きくなります。つまり、与えられる力が大きくなると、ものごとの難度も高まるため、簡単に達成することができなくなるわけです。

- **政治とは、ある種の問題解決である。**あなたが直面する組織上の難問に関係なく、またそれがどれだけフラストレーションを感じるものであるかに関係なく、それは解決すべき問題の一つでしかありません。マイクロマネージャ、気まぐれ屋、ゴマすり屋は皆、種類こそ異なるものの、乗り越えるか、対処の必要な障害でしかないのです。どのようなものごとであったとしても、人が選択することのできる現実的な選択肢の数は限られており、それらはすべて政治的な関係を持っています。組織に関する問題に対して、設計やエンジニアリングに取り組む場合と同じ規律と創造性を持って取り組むのであれば、こういった選択肢を見つけ出し、優れた（あるいは、可能な限り最善の）意思決定を行うことができるはずです。

　私は時とともに、他人とともに働く上で避けることができない不快さを「政治」のせいにして憂さ晴らしするという行為が、幼稚で身勝手なものであるということも学びました。同じことは、「マネジメント」、「エンジニアリング」、「マーケティング」などを悪者扱いし、彼らがどんなに馬鹿か、または非効率的かをあげつらうことにも当てはまります。悪者扱いしたところで、彼らが賢くなったり、効率的になるわけではありません。（それが本当に問題の原因であったとしてもです。彼らは聡明なのに、あなたと同じように政治的な理由によって動きがとれないだけかもしれないのです。）

　同じことは、プログラマ、マネージャ、この本の著者といった個人を悪者扱いすることにも当てはまります。誰かを責めても何も変わらない上、そうすることで本当の原因や、状況の改善策が見えなくなってしまうこともしばしばあるのです。政治的な、あるいはマネジメントに関わる行為は、どんなに馬鹿げていても、あるいは邪悪に見えようとも、マネージャが採り得る限られた選択肢の一つであることに間違いありません。マネージャが他の選択肢を採用していれば、プロジェクトはさらに悪い状態に陥っていたかもしれないのです。制約について理解することなしに下した評価は、現状に目を向けたものでなく、フラストレーション解消のためのものとなってしまうのが常なのです。

16.2　力の源

　力（名詞）：実行、あるいは行動する能力。何かを実行、あるいは達成する能力[†]。

　政治を理解した上で、影響力を行使する機会を伺ったり、ものごとをうまく実行できるようにしようと思うのであれば、政治的な力の基本を理解しておく必要があります。組織における力はたいていの場合、個人が下す意思決定や影響力という形で現れます。あなたの組織における意思決定の方法を考えてみてください。判断が難しい場合、最終的に意思決定を行うのは誰でしょうか？　誰が議論の場に加わることができるのでしょうか？　誰の意見が最も重視されるのでしょうか？　こういった質問の答として名前が挙がってきた人々は、何らかの力を持っているということになります。意思決定を行う明確な権限を持っているということは、最も基本的な力の形態ですが、その意思決定を行う人を利用する、質問を行う、アイデアを提示するといったことも、もう一つの力の形態なのです。12章で説明したように、付与された力は組織階層の上から下へ与えられるものであるため、最も判りやすいものであると言えるでしょう。そしてそれは、人の肩書きや、地位を表すその他の象徴によって暗示されます。たいていの場合、付与された力というものは、より大きな力を与えられている人から与えられます。つまり、役員は直接の部下に力を与え、その人たちは彼らの部下に力を与えるといった具合です。なお、役員は目的達成のために最善だと思えば、ある個人に対して他の人々よりも大きな力を与えるという決定を下すことができます。

　獲得した力は、有機的に委譲されていきます。名声や能力というものは（肩書きや地位と比較すると）主観的な基準で判断されるものであるため、誰が獲得した力を持っているかということは、プロジェクトのメンバーそれぞれが判断することになります。例えば、チームにタイラーというプログラマがいたと考えてください。そして、マーラとジャックはタイラーの意見を高く評価しているものの、クローイはそれほど評価していないとします。こういった状況がある場合に、チーム内で議論が巻き起こった際、マーラとジャックはタイラーの主張をクローイが信じる以上に信じやすくなるはずです。つまり、マーラとジャックはある意味において、自らの力をタイラーに移管していることになるわけです。こういった点で、獲得した力というものは、その力を獲得した人の周囲にいる人々の行動を通じて与えられることも多いのです。そしてこのような場合、獲得した力は、組織階層とは関係なく分配されていくことになるのです。例を挙げると、ある組織における上級マネージャが、他の組織の下級従業員を高く評価するということもあるわけです。

[†]　『*Random House College Dictionary*』（1999年）より

他の人々よりも特定の誰かに、より大きな信頼と力が集まっているということは一般的ですが、それは常に主観的かつ相対的なものとなります。意思決定の領域、会議の出席者、彼らの持っている力によって、結果が変わってくることもあります。それが、政治を面白いものにしているのだと言う人もいます。つまり、力は常にチーム内を流れ、その方向を変え、さまざまなタイミングでさまざまな人々を支持したり足を引っ張ったりするわけです。また、力は行使されない限り、明確に判ることが少ないため、誰がどのような類の力を持っているのかということについて誤解が生まれやすいという傾向もあります。

さまざまな種類の力を網羅するために、その具体的な定義を以下に記しておきます（この一覧は、トーマス・クイック（Thomas Quick）が『*Power Plays*』に記述したものに基づいています）。本書でこの内容を参照することはほとんどありませんが、あなたの組織において誰がどのような力を持ち、それらがどのように利用されるかについて考えることは、価値のあることだと考えています。

- **報奨**：ボーナス、昇給、おいしい食事、あるいは何らかの報奨を人に与えることのできる能力です。人々は、あなたがそういった力を持っていることを知っており、その報奨を受け取りたいと思っているため、あなたに対して特別な対応や行動をとる傾向が出てきます。
- **威圧**：ペナルティを課す、あるいは懲罰を与えると脅すことのできる権限です。この種の脅しはしばしば有効となります。というのも、この力は報奨とは異なり、良い思いをするのではなく、悪い思いをしなくて済むというものなのです。威圧という力の簡単な例として、他のメンバーの前で誰かを当惑させたり、馬鹿にしたりする行為（「お前は何て馬鹿なんだ？」）を挙げることができます。また公になされる例として、誰かを降格させたり、責任や給与を減らすという行為を挙げることもできます。
- **知識**：特定の分野において専門知識を持っていたり、意思決定に関する特殊な情報を握ることで、力を持つことができます。そのような専門知識をどう利用するのかや、いつ、どのように情報を流すのかをコントロールすることで、より大きな力を手にすることも可能になります。力を手に入れる最も簡単な方法は、聡明になり、知識を獲得し、自らの作業にまつわる問題解決に優れた手腕を発揮することです。これによって、人々はあなたの言うことに耳を傾け、あなたの意見を尊重するようになるのです。また、より複雑な方法として、他の人々、チーム、トレンド、打ち合わせに関する情報を入手することによって、他の人よりも正確なものの見方を得るということがあります。さらに、自らの影響力というものに自信があるのであれば、プロジェクトや世界の状態に対する他の人々の認識を歪曲することもできるのです。

- **人脈**：あなたがどういった人々を、どのぐらいよく知っているかということです。あなたが力を持っている人々から支持されている、あるいは彼らと友好的な関係にあることを、他の人々が知っているのであれば、あなたと彼らの力が関連付けられることになります。例えば、あなたが「私の名はスティーブで、ビルの部下として働いています」と自己紹介した場合、あなたはビルの力と評判を自らのものとして利用していることになるわけです。また人脈という力は、あなたの協力者やあなたに対する支持を表明した人々から得ることもできます。

- **影響力**：持っている知識とは関係なく、他人を説得することに長けている人々がいます。影響を与える能力は、コミュニケーションスキル、自信、感情に対する気付き、観察眼といったものの組み合わせによって引き出されます。人々があなたの知識を重視している、あるいはあなたを信頼している場合、あなたの影響力は大きくなる可能性があります。また、彼らがあなたのことを魅力的だとか、聡明だとか、興味深いと思っている場合も、大きくなる可能性があります。こういった場合の他にも、借りがあれば大きくなるはずです。例えば、あなたに恩義を感じている人は、意思決定に影響を与えることで借りを返そうとするかもしれません。影響力は人によって強さに違いがあるという点にご注意ください。影響力とは、極めて相対的な力であり、絶対的な力ではないのです。

16.3　力の誤用

「自らが何をしているのか、調達しようとしているものが誰に価値をもたらすのか、どのようにして実装するのかが判っていなければ、プロジェクトはまったく見当違いの目標に向かって迷走していきます。そしてたいていの場合、ある種の政治的な論争が引き起こされます。これが無意味なことは言うまでもありません。」

——ジェームズ・ブロック（James Bullock）
『Roundtable on Project Management』より

　私たちが政治を邪悪なものとして語る時、たいていの場合、それは力の誤用を意味しています。そして私は、プロジェクトとそれに関わる人々をより良くするという目的を果たさないすべての行為を、力の誤用であると定義しています[†]。力というものは自然

[†] ここでは非道徳的な行為とは何かということだけでなく、邪悪な目標を持っているプロジェクトとはどういったものかという倫理的な議論を避けようとしています。しかし、裏切る、嘘をつく、人を欺くといった行動が、プロジェクトのためにならないのは明白です。こういったことによって、目先の利益が生み出されるかもしれませんが、チームの長期的な価値と信頼は台無しにされてしまうのです。

に発生するものであり、意思決定に影響を与えたり、意思決定を推進するために力を使用するということは、チームによる作業の副産物であって、それ自体が邪悪なわけではありません。他人に影響を与えようとしたり、自らの力を使ってプロジェクトを前に進めようとする行為がなければ、プロジェクトは進捗しないのです。(実際、後で説明しますが、公開討論や議論の実施は健全であり、政治の出番を最小化しつつ、より優れた意思決定と作業の効率性向上に対してプラスに働くのです。)

　力の誤用は、個人が自らの利益のために何かを行う時に起こります。例えば図16-1において、個人の目標とプロジェクトの目標はほとんど対応していません。このため個人の労力のほとんどは、プロジェクト全体の利益ではなく、その個人の利益を実現するために使われることになります。つまり、これは個人やチームの目標（そして報奨）とプロジェクト目標が対応付けられていないという点で、リーダーシップやマネジメントの失態を表しているわけです。なお、リーダーのために補足しておきますが、こういったギャップを完全になくすことはできません。というのも、人々にはプロジェクト外での私生活があるためです。各人には個人的なモチベーションがあり、それは仕事とまったく関係がないかもしれません。それでも彼らは仕事を通じてそれと満たそうと努力しているのです。

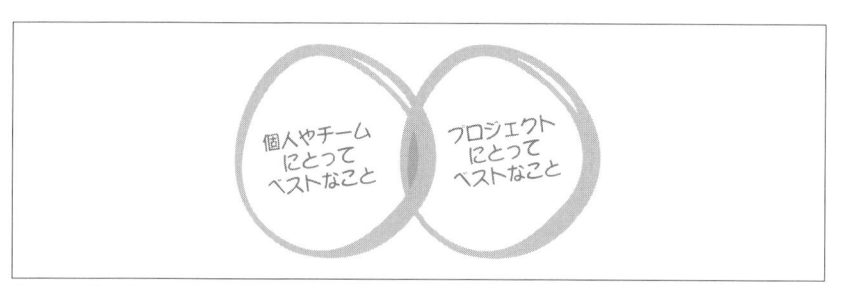

図16-1　個人的なモチベーションは、プロジェクトの目標とうまく対応していなければなりません。ギャップが大きければ、政治的な行動がより破壊的なものとなります。

　とは言うものの、こういったギャップを探し出し、最小化する方法を見つけることがマネジメントの役割となります。マネージャは少なくとも、メンバーが自らのモチベーションに従って行動する際に、プロジェクトにマイナスの影響を与えないよう支援しなければなりません。結局のところ、大きなギャップが存在していると、力を利用する際に自然に緊張感が生まれることになるのです。つまり、プロジェクトのためにではなく、自らのために行動するという強い誘惑が生まれるわけです。

　また、力の使用が利己的に見える場合であっても、プロジェクトのためになることについての意見が一致していないだけという場合があります。つまり図16-2のように、プ

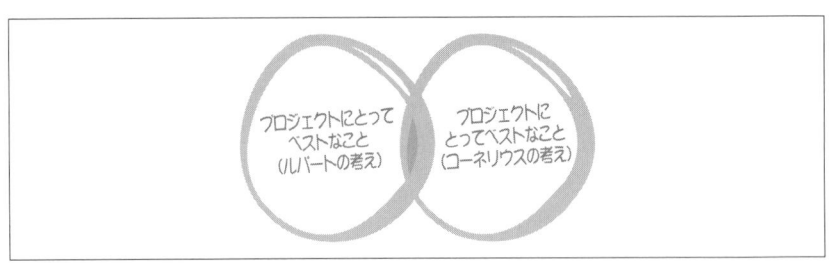

図16-2 力を巡る闘争は、排他的な理由で起こる場合があります。2人のメンバーは単に、力の最適な利用方法について意見を異にしているだけなのかもしれません。

ロジェクトの目標を達成する最適な方法についての意見が2人の間で一致していないだけかもしれないのです。これら2つのケースを見極めることは、非常に困難です。というのも、プロジェクトのために最適なものは、他の人から見れば最適なものとならないという場合がしばしばあるからです。モチベーションが純粋に利己的なものであると気付くには、関係者、プロジェクトの明確な目標、コミュニケーション、討論、議論のための優れたフレームワークに関する知識が必要となるのです。

　プロジェクト内に複数の小さなチームがある場合、事態はさらに複雑になります。図16-3で示すように、各チームのモチベーションがプロジェクトにとって最善となるものでない場合、各チームはプロジェクト全体の成功につながらないことに莫大なエネルギーを費やすことになるのです。これは、各個人にもチーム全体にも同様にあてはまることです。同じ目標を目指すことができない場合にはどうしても、力が誤用される頻度が高くなります。チームが互いに協力しあうよう積極的に働きかけたり、利害の衝突を公の

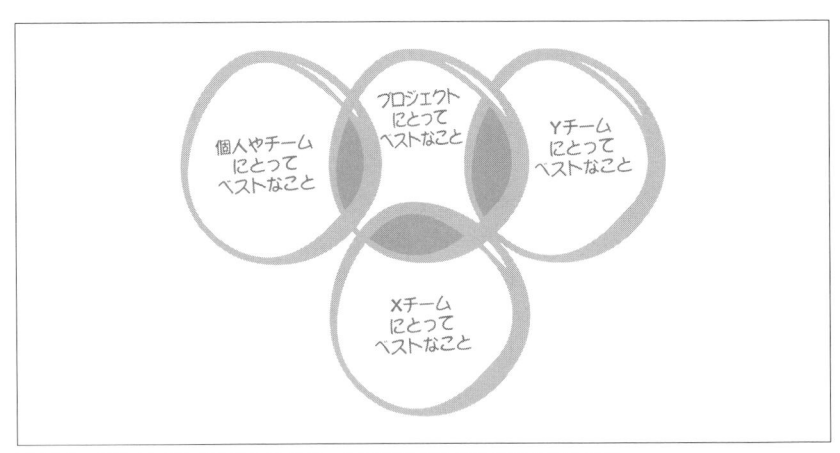

図16-3　関心がバラバラであるほど、力の誤用が起こりやすくなります。

場で解決することは、（またしても）マネージャの役割となるわけです。

16.3.1 力の誤用を発生させるプロセス

　力の誤用について考えるより具体的な方法は、その原因を、プロセスとモチベーションの2つに分けることです。プロセスに起因する誤用の場合、チームや組織の体制自体に問題があり、マネジメントまたはリーダーシップの失敗が示唆されます。モチベーションに起因する誤用の場合、各個人と、彼らの個人的なニーズおよび意欲がその源ということになります。力の誤用が発生するたいていの場合には、プロセスとモチベーションの双方が何らかの形で組合わさっています。

　プロセスに起因する誤用は、その誤用を一人の行動に封じ込めることができないため、モチベーションに起因する誤用よりもはるかに危険なものとなります。プロセスというものは組織に影響を与えるものであるため、力の誤用や、自らの利益だけを優先した行動をチームの全メンバーに対して奨励することになってしまうのです。

　これには、以下のような要因が考えられます。

- **不明確な意思決定プロセス**：大きな意思決定が行われること、そして誰がその条件と意思決定に関与するのかをチームが理解している場合、政治の出番はほとんどありません。意見のある者は皆、誰のところに行けばよいのか、またはどういった会議に出席して、何を主張すればよいのかを理解しているはずです。このため、根回しを行う必要性も低くなります。しかし、意思決定プロセスが明らかにされていない、複雑過ぎる、意思決定に関与する担当者が誰か判りにくいといった場合、意思決定の結果を気にするすべての人に、より政治的になるという動機付けが与えられるのです。つまり、他者に影響を与える意思決定を下す立場にある人は、意思決定の方法、関係者、条件といったものを明確にしておく必要があるわけです。
- **誤解/コミュニケーション不良**：チーム内のコミュニケーションが良好である場合、情報が確実に伝わるだけでなく、それらが理解され、可能な場合には、合意されるようになっています（9章を参照してください）。チーム内のコミュニケーションが良好でない場合、プロジェクトのためにならない形で力が使われることが多くなります。AさんとBさんという2人が、それぞれプロジェクトの目標を異なったものとして捉えているにも関わらず、相手も同じ捉え方をしていると互いに思い込んでいる場合、この2人は互いに相手の足を引っ張り合うことになるのです。そしてその際、2人は互いに足の引っ張り合いをしていることにすら気付かない場合もあるのです。
- **不明確なリソース割り当て**：予算、要員、機材の割り当てプロセスが決まっていない、あるいは公になっていない場合、各メンバーはリソースを得るためにありとあら

ゆる策を講じようとします。そのため、割り当ての決定権を持っている人が誰であれ、リソース割り当ての基準がどのようなものであるのかや、要求の申し出をいつどのようにして行うべきかをチームに対して明確にしておかなければなりません。

- **説明責任の欠如**：人々が失敗や間違いを犯したにも関わらず説明責任を果たさなくてもよいという場合、必ず政治が入り込んでくることになります。人が表明したことの説明責任を果たさない場合、その人を信頼することはできません。信頼することができなければ、頼ったり頼られたりせずに済むよう、自らの力を使うことになります（「12.1.1　信頼は表明によって培われる」を参照してください）。
- **不明確な目標やなおざりにされる目標**：上述した解説のほとんどでは、プロジェクトの目標に言及しています。プロジェクトの目標が不明確な（または存在しない）場合、力の誤用が起こる確率は100%とは言わないまでも高くなります。また、プロジェクトの目標が重心から外れている場合、全員の合意に必要となる明確な基準が存在しないということになるため、あらゆるものを議論しながら解釈することになるのです。目標が明確であったとしても、チームリーダーは目標をなおざりにしないようにする必要があります。つまり、目標そのものを守り抜くために積極的な役割を果たす、目標を実態に即したものとするようその見直しと更新を行う、すべての意思決定を目標に沿うものするといったことを行う必要があるのです。

16.3.2　モチベーションに起因する力の誤用

人間の性質について、あなたがどのように考えているのかに関係なく、人間というものは自己の動機付けを行う動物なのです。利他的な行動をとる場合であっても、この世界の善悪を自らの価値観に従って決定しています。また、人間は感情的な動物であり、心理的な要因によってその振る舞いが左右されます。こういった振る舞いには意識的に行われるものもあれば、無意識的に行われるものもあります。モチベーションに起因する力の誤用は、シンプルな人間心理学的要素に基づいているのです。

- **他者の保護**：もしも私がこの意思決定を阻止しなければ、チームや同僚が苦しむことになります。
- **自らの利益**：自らが重要だと感じていることや、うまくやり遂げたいと思っていることを達成し、昇給や昇進を得たり、自尊心を持ちたいと思っています。
- **エゴ**：自ら、または他人に対して、自分がいかに聡明であるかを証明してみせたいと思っています。また、自分がいかに他人よりも聡明で優れているかということを、議論の余地もないほど、また劇的な形で知らしめたいとも思っているはずです。このプロジェクトは、私と同じくらい完全なものでなければならないか、自らの不完全さを

隠蔽できるものでなければならないと思っています。
- **嫌悪/復讐**：私はフレッドと一緒に働きたくありません。一緒に働かされるならば、前のプロジェクトでフレッドが「私に対して行ったこと」への復讐をするつもりです。

こういったモチベーションが、必ずしも邪悪なものであるとは限りません。こういったものがプロジェクトの目標達成に支障をきたす場合にのみ、問題が引き起こされるのです。また、チームの他のメンバーを傷つけないようにしながら、こういったモチベーションを管理できるのであれば、それらをプロジェクト推進の原動力にすることもできるのです。図16-1をもう一度参照してください。2つの円が90%程度重なり合っているのであれば、個人のモチベーションは実質的にプロジェクトの目標とうまく適合していることになるのです。マネージャは常に、エゴや利己主義を抑えておくよう心がけていなければなりません。マネージャはプロジェクトや、そのプロジェクトで働く人々の足を引っ張るのではなく、支援するよう、自らの部下やチームを方向付けなければならないのです。

16.3.3 力の誤用を防止する

こういった症状を軽減する最善の方法は、力を適用する原動力が、プロジェクトのビジョンによって定義された目標と一致するようにすることです。誰もが同じ核となる目標に立ち返り、そこから個人の目標を導き出す（4章を参照）のであれば、政治的な緊張が表面化したとしても、それは扱いやすいものとなるはずです。手段に対する合意が得られず、それが議論の対象となることがあるかもしれませんが、それでも全員が同じ目標のために闘っていることになるのです。このことを強調するために、プロジェクトのいかなる時点においても、誰でも公の場で以下のような質問ができる状況を作っておく必要があります。

- 今週/今月/このプロジェクトに対する私たちの目標は何でしょうか？
- 全体、あるいはサブチームにおける上記の目標で、何か矛盾していることはないでしょうか？ 私たちはどうやってそれらをマネジメント、解決することができるのでしょうか？
- この特定の意思決定は誰がどのようにして行うのでしょうか？
- この意思決定がプロジェクトにとって最善であることを保証するための基準は何でしょうか？
- あなたや私の力は、私たちの目標に貢献する、あるいはチームを支援する方法で用いられているでしょうか？

- リソースをどのように使用すれば、成功する確率を最も高めることができるのでしょうか？ 私たちは、それをどうやって実現すればよいのでしょうか？

こういった質問の答に同意しない人がいたとしても、それが問題になるわけではありません。意見が一致しない真の原因は明らかであり、リーダーやマネージャは明確さを確保したり、目標を再定義したり、直接影響を与える人々のいる場で新たな（そしてたぶん難しい）選択を行う機会が得られるのです。一方、目標が陳腐化していたり、個人間やチーム間で大きく異なっている場合、力の誤用を避けることはできなくなります。

チームを互いに競争させることで優れた作業が行えると信じ、敢えてチーム同士を競争させるような環境を作るマネージャもいます。これがうまくいくこともありますが、これによって組織はより不安定かつ政治的になるため、より強力かつ積極的なリーダーによる取りまとめが必要となります。これは別に珍しいことはありません。例えば、どのようなスポーツチームにも一軍と二軍があります。コーチは練習の場において、一軍の座を賭けてチーム内の選手同士を競わせると同時に、チーム全体の強力な結束を維持しようと努めます。優れたリーダーはこういった力のバランスを維持するために、適切な態度と振る舞いを積極的に強化するのです。

しかし、何の抑制もなかった場合、利害の一致しない、あるいは競合する個人にとって、政治的な力を使用することで自らの目的を達成しようというモチベーションが高まることになります。本来は競合他社に向けるべき競争心を、同じチームの同僚や部下に向けてしまうのです。プロジェクト全体の利益という観点から見た場合、こういった環境は破綻しています。力が、プロジェクト自体の完了に向けて効果的に用いられていないのです。強力なリーダーシップを発揮し、注力すべきことをチームに再認識させるとともに、公正な競争ができる場を作らない限り、状況は悪化の一途をたどるはずです。不正な、もしくは利己的な行動で誰かが甘い汁を吸う（あるいはマネージャがその行動を黙認する）たびに、他のメンバーが同じような行動をとることになります。そしてあっという間に、相互の信頼がなくなって、同僚や上司に対して疑心暗鬼を抱き、効率が低下していくのです。

16.4 政治的な問題を解決する方法

このセクションでは、二つの仮定を置いています。まず、プロジェクトには明確に定義された目標があるものとします。次に、そういった目標によって、あなたが達成しようとしていることが動機付けられるものとします。これらの仮定のうち一つ、または双方が当てはまらない場合であっても、このセクションは有用となるはずです。しかしそ

ういった場合には、ものごとを成し遂げる上で必要となる基盤が弱いということになるため、あなたが行うべきことは増えるはずです。

今から解説するプロセスは、大きな力に関する懸案事項や、あなたが有しているよりも大きな力を必要とする状況において有用となるはずです。懸案事項が大きいほど、こういった思考プロセスを忠実に適用すべきなのです。また、懸案事項が小さいほど、プロセス中の多くの手順を駆け足で実行したり、飛ばしたりすることができるはずです。

16.4.1 ニーズの明確化

政治的な問題を成功裏に解決する唯一の方法は、ニーズを明確化してから、それを入手するための計画を立てることです。よくあるニーズとしては、以下のようなものがあります。

- リソース（予算、時間、要員）
- 意思決定を行う権限
- あなた以外の人が意思決定権限を持っている場合、その意思決定に対して与えることのできる影響力
- あなたの目標を支持する、またはあなたの目標と整合性を持つようにするための、他者の目標の調整
- 他者の目標と整合性を持つようにするための、あなた自身の目標の調整
- アドバイス、専門的知識、サポート

あなたがニーズをどう定義しようとも、それを変更できるだけの柔軟性は持っておいてください。ニーズをリソースと定義した場合であっても、リソースを入手せずとも目標を実現できる提案を誰かが行ったのであれば、その提案に耳を傾けるようにしてください。またリソースだけに限らず、予算や時間を要求することでも、あなたの目標を実現できる思いがけない提案が生み出されるかもしれません。このため、ニーズそのものにこだわり過ぎないようにしてください。ニーズは、プロジェクトにおけるあなたの目標を達成するための手段でしかないのです。

マネージングアップ

この種の政治的なニーズの分析は、あなたが自らの目標を決定した時に行うことが最も望ましいでしょう。つまり、あなたがマネージャと話し合い、向こう1週間から1ヶ月におけるあなたの責任を決定する時こそが、あなたの仕事をやり遂げる上で必要となる権限についてじっくり考えるチャンスとなるわけです。あなたが現時点で持っていないものの、今後必要となるサポートすべてを洗い出せば、マネージャはそのサポートを行

う方法について、何らかの手助けを行えるはずです。組織によっては、これをマネージングアップと呼んでいます。つまり、組織階層の上から下に向かって（ダウン）マネジメントを行うのではなく、下から上に向かって（アップ）マネジメントを行うことになるわけです。あなたがマネジメントから得たいものを明確にすることは、マネージングアップを成功させる最初の一歩なのです。

　マネージングアップにおける以降の手順の大半は、適宜間隔を置いてこのプロセスを繰り返すことになります。あなたが行うことと、マネージャから得たいことに関して、マネージャや、マネージャのマネージャと連絡を取り続け、すべてを同じ目標に向かわせることができれば、目標達成に限りなく近付くことができるのです。最もシンプルなマネージングアップの方法は、あなたのマネージャと議論を開始し、以下のような具体的なポイントを提案することです。

- マネージャに対して行って欲しいと期待していること（例えば、指導を行う、知っておくべきことについて注意してくれる、私の意思決定を支持してくれる、私が成長すべき分野を指摘してくれる等）。
- こういった目標を達成するために必要となるリソース、およびそういったリソースを用意できる人。
- マネージャから得たいと考えている関与レベルと関与頻度（一切関与して欲しくない？四半期ごとのレビュー？　日々の状況報告？　週次のマンツーマンでの打ち合わせ？具体的に提示するようにしてください）。

　こいった議論を早期に行っておくことで、どの程度の支援を期待できるのかが正確に判る上、問題が発生しそうな場所も予測できるようになります。マネージャがあなたの要求に応じなかったり、あやふやな態度を見せたり、自己保身に走る場合、何かがおかしいのです。つまり、あなたは孤立しているか、失敗に終わるよう仕向けられているのであり、マネージャは相互の利益達成に向けて積極的に行動する気がないということを意味しているのです。

16.4.2　あなたに必要なものを与える力は、誰が持っているのか？

　あなたが必要としているさまざまな力を与えてくれる人たちを洗い出してください。組織図や指示系統図は手始めとして妥当でしょうが、関係者（図16-4を参照してください）に関するあなたの記憶を確認するためだけに使うようにしてください。そして、意思決定の種類毎に最も大きな責任を持っている人を調べてください（少人数のチームであれば判りきったことでしょうが、自信がないのであればその都度、質問を行うようにしてください）。これを行う際には、マネージャ、同僚、部下等、あなたを支援してくれる人に

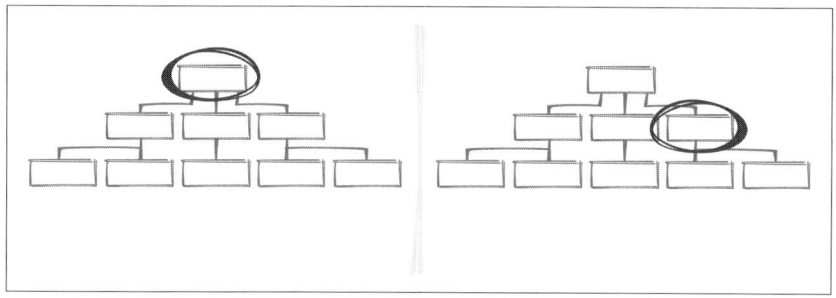

図16-4 状況によって適切な力の持ち主は異なります。組織図や指示系統図が主な考慮対象となるとは限りません。懸案事項によっては、上司よりも、中間層に名を連ねる担当者の方が力を持っていることもあるのです。

手伝ってもらってください。こういった人を見つけ出すには、一言二言会話を交わすだけで十分でしょう。行き当たりばったりで関係者に近付くのはよくないため、間接的に情報収集に当たった方がよい場合もあります。(「やぁ、フレッド。新規ノートPCの配布先決定権限を持っているのは君かい？」「そうだけど、何でだい？」「いや、ちょっと聞いてみただけさ。じゃ！」といった怪しげな行動は避けるようにしてください。)

彼らの観点を理解する

あなたの必要としている力を持っている人が誰であろうとも、まず最初にその人の目標を見極めるようにしてください。正しく運用されているチームであれば、どのような地位にある関係者であってもその目標はプロジェクトの目標と一致しているため、さほど難しいことではないはずです。そして、その人の持つ先入観、意見、意思決定を行う際の手法を考慮してください。あなたとその人の人間関係が良好であるほど、そしてともに仕事をする機会が多かったほど、こういったことは容易になるはずです。

その人の観点に立ち、あなたのニーズと目標が、彼のニーズと目標にどう対応付けられるのかを理解してください。そしてあなたの要求が、プロジェクトのより大局的な要求や彼の留意している目的から導き出せるものであることを確認してください。「プログラマをもう1人追加してください」と頼むのではなく、「目標Xと目標Yを達成する上で、チームはプログラマをもう1人必要としています。我々のプロジェクト計画は、先週追加された3つの要求を考慮したものとはなっていません。このため我々の目標達成は、現時点で高いリスクを抱えています」と正直に言えるようになってください。嘘をついたり、誤魔化してはいけません。あなたが要求しているリソースを、プロジェクトにおける他のことに使った方がよい場合には、あなた自身の要求を自ら撤回するようにしてください。(しかしその場合には、プロジェクトにとってそのリソースが有効利用されることに

光を当てるよう、目標や目的の変更を依頼する必要があります。「我々の目標は変更されるべきです。目標Xの重要性は、今や低くなっています。このため、リソースは目標Zの達成を支援するために振り向けられるべきです」といった具合です。聡明な上司であれば、こういったプロジェクト中心の考え方を提示したあなたに報いるはずです。)

彼らが信頼し、尊敬するのは誰か？

あなたの必要としている力をフレッドが持っているのであれば、彼に影響を与えられる人物を探し出してください。それは同僚か、彼のチームの花形プレイヤーか、彼の上司かもしれません。また、ある種の意思決定に限れば、あなた自身かもしれません。こういった個人の影響力を利用して、あなたの主張を容易に通すことができる方法を考えてください。あなたと影響力のある人々の間に良好な関係が築けているのであれば、あなたの考えを彼らに伝え、それに対する彼らの意見を求めてみてください。

人を操ろうとしたり、嘘をつこうとしたり、不審な行動を起こさないようにしてください。そんなことをする必要はありません。そうではなく、理論展開をフレッドのものと同じにするよう心がけ、彼らからのフィードバックを求めてください。彼らは、あなたの知らない事実を知っているかもしれませんし、あなたの主張を改善する（あなたの意見を変えさせるということを含みます）ような観点を持っているかもしれませんし、この問題への取り組み方についてのアドバイスを与えてくれるかもしれないのです。こういった影響力のある人々と良好な関係を築けていない場合であっても、彼らの意見を求めたり、彼らがフレッドに対していかにうまく議論や提案を行うかといったことを観察することができるはずです。

グループの力という幻想

あなたの必要としていることが、あるグループの支配下にあるように見受けられることもあります。ある種の意思決定を行っていると思える会談や委員会があるかもしれません。しかし、人々をグループとして扱ってはいけません。常にグループを個人にまで分解し、各人がどういった影響をそのグループに与えているのかを見極めるようにしてください。外から見た場合、どのように映っていたとしても、会議によってものごとが決定されることはほとんどありません。実際には、確固たる意見を持った参加者が、他の参加者と徒党を組んで特定の意見を主張し、筋書き通りにものごとを決定していくのです。こういった会議を見慣れていない人の目には、会議が活気に溢れた、意欲的なものと映るかもしれません。しかし、大きな力を握っている人々から見た場合、多くの議論の展開と結果は、予想通りのものとなっているのです。議論は（おそらく、あなたが今読んでいるプロセスと同様のものを使って）完全に想定済みとなっており、議論を終わら

せるための優れた反論も用意されているのです。

懸案事項が重要である、あるいは論争を呼ぶものであれば、関係者個人に対する投資が必要になってきます。特定の個人ではなく、グループ全体にアプローチするのは、会議室にいるさまざまな意見を持った強情そうな人々を、プロジェクトにとって最善だと思える方向に引っ張っていくだけの論理、影響力、コミュニケーションスキルをあなたが持っている場合にのみ行うようにしてください。

16.4.3　評価

次に、本書で学んだことをすべて組み合わせ、あなたのニーズを満たすことができる確率を評価しなければなりません。あなたのニーズを満たすことは、現在の権力構造では不可能かもしれないのです。しかし、そのこと自体が誰かの失敗であるというわけではありません。これは、エンジニアリング上やビジネス上の制約と何ら違いがないのです。あなたの状況を評価する際には、現在の権力構造が他の構造と同様に、制約されたものであると認識しておく必要があるわけです。

- **あなたの必要としている力を誰かが持っているか？** あなたの必要としているリソースは、利用できないものかもしれません。また、そういったリソースはすべて他の作業に割り当てられている（そして再割り当てできない）、あるいは組織にリソースそのものが存在しないという場合もあります。組織というレベルを超えた要求を行う場合、その必要性を論理的に、かつ強く訴えかける必要があります。大きな要求を複数の小さな要求に細分化し、それらに優先順位を付けてください。そうすることで、細分化された小さな要求が、さまざまな人々や異なったタイミングで実現できる可能性が出てくるのです。
- **過去において、どの程度この手の支援を取り付けることに成功したか？** こういった力を獲得した際の、あなた自身の経験を振り返ってみてください。どういったことがありましたか？ どういったことがうまくいき、どういったことがうまくいかなかったのでしょうか？ こういった政治に関する駆け引きの経験がまったくない場合、経験者を探し、アドバイスを受けましょう。そうしなければ壁に突き当たることになります。あなたが利用しようとしている力を持っている人は、必ずと言っていいほど、その力を欲する人々とのやり取りを行った経験があるため、あなたに経験がなければ不利な立場に置かれることになるのです（とは言うものの、そういった人々があなたほど聡明ではなかった、あるいは政治的思考を行っていなかったという場合もあります）。
- **この手の支援を取り付けることに、過去に誰かが成功しているか？** 開発手法を変更

するようチームマネージャを説得できた人が今までに1人もいないのであれば、あなたはパイオニアとして先陣を切ることになります。一方、過去に誰かが成功しているのであれば、その人が採った方法を調べ、彼の経験を糧にしてください。

- **あなたの主張にはどのくらい説得力があるか？** 私が過去に要求を行った際、自らの評判すべてを賭けてもよいと思ったことが何度かありました。自分自身が正しいと信じ切っているのであれば、大々的に態度を表明し、要求の価値について説得することができます。それほど自信のない場合には、自らの主張に対して適当なバイアスをかけることになります。自らの立場と、自らの要求について、自分がどのように感じているのかを把握するようにしてください。そして、その強さに従って主張と論点を整理し、最も説得力のあるものに注力するようにしてください。

- **どのようなアプローチとスタイルが最も有効か？** 10ページにもおよぶレポートやプレゼンテーション資料を作成するよりも、誰かのオフィスにふらっと立ち寄り、「これが必要なんだけど」と言った方が効果的な場合もあるのではないでしょうか？ 過去の経緯、チームの文化、関係者の性格によって、有効なアプローチは異なってきます。こういったことに関するマニュアルは存在していません。どの程度公式、あるいは非公式に振る舞うべきか、要求をどのように主張するべきかを自らに問いかけるしかないのです。いずれのアプローチを採用する場合であっても、まず最初に他のアプローチの有無を検討するようにしてください。

- **あなたの必要とするリソースを誰かが狙っているか？** あなたの必要なものを誰かが狙っていることもあります。予算と要員はいつの世でも限られており、上司のリソースはたいていの場合、あなたの同僚と融通し合うことになるのです。あなたと同僚の関係が良好である場合、協調してさまざまな意見を交換、議論し、チームにとって最善の道を選択するよう努力できるはずです（実際、上司であればこれとまったく同じことを行い、チームのためのプロセスを定義し、リーダーシップを発揮するはずです）。一方、あなたと同僚の関係がそれほど良好ではない場合、あなた自身でこれを実行することになります。相手の主張がどのようなものであるのかを考慮し、それをあなた自身のコンテキストに当てはめ、可能な限り客観的に評価してください。最後に、あなたの採ろうとしている行動が、相手の目にどう映るのかということも考えてください。相手は動転するでしょうか？ それとも怒るでしょうか？ あるいは、裏切られたと感じるでしょうか？ こういった問題は蕾のうちに摘み取ってください。可能であれば、関係者と対話するか、こういったマイナスの反応を最小化するような形で主張を組み立てるようにしてください。

- **これは闘うべき戦いなのか？** このニーズは、あなたが抱えている数多くのニーズのうちの一つでしかないということを認識してください。影響力や、その他の政治的な

戦略を行使することで、かけがえのない時間とエネルギーが費やされてしまうことになるのです。あなたの追求しているものが、あなた自身という貴重なリソースに見合っていることを確認してください。例えば、後日に提示しなければならない、より重要な要求があると判っているのであれば、エネルギーはその時まで温存しておいた方がよいかもしれないのです。

- **見えない障害物に気を付ける。** あなたの立場から直接見ることのできない政治や力の階層が存在していることを忘れてはなりません。組織が大きくなれば、このことがより当てはまるようになります。あなたより2～3階層上（これだけのレベルが存在している場合）には、あなたから見ることのできない争いや討論が行われていることもあるのです。あなたと違った目標を持っている同僚が、あなたの要求している力に対して影響力を行使することもあり得ます。あなたの周辺や上層部で起こっていることを考慮し、あなたの観点を向上させるための情報に常に目を光らせるようにしてください。

16.4.4　影響力を行使する際の戦術

　評価が済んだのであれば、次は行動に移すことになります。組織の政治にアプローチしたり、他者の力を利用する際に一般的に利用される戦術というものがあります。以下の戦術はシンプルなものですが、最もよく利用されるものです。その他の戦術については、この後に解説しています。

直接的な要求

　直接的な要求という戦術では、成し得る最もシンプルなことを実行することになります。つまり、あなたが必要としている力の持ち主のところに直接出向き、その人に要求することになります。あなたが洗い出したアプローチやスタイル（前述の一覧を参照してください）に応じ、気軽な会話、電子メールでのやり取り、この目的のために会議を開催するといったことを行うわけです。より改まった要求を出すことで、相手が議論に参加する確率は高くなります。逆に、気軽に要求を出すことで、対話や要求がより率直なものとなるはずです。図16-5において、Aさんはあなたが必要としている力の持ち主を表しており、Bさん、Cさん、Dさんはチームの他の人間を表しています。

対話

　これは直接的な要求を協調型にしたバリエーションであると言えます。例えば、あなたとBさんが同じリソースを取り合っており、その問題について議論している場合、Aさんに仲介に入ってもらい、3人で問題の解決にあたるわけです。明確な目標を持ち、チー

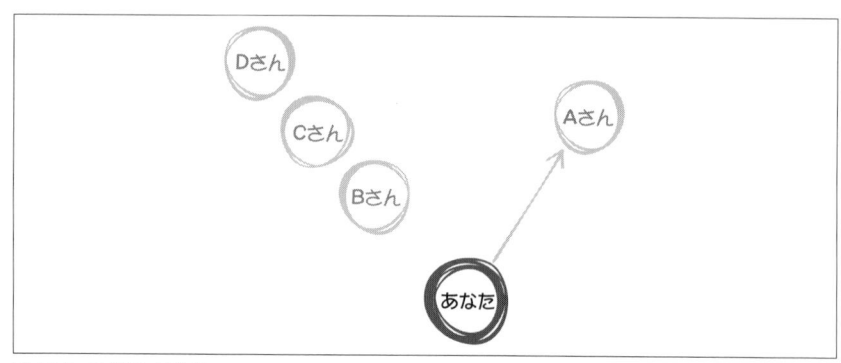

図16-5　直接的な要求

ムワークに優れているチームは、こういったことを自然に、かつ気軽に行います。こういったチームは互いを信頼し、プロジェクトの共通目標に向かって突き進んでいき、自分たちの力や権威が低下する場合であっても、進んで妥協しあうようになります。優秀なリーダーやマネージャも、自らの関与を最低限に抑えられることになるため、こういった行動を奨励するはずです。つまり、チームは最終的に自分たちで問題を解決することを学び（Aさんがいなくても、彼の哲学を実践できるようになるのです）、特に難しい意思決定を行う必要がある場合にのみAさんに頼ることになるわけです。

影響力の行使（目標を側面から攻撃する）

　自らの影響力のみに頼ってAさんを説得するのではなく、組織内で同様の主張や意見を他の人から力を借りるようにしてください。誰の助けを求めるのかは、Aさんに対する影響力の度合いを基準にして、注意深く検討します。あなたの影響力が弱い場合には、複数の人から支援を受ける必要があるかもしれません。

　軍事用語では、このことを「目標を側面から攻撃する」と表現します。正面から突撃するのではなく、側面から攻撃することで優位に立つのです。Aさんはあなたの主張に応戦するだけでなく、1人、あるいは複数の人間の主張に応戦しなければならなくなります。こういった主張が、地位や権力においてAさんと同等の人々から出されている場合、Aさんにとってそれは拒絶しにくいものとなるはずです。（しかし、Aさんのいないところで、Aさんよりも地位の高い人々に意見を求める場合、慎重に行動するようにしてください。というのも、これは頭越しの意思決定、つまりAさんを出し抜く企みと見なされる可能性があるためです。このように判断されるかどうかは、組織の文化やAさんの性格に依存します。）

　側面からの攻撃と直接的な要求を組み合わせるという選択肢もあります（図16-6を参

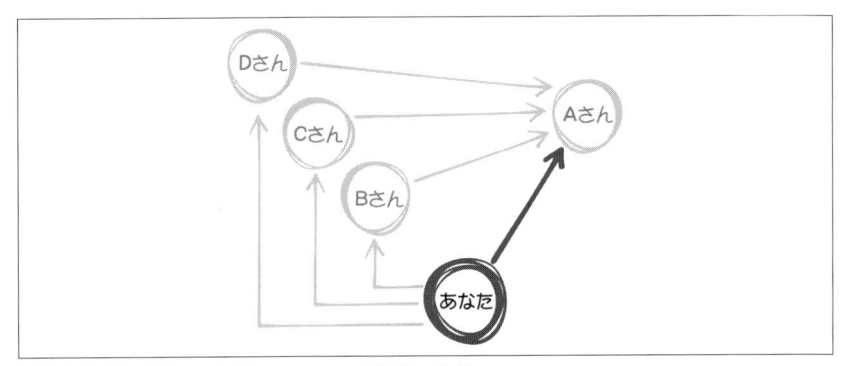

図16-6　目標を側面から攻撃するための影響力の行使

照してください)。またこの他には、あなたが得た影響力を行使する方法を考えるという選択肢もあります。Bさん、Cさん、Dさんが実際に会議に出席する必要はなく、懸案事項をAさんと相談する必要すらないかもしれません。彼らの承認を得ている限り、Aさんに対して「私は、この機能を除外する必要があると思います。Bさん、Cさん、Dさんと話したところ、彼らもこの件について同意してくれました」と告げることも可能でしょう。もちろん、彼らの述べたことが誤解されないよう注意する必要がある上、問題を決着させるためにいつでも会議を開催できる(会話の内容を再確認してもらうため)よう、準備しておく必要があります。

影響力の段階的な行使

　あなたが必要としている人々にアクセスできない場合、影響力や階層の連鎖を逆にたどっていってください。AさんはCさんの言うことにしか耳を傾けず、あなた一人ではCさんにアクセスできない場合、Cさんに対して最も影響力のある人を見つけ出してください。そして、その人にアプローチし、あなたの主張をアピールしてください。そこから、あなたが影響力を行使する必要のある人まで、順にたどっていくわけです。図16-7を参照してください。

影響力の間接的な行使

　影響力を行使する最善の方法が、お膳立てだけ行い、自分は表に出ないことである場合もあります。Aさんが組織図上で2つか3つ上のレベルにいる場合、あなたのレベルの人間から直接的な要求を受けたくないと考えていることもあるはずです。あるいは単に、Aさんがあなたのことを嫌っている、またあるいは現在、他の問題でイライラしている(そして、あなたの抱えている懸案事項についてAさんが客観的でいられないと思ってい

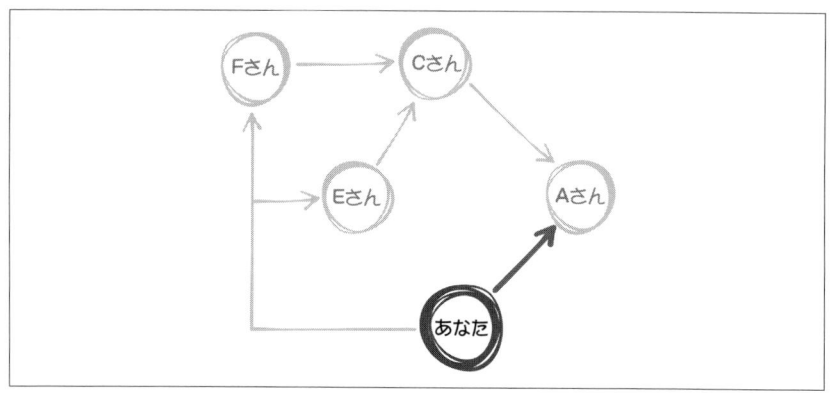

図16-7　影響力の段階的な行使

る）という場合があるかもしれません。

　この場合、他の人に支援を仰ぎ、あなたに代わって要求を出してもらってください。こういった人は、あなたの直接のマネージャ、チームの同僚、この懸案事項についてAさんに影響力を持っているAさん自身の部下のいずれでも構いません。

　こういったことをコソコソせずに行う方法は、すべてを対話として実践することです。まずCさんと対話し、あなたに同意するかどうかを確かめてください。同意してくれる場合、Aさんとの対話をお願いしてください（図16-8を参照してください）。CさんがAさんと対話する際、Cさんは嘘をついたり、誤解させるように話を持っていく必要はありません。Cさんはあなたと、あなたの要求に同意しているはずであるため、Cさん自らの観点に立って主張を行うことができるのです。その後、Aさんからあなたに連絡があるか、後ほどあなたからAさんに依頼を行うことになります。このような形で、Cさんの影響力の恩恵を受けることができるわけです。

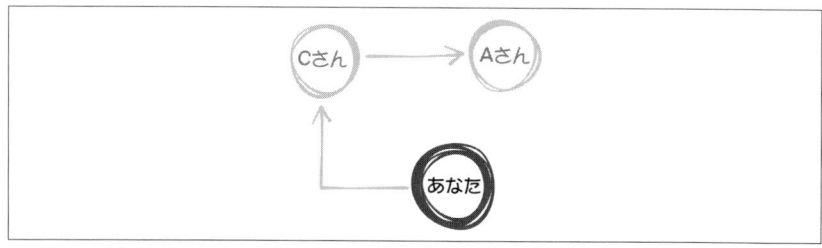

図16-8　影響力の間接的な行使

グループでの打ち合わせ

　打ち合わせというものは、複雑な政治的難局と言えます。参加者全員が発言、質問を許され、話をややこしくするために自らの政治力を発揮することができるのです。このため、決定しなければならない、あるいは議論しなければならない重要なことがある場合には必ず、打ち合わせの前にあらかじめ参加者を吟味するようにしてください。そして打ち合わせが始まるまでに、あなたの力と影響力を使用するための準備を十分に行ってください（打ち合わせに対して影響を与えるだけでなく、打ち合わせの場で起こりそうなことにも対処するわけです）。とは言うものの、打ち合わせはとても重宝します。関係者を同じ部屋に集めた上で、一度にさまざまな懸案事項に取り組むことができるのです。

　打ち合わせが始まるまでに、出てきそうな質問と、各参加者が聞きたがっているのはどういった答なのかを考えておいてください。あなたが参加者のことをよく知っているのであれば、起こりそうなことを予想し、それらに対して準備しておくことができるはずです。一方、参加者のことをよく知らないのであれば、周りの人に尋ねて回ってください。また、打ち合わせに先立って、重要な参加者に意見を求めてみてください。彼らの懸念や、主な疑問点をあらかじめ把握しておき、必要に応じて現在の計画を変更したり、擁護するための戦略をしっかり練っておいてください。さらに、あなたが議題を決める立場にあるのであれば、上記のことを考慮して議題を決定するようにしてください。

　力の問題を解決するには、あなた自身が打ち合わせを設定するしかないという場合もあります。電子メールは、複雑な、あるいは微妙な問題にはまず向きません。または、サリーを説得するには、ボブとマイクが同時にその場に居合わせなければならないといった場合もあるでしょう。効果的な打ち合わせを行うにはそれなりのスキルが必要です（10章を参照してください）が、とりあえずのところは、質問や議論に対する準備を整えておくほど、打ち合わせが好ましい方向に向かってスムーズに展開するということを知っておいてください（図16-9を参照してください）。

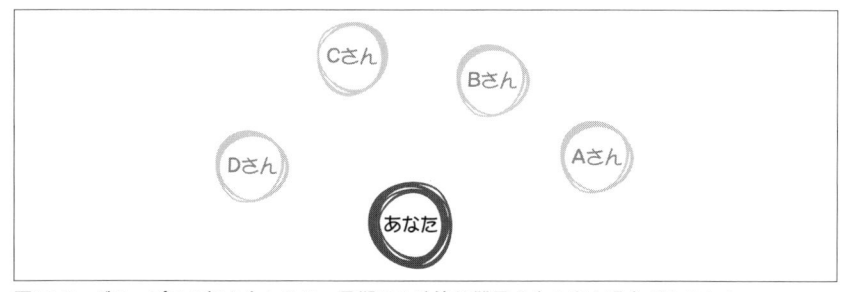

図16-9　グループでの打ち合わせは、予期せぬ政治的難局を生み出す場合があります。

相手に、それが自らのアイデアだと思わせる

稀なケースですが、他者の自尊心を大きく育てていくという方法も使うことができます。具体的に説明すると、次のようになります。直接的な要求ではうまくいかないと考えられる場合、洗い出した問題を議題に挙げて、解決策を見つけ出すように要求するのではなく、質問したり、重要なポイントを挙げることで、自らが望む方向に議論を誘導していくのです。この方法は、人を操ろうとするすべての試みと同様、裏目に出やすい上に、繊細かつ臨機応変に対処するという、ほとんどの人が持っていないスキルが必要となります。しかしこの手法の有効性は、自分が常に正しいと思い込んでいる上級マネージャに対して、何度か自分の目で確かめることができました。

その他の戦術

これまでに挙げた戦術は、基本的なものでしかありません。政治的な戦術に関する本は、図書館の棚にたくさん並んでいます。私がこれまでに見つけた最高の書籍は、ロバート・グリーン（Robert Greene）の『The 48 Laws of Power』（Penguin刊、2001年）[†]です。ただしこの本は、デール・カーネギー（Dale Carnegie）の『How to Win Friends and Influence People』（Pocket刊、1990年）[††]と同様、読後にシャワーを浴びて体についた汚れを落としたくなる衝動に駆られはずです。ロバート・チャルディーニ（Robert Cialdini）の『Influence』（Perrenial刊、1998年）[‡]は主に、オフィス内の政治ではなく、マーケティングに関して書かれた本ですが、同様の心理原則に基づいています。

16.5 場を知る

プロジェクトマネジメントに関する最後の考察は、政治の場についてのものです。最も大きな力を持っている人が、力の獲得、適用、分配といったチームの従うべきルールを定義します。こういった力を持つ人は、人々が（他者を操ったり、騙したりするといった）非倫理的な行動をとった場合、それを見つけ出して是正する責任を負うことになります。そして場をできるだけ公正に保ち、プロジェクトにとって最善の成果が生み出されるよう、適切な人々に政治を利用させることになるわけです。

しかし、力を持つこういった人々が、場を公正に保つことに気を配らない場合、ルールを理解し、そのルールに手を加えるかどうかは、あなたが決めることになります。あなたの選択は、自らの力を利用してルールの変更を試みるか、ルールを受け入れるかの

[†] 訳注：邦訳は『権力（パワー）に翻弄されないための48の法則』（角川書店刊、2001年）です。
[††] 訳注：邦訳は『人を動かす』（創元社刊、1999年）です。
[‡] 訳注：邦訳は『影響力の武器——なぜ、人は動かされるのか』（誠信書房刊、1991年）です。

いずれかになるわけです。この場合、人を欺くような、不公正な慣習が横行しているのであれば、あなたの選択によってどういった影響が及ぼされるのかを考えることになります。理由もなく、他の人々が利他的であるという前提を置いてはいけません。ただここで私は、全員に共通する最大公約数的なアプローチを選択し、他者の行動を真似るということを勧めているわけではありません。こういったことは、あなた自身が決定する倫理的かつ道徳的な選択なのです。私が述べているのは、あなたがどんなゲームを誰とプレイしているのか認識しておかなければならないということだけです。こういったことを評価項目に加え、他者の言動を予測するようにしてください。

16.5.1　自分自身の政治の場を作る

　政治がどんなにストレスの溜まるものであったとしても、プロジェクトマネージャとしてのあなたは、図16-10に示すような自らの場をコントロールする力を持っています。また、あなたはチーム内における自らの力の割り当て方法をコントロールすることもできます。あなたが採り得る基本的な選択肢は二つあります。一つは、聡明な人々が快適に作業できる安全かつ公正な場を築くことであり、もう一つは、大規模チームにおける問題や症状があなたの世界に及ぼす影響を甘受することです。後者は簡単です。何もしないだけです。これに対して前者を選択する場合、リーダーシップを発揮し、この本で述べている多くの戦術を採ることが必要となるのです。

図16-10　あなたは常に、自らの場を定義する力を持っています。

　優れたマネージャは常に、自らのチームを守る道を見つけ出します。困難な状況を経験しなければ、チームは成長しないというのは真実ですが、優れたマネージャはチームの作業効率を高めつつ、本当の経験と学習機会を与えることができるよう、バランスを考えながらチームを守っていくのです。同様に、あなたのマネージャが役割をちゃんと

果たしていれば、あなたはある種の問題や状況から保護されることになり、あなたの環境もより働きやすいものとなっていくのです。組織階層のどのレベルにおいても言えることですが、こういった保護を伴うリーダーシップの実現には、一段上の努力と成熟が必要となります。しかし、それこそが優れたマネジメントの本質なのです。

このため、あなたのマネージャの仕事ぶりに不満があるからといって、それをあなたの部下に転嫁してはいけません。あなたのチームをどう管理するべきかは、マネージャであるあなた自身が決めることなのです。あなたが有害だと考える態度、慣習、戦術を、そのまま部下に転嫁するべきではありません。仕事の方法や態度における相違を自らのチームに説明する必要はありますが、あなたがダメだと考えている行動をチームに取り込まないようにしてください。

本章のみならず、本書で解説したアドバイスのほとんどは、組織階層におけるどのレベルにも適用することができます。あなたのレベルで明確な目標が存在していない場合、自らのチームのために、いつでも明確な目標を設定することができるはずです。また、組織階層におけるあなたのレベルや、それより上のレベルにおいて、リソースの分配方法に関する明確なプラクティスが存在していない場合、自らが率いるチームのために明確なプラクティスを確立することができるはずです。そして、同様のことが、プロジェクト計画、コミュニケーション、意思決定にも言えるのです。こういった取り組みによって、あなたに対して常に直接の恩恵がもたらされるとは限りませんが、あなたのチームに対しては確実に恩恵がもたらされます。あなたは、組織内に存在しない効率的な構造をチームに提供することになるため、チームメンバーにとっては、より効率的に働き、より多くの仕事を成し遂げることが容易になるというわけです†。

結局のところ、あなた自身の影響力が及ぶ範囲で積極的にリーダーシップを発揮することが、自らの力を成長させる最善の方法となります。始めのうちは、上司とは違った働き方をすることになるため、彼らから目をかけてもらえなくなるかもしれません。しかし時とともに、人々はあなたが作り出した場を好むようになるはずです。そして、あなたとともに、そしてあなたのために働く方がハッピーになり、効率もアップすることになるのです。さらに、組織が旧態依然としている中、あなたのチームの作業品質は向上し続けることになるわけです。

---

† 組織全体を変えようとした場合、困難を極めることになるはずです。こういったことを実践する前に、さまざまな書籍を読む必要があります。手始めとしてジョン・P・コッター (John P. Kotter) の『Leading Change』†† (Harvard Business School Press刊、1996年) を読むことから始めてください。
†† 訳注：邦訳は『企業変革力』(日経BP社刊、2002年) です。

16.6 サマリー

- 政治というものは、人間の持つ性から自然と生じるものです。人々が協調して作業する場合、存在し得る権限の量は限られているため、それをさまざまな要望やモチベーションを持った多様な人々に分配しなければなりません。
- リーダーは、すべからく政治的な制約を抱えています。あらゆる役員、CEO、社長にも、意思決定を行う能力を制約する同僚や上司がいます。一般的に、持っている力が大きいほど、その人が仕事をする上での複雑さや制約が増すことになります。
- 政治的な力には、さまざまな種類のものが数多く存在しています。こういったものには、報奨、威圧、知識、人脈、影響力などがあります。
- 力の誤用は、プロジェクトの目標達成に役立たない方法で力を用いた場合に引き起こされます。力の誤用を生む原因として、不明確な目標、不明確なリソース分配方法や意思決定プロセス、誤解といったものがあります。
- 政治的な問題を解決するためには、あなたが必要としているものを明確化しなければなりません。それを持っている人を洗い出した後、入手方法を見極めてください。
- あなたがプロジェクトマネジメントに関与しているのであれば、自らの周囲に政治的な場を作り出していることになります。その場を愚考と行き当たりばったりの世界にするか、公正な世界にするかはあなた次第です。

索 引

記号・数字
1/3の法則 ･･････････････････････････ 30, 31, 32
1人のチーム ･･････････････････････････････ 51

A
Action-oriented ･･･････････････････････････ 85
ad hominem ･･････････････････････････････ 215

B
BATNA ･････････････････････････････････ 270
Best Alternative To a Negotiated Agreement ･･ 270
Build Verification Test ･････････････････････ 376
BVT ･･･････････････････････････････････ 376

C
Candidate, Release ････････････････････････ 392
Change Request ･･････････････････････････ 360
CR ････････････････････････････････････ 360

D
D&D ･･････････････････････････････････ 201
DCR ･････････････････････････････････ 360, 361
Death and Doughnuts ･････････････････････ 201
debriefing ･･･････････････････････････････ 201
denial ･･････････････････････････････････ 255
Design Change Request ････････････････････ 360

E
ECO ･･･････････････････････････････････ 360
ECR ･･･････････････････････････････････ 360
Engineering Change Order ･････････････････ 360
Engineering Change Request ････････････････ 360
ex officio ･･･････････････････････････････ 296

F
Fault Feedback Ratio ･･････････････････････ 382
FFR ････････････････････････････････ 382, 383
For Your Information メール ･･･････････････ 240
forcing function ･･････････････････････････ 27
FYIメール ･･････････････････････････････ 240

K・L
Karl Popper ･･････････････････････････････ 5
KJ法 ･･････････････････････････････････ 140
LoC ･･･････････････････････････････････ 219

M
M&M ･････････････････････････････････ 201
Management By Walking Around ･･････････ 209
Marketing Requirements Document ････････ 54
MBWA ････････････････････････････････ 209
Measurable ･･････････････････････････････ 85
Morbidity and Mortality ･･･････････････････ 201
MRD ･･･････････････････････････････ 54, 79

P
P&L ･･･････････････････････････････････ 56
PBS ････････････････････････････････････ 7
PDA ･･･････････････････････････････････ 250
PERT ･･････････････････････････････････ 42
Placement ･･･････････････････････････････ 57
PM ･･･････････････････････････････････ 9
postmortem ･････････････････････････････ 393
Price ･･････････････････････････････････ 57
problem statement method ････････････････ 74
Product ････････････････････････････････ 57
Program Evaluation and Review Technique ･･ 42
Promotion ･･････････････････････････････ 57

索引

Public Broadcasting Service ……… 7

Q
QOL ……… 20
Quality of Life ……… 20

R
rapport ……… 209
RC ……… 392
Realistic ……… 85

S
SCRUM ……… 249
SMART ……… 85
Specific ……… 85

T
ThinkPak ……… 124
Timely ……… 85

V・W
velocity ……… 42
war room ……… 388
war team ……… 388
WBS ……… 38, 54, 352
Work Breakdown Structure ……… 38, 54

X・Z
XP ……… 32
ZBB ……… 392
Zero Bug Bounce ……… 392
Zero resolved ……… 392

あ行
アーキテクチャの再モデル化 ……… 142
アイデア ……… 101, 109, 129, 131, 139
　　質問 ……… 122
　　優れた〜 ……… 113, 118
　　〜のマネジメント ……… 131
　　〜の優劣 ……… 109
　　否定 ……… 122
　　盛り立てる ……… 123
　　良いアイデア ……… 116
　　悪いアイデア ……… 108, 116
アイデア分類 ……… 137
曖昧 ……… 13, 105
　　〜な言葉 ……… 105, 164
青信号 ……… 294
煽（あお）る ……… 222
アクティビティチャート ……… 379
アクティブなバグ ……… 380
　　〜の数 ……… 387

アジャイル方法論 ……… 32, 33
焦り ……… 14
頭越しの意思決定 ……… 418
アドバイス ……… 221
　　〜を求める ……… 333
アド・ホミネム ……… 215
アドリブ ……… 119
アフィニティダイアグラム ……… 139, 142
アプローチ ……… 416
過ち ……… 305
誤った前提 ……… 104
誤りを犯す人間 ……… 8
洗い出し ……… 50
　　疑問の〜 ……… 157
　　懸案事項の〜 ……… 350
　　矛盾の〜 ……… 351
　　要求の〜 ……… 50
新たな情報 ……… 133
歩き回ることによるマネジメント ……… 209
安全な行動をとる ……… 346, 347
アンチパターンカタログ ……… 264
威圧 ……… 403
移行 ……… 393
　　〜と運用 ……… 393
諍（いさか）い ……… 261
意思決定 ……… 6, 63, 82, 87, 131, 135, 157, 179, 181-184, 186, 191, 194, 197, 198, 201, 202, 257, 293, 300, 418
　　優れた〜 ……… 199, 255
　　戦略的〜 ……… 62
　　〜の重要度 ……… 181
　　不明確な〜プロセス ……… 407
　　メタ〜 ……… 179
意思決定権限 ……… 127
意思決定後 ……… 200
意思決定者 ……… 273
意思決定戦略 ……… 347
意思決定前 ……… 200
委譲 ……… 13, 300
市場要求ドキュメント ……… 54
一覧
　　懸案事項の〜 ……… 167
　　作業項目〜 ……… 160, 161, 176, 353, 358
　　質問の〜 ……… 175
　　選択肢の〜 ……… 191, 193
　　〜の作成 ……… 137
　　優先順位の〜 ……… 360
　　要求の〜 ……… 187
一覧表 ……… 188, 190
　　機能の〜 ……… 314
　　作業項目の〜 ……… 314
　　順位付けされた〜 ……… 318

順序付けられた〜	312, 313
長所と短所の〜	188
目標の〜	314
優先順位付けされた〜	318
イテレーション	32, 135, 148, 149
意図重視	85
意欲	222
依頼	224
インタラクションデザイナ	61
ウォーチーム	388-390
〜のミーティング	389
失われた情報	104
打ち上げ	394
打ち合わせ	71, 227, 243, 247, 248, 300, 421
オプトイン〜	248
グループでの〜	421
邪悪な〜	248
優れた〜	244
定例〜	243
〜の注意点	249
打つべき手	327
運用	393
影響	182, 183
影響力	404, 420
〜の間接的な行使	419
〜の段階的な行使	419
エクストリームプログラミング	32
エゴ	13, 408, 409
エンジニアリング階層	12
エンジニアリングプロジェクト	2
エンジニアリングプロトタイプ	147
エンジニアリング変更命令	360
エンジニアリング変更要求	360
おごる	334
恐れ	14
オッカムの剃刀	192
お願い	333
オプトイン打ち合わせ	248
覚えやすい	87
重み付け	185

か行

カール・ポパー	5
懐疑的	45
懐疑論者	14
解決	350
解決方法	378
解釈ミス	194
改善目標	394
改訂	91
ガイドライン	229
開発者あたりのバグの数	382

乖離	258
概略スケジュール	26, 33
価格	57
科学的手法	196
各自の役割	223
学習機会	5
獲得した力	296
確率	43
〜の向上	344
過去	
〜の実績	42
〜のパフォーマンス	373
過小評価	259
カスタマイズ	142
価値	330
価値観	330
価値体系	308
必ず必要	283
簡潔	238
簡潔さ	14
感情	187, 279
〜の連鎖反応	281
感情的な問題	279
関心事	269
完全性	13
簡素化	142
関与	18
官僚主義	29
記憶	80
聞く耳	214
期限	363
期日	363, 369
記述	
構築方法の〜	162
仕様書の〜	11, 139, 167
設計の〜	162
技術	58
〜の視点	58, 59-63
技術仕様	159-162, 166
技術上の決定権限	52
技術要求	77
軌道修正	356
機能	
〜の一覧表	314
〜の割愛	371
〜の完成	366
〜の削減	43
〜の叙述	76
〜の追加	43
機能仕様	159, 160, 162, 166
機能的な力	295

索引

疑問 ································ 65, 66, 112, 167
　厳しい〜 ································· 189
　〜の洗い出し ····························· 157
求心力 ······································· 308
糾弾 ··· 307
教訓 ······························ 201, 206, 394
競合 ··· 303
教示 ··· 223
強制機能 ······································ 27
競争相手 ···································· 269
共通点 ······································ 269
強力なリーダーシップ ······················· 410
曲線で計画 ·································· 374
許容誤差 ···································· 338
記録 ··· 246
議論 ················· 71, 121, 127, 155, 158, 191, 247,
　　　271, 305, 315, 316, 329
緊急性 ······································ 255
具体的 ·· 85
グリーンライト ······························ 294
繰り返し ···································· 135
クリティカルパス ···························· 323
グループ
　〜での打ち合わせ ·························· 421
　〜の力 ···································· 414
グループ討論 ································ 300
クローズされていないバグの数 ················ 388
敬意 ··· 228
計画 ·· 49
　〜の実行 ·································· 256
　〜の哲学 ··································· 46
計画ドキュメント ····························· 81
計画プロセス ································· 68
経験 ·· 46
　〜の浅いチーム ·················· 171, 174, 272
警告サイン ··································· 17
契約書 ······································ 271
契約チーム ··································· 51
外科的な対策 ································ 344
結果ありきの調査 ···························· 195
欠陥フィードバック率 ························ 382
決定樹分析理論 ······························ 180
決定権限 ································· 52, 53
　意思〜 ···································· 127
　技術上の〜 ································· 52
　設計の〜 ··································· 52
　要求の〜 ··································· 52
　予算の〜 ··································· 53
ゲリラ戦術 ·································· 330
懸案事項 ········· 149, 150, 167-171, 175, 189, 236,
　　　246, 349, 351, 377
　〜の洗い出し ····························· 350

〜の一覧 ···································· 167
〜の修正 ···································· 391
嫌悪 ··· 409
見解の不一致 ································ 305
権限 ····························· 203, 272, 273
　〜の委譲 ······················· 300, 301, 324
　〜の関係 ··································· 52
　〜の分散 ·································· 324
　〜の保持者 ································ 331
現実的 ·· 85
検死報告書 ·································· 393
権力 ··· 397
権力構造 ···································· 415
合意 ··· 211
降下角度 ···································· 370
　〜の変更 ·································· 371
攻撃的 ······································ 358
交渉 ································· 268, 271
更新頻度 ···································· 321
合成確率 ····································· 44
公正な競争 ·································· 410
構築方法の記述 ······························ 162
口頭 ·· 13
行動指向 ····································· 85
コーディング行数 ···························· 219
コーディングのパイプライン ················· 349
誤解 ··· 407
顧客 ··································· 60, 71, 88, 124
　〜からのフィードバック ··················· 384
　〜のエクスペリエンス ·············· 125, 162
　〜の視点 ························· 60-63, 74
顧客調査 ····································· 71
顧客調査手法 ································· 72
誤差許容範囲 ································ 345
個人
　〜の影響力 ································ 414
　〜の目標 ··································· 83
　〜の問題 ·································· 261
個人攻撃 ···································· 215
コスト ······································· 56
　〜と利益の関係 ···························· 234
コツ ··· 223
言葉
　曖昧な〜 ·································· 105
　政治とは汚いことを表す〜ではない ········ 400
コミュニケーション ············· 206, 210, 245
　〜の問題 ·································· 213
コミュニケーションスタイル ················· 329
コミュニケーション不良 ······················ 407
コミュニケーション方法 ······················ 331
懇願 ··· 333
コンセプト ·································· 137

コントロール ……………………………… 340

さ行

罪悪感 ……………………………………… 307
再現性 ……………………………………… 377
最善の態度 …………………………… 219-221
作業
　　〜のアライメント ………………… 343
　　〜の可視化 ………………………… 232
　　〜の質 ……………………………… 20
作業項目 ……………………… 343, 356, 367
　　〜の一覧表 ………………………… 314
作業項目一覧 ……… 160, 161, 176, 353, 358
作業担当者 ……………………………… 256
作業内容に矛盾 ………………………… 133
作業日誌 ………………………………… 167
作業分割構成 ……………………… 38, 54, 352
作業見積もり …………………………… 343
作戦司令室 ……………………………… 388
サニタイズ ……………………………… 385
サニティチェック ………………… 341, 342
サポート ………………………………… 349
参加者 …………………………………… 249
支援を求める …………………………… 345
司会者 …………………………………… 245
時間 ……………………………………… 368
　　〜の浪費 …………………………… 228
指揮系統 ………………………………… 274
士気の鼓舞 ……………………………… 11
指示 ……………………………………… 214
自恃 ………………………………… 307, 308
死者とドーナツ ………………………… 201
市場戦略 ………………………………… 55
自信 ……………………………………… 46
事前工作 ………………………………… 334
自然のプレッシャー …………………… 276
事態
　　〜の悪化 …………………………… 381
　　〜の好転 …………………………… 381
叱責 ……………………………………… 307
実装 ……………………………………… 30
質の低いビジョン ……………………… 94
失敗 ……………………………………… 4
失敗コンプレックス …………………… 284
質問 ……………………… 114, 127, 175, 303
　　〜の一覧 ………………………… 175
視点 ……………………………………… 62
　　顧客の〜 …………………… 60-63, 74
　　ビジネスの〜 ………… 56, 57, 62, 63
シナリオ ………………………………… 75
指標
　　バグ ……………………………… 381

締め切り ……………………… 26, 131, 239
邪悪な打ち合わせ ……………………… 248
借用 ……………………………………… 163
修辞的な質問 …………………………… 116
修正済みバグ …………………………… 380
週次のトリアージ ……………………… 386
柔軟 ……………………………………… 270
重要 ……………………………………… 316
重要度 …………………………………… 351
終了条件 ……………………… 366, 367, 368
　　〜の定義 …………………………… 367
　　〜の変更 …………………………… 388
受信済み ………………………………… 211
熟考 ……………………………………… 193
受動的攻撃 ……………………………… 300
順序付けられた一覧表 …… 312, 313, 318
準備 ……………………………………… 250
障害を排除 ……………………………… 223
小規模チーム …………………………… 51
状況 ……………………………………… 378
　　〜のレビュー ………………… 247, 248
消去法 …………………………………… 192
仕様書 ……… 54, 102, 127, 155-166, 173-176, 187, 202
　　〜の完成 …………………… 171, 366
　　〜の記述 ………………… 11, 139, 167
　　〜のギャップ …………………… 169
　　〜のレビュー …………………… 173
仕様書完成予定日 ……………………… 136
仕様書作成 ………………… 50, 138, 166
仕様書作成作業 ………………………… 175
仕様書作成者 …………………… 161, 174
仕様書作成プロセス …………………… 172
焦点合わせの質問 ……………………… 114
衝突 ……………………………………… 305
承認 ……………………………………… 184
　　〜されたバグの数 ……………… 382
商品 ……………………………………… 57
情報 ………………………………… 193, 194
　　新たな〜 ………………………… 133
　　失われた〜 ……………………… 104
　　情報の〜 ………………………… 194
　　優れた〜 ………………………… 40
　　不確かな〜 ……………………… 8
情報源 …………………………………… 331
職務権限 ………………………………… 296
初心 ……………………………………… 3
書籍 ……………………………………… 123
ショットガン …………………………… 169
ジレンマ ………………………………… 12
人格攻撃 ………………………………… 215
人工のプレッシャー …………………… 276
深刻度 …………………………………… 377

真実 ……………………………………… 323
信者 ………………………………………… 14
迅速化 …………………………………… 371
進捗 ……………………………………… 230
　　管理 …………………………………… 27
　　〜の追跡 …………………………… 353
進捗度合いの測定 ……………………… 375
進捗率 …………………………………… 370
シンプル …………………………… 85, 238
　　〜な計画 …………………………… 256
　　〜な視点 ……………………………… 3
人脈 ……………………………………… 404
信頼 ……… 41, 228, 266, 289-294, 297-302, 305,
　　307, 309
　　〜の破壊行為 ……………………… 292
信頼関係 …………………………… 209, 289
信頼感の欠如 …………………………… 262
信頼性 …………………………………… 368
針路変更 ………………………………… 357
神話 ……………………………………… 311
数値 ……………………………………… 193
数値化 …………………………………… 16
スーパーマン ……………………………… 51
姿をくらませる ………………………… 332
スキル …………………………………… 223
優れた
　　〜アイデア …………………… 113, 118
　　〜意思決定 …………………… 199, 255
　　〜打ち合わせ ……………………… 244
　　〜エンジニア ………………………… 40
　　〜慣習 ………………………………… 28
　　〜質問 ………………………… 113, 114
　　〜情報 ………………………………… 40
　　〜スケジュール ……………………… 37
　　〜設計 ……………………………… 118
　　〜電子メール ……………………… 237
　　〜ビジョン ……………………… 84, 95
　　〜プロセス …………………… 230, 232
　　〜マネージャ ……………………… 423
　　〜見積もり …………………………… 40
スケジュール …………… 25, 30, 34, 45, 371
　　確率 …………………………………… 36
　　トップダウン ………………………… 37
　　ボトムアップ ………………………… 37
　　調整 …………………………………… 43
　　〜のギャップ ……………………… 169
　　〜の作成 ……………………………… 35
　　〜の遅延 …………………………… 260
　　〜の立案 ……………………………… 11
スコープ ………………………………… 54
スタッフチーム ………………………… 51
ストレス ………………………………… 275

スパイラルモデル ………………………… 32
正確さ …………………………………… 196
　　精度と〜の違い …………………… 196
生活の質 ………………………………… 20
成果物 …………………………………… 54
政治 ……………………………………… 397
　　〜とは、ある種の問題解決 ……… 401
　　〜とは汚いことを表す言葉ではない …… 400
　　〜の場 ………………………… 422, 423
政治上の制約 …………………………… 400
政治的な問題 …………………………… 410
政治力 …………………………………… 398
精度 ……………………………………… 196
　　〜と正確さの違い ………………… 196
製品デザイナ …………………………… 61
制約 ………………………………… 229, 275
責任の大きさ …………………………… 400
設計 ………………………………… 30, 50, 116
　　〜の完了 …………………………… 366
　　〜の記述 …………………………… 162
　　〜の決定権限 ………………………… 52
設計作業 ………………………………… 175
設計者 …………………………………… 166
　　〜の判断 …………………………… 144
設計選択肢 ………………… 137-139, 147, 259
設計フェーズ …………………………… 136
設計プロセス ……………………… 38, 107, 172
設計プロトタイプ ……………………… 147
設計変更要求 …………………………… 360
絶対に不要 ……………………………… 283
説得 ……………………………… 271, 298
説得力 …………………………… 271, 416
説明責任 ………………………………… 82, 264
　　〜の欠如 …………………………… 408
ゼロサムのリソース …………………… 364
ゼロ解決済み …………………………… 392
ゼロバグバウンス ……………………… 392
全員ミーティング ……………………… 267
専制君主 ………………………… 298, 299
選択肢 ……………… 63, 190, 256, 270, 326
　　〜の一覧 …………………… 191, 193
　　〜の組み合わせ …………………… 190
　　〜の発見 …………………………… 185
前提 ……………………………………… 213
宣伝 ……………………………………… 57
専門家 …………………………………… 184
専門用語 ………………………………… 164
戦略的意思決定 ………………………… 62
戦略
　　〜の決定 …………………………… 232
　　〜の立案 …………………………… 11
草稿 …………………………………… 91, 92

送信済み ……………………………… 211
創造的
　　〜な作業 ……………………………… 135
　　〜な質問 ……………………………… 115
創造的思考 ……………………………… 111
測定可能 ………………………………… 85
測定すべき要素 ………………………… 375
速度 ……………………………………… 42
側面から攻撃 …………………………… 418
組織内の政治力学 ……………………… 398
組織の構造 …………………………… 9, 52
即興 ……………………………………… 119
袖の下 …………………………………… 333
その他の戦術 …………………………… 422
ソフトウェア開発 …………………… 3, 28
ソフトウェア開発方法論 ………………… 28
損益 ……………………………………… 56

た行

大規模チーム …………………………… 51
タイプ …………………………………… 378
タイムリー ……………………………… 85
ダイレクト ……………………………… 238
対話 …………………… 126, 207, 224, 246, 417
対話性 …………………………………… 247
ダウト …………………………………… 322
互いに競わせる ………………………… 333
他者
　　〜の自尊心 ………………………… 422
　　〜の保護 …………………………… 408
ダメージコントロール ………………… 266
誰かを捕まえる ………………………… 332
短期のコスト …………………………… 234
短所と長所の一覧表 …………………… 188
担当者 …………………………………… 377
単独評価 ………………………………… 185
チーム
　　経験の浅い〜 ……………… 171, 174, 272
　　契約〜 ………………………………… 51
　　小規模〜 ……………………………… 51
　　スタッフ〜 …………………………… 51
　　大規模〜 ……………………………… 51
　　テスト〜 ……………………………… 45
　　〜の規模 ……………………………… 52
　　〜の作業効率 ……………………… 423
　　〜の指揮 ……………………………… 11
　　〜の生産性 ………………………… 364
　　〜の目標 ……………………………… 83
　　〜の問題 …………………………… 261
　　〜のリセット ……………………… 360
　　1人の〜 ……………………………… 51
　　品質保証〜 ……………………… 39, 45

チェックポイント ……………………… 137
遅延 ……………………………………… 25
力 ………………………………………… 295
　　〜の大きさ ………………………… 400
　　〜の獲得 …………………………… 297
　　〜の誤用 …………… 404, 405, 407, 408, 409
　　〜の制約 …………………………… 400
　　〜の問題 …………………………… 421
遅刻 ……………………………………… 250
知識 ……………………………… 300, 403
長期のメリット ………………………… 234
調査 ……………………………………… 385
調査手法 ………………………………… 71
嘲笑 ……………………………………… 215
長所と短所の一覧表 …………………… 188
調整 ……………………………… 53, 344
調整役 …………………………………… 11
挑戦的なパイプライン ………………… 352
直接的な要求 …………………… 417, 418
著者 ……………………………………… 90
追加/削除 ……………………………… 46
追加要求 ………………………………… 223
都合のよいデータ ……………………… 195
鶴の一声 ………………………………… 357
ディスカバリーチャンネル ……………… 7
定量化 …………………………………… 41
定量分析 ………………………………… 180
定例打ち合わせ ………………………… 243
データ …………………………………… 329
データ至上主義 ………………………… 195
適切
　　〜な人材 …………………………… 255
　　〜な見積もり ……………………… 374
適用 ……………………………………… 203
デザイン ………………………………… 116
テスティング …………………………… 30
テスト
　　〜の完了 …………………………… 366
テスト基準 ……………………………… 160
テスト条件 ……………………………… 368
テストチーム …………………………… 45
テスト見積もり ………………………… 361
手続き ………………………………… 29, 229
デブリーフィング ……………… 200, 201
電子機器 ………………………………… 250
電子メール …………………… 227, 236
電話 ……………………………………… 240
同意 ……………………………………… 267
動機付け ………………………………… 187
統合 ……………………………………… 86
統制 ……………………………………… 219

ドキュメント ················ 84, 89
 市場要求〜 ················ 54
 計画〜 ················ 81
 ビジョンの〜 ················ 187, 202
独裁 ················ 13
トップダウン ················ 124
トップダウンスケジュール ················ 37
トリアージ ················ 8, 378, 385, 387
 〜されたバグの数 ················ 387
トレンド分析 ················ 387

な行

なおざりにされる目標 ················ 408
何もしない ················ 189
ニーズの明確化 ················ 411
偽ヒーロー ················ 283
人間関係 ················ 207-210, 216, 218, 225, 334, 413
忍耐 ················ 14
ノー ················ 43, 318
「ノー」の言い方 ················ 320
視点
 技術の〜 ················ 58-63
日次のトリアージ ················ 386

は行

パーティタイム ················ 394
パイプライン
 コーディングの〜 ················ 349
 挑戦的な〜 ················ 352
 保守的な〜 ················ 352
馬鹿げたこと ················ 228
バグ
 アクティブな〜 ················ 378, 380, 387
 〜がアクティブとなっている時間 ········ 382
 解決済み ················ 378
 開発者あたりの〜の数 ················ 382
 クローズ ················ 378
 クローズされていない〜 ················ 388
 指標 ················ 381
 修正済みの〜 ················ 378, 380
 承認された〜 ················ 382
 ゼロバグバウンス ················ 392
 トリアージされた〜 ················ 387
 〜のホットポテト ················ 372
 〜の優先順位付け ················ 10, 11
 発生した〜 ················ 380, 382
バグ修正 ················ 353, 382
バグチャート ················ 387
バグ追跡ツール ················ 314
バグの数 ················ 368, 380
 アクティブな〜 ················ 387
 開発者あたりの〜 ················ 382
 クローズされていない〜 ················ 388
 承認された〜 ················ 382
 トリアージされた〜 ················ 387
 発生した〜 ················ 382
発見者 ················ 378
発生箇所 ················ 378
発生したバグ ················ 380
 〜の数 ················ 382
パニック ················ 340
パフォーマンス ················ 368
パラドックス ················ 12
バランス感覚 ················ 12
パワーレシオ ················ 64
反対意見 ················ 189
反乱 ················ 262
ヒーロー ················ 283
ヒーローコンプレックス ················ 281-284
非エゴ ················ 13
比較評価 ················ 185-187
ビジネス
 〜の視点 ················ 56, 57, 62, 63
ビジネス階層 ················ 12
ビジネス戦略 ················ 56
ビジネス要求 ················ 77
ビジュアルデザイン ················ 150
ビジョン ················ 54, 79, 81, 82, 94, 96, 137
 質の低い〜 ················ 94
 優れた〜 ················ 84, 95
 〜の健全さ ················ 98
 〜のドキュメント ················ 187, 202
ビジョンステートメント ················ 88
非線形システム ················ 341
1人のチーム ················ 51
非難 ················ 200, 215, 307
否認 ················ 255
日々のビルド ················ 375
冷やかし ················ 215
評価 ················ 191, 328, 415
表題 ················ 378
表明 ················ 291
 〜の変更 ················ 348
閃（ひらめ）き ················ 86
ビルド検証テスト ················ 376
品質 ················ 58, 260
 レビューの〜 ················ 384
品質保証チーム ················ 39, 45
品質レベル ················ 41
ファシリテーション ················ 243-245
フィードバック ················ 69, 158, 172, 184, 304
フィードバックプロセスの定義 ················ 304

索引 | **435**

フェーズ	355
注力	33
分割	33
フォーム	229
フォロー	11
不快感	227
複雑さ	14
復讐	409
不測の事態	38
不確かな情報	8
二人きりになる	332
不調時対策案	270
不明確	
～な意思決定プロセス	407
～な目標	408
～なリソース割り当て	407
付与された力	296
プラクティス	28
ブラックブック	5
ブラックボックス	374
ブランド	150
ブリーフ	349, 350
ブリーフィング	349, 350
振り返る	202
ブルックスの法則	260
振る舞い	292
ブレインストーミング	121, 125
ブレインストーミング用カード	124
ブレークスルー	5
フレームワーク	210
プレゼンテーション	248
プレッシャ	15, 274-276
自然の～	276
人工の～	276
プログラマ	
～のリーダー	166
～の理解度	41
プログラミング見積もり	361
プログラムマネージャ	11
プロジェクト	2, 51, 206, 223
～の打ち上げ	394
～の完了	394
～のコントロール	383
～の状態	342
～の進捗	202
～の納期	363
～のビルド	375
～の目標	9, 223
～のレビュー	247, 248
プロジェクト反省書	393
プロジェクトマネージャ	9, 42, 55, 71, 137, 166, 206, 300
プロジェクトマネジメント	2, 3, 8-10, 21
プロジェクトマネジメント作業	9
プロジェクト目標	41
プロジェクトリーダー	300
プロセス	227, 229, 234, 235, 324
計画～	68
仕様書作成～	172
優れた～	230, 232
設計～	38, 107, 172
～の作成	234
～の除去	232
～の変更	232
～のマネジメント	235
不明確な意思決定～	407
要求定義～	346
プロトタイピング	144, 146
プロトタイプ	137, 143, 146
文化	9, 330
分割統治法	32
文書	13, 80
分析結果	394
分析地獄	194
ペースの法則	264
ベストを尽くす	219
変化する知識	8
変更	
～の影響	358
～の可能性	359
～のマネジメント	360
変更管理	360
変更要求	360
方向性を持ったトリアージ	387
報告	247
報奨	403
方針転換	261
方程式	233
方法論	28, 29
保管	164
保険	157, 302, 344
保守的	358
～なパイプライン	352
ボトムアップスケジュール	37
炎の裁判	258

ま行

マーケティング	57, 150
マイクロマネージャ	18
マイルストーン	32, 45, 70, 157, 355, 357, 363
～への到達	366
マイルストーン達成基準	160
まずい電子メール	241
マトリクス型組織	11

索引

マネージングアップ 411, 412
マネジメント
    アイデアの〜 131
    歩き回ることによる〜 209
    プロジェクト〜 2, 3, 8-10, 21
    プロセスの〜 235
    変更の〜 360
ミーティング 201
    ウォーチームの〜 389
    全員〜 267
    レビュー〜 383, 384
見えない障害物 417
見落とし 43
未確定項目 150
自らの利益 408
見過ごし 259
見積もり 30, 35, 38-40
    作業〜 343
    〜作成テクニック 42
    優れた〜 40
    適切な〜 374
    テスト〜 361
    〜の変更 133
    プログラミング〜 361
矛盾
    〜の洗い出し 351
    〜の解消 351
無能 228
    〜な上司 283
明快なメッセージ 237
明確さ 187, 213
命令 222, 298
メタ意思決定 179
メンバーの追加 260
目標
    改善〜 394
    個人の〜 83
    チームの〜 83
    〜と表明 342
    なおざりにされる〜 408
    〜の一覧表 314
    不明確な〜 408
    プロジェクトの〜 9, 41, 223
目標駆動 85
モチベーション 222
    〜の低下 208
モデル 303
問題 202, 214, 231, 253, 257
    感情的な〜 279
    個人的な〜 261
    コミュニケーションの〜 213
    政治的な〜 410
    チームの〜 261
    力の〜 421
    〜の隔離 267, 268
    〜の原因 229
    〜の責任 265
    〜の定義 139
    〜の特定 273
    〜の発生 258
    〜の評価 254
問題解決 111, 307
    政治とは、ある種の〜 401
問題空間 106, 108, 132, 134
問題叙述法 74
問題定義 137

や行

役割 70, 217, 223, 272
有益な行動 212
勇気 14, 197, 199
ユーザーインタフェース 145
ユーザビリティ 145, 150
ユーザビリティエンジニア 61
ユースケース 75
優先順位 87, 88, 105, 150, 168, 239, 313, 315,
               320, 372, 377
    〜の一覧 360
優先順位付け 143, 225, 239, 255, 312, 342,
               345, 358, 386
    〜作業 385
    〜された一覧表 318
ユーモア 329
雪玉効果 44
良いアイデア 116
よい電子メール 242
要求 60, 102
    〜の洗い出し 50
    〜の一覧 187
    〜の決定権限 52
要求仕様 159-161
要求定義 137
要求定義書 73, 102, 202
要求定義プロセス 346
横這い状態 381
予算 368
予算の決定権限 53

ら行

楽観的 45
ラップトップ 250
ラポール 209
リーダー 221
    プログラマの〜 166

プロジェクト〜	300	冷酷であれ	325-328
リーダーシップ	15, 308	レビュー	11, 91, 92, 127, 157, 172, 247
リーダーシップ役	11	状況の〜	247, 248
利益	233	仕様書の〜	173
コストと〜の関係	234	〜の議論	384
理解	211	〜の品質	384
利害関係者	88	プロジェクトの〜	247, 248
罹患率と死亡率	201	レビュー参加者	173
利己主義	409	レビュー頻度	53
リスク	45, 47, 344	レビューミーティング	383, 384
リソース		浪費	228

わ行

ゼロサムの〜	364	枠の外で考える	111
〜の適用	268	悪い	
〜の不足	260	〜アイデア	108, 116
不明確な〜割り当て	407	〜結果	199
リファレンス	164	〜手段	67, 68
流通	57		
リリース候補	392		
ルール	121, 229		

● 著者紹介

Scott Berkun（スコット・バークン）

Scott Berkunは、Carnegie Mellon Universityにおいて、コンピュータ科学、哲学、デザインを専攻し、1994年にMicrosoftにユーザビリティエンジニアとして雇用され、Microsoft Office、Visual Basic等の製品開発作業に従事しました。その後1995年にInternet Explorerプロジェクトのプログラムマネージャとなり、数多くの主要機能の設計と開発を率いることになりました。そしてバージョン5.0以降、彼はWindowsとMSN開発チームのリードプログラムマネージャとして従事しました。ScottはMicrosoftのエンジニアリングエクセレンスグループにも所属し、企業や業界に対して、ウェブ開発やソフトウェア開発におけるベストプラクティスの教育を支援してきました。彼はレクチャーを行い、ワークショップで教え、多くの業界カンファレンスに参加し、さまざまな形で手腕を奮ったのです。

2003年に入って、Scottはこの本棚（下の写真）を自らの書籍で一杯にするという目標に向かって突き進むため、Microsoftを退社しました。なお彼は、独立系コンサルタントとしてプロジェクトマネジメント、ソフトウェア開発、創造的思考、製品デザインの講習を主催し続けています。

http://www.scottberkun.com/には、プロジェクトマネジメントに関するディスカッションフォーラム、数多くのエッセイ、彼の本棚を埋め尽くす計画への支援方法（手始めとして、本書を知人に勧めていただくのが最適でしょう）がコンテンツとして用意されています。これは彼の著した初めての書籍です。彼はSeattleの東にある森の中に住んでいます。

●訳者紹介

村上 雅章(むらかみ まさあき)
1982年　京都産業大学外国語学部言語学科卒業
1982〜1999年　国内情報処理企業にてSEとして勤務
現在：ニュージーランドにて翻訳およびシステム開発に従事
訳書：『Java言語仕様 第2版』(ピアソン・エデュケーション)
『Java仮想マシン仕様 第2版』(ピアソン・エデュケーション)
『達人プログラマー』(ピアソン・エデュケーション)
『ソフトウェア職人気質』(ピアソン・エデュケーション)
『XPエクストリーム・プログラミング懐疑編』(ピアソン・エデュケーション)
『ソフトウェア開発管理の要』(ピアソン・エデュケーション)
『Modern C++ Design』(ピアソン・エデュケーション)
『Tomcatハンドブック』(オライリー・ジャパン)
『Spidering Hacks』(オライリー・ジャパン)
『Google―電網打尽のインターネット掌握術』(オライリー・ジャパン)
『Hacking：美しき策謀 ― 脆弱性攻撃の理論と実際』(オライリー・ジャパン)
『デザインパターンとともに学ぶオブジェクト指向のこころ』(ピアソン・エデュケーション)　など

アート・オブ・プロジェクトマネジメント
──マイクロソフトで培われた実践手法

2006年9月5日　初版第1刷発行
2025年4月30日　初版第18刷発行

著　　者　Scott Berkun（スコット・バークン）
訳　　者　村上 雅章（むらかみ まさあき）
発 行 人　ティム・オライリー
制　　作　有限会社はるにれ
印刷・製本　株式会社平河工業社
発 行 所　株式会社オライリー・ジャパン
　　　　　〒160-0002　東京都新宿区四谷坂町12番22号
　　　　　TEL　（03）3356-5227
　　　　　FAX　（03）3356-5263
　　　　　電子メール　japan@oreilly.co.jp
発 売 元　株式会社オーム社
　　　　　〒101-8460　東京都千代田区神田錦町3-1
　　　　　TEL　（03）3233-0641（代表）
　　　　　FAX　（03）3233-3440

Printed in Japan（ISBN4-87311-299-0）
落丁、乱丁の際はお取り替えいたします。

本書は著作権上の保護を受けています。本書の一部あるいは全部について、株式会社オライリー・ジャパンから文書による許諾を得ずに、いかなる方法においても無断で複写、複製することは禁じられています。